대비로자나성불경소 1

Commentary of Mahāvairocana Sūtra

옮긴이 김영덕(金永德, Kim Yong-Duk)은 1960년 서울에서 태어나 동국대 불교학과를 졸업하고 석사 · 박사 학위를 취득하였다. 현재 위덕대 불교문화학부 교수로 있다. 주요 저서로는 『금강계 삼십칠존의 세계』 · 『대일경』 · 『금강정경』 등의 저역서, 「밀교계사상의 현대적조명」 · 「『대일경』에 나타난 여래장사상」 외 다수의 논문이 있다.

대비로자나성불경소 1

1판 1쇄 인쇄 2008년 12월 25일
1판 1쇄 발행 2008년 12월 30일

옮긴이 / 김영덕
펴낸이 / 박성모
펴낸곳 / 소명출판
등록 / 제13-522호
주소 / 137-878 서울시 서초구 서초동 1621-18 (란빌딩 1층)
대표전화 / (02) 585-7840
팩시밀리 / (02) 585-7848
somyong@korea.com / www.somyong.co.kr

값 31,000원

ISBN 978-89-5626-359-5 94910
ISBN 978-89-5626-358-8 (전3권)

대비로자나성불경소 1

김영덕 역주

◆ 일러두기

1. 본 책은 『대일경』 7권 가운데 앞의 6권 31품에 대하여 일행(一行)아사리가 자신의 스승인 선무외삼장의 강술을 기록한 동시에 자신의 중국 불교적 교양에 의해 해설을 가한 『대일경소』 20권과, 『대일경』 제7권에 대한 주석서로서 신라의 불가사의(不可思義)에 의하여 만들어진 『대일경공양차제법소』 2권 5품에 대한 번역 및 주석서이다.
2. 본 역서는 『대정신수대장경』 39권에 수록된 한역본을 저본으로 하였으며, 『만속장경』 36권에 수록된 한역본 및 『대일경의석』을 참고하였다.
3. 본 역서의 각주는 『國譯一切經』 경소부 14, 15권에 수록되어 있는 각주를 참고로 하였으며, 『불광대사전』·『밀교대사전』·『밀교사전』·『망월불교대사전』, 中村元의 『불교어대사전』, 운허용하의 『불교사전』을 참고하였다. 그리고 사전에 없는 경우 다른 경전에서 참고할 만한 내용을 가져다가 주석을 달았다.
4. 본 역서의 난탈은 『國譯一切經』 경소부 14, 15권을 주로 참고하였으며, 기타 내용상 흐름을 참고하여 교정하였다.
5. 산스크리트의 한글표기는 망월사본(望月寺本) 『진언집(眞言集)』을 기준으로 하여 현재 유통되고 있는 『천수경』 식의 한글표기를 원칙으로 하며, 가급적 산스크리트 원어에 가까운 발음으로 표기하였다. 산스크리트의 로마나이즈표기는 각주에 넣었으며, 짧은 단어의 경우 간주로 처리하였다.
6. 본문에서 『대일경』에 등장하는 문장은 고딕체로 하였으며, 또한 『대일경』의 문장과 대비될 수 있는 것도 고딕체로 하여서 구분하였다. 『대일경소』 본문 가운데 할주(割註)는 굴림체 9포인트로 하고 [ ] 안에 넣었다. 번역상 필요하다고 인정되어 본문을 보충한 문구는 [ ] 안에 넣고 본문과 동일한 신명조체로 글자 크기를 작게 하여 누구나 알기 쉽도록 하였고 또한 번잡한 각주를 간결하게 하기 위하여 본문에 삽입한 간주도 동일하게 하였다. 그리고 『대일경』이 아닌 다른 경론의 경우에는 ' '로 인용문 표시를 하여 구분하였다.
7. 본 『대일경소(大日經疏)』에는 가장 많이 인용된 『대지도론』을 비롯하여 『화엄경』·『법화경』 등 대·소승의 제경론(諸經論)이 인용되어 있다. 정확한 출처와 해당되는 인용문을 역자주에 포함시켰다. 경우에 따라 본문이나 각주에서 그 내용을 밝혔다.
8. 『대일경소』 본문에 수록된 실담자 외에 필요한 경우 실담자를 추가로 넣었다.
9. 제6권에 도표가 나오며, 그 이후에도 삽화가 대장경에 다수 수록되어 있으므로, 그 저본을 『대정신수대장경(大正新修大藏經)』과 그 도상부(圖像部)만이 아니라 『만속장경(卍續藏經)』 등 다양한 제본(諸本)을 통해서 검토하고 정리하였다. 기타 필요한 삽화를 보충하였다.
10. 「밀인품」에 등장하는 인계는 모두 139종이며, 그 외에 「비밀팔인품」이나 다른 품에서도 인계에 대한 언급이 있다. 인계는 원본에 나오지 않으나 그 대부분을 그림으로 그려서 본문 가운데 삽입하였다.
11. 품을 중심으로 전체의 목차를 달고 과판(科判)을 나누었다. 전체를 『대일경소』 제1품부터 제31품까지, 『공양차제법소』 제1품부터 제5품까지 목차를 달았다. 목차 외에 『國譯一切經』 등의 과판을 참고하여 내용별로 구분할 수 있도록 나누었다.

유망한 젊은 학자 한 사람을 멀리 경주 땅으로 떠나 보내고, 나는 줄곧 그를 가까이에서 키우지 못한 아쉬움을 떨쳐버릴 수가 없었다. 그러나 십 년 세월이 지난 지금에 와서 돌이켜보니 그것이 오히려 다행이었던 한 면을 보게 된다.

茶山선생을 비롯한 과거 유명한 학자들이 산천수려한 곳에서 학문적 성과를 높혔듯이, 우리 眞敬 金永德 박사도 천년의 고도 경주에서 학문에만 전념하여 빛나는 업적을 내고 있기 때문이다.

김교수는 그동안 많은 알찬 논문들을 발표하면서도 밀교의 핵심이 되는 『대일경』·『금강정경』 등을 번역했으며, 그 경험을 바탕으로 하여 이번에는 『大日經疏』 20권을 불가사의의 『공양차제법소』 2권과 함께 역주해서 펴낸다고 한다.

불교가 모든 종교와 여러 사상 중의 꽃이라면, 밀교는 그 꽃의 열매격이 된다. 『대일경』은 그러한 밀교의 중심이 되는 교학을 담고 있고, 이 경의 내용을 쉽게 설명하고 풀이한 것이 『대일경소』이다. 그러므로 밀교를 알고자 하는 사람은 물론이요, 불교의 진수를 맛보려는 자라면 반드시 읽어야 할 내용이다.

밀교 종단이 있고, 밀교 신행자는 있어도, 그 교학이 부진한 우리의 현실에서 이 책의 우리말 역주의 소개는 참으로 귀중한 성과가 아닐 수 없다.

원래 역주작업이란 누구나 쉽게 할 수 있는 것이 아니다. 그 텍스트의 문자와 언어와 사상과 역사 등을 알아야 한다. 그러므로 『대일경소』를 역주하기 위해서도 밀교 전반에 대한 해박한 지식 체계가 있어야 하고, 브라흐만, 힌두교와 인도 전통 문화에 대한 이해는 물론이요, 싼스크리트어, 漢文 등 관계 언어에 대한 독해력도 뛰어나야 한다.

우리 김교수는 그와 같은 탄탄한 실력과 기반지식을 갖추고 있으므로 이 책이 매우 훌륭하고 완벽한 역주가 되었으리라고 믿는다. 뿐만 아니라 그는 學과 行을 겸비한 학자이므로 독자들이 그의 글을 통해, 그의 글 속에서 사람다운 따뜻한 온기도 느낄 수 있으리라고 확신한다.

아무튼 이 책이 널리 읽혀져 우리의 불교학이 발전하고 밀교의 저변 확대가 이루어지는 날이 앞당겨지기를 기대한다.

2008.12.15

雲谷 徐閏吉(동국대 명예교수)

역자 서문

역자가 대학원에서 밀교를 전공하려고 하였던 80년대 후반에는 국내에 이렇다 할 한글로 번역된 밀교경전이 거의 없었다. 경전 뿐만 아니라 관련 참고도서와 밀교전공자조차도 매우 희귀했던 시절, 나는 답답한 심정에 무엇을 먼저 해야 할 것인가 고민하기 시작하였다. 기본적으로 번역과 사전이 나와야 한다는 데에 결론이 모아졌다. 한역대장경은 물론이고 티베트대장경에서도 밀교는 상당히 많은 분량을 차지하고 있으며 그 밀교경전을 번역하고자 하는 생각은 그때부터 나의 평생의 바램이 되었다. 그리고 박사과정을 수료할 즈음 동국역경원에서 진행된 고려대장경의 국역작업은 그 꿈을 펼치는데 아주 좋은 기회가 되었다. 그러나 고려대장경에 수록된 경전에만 주력하다보니 정말 중요한 내용을 놓치고 수박 겉핥는 듯한 느낌을 지울 수 없었다. 제대로 된 밀교학을 알기 위해서는 경전 만이 아니라 그 경전에 대한 주석서를 보아야 하기 때문이다.

중국에서 교학이 발전하는 과정은 경전과 논서가 번역되고, 다시 이에 대한 중국불교가의 저술이 행해짐으로써 독립된 교학을 갖는 종파로 성립한다. 그러나 밀교의 경우에는 경전 외에 뚜렷한 밀교 관련 논서가 처음부터 인도에서 유입되지 않았으며 중국에서 제작된 주석서도 소수에 불과하다. 또한 중국밀교가에 의해 충분한 저술이 나올 정도로 전성기가 길지도 않았다. 그래서 본격적인 밀교주석서로서는 거의 독보적이라 할 수 있는 한역 『대일경소』가 어떤 측면에서는 인도에서 비롯된 중기밀교의 메시지를 동북아시아에서 음미할 수 있는 유일한 기회를 제공한다고 생각한다. 『대일경소』는 중국 당나라때에 인도밀교를 가져온 선무외삼장과 그의 제자인 일행(一行)선사에 의해 찬술되었으므로, 그 내용은 전성기 때의 인도밀교와 이를 수용한 중국밀교의 모습을 그대로 보여주기 때문이다. 특히 한역 『대일경소』 말미에는 한국 밀교의 대표적 저작이라 할 수 있는 신라 불가사의스님의 『공양차제법소』가 포함되어 있다. 인도와 중국, 한국을 대표하는 밀교가에 의해서 완성된 『대일경소』는 동북아시아 밀교의 원형이라고 볼 수 있기 때문에 우리는 이 책을 통해서 고대 한국 밀교의 모습도 찾을 수 있을 것이라 생각한다.

역자는 이와 같은 『대일경소』의 중요성을 절감하고 10년 전부터 어떠한 방법으로든 『대일경소』 전체를 해독해 보기 위해 혼자 번역해보기도 하고, 위덕대학교 대학원에 재학중인 학생들과 『대일경소』 강독반을 형성하여 「주심품」부터 살펴보기도 하였다. 그러는 동안 학술진흥재단 동양학술명저번역 사업에 신청하였으며, 지원을 받게 된 이후 본격적으로 번역 작업에 몰두하였다. 그러나 번역은 그리 순탄치 않았다. 일단 전체의 원고량이 워낙 많아서 적지 않은 시간을 필요로 하였으며, 원고 내용 가운데 실담자 · 도표 · 삽화 · 인계 등을 넣어야 할 것이 등장하면서 번역은 차츰 복잡해져갔다. 수없이 등장하는 난탈도 나를 괴롭혔고, 해도 해도 끝이 보이지 않는 번역은 나의 인내심을 시험하는 듯 했다. 그리고 긴 여정을 지나 전체의 윤곽이 잡혔을 때의 환희는 지금도 잊을 수 없다. 그 이후로도 몇 번이고 수정했지만 아직까지 부족한 점이 많은 이 책을 세상에 내보낸다는 데에 한 편으로 두려움이 앞선다. 오직 한 가지 자부심이라면 지금까지 전무했던 밀교주석서를 최초로 출판한다는 점이다. 이 책이 밀교에 대한 바른 이해와 향후의 관심과 연구를 더 깊게 하는 데 조그마한 보탬이 되기를 바랄 뿐이다.

끝으로 석·박사과정에 걸쳐 역자를 지도해주시고 본 역서를 위해서 추천의 말을 써주신 은사 서윤길 교수님과, 물심양면으로 후원해주신 진각종의 큰 스승님들, 오랫동안 밀교경전의 역경기회를 베풀어준 동국역경원의 여러 편집부장님, 그리고 역서가 나오기까지 역자를 뒷바라지해준 나의 가족과, 강독반에 함께 참여했던 대학원생들, 교정을 보아준 너빈 법사, 실담자를 쓰고 인계를 그려준 최성규선생, 편집을 담당한 소명출판에게 깊이 감사드린다.

2008.12.16

위덕대학교 연구실에서

金永德

해제

1. 『대일경소』의 개략적인 내용

『대비로자나성불경소(大毘盧遮那成佛經疏)』(이하 『대일경소(大日經疏)』로 약칭)는 『대비로자나성불신변가지경(大毘盧遮那成佛神變加持經)』(Skt. Mahāvairocanābhisaṃbodhi-vikurvitādhiṣṭhāna-vaipulya-sūtrendra-rāja-nāmadharmaparyāya)(이하 『대일경(大日經)』으로 약칭)의 주석서이다.

먼저 『대일경』에 대하여 설명하면 다음과 같다. 『대일경』은 7권 36품으로 구성되고 그 가운데 31품은 앞의 6권에 수록되어 있으며 나머지 5품은 제7권에 있다. 앞의 6권은 장안(長安)의 화엄사(華嚴寺)에 소장되어 있던 범본(梵本) 가운데에서 찾아내어 선무외삼장(善無畏三藏)이 번역한 것인데, 이때 사용된 원본은 7세기 말 북인도에서 객사한 무행(無行)이 전래한 것이라 한다. 제7권은 삼장이 북천축(北天竺)에서 구해온 것으로 앞의 6권 가운데의 태장법(胎藏法)의 수행차제작법(修行次第作法)을 기술한 것이다. 한역

(漢譯)의 『대일경』은 7권으로 성립되어 있지만 제7권은 그 공양의궤로서 제6권에 따라 편성되어 있다.

『대일경소』는 『대일경』 7권 가운데 앞의 6권 31품에 대하여 선무외삼장이 당나라의 현종(玄宗) 황제를 위하여 강술한 것을 제자인 일행(一行) 아사리가 기록한 동시에 자신의 중국 불교적 교양에 의해 해설을 가한 책이며 20권으로 되어 있다. 이 책은 일행의 입적 후에 지엄(智儼)에 의해 다시 다듬어진 재치본(再治本)이 있었음이 온고(溫古)의 『대일경의석서(大日經義釋序)』에 의해 알려졌다. 이 『대일경소』의 앞부분 2권 반은 『대일경』의 제1 주심품을 해석한 것으로 교상(教相)을 다루었고, 제2 구연품 이하의 해석은 밀교의 사상(事相)에 관한 것이다. 이 책은 『대일경』의 자구를 해석한 단순한 주석서에 그치는 것이 아니라, 『대일경』의 사상을 재조직하여 발전시킨 것으로서 중국 밀교의 성립에 커다란 역할을 했다. 이 책에 대한 주석서는 주로 일본에서 이루어졌는데, 그 수는 백 수십 종에 이른다. 이것들은 주심품에 대한 내용이 주를 이룬다. 일행의 『대일경소』에서 다루고 있지 않은 제7권에 대한 주석서로서는 신라의 불가사의(不可思義)에 의하여 만들어진 『대일경공양차제법소』 2권이 있다. 이 책의 저자인 불가사의는 중국에 와서 교법을 폈던 인도의 고승 선무외삼장의 제자라는 것 외에는 알려진 바 없으며, 이 책도 우리나라에서는 일찍 자취를 감추었고 일본에서 몇몇 간본이 현존할 뿐이다. 이 책의 구성은, 대의를 서술하는 부분[述大意], 경을 설한 유래를 밝힌 부분[說來由], 제목을 해설한 부분[釋題目], 본문의 해설[隨文解釋] 등 넷으로 나누져 있다. 이들 각 품의 해석에서는 먼저 품의 제목을 해설하고, 그 설한 의도와 핵심적인 의의를 해설하고, 구체적인 문장을 해설하는 방식으로 설명하고 있다. 특히 본문해석에 있어서 수행 부분은 깊이 있고 상세하게 다루고 있다. 또한 수행자에게는 사명부정행(邪命不淨行)이 출가의 큰 병임을 지적하였는데, 그릇된 생활태도인 사명(邪命)을 다섯 가지로 분류하고 각각의 오류를 그 전거를 들어서 상세히 논하고 있다. 그리고 진언의 궁극은 삼매야(三昧耶)이므로 지관(止觀)의 수행이 근본이 됨을 강조하고 있다. 마지막으로 진언의 필요성을 문답식으로 풀이하였다. 불가사의는 비록 신라에 귀국하여 활동하지는 않았으나 그의 저작을 통하여 당시에 유행했던 밀법이 신라에 영향을 주었으리라 추정되며, 따라서 본 『대일경소』에 포함된 불가사의의 『공양차제법소(供養次第法疏)』는 한국 밀교사상과 밀교유통사(密教流通史)적인 면에서 대단히 중요한 것이다.

2. 『대일경소』의 찬술자

본 『대일경소』는 모두 3명의 찬술자를 거론할 수 있다. 먼저 『대일경』을 제자 일행(一行)의 도움을 받아 번역하고, 경에 담긴 깊은 내용을 제자에게 전해준 선무외삼장이 있고, 다음으로 스승을 도와 경을 번역하고 『대일경소』를 찬술한 일행, 그리고 후반부의 『공양차제법소』를 지은 불가사의(不可思議)이다.

선무외(善無畏, 637~735)는 인도승려로서 중국에 밀교를 전래한 고승이다. 범어명칭인 슈브하까라(Śubhakara)는 슈브하까라싱하(Śubhakara Siṃha)로서 한역하여 선무외라고 한다. 슈브하까라는 깨끗한[淨], 결백한[白] 또는 착한[善]이라는 뜻으로 풀이할 수 있고 싱하(Siṃha)는 사자를 말하는데 한역하여 선무외라고 한 것은 사자가 동물의 왕자로서 모든 것에 두려움이 없다는 데서 이렇게 번역한 듯하다. 그래서 선무외가 번역한 경전에는 선무외, 또는 슈브하카라(Śubhakara, 輸波迦羅)의 역(譯)으로 기록된 것이 많다. 그는 인도 마가다국왕의 혈통으로 아버지는 불수왕(佛手王)이었다. 13세에 왕위를 이어받아 신하와 백성의 지지를 얻었지만, 형들이 반란을 일으켜서 정벌할 때에 흘러오는 화살에 머리를 상하였다. 형들에게 나라를 갈라주고 불도에 입문하여 각지를 순력하다가 명성이 전 인도에 퍼졌다. 나란다사에서 다르마굽타(Dharmagupta)로부터 밀교를 배웠으며, 곧 관정을 받아 세상사람의 스승으로 숭앙되었다. 스승의 명을 받들어 불교 원전을 지니고 중앙아시아를 통해 716년 당나라 장안에 이르렀다. 당나라 황제였던 현종은 국사로서 영접하고 흥복사 남탑원에 머물게 하였다. 이후로부터 장안과 낙양에서 역경에 종사하여 제자 일행과 함께 『대일경』 7권을 비롯하여, 『허공장구문지법』 1권, 『소실지갈라경』 3권, 『소바호동자경』 3권 등의 수많은 비밀경전을 번역하였으며, 여러 제자들에게 비밀법을 전수하였다고 한다. 그의 제자 가운데에는 특히 신라의 승려가 많은데, 현초(玄超)·의림(義林)·불가사의(不可思義)와 중국인 제자로서 일행(一行)이 대표적이었다. 사문 현초 아사리는 다시 『대비로자나대교왕경』 및 『소실지경』의 가르침을 청룡사 동탑원의 혜과아사리에게 전법부촉하니 혜과아사리가 또 성도부의 유상스님과 변주의 변홍, 신라국 혜일, 오진스님, 그리고 일본의 공해(空海)에게 각각 전법 부촉하였다. 그리고 의림은 다시 순효(順曉)에게 비밀법을 전하고 순효는 일본 천태종의 개조인 최징(最澄)에게 법을 전함으로써 신라 출신의 승려들이 동북아시아의 비밀법 전수에 큰 역할을 하였다.

일행(一行, 683~727)은 중국의 밀교를 대성한 승려이다. 속성은 장(張), 이름은 수(遂)이며, 시호는 대혜선사(大慧禪師)이다. 유년시절부터 총명하여 기억력이 뛰어났는데 21살 때 부모를 잃고 형주(荊州)의 경선사(景禪師)에 출가하여, 숭악(嵩岳)의 보적(普寂)으로부터 선(禪)을 배웠다. 예종(睿宗)이 즉위(720)하여 불렀지만 병을 핑계대고 거절하였으며, 당양산(當陽山)에서 혜진(惠眞)으로부터 율(律)과 천태(天台)를 배우고, 율과 모든 경론 중의 요문(要文)을 모은 『섭조복장(攝調伏藏)』 10권과 주(注)를 지었다. 716년에 중국에 온 선무외에게서 태장법(胎藏法)을, 720년에 중국에 온 금강지(金剛智)에게서 다라니(陀羅尼)의 비인(秘印)을 전수받았다. 선(禪)·율(律)·원(圓)·밀(密)의 불교만이 아니라 도교를 수학하고 천태의 포산(布算)으로부터 수학(數學)과 역학(曆學)을 배웠다. 현종은 그 이름을 듣고 조정으로 불러서 궁정에서 액난을 없애는 기원을 닦게 하였다. 또한 대연력(大衍曆) 52권을 저작하였으며, 새로운 황도의(黃道儀)를 완성하였다. 724년 선무외의 대일경번역에서는 역장에서 스승의 구술(口述)을 필기하고, 주석서인 『대일경소』 20권을 완성하였다. 장안의 화엄사에서 입적하자 현종은 근무를 3일간 쉬고 스스로 비문을 지었다.

불가사의는 신라의 고승으로 선무외의 전법제자이다. 선무외로부터 대일경계의 태장계법을 전수받았다. 『대일경』 제7권의 주석서인 『대비로자나공양차제법소(大毘盧遮那供養次第法疏)』 2권을 찬술하였으며, 신라로 귀국하여 영묘사(靈妙寺)에 있었다고 하며, 그 이상의 기록은 남아 있지 않다. 신라 출신의 밀교 고승으로 본격적인 밀교 관계 주석서의 찬술은 오직 불가사의뿐이다.

3. 『대일경소』 36품의 내용

1) 입진언문주심품(入眞言門住心品)

이 품은 『대일경』 전체의 서품(序品)에 해당하며 경의 대의(大義)라고 할 정보리심(淨菩提心)을 밝히고 있다. 품명에 보이는 진언문이란 여래삼밀의 법문을 바르게 수행하는 것을 의미한다. 즉 만다라 제존 가운데 한분의 삼밀을 수행하고 오랜 수행 끝에 여래의 무량한 공덕을 현재의 몸으로 체득하는 것을 말한다. 그리고 주심(住心)이란 중생 자심(自心)의 실상인 일체지지(一切智智)에 안주한다는 뜻이다. 일체지지란 모든 법의 실상을 여실하게 알고자 하는 마음의 묘용(妙用)을 가리킨다. 이 일체지지를 체현하는 사람을 일체지자(一切智者)·일체견자(一切見者)·일체각자(一切覺者)라고 이름한다.

이 품 가운데에 삼구(三句)·팔심(八心)·육십심(六十心)·3겁(三劫)·육무외(六無畏)·십지(十地)·십유(十喩) 등이 설해져 있다.

이 삼구·팔심 등은 자심의 여러가지 상들을 열거한 것이며, 이것을 총체적으로 일괄한 것이 우리 범부심(凡夫心)의 실상으로서 연화태장만다라는 우리 마음의 실상을 표현한 것이다.

2) 입만다라구연진언품(入曼多羅具緣眞言品)

이 품에는 주로 칠일작단법(七日作壇法)을 보이고 있다. 태장만다라(胎藏曼茶羅)의 조단법(造壇法)은 이 품에서 설한 것이 주요한 표준을 이루고 있고 만다라의 기초지식은 이 품의 경(經)과 소(疏)에서 찾을 수 있다.

입(入)이란 것은 취향(趣向)·인입(引入)의 의미이고 만다라라는 것은 도량(道場)의 의미이다. 구연(具緣)이란 인연을 구족하였다는 뜻이다. 도량을 구성하는 것에는 토지를 선택하고, 그 토지를 치정(治淨)하며 길일(吉日)과 양진(良辰)을 택하는 등의 여러 인연을 갖추지 않으면 안된다. 이러한 여러 인연에 모든 여래의 진실언으로 가지해서 신령스럽게 변화시켜 이루어지는 것이기 때문에 「입만다라구연진언품」이라고 이름한 것이다. 이 품에는 한결같이 7일 작단의 사업관정의 궤칙이 설명되어 있다. 여래가 지분생(支分生)의 만다라를 드러내어, 비밀심지의 체성을 밝고 아름답게 이룩한 것은 미래의 중생을 위해 도화만다라를 구성하는 모범을 보인 것이다.

대지를 선택하고 단을 조성하는 것은 7일간에 행하여져서 이루어지는데, 제3일부터 존의 자리(尊位)를 정하고 제6일에는 제자를 호지하는 법, 말하자면 삼매야계(三昧耶戒)를 짓고, 제7일 밤에 이르면 바르게 존상을 그려서 제자를 입단시켜 관정을 행하는 것이다.

이 칠일작단관정을 수단방편으로 해서, 제자로 하여금 결국 마음안 본지(本地)의 만다라에 증입하게 하는 것이다. 마음안 본지의 만다라라고 하는 것은 비밀만다라라는 명칭으로, 경에는 내심묘백련(內心妙白蓮)이라고 설해지고, 『대일경소』에서는 중생의 본심(本心)이라 부르고 있다. 이와 같이 만다라를 중심으로 한 실천수행법이 강조되고 있는 이 품의 내용은 『대일경』을 밀교경전으로 분류할 수 있게 하는 근거가 되고 있다.

3) 식장품(息障品)

식장(息障)에서 식은 지식(止息)을 의미하고 장은 장애(障碍)를 의미한다. 말하자면 내외(內外) 2종류의 장애를 식제(息除)하는 것이 이 품의 본지이다. 진언을 수행하는 아사리, 또는 제자가 만다라를 그리거나 진언을 지송할 때 여러가지 장애와 어려움이 나타나는 수가 있으므로 그 장애를 제거하는 방법을 제시하고 있다. 각종의 장애들은 모두 수행자의 마음에서부터 발생하는데 이 장애의 진정한 원인이 되는 것은 인색·탐욕·삿된 견해 등이다. 이러한 번뇌들을 제거할 때 모든 장애와 어려움들도 저절로 제거된다. 이 장애의 원인과 대치하는 것이 보리심이다. 선무외는 그 방법으로 아(阿)자와 수미산을 관상하여 일체의 공성(空性)을 체득하여야 한다고 강조하였다.

4) 보통진언장품(普通眞言藏品)

이 품에서는 모든 수행에 핵심적으로 통하는 모든 진언을 거의 모두 망라하고 있다. 보통(普通)이라는 것은 두루 통한다는 의미이다. 이 품에서 밝히고 있는 진언은 모든 방편에 두루 통하는 것이므로 보통진언이라고 한다. 장(藏)은 함장구족되어 있다는 의미로서 보통진언을 함장하고 있다는 뜻이다. 이 품에서는 다양한 존격들이 등장하는데 집금강 가운데는 금강수가 상수이고 보살 가운데는 보현보살이 상수가 되어서 대일여래 앞에 나아가 머리를 조아리고 예를 올리며 대비태장생만다라왕에 있어서 자심(自心)에 통달한 청정법계의 법문(法門)을 연설해주실 것을 청한다. 이러한 각각의 보살이 대만다라왕의 청정법계의 바탕을 각각 이해하고 증험하는 것을 설하는 품이므로, 만약 수행자가 보살들이 나타낸 진언을 지송하면, 그 일문(一門)의 법으로부터 마침내는 무진법계 보문의 대만다라왕 가운데로 들어갈 수 있다고 설한다.

5) 세간성취품(世間成就品)

출세간의 성취란 불과(佛果)를 얻는 것이다. 그렇지만 그 경지는 사람의 지혜를 초월하여 있기 때문에 세간의 유위(有爲)이며 유상(有相)인 일에 기탁하여 법계의 신비를 보이는 것이 즉 세간의 실지법(悉地法)이다. 세간유상의 실지란 식재(息災)·증익(增益)·경애(敬愛)·항복(降伏) 등으로 이러한 세간의 실지 성취를 밝힌 품이다. 출세간의 깊은 비밀의 보장(寶藏)은 언설로서 인간에게 보이기 어려우므로 세간의 유위(有爲)·유상(有相)의 모양에 따라 임시로 적어서 법계장 중의 미묘한 심의를 비유하여 설시하고 있다. 만일 이러한 세간의 사상(事相)에 통달하면, 여래의 신력가지에 의해서 드디어 출세간의 실지에 도달할 수 있다는 것이다.

6) 실지출현품(悉地出現品)

실지란 염원 성취의 뜻이다. 여기에 세간과 출세간의 두 가지가 있는데

「세간성취품」에서는 세간의 염원성취의 방법을 밝혔고, 지금의 품과 다음의 품에서는 출세간의 염원성취 방법을 보이고 있다. 출현이란 성취의 상을 현현한다는 의미이다. 세간과 출세간의 모든 성취의 상은 모두 다 여래의 가지호념의 힘에서 생겨나는 것이다.

7) 성취실지품(成就悉地品)

이 품의 중요한 뜻에 관해서는 다음과 같은 세 가지 설이 있다.

① 앞의 두 품은 세간·출세간의 실지를 밝혔고, 지금의 품은 수행하여 들어가는 방법을 밝힌 것이다.

② 앞의 두 품은 실지의 공덕을 설하고 이 품은 실지를 출생하는 심법(心法)을 밝힌 것이다.

③ 앞 품에서는 오자엄신관(五字嚴身觀)이 명시되어 있으므로 색신(色身)의 성취를 밝힌 것이고, 이 품에서는 보살의 의처(意處)를 만다라로 삼는 까닭을 밝히기 때문에 심법의 성취를 보인 것이다.

8) 전자륜만다라행품(轉字輪曼多羅行品)

다라니를 순서대로 돌려서 관하며 진언을 지송하는 것을 만다라행(曼荼羅行)이라고 한다. 앞품에서는 내심(內心)을 성취하는 상(相)으로서, 아(阿)자를 관하고 이 품에서는 아자를 백광변조왕(百光遍照王)으로서 관한다. 즉 아자의 광명이 백천만억의 자문(字門)으로 나타나고 또 그들 백천만억의 자문은 아(阿)의 한 글자에 들어온다는 뜻을 밝히고 있다. 전(轉)이란 선전(旋轉)의 의미로, 곧바로 다라니를 바르게 선전해서 관송(觀誦)한다는 의미인데, 이렇게 다라니의 자륜을 돌려서 관송하는 것이 곧바로 만다라행을 보게 된다는 것이다. 즉 수행자가 아자를 심안(心眼)으로 보고, 또 입으로 송하면서 보리심의 의미를 관할 때에는 이것이 바로 삼매문을 관하는 것이라고 말한다.

9) 밀인품(密印品)

이 품에서는 많은 수의 존명(尊名)을 들고 있으며 그들에 관한 인(印)과 진언에 대해 설명하고 있다. 밀은 비밀(秘密)이고 인은 표치(標幟)로서 밀인이란 바로 법계만다라의 표식이다. 모든 부처는 이 법계표식의 밀인을 가지고 몸을 장엄하기에 여래의 법계신을 이루는 것이 가능하다. 진언수행자가 이 밀인을 가지고 자신을 가지하면, 여래의 법계신과 다름이 없으며 팔부의 중생들에게 공경받으며, 그들은 수행자의 교명(教命)에 따라 기쁘게 활동한다고 설한다.

10) 자륜품(字輪品)

자륜 가운데 자(字)라는 것은 유전(流轉)이 없다는 의미가 있고, 움직이지 않으면서 개전(開展)한다는 뜻도 있다. 윤(輪)이란 전(轉)의 의미로 세간의 윤이 구를 때에 일체의 초목류를 절단하듯이, 이 자륜도 일체의 무명번뇌를 부순다. 또한 부동의 의미도 지니는데 부동이란 바로 보리심을 지칭한다. 대일여래는 보리심의 체성에 머물고 종종 시현해서 중생을 이롭게 하고, 현상계에 드리운 모습은 광대무량하여 다함이 없다. 더구나 실체는 상주부동하여서 일어나거나 사라지는 모습이 없는 것이 흡사 수레바퀴가 굴러감이 끝이 없는 것과 같다. 더우기 윤은 바퀴축을 중심으로 회전하지만 바퀴축 자체는 움직이지 않으면서 주변의 회전을 통제하고 궤도를 이탈하지 않게 하는 것 같이, 보리심의 아자도 스스로는 부동이면서 능히 일체의 여러 종자를 만들어 낸다. 종자는 아자를 중축으로 한 바퀴살과 같은 것인데 말하자면 아자의 변형에 다름 아니다. 이같은 종자륜을 경에서는 변일체처의 법문이라고 부른다. 수행자가 만약 이 자륜관에 머물면 처음 발하는 정보리심부터 성불에 이르기까지 그 중간에 행하는 자리이타의 각종 사업은 이 법문의 가지력에 의해 모두 성취하게 된다고 설명한다.

11) 비밀만다라품(秘密漫茶羅品)

비밀 가운데 비는 심비(深秘), 밀은 은밀(隱密)의 의미이다. 비밀만다라라고 하는 것은 자륜삼매(字輪三昧)를 가리킨다. 대일여래는 여래의 혜안을 가지고 변일체처의 법문을 관찰하고서 법계에 들어가 그 삼매 중에 법계의 무진장엄을 보이고 모든 중생계가 이익되게 할 만한 것을 보내 주신다. 그때 끝없는 중생계에서 여래는 낱낱의 모공에서 종류에 따라 다양한 모습을 나투지만 결국은 하나의 언어로서 여래의 설법을 베풂과 동시에 자륜을 가지고 여래 비밀내증의 덕을 드러내 보인다.

12) 입비밀만다라법품(入秘密漫茶羅法品)

앞의 품에서는 소입(所入)의 법체(法體)를 밝혔고 이 품에서는 능입(能入)의 수행자가 비밀만다라법에 통달하여 깨달아 들어가는 것에 이르는 방편을 밝히고 있다. 아사리는 수법의 제자를 이 비밀만다라에 들어가게 하기 위해 자문(字門)의 법교(法敎)를 가지고 제자의 업장(業障)을 다 태우고 비밀만다라에 들어가 금강법성의 새로운 싹을 자라나게 하는 법칙이 명시되어 있다.

13) 입비밀만다라위품(入秘密曼多羅位品)

이 품에는 제자가 입단한 후에 법·불 평등의 대공위(大空位)에 안주하는 요지가 밝혀져 있다. 이른바 만다라위란 의생(意生)의 팔엽대연화왕을 의미한다. 이곳은 소입(所入)의 위치이며 능입(能入)이 되는 것은 금강의 지체(智體)이다. 즉 진언수행자가 온갖 망집을 모두 깨끗이 제거하고 내심에 의생의 팔엽대연화왕을 현관하는 것을 밝힌다.

14) 비밀팔인품(秘密八印品)

비밀팔인이란 대위덕생(大威德生)·금강불괴(金剛不壞)·연화장(蓮華藏)·만덕장엄(萬德莊嚴)·일체지분생(一切支分生)·세존다라니(世尊陀羅尼)·여래법주(如來法住)·신속지(迅速持)의 여덟이다. 수행자가 비밀만다라에 들어가 안주해도 만약 감응이 없으면 본존이 도량에 강림하지 않는다. 본존이 강림하지 않는 도량에서는 어떤 행사를 하여도 염원을 성취할 수 없다. 그러나 이 비밀팔인과 진언으로 가지하면 본존은 그 가지의 묘력에 의해 자연히 도량에 강림하고 수행자의 원을 만족시킨다고 설한다.

15) 지명금계품(持明禁戒品)

지명(持明)이란 유월(六月) 지명을 가리키고 금계(禁戒)란 6개월의 진언을 지송하는 기간 내에 지켜야 하는 제계(制戒)를 의미한다. 금계의 금(禁)은 금제로써 방종하지 않는다는 의미이고, 계(戒)는 계를 신봉하여 비행을 일삼지 않는다는 의미이다. 6개월 동안 지송하는 수행에는 비행을 방지하고 악을 그친다는 의미가 있기 때문에 지명 자체가 바로 금계라고 말하는 것이다. 원래 계에는 제계 외에 본성계(本性戒)가 있는데 이 품에서는 보리심을 근간으로 하여 전개되는 본성계를 중시한다.

16) 아사리진실지품(阿闍梨眞實智品)

진실지란 아자에서 출생한 지로써 본유의 묘지(妙智)를 의미한다. 이것은 자성청정을 내증(內證)한 진실심이다. 이 품에서는 아자에서 생겨나는 마음을 아사리의 진실지라 하며, 아자를 변일체처 만다라의 진언종자로 간주하고 있다. 이 진실지와 변일체처의 법문과 상(相)이 일치하는 곳에 법계만다라가 건립되는 것이다.

17) 포자품(布字品)

수행자 몸의 상・중・하 각 지분에 종자를 포치하는 것이 이 품에서 밝혀져 있다. 이것은 모든 여래의 힘을 그 몸에 구비하기 위해서이다. 수행자가 아자 정보리심지에 머물러 모든 자문을 몸의 지분에 포치하는 것에 의해 수행자의 한 몸이 법계만다라로 되며, 법계탑이 된다는 것을 의미한다.

18) 수방편학처품(修方便學處品)

여기에서 방편은 지혜방편을 갖추는 것이며, 학처는 계법(戒法)의 학습을 의미한다. 즉 이 품은 지혜의 방편을 갖추고 계법을 실천해 가는데 대해서 설한다. 밀교의 계에는 두 가지가 있는데 하나는 제계이고 둘째는 방편금계로서 진언행을 하는 보살이 마땅히 배워야 할 처(處)의 일이며,

범어로는 식사가라니(式沙迦羅尼, Śikṣā-karaṇī)라 한다. 그 계상(戒相)은 오계(五戒)·십선계(十善戒)·사중금계(四重禁戒) 등이 있으며 이 품에서는 그 방편학처가 명시되어 있다.

19) 백자생품(百字生品)

암(暗)자로부터 25자를 생하고 그 25자에 4를 곱하면 100자가 된다. 암자를 백광변조왕(百光遍照王)이라 하는 것은 이들 백자문도(百字門道)의 광명을 의미한다. 암자는 성불의 요체(要諦)로서 시방삼세의 제불은 암자를 관하므로 해서 정각을 성취할 수 있다고 하는 것으로 이것이 성불에 이르는 지름길이라 한다.

20) 백자과상응품(百字果相應品)

이 품에서는 대일여래가 다라니형(形)으로 불사를 나타내고 일체중생 앞에서 불사를 베푸시며 삼삼매야구(三三昧耶句)를 연설하는 것을 밝히고 있다. 앞 품에서는 백광변조왕법(百光遍照王法)의 수행의식을 설하였으며, 이 품에는 백광변조왕의 과지(果地)의 만덕을 밝히고 있다. 경에 대지관정(大智灌頂)이라 함은 제11지 등각(等覺)의 위에서 금강살타가 시방삼세의 제불로부터 관정을 받아 삼계의 법왕자(法王子)의 자격을 얻은 위치를 의미한다.

21) 백자위성품(百字位成品)

앞의 제19품에서는 암(暗)자의 자체(字體)를 밝혔고, 제20품에서는 암자문(暗字門)과 삼밀이 상응한 공덕을 나타내고 이 품에서는 백자성취(百字成就)의 상을 보이고 있다. 수행자가 암(暗)자의 가지에 의하여 의생(意生)의 팔엽연화대 위에서 삼삼매야(三三昧耶)에 안주하고 금강미묘의 극위(極位)를 증득하는 것은 신비 중의 최고의 신비, 얻기 어려운 것 중에 최고의 어려운 것이라고 밝힌다.

22) 백자성취지송품(百字成就持誦品)

백광변조왕의 암자문에서 지송해야 할 법칙이 이 품에서 설명되고 있다. 백자성취지송의 힘에 의해 번뇌의 몸과 청정한 몸이 평등하여 다름이 없고 또 물들은 마음과 깨끗한 마음이 평등해서 둘이 아님을 증득하여서 그 평등법계에 의해 정식(情識)으로 보는 견해의 어두움을 제거하고 지혜의 광명을 일으켜 시방세계에 두루하게 항상 불사를 행하는 것이다.

23) 백자진언법품(百字眞言法品)

암자의 자체인 아자의 덕을 설명하고 있다. 일체법의 실상을 개시하는 것은 궁극적으로 아자의 체득에 있다. 따라서 아자는 본존이다. 수행자가 아자로서 일체법을 가지해서 무상정등각을 이루는 것은, 일체법을 가지해서 아자의 대공삼매에 들어가는 것과 동등한 것이 된다. 아자는 본디 생겨남도 없으며 얻을 수도 없는 공(空)의 의미이다. 모든 법은 본래 불가득공이기 때문에, 진언독송을 듣고, 그 본성이 공함을 깨달았을 때에 무량한 진언의 심오한 뜻을 이해하여 수행자의 마음이 아자의 의미와 상응하면 모든 법의 궁극까지 체달하여 보편적으로 일체제법에 통달할 수 있다.

24) 보리성품(菩提性品)

이 품은 『대일경』의 근본이 되는 요의(要義)를 밝히고 있다. 요의란 법으로서는 정보리심, 인(人)으로서는 태장만다라 중대심왕(中臺心王)인 대일존을 가리킨다. 보리의 성품은 허공의 상(相)이 항상 일체처에 두루하면서도 의지하는 바 없는 것처럼, 진언구세자(眞言救世者)인 대일존도 의지하는 바 없는 것이 허공과 같다. 대일존은 모든 법의 의지처가 되고, 일체만유의 근원이 되지만, 그 자신은 의지하는 바가 없기 때문에 무소의(無所依)라 칭한다.

25) 삼삼매야품(三三昧耶品)

삼삼매야는 삼평등의 의미이다. 심(心)과 지(智)와 비(悲)는 평등하여 하나이기 때문에 삼삼매야라 부른다. 또한 불·법·승도 셋이면서 하나로 평등하기 때문에 삼삼매야라 하고, 법신·보신·응신도 셋이면서 본래가 평등한 것이기에 삼삼매야라 칭한다. 마음·부처·중생의 셋이 다르지 않음을 깨닫는 것도 역시 삼삼매야의 의미이다. 이들이 일여일체(一如一體)가 된 것이 삼평등의 뜻이다.

26) 여래품(如來品)

이 품에서는 보리·불·정각·여래의 네 가지를 밝히고 있다. 불은 보리를 증득하여 성취한 자를 말한다. 즉 보리심에 머물고서 그 보리 구하기를 즐겨하는 자를 보살이라 하고, 십지를 만족하고 법의 무성(無性)에 통달해서 위로는 법신에 계합하고 아래로는 육도에 계합하는 자를 불이라 부른다. 법의 무상함을 깨달아 십력을 원만히 채운 것을 정각(正覺)이라 하고, 무명의 영역을 벗어나 여여(如如)한 실상(實相)의 세계에서 이 사바세계에 상을 나타낸 자를 여래라 부른다.

27) 호마품(護摩品)

호마(護摩)는 소공법(燒供法)이라 번역한다. 이 품에서는 외도의 호마에 44종이 있는 것과 불법의 외호마에 13종이 있는 것과 더불어 내호마도 열거하면서 외호마의 중연지분(重緣支分)과 내호마의 작법이 명시되어 있다.

호마에 중요한 것은 본존과 화로와 행자이다. 화로가 땔감을 완전히 태우는 것과 같이 본존의 지혜의 불은 행자의 번뇌의 장작을 모두 태우고 아사리의 지혜의 불이 제자의 무지의 장작을 모조리 태워서 드디어 망집의 장작이 모두 완전히 태워 없어지면, 오직 이 본래 처음부터 생겨남 없는 원명(圓明)에 머물러서 평등한 법계의 큰 즐거움을 누리게 된다.

바깥의 연이 되는 일을 구족하여 행하는 것을 외호마라 말한다. 유가의 묘관(妙觀)에 머물러 번뇌의 땔감을 태워없애는 것은 대일여래의 지혜의 불이며, 그 불은 수행자의 자심에 본래 갖추고 있는 지혜광명이다. 이같이 본존 대일여래와 수행자와 화로가 본래 평등하다고 관하는 것을 내호마라 부른다.

28) 본존삼매품(本尊三昧品)

본존은 자(字)·인(印)·형(形)으로 구분할 수 있는데 이것은 청정한 자기 자신을 가리키며, 아자와 상응하여 일여가 된 상태를 말한다. 특히 여기서는 이 세 가지를 통하여 비로자나불의 세계에 인도된다는 것을 나타내고 있다. 그리고 이 세 가지를 더 상세히 구분하면 자에는 성(聲)과 보리심, 인에는 유형과 무형, 형에는 청정과 비청정의 구별이 있다고 설명한다.

이들 가운데 성(聲)과 유형과 비청정은 유상(有相)이고, 보리심과 무형과 청정은 무상(無相)이다. 유상에 머무른 수행자는 유상의 실지를 얻고, 무상에 도달한 자는 무상실지, 즉 불과를 얻는다.

29) 무상삼매품(無相三昧品)

무상삼매란 흔히 말하는 무상(無相), 적정(寂靜)의 의미가 아니라 자성청정의 원명(圓明)한 법체(法體)를 가리킨다. 유상을 떠난 무상이 아니라 불가사의한 상이 실재하는 것을 인지(認知)하는 것이다. 유위법 밖에 무위법이 있는 것이 아니라 유위법의 삼종세간과 유위의 모든 행사인 삼밀의 묘행이 그대로 무상평등의 법성에 환원되는 것이다. 본경에 앞에서부터 밝혀왔던 삼밀의 묘행도 모두 인연으로 생한 것이다. 연하여 일어나면 삼밀의 행이 드러나고, 연이 멸하면 묘행이 멸각해가는 것이기 때문에 삼밀의 묘행은 원래가 무자성이다. 묘행 그 자체가 무자성이기 때문에 불생불멸이고, 불생불멸이기 때문에 아자본불생(阿字本不生)의 진리에 계합하게 된다. 아와 법이 실제한다는 견해에 붙잡혀있는 범부 수행자를 무상의 법체에 들어가게 하기 위하여, 유상의 삼밀의 행상에 의해서 무상의 아자문으로 유도하고 평등절대의 원명으로 귀입케 하는 것이 이 경의 요지이다. 그러므로 진언행은 유상삼밀의 묘행을 닦는 데에서부터 출발하여 그 심기(心機)를 일전(一轉)하여 무상평등의 묘관으로 들어오는 것을 지극(至極)으로 삼는다.

30) 세출세지송품(世出世持誦品)

진언법 중에는 세간적인 것, 출세간적인 것의 다름이 있는데 세간적인 지송이란 세간의 복락 · 장수 등을 얻기 위한 수법을 가리키고, 출세간적인 지송은 번뇌망상을 끊어서 무상의 불과를 얻는 것을 목적으로 한다. 지송이란 수행자의 염원을 본존에 집중하여 본존의 요체인 진언을 입으로 송한다는 의미이다. 본존의 진언을 구송(口誦)하는 경우에 심의염송(心意念誦)과 출입식염송(出入息念誦)의 두 가지가 있다. 심의염송이란 수행자의 마음을 본존에 집중시켜 진언을 염송하는 것이고, 출입식염송이란 출입의 식에 응해서 본존의 진언을 구송하는 것이다.

31) 촉루품(囑累品)

촉(囑)은 부촉(咐囑), 루(累)는 계승의 의미이다. 즉 이 묘법을 제자에 부촉해서 세간이 이 미묘한 가르침을 영원히 머물게 하여 법등을 천세후에도 빛나도록 계승한다는 뜻을 밝히고 있다. 여기에는 반드시 준수해야 할 것들이 있다. 먼저 아사리는 자신의 제자 이외의 다른 사람에게 전수해서는 안된다는 것을 강조한다. 만약 다른 사람에게 전수할 경우에는 그 사람의 근성(根性)을 반드시 알아야 한다고 설한다. 그리고 비밀법을 전수하는 데에는 인(人) · 시(時) · 처(處)를 엄격히 가린다. 만에 하나라도 아사리가 이 규정을 어기면 자신에게 재앙이 미친다고 경고한다.

이상 제1권에서 제20권까지 총 31품 가운데 제1품은 사상 · 교리 등의 내용을 담고 있으며, 제2품에서 31품까지는 의식·의궤·수행방법 등을 교설하고 있다. 『대일경소』에는 『대일경』 제7권에 대해 불가사의가 찬술한 『공양차제법소』가 상·하권 5품으로 구성되어 있다.

1) 진언행학처품(眞言行學處品)

이 품에서는 수행자가 간직하여야 할 자세에 대해서 설한다. 수행자는 자타의 이익과 최상의 실지를 성취하기 위해서 청정한 마음을 가져야 한다. 만약 외도의 법을 행하고 분노하는 마음을 일으킨다면 실지를 얻을 수 없다. 중생에게 이익을 베풀기 위해서는 자비와 환희심과 사심(捨心)을 가져야 한다. 또한 중생을 위하여 법(法)·재(財)·무외시(無畏施)를 적절히 베풀어야 하며 스승을 공양해야 한다.

이와 같이 수행자의 용심(用心)과 수행의 안목을 먼저 제시하고 무상지를 증득하기 위한 갖가지 수법 등을 상술하고 있다.

2) 증익수호청정행품(增益守護淸淨行品)

청정행은 진언지송자의 정요(精要)로서 이것에 의해서만이 세간과 출세간의 수승한 묘법의 과를 얻는다. 밤낮으로 염혜(念慧)에 머물러서 법칙으로 제시된 대로 일상생활을 하고 방일하지 않도록 주의하지 않으면 안된다. 방일은 죄악의 근본이 되며, 장애와 해악의 원인이다. 육근을 청정히 하여 무진무여의 중생계에 대하여 자비·인욕하는 마음을 갖고 이것을 불도로 끌어들여 함께 보리를 구하겠다는 생각을 일으켜야 한다.

또 수행자가 단을 건립하고 참회하며 불보살에게 귀의하여 불의 세계에 들어가는 의식과 수행자 자신이 불의 세계에 들어가 불보살로부터 가

피를 입고 증익을 성취한 뒤에 그 자신이 불보살의 입장에서 중생들에게 증익을 베푸는 내용 등이 이 품에 제시되어 있다.

3) 공양의식품(供養儀式品)

청정한 업으로 몸을 정갈히 하고, 선정에 안주하여서 본존을 염하고, 진언과 인계에 의하여 본존을 그 국토로부터 초청하여 염송행법을 마치거나, 본존을 본토로 봉송하는 것 등은 모두 진언과 인계와 관상에 의해서 행하여야만 한다. 이와 같이 이 품에서는 의식을 행할 단이 완성되고 수행자의 마음가짐이 청정해졌을 때 본존을 초청하는 의식을 설한다.

4) 지송법칙품(持誦法則品)

이 품의 구성은 유상염송문(有相念誦門)・무상염송문(無相念誦門)・본존삼매수식문(本尊三昧隨息門)・대일삼매속득문(大日三昧速得門)・비밀사업가해문(秘密事業加解門) 등으로 이루어져 있다.

유상염송문에서는 본존의 관상법에 대하여 설하고, 무상염송문에서는 수행자의 관상에 의해서 떠올린 본존에 대하여 삼밀을 행하고 색・표치・형상 등과 상응하여 수행자와 본존이 구별없이 되는 삼마지의 상태에 이르는 길을 설한다. 이 품의 말미에 있는 비밀사업가해문에서는 진언종자의 구성을 통하여 나타낸 조복・식재・증익에 대해서 설한다. 이와 같이 이 품에서는 종자의 관상법을 비롯하여 종자의 오처포치법・진언종자를 통한 삼종법의 실현과 단의 형태 등에 대해서 설하고 있다.

5) 진언사업품(眞言事業品)

수행자는 자신을 가지해서 금강살타가 되고 불보살 등의 무량의 공덕을 사유해서 무진의 중생계에 대하여 대비의 마음을 일으킨다. 이 닦은 선근을 회향하고 법계의 중생에 미치게 하여 자리이타의 묘법을 모두 만족하고 생사의 미혹한 세계에서 돌아와 이타행을 닦고, 일체중생의 바라는 원을 원만하게 성취될 수 있도록 돕는다. 또 청정처를 향·화로 엄식하고 자신이 관세음보살이 되게 관한다. 여래의 자성에 안주해서 자신을 가지하고 보편적으로 일체의 제불보살에 대해 묘법을 공양하는 염을 일으켜 대승묘전을 독송하는 것이 비유로 설해져 있다. 그리고 이 품에서는 그 외에도 각종 회향의식을 설한다.

大毘盧遮那成佛經疏 1 _ 차례

大毘盧遮那成佛經疏 2

大毘盧遮那成佛經疏 3

제1 입진언문주심품(入眞言門住心品)[1]

【제1권】

1. 경의 제목

"대비로자나성불신변가지(大毘盧遮那成佛神變加持)"란 [경의 제목에는] 어떠한 뜻이 있는가? 산스크리트 음[을 음사한] 비로자나(毘盧遮那, Vairocana)는 태양의 다른 이름으로서 어둠을 없애고 두루 밝힌다는 뜻이다. 그러나 세간의 해는 방향과 한계가 있어 만약 바깥을 비추면 안은 밝게 하지 못하며,

---

1) 『대일경(大日經)』에는 모두 36품이 있다. 그 초품을 「입진언문주심품(入眞言門住心品)」이라 한다. 삼밀방편문에 의하여 사람들이 본래 갖추고 있는 정보리심(淨菩提心)에 안주(安住)하는 뜻을 설한 품이라는 뜻이다. 실제로는 삼밀문(三密門)이라 해야 하지만 지금은 진언의 구밀(口密)을 들고 나머지 이밀(二密)을 겸하여 진언문이라 한 것이다.

한쪽을 밝히면 다른 한쪽에는 미치지 못한다. 또한 오직 낮에만 빛날 뿐 밤에는 빛을 내지 못한다. 반면에 여래의 지혜의 햇빛은 이와 같지 않아 모든 곳에 두루하여 크게 광명을 비출 뿐만 아니라 안과 밖의 차별이 없고 낮과 밤의 다름도 없다. 또한 [세간의] 태양은 염부제(閻浮提)[2]로 가서 모든 풀과 나무·숲이 그 성분대로 각각 자라나게 하니, 세간의 온갖 일이 이로 인하여 성장하지만, 여래의 광명은 법계를 두루 비추고, 또한 평등하게 무량한 중생들의 갖가지 선근 및 세간과 출세간의 뛰어난 사업을 개발시키니 이로 말미암지 않고서는 성장할 수 없다.

또한 두터운 어두움이 태양을 가려도 [태양은] 괴멸하는 일이 없고, 사나운 바람이 구름을 불어내면 태양의 빛이 드러나 비추되 [그 빛은] 그때 비로소 생겨난 것이 아니듯이, 불심(佛心)의 광명도 역시 이와 같아서, 비록 무명과 번뇌와 희론(戱論)의 두터운 구름에 뒤덮혀 있을지라도 줄어드는 일이 없으며 구경(究竟)의 제법실상삼매는 끝없이 두루 밝힐지라도 늘어나는 일이 없다. 이와 같이 갖가지 이유로 세간의 태양은 [불심의 광명에] 비유할 수 없는 일이지만 그 일부분이 서로 비슷하기 때문에 '크다(大)'는 명칭을 덧붙혀 "마하비로자나(摩訶毘盧遮那)"[3]라 부른다.

"성불(成佛)"이란 산스크리트 원어 그대로 빠짐없이 번역하면 '성삼보리(成三菩提, abhisaṃbodhi)'라 한다. 이는 바른 깨달음·바른 앎의 뜻이다. 말하

---

2) 염부제(閻浮提)는 Skt. Jambū-dvīpa의 음사(音寫)이다. 수미산(須彌山)의 남쪽에 있는 대륙으로 사대주(四大洲)의 하나이다. 수미산을 중심으로 해서 인간세계를 동서남북으로 나누는데, 염부제는 남쪽에 있으며 즐거움은 북주(北洲)·서주(西洲)·동주(東洲)만 못하나 부처님을 만나 법을 듣기로는 남염부주가 으뜸이라 한다. 원래는 인도를 가리키는 말이었는데 후에는 우리들이 살고 있는 인간세계를 뜻한다.

3) Skt. Mahāvairocanatathāgata. 우주의 진리 그 자체를 나타내는 밀교의 절대적 중심의 본존. 대일여래는 산스크리트 '마하바이로차나 타다가타'를 뜻으로 옮긴 말이다. 경전에서는 마하비로자나라 음역되거나 대비로자나라고 의역과 음역이 동시에 행해지기도 한다. 대변조여래(大遍照如來)·변조여래(遍照如來)라고도 하며 이명으로『금강정의결(金剛頂義訣)』에서 최고현광명안장여래(最高顯廣明眼藏如來)라 하며,『이취경』에서 무량무변구경여래(無量無邊究竟如來)라 하며, 이외에 광박신여래(廣博身如來)·일체법자재모니(一切法自在牟尼) 등이 있다. 제불보살이 출생하는 근본이며 궁극의 귀결처이다.

자면 여실지(如實智)로써 과거·미래·현재의 중생에 속하는 것과 중생에 속하지 않는 것,[4] 항상[5]한 것과 항상하지 않은 것[6] 등 일체의 모든 법을 알고 모두 분명하게 깨달아 아는 까닭에 [삼보리를] 깨닫는다고 이름하니 부처란 바로 깨달은 자[覺者]이다. 그런데 [지금은] 문자를 생략하여 단지 **"성불"**이라고 하였다.

"신변가지(神變加持)"[7]라 하는 것은 옛 번역에서는 신력(神力)의 소지(所持)[8]라 하거나 혹은 부처가 호념(護念)하시는 바라 하였다. 그러나 이 스스로 증득한 삼보리는 일체의 마음자리[心地]를 초월하여 모든 법이 본래 처음부터 생기지 않았음[本不生]을 깨달은 것이다. 이 곳에서는 언어가 그쳤으며 마음의 작용 또한 적멸하였으니 만일 여래의 위신의 힘을 여읜다면 십지(十地[9])의 보살일지라도 오히려 그 경계를 알 수 없는데 하물며 그밖의 생사(生死)[10] 가운데 헤매는 사람들이겠는가!

---

4) 유정(有情)이 아닌 것들을 가리킨다. 즉 무정물들로 주변환경까지 포함한다.

5) 제법(諸法)의 실상(實相)을 가리킨다.

6) 미혹한 세계에서 모든 상(相)은 생주이멸(生住異滅)의 네 가지 모습에 따라 변천하므로 항상하지 않다고 한다.

7) 가지(加持, adhiṣṭhāna)란 부처의 헤아리기 어려운 힘이 나에게 더해지고 나는 그 힘을 받아지니기 위해 힘쓰는 것을 말한다. 실제로는 여러 가지 수법이나 의식에 의하여 부처의 힘을 자기가 얻는 것, 그리고 그것을 위해 하는 행위 전반을 가리킨다. 가지의 가(加)는 가피(加被)·증가(增加), 지(持)는 임지(任持)·섭지(攝持)의 뜻으로 해석된다. 호념(護念)·가호(加護) 등의 번역도 같은 뜻이다. 즉 가는 제불의 대비의 힘이 수행자에게 가해지는 것이고, 지는 수행자의 신심에 부처가 감응하는 것을 말한다.

8) 『대일경의석(大日經義釋)』에서는 '신력의 가지(加持)'라 한다(『卍續藏經』 23, 511 하). (이하 『大日經義釋』은 『義釋』으로 약칭하며, 서술 없이 서로 다른 표현만을 기재한다.)

9) 대승불교에서 설하는 대승보살의 열 가지 계위 가운데 열 번째 지위로써 법운지(法雲地)이다. 마치 가뭄에 비구름이 굵은 빗줄기를 쏟아 내리듯이 공덕을 구비하고서 중생에게 이익되는 일을 행하는 지위이다. 이는 실제에 있어 그러한 보살로서 대표되는 붓다의 경지이다. 십지에서 지(地)라고 하는 것은 주처(住處), 혹은 주지(住持), 생성(生成)의 뜻이 있다. 그 자리(住)를 사는 집으로 하고, 그 자리에 있어서 법을 보존하고 육성하는 것에 의해서 과(果)를 낳는 것을 말한다.

10) 윤회(輪廻, saṃsāra)와 같은 의미이다. 업인(業因)에 의해서 육도(六道)의 세계에 태어나서 죽기를 거듭하면서 윤회하는 것을 말한다. 이러한 생사(生死)가 끝이 없는 것을 밑바닥을 알 수 없는 바다에 비유해서 생사해(生死海)라고 한다.

이때에 세존[대일여래]께서는 옛적에 세우신 대비원(大悲願)[력]으로 말미암아 이렇게 생각하셨다.

'만약 내가 이와 같은 경계에 머물기만 한다면 모든 유정들을 이롭게 할 수 없을 것이다. 그러므로 자재신력가지삼매(自在神力加持三昧[11])에 머물러 널리 일체중생을 위하여 여러가지 모든 세계에서 보기 좋아할 몸을 보이고, 갖가지 성품을 지닌 자들이 원하는 대로 알맞는 법을 알아듣게끔 설하며, 갖가지 마음 작용에 따라 관조문(觀照門)을 열리라.'

그러나 이 응화(應化)는 비로자나의 몸이나 언어나 혹은 마음을 따라 생기는 것이 아니며, 언제 어디서나 [응화가] 일어나는 시작도 있을 수 없고 사라지는 끝도 있을 수 없다.

비유하면 마술사가 주술의 힘으로 약초를 가지(加持)하여 갖가지의 일찌이 없었던 일을 보이고 오정(五情[12])을 통해서 중생의 마음을 기쁘게 할지라도 만약 가지하지 않는다면 다음에 사라지는 것과 같다. 여래의 금강환술도 이와 같아서 연(緣)이 다하면 사라지고 계기가 있으면 곧 생기지만 하시는 일마다 참되며, 그 일이 끝이 없다. 그래서 신력가지경(神力加持經)이라 하였다. 만약 산스크리트본에 의거한다면 갖춘 제목을 대광박경인다라왕(大廣博經因陀羅王)으로 해야 할 것이다. 인다라왕[Indra]이란 제석(帝釋)이다. 말하자면 이 경은 일체여래의 비밀스러운 법요로서 감추어졌던 것이니 대승의 온갖 가르침 가운데에서 위덕이 특히 뛰어나고 존귀하여 마치 천개의 눈[13]을 제석천의 주된 [특징으로 삼는] 것과 같다. 아마 경의 제목이 크고 길어서 빠짐없이 갖추지 못한 것 같다.

"입진언문주심품(入眞言門住心品)"이란 무엇인가? 산스크리트본에는 두 가지 제목이 함께 있다. 하나는 「수진언행품(修眞言行品)」이라 하고 다음으

---

11) 대일여래는 이 삼매에 머물러 이 경을 설하신 것이다.

12) 중생의 오근(五根)을 가리킨다. 안(眼)・이(耳)・비(鼻)・설(舌)・신(身) 등의 오근은 정식(情識)을 생하므로 오정(五情)이라 부른다.

13) 제석천의 중요한 특징 가운데 하나가 천 개의 눈이다.

로는 「입진언문주심품(入眞言門住心品)」이라 하니, 입(入)·주(住)의 의미에 수(修)·행(行)의 뜻이 함께하고 있음을 살필 수 있다. 일부러 번잡한 문장을 피하여 다만 그 하나를 붙잡은 것이다.

"진언"은 산스크리트로 만트라(漫怛羅, mantra)[14]라고 한다. 이것은 바로 참된 말, 여여(如如)한 말, 망녕되거나 이상하지 않은 소리이다. 용수(龍樹)의 『대지도론[釋論]』에서는 [진언을] 비밀호(秘密號)[15]라 하였으며 옛 번역에서는 주(呪)라고 하였으나 이는 잘못된 번역이다.

이 품은 '중생들 자신의 마음[自心]이 곧 일체지지(一切智智)이며 [자신의 마음을] 참다웁게 알면 일체지자(一切智者)이다'라는 경의 대의를 총괄적으로 논한 것이다. 이러한 까닭에 이 가르침의 모든 보살이 진언[眞語]을 문으로 삼아 자기의 마음에서 보리를 일으키고, 곧 마음에 만행(萬行)을 갖추며, 마음으로 바르고 평등한 깨달음을 보고, 마음으로 대열반을 증득하며, 마음으로 방편을 일으켜 마음으로 불국(佛國)을 깨끗하게 장엄하여 인지(因地)[16]에서 과지(果地)에 이르기까지 모두 머무는 바 없이 그 마음에 머

---

14) Skt. mantra. 진실하여 거짓됨이 없는 불교의 비밀스러운 주문. 주(呪)·신주(神呪)·밀언(密言)·밀주(密呪)·진실어(眞實語)라고도 한다. 옛날 인도의 바라문교에서는 신들에 대한 사람들의 기원으로 신들에 대한 귀의와 기원, 찬앙 등의 성스러운 구절이었다. 베다시대에는 재난을 물리치고 복을 부르기 위하여, 그리고 선신이나 악신을 감동시켜 이익을 얻기 위하여 송해졌다. 후에 시바교에서는 범천을 생물과 음성을 창조한 절대자로서 그 능력은 범천에 있는 것이라고 하였다. 즉 음성은 삼라만상의 대표이고 범천의 일부분이기 때문에 진언의 주법을 행하면 일체의 존재를 지배할 수 있다고 생각되었으며, 이것에 의해서 해탈을 꾀했다. 이와 같은 민족종교의 분위기에 불교의 교리가 스며들어서 진언을 염송하는 것에 의해서 불교의 목적인 성불도 가능하다고 된 것이다. 이 진언은 부처와 보살의 서원(誓願)·덕(德)·활동을 표시하는 비밀어라 해서 옛부터 우리나라에서는 산스크리트어 그대로 읽고 번역하지 않는다. 불교에는 이 진언을 번역하지 않는 다섯 가지 관례가 당나라 현장(玄奘)삼장이 정한 번역명의집(飜譯名義集)에 나온다. ①비밀인 까닭에 번역하지 않는다. 다라니와 같이. ②많은 뜻을 함축하였으므로 번역치 않는다. 박가범과 같다. ③이곳에 번역할 만한 말이 없으므로 번역치 않는다. 염부제와 같이. ④옛부터 번역치 않는 것에 따르므로 번역치 않는다. 아뇩다라삼먁삼보리와 같이. ⑤선(善)을 생하게 하는 까닭에 번역치 않는다. 반야와 같이.

15) 다라니의 다른 이름. 다라니는 비밀스러운 진언이므로 비밀호라 부른다. 『의석』에서는 '밀호(密號)'라 하였다.

16) 부처님의 지위를 과지(果地)·과상(果上)이라 함에 대하여, 성불하려고 수행하는 지

무는 것을 「입진언문주심품」이라 말한다.

「입진언문」에는 대략 세 가지가 있으니, 첫째는 신밀문(身密門)이고, 둘째는 어밀문(語密門)이며, 셋째는 심밀문(心密門)이다. 이것들을 아래에서 자세하게 설명할 것이다. 수행자는 이 세 가지 방편으로 스스로 삼업을 청정하게 할 때에 곧 여래의 삼밀에 가지되며, 나아가 현재의 생애에서 지바라밀(地波羅蜜)[17]을 만족하게 될 것이다. 또한 [번뇌를] 다스리는 행을 갖추어 닦음으로 해서 다시는 수많은 겁(劫)[18]을 [윤회 가운데에서] 지내지 않게 될 것이다. 그러므로 『대품(大品)』[19]에 말하기를 '보살은 초발심할 적에 바로 보살위에 올라 불퇴전(不退轉)의 위(位)에 오른다'고 하였다. 혹은 '초발심을 낼 적에 바로 위없는 보리를 증득하여 방편으로 법륜을 굴린다'고 하였다. 용수는 이를 '사람이 먼 길을 갈 때에 양을 타고 가는 사람은 오랜 시간이 걸린 뒤에 도착하고 말을 타고 가는 사람은 더 빨리 도착하며 신통(神通)을 행하는 사람은 생각 내었을 적에 바로 갈 곳에 이른다. 생각을 내었을 때 어찌하여 도달하게 되는가 하는 것은 신통의 상이 그러하니 의심을 내지 말라'[20]고 하였다. 이것이 바로 경의 깊은 뜻이다.

위를 인위(因位), 또는 인지(因地)라고 한다.

17) 십바라밀(十波羅蜜)을 가리킨다. 지(地)를 명칭에 넣은 것은 십지(十地)의 보살이 닦아야 할 것이기 때문이다.

18) Skt. Kalpa의 음역. 무한의 시간을 말한다. 고대 인도인이 생각했던 시간의 수량으로서, 가장 긴 단위이다. 지극히 긴 시간의 일. 보통은 영원의 시간, 무한의 시간으로 생각하는 뜻과 같다. 이 겁의 대표적인 설명에 사방 사십리나 되는 큰 성에 겨자씨를 채우고 그 겨자씨를 백 년마다 한 알씩 꺼내어 그것이 전부 없어져도 겁은 다하지 않는다고 하는 겨자겁의 비유와 사방 사십리의 바위를 백 년에 한 번씩 얇은 옷깃으로 스쳐 지나가서 마침내 그 바위가 마멸되어 없어져도 겁은 다하지 않는다는 반석겁의 비유가 있다.

19) 『대품반야경(大品般若經)』 제2권 「왕생품(往生品)」(대정장 8, 226 상). '사리불이여, 보살마하살은 처음으로 발심할 때에 육바라밀을 행하여 보살위에 올라 아유월치지(阿惟越致地)를 증득한다. 사리불이여, 보살마하살은 처음으로 발심할 때에 문득 아뇩다라삼먁삼보리를 증득하고 법륜을 굴린다.'

20) 『대지도론』 제38권(대정장 25, 342 하). '비유하면 먼 길을 갈 때에 양을 타고 가거나 혹은 말을 타고 가며, 혹은 신통으로 가는 자가 있다. 양을 탄 사람은 오래 걸려서 도착하고 말을 탄 사람은 좀더 빨리 도착하며 신통을 탄 사람은 생각하자마자 도달한다.

2. 오성취(五成就)

“이와 같이 내가 들었다. 한때 부처님께서 여래가 가지한 법계궁에 계신다.”

경의 처음 다섯 가지 뜻[21]은 『대지도론』[22]에서 자세하게 밝힌 바와 같다. 이 경의 산스크리트본은 통서(通序)[23]가 없다.

[선무외]아사리(阿闍梨)[24]가 말하였다.

‘비로자나대본은 십만 게송이 있었으나 너무 커서 지니기 어렵기 때문에 법을 전하는 성자[25]가 그 요점을 간추려 삼천여송으로 하였다. 진언행

어떻게 생각하자마자 도착할 수 있는가? 신통의 상이 그러하니 의심을 내지 말라.’

21) 오성취(五成就)를 가리킨다. 오성취란 신(信)·문(聞)·시(時)·주(主)·처(處)의 다섯을 말한다. 『대일경』에서는 ‘이와 같이’가 신(信), ‘내가 들었다’가 문(聞), ‘한 때’가 시(時), 부처님이 교주(教主)이고, 법계궁(法界宮)이 설처(說處)이다.

22) 『대지도론』 제1권(대정장 25, 63 상). ‘불법의 큰 바다는 믿음으로 들어갈 수 있고 지혜로써 건널 수 있다. 이와 같은 뜻이 바로 믿음이다. 어떤 사람이 마음 속에 청정한 믿음이 있다면 이 사람은 불법에 들어갈 수 있다. 그러나 믿음이 없는 사람은 불법에 들어갈 수 없다.’

23) 경전의 서문에는 통서(通序)와 별서(別序)의 두 종류가 있다. ①여시아문(如是我聞) 등의 육성취(六成就)는 모든 경에 공통되어 있으므로 통서라 부른다. ②본 경을 설하게 된 특수한 연기에 관해 설하는 것은 별서(別序)라 부른다.

24) 아사리(ācārya)는 불교교단에서 제자를 교수(教授)하고 제자의 행위를 바르게 하여, 그 모범이 될 수 있는 스승에 대한 총칭이다. 아차리야(阿遮梨耶) 또는 아차리야(阿闍梨耶)라고도 음역하며, 궤범사(軌範師)·정행(正行)·계사(戒師)라 의역한다. 일반적으로 규범·규칙을 가르치는 스승이라는 뜻과 학문을 가르치며 바른 행동을 보여주는 사람이다. 교단의 선생으로 제자의 행위를 바르게 하고 그 사범(師範)이 되어 교수하는 덕이 높은 승려이다. 그 자격은 10회 이상 안거(安居)를 지내고 계율에 밝으며 지혜와 복덕을 겸비한 자는 아사리가 되어 제자를 교수하게 된다. 『四分律』(대정장 22, 571 중), 『十誦律』(대정장 23, 148 상)」. 아사리의 종류는 여러 가지인데, 삭발(削髮)아사리는 머리를 깎아준 스승, 출가(出家)아사리는 출가의식 때 10계를 일러주는 스승, 수계(受戒)아사리는 구족계(具足戒)를 주는 스승, 교수(教授)아사리는 구족계를 받을 때 위의를 가르치는 스승, 수경(受經)아사리는 불경을 독송하게 하고 그 뜻을 가르치는 스승, 의지(依止)아사리는 제자의 숙식을 돌봐주는 스승이다. 이 글에서 아사리는 선무외삼장(善無畏三藏)을 가리킨다. 『대일경소』는 선무외삼장이 해석하고 제자인 일행(一行)이 필기한 것이다.

25) 용맹보살(勇猛菩薩)을 가리킨다. 용맹은 용수(龍樹, Nāgārjuna)의 다른 번역이다. 불멸 후 6~700년경 남인도 사람으로 인도의 대승불교를 드날린 학승이다. 세속학문을 두루 익힌 후 욕락이 고통의 근본임을 깨달아 불교에 귀의하여 소승 삼장을 배웠다. 그러나

법(眞言行法)은 문장의 뜻이 간략하나 골고루 미치게 하였지만 이는 대경(大經)의 정본(正本)이 아니기에 통서를 짓지 않았다. 지금 예(例)를 들어서 여기에 보탰으나 뜻에는 손상됨이 없다.'

"박가범(薄伽梵)"에 대해 논사가 풀이한 것에는 여섯 가지의 뜻이 있다. 지금 이 종 가운데에서 박가범이란 바로 '부순다'는 뜻이다. 마치 어떤 사람이 날카로운 무기로 [싸워서 상대방을] 꺾고 굴복시키는 일이 많으면, 본래는 이런 이름이 없었지만 세간사람들이 그 일을 보고 의논하여 '싸움꾼[能破者]'이라 부르는 것과 같다. 세존 또한 마찬가지이다. 대지(大智)의 광명으로 모든 식심(識心)의 무명 번뇌를 부순다. 이 [번뇌]들은 본래 스스로 생겨나지도 않았고 또한 모습도 없다. 그리고 지혜의 광명이 떠오를 때에 어두운 미혹은 스스로 사라진다. 이 까닭에 그 뜻대로 이름하여 부숨[破]이라 한다.

『대지도론』[26]에서도 역시 그렇게 설하고 있다. 박가(薄伽, bhaga)는 '깨뜨린다'고 하고 파(婆, vat)는 '능하다[能]'고 한다. 음욕과 노여움과 어리석음을 깨뜨리기 때문에 파가파(婆伽婆)라 이름한다. 이승(二乘)이 비록 삼독(三毒: 탐·진·치)을 부술지라도 완전하게 다하지 못하는 것은 마치 향을 가득 담은 그릇에 향기의 찌꺼기가 남는 것과 같다. 또한 초목의 장작불은 힘이 약하기 때문에 재나 탄가루가 다 없어지지 않는 것과 같다. 그러나 여래의 겁(劫)을 사루는 불길은 온갖 무더기를 모두 태워 연기도 재도 남지 않는 것과 같으므로 파가파라 부른다.

제석(帝釋)의 『성론(聲論)』에서는 여인을 일컬어 박가(薄伽)라 하는데 이는 '욕구하는 인연으로 번뇌를 쉬게 한다'는 뜻이다. 또한 이것은 [여인이 지닌 것처럼] 출생을 의미한다. 금강정경(金剛頂經)의 가르침에서 이 뜻을 번역하여 '여인이라 한 것은 곧 반야불모(般若佛母)[27]를 가리킨다'고 하였다.

이에 만족치 못하고 다시 노비구를 만나 대승경전을 배웠다. 그는 또 용궁에 들어가서 화엄경을 가져왔고 남천축의 철탑을 열고 금강정경을 얻었다 한다.

26) 대지도론(大智度論)』 제2권(대정장 25, 70 중). 제4「바가바석론(婆伽婆釋論)」 이하.

무애지견인(無礙知見人)은 모두 다 이로부터 출생한다. [반야불모의] 인연을 줄기차게 구하여 함께 상응하게 되면 번뇌와 희론이 모두 다 영원히 그치게 된다. 세간의 열렬한 욕망을 조금 그치게 할지라도 실제로는 다시 늘어나는 것과 같지 않다. 밀교는 직접 말하지 않기 때문에 이와 같은 은밀한 말이 많으므로 배우는 사람은 이러한 부류를 만나게 되면 이렇게 생각해야 한다.

또 박가범이란 소유(所有)의 접미사(接尾辭 : -vān<-vat)를 지니고 있다. 어떤 사람이 많은 자재(資財)를 갖고 있으면 '재물 가진 사람[持資財者]'이라 하고, 금이 있으면 '금 가진 사람[持金者]'이라 하는 것처럼 여래는 수승한 덕이 가득하기에 '온갖 덕을 지니신 분[持衆德者]'이라 부른다.

『대지도론』[28]에서는 다시 이렇게 설명한다.

'파가(婆伽)는 덕(德)을 말하며 파(婆)자는 있다는 뜻이므로 '덕이 있는 분[有德]'이라 한다. 파가(婆伽)는 명성(名聲)이라 이름하고 파(婆)란 있다는 뜻이니 '명성이 있다'고 한다. 일체세간에는 부처님만큼 덕이 있고 명성이 있는 자가 없다고 한 것이 바로 그 뜻이다.'

경 가운데에는 여러 가지 번역이 있으나 세존(世尊)은 덕을 찬탄하는 총칭이다. 인도[西方]의 어법에서는 존귀한 분을 언급할 때에 감히 곧바로 그 이름을 말하지 않고 반드시 먼저 그 공덕을 찬탄하곤 한다. 대지(大智) 사리불(舍利佛), 신통(神通) 목건련(目揵連), 두타(頭陀) 대가섭(大迦葉), 지율(持

---

27) 반야불모(般若佛母)란, ① 반야(般若)는 모든 보살마하살의 어머니로 모든 부처님을 생하게 하고 보살을 섭지(攝持)한다. 부모 가운데에 어머니의 공덕이 가장 중하니 이 까닭에 부처는 반야를 어머니로 한다는 의미에서 반야불모이다[大品般若薩陀波崙品 · 大智度論 권34]. ② 밀교의 반야불모(般若佛母)는 일문지존(一門之尊)과 보문지존(普門之尊)으로 나뉜다. 전자는 태장만다라 허공장원(虛空藏院)과 지명원(持明院)의 반야보살이고, 후자는 대일여래(大日如來)를 가리킨다. 본 『소(疏)』에서는 ①의 의미로 쓰였다.

28) 『대지도론』 제2권(대정장 25, 70 중). 제4 「파가파석론(婆伽婆釋論)」에서 다음과 같이 설명한다. '어찌하여 파가파(婆伽婆)라 하는가? 파가파에서 파가(婆伽)는 덕을 말하니 이는 유덕(有德)이라 부른다. 또한 파가를 분별이라 하고 파(婆)를 교(巧)라 한다. 모든 법의 총상과 별상을 교묘하게 분별하기 때문에 파가파라 한다. 또한 파가를 명성(名聲)이라 하고 파를 유(有)라 하니 이는 명성이 있다는 것이다.'

律) 우바리(優婆離) 등이라고 하는 것과 같다. 그래서 이 경에서도 보기를 들면 '박가범 비로자나'라고 하는 식으로 표기하였다. 여기에서는 이 지방[중국]의 문장 추세에 따른 것인데, 때로는 세존을 아래에 두기도 한다.

경에서 "박가범께서는 여래의 가지에 머무른다"고 하는 것은 무엇인가? "박가범"은 곧 비로자나(毘盧遮那) 본지법신(本地法身)[29]이다. 다음에 "여래"에 대해 말하면 이는 부처의 가지신으로서 그 [가지신인 여래가] 머무는 곳을 부처의 수용신(受用身)이라고 부른다. 곧 이 몸[수용신]을 부처의 가지가 머무는 곳으로 삼은 것이니 [수용신 속에] 여래의 심왕(心王)과 모든 부처님이 머물며 [심왕(心王) 대일(大日)은] 그 [모든 부처의 몸] 가운데에 머무신다. [모든 부처는] 일체의 장소에 두루한 가지력(加持力)으로부터 생한다. 그러한 즉 [수용신은 심왕대일의] 무상법신(無相法身)과 더불어 둘이 아니며 다름이 없다. [심왕대일여래는] 그 자재신력(自在神力)으로써 일체중생으로 하여금 신밀(身密)의 색(色)을 보게 하고 어밀(語密)의 소리를 듣게 하고 의밀(意密)의 법을 깨닫게 하는데 그 바탕의 성품에 따라 갖가지로 다르다. 바로 이 [심왕대일여래가] 머무는 곳을 가지처(加持處)라 부른다.

다음으로 가지주처(加持住處)를 해석하고 찬탄하여 "광대금강법계궁(廣大金剛法界宮)"[30]이라 한다. "대(大)"란 끝없음을 일컫는 것이며, "광(廣)"이란 크기를 헤아릴 수 없기 때문이고 "금강"이란 모든 언어와 마음 작용[心行]의 도를 넘어섰으며 알맞게 의지할 곳도 없는 실상의 지혜를 비유한 것이다. 모든 법은 나타내보일 수 없고 처음과 중간과 나중도 없으며 다함 없고 부서지지 않아 모든 허물과 잘못을 벗어나며 쉽게 변하지도 않고, 파

29) 근본적으로 소의(所依)가 되는 법신. 본지신(本地身)·무상법신(無相法身)이라고도 한다. 사종법신 가운데 자성신(自性身)이기도 하다.

30) 대일여래가 『대일경』을 설한 곳. 간략히 칭하여 법계궁(法界宮)·법계궁전(法界宮殿)이라 하며 금강법계(金剛法界)의 궁전이라는 뜻이다. 금강은 여래의 실상의 지혜를 말하고, 법계는 실상의 지체(智體)를 말한 것으로 대일법신이 실상의 지체(智體)에 머묾을 궁(宮)이라 한다. 그러나 일반적인 해석에 의하면 색계의 정상인 마혜수라천의 자재천궁(自在天宮)을 가리킨다. 깊이 있는 해석에 의하면 법계변일체처(法界遍一切處)라 해석하고 십계의 모든 곳이 대일여래가 설법하는 장소라 한다.

손되지도 않기에 "금강(金剛)"이라 이름한다. 세간의 금강(Diamond)보배가 세 가지 점에서 가장 뛰어난 것과 같다. 첫째는 부서지지 않는 것이며, 둘째는 보배 가운데 최고이며, 셋째는 전쟁도구 가운데 가장 뛰어난 까닭이다. 이것은 『대지도론』[31]에서 설한 세 가지 금강삼매의 비유와 뜻이 거의 같다.

"법계(法界)"란 광대한 금강의 지체(智體)이다. 이 지체는 여래의 실상 지혜의 몸을 말한다. [여래께서] 가지하여 진실한 공덕으로써 장엄한 곳으로 묘하게 머무는 경계이며, 심왕[心王 : 대일여래]이 모이는 곳이므로 "궁"이라 부른다. 이 궁(宮)[32]은 옛 부처[33]가 깨달음을 이룬 곳으로서 마혜수라천궁(摩醯首羅天宮)[34]을 말한다. 『대지도론』[35]에서는 이에 대해 다음과 같이 말한다.

'제사선(第四禪)의 나함(那含)이 머무는 다섯 가지[36] 곳을 정거천(淨居天)[37]이라 부른다. 여기에서 더 가면 십주보살(十住菩薩)이 머무는 곳이 있으니 역시 정거천이라 한다. 바로 대자재천왕궁(大自在天王宮)이라 하는 곳

31) 『대지도론』 47권(대정장 25, 400 중). '금강삼매란 모든 법을 부수고 무여열반에 들어 다시는 후생 몸을 받지 않는다. 비유하면 진금강이 모든 산을 부수어 남김없게 하는 것과 같다. 금강륜(金剛輪)이란 이 삼매가 모든 법을 부수어 막는 것도 걸림도 없게 하는 것이 마치 금강륜이 구를 때에 부서지지 않는 것도 없고 장애될 것도 없는 것과 같다.'

32) 광대금강법계궁(廣大金剛法界宮)을 가리킨다.

33) 과거구원겁의 부처를 가리킨다.

34) 색계(色界)의 정상 제사선천(第四禪天)의 대자재천왕궁(大自在天王宮)을 가리킨다.

35) 『대지도론』 9권(대정장 25, 122 하). '제사선천(第四禪天)에 여덟 가지가 있으니, 다섯 곳은 아나함(阿那含)들이 사는 곳으로 이를 정거천이라 하며, 나머지 세 곳은 범부와 성인이 함께 머무는 곳이다. 이 여덟 곳을 지나면 십주(十住)보살이 머무는 곳인데 역시 정거천이라 하며, 대자재천왕이라고도 한다.'

36) 다섯 가지란 무번천(無煩天), 무열천(無熱天), 선견천(善見天), 선현천(善現天), 색구경천(色究竟天)의 다섯 천을 가리킨다. 이들 오천은 아나함(阿那含) 즉 불환(不還)의 성자가 머무는 곳이다.

37) 성문(聲聞)의 제3과(果), 즉 불환과(不還果)를 증득한 성자만이 있어 이생(異生)의 잡된 것이 없는 곳. 색계(色界)의 제사선(第四禪)에 있으며, 여기에 무번천(無煩天)・무열천(無熱天)・선현천(善現天)・선견천(善見天)・색구경천(色究竟天)의 다섯 천이 있다. 이 5천을 오정거천(五淨居天)이라 한다.

이다.'

지금 이 종(宗)에서 밝히려는 뜻은 자재하고 가지(加持)하였으며 신령스러운 마음이 거주하는 곳을 자재천왕궁이라 부른다는 것이다. 말하자면 여래의 감응이 있는 곳이라면 이 궁 아닌 곳이 없으니 따로 삼계의 바깥에 있는 것이 아니다.

"일체의 지금강자가 모두 다 모였다"고 하는 것은 다음으로 묘권속(妙眷屬)을 밝혔다. 여래는 이 궁 가운데 계실 때에 홀로 머무시었던가, 권속이 있었던가? 그래서 이 가운데 끝없는 권속이 있어서 언제나 모인다고 하였다. 말하자면 집금강(執金剛) 등인데 산스크리트로는 벌절라다라(伐折羅陀羅, Vajra-dhara)라고 한다. 이 벌절라는 곧 금강저(金剛杵)[38]이고, 다라는 집지(執持)라는 뜻이다. 그래서 옛 번역에서는 집금강이라 하였는데 지금은 **"지금강(持金剛)"**이라 한다.

여기에 깊이 있는 해석과 일반적인 해석[39]의 두 가지 해석이 있는데 [깊이 있는 해석이] 뜻에서 더 뛰어나다. 글의 편의에 따라 [두 가지 중에서 하나의] 해석을 사용한다. 만약 세속적 입장에서의 진리[世諦][40]의 일반적인 해석으로 표현하면 곧 생신(生身)의 부처에게는 언제나 5백의 집금강신이 있어서 따라다니며 시위한다고 한다. 그러나 이 종의 비밀한 뜻으로 말하면 벌

---

38) Skt. vajra. 가장 단단한 무기. 벌절라(伐折羅)・바일라(嚩日羅) 등으로 음역된다. ① 금속 가운데 가장 단단한 금강석을 말한다. 즉 보석의 하나인 다이아몬드가 그것이다. 이 보석은 무색투명한 물질로 햇빛이 비치면 여러가지 빛깔을 나타내므로 그 기능이 자재한 것에 비유가 된다. ② 대일여래의 내증한 지덕(智德)이 견고하여 모든 번뇌를 깨뜨릴 수 있음을 표현한 말. ③ 몹시 단단하여 결코 파괴되지 아니함, 또 그런 물건. 금강과 같이 견고하여 무엇이든지 깨뜨리고 어떤 물건한테도 깨지지 아니함을 가리킨다. 무기로서의 금강은 금강저(金剛杵)를 말하며, 이것은 제석천과 밀적역사(密迹力士)가 가지고 있는 무기이다. 이 금강저는 무엇으로도 이를 파괴할 수 없으며, 다른 모든 것을 파괴할 수 있는 힘을 가지고 있다. 따라서 경론 가운데에서는 금강견고・금강불괴 등으로 부르고 견고함의 비유로 사용한다. 또 금강저를 가지는 역사를 집금강(執金剛)이라 한다.

39) 일반적인 해석은 세간의 일반적인 해석이며, 깊이 있는 해석은 밀교의 독특한 깊은 이치를 해석한 것이다.

40) 밀교와 현교(顯教) 가운데 현교를 가리킨다.

절라는 여래의 금강지인(金剛智印)이다. 이와 같은 지인은 그 수가 무량하며 이를 지니는 자도 역시 끝이 없다. 왜냐하면 심왕(心王)[41]이 머무는 곳에는 반드시 티끌이나 모래처럼 많은 수의 심수(心數)가 있어서 이들을 권속으로 삼기 때문이다. 지금 심왕인 비로자나가 자연각(自然覺)[42]을 성취할 때에 모든 심수는 금강계(金剛界) 가운데에 들어가 여래가 내증한 공덕의 차별지인(差別智印)을 이룬다고 하는 것과 같다. 이와 같은 지인은 오직 부처님만이 부처님과 더불어 지닐 수 있다. 보리(菩提)의 뜻[43]에 의거하면 곧 한량없고 끝없는 금강인(金剛印)이 있으며, 불타의 뜻에 의거하면 곧 무량하고 무변한 지금강자가 있다. 이 온갖 덕은 모두 다 하나의 상, 하나의 맛으로서 실제(實際)에 도달하게 하므로 **"모였다[集會]"**고 하였다. 만약 조금이라도 평등하지 않거나 하나의 법이라도 채우지 않았다면 일체가 모였다고 말할 수 없을 것이다. 그러나 자재신력이 가지한 바이기에 곧 심왕인 비로자나로부터 가지한 존귀하고 특별한 몸을 나타낸다.

이때에 무량한 법문의 권속은 낱낱이 모두 집금강신을 나타내어 여래의 위맹하고 큰 세력을 드러낸다. 비유하면 제석이 손에 금강저를 들고서 아수라(阿修羅)[44]의 군대를 쳐부순 것처럼 지금 이 모든 집금강도 그러하

---

41) 일체의 정신적 현상을 총괄하는 말. 색법(色法)의 상대어. 마음의 작용의 주체(主體). 식(識)을 심왕이라 한다. 심왕과 같이 작용하는 종속적인 심(心)의 작용을 심소(心所)·심수(心數)·심소유법(心所有法)·심소법(心所法)·심수법(心數法)이라 한다. 심왕은 대상의 전체, 곧 총상(總相)을 포착하고 심소는 대상의 부분 곧 별상(別相)에 대하여 작용한다. 그래서 양자는 반드시 상응해서 일어나고 그 상응의 관계를 구사종(俱舍宗)에선 오의평등(五義平等)을 가지고 설명한다. 오의평등이란 심왕과 심소가 그 소의의 근(根)을 함께 하는 소의평등(所依平等), 심왕과 심소가 그 소연의 대경(對境)을 함께 하는 소연평등(所緣平等), 심왕과 심소가 그 행상(行相)을 같이하는 행상평등(行相平等), 심왕과 심소가 일어날 때에는 동일찰나에 일어나는 시평등(時平等), 심왕과 심소의 체가 각각 한개씩으로 동일한 심왕, 심소가 두개 이상의 작용을 일으키지 못하는 사평등(事平等)을 말한다.

42) 본각(本覺)을 말한다. 자연각 즉 본각을 이루는 것은 시각(始覺)에 말미암는다.

43) 보리의 뜻은 법(法)을 가리키며, 불타의 뜻은 인(人)을 가리킨다.

44) Skt. Asura. 신들의 적(敵), 마족(魔族). 아소라(阿素羅)·아소락(阿素洛)·아수륜(阿須倫)이라고도 음역하며, 무주(無酒)·비천(非天)·부단정(不端正)이라 번역한다. 불사의한 환력(幻力)·주력(呪力)을 지니는 신격의 호칭으로 바루나와 루드라 등이 여기에 속한다. 인도 고대에는 전투를 일삼는 일종의 귀신으로 간주되었고, 항상 제석천(帝釋天)과

다. 각기 하나의 문(門)으로부터 대공(大空)[45]의 전쟁도구를 지니고서 중생의 무상(無相)번뇌를 부수는 모습이다.

"여래께서 신해(信解)로써 유희하시며 신통으로 변화[遊戲神變][46]하여 만든 크나 큰 보배누각[大樓閣寶王]은 높아서 중앙과 끝이 없고 온갖 크고도 묘한 보배로써 사이사이를 장식하였으며, 보살의 몸이 사자좌(師子座)가 되었다."

대중이 이미 모였으면 법을 설할 곳이 있어야 한다. 그래서 다음으로 머무시는 누각과 사자좌를 밝혔다.

"신해(信解)"란 처음의 진정한 발심으로부터 시작하여 성불에 이르기까지의 중간을 통틀어 신해지(信解地)라 한다. 산스크리트로 미흘리니다(微吃哩抳多, Vikriḍita)라 하는 것은 용약(踊躍)·유희(遊戲)·신변(神變)의 뜻이다. 말하자면 초발심을 따른 이래로 깊은 선근(善根)[47]을 심고 갖가지 원행(願行)[48]을 일으켜 불토를 장엄하여 중생을 성취케 하며 언제나 뛰어나게 전

싸우는 투쟁적인 악신(惡神)으로 여겨졌다. 삼매야형은 화봉(華棒)·도(刀)·극(戟)이며, 종자는 a이다. 고대 페르시아의 성전(聖典)인 젠드아베스타(Zend-Avesta)에 보이는 최고신으로 빛의 신 아후라마즈다Ahura Mazda에 대응한다. 고대 인도의 문헌인 리그 베다에서도 아수라는 생명과 생기를 주는 선신이었다. 이것이 시대의 변천과 함께 차츰 악신으로 취급되었으며, 불교에 들어와서는 육도 가운데 아수라도의 주인공이 되었다. 육도의 아수라는 투쟁을 좋아하는 귀신으로 제석천과의 전투는 인도설화의 꽃이다. 불교에 들어온 뒤에는 팔부중(八部衆) 또는 십계(十界)의 하나로 분류되며 불법 수호의 역할을 맡고 있다. 아수라장(阿修羅場), 수라의 전투, 수라의 형상이라는 말에서도 연상할 수 있듯이 어딘가 악신적인 성격을 띠고 있는데, 단독존으로 신앙되는 것은 거의 없고 부처를 호위하는 호법신중의 하나로 나타난다. 형상은 여러 가지 설이 있으나, 일반적으로 3면 6비, 또는 3면 8비가 많다. 아수라들이 거처하는 곳은 모두 다섯 군데가 있다고 한다. 첫째로 땅 위 중보산중과 둘째, 수미산 북쪽 밑 바다 2만 1천 유순에서 사는데 그 이름이 라후아수라(羅怗阿素洛)로서 수많은 권속을 거느리고 손으로 해와 달을 잡을 수 있는 능력을 가지고 있다고 한다. 세 번째는 그 밑으로 2만 1천 유순을 지나 용건아수라가 살며, 네 번째로 다시 그 밑으로 2만 1천 유순을 지나 화만아수라가 살며, 다섯째는 다시 두배를 지나서 베마치트라아수라가 살고 있다고 한다.

45) 공(空)과 유(有)의 두 가지 극단을 끊어없애고 본래 생겨남 없음[本不生]을 깨달음을 대공(大空)이라 한다.

46) 신해(信解)는 신해지(信解地)를 말하며, 유희신변은 보살의 자재신통(自在神通)을 의미한다.

47) 삼밀행(三密行) 또는 육바라밀행(六波羅蜜行)을 행함을 의미한다.

48) 원(願)은 오대원(五大願)이며, 행(行)은 삼밀행(三密行)이다.

진하고 쉬지 않는 것이 바로 초승등약(超昇騰躍)의 뜻이다. 마치 사람이 흔들고 움직여 북치고 춤추면서 훌륭하고 뛰어난 삼업으로써 널리 중생을 기쁘게 하는 것과 같기에 이 등약(騰躍)을 바로 유희(遊戲)라 부른다. 이와 같은 유희는 바로 보살의 자재신통이다. 말하자면 비로자나께서 과거생에서 보살도를 행하실 적에 일체속질력삼매(一體速疾力三昧)[49]로써 한량없는 선지식(善知識)[50]을 공양하고 널리 무량한 모든 바라밀문[度門]을 행하여 자리이타의 법을 모두 구족하고, 이와 같은 여래의 지혜보물을 모두 모은 비밀장엄한 법계누관(法界樓觀)을 얻으셨다. 이것은 일체의 참다운 과보[51]로 생하는 것에서 최고 제일이다. 마치 진타마니(眞陀摩尼)[52]를 모든 보물 가운데 왕으로 삼는 것과 같다. 그래서 "신통으로 변화하여 만든 크나 큰 보배누각"이라 하였다. 그 높이가 끝이 없으니 넓이도 역시 끝없음을 알아야 한다. 가장자리도 찾을 수 없는 까닭에 다시 중간이 없다고 하니 이는 온갖 장소에 두루한 몸이 머무는 곳이다. 이와 같은 누관도 역시 온갖 장소에 두루하여 있음을 알아야 한다.

다음으로 누관장엄(樓觀莊嚴)의 모습을 밝히겠다. 마치 어떤 사람이 갖가지 다양한 색의 금강으로 금강을 장엄하더라도 그 바탕과 성질에는 차별이 없는 것처럼 지금도 마찬가지로 여래의 갖가지 공덕보왕(功德寶王)으로 누각보왕(樓閣寶王)을 사이사이 장엄하였다. 왜냐하면 이러한 보배성[53]을 벗어나는 법이 없기 때문이다. 그런데 이 제일적멸(第一寂滅)의 상[54]은 여래가지신력으로써 제도해야 할 자로 하여금 모든 법문의 표상(表像)을

49) 일체(一體)란 아(阿)자를 말한다. 아자는 만법귀일(萬法歸一)의 체성(體性)으로 무량한 만덕(萬德)을 갖추고 온갖 복지(福智)를 빠르게 모으기에 이 아자의 삼매를 일체속질력삼매라 한다.

50) 만다라(曼荼羅) 회상(會上)의 모든 성중(聖衆)을 가리킨다.

51) 실상의 이치를 관하여 무루지(無漏智)를 일으켜서 얻는 과보를 말한다.

52) Skt. Cintā-maṇī. 여의보(如意寶)로서 이 문장에서는 정보리심(淨菩提心)을 상징한다.

53) 보배의 성품이란 정보리심의 체성을 가리킨다.

54) 아자정보리심(阿字淨菩提心)을 가리킨다. 이 마음은 본래 상적(常寂)하여서 번뇌를 떠나있다.

따라 만약 보고 듣고 만지거나 알 수 있다면 곧바로 이것을 문으로 삼아 법계에 들어가게 하려는 것이다. [『화엄경』「입법계품」에서] 선재동자(善財童子)가 미륵의 궁전에 들어가는 인연 가운데 널리 밝힌 것과 같다.

"보살의 몸으로 사자좌를 삼는다"는 것은 앞에서 설한 금강법계궁으로서 바로 여래의 몸이다.

다음에 "크나 큰 보배누각"이라 한 것도 역시 여래의 몸이다. 지금 "사자좌"라 하는 것도 이와 같음을 알아야 한다. "보살의 몸"이라고 한 이유는 과거생에 보살도를 행할 때에 차례대로 지바라밀(地波羅蜜)을 수행하여 제11지[묘각위(妙覺位)] 에 이르렀기 때문이다. 나중의 경지는 바로 앞의 경지를 기반으로 삼기 때문에 여래는 "보살의 몸으로 사자좌를 삼는다"고 한 것임을 알아야 한다.

『대지도론』[55]에는 다음과 같이 말한다.

'비유하면 사자가 온갖 짐승 가운데 홀로 두려움이 없이 다니는 것처럼 부처도 역시 이와 같이 구십육종[56] 외도 가운데에서 일체를 항복시켜 두려움이 없는 까닭에 사람 가운데의 사자라 부른다.' 그 앉으신 곳이 침상이거나 땅이거나 모두 사자좌이다.

지금 이 종(宗)에서 밝히고자 하는 뜻은 다음과 같다.

사자라 말함은 바로 용건(勇健)한 보리심이니 처음 발심한 뜻을 따라 정진의 큰 힘을 얻어 겁약하지 않는 것이 마치 사자가 잡으려고 하는 대로 반드시 포획하고 놓치지 않음과 같다. 이것은 자재하게 중생들을 제도하는 데에 헛됨이 없다는 뜻이다. 만약 일반적인 해석으로 말하면 모든 보

---

55) 『대지도론』 7권(대정장 25, 111 중). '부처님은 인간 가운데 사자인지라 부처님이 앉으신 곳은 평상이건 땅이건 모두가 사자좌라 한다. 마치 국왕이 앉은 곳은 모두 사자좌라 하는 것과 같다. 또 왕이 건전한 사람을 부르는 때에도 인간 사자라 하고, 백성이 국왕을 부를 때에도 인간 사자라 한다. 또 사자는 네 발 달린 짐승 가운데에 으뜸이어서 두려울 것이 없이 모든 짐승을 굴복시키는데 부처님도 그러하여서 96종 외도 가운데에서 모두를 항복시키되 두려움이 없는 까닭에 인간 사자라 한다.'

56) 인도에서 불교 이외의 사교(邪教)에 96종이 있어서 이들을 96종 외도(外道)라 한다.

살이 깊은 마음으로 법을 공경하고 심지어는 몸으로 부처를 짊어졌으므로 이를 사자좌라 하며, 그래서 "보살의 몸으로 사자좌를 삼는다"고 하였을 것이다.

3. 십구집금강(十九執金剛)

"그 금강을 이름하여 허공무구집금강 내지[57] 금강수비밀주라 한다.

이들을 상수(上首)로 하여 십불찰(十佛刹)의 티끌처럼 많은 수의 지금강(持金剛)의 대중들과 함께하였다. 그리고 보현보살(普賢菩薩)과 자씨보살(慈氏菩薩)과 묘길상보살(妙吉祥菩薩)과 제일체개장보살(除一切蓋障菩薩) 등과 모든 대보살들에게 앞뒤로 둘러싸여 법을 연설하셨다."

이것은 함께 듣는 대중을 밝힌 것이다.

문 부처님께서 설하신 경전에서 어떠한 이유로 먼저 머무시는 장소와 권속을 밝혔는가?

답 비유하면 국왕이 만약 정령(政令)이 있을 때에는 반드시 먼저 정무를 집행하는 조정에 나아가서 형벌과 상을 결정하여 주는 경우[58]에는 기록하는 관리가 '어느 때 왕이 어느 곳에 계시면서 아무개 대신들과 더불어 모여 회의하여 이와 같은 교령이 있다'고 기록하여 경내에서 이를 행하는 데에 믿고 복종하며 의심하지 말라고 하는 것과 같다. 법왕(法王)도 역시 그러하다. 장차 대법을 설하고자 하실 때에

57) 허공유보집(虛空遊步執)부터 제18금강까지를 '내지'라 하였다. 이 문장부터 십구집금강(十九執金剛)을 밝힌다.

58) 사안을 검토하여 죄를 벌하거나 상을 주는 것으로 이것은 법을 설하여 의혹을 끊고 이치를 증득케 하는 것에 비유한 것이다.

는 반드시 대권속[59]인 보살대중 가운데에서 증명케 하신다. 이와 같은 인연으로 듣는 자는 믿음이 생기고, 믿는 마음으로 말미암아 이와 같은 법 가운데에 들어가서 수행하여 증득할 수 있으며, 다시 갑절로 믿음을 늘리게 된다. 그래서 먼저 대중들을 열거하였다.

"허공무구집금강(虛空無垢執金剛)"[60]이란 바로 보리심의 체(體)이다. 일체의 집착과 희론의 논쟁[61]을 떠나서 마치 깨끗한 허공에 아무 장애가 없으며 더러움 없고 물들음 없으며, 또한 분별도 없는 것과 같다. 이와 같은 마음이 바로 금강지인(金剛智印)이며, 이 인을 지니는 자를 "허공무구집금강"이라 부른다.

다음으로 "허공유보집금강(虛空遊步執金剛)"에서 "유보(遊步)"는 '머물지 않는다'는 뜻이며, '잘 나아간다'는 뜻이며, '신변'의 뜻이다. 청정한 보리심으로써 일체법에서 도무지 머무는 바가 없으며, 언제나 정진하여 만행(萬行)을 닦고 큰 신통을 일으키므로 "허공유보"라 한다.

또한 "허공무구집금강"이란 바로 아자문(阿字門)의 평등한 종자(種子)이다. 머무름 없는 행[62]을 닦는 것은 비유하면 씨앗을 심는 방편으로 뿌리와 싹이 점차 생기는 것과 같다. 그러므로 다음에 수행을 일으키는[63] 금강인(金剛印)을 밝혔다.

제3으로 "허공생집금강(虛空生執金剛)"[64]이란 무엇인가? 마치 싹이 이미 생겨나서 사대(四大)[65]와 시절의 조건이 갖추어지고 허공에 장애가 없어

---

59) 보현・자씨보살 등의 4대보살을 가리킨다. 내권속은 19집금강을 말한다. 내권속은 지문(智門)을 담당하며, 대권속은 비문(悲門)을 담당한다. 그리고 다함께 여래(如來) 자증(自證)의 덕을 나타낸다.

60) 십구집금강 가운데 제1금강을 밝힌다. 이 금강은 본유(本有)의 보리심의 덕을 담당한다.

61) 모두 일컬어서 번뇌라 한다.

62) 제2의 허공유보집금강을 해석한다. 수생(修生)의 보리심과 행(行)을 담당하는 금강으로서 대비(大悲)로 인하여 열반에 머물지 않고 대지(大智)로 인하여 중생들의 세계에 머문다는 뜻이다.

63) 동방의 수행의 덕이다.

64) 이 금강은 남방 증보리(證菩提)의 덕을 보인다.

65) 지(地)・수(水)・화(火)・풍(風)을 말한다.

순간순간 자라나 크는 것처럼 보리심도 역시 이와 같다. 얻을 바 없음을 방편으로 삼고, 만행을 연으로 삼아 진실이 생기게 된다. 진실이 생긴다는 것은 대공(大空)에서 생긴다는 것을 말한다. 그래서 "허공생"이라 부른다.

제4로 "피잡색의집금강(被雜色衣執金剛)"[66]이란 무엇인가? 마치 싹이 자라나서 줄기와 잎과 꽃과 열매가 점차로 번성하는 것처럼, 보리심의 나무왕도 만가지 덕을 열어 펼치는 것이 이와 같다. 그래서 '갖가지 색을 갖춘다[被雜色衣]'고 말하였다. 또한 갖가지 법계(法界)의 색[67]으로 이 더러움 없는 보리심을 물들여서 대비(大悲)의 만다라(漫荼羅)[68]를 이루기에 "피잡색의"라 이름하기도 한다.

제5의 "선행보집금강(善行步執金剛)"[69]에서 선(善)이라는 글자는 산스크리트로 비질다라(毘質多羅, Vicitra)라고 하는데 단엄의 뜻과 종자(種子)의 뜻이

---

66) 이 금강은 서방의 입열반(入涅槃)의 덕을 담당한다.

67) 청(青)·황(黃)·적(赤)·백(白)·흑(黑)의 오대색(五大色)을 말한다.

68) Skt. maṇḍala. 신성한 영역으로 나누어 불보살을 배치한 공간. 깨달음의 세계를 상징적으로 나타낸 것이다. 이 만다라는 만다라(滿荼羅)·만나라(漫拏羅)·만다라(曼陀羅)라 음역되고 도량(道場)·단(壇)·윤단(輪壇)으로 번역되기도 하며 깨달음을 완성한 경지를 의미한다. 넓은 뜻으로는 우주의 삼라만상이 모두 만다라 아닌 것이 없으나, 좁은 뜻으로는 한 곳에 여러 보살을 줄지어 모신 것으로 일반적으로 원형이나 사각형으로 구획한 것을 말한다. 수행자에게 필요한 수행의 방편으로 수행자들이 일정한 수행단계를 거친 다음 수행의 효과를 증대시키기 위해 건립하여 활용하는 것이다. maṇḍala는 본질·본체를 의미하는 maṇḍa에 성취를 뜻하는 접미어 la를 붙여서 사용한다. 즉 본질의 성취라는 뜻으로 실지성취, 보리심을 성취한 상태, 심(心)의 진수를 말한다. 이 만다라에 세 가지 뜻이 있다. maṇḍa가 동사로 쓰일 때는 '장엄하다'는 뜻이 되므로, 만다라는 일체공덕이 구족되어 있는 상태인 윤원구족(圓輪具足)을 말한다. 그리고 발생(發生)이란 제불을 발생하는 뜻이며, 취집(聚集)이란 시방삼세의 모든 성현의 진실한 덕을 한 곳에 모으는 뜻이다. 만다라의 건립은 불보살의 세계를 마음에 떠올린 후 색상이나 입체적 조형으로 나타낸다. 부처와 중생이 함께 사는 이 세계를 건립하는 것으로 원래 만다라는 종이 위에 그리는 것이 아니라 의궤(儀軌)에 따라 토단(土壇)을 쌓은 다음 그 위에 지수화풍공(地水火風空)의 5대(五大)를 나타내는 오색물감을 들인 모래를 가지고 도상화한다. 고대인도에서 이루어지고 있던 신의 초청의식이 후에 불교에 수용되어 불보살들이 토단 위에 집회한다고 생각하게 된 것이다. 수행의 목적에 따라 만다라의 건립에 필요한 적절한 위치, 방향, 날짜 등을 정한다. 만다라의 형태로는 ① 불보살들의 모습으로 나타낸 만다라, ② 실담문자(悉曇文字)로 된 문자만다라(종자, 법만다라), ③ 불보살의 지물(持物)을 가지고 그들의 서원을 나타내는 만다라 등이 있다.

69) 이 금강은 북방 방편구경(方便究竟)의 덕을 보인다.

있다. 비유하면 이미 열매를 얻고 나서 다시 씨앗으로 돌아감과 같다. "선행보"란 곧 모든 부처님의 위의(威儀)이다. 말하자면 그때에 제도할 수 있는가 제도할 수 없는가 등등의 갖가지 통하고 막히는 것을 잘 알아서 몸과 입과 뜻의 방편으로 대중들의 근기에 부응하여 자재로운 방법으로 불사(佛事)[70]를 모두 성취하므로 이로써 이름을 삼았다.

제6의 "주일체법평등집금강(住一切法平等執金剛)"[71]이란 모든 부처의 평등한 성품에 머무는 것을 말한다. 말하자면 인과(因果)와 자타(自他)와 유위(有爲)와 무위(無爲) 등의 모든 법이 이러한 진실한 지혜 가운데에 들어가면 구경에는 평등하며 동일한 실제이다. 이 지인(智印)을 지니므로 이로써 이름을 삼았다.

이상의 다섯 구절[72]은 모두가 여래의 진실한 공덕이다. 얕고 깊음의 다름이 없지만 분별케 하고 쉽게 이해시키고자 차례대로 설명한 것일 뿐이다.

제7의 "애민무량중생계집금강(哀愍無量衆生界執金剛)"[73]에서 "애민"은 '구하여 제도함[救度]'이라고도 부른다. 말하자면 이미 평등한 법성에 머물러 자연히 일체중생에 대하여 동체비민(同體悲愍)의 마음을 일으키는데 모든 중생계는 한량이 없기에 이와 같은 대비도 역시 한량이 없다. 이것은 여래[께서 지니신] 하나의 공덕이다. 그래서 [이 공덕을] 지니는 자에게 이로 인하여 이름을 지은 것이다.

제8의 "나라연력집금강(那羅延力執金剛)"이란 이미 애민의 마음을 발하였으므로 큰 세력을 갖추어 곧바로 구호하기에 그 다음으로 밝혔다. 경[74]에

---

70) 중생교화사업을 말한다.

71) 이 금강은 오전(五轉)의 덕을 구족함을 나타낸다.

72) 제6금강까지 나왔는데 다섯 구절(五句)이라고 하였다. 여기에 두 가지 설이 있다. 첫째는 제1에서 제5금강까지만을 가리키는 것이고, 둘째는 제6금강도 포함시키는 것이다. 이때에는 앞의 다섯은 세로의 오전(五轉)을 표시하고 제6은 가로의 오전을 표시하기에 오구(五句)를 복수(複數)로 본다.

73) 이 금강은 대비(大悲)의 덕을 담당한다.

74) 『열반경(涅槃經)』이나 『증일아함경(增一阿含經)』 등에 갖가지로 설하여져 있다. 예를 들면 다음과 같다. 담무참 역, 『대반열반경』 제11권 「현병품(現病品)」(대정장 12, 429 중).

는 다음과 같은 말이 있다. '육십마리 코끼리의 힘을 헤아려보니 한 마리 향코끼리의 힘과 같지 않다. 이와 같이 해서 마지막에는 나라연력[75]이 가장 뛰어나다. 그런데 부처님 몸에 있는 낱낱 털구멍은 모두가 나라연력과 비슷한 힘을 가지고 있다.' 그래서 법계신을 나라연력에 비유하였다.

제9의 **"대나라연력집금강(大那羅延力執金剛)"**[76]이란 비밀신통력을 지니는 것을 말한다. 일천제(一闡提)[77]의 중생은 반드시 죽을 수밖에 없다는 미혹한 병이나 이승(二乘)이 실제(實際)를 뚜렷하게 체득하면 이미 죽은 것과 같은 경우에도 의왕(醫王)이신 부처님께서는 [중생의 마음 가운데에도] 여래의 성품이 있음을 보시고, 곧 반드시 [중생들을 깨우치게 하기 위하여] 사자후(師子吼)[78]를 하시는데, 구하여 치료하는 인연에서 마음에 겁내시거나 약하지 않으시다. 모든 보살은 이렇게 할 수 없으므로 여기에서 [보살과] 공통

'예를 들면 열 마리의 작은 소의 힘은 한 마리 큰 소의 힘에 미치지 못하고, 열 마리 큰 소의 힘은 한 마리 푸른 소의 힘에 미치지 못하고, 열 마리 푸른 소의 힘은 한 마리 코끼리의 힘에 미치지 못하고, (…중략…) 열 마리 설산의 흰코끼리의 힘은 한 마리 향코끼리의 힘에 미치지 못하고, (…중략…) 열 명의 발건제(鉢健提)의 힘은 한 명의 여덟 팔 지닌 나라연의 힘에 미치지 못하고, 열 명의 나라연의 힘은 한 분의 십주(十住)보살의 관절 하나의 힘에도 미치지 못한다. (…중략…) 그래서 보살의 힘이 가장 최대이다.'

75) 나라연(那羅延, Nārāyaṅa)은 범천・제석천과 함께 불교를 수호하는 신으로 승력(勝力)・견뇌(堅牢)・구쇄역사(鉤鎖力士) 등으로 의역한다. 하늘에 있는 역사(力士)의 이름으로 제석천의 권속이다. 그 힘의 세기가 큰 코끼리의 칠십배, 혹은 백만배나 된다고 한다. 힘으로써 불법을 수호하며 밀적금강(密寂金剛)과 함께 인왕존(仁王尊)으로서 절문을 지킨다. 형상은 가루라(迦樓羅)를 타고 있으며 몸은 청흑색이고 왼손은 주먹을 쥐고서 허리에, 오른손에는 윤(輪)을 지니고 가슴에 대고 있다. 그러므로 이 금강은 대비의 애민(哀愍)하는 힘이 강함을 상징한다.

76) 제7, 8, 9의 세 금강은 동체대비(同體大悲)의 덕에 대하여 설한 것이다. 이 가운데 제7은 대비(大悲)를 일으킴을 말하고, 제8은 용맹정진하는 큰 세력을 밝힌 것이며, 제9는 따로 화도(化度)하기 어려운 중생들을 제도하는 비밀한 신통력을 갖추었음을 나타낸 것이다.

77) 일천제(一闡提, Icchantika)는 선근을 끊고 있어 구원 받을 가망이 없는 자를 말한다. 단선근(斷善根)・신불구족(信不具足)이라 한역한다. 원래의 뜻은 '욕구를 계속하는 사람'이나 성불할 수 없는 자, 세속적 쾌락만을 추구하고 또 불교의 가르침을 훼방하여 구원받을 가능성이 없는 자라고 한다. 즉 성불하는 인(因)을 갖지 못한 이를 말한다.

78) 부처의 설법을 가리키는 말. 사자의 포효하는 소리인데 부처님의 우렁찬 범음성의 설법은 마치 백수의 왕인 사자가 포효하면 온갖 짐승들이 다 굴복하여 따르는 것처럼, 백수의 왕 사자의 두려움 없는 소리에 비유한 것이다. 그래서 사자왕에게 기탁하여 모든 불보살의 가르침과 공덕을 나타냄을 사자법문이라고 한다.

하지 않은 [부처님만이 지니신] 일체의 마하나라연력을 밝혔다.

제10의 "묘집금강(妙執金剛)"에서 "묘(妙)"란 다시 동등하게 비교할 것이 없으며 다시 그 이상이 없다는 뜻을 말한다. 마치 제호(醍醐)[79]를 섞으면 오묘한 것이 극치이어서 다시 더할 수 없으며, 언제나 변하지 않고 끊임 없으며, 잡된 것이 없음과 같다. 여래도 역시 이와 같다. 일체의 공덕이 모두 다 비교할 것 없고 그 이상가는 것이 없다. 모든 하시는 바도 오직 이러한 일대사[一事]의 인연을 위함이다. 그러므로 "묘집금강"이라 부른다.

제11의 "승신집금강(勝迅執金剛)"[80]에서 "승(勝)"은 대공(大空)[81]을 일컫는다. 대공은 바로 일체의 장소에 고루 미친다. 그러므로 빠르게 신통을 일으킬 수 있다. 이 탈 것에 머무르면 초발심할 때에 곧 정각을 이루고, 생사에 흔들림없이 열반에 이르므로 "승신"이라 이름하였다.

제12의 "무구집금강(無垢執金剛)"[82]이란 곧 일체의 장애를 여읜 보리심[을 상징한다]. 비유하면 진금(眞金)의 체성이 순수하고 맑은데 만약 갖가지로 단련하여 온갖 보배로 갈고 닦으면 광명이 갑절이나 밝아지는 것과 같다. 처음의 바탕이 아직까지 미세한 더러움과 함께 하였다는 것을 알라. 그러므로 이 필경에 맑아지는 금강인(金剛印)을 지녀야 한다. 그리고 이로 인하여 이름한 것이다.

제13의 "인신집금강(刃迅執金剛)"[83]에서 이 "인(刃)"자는 산스크리트어에 의하면 분노 가운데의 가장 격한 분노이며, 날카로움 가운데의 가장 예리한 날카로움이다. 뜻으로 번역하면 마치 칼날과 같다. 이 금강의 날카로운 지혜를 지니면 일체의 끊기 어려운 것을 모두 끊으며, 멸하기 어려운 것을 모두 멸한다. 그러므로 이로써 이름을 삼았다.

---

79) 우유를 가장 잘 정제하여 만든 음식. 불성을 비유하여 제호라 함. 심성(心性), 진실한 가르침, 열반에 비유한다.

80) 이 금강은 빠른 신통의 덕을 담당한다.

81) 대공이란 아자본불생(阿字本不生)의 이치를 가리킨다.

82) 이 금강은 수생(修生) 보리심의 덕을 나타낸다.

83) 이 금강은 용맹하게 번뇌를 끊는 덕으로써 내증(內證)으로 한다.

제14의 "여래갑집금강(如來甲執金剛)"[84]에서 "여래갑(如來甲)"은 대자(大慈)를 말한다. 이 [대자의 여래갑]으로 몸을 장엄하였기에 중생들을 껴안아 보호하고 불사를 베풀 때에 온갖 번뇌로 인하여 상처받지 않으며, 그 누구도 [여래갑으로 몸을 장엄한 자를] 항복시켜 부술 수 있는 자가 없다. 그래서 이로써 이름을 삼았다.

제15의 "여래구생집금강(如來句生執金剛)"에서 "구(句)"는 머무는 곳을 말한다. 곧 대공에서 생겨남이다. 모든 부처님께서 스스로 증득한 공덕은 여래의 성품에서 생겨났으며, 이 가지신(加持身)은 여래의 자증한 공덕에서 생겨났다. 아자문을 여읜 것이 아니므로 "여래구"에서 생겨났다고 하였다.

제16의 "주무희론집금강(住無戲論執金剛)"[85]이란 대공에 머무는 지혜를 말한다. 말하자면 연기의 실상은 생겨나거나 사라지거나 끊어짐 없고 항상하지 않으며, 또한 가지도 않고 오지도 않으며 하나도 아니고 다르지도 않다. 이것으로 모든 희론을 종식시키며 모든 법은 열반과 같다고 관한다. 이러한 지인(智印)을 지니므로 이로써 이름을 삼았다.

제17의 "여래십력생집금강(如來十力生執金剛)"[86]이란 부처의 방편지(方便智)이다. 이와 같은 묘한 방편은 어느 곳에서 생겨나는가? 이른바 여래의 십지력(十智力)[87]에서 생한다. 이와 같은 인을 지니는 까닭에 이러한 이름

---

84) 이 금강은 다른 사람을 교화하는 대자비(大慈悲)의 덕으로써 내증(內證)으로 한다.

85) 이 금강은 여래의 대공(大空)불생(不生)의 지덕(智德)을 담당한다.

86) 이 금강은 여래의 후득방편지(後得方便智)를 상징한다.

87) 십지력(十智力)이란 『대지도론』 제24권에 자세하게 설명되어 있다. 처비처지력(處非處智力) 등의 십력(十力)을 가리킨다. '시처부시처지력(是處不是處智力)으로 중생을 제도할 수 있거나 제도할 수 없는 것을 분별하여 헤아리며, 업보지력(業報智力)으로 이 사람의 업장과 이 사람에게 업장이 없는 것을 분별하여 헤아리며, 선정해탈삼매지력(禪定解脫三昧智力)으로 이 사람은 맛에 집착하고 이 사람은 맛에 집착하지 않았음을 분별하여 헤아리며, 상하근지력(上下根智力)으로 중생의 지혜의 힘이 많고 적음을 분별하여 헤아리며, 종종욕지력(種種欲智力)으로 중생들이 좋아하는 것을 분별하고 헤아리며, 종종성지력(種種性智力)으로 중생들의 깊은 마음의 나아가는 바를 분별하고 헤아리며, 일절체처도지력(一切至處道智力)으로 중생이 해탈하는 문을 분별하고 헤아리며, 숙명지력(宿命智力)으로 중생들이 먼저 어디서부터 왔는가를 분별하여 헤아리며, 생사지력(生死智力)으로 중생이 사는 곳과 아름답고 추함을 분별하여 헤아리며, 누진

을 얻었다.

제18의 "무구안집금강(無垢眼執金剛)"[88]이란 바로 여래의 오안(五眼)[89]이다. 보리심은 필경에 청정하므로 일체종지(一切種智)로써 일체법을 관함에 분명하게 보고 듣고 아는데 걸림이 없다. 이와 같은 금강인을 지니므로 이로써 이름을 삼았다.

제19의 "금강수비밀주(金剛手秘密主)"[90]란 산스크리트로는 파니[手, pāṇi]이다. 곧 손바닥이다. 손바닥에 금강을 지니는 것은 손으로 잡는 것과 뜻은 같다. 그러므로 경 가운데 [지금강(持金剛)과 집금강(執金剛)이라는] 두 가지의 명칭이 번갈아 나온다. 인도에서는 야차(夜叉)[91]를 비밀(秘密)이라 하였다. 그 몸과 입과 뜻의 작용이 빠르고 은밀하여서 누구도 알아차리기가 어렵기 때문이다. 옛번역에서는 밀적(密迹)이라고도 하였다. 만약 일반적인 해석으로 뜻을 밝히면 비밀주(秘密主)란 바로 야차왕인데 금강저를 지니고 언제나 부처님을 시위하므로 금강수라 한다. 그러나 이 가운데 깊이 있는 해석의 뜻으로 야차라 말하면 이것은 바로 여래의 신(身)·어(語)·의밀(意密)이다. 오직 부처만이 부처와 더불어 이를 아신다. 내지[92] 미륵보살조차도 오히려 이와 같은 비밀신통에 힘이 미치지 못하니 비밀 가운데 가장 비밀이다. 이른바 심밀(心密)의 주(主)이므로 비밀주라고 하고, 이 인을 지니므로 집금강이라 말한다.

지력(漏盡智力)으로 중생이 얻는 열반을 분별하여 헤아린다.'

88) 이 금강은 여래의 오안(五眼)의 덕을 상징한다.

89) 여래는 육안(肉眼)·천안(天眼)·혜안(慧眼)·법안(法眼)·불안(佛眼)의 오안(五眼)을 갖춘다.

90) 이 금강은 지금까지 등장한 모든 금강의 총덕(總德)을 상징한다.

91) Skt. yakṣa. 두억시니. 형모가 추하고 괴이하며 사람을 해치는 잔인 혹독한 귀신. 약차(藥叉)·야걸차(夜乞叉)·열차(閱叉) 등으로 음역되며, 위덕(威德), 포악(暴惡)으로 번역된다. 여기에는 천야차(天夜叉), 지야차(地夜叉), 허공야차(虛空夜叉)의 삼종이 있다. 인도신화에서는 북방 산악지대에 사는 구베라신(Kubera)의 권속으로서 사람을 해치는 잔인한 귀신의 종류이지만 팔부중(八部衆)에 더해져서 불법을 수호하는 임무를 맡게 되었다. 특정한 고유명사가 아니라 비사문천(毘沙門天)의 권속으로 재보를 지키는 귀신의 총칭이며, 후에 『대반야경』을 수호하는 16선신(善神)이 되기도 한다.

92) 범부와 이승(二乘)과 십지의 보살을 통틀어서 말한다.

“이들을 상수로 하여 열 불국토의 티끌의 수처럼 많은 지금강의 대중이 함께 하였다.”

만약 온전하게 남은 산스크리트본이라면 명칭을 열거하는 아래에 하나하나 모두 복수(複數)의 칭호가 있었을 것이다. 응당 허공무구 등, 허공유보 등 내지는 비밀주 등이라고 말했을 것이다. 왜냐하면 이들 상수의 집금강 낱낱에게 모두 무량한 권속의 부류가 있었을 것이고, 대본에서는 당연히 갖추었을 것이다. 그런데 그 강요(綱要)를 통일하고자 한즉 지말은 이에 따르므로 [지금의 약본에서는] 주된 근본을 널리 펼치려는[宗通] 작용[用]에서 부족하게 빠뜨렸다.

“열 불국토의 티끌의 수”라고 하는 것은 여래의 차별지인의 수가 한량이 없으며 숫자를 헤아리는 비유로는 알 수 없다는 것을 나타낸다. 또한 여래의 열 가지 지력(智力)으로써 각기 하나의 불국토의 티끌에 대하고 이로써 모인 대중의 숫자를 나타낸다. 세계해(世界海), 세계성(世界性), 그리고 한 불국토의 뜻은 『대지도론』[93] 가운데에서 자세히 밝힌 것과 같다.

그러나 이 비로자나의 내증(內證)의 덕은 가지(加持)된 것으로 낱낱의 지인(智印)으로부터 각각 집금강의 몸을 나타낸다. 형색(形色)과 성질·종류에는 모두 나타내는 상징이 있어서 각기 본연(本緣)의 하고자 하는 바람에 따라 중생들을 이끌어 포섭한다. 만약 모든 수행자가 부지런히 닦아 익힐 때에는 [수행자의] 삼업이 본존과 같게 될 것이다. 이 일문(一門)으로부터 법계에 들어가게 되면 곧 모든 법계문에 두루 들어가는 것이다.

---

93) 『대지도론』 제50권(대정장 25, 418 하). ‘삼천대천세계를 하나의 세계로 하여 일시에 생겼다가 일시에 소멸하는데 이와 같은 등이 시방으로 갠지스강의 모래알같이 많이 있는 세계가 바로 일불세계(一佛世界)요, 이와 같은 일불세계의 수가 갠지스강의 모래알처럼 많이 있는 세계가 바로 일불세계해(一佛世界海)이며, 이와 같은 일불세계해가 시방으로 갠지스강의 모래알처럼 많은 세계가 바로 불세계종(佛世界種)이라 한다.’

4. 사대보살(四大菩薩)

다음에 보살의 대중을 나열하면서 네 분의 성자를 상수로 삼는다. 앞에서 밝힌 모든 집금강은 한결같이 여래의 지인(智印)이다. 지금 이 보살은 뜻으로써 정(定)과 혜(慧)를 겸하거나 또는 자(慈)와 비(悲)를 겸한다. 그래서 이름을 다르게 받았다. 이들도 비로자나의 내증(內證)의 공덕이다. 집금강에게 열 불국토의 티끌의 수처럼 많은 대중이 있는 것처럼 모든 보살의 법문도 각각에게 역시 열 불국토의 티끌처럼 많은 대중이 있음을 알아야 한다. [비로자나부처님의] 가지(加持)로 말미암아 각각 법계의 일문(一門)으로부터 한 선지식의 몸을 나타낸다.

『반야경』을 주석한 『대지도론』[94]에는 '생신불(生身佛)이 성도하실 때에 아난(阿難)과 밀적역사(密迹力士) 등을 내권속(內眷屬)이라 칭하며, 사리불·목건련 등의 모든 성인(聖人)[95]과 미륵·문수의 모든 아비발치(阿毘跋致, Avaivartika : 불퇴전)의 일생보처(一生補處)[96] 보살들은 모두 대권속(大眷屬)이라 부른다'고 하였다. 지금 말하는 부처님의 가지신(加持身)도 역시 이와 같다. 모든 집금강은 각각 여래의 밀인(密印)을 지니므로 내권속이라 이름하고, 모든 보살이 대비방편으로써 보문(普門)에 무량의 중생을 섭수(攝受)하고 법왕(法王)을 보좌(輔佐)하며 여래의 사업을 행하는 것을 대권속이라 부른다.

---

94) 『대지도론』 제33권(대정장 25, 303 중). '석가모니부처님께서 아직 출가하지 않으셨을 때 차닉(車匿)이 모시고 섬긴 이요, 우타야(優陀耶)가 같이 놀아주는 벗이었으며, 구비야(瞿毘耶)와 야수타(耶輸陀) 등과 모든 채녀(婇女)들이 내권속이었다. 그리고 출가하여 6년 동안 고행을 할 때는 다섯 사람이 모시고 섬겼으며, 도를 얻을 때에는 미희나타(彌喜羅陀)·수나찰다나(須那刹多羅)·아난(阿難)·밀적력사(密跡力士) 등이 있었는데 이들을 내권속이라 한다. 대권속이란 사리불·목건련·마하가섭·수보리·가전연·부루나·아니룻다 등의 모든 성인과 미륵·문수사리·발타바라의 모든 아비발치 일생보처보살 등을 바로 대권속이라 한다.'

95) Skt. ārya. 성자(聖者), 성(聖)이라고도 한다. 성스러운 지(智)를 증득한 견도위(見道位) 이상인 분을 가리킨다.

96) 일생을 지내면 부처의 경지를 보충한다는 등각(等覺)의 자리로서 부처의 다음 경지.

그러므로 『대품반야경[大品]』[97]에서는 '모든 부처님의 내권속이 되고자 하고 대권속이 되고자 하면 반야바라밀을 학습해야 한다'고 하였다.

"보현보살(普賢菩薩, Samantabhadra)"[98]에서 보(普)는 모든 장소에 두루하다는 뜻이고, 현(賢)은 가장 훌륭하고 좋다는 뜻이다. 이른바 보리심으로 일으킨 원행(願行)[99] 및 몸과 입과 뜻의 모두가 다 평등하고 모든 장소에 두루하며 순일하고 훌륭하며 좋아서 온갖 덕을 갖추고 있다. 그래서 이렇게 부른다.

"자씨보살(慈氏菩薩, 彌勒, Maitreya)"[100]이란 어떤 의미인가? 부처의 사무량심(四無量心)에서 지금 자(慈)를 으뜸으로 삼는데, 이 자는 여래의 종성(種姓) 가운데에서 생겨나 모든 세간에 불가(佛家)를 끊어지지 않게 한다. 그래서 "자씨(慈氏)"라 한다. 앞에서 언급한 보현(普賢)은 스스로 증득하는 덕(德)이요, 본원(本願)이 이미 만족하였으므로, [자씨는] 중생을 교화하여 이 도(道)를 얻게 하고자 하는 것이다. 그래서 자씨를 [보현보살] 다음에 밝혔다.

"묘길상보살(妙吉祥菩薩, Mañjuśrī)"[101]에서 묘(妙)는 부처님의 위가 없는 지혜로서 마치 제호(醍醐)가 순수하고 맑아서 제일인 것과 같다. 실리(室利, śrī)를 번역하면 길상(吉祥)이 되는데 이것은 바로 온갖 덕을 갖추었다는 뜻이다. 혹은 묘한 덕이라고도 하며 또는 묘음(妙音)이라고도 한다. 말하자면 대자비의 힘으로써 묘한 법음을 펼쳐서 모두가 듣게 하기 때문에 미륵 다

---

97) 『대품반야경(大品般若經)』 제1 「서품」(대정장 8, 220 중). '사리불이여, 보살마하살이 모든 성문과 벽지불 앞에 있으면서 모든 부처님을 받들어 모시고, 모든 부처님의 내권속이 되고자 하며, 대권속이 되고자 하며 보살권속이 되고자 하며, 청정하게 큰 보시를 행하고자 하면 반드시 반야바라밀을 학습해야 한다. 또한 사리불이여, 보살마하살이 인색한 마음 · 파계하는 마음 · 성내는 마음 · 게으른 마음 · 어지러운 마음 · 어리석은 마음을 일으키지 않으려면 반야바라밀을 학습해야 한다.'

98) 이 보살은 보리심의 덕(德)을 담당하며 초지(初地) 자증(自證) 원극(圓極)의 위(位)에 해당한다.

99) 오대원(五大願)과 그 원으로부터 일어나는 삼밀묘행(三密妙行)을 가리킨다.

100) 이 보살은 자비희사(慈悲喜捨)의 사무량심(四無量心)을 담당한다.

101) 묘덕(妙德)이라 뜻번역하며 석존의 왼쪽 시자(侍者)로서 지혜를 맡음. 곧 문수보살을 가리킨다. 여기에서는 화타(化他)의 설법(說法)의 덕을 담당한다.

음에 밝혔다.

"제일체개장보살(除一切蓋障菩薩)"[102)]이란 무엇인가? 이른바 장애는 중생들의 갖가지 마음의 더러움을 말하는데, 여래의 깨끗한 눈[如來淨眼][103)]을 가려서 분명하게 뜨지 못하게 한다. 만약에 무분별법(無分別法)으로써 모든 희론을 멸하면 마치 구름과 안개가 사라져서 태양이 드러나 비추는 것과 같다. 그래서 제개장이라 한다. 여래께서 하시는 모든 행위[104)]는 모두 다 이 일대사인연[一事因緣]을 위한 것이다. 그래서 묘음 다음에 제일체개장을 밝혔다. 또한 다음에 수행하는 사람이 비록 반야바라밀(般若波羅蜜, prajñāpāramitā)을 학습하더라도 만약 선정(禪定)이 없으면 마치 눈먼 자가 비록 햇빛을 만나더라도 할 수 있는 것이 없음과 같다. 그래서 문수의 묘한 지혜 다음으로 제개장삼매(除蓋障三昧)를 밝혔다.

이 네 보살은 바로 부처님 몸의 네 가지 덕이다. [네 가지 가운데] 한쪽에 치우치거나 [하나라도] 빠뜨린다면 곧 위없는 보리를 이루지 못할 것이다. 이 까닭에 상수(上首)로 열거하였으며, [이 네 보살이] 수많은 온갖 덕을 통괄한다.

5. 보리살타(菩提薩埵)

"모든 큰 보살"이란 온전한 산스크리트로 말하면 마하보리살타(摩訶菩提薩埵, mahābodhisattva)라고 해야 할 것이다. 『대지도론』[105)]에 이르기를, '보리

102) 이 보살은 단혹(斷惑)의 덕을 담당한다.
103) 중생들이 본래 갖추고 있는 여래의 청정한 눈으로 불지(佛智)를 말한다.
104) 『의석』에서는 '말씀[說]'이라 한다.(만속장경23, 518상).
105) 『대지도론』 제4권(대정장 25, 86 상). '보리는 모든 부처님의 도[諸佛道]라 하고 살타는 중생, 혹은 대심(大心)이라 한다. 이 사람은 모든 부처님의 공덕을 모두 얻고자 하

는 모든 부처님의 도[諸佛道]라 하고 살타는 중생이라 부른다. 혹은 용심(勇心)이라고도 한다. 이 사람은 모든 부처님의 공덕을 모두 얻고자 하며, 그 마음이 끊어지지 않고 부서지지 않는 것이 금강산(金剛山)과 같다. 이것을 살타(薩埵, sattva)라 한다'고 하였다.

또한 이 사람은 큰 일[大事 : 成佛]을 하려는 마음이 있으며 물러나지 않고 흔들리지 않는다. 대단히 용맹한 마음이기에 많은 중생들 가운데에서 대자비를 일으켜 대승을 성립시킨다. 대도(大道)[106]를 행하며 최대처(最大處)[107]를 얻고자 하므로 반드시 설법을 하여 일체중생의 크게 삿된 견해[108]와 큰 애착[大愛][109]과 대아(大我)[110] 등의 모든 번뇌를 부순다. 그러므로 마하살타(摩訶薩埵, mahāsattva)라 부른다.

[선무외] 아사리는 다음과 같이 말하였다.

"바른 뜻에 의거한다면 보리사다(菩提索哆 : bodhi-sakta)라고 해야 한다. 사다란 수행을 잘 참고 즐겨하며 견고하게 지녀서 버리지 않는다는 뜻이다. 그런데 성명(聲明)[111]에는 만일 문자로 논할 때 그 뜻이 비록 바르더라도 음운(音韻)으로는 편하게 유통되지 않는 것이 있다면 이를 가져다 편리하게 하는 법이 있다. 그러므로 세간의 논사들이 살타(薩埵)라고 하니 전습자(傳習者)도 그 말에 따랐다."

유가종(瑜伽宗)[112]에서는 살타에 대략 세 종류가 있다고 한다. 첫째는

며, 그 마음이 끊어지지 않고 부서지지 않는 것이 금강산(金剛山)과 같다. 이것을 대심이라 한다.'

106) 올바른 삼밀(三密)의 묘행(妙行)이며, 여기에 겸하여 육바라밀을 닦는 것이다.

107) 불과(佛果)를 말한다. 처(處)는 산스크리트로 āyatana, 음역하여 아야달나(阿耶怛那). 처는 구역(舊譯)에서 입(入)이라 하였다. 심(心)・심소(心所)가 생장하는 문이라는 뜻이다. 심왕(心王)・심소(心所)는 처를 소의로 하여 처에 연하여 생장한다. 만일 처를 여의면 곧 생장할 수 없다.

108) 번뇌의 명칭이다. 바른 지견(知見)에 상대되는 말이다.

109) 탐욕의 번뇌를 말한다.

110) 아만(我慢), 진에(瞋恚) 등이다.

111) Skt. śabda-vidyā. 인도의 학예(學藝)인 오명(五明)의 하나. 언어학(言語學)이 원래의 뜻이다. 문자(文字)・음운(音韻) 및 어법(語法)을 다루는 학문이다.

112) 금강정종(金剛頂宗)을 가리킨다. 지금은 『오비밀경(五秘密經)』의 뜻에 의하였다. (대

어리석은 살타이다. 이른바 육도의 범부들은 참다운 진리와 인과를 알지 못하고 마음이 삿된 길로 가며 고통의 원인을 닦고 삼계(三界)를 연연히 집착하며 견고히 잡아서 놓지 못하므로 이렇게 부른다. 둘째는 많이 알고 있는 살타이다. 곧 이승(二乘)이다. 생사의 허물을 깨닫자마자 자기의 마음이 벗어나서 열반에 이른다. 화성(化城[113])에 마음을 두고 멸도(滅度)라는 생각을 일으켰지만 여래의 공덕을 즐겨 구하는 마음을 일으키지 않았으므로 이렇게 부른다. 셋째는 보리살타(菩提薩埵, bodhi-sattva)이다. 무상보리(無上菩提)는 모든 헤아림과 희론과 갖가지 허물을 초월한다. 한결같이 순수하고 훌륭하며 희고 맑으며 미묘하여 비유할 만한 뜻이 없다. 바로 중생의 본성으로서 부사의(不思議)한 마음이다. 이와 같은 성도의 일을 깨달으며, 즐겨 수행하기를 원하고 견고하여 움직이지 않으므로 보리사다(菩提索哆)라 부른다. [보리사다는] 이러한 사람 가운데에서 공덕과 업이 최대이며 [그 공덕을] 모든 중생에게 전하여 줄 수 있으므로 마하살타라 부른다.

이러한 대중들[114]이 앞뒤로 대일세존을 둘러싸서 한량없이 많은 몸과 말과 뜻으로 [세존을] 공양하고 공경하며 법을 듣고자 하였다.

정장 20, 539 상).

113) 『법화경』 「화성유품(化城喩品)」에 나오는 삼백 유순(由旬) 화성(化城)의 비유이다. 궁극의 경지가 될 수 없는 소승(小乘)의 유여(有餘) · 무여(無餘)의 열반을 가리킨다(대정장 9, 27 중). '여러 부처님 방편의 힘으로 분별하여 삼승(三乘)을 설하셨으나, 오직 일불승(一佛乘)만 있거늘 쉬게 하고자 이승(二乘)을 설했을 뿐이다. 지금 너희들을 위하여 진실을 말하나니, 너희들 얻은 것은 참 열반이 아니다. 부처님의 모든 지혜 얻기 위해 크게 정진하라. 너희가 일체 지혜와 열 가지 힘, 부처님의 참된 법을 증득하고 삼십이상을 갖추어야 비로소 참 열반이다. 인도자이신 부처님께서 중생을 쉬게 하려 열반을 설하시고, 이들이 다 쉬었음을 아시고는 다시 이끌어 참된 부처님 지혜에 들게 하시려고 [화성의 비유를 설]한 것이다.'

114) 십구집금강(十九執金剛), 사대보살(四大菩薩)과 그들의 권속들을 가리킨다.

6. 삼시(三時)를 초월하는 여래의 광명

다음[115]으로 수많은 근기를 지닌 대중들이 같은 때에 함께 듣는 법을 밝히겠다. 곧 경에서 "이른바 삼시(三時)를 초월하여 여래의 광명으로 가지한 신·어·의 평등구(平等句)의 법문이다"라고 하는 것이다.

그런데 이 경은 염부제(閻浮提)에 유통되는 데에 대략 십만게송이 있다. 만약에 십불찰의 티끌처럼 많은 대중들에게 각기 신·구·의의 차별된 법문을 자세히 연설하려면 무한량이어야 할 것이다.

이 설법의 시분(時分)은 또 언제인가? 그래서 [이 경을] 편찬한 자는 "이때에 불일(佛日)에 머물러 법을 연설한다"고 하였다. 세간의 시분(時分)에는 과거와 현재와 미래의 길고 짧은 시간의 길이에 갖가지 다름이 있다. 즉 태양이 사천하(四天下)를 궤도대로 한바퀴 돌면 하루 밤낮이며, [이 하루에] 각기 초분(初分)과 중분(中分)과 후분(後分)이 있고, 나아가 삼십시(三十時) 등이 있는데, [이러한 시분은] 찰나(刹那)[116]도 머물지 않고 차례대로 나아간다. 그러나 청정한 눈으로 이를 관하니 [여래의 둥글고 밝은 광명에는] 삼제(三際: 과거·현재·미래)의 상은 알 수 없다. 끝도 없으며 시작도 없고 또한 가는 것도 없고 오는 것도 없다. 이러한 실상의 광명은 둥글고 밝으며 언제나 머물고 맑은 것이 허공과 같아 시분에서 길고 짧음의 다름이 없다. 그러므로 부처님께서는 신력으로써 유가행자로 하여금 무량한 겁에서 식경(食頃)[117]과 같이 말하게 하신 것이다. 혹은 식경을 말하면서 이로써 무량겁으로 삼기도 한다. 늘이거나 줄이는 것이 온갖 근기에 따라 모두 적절하게 자재하며, 정해진 모습으로 얻을 것이 없으므로 "여래의 광명"이라고 하였다.

---

115) 이하에서 찬탄의 구절을 해석한다. 통서(通序)나 별서(別序)는 아니다.

116) 인도에서는 가장 짧은 시간을 찰나(刹那, kṣaṇa)라 하고, 120찰나를 1달찰나(怛刹那, tatkṣaṇa), 60달찰나를 1랍박(臘縛, lava), 30랍박을 1모호율다(牟呼栗多, muhūrta), 5모호율다를 1시(時), 6시를 1주야(晝夜)로 한다.

117) 식사를 마칠 동안의 짧은 시간을 가리킨다.

이와 같은 때에 부처님께서 어떤 법을 설하셨는가? 바로 이 몸과 말과 뜻의 세 가지가 평등한 구절[三平等句]의 법문이다. 말하자면 여래의 갖가지 삼업은 모두 제일(第一)의 실제로서 묘극(妙極)한 경지[118]에 이르렀다. 몸은 말과 평등하며 말은 마음과 평등하다. 큰 바다가 일체의 장소에 두루하며 동일한 짠맛인 것과 같기에 "평등"이라 하는 것과 같다.

"구(句)"란 산스크리트로 발담(鉢曇, padam)이라 말한다. 바르게 번역하면 족(足)이다. 『성론(聲論)』에서는 이것을 진행(進行)의 뜻, 주처(住處)의 뜻이라 한다. 마치 사람이 앞으로 걸어가는데 발[足]을 들거나 내릴 때에 그 자취가 머무는 장소를 발담이라 일컫는 것처럼 말씀과 구절이 머무는 뜻도 역시 이와 같다. 그러므로 동일한 이름이다. 지금 이 『대일경』에 따르면 이와 같은 도의 자취를 닦고, 차례대로 나아가 닦아서 [수행자가 여래의] 세 가지 평등한 곳에 머무를 수 있음을 "구(句)"라고 부른다. 곧 평등한 몸과 입과 뜻의 비밀가지(秘密加持)로써 들어가는 문(門)[119]으로 삼는다. 이른바 신평등(身平等)의 밀인(密印)과 어평등(語平等)의 진언(眞言)과 심평등(心平等)의 묘관(妙觀)으로써 방편을 삼아 가지수용신(加持受用身)을 보기에 이른다. 이와 같은 가지수용신은 바로 비로자나의 일체에 두루한 몸이다. 일체에 두루한 몸[遍一切身]이란 곧 수행자의 평등한 지신(智身)이다. 이러한 까닭에 이 [비밀한] 가르침에 머무는 자는 행하지 않음[不行][120]으로써 행(行)[121]하고, 도달하지 않음으로써 도달하니 "평등구"라 부른다. 모든 중생이 모두 그 가운데에 들어가나 실로 들어간 자가 없으며 들어간 곳도 없다. 그래서 평등이라 한다. 평등한 법문이 바로 이 경의 대의(大意)이다.

118) 제일의 실제로서 묘극한 경지는 아자본불생(阿字本不生)의 경지를 가리킨다.

119) 과덕(果德)에 의거하여 말하면 지금 닦는 수행자 쪽에서 바라보아 닦는 바의 삼밀을 소입(所入)이라 한다.

120) 본유본각문(本有本覺門)으로서 불생(不生)의 입장을 가리킨다. 본각(本覺)이란 중생에게 본래부터 있는 것이라는 관점에서 본각(本覺)이라 하고, 또 무명의 습기 때문에 가려져 있을 때에는 불각(不覺), 한번 어느 계기를 만나서 그 본바탕이 드러날 때를 시각(始覺)이라 한다.

121) 시각수생문(始覺修生門)을 말한다.

7. 상서로운 징조

"이때에 저 보살은 보현을 상수로 하고, 모든 집금강은 비밀주를 상수로 하며 비로자나여래께서 가지하시는 까닭에 신무진장엄장(身無盡莊嚴藏)을 분신시현하고 (…중략…) 유정류의 업과 수명과 종자를 제거하고 다시 [보리의] 싹과 종자를 생겨나게 한다"고 하는 것은 장차 이 평등법문을 설하려는 것이다. 그래서 먼저 자재한 가지로 대중을 감동시키며, 보문(普門)의 경계[122]인 비밀하게 장엄하여 불가사의하며 일찍이 없었던 일을 모두 나타내셨다. 그 의문으로 인하여 이를 연설하시니 듣는 자는 믿음의 즐거움이 배나 더하고 깊이 언어의 뜻에 들어간다.

『법화경』의 「서분(序分)」이나 「종지용출품(從地踊出品)」[123]에서 설하는 인연과 같다. 여기에서 자세하게 설명하였다.

다음으로 "보현"과 "비밀주" 등 상수(上首)의 모든 인자(仁者)[124]들은 바로 비로자나의 차별지신(差別智身)으로서 이와 같은 경계에서 이미 오래전에 통달하였다. 이 모든 해탈문으로부터 나타난 모든 선지식은 각기 무량한 중생의 근기에 맞추어 [중생들을] 인도하여 함께 법계만다라(法界曼荼羅)에 들어가게 한다. 이러한 법문에 처음으로 들어가 참답게 수행하는 모든 보살들을 요익하게 하기 위하여 여래께서는 가지로써 대신통력을 분신시현하시는 것이다. 마치 사자왕이 울부짖고자 하려면 반드시 먼저 그 몸을 분신(奮迅)하여 힘을 나타낸 다음에 소리를 내는 것과 같다. 여래도 역시 이와 같아서 장차 반드시 사자후를 하시어 일체지혜의 가르침을 널리 설하시고자 하므로 먼저 무진장엄장(無盡莊嚴藏)을 분신시현하신 것이다.

---

122) 두루 갖가지의 다양한 불신(佛身)을 나타내기에 보문경계라 한다.

123) 「종지용출품」은 법화경 제15품으로서 『법화경』 전체를 적문(迹門)과 본문(本門)으로 크게 둘로 나누었을 때, 본문의 서분(序分)에 해당한다. (대정장 9, 39 하).

124) 보살을 달리 번역하여 인자(仁者)라 한다.

"장엄(莊嚴)"이란 하나의 평등한 몸으로부터 일체의 위의(威儀)를 두루 나타내는 것이다. 이와 같은 위의는 밀인(密印 : 身密) 아닌 것이 없다. 하나의 평등한 말로부터 두루 일체의 음성을 나타내니, 이와 같은 음성은 진언(眞言 : 口密) 아님이 없다. 하나의 평등한 마음으로부터 일체의 본존을 두루 나타내니, 이와 같은 본존은 삼매(三昧 : 意密) 아님이 없다. 그러나 이 낱낱 삼업의 차별된 모습은 모두가 끝이 없으며 헤아릴 수도 없으므로 "무진장엄(無盡莊嚴)"이라 부른다.

『여래비밀혜경(如來秘密慧經)』에 이르기를,[125) 제개장보살(除蓋障菩薩)이 법회 중에 부처님 몸의 크기를 알고자 하여 대목련으로 하여금 이를 알아보게 하였다. 목련이 위의 범궁(梵宮)에 올라가서 여래를 보는데 마치 눈앞에 대한 것 같아서, 부처님의 몸의 위의와 설법하는 음성이 모두 본래와 차이가 없었다. 이에 그 신력(神力)을 다써서 다른 곳의 불토에 가서도 역시 범궁과 다름이 없었다. 이때에 제개장보살은 목련이 측량하지 못하였으므로 [재개장보살이] 직접 가서 관찰하니 시방의 각기 갠지스강의 모래알처럼 많은 세계를 지나도록 모두 자리에서 일어나지 않고 법을 설하시는 여래를 보았다. 시방의 둘레를 다돌고 그 신통의 힘이 닿는대로 가보았어도 역시 마찬가지였다.

그 다음으로 돌아와서 제의천녀(除疑天女)[126)가 부처님에게 멀지 않은

---

125) 『대일경의석(大日經義釋)』(만속장경, 520 상)에는 '무진장엄이라 칭하니 여래의 비밀혜(秘密慧)이다. 경에 이르기를'로 되어 있지만, 본 『대일경소』에서는 『여래비밀혜경』이라 이름하는 경의 명칭으로 보았다.

126) 이 내용과 흡사한 것이 『대지도론』 제10권(대정장 25, 128 중)에도 나온다. '문수사리가 부처님 곁에 어떤 여인이 가까이 앉아 삼매에 들어 있는 것을 보았다. 문수사리가 부처님의 발에 절을 하고 부처님께 사뢰었다. "이 여인은 어찌하여 부처님 가까이 앉았는데 나는 그러지 못합니까?" 부처님께서 문수사리에게 말씀하셨다. "너는 이 여인을 깨워서 삼매에서 일어나게 한 뒤에 네가 직접 물어보아라." 문수사리가 곧 손가락을 튕겨 깨우려 했으나 깨우지 못했고, 큰 소리로 불러서 깨우려 했으나 깨우지 못했고, 손을 잡아 끌었으나 역시 깨우지 못했고, 또 신통으로 삼천대천세계를 흔들었으나 역시 깨우지 못하고 부처님께 말씀드렸다. "세존이시여, 저는 깨우지 못하겠습니다." 이때 부처님께서는 큰 광명을 놓으셔서 아래쪽 세계를 비추시니, 거기에 기제개(棄諸蓋)라는 한 보살이 있다가 당장 아래쪽에서 올라와 부처님께 이르러 부처님의 발

곳으로 가서 삼매에 들어가는 것을 보고 문득 이렇게 생각하였다.

'나는 이 천녀가 무량삼매문에 통달하였다고 들었다. 나는 지금 [제의천녀가] 어떠한 선정에 머물고 있는지를 관찰하리라.'

다시 마음의 힘을 다하여 이를 관하였으나 그 마음이 간 곳이 어디인지 알 수 없었다. 그래서 한량없이 많은 천계의 북[天鼓]을 모았는데 하나하나가 모두 다 수미산왕만하였다. 신력으로 동시에 북소리를 내어 [제의천녀로 하여금] 정에서 깨어나게 하려 하였으나 할 수 없었다. 그러자 부처님께서 말씀하셨다.

"내가 아직 보리심을 발하지 않았을 때에도 이 천녀는 이미 이 삼매에 머물었다."

이것이 바로 끝이 없는 경계의 뜻이다.

이와 같이 비로자나께서는 시방의 일체세계에 두루하게 낱낱이 모두 부처의 가지신을 나타내신다. 이 낱낱의 몸에 각기 십불찰의 티끌의 수와 같은 보살과 금강(金剛)의 대중들이 있었다. 그 모든 대중의 모든 근(根)과 상호(相好)도 역시 다시 끝이 없었으며, 참깨의 꼬투리처럼 법계에 가득하였고 그 가운데 빈틈이 없었다. 마치 국왕에게 큰 창고가 있는데 만약 사람에게 보여주려고 하면 곧 마음대로 열어서 이를 널리 펼칠 수 있는 것과 같았다. 그래서 "장엄장"이라고 한다. 또한 이 모든 대중들은 다만 부처님의 위신력으로써 이와 같은 부사의한 경계를 볼 수 있다. 여래께서 만약 가지하지 않으신다면 곧 나타나지 않으며, 그들 자신의 한계가 있는

에 절하고 한 쪽에 서 있으니, 부처님께서 기제개보살에게 말씀하셨다. "네가 이 여인을 깨워라." 즉시 손끝을 튕기니 이 여인이 삼매에서 깨어나거늘 문수사리가 부처님께 말씀드렸다. "어찌하여 저는 삼천대천세계를 흔들어도 이 여인을 깨우지 못했는데 기제개보살은 한 번 손끝을 튕기자 얼른 삼매에서 일어났습니까?" 부처님께서 문수사리에게 말씀하셨다. "너는 이 여인으로 인하여 처음에 아뇩다라삼먁삼보리의 마음을 내었고, 이 여인은 기제개보살로 인하여 처음에 아뇩다라삼먁삼보리의 마음을 내었나니, 이런 까닭에 너는 깨우지 못했다. 너는 부처님의 삼매에는 공덕이 원만치 못했고, 보살들의 삼매에서는 자재함을 얻었다." 즉 [문수사리는] 부처님의 삼매에는 약간 들어갔으나 아직 자재함을 얻지 못했던 것이다.'

마음의 헤아림으로는 알 수가 없다.

마치 수행자가 안으로 반주삼매(般舟三昧)[127]를 닦고 밖으로 신력의 호지(護持)를 입을 때에는 부모로부터 태어난 몸으로 시방의 부처를 볼 수 있는 것이, 마치 구름 없는 맑은 밤에 온갖 별을 우러러 보는 것과 같으며 법음(法音)을 듣는 데에도 분명하여 장애가 없다.

그런데 이 경계는 수행자의 마음이 맑기 때문에 생기는 것인가, 부처의 가피로 말미암아 생기는가? 만약 [수행자의] 내심(內心)에 말미암는다면 자성(自性)에서 생기는 것이고, 불력(佛力)에 말미암으면 타성(他性)에서 생기는 것이다. 모두가 다 외도의 논의와 다르지 않다. 그러나 자(自)와 타(他)는 실재하지 않으므로 화합도 있을 수 없다. 또한 인연이 없으면 성취할 수도 없다. 왜냐하면 안의 인(因)과 밖의 연(緣)에서 빠뜨린 것이 있으면 현전하지 않기 때문이다. 이와 같은 장엄의 상은 나타날 때에도 따라 온 곳이 없으며, 사라질 때에도 역시 가버린 곳이 없음을 반드시 알아야 한다. 필경 평등하여 여(如)[128]에서 벗어나지 않기 때문이다.

"비로자나부처님의 몸이나 말이나 뜻을 좇아서 생하는 것이 아니니, 온갖 곳에서 생기고 없어짐이 그 끝을 얻을 수 없으므로,[129] 비로자나께서 모든 몸의 업과 모든 언어의 업과 모든 뜻의 업으로 모든 장소와 모든 때에 유정세계에 진언의 도를 설한 법문을 널리 설하신다."

이것은 부처님의 **"장엄장(莊嚴藏)"**을 다르게 해석한 것이다. 다함없고 끝없는 것이라고 한 이유는 여래께서 일체의 장소에 두루하여 불멸의 몸으

---

127) Skt. pratyurpannasamadhi. 반주는 불립(佛立)이라 번역한다. 이 삼매를 행하면 모든 부처님이 나타나 수행자의 눈앞에 서시는 것을 본다고 한다. 『대승현호경』에는 사유제불현전삼매(思惟諸佛現前三昧)라 한다. 또는 이 삼매를 7일 혹은 90일을 쉬지않고 수행하므로 이것을 상행도(常行道)라 번역한다. 천태종에서는 상행삼매(常行三昧)라고 하며, 사종삼매(四種三昧)의 하나이다.

128) 정지에 계합하는 이체(理體). 만유제법의 이체는 동일평등하므로 여(如). 여의 뜻이 하나가 아니므로 여여(如如)라 한다. 여(如)는 진여(眞如)로서 깨달은 안목으로 보면 일체만유가 진여이므로 여여라 함.

129) 이것은 변화법신에 대한 설명이다.

로 언제나 머무신다는 것과 다르지 않다. 비록 [불멸의 몸을] 언제나 일어나고 사라지게 하시지는 않을지라도 일체의 삼업으로써 두루 시방과 삼세의 모든 때와 장소에서 가장 진실한 도를 설하시어 많은 중생을 교화하시고, 그 마음을 잃지 않게[軌匠][130]하여 불도(佛道)에 이르게 하신다.

"또한 집금강(執金剛)[131]과 보현보살과 연화수보살(蓮華手菩薩 : 관세음보살) 등의 모습을 두루 시방에 나타내어 진언도의 청정한 법문[眞言道淸淨句法]을 설하신다. 이 법문은 초발심에서부터 십지(十地)에 이르기까지의 차제를 이 생(生)에서 만족하게 하며 인연과 업이 만들어 더욱 키우는 유정들의 업에 의하여 정해진 수명의 종자를 제거하고, 다시 보리의 싹과 종자를 생겨나게 하신다."

이상은 앞의 모습을 다시 자세하게 설명한 것이다. 말하자면 다만 불신을 시현하여 시방 모든 세계에 충만하게 하신 것만이 아니다. 집금강과 보살 등의 몸을 나타내신 것도 역시 모든 장소에 고루 미친다. 그런데 십불찰의 티끌의 수처럼 많은 모든 집금강과 보살 등의 신・구・심의 인(印)은 차별되어 같지 않다. 그러나 이러한 낱낱 본존의 모습과 권속이 모두 비로자나와 같이 시방 모든 세계에 충만한 것은 인다라망(因陀羅網)[132]이 서로 방해하지 않는 것과 같다.

지금 대략 세 분의 성자[133]를 들어서 상수로 하였다.

---

130) 궤장(軌匠)이란 공장(工匠)의 법을 잊지 않아야 그릇을 만들 수 있는 것처럼, 여래는 설법의 방편에 의하여 중생으로 하여금 보리심을 닦아 이루게 함을 의미한다.

131) 여기 집금강 이하에서는 등류법신(等流法身)을 밝힌다. 등류법신이란 밀교 사종법신의 하나로서 등류신(等流身)이라고도 한다. 밀교 독특의 법신으로서 유식(唯識)에서는 설하지 않는다. 부처님의 몸이 변화하여 여러 가지 몸을 나타내는 것을 말한다. 등류(等流)란 등동유류(等同類流)의 의미로 사람・천상・귀신・축생 등 온갖 부류의 중생에 대해서 그들이 보기 좋아할 몸의 모습을 나타내어 그들이 듣기 좋아할 말과 소리를 내어서 설법교화하는 불신(佛身)을 가리키는 것이다. 만다라 외금강부의 사람・천・귀신・짐승 등은 모두 대일여래의 등류신이라 한다.

132) Skt. Indra-jāla. 제석망의 줄인 말. 혹은 인다라망이라고도 한다. 제석천의 보배스런 그물. 제석천왕의 궁전에 달려있는 보배 그물에는 그물코마다 보배구슬이 달려있고 보배구슬 낱낱마다 다른 낱낱 보배구슬의 영상을 나타내고 이렇게 일체보배구슬이 서로 다른 일체보배구슬 영상을 나타낸다하여 중중무진(重重無盡)이라 한다.

133) 집금강과 보현보살과 관자재보살을 말한다.

"집금강"은 금강지혜문(金剛智慧門)[134]에 대(對)하며 항복(降伏)의 방편이다. "보현"은 여여법신문(如如法身門)에 대하며 적재(寂災 : 息災)의 방편이다. 관음은 연화삼매문(蓮華三昧門)에 대하며 증익(增益)의 방편이다. 이 세 가지 점[135]을 들면 곧 한량 없고 생각키 어려운 묘용(妙用)이 모두 이미 그 가운데 포함되므로 특별하게 이를 말하였다. "등(等)"이라고 말한 것은 내지(乃至)[136] 제천(諸天)과 팔부(八部)[137]와 오통(五通)[138]의 신선(神仙)까지 포함한다. 밖으로 나타난 만다라[外現漫荼羅][139]를 표시한 것이므로 예로써 알 수 있을 것이다.

이러한 갖가지 인연들이 있어서 무수한 방편으로 보문(普門)[140] 응현하여 뭇 중생을 교화한다. [그들의 경지가] 비록 깊고 낮음이 다르고 거칠고 미세함이 차이가 있으나 그 진실한 일을 궁구함에 비밀가지(秘密加持)가 아닌 것이 없으며, 각기 여래의 청정지견을 열어 보인다. 만일 이러한 실상의 인(印)[141]을 [이들이] 여윈다면 그 밖의 모두는 애견(愛見)[142]에서 생기는 것이어서 천마나 외도들과 같은 부류가 되는 것이다. 어찌 "청정구"의

---

134) 금강지(金剛智, vajra-prajñā)는 바일라반야(縛日羅般若)라고도 한다. 견고하여 부서지지 않는 지체(智體)로서 대원경지(大圓鏡智)의 다른 이름이다. 이 지(智)는 번뇌와 습기를 부수는 것이 마치 금강이 모든 것을 부수는 것과 같으므로 금강지라 한다.

135) 법신(法身) · 반야(般若) · 해탈(解脫)로서 법신은 자성청정(自性淸淨)의 덕, 반야는 지덕(智德), 해탈은 자재(自在)의 덕으로서 불(佛) · 금(金) · 연(蓮)의 차제이다. 보현, 집금강, 연화수는 이 삼부(三部)를 대표한다.

136) 성문(聲聞) · 연각(緣覺)의 이승(二乘)을 간략히 보인 것이다.

137) 불법을 수호하는 신장(神將)들 즉 천(天), 용(龍), 야차(夜叉), 건달바(乾闥婆), 아수라(阿修羅), 가루라(迦樓羅), 긴나라(緊那羅), 마후라가(摩睺羅伽)의 칭호이다. 이 가운데서 천(天)과 용(龍)이 으뜸이므로 특히 천룡팔부라 한다.

138) 다섯 가지 뛰어난 능력. 보통 사람이 보지 못하는 것을 보는 능력(天眼通), 보통사람이 못듣는 것을 듣는 능력(天耳通), 남의 마음을 꿰뚫어 보는 능력(他心通), 전생의 일을 전부 아는 능력(宿命通), 걸림없이 어디든지 오갈 수 있는 능력(神足通).

139) 밖으로 나타난 만다라는 도회(圖繪)한 만다라라는 뜻이다. 또는 만다라의 제삼중(第三重)을 가리켜서 외현(外現)이라 하기도 한다.

140) 나타난 바의 형상은 무량하기 때문에 보문(普門)이라 한 것이다.

141) 청정지견(淸淨知見)을 가리킨다.

142) 아(我) · 법(法)의 2집(執)에서 일어나는 견해이다.

뜻이라 하겠는가!

다시 해석하여 말하겠다. **"청정구(淸淨句)"**라고 하는 것은 바로 돈각(頓覺) 성불(成佛)의 신통승(神通乘)이다. 만약 다른 승(乘)[143]의 보살이 무상보리에 뜻을 두고 여러 가지로 부지런히 노력하며 목숨을 아끼지 않고 무수한 아승지겁을 경과하면 혹은 성불하기도 하고 성불하지 못하기도 한다. 그러나 지금 이 진언문의 보살이 법칙을 어기지 않고 방편으로 수행한다면 현재의 생애 중에 무진장엄한 가지(加持)의 경계를 보게 될 것이다. 다만 현전하는 것만이 아니다. 불지(佛地)에 뛰어올라 대일여래와 동등하여지고자 하여도 도달할 수 있다.

또한 수행자가 초발심할 때에 아(अ)자문에 들어가게 되면 곧 여래의 금강 성품에서 싹이 생긴다. 이 싹은 한 생애에 점점 증진하여 다시 물러나지 않으며[不退轉], 이에 보리를 이루어 더할 수 있는 행이 없으면 그런 다음에 쉰다는 것을 반드시 알아라. 그러므로 **"차제로 이 생을 만족케한다"**고 하였다.

이 가운데 **"차제(次第)"**에는 산스크리트음[kraman]으로 '머물지 않음' '정진(精進)' '두루 행함'이라는 뜻이 있다. 말하자면 처음으로 발심하여 보살의 위(位)에 들어가고자 하기에 이 진언법요(眞言法要)를 방편으로 수행하여 초지(初地)에 이르게 된다. 이때에 머무는 바 없이 나아가려는 마음이 쉬지 않으니 제2지(第二地)를 만족하게 된다. 다시 진언법요의 방편수행에 의지하여 제3지에 이르게 된다. 이때에 머무르는 바 없이 나아가려는 마음이 쉬지 않으므로 제4지를 만족하게 된다. 다시 진언법요의 방편수행으로 제5지에 들어가게 된다. 이와 같은 순서대로 나아가 십지(十地)를 만족하게 된다. 오직 하나의 행도(行道)를 통하여 정각을 이룬다. 만약 다른 방편문[144]에서 비밀스러운 뜻을 개현코자 할지라도 역시 모두 이와 같은 귀한 가르침[寶乘]을 여의지 않는다.

---

143) 밀교가 아닌 현교쪽의 보살을 가리킨다.
144) 등류법신(等流法身)이 설한 법문을 가리킨다.

"연(緣)과 업(業)으로부터 생긴다"고 하는 것은 무엇인가? 유정은 어리석음과 애착의 인연으로 신·구·의의 갖가지 허망하고 청정하지 않은 업을 지어내고 이와 같은 업에 올라타서 육취의 몸으로 태어나 윤회 가운데 오래 머물면서 온갖 고통을 받는다. 지금 평등한 삼업의 청정한 혜문(慧門)을 닦으면 모든 온(蘊)의 아뢰야(阿賴耶)[145]인 업에 의하여 정해진 수명[壽]의 종자가 모두 타 없어져서 허공처럼 더러움 없는 대보리심에 이르게 된다. [이 대보리심은] 일체여래의 평등한 종자로서 비장(悲藏)으로부터 법성의 싹을 틔우고, 나아가 줄기와 잎과 꽃과 열매가 모든 법계에 두루 가득하여 만 가지 덕을 활짝 열어보이는 보리수왕(菩提樹王)을 이룬다. 그런데 네 가지 생겨남이 없다는 뜻[四不生義][146]으로 이를 관하면 도무지 일어난 것이 없고 또한 일어날 곳도 없으므로 이 생은 바로 대공생(大空生)임을 알아야 한다. 그래서 "유정들의 업에 의하여 정해진 수명의 종자를 제거하고, 다시 [보리의] 싹과 종자를 생겨나게 하신다"고 하였다.

또한 여래께서 나타내신 십불찰의 티끌처럼 많은 수의 모든 선지식과 법계문(法界門)은 가령 차례대로 보고 듣는다해도 한량없고 끝없는 아승지겁으로도[147] 모두 보고 들을 수는 없다. [그러나] 부처의 광명[佛日]으로 가지하기에 일찍이 자리에 앉자마자 모두 다 현전한다. 이것은 [비로자나부처님께서] 이 경을 장차 설하시고자 불가사의한 신통의 상서로운 모습을 보인 것일 뿐이다.

마치 문수사리가 백호에 비추어진 1만8천의 국토에서 모든 보살의 갖가지 인연은 모두 보살도를 행하는 것이라 보고, 곧 모든 부처님께서 장차 방편을 열고 실상을 드러내어[開權顯實][148] 『법화경』을 설하려고 하심

145) 온(蘊)이란 색수상행식의 오온(五蘊)으로서 이 오온의 소의(所依)가 되는 바의 제8아뢰야식을 가리켜서 온의 아뢰야라 한다.

146) 사불생(四不生)이란 자(自)·타(他)·구(俱)·무인(無因)의 사불생을 가리킨다.

147) '이렇게 긴 세월 동안 수행한다 하여도'라는 뜻이다.

148) 개권현실(開權顯實)이란 권방편(權方便)의 문을 열어서 진실상(眞實相)을 드러내보이는 것을 말한다.

을 아는 것과 같다. 반드시 알아라. 금강수 등도 역시 이와 같이 두루 가지세계(加持世界)에서 오직 평등의 법문을 설하는 것을 보고 곧 여래께서 장차 일체의 가르침에 두루한 자심성불(自心成佛)의 가르침을 연설하실 줄 알았다. 그러므로 아래에 글에서 [금강수가] 여쭙는 것은 이 가르침을 바탕으로 하여 일으킨 것이다.

8. 삼구(三句)에 대한 금강수의 질문

"이때에 집금강비밀주가 그 대중의 모임 가운데에 앉아 부처님께 여쭈었다. 세존이시여, 어떻게 하시어 여래・응공・정변지께서는 일체지지(一切智智)를 얻으셨다고 합니까? (…중략…)[149] 이와 같은 지혜는 무엇을 인으로 하고 무엇을 근으

149) 『대일경』 경문의 총 294글자를 생략한 것이다. 생략된 경문은 다음과 같다. "그 일체지지를 얻어 한량없이 많은 중생들을 위해 널리 펴서 연설하시니, 온갖 중생의 갈래와 갖가지 중생이 바라는 바에 따라 온갖 종류의 방편도로써 일체지지를 설하십니다. 혹은 성문승(聲聞乘)의 도(道)와 혹은 연각승(緣覺乘)의 도와, 혹은 대승(大乘)의 도, 혹은 오통지(五通智)의 도를 설하시며, 혹은 천계에 태어나거나 혹은 사람 가운데에 나아가 용(龍), 야차(夜叉)와 건달바(乾闥婆)로 태어나거나 내지 마후라가(摩睺羅伽)로 태어날 수 있는 법을 설하십니다. 만약 중생들 가운데 부처의 몸으로 건질 자가 있으면 즉시 부처님의 몸을 나투시고, 혹은 성문의 몸이나 연각의 몸이나 보살의 몸이나 범천(梵天)의 몸이나 나라연(那羅延)과 비사문(毘沙門)의 몸 내지 마후라가의 몸이나 혹은 인비인(人非人) 등의 몸을 나투셔서 각각 그들의 언어와 소리에 동일하게 하며 온갖 위의(威儀)를 시현하십니다. 이런 일체지지의 도는 한 가지 맛[一味]이니 바로 여래의 해탈미입니다. 세존이시여! 비유하자면 허공[虛空界]이 온갖 분별을 떠나서 분별할 것도 없고 분별하지 않을 것도 없는 것처럼, 이와 같이 일체지지도 온갖 분별을 떠나, 분별할 것도 없고 분별하지 않을 것도 없습니다. 세존이시여! 비유하자면 땅[大地]이 모든 중생들의 의지처가 되는 것처럼 일체지지도 천과 사람과 아수라의 의지처가 됩니다. 세존이시여! 비유하자면 불[火界]이 장작을 태움에 있어 만족함이 없듯이 일체지지도 모든 무지의 장작을 태우는데 만족함이 없습니다. 세존이시여! 비유하자면 바람[風界]이 모든 먼지를 제거하듯이 일체지지도 모든 번뇌의 찌꺼기를 제거합니다. 세존이시여! 비유하자면 물[水界]이 모든 중생들의 의지처가 되고 기쁨이 되듯이 일체지지도

로 하며, 무엇을 구경으로 합니까?"150)

여래께서 스스로 증득하신 지혜는 설령 신력으로 가지할지라도 사람에게 보여줄 수 없다. 앞에서 "분신시현무진장엄장"이라 한 것은 모두가 밖으로 드러난 작용의 자취일 뿐이다. 지혜로운 자는 그 가지의 끝을 보고서 곧 그 근본을 깨우친다. 마치 코끼리의 발자국이 온갖 짐승들보다 월등하여 그 뛰어서 밟는 것이 갑절이나 깊고 넓으므로 비록 그 모습을 보지못해도 이 코끼리몸의 힘은 아주 세다는 것을 알 수 있는 것과 같다. 또한 빠른 번개는 비를 뿌려서 새와 짐승으로 하여금 벼락맞아 죽게 할 수 있으며, 백개나 되는 하천을 쓸어버리며 산을 부수고 구릉을 오르니, 비록 그 근본을 헤아릴 수 없으나 이 [번개를 치는] 용(龍)의 위세가 매우 크다는 것을 알 수 있는 것과 같다.

지금 모든 대중도 역시 이와 같아서 여래의 다함없는 신·구·의가 한 때에 두루 법계중생에 응하며, 훌륭하게 [중생들의 다양한] 근기에 합하여 근기가 갖가지인 것에 알맞게 불사를 이루심을 보고서, 곧 여래의 지혜의 힘은 반드시 일념에 두루 군생(群生)들의 근기와 본말의 인연을 관하시며 구경에 걸림없음을 안다. 세속을 비추는 방편이 오히려 이와 같거늘 실답게 계합하는 경지는 다시 무어라 할 것인가! 만약에 법이 그렇지 않으면 희미한 자취라도 찾을 수 있겠는가! 나[금강수]는 이미 모두 보았지만 이 법을 어디서부터 얻을 수 있을지 모른다. 그래서 집금강수가 모인 중생들의 의심에 인하여서 부처님께 "어떻게 하시어 여래응공정변지께서는 일체지지를 얻으셨습니까"라고 여쭌 것이다.

산스크리트본의 다타가다(怛他揭多, tathāgata)에서 다타(怛他, tathā)란 '여(如)'라는 뜻이며, 가다(揭多, āgata)는 '온다·알고 이해한다·설한다·간다'는 뜻이다. [과거의] 모든 부처님께서 참다운 도(道)에 올라타고 와서 정각을 이루신 것처럼 지금의 부처님도 역시 이와 같으므로 "여래(如來)"라 부

모든 천과 세상 사람들의 이익과 즐거움이 됩니다."

150) 이하 삼구(三句)로써 금강수가 질문하고 이에 대한 답변이 전개된다.

른다. 모든 부처님께서는 진실 그대로를 아시며, 아시고 나서 역시 모든 법의 진실 그대로 중생을 위하여 설하신다. 지금의 부처님도 이와 같으므로 '참답게 아시는 분[如實知者]'이라고 하며, 또한 '참답게 말씀하시는 분[如實說者]'이라고도 한다. 모든 부처님께서는 이와 같은 안락(安樂)[151]의 성품을 얻으시고 곧바로 열반 가운데에 이르신다. 지금의 부처도 역시 이와 같이 가시므로 여거(如去)라 부른다.

『대지도론』[152]에는 네 가지 뜻을 다 싣고 있다. 그러나 옛번역에서는 대체로 여래(如來)라 하였고, 유부(有部)의 계본(戒本)에서는 여거(如去)라 하였다. [선무외]아사리의 뜻은 여거(如去)와 여설(如說)에 있다. 지금은 옛번역에서 정한 것에 따랐다.

산스크리트본에서 아라하(阿羅訶, arhan)라고 하는 것은 무엇인가? 아라(阿羅, ar)는 '번뇌'이고 하(訶, han)는 '해친다 · 제거한다'는 뜻이다. 『대지도론』[153]에서는 '도적을 살해함[殺賊]'이라고 하였다. 부처님께서 인욕과 정진의 갑옷을 입으시고 지계의 말에 오르시어 선정의 활과 지혜의 화살로써 밖으로는 마왕의 군사를 부수고 안으로는 번뇌라는 도적을 멸하신다. 그래서 이름한 것이다. 또한 아(阿, a)는 '불(不)'이라 이름하고 라하(羅訶, rah)는 '생(生)'이라 부른다. 말하자면 불심(佛心)의 종자가 후세의 [생사윤회하는] 밭 가운데에서 생겨나지 않고 무명의 껍질을 벗기 때문이다. 또한 아라하(阿羅訶)는 '공양을 받을 만하다'는 뜻이다. 이와 같은 공덕이 있으므로 천과 사람에게서 최상의 공양을 받을 만하다. 그래서 [응공(應供)이라고] 이름한 것이다.

---

151) 열반사덕(涅槃四德)인 상(常) · 락(樂) · 아(我) · 정(淨)의 네 가지 덕 가운데 하나를 들었지만, 실제로는 이 한 가지 덕에 네 가지 덕을 모두 총섭한 것이다.

152) 『대지도론』 제2권. (대정장 25, 71 중 이하). '부처님의 공덕이 무량하니 명호도 역시 무량하다.'

153) 『대지도론』 제2권(대정장 25, 71 중). '어찌하여 아라하(阿羅呵)라 하는가? 아라(阿羅)는 도적이라는 말이고 하(呵)는 살해한다[殺]는 뜻이다. 그래서 도적을 살해함[殺賊]이라 한다.'

산스크리트본에 이르기를 삼먁삼불타(三藐三佛陀, samyak-saṃbuddha)라 하는 것에서 삼먁(三藐, samyak)이란 '정(正)'이라 하며, 삼(三, sam)이란 '두루하다'는 뜻이고, 불타(佛陀, buddha)는 '지(知)'이므로 "정변지(正遍知)"라 한다. 『대지도론[釋論]』154)에서 어떤 사람이 '왜냐하면 부처님께서만이 진실하게 설하시며 실답게 오시고[如來] 실답게 가시므로[如去] 최상의 공양을 받기에 합당하다'고 한 것은 부처님께서는 바르고 두루 아시는 지혜를 얻으셨기 때문이다. "정(正)"이란 모든 법의 움직이지 않고 부서지지 않은 모습을 말하며, "변(遍)"이란 하나의 법이나 둘의 법이라 할 수 없는 것을 말한다. 그래서 일체법을 모두 알아 나머지가 없으므로 이것을 삼먁삼불타라 한다고 하였다.

그러나 이 『대일경』에서는 불타를 각(覺)이라 이름하는데 이는 '열어 펼친다'는 뜻이다. 자연의 지혜에 의하여 두루 일체법을 깨달으시는 것이, 마치 활짝 핀 연꽃에 점이나 얼룩이 없는 것과 같음을 말한다. 또한 모든 중생[의 미혹을 제거하고 깨달음]을 열어펼치시므로 부처님이라 부른다.

산스크리트로 살바야나(薩婆若那, sarva-jñāna)는 바로 일체지지(一切智智)이다. 『대지도론』155)에서는 다음과 같이 설명한다.

'살바야다(薩婆若多, sarva-jñātā)라 하는 것은 곧 일체지(一切智)이다. 일체는 이른바 명색(名色 : 정신적인 것과 물질적인 것) 등의 무량한 법문으로 각기 일체의 법을 포섭한다. 이와 같이 무량한 3·4·5·6 등 내지 아승지(阿僧祇)156)의 법문에 일체의 법을 포섭한다. 이 일체법 가운데 한 가지 모습[一相]과 다른 모습[異相]157)과 번뇌가 남아있는 모습[漏相]과 번뇌가 남아있지

---

154) 『대지도론』 제21권(대정장 25, 219 중). '왜냐하면 오직 부처님만이 실다웁게 설하시며 실답게 오시고 실답게 가시므로 최상의 공양을 받기에 합당하다. 부처님께서는 바르고 보편한 지혜를 얻으셨기 때문이다.'

155) 『대지도론』 제27권의 문장을 취의(取意)하여 인증한 것이다. (대정장 25, 260 중).

156) Asaṃkhya의 번역말로서 헤아릴 수 없는 오랜 시간을 말함.

157) 동상(同相)과 이상(異相)을 가리킨다. 동상(同相)은 낱낱 차별이 동일한 목적에 향하여 서로서로 협력 조화하는 통일적인 부분. 마치 기둥, 들보 등의 부분이 협력조화하여 한 집을 이룸과 같은 것. 이상(異相)은 낱낱이 제각기 본위(本位)를 지켜 피차의 고

않은 모습[非漏相][158]과 짓는 모습[作相]과 짓지 않는 모습[非作相][159] 등과, 일체법의 각각의 모습과 각각의 힘과 각각의 인연과 각각의 과보와 각각의 성품과 각각의 장점과 각각의 단점이 있다. 일체지혜의 힘으로 모든 세간의 온갖 종류를 모두 다 이해한다. 이것을 살바야(薩婆若)[160]라 한다.'

지금 말하는 일체지지는 바로 이러한 지(智) 가운데의 지(智)이다. 다만 일체종지(一切種智)로써 일체법을 두루 아는 것만이 아니다. 또한 이 법의 구경의 실제는 언제나 부서지지 않는 모습으로 늘지도 않고 줄지도 않아 마치 금강과 같다[고 안다]. 이와 같이 스스로 증득하는 경지는 설명한다해도 말 할 수 없으며, 관한다해도 볼 수가 없다. 손 안의 암마륵과(菴摩勒果)[161]를 다른 사람에게 전해줄 수 있는 것과는 다르다.

만약에 언어로써 사람에게 전해줄 수 있었다면 석가보살(釋迦菩薩)[162]이 정광불(定光佛)의 수결(授決)을 받을 때에 곧 성불했을 것이다. 어떤 까닭에 방편을 갖추어 닦고서도 반드시 스승 없이 스스로 깨닫는 것을 기다려서야 바야흐로 부처라 이름하는가? 이것은 눈으로 세간사람이 칼과 몽둥이에 상처받는 것을 보고서 다시 그 고통받는 것을 믿고 의심하지 않을지라도 갖가지로 말해주어서는 끝끝내 증득하여 알게 할 수 없지만, 만약 자기의 몸에 직접 닿을 때에는 분명하게 알 수 있는 것과 같다.

유한 상태를 잃지 않고, 서로 다른 점이 있는 것. 마치 기둥은 세로로, 들보는 가로로 제각기 본분을 지키어 서로 다름이 있는 것.

158) 유루(有漏)와 무루(無漏)를 말한다. 번뇌가 있는 것을 유루(有漏), 번뇌가 없는 것을 무루(無漏)라고 한다.

159) 유위(有爲)와 무위(無爲)를 말한다. 인연에 의하여 생긴 모든 현상을 유위라 한다. 위(爲)는 위작(爲作), 조작(造作)의 뜻이 있다. 유위(有爲)는 조작되어진 현상적 존재를 말하며 영구불변의 절대적 존재를 무위(無爲)라 한다.

160) Skt. sarvajñāna. 일체지(一切智)를 말한다.

161) Skt. amalaka. 암마라과(菴摩羅果)라고도 한다. 여감자(餘甘子)라고 번역한다. 이 과실은 호도와 비슷하고 처음에 이것을 먹을 때에는 조금 떫고 쓰나, 그 물을 마시면 단맛이 나므로 여감(餘甘)이라 한다. 인도에서는 부식물 또는 약용으로 쓴다.

162) 『대지도론』 제4권에 의하면, 석존이 과거세에 수행할 때에 연등불(然燈佛, 즉 정광불)로부터 미래세에 부처가 되며 석가모니라 이름할 것이라고 수기받았다고 한다. (대정장 25, 87 상).

묻는 뜻은 이러하다. 무엇이 우리들로 하여금 이와 같은 자각(自覺)의 지혜를 얻게 하는가? 무엇이 이 지혜를 얻고나서 무량한 중생을 위하여 널리 펼쳐서 갖가지 중생세계와 [그 중생들의] 갖가지 욕망에 따라 갖가지 방편의 도로써 일체지지를 널리 설하는가? 이를테면 "무량한 가르침을 안립하고 무량한 몸을 시현하여, 각각에게 그들의 언음(言音)과 같게 해서 그 위의에 머물지만 이 일체지의 도는 오히려 동일한 한 맛이다. 이른바 여래의 해탈미(解脫味)"163)이다. 이러한 묘한 방편은 어떻게 해야 얻을 수 있는가?

이 가운데 "갖가지 세계"라고 하는 것은 산스크리트로 나연(娜衍, nāya)이라 하며 또는 행(行)이라고도 하고 도(道)라고도 한다. [경의] 아래에 나오는 대승도(大乘道) 등의 경우[의 도]와 뜻은 같다. 『비바사(毘婆沙, vibhāṣa)』164)에서는 오도(五道)가 있다고 설하며, 마하연(摩訶衍, mahā-yāna)165)의 사람은 대부분 육도(六道)를 설한다. 이런 식으로 자세하게 말하면 이 세계 가운데 이미 36구지(俱胝)166)의 중생[이 생존하는 세계]의 수가 있다. 하물며 시방의 모든 세계이겠는가!

"바라는 바"라고 하는 것에서 '바람'이란 믿고 기뻐하며 좋아하고 즐기는 것이라 한다. 마치 손다라난타(孫陀羅難陀, Sundarananda)가 오욕(五欲)을 좋아하고 제바달다(提婆達多, Devadatta)가 명예 등을 좋아함과 같으며, 나아가 모든 도를 얻은 사람들에게도 역시 각기 좋아하는 바가 있다. 대가섭(大迦葉, Kāśyapa)은 두타(頭陀, Dhūta)167)를 좋아하고, 사리불(舍利弗, Śāriputra)은 지

163) 본래 생겨남 없음[本不生]의 제호미(醍醐味)를 가리킨다.

164) Skt. vibhāṣa. 주해서(註解書)의 명칭으로 비파사(毘婆娑)·비파사(鞞婆沙)·비파사(鞞頗沙)·비파사(鼻婆沙)라고도 한다. 줄여서 파사(婆沙)라 하며 의역하여 광해(廣解)·광설(廣說)·승설(勝說)·종종설(種種說)이라 한다. 한편 경서를 주석한 것은 우바제사(優婆提舍)라 한다.

165) 마하연은 대승(大乘)을 말한다. 대승에서는 오도(五道)를 설하기도 하고 육도(六道)를 설하기도 한다. 육도는 오도에 아수라도(阿修羅道)를 더한 것이다.

166) Skt. koṭi. 또는 구지(拘胝)·구치(俱致)·구리(拘梨)라 한다. 의역하여 억(億)이라 한다. 인도에서 쓰던 수의 단위로 셀 수 없는 장구한 수(數)를 말한다. 『현응음의(玄應音義)』 5권에서 구지는 천만, 혹은 억에 해당한다고 한다.

167) Skt. dhūta. 두다(杜荼)·두다(杜多)·두수(抖擻)·두수(斗藪)·수치(修治)·기제(棄除)라

혜를 좋아하며, 이파다(離波多, Revata)는 좌선을 좋아하고, 우파리(優婆離, Upāli)는 비니(毘尼, Vini)[168] 알기를 좋아하며, 아난(阿難, Ānanda)은 많이 듣기[多聞][169]를 좋아한다. 이와 같은 것에 대해서 자세히 설명해야 한다.

성품은 쌓아 모은 습관이라 한다. 모습[相]은 성품에서 생긴다. 욕(欲)은 성품에 따라 일으키려고 하는 것이다. 어떤 때에는 욕에 따라 성품이 되기도 하며, 욕을 훈습하여 성품을 이루기도 한다. 성품은 물들은 마음이라 부른다. 물들은 마음으로 무엇인가 하려는 것에 욕망의 명칭이 있고 연에 따라 일어난다. 이러한 일은 『대지도론』[170] 가운데에서 구체적으로 밝혔다.

"갖가지 방편도"라고 하는 것은 용수(龍樹)[171]가 말하기를, '반야와 방편은 본체가 하나이지만 쓰이는 바가 다르다. 비유하면 금을 만드는 사람이 교묘한 방편으로 금을 가지고 갖가지 다른 물건을 만드는데 비록 모두 금이지만 각기 다른 이름이 있음과 같다.' 지금 비로자나도 역시 이와 같아서 일체의 장소에 두루한 참된 금같은 지혜의 몸으로써 갖가지 가르침[乘]을 만들어낸다.

또한 이 가운데 질문하는 뜻은 바로 대비태장만다라(大悲胎藏漫荼羅)를 일으켜내고자 하는 것이다. 살바야(薩婆若, Sarvaprajñā)의 평등한 마음자리에서 모든 불보살 내지 이승(二乘)과 팔부(八部) 등 사중법계(四重法界)의 원단(圓壇)을 그려서 만든다. 이 낱낱 본존의 몸·말·마음의 인은 모두가 한

하기도 하며 의식주에 대한 집착을 버리고 심신을 수련하여 번뇌의 때를 떨어버리는 것을 말한다.

168) 비나야(毗奈耶, vinaya)로서 불교교단의 율(律)을 말한다.

169) 불법을 많이 들어 박학다식(博學多識)한 것. 뛰어난 불제자를 형용하는 말로도 쓰인다. 특히 아난(阿難)은 다문제일(多聞第一)이라 한다.

170) 『대지도론』 제24권(대정장 25, 239 중). '성지력(性智力)이란 부처님께서 세간의 갖가지 다른 성품을 아시나니, 성품은 쌓고 익힌 것[積習]이라 하고 상(相)은 이 성품으로부터 생기며, 욕심은 성품에 따라 행위를 짓는 것이다. 간혹 욕심으로부터 성품이 되고 익힌 욕심[習欲]으로 성품을 이루기도 한다. 성품은 깊은 마음 속에서 하는 일이요, 욕심은 인연 따라 생긴다 하니, 이것이 욕심과 성품에 대한 분별이다.'

171) 『대지도론』 제100권(대정장 25, 754 하). '반야와 방편은 본래 체가 하나이나 쓰이는 바가 조금 다르므로 따로 설한다. 비유하면 세공사가 교묘한 방편으로 금을 가지고 갖가지 다른 물건을 만드는 데 비록 모두 금이지만 각기 다른 이름이 있는 것과 같다.'

결같이 차별된 탈 것[乘]이다. 예를 들면 지성껏 다섯 가지 신통의 도를 구하는 사람에게는, 곧 대비태장으로부터 베다의 범지[韋陀梵志][172]의 모습을 나타내고 구담선(瞿曇仙, Gautama)[173] 등의 진언행법을 설하신다. 수행자가 부지런히 닦으면 오래지 않아 이러한 선인의 몸을 이루고 다시 방편을 돌려서 비로자나의 몸을 이루게 된다. 이와 같이 부처님의 몸을 나타내어 갖가지 가르침을 설하거나 또는 사람 아닌 몸을 나타내어 갖가지 가르침을 설하지만 부류에 따른 모습과 소리는 모두 진언이며 밀인이다. 혹은 멀거나 가깝거나 독고(毒鼓)[174]의 인연이 아닌 것이 없다. 그러므로 경에서 "모두가 한 가지 맛이니 이른바 여래의 해탈미"라고 하였다.

그러한 이유는 일체중생의 색심(色心)의 실상은 본제(本際)로부터 이래로 언제나 비로자나의 평등지신(平等智身)이기 때문이다. 보리를 얻는 때에 억지로 모든 법은 공하므로 문득 법계를 이룬다고 하는 것이 아니다. 부처님은 [스스로의] 평등한 마음자리[175]로부터 다함없는 장엄장인 대만다라를 개발하시고 나서, 중생의 평등[176]한 마음자리의 무진장엄장의 대만다라를 개발하시는 데에 돌려 쓰신다. 이때에 묘하게 감응함은 모두 아자문을 벗어나지 않는다. 감응하는 인연에서 생겨난 방편도 역시 아자문으로부터 벗어난 것이 아님을 알아야 한다. 비유하면 큰 바다 가운데에 파도의 모습이 격렬하여 번갈아 주관도 되고 객관도 되지만 모두 다 동일한 맛, 말하자면 짠 맛인 것과 같다.

---

172) 베다(veda)범지, 즉 불을 섬기는 외도를 가리킨다. 베다범지는 브라만교의 사제인 브라만을 가리킨다.

173) 태장만다라 외금강부(外金剛部)에 있는 다섯 선인 가운데 한 존으로서 화천(火天)의 권속이다.

174) 담무참 역, 『대반열반경』 제9권(대정장 12, 420 상)에 설하는 내용이다. 독약을 바른 큰 북이 있는데 이것을 치면 듣는 사람이 모두 죽는다고 한다. 그런데 오직 한 사람이 죽지 않는다고 하는데 그가 바로 일천제(一闡提)이다. 여기에서 독약을 바른 큰 북은 바로 대승을 가리킨다.

175) 중생과 부처와 평등한 심지, 즉 아자정보리심을 가리킨다.

176) 이하의 글은 진언수행자가 본래 갖추고 있는 만다라를 가리킨다.

다시 집금강이 부처님의 신력을 계승하여 대비태장의 비밀방편을 일으키고자 다섯 가지의 비유를 설하였다. 이른바 허공(虛空)과 지(地)와 수(水)와 화(火)와 풍(風)이다.

제1의 구절: **"비유하자면 허공[虛空界]이 온갖 분별을 떠나서 분별할 것도 없고 분별하지 않을 것도 없는 것처럼, 이와 같이 일체지지도 온갖 분별을 떠나 분별할 것도 없고 분별하지 않을 것도 없습니다."** 여기에 대해서는 비바사(毘婆沙)[론에서 설하는] 뜻을 말하면, 허공은 허물도 없고 덕도 없다고 한다. 그러나 지금 여래의 지신(智身)은 일체의 허물을 여의고 만 가지 덕을 성취한다. 어떻게 모습을 비유하였는가? 다만 그 적은 부분의 비슷한 것만을 취하여 대공(大空)[177]에 비유하였을 뿐이다.

이 가운데 [비유로 삼은] 모습에는 세 가지 뜻이 있다. 첫째는 허공이 필경 청정하다는 것이고, 둘째는 [허공이] 끝없다는 것이며, 셋째는 [허공이] 분별을 초월하였다는 것이다. 일체지심(一切智心)의 성품도 역시 이와 같다. 그래서 세간에서 쉽게 이해하는 허공으로써 난해한 [출세간의] 공(空)에 비유하였다. 처음에 **"일체의 분별을 여의었다"**고 함에서 [분별을] 산스크리트로는 겁파(劫跛, Kalpa)라고 한다. 다음에 **"분별을 초월하였다"**고 하는 것은 산스크리트로 겁파야제(劫跛夜帝, Kalpayati)라고 한다. 거듭 말하는 이유는 이 분별 위에 다시 분별을 생기게 하려는 뜻이다. 예를 들면 심사(尋伺)[178]에서 간략하게 관할 때에는 심(尋)이라 하고 자세하게 관할 때에는 사(伺)라 하는 것과 같다. 또 안식(眼識)이 생길 때에 추분별(麤分別)이 있고, 다음의 의식이 생길 때는 세분별(細分別)이 있는 것과 같다. 구역(舊譯)에서는 겁파를 망집(妄執)이라고도 말하였다. 비유하는 뜻을 말하자면 허공에 망집이 없으므로 분별도 없고 또한 분별을 초월함도 없는 것과 같다는 것이다.

---

177) 공(空)과 유(有)는 상대(相對)하기에 유를 막으면 공이 되나 그 공도 역시 공하다. 이렇게 유와 공이 공하다고 하는 것이 구경의 대공(大空)이다.

178) 거칠고 미세한 사유작용. 심(尋)은 대상에 대하여 그 뜻과 이치를 찾아 구하는 것이고, 사(伺)는 한 걸음 더 나아가 자세히 분별하고 사찰(伺察)하는 정신작용을 말한다.

또한 허공은 갖가지 색깔과 형체[179]의 모습을 여의었으며, 조작한 바도 없으면서 만 가지 모습을 머금어 수용하고 일체의 초목이 이로 말미암아 생장하며 유정의 사업이 이에 의지하여 이룰 수 있는 것처럼 불지(佛智)의 허공도 역시 이와 같다. 일체의 상을 여의고도 언제나 분별을 일으키어 활동함이 없지만 무량한 바라밀의 문과 갖가지 묘한 업이 모두 성취됨과 같아서 이로써 비유한 것이다.

제2의 구절 : **"비유하자면 땅[大地]이 모든 중생들의 의지처가 되는 것처럼 일체지지도 천과 사람과 아수라의 의지처가 됩니다."** 세간의 백 가지 곡식과 온갖 약과 풀과 나무, 숲이 그 성분에 따라 차별이 한량없지만 모두 땅[大地]에 뿌리와 싹을 내고 나아가 줄기와 잎과 꽃과 과실이 차례대로 성취하여 일체중생을 위하여 의지처가 되며, 이를 양육하건만 '나는 지금 일체세간을 짊어지고 있다'는 생각을 하지 않는다. 은덕을 생각하지 않으며 피로와 게으름도 없고, 이를 늘여도 기뻐하지 않고 줄여도 우울해하지 않는다. 깊이와 넓이가 측량하기 어려우며 움직이지 않는 것처럼 일체지지도 역시 이와 같다. 대비만다라(大悲漫茶羅)의 일체 종자를 출생하는 바로서, 곧 모든 가르침의 무량한 사업이 의지하는 곳이다. 생사와 열반에서 그 마음이 평등하여, 세간의 여덟 가지 바람[八風][180]도 움직이게 할 수 없다. 이와 같은 것들이 다소나마 비슷하기에 이로써 비유한 것이다.

제3의 구절 : **"비유하자면 불[火界]이 장작을 태움에 있어 만족함이 없듯이 일체지지도 모든 무지(無智)의 장작을 태우는 데 만족함이 없습니다."**

---

179) 색깔[顯色]은 청·황·적·백 등을 말하고, 형체[形色]는 길고 짧으며, 둥글고 모난 것을 말한다.

180) 불도를 수행하는 사람이 경계해야 할 여덟 가지. 『보적경(寶積經)』 또는 『대비바사론(大毘婆沙論)』 등에, ① 이풍(利風) : 나에게 이익이 되는 것, ② 쇠풍(衰風) : 나에게 손실이 되는 것, ③ 훼풍(毁風) : 헐뜯고 중상모략하는 것, ④ 예풍(譽風) : 지나치게 칭찬하고 올리는 것, ⑤ 칭풍(稱風) : 여러 사람들 앞에서 칭찬하는 것, ⑥ 기풍(譏風) : 여러 사람들 앞에서 나를 비방하는 것, ⑦ 고풍(苦風) : 고생스러운 것, ⑧ 낙풍(樂風) : 즐거운 것 등을 말하고 있다. 이 여덟 가지 바람은 항상 수행자의 마음을 선동하는 까닭에 바람이라 한 것이다.

비유하면 불씨는 가령 장작을 쌓아서 세계에 가득 채워서 모두 수미산[須彌山王, Sumeru]만할지라도 차례대로 이를 태우는데에 겁약하지 않으며, '내가 이 장작을 태우는데에 이 장작이 타지 않으면 어쩌는가?' 라는 생각도 하지 않는다. 태우는데에 쉬지 않고 나아감에 싫어함이 없다. 반드시 다 태우고 나서 [장작이 사라진] 연후에야 따라 사라짐과 같다. 여래의 지화(智火)도 역시 이와 같아서 모든 희론과 번뇌의 장작을 다 태우고 나아가 연이 모두 끝나기를 기다리면 곧 이 혜광(慧光)도 다하여 또한 의지할 바가 없으므로 [그 모습이 사라지기에 이른다].

또한 세간의 불은 귀하거나 천하거나 간에 쓰이는 바가 같다. 어두운 밤에 빛을 비추어 미혹하여 넘어지고 떨어지는 자에게 모두 바른 길을 찾게 하며, 또한 일체의 모든 물건을 성취하게 한다. 이와 같이 일체의 지화(智火)도 성자(聖者)181)와 이생(異生)182)이 평등하게 소유한다. 시작도 없는 때로부터의 거대한 암흑[大夜] 가운데에서 모든 수행하는 사람으로 하여금 여실한 도(道)를 보게 하고 차례대로 모든 불법을 성취케 한다. 그래서 이로써 비유하였다.

제4의 구절 : **"비유하자면 바람[風界]이 모든 먼지를 제거하듯이 일체지지도 모든 번뇌의 찌꺼기를 제거합니다."** 큰 바람이 일어날 때는 연기와 구름과 먼지와 안개를 모두 없애고 대허공이 맑고 넓어져서 삼진[三辰 : 해와 달과 별]이 밝게 나타나며, 뜨거운 열에 괴로워하던 중생들이 모두 청량을 얻으며, 풀과 나무와 숲이 불어나 증장케 하고, 모든 물건들을 부수며, 또한 바람의 성품이 두루 의지하는 바가 없이 자재하게 돌아가며 걸림이 없는 것처럼, 여래의 혜풍(慧風)도 역시 이와 같아서 일체의 장애의 덮임과 번뇌의 돌아다니는 먼지를 씻어 없애며 열반의 청량한 법성을 증득케 한다. 또한

181) Skt. ārya. 성(聖)이라고도 한다. 성스러운 지(智)를 증득한 견도위(見道位) 이상인 분을 가리킨다.

182) 범부를 가리키는 말. 범부는 성자와 다른 생류(生類)이기 때문이며, 또한 범부는 선업이나 악업에 따른 과보를 받아 사람이나 하늘, 또는 지옥이나 축생에 태어나는 등 그 태어나는 장소가 갖가지로 다르기 때문에 이생(異生)이라고 한다.

모든 세간과 출세간의 선법을 증장케 하며 무명의 큰 나무를 없애버리고 그 뿌리마저 뽑아버린다. 그러나 이 장애가 없는 힘은 도무지 의지할 바가 없음과 같다. 그래서 이로써 비유하였다.

제5의 구절 : **"물[水界]이 모든 중생들의 의지처가 되고 기쁨이 되듯이 일체지지도 모든 천과 세상 사람들의 이익과 즐거움이 됩니다."** 마치 물[水大]이 높은 데서 아래로 내려와 요익케 하는 것이 많아 풀과 나무를 윤택하게 하여 꽃과 과일이 열리게 하고, 또한 [물의] 본성이 청결하고 더러움 없고 흐림이 없으며, 목마른 중생들을 만족케 하고 모든 더러운 것을 씻어내고 열뇌(熱惱)를 깨끗이 없애며, 맑고 깊어서 들어가기 어렵고 측량하기 어려우며, 구덩이에서조차도 성품이 모두 평등한 것처럼 여래의 지수(智水)도 역시 이와 같다. 참된 법계[183]로부터 중생들의 세계로 흘러들어가 모든 등지(等持)[184]를 윤택케 하고 조도법(助道法)[185]을 일으키며, 큰 과실(果實)[186]을 이루어 많은 중생들을 이익케한다. 그 바탕은 번뇌가 없기에 청결하며, 모든 미혹을 없애므로 더러움이 없다. 한결같은 모습으로 다르지 않기에 흐림이 없으며, 이를 얻고자 사유하고 원하여도 그치지 않으며, 청량한 정(定)을 얻어 번뇌의 티끌을 씻어 없애고, 맑고 고요하여서 생각키 어려우며, 평등한 성품[187]을 증득하게 하는 까닭에 물을 가지고 비유한 것이다.

금강수가 이 다섯 가지 비유를 설한 것은 바로 다음 문장의 다섯 가지 종자[五字]의 뜻을 일으키려는 것이다. 아자문(阿 字門)은 지(地)로 삼고, 바(嚩)자문은 수(水)로 삼으며, 라(囉)자문은 화(火)로 삼고, 하(訶)자문은 풍(風)으로 삼으며, 카(佉)자문은 공(空)으로 삼는다. 세간의 종자가 지 · 수 · 화 · 풍의 조건이 갖추어지고 허공에 걸림이 없는 다음에야 [그 종자로

183) 청정법계로서 곧 아자본불생제(阿字本不生際)의 이치를 가리킨다.
184) Skt. samādhi. 마음을 한 곳에 모아 산란치 않게 하는 정신작용. 심념(心念)이 정지(定止)하므로 정(定) · 등지(等持) · 등지(等至) · 정정(正定)이라 하고 또는 삼매(三昧)라고도 한다.
185) 삼십칠조도품(三十七助道品), 육바라밀(六波羅蜜), 십바라밀 등을 말한다.
186) 보리(菩提) · 열반(涅槃)을 가리킨다.
187) 아자본불생(阿字本不生)을 가리킨다.

부터 싹을] 틔울 수 있으나, 한 가지 연이라도 빠뜨리면 결코 자라나지 못하는 것처럼 일체지성(一切智性)의 여래종자도 역시 그렇다. 즉 일체지문(一切智門)의 다섯 가지 뜻을 사용하여 자체의 온갖 연으로 삼아야 보리(菩提)가 언제나 머무는 오묘한 과보에 이를 수 있다. 그것은 바로 불가사의한 불생불멸(不生不滅)의 인연이다.

금강수는 여래의 오직 하나인 법계가지의 상을 관찰하고서 속마음으로 장차 이와 같은 법문이 반드시 설해질 것을 알았기에 먼저 그 공덕을 비유하고 큰 모임의 대중들이 이해할 수 있는 기회[188]를 일으키고자 그 다음에 부처님께 "이와 같은 지혜는 무엇이 원인[因]이 되며, 무엇이 근본[根]이 되며, 무엇이 그 구경(究竟)이 됩니까"라고 여쭈었다.

이로부터 이후는 여래의 지인(智印)이 곧 그 마음을 정(定)하여 자세하게 분별하여 설하신 것이다. 예를 들면 [『법화경』에서] 미륵보살(彌勒菩薩)은 부처님의 신통의 상서를 보고 곧 그때에 갈피를 잡지 못하고 마음에 의심하는 바가 있어, 이 도량에서 [부처님께서] 얻으신 법을 설하여 주시며 보리의 수기를 내려 달라고 하였으며, 문수는 명체(名體)를 발휘하여 가리켜서 묘법연화(妙法蓮華)라 하고 그런 다음에 여래께서 실상으로써 인가[印]하시자 근기에 맞추어 연설하여 마음이 동요하고 집착하는 대중들로 하여금 의심의 그물을 떠나게 하는 것[189]과 같다. 비유하면 봄날에 비로소 씨앗에서 껍질이 터지고, 번개와 바람이 치고 불며 때맞추어 비가 와서 윤택하게 하면 껍질을 벗고 싹이 솟아나는 것과 같다. 만약 근기가 없는 사람이면 비록 만난다해도 깊은 이익을 일으키지 못한다.

---

188) 큰 집회에 모인 많은 사람들에게 오자문(五字門)의 뜻을 이해시키도록 하기 위하여 그러한 질문을 한 것이다.

189) 『법화경』 「서품」(대정장 9, 2 중 이하). '이때 미륵보살이 생각하되, "지금 부처님이 신통 변화하는 모습을 나투시니 무슨 인연으로 이같은 상서로움이 있는가, 지금 부처님 세존이 삼매에 들어 계시니 이는 불가사의하고 희유한 일이라, 누구에게 물어야 하며 누가 대답할 수 있을 것인가?" 다시 이렇게 생각하였다. "문수사리법왕자는 이미 일찍이 과거 한량없는 모든 부처님을 친히 가까이서 공양하였으므로, 반드시 이 희유한 일을 보았으리니 내가 지금 물어보아야겠다."'

9. 삼구의 질문에 대한 여래의 답변

"비로자나불께서는 곧 지금강비밀주에게 말씀하셨다.[190] 훌륭하구나, 훌륭하구나. 집금강이여. 훌륭하구나. 금강수여. 그대는 나에게 이러한 뜻을 묻는구나. 너는 잘 듣고 잘 생각하여라. 내가 지금 이를 설하리라. (…중략…) 모든 법은 무상(無相)이니 말하자면 허공의 모습이다."

집금강수비밀주가 미리 여래께서 가지하시는 깊은 뜻을 헤아리고 또한 그때의 대중[들의 주의]를 환기시켜 이해하는 인연을 만들기 위하여 우러러 성스러운 [여래의] 마음을 미리 헤아리고서 [질문할] 기회를 놓치지 않았다. 그래서 [여래께서는] 거듭 "훌륭하구나, 훌륭하구나"라고 칭찬하신 것이다.

내가 모든 천・인・사문・바라문과 얕게 수행하는 모든 보살을 보아도 세존의 앞에서 이와 같이 질문하는 자가 없었다. 왜냐하면 이 삼구의 뜻 가운데에 모든 불법과 비밀신력과 심히 깊은 사업을 모두 거두어 들였기 때문이다. 그래서 [여래께서는] 다시 찬탄하시며 "훌륭하구나. 금강수여. 그대는 나에게 이러한 뜻을 묻는구나"라고 칭찬하신 것이다.

여래의 훌륭하다고 칭찬하시는 말씀에 가지된 금강수는 이때에 무량한 공덕이 배나 늘어났다. [여래께서는] 다시 수여받는 법을 절대로 누실하지 않도록 다음에 곧 [금강수를] 훈계하여 "너는 잘 듣고 잘 생각하여라. 내가 지금 이를 설하리라"고 말씀하셨는데, 또한 미래의 제자를 위하여 이러한 부촉을 밝히신 것이다. [이것은] 깊은 마음으로 법을 받는 의식이다. 그러므로 『대지도론』[191]에서 다음과 같이 말한다.

---

190) 이하에서 삼구(三句)에 대한 비로자나부처님의 답변이 전개된다.

191) 『대지도론』 제1권(대정장 25, 63 중). '만일 어떤 사람이 착하고 곧은 신심을 지니고 있다면 이러한 사람은 법을 들을 수 있다. 그런데 이러한 모습이 없다면 해설해주지 말아야 하니 게송에서 설한 것과 같다. 듣는 자가 단정히 하고 바라보며 목마를 때와 같이 일심으로 말씀하신 뜻에 몰입하여 법을 듣고서 기뻐하며 마음에 자비와 기쁨을 일으킨다면 이러한 사람을 위해서 [법을] 설하여라.'

'어떤 사람이 마음이 선하고 곧으며 신심이 있으면 이러한 사람은 법을 들을 수 있다. 만약 이러한 모습이 없으면 곧 해설해 주지 말아야 하니 게송으로 읊어 설명한 것과 같다.

[법을] 듣는 자가 몸을 단정히 하고 목마를 때와 같이 일심으로 말씀하신 뜻 가운데 몰입하여 법을 듣고서 뛸 듯이 기뻐하며 마음에 자비와 기쁨을 일으킨다면, 이러한 사람에게는 [법을] 설해주어야 한다.'

『무진의경(無盡意經)』192)에는 '마음을 기울여 법을 듣는 데에 스무 가지의 공덕이 있다'고 하였는데 이러한 것들을 자세히 설명하여야 한다.

"부처님께서 금강수에게 이르셨다. 보리심이 원인[因]이 되고, 대비가 근본이 되며, 방편이 구경(究竟)이 된다."

세간의 씨앗은 사대(四大)의 온갖 연을 근거로 해서 뿌리가 생겨난다. 이와 같은 차례대로 나아가 열매가 성숙되기에 이르는 것을 구경이라 부른다. 그런데 중지(中智)193)로써 이를 관하면 필경은 불생불멸이다. 그래서

---

192) 『무진의경』에 4권본과 7권본의 2종이 있으나, 이 2종의 『무진의경』에 20가지 공덕은 나오지 않는다. 아마 선무외삼장이 보았던 산스크리트본 『무진의경』에 있지 않을까 추측한다. 그런데 『대지도론』 제48권에는 구체적으로 20가지 공덕을 보이고 있다. (대정장 25, 408 상). '수보리야, 이것을 다라니문(陀羅尼門)이라 하나니, 이른바 아자(阿字)의 이치이니라. 만일 보살마하살이 이 모든 자문(字門)의 인(印)과 아자의 인을 듣고 고 받아 읽고 송하며 지니면서 다른 이를 위하여 해설하면 이런 이는 20가지의 공덕을 얻는 줄 알아야 한다. 어떤 것이 20가지 공덕인가? 오래도록 잘 알고 기억할 수 있으며, 부끄러워하게 되며 마음이 견고하게 되고, 경의 근본이 되는 이치를 깨닫고, 지혜롭게 되며, 법을 설하는 데에 걸림 없으며, 쉽게 모든 다라니문을 얻고, 의심하거나 뉘우침이 없는 마음을 얻는다. 착한 일을 들어도 기뻐하지 않고 나쁜 일을 들어도 성내지 않으며, 뽐내지도 않고 기가 죽지도 않는 마음에 머물러서 더하거나 덜함이 없게 되고, 중생의 말을 매우 잘 알게 되며, 오중(五衆 : 오온)·십이입(十二入)·십팔계(十八界)·십이인연(十二因緣)·사연(四緣)·사제(四諦)를 매우 잘 분별하게 되며, 중생의 모든 근기의 영리함과 둔함을 제대로 잘 분별하게 되고, 다른 이의 마음을 정확하게 잘 알며, 날과 달과 해와 계절을 뚜렷이 분별할 수 있게 된다. 천이통(天耳通)을 매우 잘 분별하며, 숙명통(宿命通)을 교묘히 잘 분별하며 생사통(生死通)을 매우 잘 분별하며, 도리에 계합함과 도리에 계합하지 않는 것을 정확히 잘 설명할 수 있고, 가고 오고 앉고 일어나는 등의 몸의 위의를 분명하게 알게 된다. 수보리야, 이것이 다라니문과 자문과 아자문 등이니 이것을 보살마하살의 마하연이라고 한다.'

193) 중도(中道) 정관(正觀)의 지(智)이다. 즉 아자본불생(阿字本不生)의 지이다.

인과의 뜻이 이루어진다. 만약 법이 그렇지 않다면 생과 멸과 끊어짐과 항상한 모습이 있을 것이며, 곧 희론에 떨어질 것이고, 모두 다 부서져야 할 것이 되어 인과의 뜻은 이루어지지 않는다.

지금 수행자가 마음의 실상[194]을 관하는 것도 역시 이와 같다. 모든 희론을 벗어난 것이 마치 깨끗한 허공과 같으며, 내증(內證)의 행하는 바[195]에 있어서 깊은 믿음의 힘을 얻고, 살바야(薩婆若, Sarva-prājñā)의 마음이 견고하여 움직이지 않으며 업으로 받는 생을 떠나 참된 성품의 생을 성취한다. 만행의 공덕이 이로부터 증장하니 그래서 "보리심을 인(因)으로 한다"고 말한 것이다.

이 보리심은 뒤의 두 구절의 인(因)이 된다. 만일 생사 가운데 심은 선근 쪽에서 바라다보면 곧 과(果)가 된다. 불법(佛法)의 전상(前相)을 보기 때문인데, 비유하면 선지식이 '그대는 지금 집 가운데에 끝없는 보배창고가 있다'고 하는 말을 들은 어떤 사람이 스스로 부지런히 방편을 닦아서 이 [보배]를 개발하면, 한 나라에 두루 [보배를] 공급하여도 언제나 모자라지 않는 것과 같다. 그 사람이 듣고 나서 곧 진실하게 믿고 설한대로 행하며 나아가 공덕을 베풀기에 이르러 그치지 않으면 점차로 앞의 모습을 본다. 이때에 보장(寶藏)의 공덕에 대해 의심하는 마음을 떠나 뛰어난 가행(加行)을 일으킬 수 있는 것과 같다. 그러므로 보리심은 곧 희고 깨끗한 신심의 뜻이다. 『대지도론』[196]에서도 역시 '불법(佛法)의 큰 바다는 믿음으로 들어갈 수 있다'고 설하였다.

마치 범천왕이 전법륜을 청할 때에 부처님께서 게송으로 말씀하신 바와 같다.

---

194) 청정한 보리심을 말한다.

195) 삼밀유가(三密瑜伽)의 행을 말한다.

196) 『대지도론』 제1권(대정장 25, 63 상). '불법의 큰 바다는 믿음으로써 들어갈 수 있으며 지혜로써 건널 수 있다. 이와 같은 뜻이 바로 믿음이다. 만약 사람의 마음에 청정한 믿음이 있으면 이러한 사람은 불법에 들어갈 수 있으나 믿음이 없는 이러한 사람은 불법에 들어갈 수 없다.'

"내가 지금 감로미문(甘露味門)을 여는데 만약 믿음을 일으키는 자가 있으면 환희하게 될 것이다."

이 게송 가운데에서 보시와 계율과 다문(多聞)과 인욕과 정진과 선정과 지혜를 지닌 사람이 환희하게 될 것이라고 말씀하지 않으셨다. 오직 믿음을 일으키는 사람이라고만 말씀하신 것이니 부처님의 뜻이 이와 같다.

'나의 가장 으뜸가는 매우 깊은 법, 미묘하고 무량하고 무수하며 불가사의하고 움직이지 않으며 치우치지 않고 드러나지 않으며 얻을 수 없는 법은 일체지인(一切智人)이 아니면 이해할 수 없다. 그래서 믿음의 힘으로 처음을 삼는 것이지 혜 등으로 말미암아 불법에 처음으로 들어갈 수 있는 것이 아니다.'

이와 같은 깨끗한 신심을 견고하게 하고 증장키 위하여 경 가운데에서 다음에 "대비를 근본[根]으로 한다"고 설하였다. 근이란 '붙들어서 유지[執持]한다'는 뜻이다. 마치 나무의 뿌리가 줄기와 잎과 꽃과 열매를 붙들고 유지하여 무너지거나 뽑히지 않게 하는 것과 같다. 산스크리트 음으로 비(悲)는 카루나(迦盧拏, Karuṇā)라고 한다. 카(迦, ka)는 '괴로움'이라는 뜻이며, 루나(盧拏, Ruṇa)는 '잘라없앤다'는 뜻이다. 자(慈)는 널리 기름진 싹을 심는 것과 같으며 비(悲)는 평탄하게 잡초와 더러움을 제거함과 같다.

그러므로 이 가운데에서 비(悲)를 말하면서 바로 대자(大慈)를 겸하여 밝혔다. 수행자가 공양을 닦을 때에 한송이 꽃이나 혹은 바르는 향을 받들면서 일체처에 두루한 정보리심으로 공양을 구름처럼 일으키고 널리 불사를 지어 비원을 내어서 중생들에게 회향하여 일체의 고통을 없애고 무량한 즐거움을 베풂과 같다. 스스로의 선근(善根)[197]과 여래의 가지(加持)와 법계력(法界力)[198]으로 말미암아서 [수행자가] 행하는 묘업을 모두 성취할 수 있다. 곧 이것은 두루 일체지지(一切智地) 내지는 다함없는 유정계에서 모두 다 뿌리를 내린다. 수행하는 자가 무주(無住)[199]의 마음으로써 닦는 만행(萬行)에 따

197) 자기의 공덕력, 즉 삼밀의 묘행을 의미한다.
198) 출세간(出世間) 성자(聖者)의 가호력(加護力)을 가리킨다.

라 곧 대비(大悲)의 땅[地]에 집지(執持)되기 때문이며, 대비의 불[火界]에 따뜻하게 길러지기 때문이며, 대비의 물[水界]에 적시어져 윤택해지기 때문이며, 대비의 바람[風界]에 개발되어 싹트기 때문이며, 대비의 허공[空界]이 아무런 장애가 없는 것에 말미암기 때문이다. 이때에 무량한 바라밀문이 뜻대로 움직여져 개발되니, 마치 싹과 뿌리와 줄기와 잎이 차례대로 장엄하는 것과 마찬가지이다. 곧 일체의 심법(心法)에 있어서 인연을 구족한다는 뜻이다.

"방편이 구경이 된다"는 것은 말하자면 만행이 원만하고 지극하여 다시 더할 것이 없는 것이며, 사물에 응한 방편으로써 사업을 완성하므로 곧 제호의 오묘한 과보이며 삼밀(三密)의 근원이다.

또한 정보리심이란 진금(眞金)처럼 본성이 밝고 맑으며 온갖 허물을 떠나 있는 것과 같다. 대비(大悲)는 공예기술을 배워 익혀서 온갖 약물로써 [진금을] 갖가지로 단련하고 꾸미니, 이에 [그 진금이] 거울처럼 환하고 유연하여 구부리고 펴는 것에 자재하게 됨과 같다. 방편은 교묘한 기술을 성취하여 만들어내고자 하는 것을 뜻대로 모두 이루고 법규대로 만드는 가운데에서 온갖 기예를 초월하니 그가 얻은 오묘한 뜻을 다른 이에게 주기 어려운 것과 같다.

『마하반야경』200)에서 밝힌 육바라밀과 십팔공(十八空)201)과 삼매(三昧)

---

199) 대비대지(大悲大智)의 마음에 머무는 것을 말한다. 대비인 까닭에 열반에 머물지 않고 대지(大智)인 까닭에 생사에 머물지 않는다. 그러므로 무주(無住)라 한다.

200) 『대반야경』 제1권 및 제402권을 가리킨다.

201) 『대품반야경』에서 설한 십팔공설(十八空說)은 다음과 같다. 곧 내외입처(六內入處)가 공이라는 내공(內空), 육외입처(六外入處)는 공이라는 외공(外空), 내외공(內外空), 시방세계는 공이라는 대공(大空), 공이라고 관하는 것도 공이라는 공공(空空), 모든 법 밖에 따로 실상이라고 할 만한 자성이 없으므로 열반도 공이라는 제일의공(第一義空), 유위법(有爲法) 즉 삼계가 공이라는 유위공(有爲空), 무위법(無爲法)의 각각은 무생성(無生相)·무주성(無住相)·무멸상(無滅相)한 것이므로 역시 공이라는 무위공(無爲空), 모든 법이 다 공인 궁극도 공이라는 필경공(畢竟空), 모든 법은 그 처음 온 곳을 밝힐 수가 없는 것이므로 공이라는 무시공(無始空), 모든 법은 거짓 모임이므로 인연이 다하면 다시 흩어져 없어지므로 공이라는 산공(散空), 유위·무위의 법성은 그 누구의 지은 바도 아니므로 본래 공한 것이라는 성공(性空), 색의 괴상(壞相), 수(受)의 수상(受相), 상(想)의 취상(取相), 행(行)의 작상(作相), 식(識)의 식상(識相) 등의 유위·무위법의 자상은 공

와 도품(道品)[202]과 총지문(總持門)[203] 등과 같은 것이 모두 대비 가운데에 들어간다. 바로 저 만행으로 이룬 일체지지(一切智智)의 과(果)를 방편이라 말한다. 안으로 방편을 갖춤으로 말미암아 방편의 업은 곧바로 남을 이롭게 한다. 방편을 산스크리트 음으로 오파나(鄔波娜, Utpāda)라고 하며 또한 발기(發起)라고도 말한다. 마치 씨앗에서 열매가 생기고 열매가 다시 씨앗을 이루는 것과 같으므로 이로써 이름을 삼았다.

"비밀주여. 보리란 무엇인가 하면 곧 실다웁게 자기의 마음[自心]을 아는 것[204]이다."

이것은 여래의 공덕보배를 열어보이는 것이다. 마치 어떤 사람이 보배창고를 열려는 마음을 내어 부지런한 구한다 할지라도 만약 보배창고가 있는 곳을 알지 못하면 나아갈 수 없는 것과 같다. 그래서 다시 이것을 지적하여 말한 것이다. 앞에서 "가장 으뜸가는 매우 깊고 미묘한 법은 일체지(一切智)를 지닌 사람이 아니라면 이해하기 어렵다"고 하였다. 이 법은 어느

하다는 자상공(自相空), 십팔계의 일체법은 공하다는 제법공(諸法空), 모든 법은 결정된 절대적 자성을 구하여도 얻을 수 없으므로 공이라는 불가득공(不可得空), 과거와 미래의 모든 법은 공이라는 무법공(無法空), 현재의 모든 법은 공이라는 유법공(有法空), 삼세의 모든 법은 공이라는 무법유법공(無法有法空)의 18가지 공이다.

202) 삼매는 백팔삼매, 삼삼매(三三昧)이며 도품이란 삼십칠도품이다.

203) Skt. Dhāraṇī. 모든 공덕을 다 지닌다는 뜻. 총지라는 말이 보여주듯 진언은 모든 공덕을 다 갖춰 지닌 존재의 참모습인 부처의 덕성을 나타낸다. 또한 총지라는 의미는 다 지닌다는 것이니, 첫째 일체 나쁜 법을 일어나지 않도록 하고, 둘째 일체 좋은 법을 사라지지 않게 하며, 셋째 일체 물든 법을 없애고 깨끗한 법계를 깨닫도록 하므로 총지라 하는 것이다. 또 이 총지는 세 가지로 분류되는데, 삼장총지(三藏總持)란 진언이 삼장 십이부경 등 모든 경전의 내용을 다 갖추고 있음을 나타낸다. 곧 다라니 한 글자 가운데서 한량없이 깊고 묘한 뜻을 깨달아 한량없는 뜻을 자유자재 설할 수 있기 때문이다. 삼마지총지(三摩地總持)는 다라니를 받아 지닌 힘으로 삼매가 나타나 백천삼매를 다 깨칠 수 있음을 뜻한다. 문자총지(文字總持)라고 하는 것은 다라니를 받아 지닌 힘으로 다라니 한 글자 속에서 지금까지 듣고 외운 바 경전의 말씀을 길이 잊지 않는 큰 지혜를 성취할 수 있기 때문이다. 또한 사종총지(法·義·忍·呪) 가운데 주총지를 다라니의 별칭으로 한다. 밀교에서는 총섭임지(總攝任持)의 뜻으로 해석하고 오로지 다라니의 다른 이름으로 쓰기 때문에 총지문(摠持門)은 밀교의 별명이 되어 있다.

204) 이것은 여실지자심(如實知自心)의 일구(一句)로서 『대일경』과 『금강정경』을 통틀어 그 안목(眼目)이 된다고 인정되는 구절이다.

곳으로부터 온 것인가 하면 수행자 스스로의 마음이라고만 말할 수 있을 뿐이다. 만약 진실하게 관찰하여 분명하게 증득하여 알 수 있다면 이것을 성보리(成菩提)라 부른다. 그것은 참으로 다른 이로 말미암아 깨닫는 것이 아니며 다른 이로부터 얻을 수도 없다.

문 만약에 마음이 바로 도라면 어찌하여 중생은 생사에 윤회하면서 성불하지 못하는가?

답 진실하게 알지 못하기 때문이다. 말하자면 어리석은 범부는 이러한 법을 듣더라도 믿을 수 있는 자가 드물고, 본성을 식별할 줄 하는[205] 이승(二乘)은 비록 스스로 관찰할지라도 아직 진실하게 알지 못한다. 만약에 진실하게 스스로 알고자 하면 곧 초발심을 낼 때에 문득 정각을 이룬다. 비유하면 장자(長者)[206] 집의 궁자와 같다. 만약 스스로 아버지를 알아본다면 그때에 어찌 다시 객[207]으로 고용된 천한 사람일 수 있겠는가!

이때에 수행자가 바르게 마음의 실상을 알게 되면 일체법이 모두 다 심히 깊고 미묘하며 무량무수하고 불가사의하며, 흔들리지 않고 치우치지 않으며 집착하지 않고 도무지 얻을 수 없어서, 필경 보리의 모습과 같음을 본다. 그래서 경에서는 다시 **"비밀주여. 이 아뇩다라삼먁삼보리와 내지 그 법은 조금이라도 얻을 것이 없다"**고 하였다. 무상정변지(無上正遍知 : 아뇩다라삼먁삼보리)의 뜻은 앞에서 이미 설명하였다. 여기서 말하는 **"조금"**이라는 것은 산스크리트로는 아누(阿耨, aṇu)라 한다. 곧 칠미(七微)[208]가 합하여 이룬 것이다. 연을 따라 생하는 물질로서는 가장 미세하게 작은 것이다. 그래서 이로써 비유를 삼았다. **"그 법"**이라 말하는 것은 이 무상보리심을 여의고서 밖으로 다시 한 법도 없다.

---

205) 유식살타(有識薩埵)로서 곧 성문(聲聞)·연각(緣覺)의 이승(二乘)을 가리킨다.
206) 『법화경』에 나오는 장자궁자(長者窮子)의 비유이다.
207) 궁자가 유랑하다가 장자의 집에 들어왔으므로 객(客)이라 하였다.
208) 칠극미(七極微)로서 사방 상중하의 칠극미가 합하여서 처음으로 하나의 티끌이 생긴다고 한다.

10. 보리심은 무상(無相)이다

경 가운데에서 다음에 인연을 설하여, "어떤 이유에서인가? 허공의 모습이 보리이니, 알고 이해하는 자도 없고 환하게 깨달을 것도 없다. 왜냐하면 보리는 모습이 없기 때문이다"[209]라고 하였다. 비유하면 허공[210]이 일체의 장소에 두루하며, 필경에 청정하고, 온갖 상을 떠나며, 움직임도 없고, 분별할 것도 없으며, 바뀔 것도 없고 파괴되지도 않는 것과 같다. 이와 같은 것들이 다소나마 비슷하기 때문에 허공을 무상보리심(無相菩提心)에 비유하였다. 그런데 무상보리심 가운데에 다시 한량없고 끝없는 비밀의 매우 깊은 일이 있어서 실제로는 세간의 허공으로도 비유할 수 없다. 바라건대 모든 학자들은 뜻을 이해하였으면 통발을 잊어야 한다. 마치 허공이 희론과 분별을 멀리 떠나 있기에 알고 헤아리는 상(相)이 없고 환하게 깨닫는 상이 없는 것과 같다. 모든 부처님께서 스스로 증득하신 삼보리(三菩提)도 역시 이러하다고 반드시 알아야 한다. 오직 이 마음이 스스로 마음을 증득하고 마음이 스스로 마음을 깨닫는 것이지, 이 가운데에 알고 이해할 법이나 알고 이해하는 자도 없다. 처음으로 환하게 깨닫는 것도 아니고 환하게 깨닫는 자도 없다. 만약 조금이라도 주관[能]과 객관[所]을 분별한다면, 티끌의 비유와 같은 것이다. 곧 법과 비법(非法)의 상을 취하면, 아상(我相)과 인상(人相)과 중생상(衆生相)과 수명상(壽命相)을 떨쳐버릴 수 없다. 어찌 금강혜(金剛慧)라고 이름할 수 있겠는가!

또한 경 가운데에 스스로 말을 바꾸어 해석하여, "왜냐하면 보리는 모습이 없기 때문이다"라고 하였다. 이것은 『대지도론』[211]에서 말하는 것과 같

---

209) 이하에서 보리심의 무상(無相)에 대하여 설명한다.

210) 이하에서 허공이 지닌 일곱 가지 뜻이 나온다. 이것은 무상보리심(無相菩提心)을 밝히는 것이다.

211) 『대지도론』 제21권(대정장 25, 220 하). '부처님의 이 지혜는 모두가 청정하여 온갖 관찰보다 뛰어났으므로, 모든 법의 항상 있는 모양[常相]과 항상 없는 모양[無常相]과

다. 즉 '부처님의 지혜는 청정하기에 온갖 관찰보다 뛰어나서, 모든 법의 항상 있는 모양[常相]과 항상 없는 모양[無常相]과 끝이 있는 모양[有邊相]과 끝이 없는 모양[無邊相]과 감이 있는 모양[有去相]과 감이 없는 모양[無去相]과 있다는 모양[有相]과 없다는 모양[無相]과 유루의 모양[有漏相]과 무루의 모양[無漏相]과 유위의 모습[有爲相]과 무위의 모습[無爲相]과 생멸하는 모습[生滅相]과 생멸하지 않는 모습[生滅相]과 텅 비어 있는 모습[空相]과 텅 비어있지 않은 모습[不空相]을 관하지 않는다. 언제나 청정하여 무량한 것이 마치 허공과 같다. 이러한 까닭에 부처님의 지혜는 걸림이 없다. 만약 생멸이라 관한다면 불생멸을 관할 수 없을 것이고, 불생멸이라 관한다면 생멸을 관할 수 없을 것이다. 왜냐하면 만약 생멸이 참다웁다면 불생멸은 참답지 못한 것이고, 불생멸이 참답다면 생멸은 진실한 것이 아니기 때문이다. 이와 같이 모든 관(觀)들이 다 이러하다.'

이와 같은 정보리심은 모든 관찰을 초월하고 온갖 모습을 여의었기에 일체법에서 걸림이 없다. 비유하면 허공의 상이 또한 무상(無相)이기에 만 가지 상(像)이 모두 다 허공의 의지하지만 허공은 의지하는 바가 없는 것과 같다. 이와 같이 만법은 모두 청정한 마음에 의지하지만 청정한 마음은 의지할 만한 곳이 없다. 모든 법도 역시 보리의 모습과 같이 청정한 허공의 모습이라 말한다. 그래서 경에서도, **"비밀주여. 모든 법은 모습이 없으므로 허공의 모습이라 한다"**고 하였다.

끝이 있는 모양[有邊相]과 끝이 없는 모양[無邊相]과 감이 있는 모양[有去相]과 감이 없는 모양[無去相]과 있다는 모양[有相]과 없다는 모양[無相]과 유루의 모양[有漏相]과 무루의 모양[無漏相]과 유위의 모습[有爲相]과 무위의 모습[無爲相]과 생멸하는 모습[生滅相]과 생멸하지 않는 모습[生滅相]과 텅 비어 있는 모습[空相]과 텅 비어있지 않은 모습[不空相]을 관하지 않나니, 이 때문에 걸림이 없다. 만약 생멸을 관한다면 불생멸을 관할 수 없을 것이고, 불생멸이라 관한다면 생멸을 관할 수 없을 것이다. 만약 생멸하지 않음이 진실이라면 생멸은 진실하지 않고 생멸이 진실이라면 생멸하지 않음이 진실하지 않는 등 이러한 관은 모두 다 그러하다. 걸림 없는 지혜를 얻었기 때문에 부처님의 지혜는 온전히 갖추어졌음을 알 수 있다.'

11. 일체지(一切智)는 자심(自心)이다

"이때 금강수가 다시 부처님께 말씀드렸다.

세존이시여, 어떻게 일체지를 찾아 구할 수 있습니까? 어떻게 보리에 의해 정각을 이룰 수 있습니까? 어떻게 그 일체지지를 내어 일으킬 수 있습니까?

부처님께서 말씀하셨다.

비밀주여, 스스로의 마음에서 보리와 일체지지를 찾아 구해야 한다. 왜 그런가 하면 성품은 본래 청정하기 때문이다. (…중략…) 무량의 공덕을 모두 성취한 것이다."[212]

이때에 집금강이 부처님께서 '살바야(薩婆若)의 혜(慧)는 오직 자기의 마음이고, 심지어 적은 법조차도 이 마음을 초월하는 것은 없다'고 하시는 말씀을 듣고서 미래의 중생들로 하여금 의혹은 끊게 하기 위해서 부처님께 다음과 같이 여쭈었다.

"보리심을 이름하여 '한결같이 일체지지(一切智智)에 뜻을 두어 구함'이라 합니다. 만약 일체지지가 곧 보리심이라면 이 가운데 누가 구한다고 하며, 무엇을 구하는 바라고 하며, 누가 깨닫는다고 하고, 누구를 깨달은 자라고 합니까? 또 다시 마음을 떠나서 밖으로 도무지 한 법도 없다면 누가 이 마음을 일으킬 수 있으며, 오묘한 과보에 이르게 하는 자입니까? 만약 법에 인연이 없는데 성취한다고 말하면 모든 중생들도 역시 방편을 빌리지 않고서도 자연히 성불할 수 있다는 것입니까?"

그래서 부처님께서는 "비밀주여, 자기 마음에서 보리와 일체지지를 찾아 구해야 한다. 왜 그런가 하면 성품은 본래 청정하기 때문이다"라고 답하셨다.

중생 자심의 실상은 바로 보리이다. 부처님께서 계시거나 계시지 않거나 언제나 스스로 엄정(嚴淨)하다. 그러나 [중생들이 자심의 실상을] 참답게 스

---

212) 이하에서 일체지(一切智)는 자기의 마음이라는 것에 대하여 설명한다.

스로 알지 못하는 것은 바로 무명(無明) 때문이다. 무명이란 뒤집어져서 상을 취하는 것으로 이 때문에 애착 등의 온갖 번뇌를 일으키게 한다. 번뇌로 인하여서 갖가지 업을 일으켜 갖가지 윤회의 세계에 들어가 갖가지 몸을 받고 갖가지 고통과 쾌락을 받는 것은 마치 누에가 실을 내는데 까닭이 없지만 자기가 내고 나서는 스스로 묶여서 불태워 익혀지는 고통을 받는 것과 같다. 비유하면 인간세계의 청정한 물을 천(天)이나 아귀는 제멋대로 보배로 삼거나 혹은 불로 여기기도 하며, 자기 마음에서 스스로 괴로움과 즐거움으로 보는 것과 같다. 이와 같으므로 마음을 떠나서는 밖에 하나의 법도 존재하지 않는다는 것을 알아야 한다. 만약 유가수행자가 바르게 삼법(三法)[213]의 실상을 관하면 이것이 바로 마음의 실상을 보는 것이다. 마음의 실상이라는 것은 곧 무상(無相)의 보리이며, 또한 일체지지라 한다. 또한 온갖 인연을 여의었을지라도 원인 없이 성취할 수 있는 것은 없다.

다시 세존께서는 중생들로 하여금 진실하게 자기의 마음을 알게 하시려고 문득 방편으로 분별하여 연설하시었다. 왜냐하면 만약 자기 마음이 불생불멸(不生不滅)이라고만 말하면 인(因)하는 바가 없기에 뜻을 바로 이해하기 어렵기 때문이다. 그러므로 먼저 그들이 집착하는 것을 열거하였다.

12. 마음은 어디에서도 얻을 수 없다

경전에서는 다음과 같이 말한다.

"마음은 안에도 없고 밖에도 없으며 양중간에서도 마음을 얻을 수 없다."

마치 『마하반야경』[214]에서 한량없이 많은 문(門)으로 제법실상에 들어

213) 혹(惑)・업(業)・고(苦)의 삼도(三道)를 말한다. 또는 근(根)・경(境)・식(識)의 삼과(三科)라 보기도 한다.

간다고 하는 것과 같다. 지금은 그 종요(宗要)를 들고자 하여 다만 내외(內外)[215]의 십이처(十二處)를 관하게 하며, 여기에서 모든 법을 포섭하는 것이다. 수행자의 마음은 시작을 알 수 없는 때로부터 와서 대부분 내법(內法)에서 심상(心相)을 취하여 집착한다. 그래서 먼저 마음은 자기 존재의 여섯 곳[六內處]에 대하여, 상으로부터 벗어나게 하는 방편으로 하나하나 잘 관찰하니 마음을 자기 존재 안에서 얻을 수 없고 생겨남도 없으며 모습도 없고 머무를 곳도 없음을 알게 된다. 그리하여 이렇게 생각한다. '이 마음은 밖에 있는 것인가?'

다시 마음은 자기 존재 바깥 여섯 곳[外六處]에 대하여 진실하게 관하니 마음은 역시 생겨남도 없고 모습도 없으며 머무는 곳도 없음을 알게 된다. 혹시 착각하여 틀린 것이 아닐까 두려워 문득 자기 존재의 [안과 밖을] 합하여 관찰하지만, 양 중간에서도 역시 얻을 수 없다. 그때에 이 마음의 진실한 성품이 본래부터 생겨남도 없고 사라짐도 없어서 근본적으로 청정하다는 것을 깨닫게되면 희론은 구름처럼 흩어지게 된다. 비유[216]하자면 구슬의 힘으로써 물이 청정해지며 물이 청정하므로 구슬이 드러나는 것과 같다. 절대로 다른 곳으로부터 온 것이 아니다.

"비밀주여. 여래·응공·정등정각은 푸르지도 않고, 누르지도 않으며, 붉지도 않고 희지도 않으며 홍자빛(紅紫色)도 아니며 수정빛도 아니다. 길지도 않고 짧지도 않으며 둥글지도 않고 모나지도 않다. 밝은 것도 아니고 어두운 것도 아니며, 남성도 아니고 여성도 아니며, 남성·여성이 아닌 것도 아니다."

앞에서는 일체법에 의거해서 마음의 실상을 밝혔을 뿐이다. 지금 다시

---

214) 『대반야경』 182권부터 284권에 이르는 초분(初分) 난신해품(難信解品) 가운데에 오온(五蘊) 등의 81과(科)의 법문을 설한다.

215) 내(內)의 육근(六根)과 외(外)의 육경(六境)을 말한다.

216) 『대반열반경』 제2권에 나오는 연못 속의 구슬 비유에 의한다. 연못에 배를 띄웠을 때 과거에 유리보배가 물 속에 빠졌다. 많은 사람들이 다투어 보배를 찾으려 하였으나 물이 혼탁하여 보배를 발견하지 못하였다. 그런데 시간이 지난 뒤 구슬의 힘에 의하여 물이 맑아지고 보배가 있는 곳이 드러난 것과 같다. (대정장 12, 378 상).

참된 나[眞我]에 의거하여 마음의 실상을 밝히겠다. 이 [『대일경』] 종(宗)에서 말하는 뜻은 곧 마음으로써 여래・응정등각을 삼는 것이다. 말하자면 내심(內心)의 대아(大我)이다.

어떤 한 부류의 외도는 자기의 마음을 요달하지 못하면서도 이렇게 말한다.

"내가 참된 나[眞我]를 관하니 그 색은 순수하게 푸른데 다른 사람은 볼 수 없다."

또는 순수한 황색이거나 붉은 색이라고 하며, 또는 선명한 흰색이라 하거나, 혹은 연지색(燕脂色)과 같다고 말한다. 지금은 뜻으로써 홍자(紅紫)라 한 것이다. 혹은 말하기를 '나는 참된 나를 보았다'고 하며 '그 모습이 아주 길거나 아주 짧다거나 내지는 남자의 모습과 같다'고 하면서 오직 이것만이 진실이고 나머지는 모두 거짓말이라고 한다. 그렇지만 이들 온갖 모습은 모두 연(緣)으로부터 생겨난 것으로 자체에 고정된 성품을 갖는 것이 아니다. 어떻게 해서 진실한 나[我]라고 이름할 수 있겠는가! 이와 같은 갖가지 집착에 대하고자 하기에 부처님께서는 "여래・응정등각은 푸른 색 등이 아니라"고 하신 것이다. 왜냐하면 이 푸른 모습은 필경 생겨남이 없기 때문이며, 그래서 푸름이 아니다. 푸름의 실상은 부서지지 않기 때문이며, 또한 푸른 것이 아닌 것도 아니다. 여래・응정등각께서는 [모든 법의 실상이] 일정한 모습이라고 설하지 않으셨으며, 또한 이와 같은 모든 상을 떠난 것도 아니라고 하셨음을 알아야 한다.

어떤 외도의 아사리가 흑월(黑月)[217] 밤에 모든 제자들을 이끌고서 큰 코끼리의 앞에 이르러 이에 말하기를, '내가 지금 너희들에게 참된 나[眞我]를 보이겠노라'고 하고, 그때에 그 대중들로 하여금 눈으로 보거나 몸으로 만지게 하였다. 그 모습을 본 사람은 말하기를 '내가 이제 알았다.

---

217) 초승달에서 부터 만월까지 곧 1일에서 15일까지를 백월이라 하고 만월에서 다시 그믐까지를 흑월(黑月 : 黑分, kṛṣnapakṣa)이라 한다. 이것은 인도의 역법으로 달이 차고 기우는 것, 즉 희고 검은 것을 세워서 이름지은 것이다.

그 색은 아주 희고 그러면서 높고 크다'고 하였다. 그 어금니를 만진 자는 곧 말하기를 '참된 나[眞我]는 창[戈]과 같다'고 하였다. 귀를 만진 자는 곧 키[箕]와 같다고 말하였으며, 발을 만진 자는 기둥과 같다고 말하였고, 꼬리를 만진 자는 동아줄과 같다고 말하였다. 각기 만진 곳에 따라 헤아리는 것이 같지 않았다. 그래서 서로 이 모습이 맞느니 틀리느니 할지라도 끝끝내 그 참다운 몸을 인식할 수 없는 것과 같다. 그러나 유가행자가 마음의 명도(明道)를 개발하게 되면 심왕(心王)의 여래를 조견(照見)하는 것은 마치 아주 밝은 곳에서 눈으로 온갖 색을 보는 것과 같아서 이러한 쟁론들이 생기지 않는다.

다음에 "비밀주여, 마음은 욕계(欲界)와 동일한 성품이 아니며, 색계(色界)와 같은 성품이 아니고, 무색계(無色界)와 같은 성품이 아니며, 천·용·야차 내지 인비인의 것들과도 같은 성품이 아니다"라고 하는 것도 모든 망집(妄執)에 대하여 자기 마음이 변하여 바뀌지 않음을 드러내 보인 것이다. 그래서 이 마음은 삼계(三界)[218]와 동일한 성품이 아니라고 말하였다. 어떤 외도는 '나의 성품은 바로 욕계와 동일하다', 또는 '색계나 무색계와 동일하다'고 헤아리거나 나아가서는 '비상처(非想處)[219]가 바로 열반(涅槃, Nirvāna)'이라고 한다. 또는 '범왕(梵王) 비뉴천(毘紐天, Viṣṇu) 등이 일체법을 생겨나게 한다'고도 말한다. 그러나 이 삼계는 모두 다 온갖 연으로부터 생기는 것이다. 그 자체의 고정된 성품을 구하고자 하여도 도무지 얻을 수가 없다. 하물며 심성(心性)으로서 그 [범왕 등의] 성품과 동일하다고 할 수 있겠는가!

다음에 무량한 모든 중생들의 세계를 자세하게 분별하여 하나하나 이

---

218) 삼계(三界)는 욕계·색계·무색계이다. 욕계(欲界)는 중생이 욕망에 많이 속박되는 영역인 최하층으로 지옥·아귀(餓鬼)·축생(畜生)·아수라(阿修羅)·인간과 6욕천(六欲天)의 세계가 해당된다. 그위에 욕망에는 그다지 속박되지 않지만 역시 육체적 생존의 영역인 색계(色界)가 있다. 선정(禪定) 수행의 경지에 따라 초선천(初禪天)·2선천·3선천·4선천·정범천(靜梵天)의 다섯 가지로 나누어진다. 무색계(無色界)는 육체적 생존이 없는 순수한 정신적 생존의 세계이다. 공무변처(空無邊處)·식무변처(識無邊處)·무소유처(無所有處)·비상비비상처(非想非非想處) 등의 4공천(四空天)이 있다.

219) 무색계의 최정상인 비상비비상천(非想非非想天)을 말한다.

를 말할지라도 모두가 저 [범왕]과 동일한 성품이 아니다. 비유하자면 마치 허공 가운데에서 팔공덕수(八功德水[220])를 비뿌리는데 한 맛으로 순정(淳淨)할지라도 그것을 담는 그릇에 따라 갖가지로 차별되기에 혹은 맵거나 시거나 뜨겁거나 탁한 것과 같다. 그러나 팔공덕의 성품은 그것과 동일하지 않으므로 뜨거움이 식거나 탁한 것이 가라앉을 때에는 청량한 것이 옛날과 같아서 일찍이 변하여 달라짐 없었던 것과 같다. 또한 진타마니(眞陀摩尼, Cintāmaṇi)가 스스로 정해진 모습이 없어서 사물을 만나면 곧 그 색과 같아지지만 그 보배의 성품이 그것과 동일하지 않은 것과 같다. 만약에 그것과 같은 성품이라면 연에 따라 색이 생겨나고 사라질 때에 보배의 성품도 역시 생겨나고 사라져야 할 것이다.

또한 세존께서는 대비태장생만다라(大悲胎藏生漫荼羅)를 열어보이고자 먼저 마음의 실상문(實相門)을 바르게 열어보시셨다. 왜냐하면 마치 수행자의 본존삼매(本尊三昧) 가운데에 색깔과 형태와 남자와 여자 등의 모습과 육취(六趣)의 몸이 있다고 설명한 것처럼, 수행하는 자가 마음이 인연으로 생한 것을 알지 못하고서 보왕(寶王)의 진실한 성품에서 쓸데없는 논의를 낼지도 모르기 때문이다. 그래서 부처님께서는 "여래는 푸른 것도 아니요 누른 것도 아니며 이 마음이 삼계(三界)·육취(六趣)와 동일한 성품이 아니라"고 말씀하셨다. 만약 이와 같이 관찰할 수 있으면 보리심을 장애하지 않는다.

"비밀주여. 마음은 눈의 경계[眼界]에 머무는 것도 아니며, 귀[耳]·코[鼻]·혀[舌]·몸[身]·뜻[意]의 경계에 머무는 것도 아니다. 보는 것도 아니며, 현현하는 것도 아니다."

이것은 앞에서 [마음이] 삼처(三處[221])에 있지 않다고 설하여 이미 일체

---

220) 극락세계의 못 물로서 징정(澄淨)·청냉(淸冷)·감미(甘美)·경연(輕軟)·윤택(潤澤)·안화(安和)·마실 때 목을 다치지 않음·마시고 나서 배탈이 나지 않는 여덟 가지의 덕을 갖춘 물.

221) 안과 밖과 양중간을 가리킨다.

법을 포섭하였으나 아직 깨닫지 못한 자를 위하여 다시 하나하나 법을 열거하여 분별한 것이다. 만약 마음이 모든 육도의 세계[趣]와 더불어서 같은 성품이 아니라면 눈[眼界] 등에 머무는 것인가, 또는 마음[意界]에 머무는 것인가? 만약 마음이 눈에 머문다면 눈은 온갖 연으로부터 생겨나기 때문에 성품과 모습이 공하고 머무는 곳도 없다. 하물며 마음의 실상이 눈 가운데에 머물 수 있겠는가! 눈과 같이 오온[陰]과 십이처[入]의 모든 법도 모두 자세하게 설명해야 한다. 앞에서도 이미 갖가지 외도들을 파하였지만 지금 모든 법에 머물지 않는다고 설하는 것은 변견(邊見)[222]의 성문(聲聞)을 파하기 위함이다. 독자부(犢子部)[223]의 아비담(阿毘曇) 가운데 설명하는 것과 같다. 비유하면 사대(四大)가 화합하여 안법(眼法)이 있고, 이와 같이 오중(五衆)[224]이 화합하여 인법(人法)이 있으며, 이 인법은 불가설장(不可說藏)[225]에 있다고 하는 것과 같다. 설일체유도(說一切有道)[226]의 사람은 이렇게 말하였다.

"신인(神人)은 온갖 법문 가운데에서 구하여도 얻을 수 없다. 토끼의 뿔, 거북이의 털이 언제나 존재하지 않는 것과 같다. 오온[陰]·십팔계[界]·십이처[入]는 실로 자성이 없다."

이와 같은 희론의 법을 가지고서는 그 마음을 알 수 없다. 만약 마음이 모든 법에 머물지 않는다는 것을 관하면 곧 마음이 작용하는 곳이 없으며

---

222) 변견(邊見)은 멸하여 없어지는 것에 사로잡힌 생각[斷見]과 변하지 않는 실체가 있다는 생각[常見]을 말한다. 사람이 죽어서 아예 없어진다고 생각하는 것이 멸하여 없어지는 것에 사로잡힌 생각[斷見]이고, 사람은 영원히 사람이고 축생은 언제나 축생이라고 생각하는 것을 변하지 않는 실체가 있다는 생각[常見]이라 한다.

223) 소승(小乘) 20부파 가운데 하나로서 설일체유부(說一切有部)로부터 분파된 일파이다. 아비담은 대법(對法)이라 번역한다.

224) 오온(五蘊)을 말한다.

225) 독자부(犢子部)에서는 삼세(三世)와 유위(有爲)와 불가설장(不可說藏)의 오법장(五法藏)을 세우고, 이로써 아(我)의 체(體)가 실제로 존재한다고 집착한다. 이 아(我)를 불가설장에 포함시킨다.

226) 설일체유부(說一切有部)를 가리킨다. 이 부는 삼세실유(三世實有)·법체항유(法體恒有)라 헤아린다.

희론은 모두 끝난다.

"보는 것도 아니며, 현현하는 것도 아니다"라고 하는 것은 어떤 사람이 모든 중생들에게 본래부터 불지견(佛知見)의 성품이 있으나, 다만 무명의 가려진 막을 제거할 때에 스스로 이치를 본다고 말하는 것과 같다. 또는 어떤 사람이 이와 같은 항상한 이치는 만들 수 있는 것이 아니고, 다만 덮혀 있는 구름과 안개를 제거할 때에만 태양이 스스로 나타남과 같다고 하니 모두 세속적 입장에서의 진리[世諦]로써 말한 것일 뿐이다. 만약 정보리심이 볼 수 있으며 나타날 수 있는 법이라면 유상(有相)이어야 한다. 무릇 유상이란 모두 허망하다. 어찌하여 무상보리(無上菩提)를 볼 수 있다고 하는가!

또한 경 가운데에 스스로 인연을 설하여, "왜냐하면 허공상의 마음은 모든 망집을 떠나고 무분별이기 때문이다"라고 하는 것은 마치 허공이 필경에 청정한 법인 것처럼 온갖 색상(色像)도 물들일 자가 없으며, 심성도 역시 그러하다는 것이다. 모든 분별로서 이를 물들일 것이 없다. 만약 분별하지 않으면 이것이 바로 온갖 모습을 여읜 것이다.

"어찌한 까닭인가? 성품은 허공과 동일하니 곧 마음과 같은 것이고, 성품이 마음과 동일하다면 곧 보리와 같은 것이다. 비밀주여. 이와 같이 마음[227]과 허공계[228]와 보리[229]의 세 가지는 서로 다름없으니 이것은 대비를 근본으로 하며 방편바라밀로 만족케 된다."

앞에서처럼 여러 가지로 청정에 들어가는 문은 모두 자기 마음에서 보리 구하는 뜻을 개발하여 밝히는 것이다. 지금 다시 결론적으로 말하면 티끌 없는 허공이 바로 이 마음이며, 마음이 곧 보리이다. 본래부터 동일한 상(相)이나 세 가지 이름이 있을 뿐이다.

이 하나의 법계심(法界心)은 비록 인연이 필경에 생겨남이 없을지라도

---

227) 여기서 심(心)은 중생심(衆生)의 마음이나 수행자의 마음을 가리킨다.

228) 허공계란 광대편만(廣大遍滿), 무애섭인(無碍攝入), 자성청정(自性淸淨)의 세 가지 뜻을 가지고 있다. 이것은 대일여래의 과덕(果德)을 나타낸다.

229) 보리란 각지(覺智)의 뜻으로 본유무구(本有無垢)의 청정심에 해당한다.

인연의 실상을 부수지 않는다. 생겨남이 없기 때문에 곧 주체[能]와 객체[所]의 다름이 없다. 부서짐이 없으므로 또한 비(悲)가 근본이 될 수 있어 방편바라밀을 만족하니 곧 구경의 부사의한 중도(中道)라는 뜻이다.

"비밀주여, 내가 말한 모든 법은 이와 같나니 모든 보살들로 하여금 보리의 마음을 청정케 하여 그 마음을 알게 하려 함이다."

부처님께서는 이미 청정한 보리심을 열어 보이시고 간략하게 삼구(三句)의 근본을 밝혀 마치셨다. 곧 일부(一部)의 시작과 끝을 통틀어 논하셨는데 무량한 방편을 가지고 모든 보살들로 하여금 보리심이 청정하므로 그 마음을 알게 하신 것이다. 마치 이 경에서 말하는 것과 같으니 모든 수라다(脩多羅, Sūtra)[230]의 뜻도 모두 똑같이 여기에 있다는 것을 알아야 한다. 석가여래께서 설하신 법과 같으므로 시방삼세의 모든 여래께서 갖가지의 인연으로써 연설하신 법도 이 삼구의 법문을 위하지 않는 것이 없음을 알아야 한다. 구경에는 함께 돌아오니 본래부터 전혀 다름이 없다. 그래서 "내가 말한 모든 법이 이와 같으며, 내지 그 마음을 알게 한다"고 하는 것이다.

"비밀주여. 어떤 것이 자기의 마음을 아는 것인가? 이른바 인연으로 생겨난 법[分段,[231] 곧 색깔[顯色]이나 형태[形色]나 경계(境界)나 색(色)이나 수(受)・상(想)・행(行)・식(識)이나 혹은 내[我]이거나 내 것[我所]이거나 혹은 집착하는 주체나 집착되는 대상이나 혹은 청정(淸淨)이나 십팔계[界]나 십이처[處] 등 온갖 생겨난 법 가운데 구하여도 [마음은] 얻을 수가 없는 것을 말한다."

세존께서는 앞에서 이미 자세하게 정보리심의 진실한 모습을 설하셨다. 중생이 아직 뜻을 이해하지 못하여 깨닫지 못하면 다시 방편을 지어서 이 돈각성불(頓覺成佛)하여 보리심에 들어가는 실상문[入心實相門]을 설하신다. 또한 시방삼세의 모든 불법을 분명히 이해시키고자 모든 경전에

230) 불교의 경전(經典)을 말한다.

231) 분단(分段)이란 갖춘말로써 분단신(分段身)이라고 한다. 변역신(變易身)에 대한 말로써 유루(有漏)의 선악업에 의하여 감득(感得)된 삼계육취(三界六趣)의 의신(依身)을 말한다.

서는 제온(諸蘊)이 화합한 가운데에서 아(我)를 얻을 수 없다고 설하며, 혹은 연(緣)을 따라 생하는 모든 법은 모두 자성이 없다고 설하는데 이것은 모두 점차로 실상의 문을 여는 것이다. 모든 법의 실상이라고 말하는 것은 바로 이것이 이 경에서 말하는 마음의 실상이다. 마음의 실상이란 바로 보리이다. 다시 다른 이치가 없다. 다만 스스로 부처가 될 수 있음을 믿지 못하는 박복한 중생들로 하여금 스스로 부처가 됨을 믿게 하는 것이 매우 어려울 뿐이다. 그래서 세존께서는 다시 온갖 옛 장애를 정화하시고자 그 마음을 보호하시어, 요컨대 때에 맞추어 뜻에 계합시키고,[232] 그런 다음에 곧 마음의 인[心印]을 설하시려는 것이다. 지금의 경은 바로 이와 같은 것이 아니라 곧바로 모든 법에 의거해서 그 마음을 알게 하려는 것이다. 왜냐하면 비밀한 핵심의 가르침[藏]이기 때문이다.

첫 구절에 말하는 "인연으로 생겨난 법[分段]"이라 하는 것은 연(緣)에서 생기는 모든 법을 통틀은 것이다. 법은 인연을 기다려서 이루어지는 것이다. 반드시 차별의 모습이 있기 때문에 수행자는 이와 같이 관찰해야 함을 알아야 한다. 지금 이 인연으로 생겨난 법 가운데에 어떤 것이 이 마음인가? 나아가 분석하고 추구하여도 도무지 얻을 수가 없다. 곧 알아야 하리니 이 마음은 온갖 모습을 벗어나며 모든 인연을 여의었다. 심성이 언제나 이와 같다고 알게되면, 이때에 모든 법은 자연히 마음과 다르지 않다.

"색깔[顯色]"이란 푸르고 누런 것 등을 말하며, "모습[形色]"이란 모나고 둥근 것 등을 말한다. "경계(境界)"란 육정(六情)[233]이 마주 대하는 것으로 곧 육진(六塵)[234]이다. 사람들로 하여금 쉽게 이해하도록 하기 위하여 다시 모든 법을 두루 관찰하게 하였다. 지금 이러한 색깔과 모습의 온갖 색(色) 중에서는 어떤 것이 이 마음인가? "색"은 본래 비정(非情)으로서 깨달아 아는 모습이 없다. 하물며 이 가운데에서 어떤 마음을 얻을 수 있겠는

232) 시절(時節)과 그 사람의 근기에 맞춘다는 뜻이다.
233) 안(眼)·이(耳)·비(鼻)·설(舌)·신(身)·의(意)의 육식(六識)을 말한다.
234) 색(色)·성(聲)·향(香)·미(味)·촉(觸)·법(法)의 육경(六境)이다.

가? 색깔과 모습도 마찬가지이니 온갖 색진(色塵)[235]도 역시 이와 같음을 알아야 한다. 색진과 마찬가지로 성·향·미·촉·법도 역시 이와 같다. 수행자여, 외진(外塵) 가운데에서는 마음을 얻을 수 없다. 다시 내신(內身)의 오온을 관찰함에 역시 물방울·거품·불꽃·파초·환술로 지어진 것과 같아 자체 성품의 실상을 구하여도 전혀 존재하지 않는다. 하물며 그 가운데 마음이 있을 수 있겠는가!

이와 같이 거칠은 것에서 세밀한 것에 이르거나 자세한 것을 버리고 간략한 것에 나아가더라도 현재일념(現在一念)의 식(識)은 역시 머무는 때가 없다. 또한 온갖 연으로부터 생기기 때문에 즉공(卽空)·즉가(卽假)·즉중(卽中)[236]으로서 온갖 희론을 멀리 여의고 본불생제(本不生際)에 이른다. 본불생제란 자성청정심(自性清淨心)으로서 바로 아(阿)자문이다. 마음으로 아자문에 들어가기 때문에 일체법은 모두 아자문에 들어감을 알아야 한다.

이미 모든 법의 실상을 관하는 것에 대해 설하였으니 다음에 아상(我相)을 관하는 것을 밝히겠다.

"나[我]라든가 내 것[我所]라든가 집착하는 자라든가 집착되는 대상이라든가 청정(清淨)"이라 하는 것은 앞에서처럼 모든 음(陰) 가운데에서 갖가지 방

---

235) 오진(五塵) 또는 육진(六塵)의 하나. 청(青)·황(黃)·적(赤)·백(白) 등의 색깔과 물체 및 남녀의 형색(形色) 등에 의해 정식(情識)이 오염(汚染)되는 것을 일컫는다. 색경(色境)이라고도 한다. 참고로 육진은 색진(色塵)·성진(聲塵)·향진(香塵)·미진(味塵)·촉진(觸塵)·법진(法塵)이다.

236) 세 가지의 진리를 공관(空觀)으로 자각한다는 것이다. 먼저 즉공(卽空)은 모든 존재하는 것은 공이라고 관하는 것이다. 모든 것의 존재를 부정하고 그 부정에서 모든 것을 동일한 것으로 본다. 즉가(卽假)는 즉공의 의해 일단 부정되어 존재하는 것을 이제 다시 가(假)라고 하여 긍정하는 것이다. 존재하는 것은 모두 공이지만 이 공의 것을 긍정하는 것이다. 한층 고차원적인 입장에서 긍정하는 것이다. 즉중(卽中)이란 즉공만으로 인간은 소극적인 삶을 살게 될 것이고, 즉가의 입장에 머무르면 현실에 대한 집착이 생겨날 위험이 있다. 그래서 가와 공을 상호부정하는 것을 즉중이라고 한다. 그러나 이 중은 공과 가를 아주 떠나 있는 것이 아니다. 공과 가를 동시에 포용하는 것을 말한다. 공 가운데 가와 중을 포함하고, 가 가운데 공과 중을 포함하며 중 가운데 공과 가를 포함하고 있는 세 가지의 존재에 대한 자각이 혼연하여 일체(一體)가 되어 있는 것이 제법실상을 바로 보는 정관(正觀)이다.

편으로 마음을 관하나 얻을 수 없다고 하였다. 하물며 아상(我相)과 인상(人相)과 수자상(壽者相) 등의 법이겠는가! 본래부터 다만 거짓 명칭만 있을 뿐이지 그 가운데에 마음으로 얻을 수 있는 것은 없다.

"청정"이라 함은 곧 외도들이 헤아리는 것이다. 가장 지극한 청정처(淸淨處)를 열반으로 삼는다. 마치 장조범지(長爪梵志)[237]가 모든 법을 인정하지 않고서 이러한 견해만을 받는 것과 같으며 지금도 역시 이와 같다. 공(空)을 관하는 지혜에 취착(取著)하여 이러한 청정하다는 생각을 낸다. 곧 이와 같은 생각 가운데에서 바르게 자기의 마음을 관찰하니 [마음이] 생겨난 곳이 없으므로 참되고 바른 보리심에 들어가게 된다.

이상은 널리 오음(五陰)을 다스리는 것이다.

다음에 다시 "십팔계나 십이처 등 온갖 생겨난 법 가운데 구하여도 마음은 얻을 수가 없는 것"을 설명하겠다. 음(陰)・계(界)・입(入)의 뜻은 아비담(阿毘曇)[238] 가운데에서 자세하게 밝혔다. 이 삼법(三法)[239]은 이미 일체의 법을 포섭한다. 다시 온갖 생겨난 법 가운데에 구하여도 마음은 얻을 수 없다고 하는 것은 곧 『마하반야경(摩訶般若經)』 등에서 법을 들어서 자세하게 설명한 것이 그것이다.

음・계・입을 분석하여 마음을 구하려 해도 마음을 얻을 수 없는 것처럼 육도만행(六度萬行) 내지 모든 총지삼매문(總持三昧門) 가운데에서 갖가지로 마음을 구하여도 역시 얻을 수 없음을 알아야 한다. 그러므로 이 마음의 상(常)・락(樂)・아(我)・정(淨)과 상・락・아・정이 아닌 모습들도 역시 얻을 수 없다. 또한 성문(聲聞)의 사람이 처음으로 음・계・입을 관할 때에 음(陰)에 즉하여 아(我)를 구하고 음을 여의고서 아를 구하려해도 모두 얻을 수 없다. 모습이 있어도 역시 얻을 수 없다. 이때에 팔직도(八直道)[240] 가운데에서 번뇌를 멀리 여의고서 정법의 눈이 생기는 것처럼 진

237) 인도의 바라문으로서 손톱을 깎지 않고 길게 길렀기에 이러한 명칭이 있다.
238) 『비바사론(毘婆沙論)』 등을 가리킨다.
239) 온(蘊)・처(處)・계(界)의 삼과(三科)의 법.

언을 행하는 보살도 역시 이와 같다. 처음으로 음·계·입을 관할 때에 음에 즉하여 마음을 구하거나 음을 여의고서 마음을 구하여도 모두 얻을 수 없다. 모습이 있어도 역시 얻을 수 없다. 그래서 바로 그때에 자기의 마음이 본래 생겨남 없다는 이치를 깨달으며, 여래지견(如來知見)의 대보리도(大菩提道) 가운데에서 번뇌를 멀리 여의고 법안이 청정하게 된다. 만약 이와 같은 방편을 지어서 먼저 눈길 닿은 곳에서부터 이를 관하지 않으면 다만 이 마음은 일체의 장소에 두루하여 필경에 모습이 없다고 말할지라도 곧 모든 중생들이 [모든 법의 실상에] 깨달아 들어갈 수 없다. 이와 같이 관하는 것을 가장 비밀스럽고 요긴한 법문(法門)으로 삼는다는 것을 알아야 한다. 그밖의 [집착을] 멀리 여의는 모든 보살들은 방편을 사용하여 점차로 계(戒)·정(定)·지혜(智慧)를 수습하며 무량한 겁에 갖가지의 문(門)으로써 인(人)·법(法)의 이공(二空)을 관할지라도 오히려 마음의 영상을 멀리 여의기는 힘들다. 지금 진언행자는 처음 발심할 때에 곧바로 자기의 마음의 실상을 관하고 [마음이] 본래 생겨남이 없음을 잘 알기 때문에 곧바로 인(人)이나 법(法)이라는 희론을 깨끗하게 없애니 허공과 같다. 자연스레 깨달음을 이루니 다른 것으로 말미암아 깨닫는 것이 아니다. 이 관을 또한 돈오(頓悟)의 법문이라고 부른다는 것을 알아야 한다.

13. 초지정보리심(初地淨菩提心)의 상(相)

"비밀주여, 이 보살의 정보리심문(淨菩提心門)을 초법명도(初法明道)[241]라 이름한다. 보살이 여기에 머물러 수학(修學)하면 오래도록 부지런히 애쓰지 않아

---

240) 팔정도(八正道)를 말한다.

241) 초지입심(初地入心)의 전반찰나로써 이때에 마음의 실상을 증오(證悟)한다.

도 문득 제일체개장삼매(除一切蓋障三昧)[242]를 얻는다."

부처님의 지혜에 들어가는 데에는 무량한 방편문이 있다. 지금 이 [『대일경』] 종(宗)은 바로 정보리심으로써 [부처님의 지혜에 들어가는] 문(門)을 삼는다. 만약 이 문에 들어가면 비로소 일체여래의 경계에 들어가는 것이다. 비유하면 마치 미륵보살의 누각문을 열고 들어간 선재동자(善財童子)[243]가 누각문 안에서 한량없이 많은 부사의한 일을 모두 보는 것과 같아서 말로 하기 어렵고 다만 들어간 자만 스스로 알 수 있을 뿐인 것과 같다.

"법명(法明)"이란 마음의 본래 생겨남이 없다는 이치[本不生際]를 깨달음으로써 그 마음이 청정[한 보리심]에 머물러 대혜(大慧)의 광명을 생하고, 두루 무량한 법성(法性)을 비추어 모든 부처님들께서 행하신 도를 보는 것이다. 그래서 법명도(法明道)라 한다. 보살이 이 도에 머무를 때에 망녕된 생각의 인연 따라 일어난 번뇌와 업의 괴로움이 모두 다 깨끗하게 사라진다. 비유하면 마치 어떤 사람이 어두움 속에서 날카로운 보배에 상처받고서 이를 뱀의 독이라고 말하자 그 독이라는 생각을 지어내고서 그 마음이 집착한다. 그러자 문득 독의 기운이 생성되어 몸 전체에 두루 퍼지며 드디어 목숨이 끊어지기에 이른다. 이때에 훌륭한 의사가 있어서 이를 진찰하고 그 본말을 살펴보고는 곧 그때에 상처입은 곳으로 가서 밝은 등불로 이를 비추어보니 보배로 상처입어 피가 난 것임을 알게 된다. 그 사람이 독이 아니라는 것을 알자 독의 기운도 역시 사라지며 보배가 장신구라는 것을 알아차리고서 기뻐하는 것과 같다. 수행이라 하는 것도 역시 이와 같다. 정보리심으로써 모든 법을 두루 비춤으로 말미암아 적은 공력을 사용하고도 문득 제개장삼매(除蓋障三昧)[244]를 얻고 팔만사천 번뇌의 실상을

---

242) 여기서 제일체개장이란 초지입심(初地入心)의 후반찰나로써 이때 자기의 마음의 실상(實相)을 덮고 있는 번뇌를 깨끗이 제거하기에 이른다. 개장(蓋障)은 무명번뇌의 다른 이름이다.

243) 『화엄경』 입법계품(入法界品)의 주인공으로 나오는 구도자의 이름.

244) 제개장삼매란 자기의 마음의 본각(本覺)을 덮고 있는 인법(人法) 이집(二執)의 혹(惑)을 끊고서 온갖 개장(蓋障)을 제거하는 삼매를 말한다.

보며, 팔만사천의 보취문(寶聚門)을 성취한다.

그래서 경전에서는 다음에 "보살이 여기에 머물러 수학하면 오래도록 부지런히 애쓰지 않아도 문득 제일체개장삼매를 얻는다. 만약 이것을 얻으면 곧 모든 부처님과 보살님들과 더불어 동등하게 머물게 된다"고 하였다. 이 가운데 다섯 가지의 장애가 있으니 첫째는 번뇌장(煩惱障)이다. 근본번뇌 내지는 팔만사천 상・중・하품의 장애를 말하는데 이러한 번뇌는 청정한 마음을 덮고 숙세(宿世)의 편벽된 습관으로 말미암아서 불도에 들어갈 기회를 방해하며 불법에 들어가지 못하게 한다.

둘째는 업의 장애이다. 과거 및 현재세에 지은 온갖 중죄와 내지는 『방등경(方等經)』을 비방한 것으로, 이 사람이 비록 득도할 인연이 있었을지라도 먼저 지은 업의 장애가 아직 제거되지 않았기에 갖가지의 어려움이 남아서 불법에 들어갈 수 없다.

셋째는 생장(生障)이다. 이른바 이 사람이 만약 훌륭하며 어려움이 없는 곳에 태어나게 되었다면 반드시 도를 깨달았을 것인데, 전생에 지은 업으로 말미암아 다시 무가(無暇)[245]의 몸을 받는다. 즉 과보로 태어난 것이 장애가 되기에 불법에 들어가지 못한다.

넷째는 법장(法障)이다. 이 사람이 이미 장애없는 곳에 태어났으며 또한 불도를 깨달을 기회가 있었으나, 선세에 일찍이 법을 장애하는 등의 연이 있었기 때문에 선우(善友)를 만나지 못하고 바른 법을 듣지 못하는 것을 말한다.

다섯째는 소지장(所知障)이다. 이 사람은 선지식을 만나서 정법을 들을 수 있지만, 갖가지의 인연이 있어서 둘이 화합하지 못하여 반야바라밀(般若波羅密) 닦는 것을 방해한다. 『대품반야경』[246]의 「석마사품[魔事]」 가운

245) 팔난처(八難處)를 말한다. 팔난처는 불법(佛法)을 듣지 못하는 여덟 곳이다. ①지옥, ②아귀, ③축생, ④변지(邊地 : 즐거움이 지나쳐서 법을 들을려고 않는다), ⑤장수천(長壽天 : 오래 살고 안온하기 때문에 구도심이 일어나지 않는다), ⑥세지변총(世智辯聰 : 세속지만 있어서 바른 도리에 따르지 않는다), ⑦맹농음아(盲聾瘖啞 : 감각기관에 결함이 있다), ⑧불전불후(佛前佛後 : 부처님이 안 계시는 세상).

데 자세하게 설명되어 있는 것과 같다. 이것도 역시 선세에 혹은 일찍이 다른 도의 기연으로 교화되어 이러한 장애가 생긴 것이다.

수행자가 이미 정제업장삼매(淨除業障三昧)를 얻으면 이때에 자기의 마음 가운데에서 언제나 시방 일체 모든 부처님의 묘한 모습이 담연한 것을 보는 것이 밝은 거울을 보는 것과 같다. 이에 모든 위의(威儀)와 가고 오는 것과 잠들거나 깨어나더라도 이와 같은 부처님 모임의 인연을 여의지 않는다. 이때에 모든 성자는 언제나 뛰어난 방편으로써 그 마음을 계발하여 깨치게 하며, 범음(梵音)으로써 위유(慰喩)하여 의심의 그물을 벗게 한다. 수행자는 듣는 대로 기뻐하고 깨치고 나니 그물 같던 장애가 따라 없어지며 오래지 않아 모든 부처님의 법을 성취한다. 그러므로 "만약 이 삼매를 얻으면 곧 모든 부처님과 보살님들과 더불어 동등하게 머물게 된다"고 하였다. 수행하는 사람의 이러한 위(位)는 대각(大覺)과 같은 것임을 알아야 한다. 그가 스스로 마음을 깨칠 때 문득 부처님이라는 명칭을 얻는다. 그렇지만 구경의 묘각(妙覺) 대모니위(大牟尼位)[247]는 아니다. 마치 밝은 달의 본바탕에는 늘어나고 줄어듦이 없을지라도 밝기가 점점 늘어나서 보름이 되면 바야흐로 큰 바다의 조류를 움직일 수 있는 것과 같다.

또한[248] 수행자는 여래와 함께 동등하게 머무는 것과 같아 곧 방편력으로 오신통을 일으키고 본 마음을 움직이지 않으면서 모든 부처님의 국토에 노닐고, 갖가지 몸과 말과 뜻을 나타내어 구름처럼 많은 갖가지 공양을 일으키고 끝없는 대원(大願)으로써 널리 모든 바라밀을 닦을 수 있다.

---

246) 대정장 8, 533 상 이하.

247) 중생을 교화하는 화타(化他)의 정각(正覺)을 가리킨다. 지금은 초지(初地)의 1위(位)로서 스스로 최고의 원만한 깨달음을 얻었지만 완전한 성불에 이르기 위해서는 화타(化他)의 정각(正覺)을 성취해야 하기 때문이다.

248) 이하에서는 경전의 "다섯 가지 신통[五神通]을 내고, 한량없는 말과 소리의 다라니[無量語言音陀羅尼]를 획득하게 되어 중생의 마음 작용을 알게되며, 모든 부처님의 호지를 받게 되어 비록 생사에 처해도 물들지 않으며, 법계의 중생을 위하여 피곤함을 사양하지 않고, 무위계(無爲戒)를 성취한다"의 일단을 해석한 것이다. 『소』에는 경문을 빠뜨렸다.

또한 의근(意根)이 청정하기에 다음에 무량한 언어와 소리를 이해하는 모든 다라니(陀羅尼, Dhāraṇi)를 얻는다. 그리고 하나의 세간 가운데 36구지(俱胝)의 세계에서 그 상·중·하의 성품의 부류와, 방언이나 속어의 언사(言辭)가 각각 조금씩 달라도 모두 그 뜻을 알아듣고, 그들 부류에 따른 음성으로 응한다. 하나의 세계처럼 모든 세계에서도 역시 이와 같다.

산스크리트본에서 노다(嚕多, Ruta)는 큰 소리[大聲]이다. 라니다(羅尾多, Rāvita)는 작은 소리이며, 열구삼(涅瞿衫, Dīrghaśabda)은 긴 소리이고 또한 많은 소리[多聲]를 겸한다. 이렇듯 자세하게 설명하는 이유는 총지(總持)의 경계가 알지 못하는 것이 없음을 드러내려고 하기 때문이다. 이쪽[중국]의 문자로는 제대로 번역하기 어렵다.

다라니를 얻게 되면 모든 중생의 마음 작용을 알 수 있다. 이를테면 이러한 중생은 성내는 일이 많으나 탐욕의 성품이 엷고, 또 어떤 중생은 탐욕을 많이 내나 성내는 성품은 엷으며, 나아가 통하고 막히는 모습에 무량한 차별이 있[음을 알 수 있]다. 『대지도론』의 도종지(道種智)[249] 가운데 자세하게 밝힌 것과 같다. 이 보살은 의근(意根)만 아는 것이 아니라 보고 듣고 냄새 맡고 촉감을 느끼는 것을 모두 함께 사용하여도 걸림이 없다. 또한 저 [중생]의 근연(根緣)[250]을 관하여 덮혀 있는 장애를 없애기 위하여 갖가지의 방편으로써 중생들을 성취시키고 불국토를 장엄하며 여래의 사업을 행한다.

---

249) 『대지도론』 84권(대정장 25, 646 중하). '도종지는 곧 모든 보살마하살의 지혜이다. 도(道)에는 네 가지가 있다. 첫째는 인간과 천상에서 복락을 누리는 도이니 이른바 복덕을 심은 것이며 아울러 삼승의 도가 있으므로 합하면 네 가지이다. 보살의 법은 중생을 인도하여 대도(大道) 가운데에 놓아두어야 한다. 만일 대도에 들어갈 수 없는 이라면, 이승 가운데에 놓아두고 만일 열반에 들어갈 수 없는 이라면 인간과 천상의 복락 가운데에 놓아두어 열반의 인연을 짓게 한다. 세간의 복락을 누리는 도는 바로 십선과 보시와 모든 복덕이요, 삼십칠품은 곧 이승의 도이며 삼십칠품과 육바라밀은 보살의 도이다. 보살은 이런 모든 도를 분명하게 알아야 한다. 보살은 부처님의 도로써 자기 자신을 위하고 남을 위하며, 다른 세 가지 도로는 다만 중생들만 위하나니, 이것을 보살의 도종지라 한다.'

250) 기근(機根)과 숙업(宿業)을 말한다.

진언문의 수행자는 일생에 [불도를] 성취할 수 있음을 알아야 한다. 앞에서 말한 온갖 공덕은 모든 중생들이 모두 다 그 본성과 같이 동등하게 갖추고 있다. 다만 무명(無明)의 장애가 덮여서 스스로 알지 못할 뿐이며, 아직 이와 같은 비밀한 신통의 힘을 일으키지 못했을 뿐이다. 지금 이 진언문에서 수행하는 모든 보살들은 법명도(法明道)를 봄으로써 바로 이 생에서 제일체개장삼매를 획득하며, 이 삼매를 얻기에 곧 모든 불보살과 동등한 경지에 머물며 오신통을 낼 수 있다. 오신통을 내기에 모든 중생들의 어언다라니(語言陀羅尼)를 획득한다. 이 다라니를 획득하기에 모든 중생들의 마음 작용을 알 수 있으며 이로써 불사를 행한다. 광대한 불사를 지어서 여래의 씨앗을 끊어지지 않게 하므로 곧 모든 때와 모든 장소에서 언제나 시방 모든 부처님의 호지(護持)하심을 받는 것이 마치 어린 아이가 처음으로 태어났을 때에 부모가 사랑하는 마음이 아주 중하여 언제나 홀로 놓아두지 않는 것과 같다. 이와 같은 모든 구절들은 모두 다 차례대로 서로 해석해야 하는 것임을 알아야 한다.

다음으로 수행자가 안으로 앞과 같은 공덕을 갖추고 밖으로 모든 부처님의 호지를 받으므로, 생사에 처하여도 물들지 않는 것이 마치 연꽃이 물 밖으로 나와도 진흙에 물들지 않는 것과 같다. 언제나 사섭(四攝)[251]의 방편으로 고통받는 중생들을 제도하며, 나아가 한량없고 끝이 없는 아승지겁(阿僧祇劫) 동안 언제나 무간지옥(無間地獄)[252] 가운데 있더라도 몸과

251) 보살이 중생들을 제도하여 해탈키 위해 사용하는 네 가지 방법. 부처님의 가르침과 재물을 보시하는 보시섭(布施攝), 친근한 말을 하는 애어섭(愛語攝), 몸과 말과 마음 3업의 선행으로 중생을 이익되게 하는 이행섭(利行攝), 모양을 바꾸어 중생에게 친근하게 나아가 인도하는 동사섭(同事攝)의 넷이다.

252) 불교에서 가장 고통이 심한 지옥. 팔열지옥(八熱地獄)의 여덟 번째 지옥이다. 무간나락(無間奈落)·무구지옥(無救地獄)이라고도 한다. 남섬부주 아래 2만 유순되는 곳에 있으며, 오역죄의 하나를 범하거나 대승을 비방하고 인과를 무시하며, 절이나 탑을 무너뜨리거나 시주(施主)의 물건을 축내는 사람은 이 지옥(地獄)에 빠지게 된다. 이 지옥에서는 옥졸(獄卒)이 죄인을 붙들고 가죽을 벗겨내며, 죄인의 몸을 꽁꽁 묶어 뜨겁게 타는 불 속에 죄인을 넣는 등 괴로움을 받는 것이 끊임이 없다고 한다.

마음은 치열하게 정진하는데 쉬지 않고, 물러서거나 가라앉는 것도 없이 노고와 피로도 말하지 않는다. 왜냐하면 정보리심은 그 성품이 그러하여 마치 금강과 같기 때문이다. 이와 같이 아주 견고한 성품은 바로 스승으로부터 얻는 것으로 무위계(無爲戒 : 삼매야계)에 머물며 더러움 없고 혼탁하지 않으며 부서져 손상되지도 않는다.

"계(戒)"란 산스크리트로 시라(尸羅, śīla)라고 하는데 이것은 청냉(淸冷)의 뜻이다. 비유하면 물의 성품과 같이 언제나 맑으며 비록 장작불로 [태워지는] 인연을 만나서 곧 모든 땔감들에 끓게 되더라도 물 자체의 성품은 끝끝내 바꿀 수 없으며, 만약 장작을 빼어 불이 꺼진다면 자연히 청냉하게 되는 것이 본래와 같다. 진언수행자도 역시 이와 같다. 제개장삼매(除蓋障三昧)를 얻을 때에 마음의 본성은 바로 시라(尸羅)이다. 만들어진 법이 아니며 다른 것에 말미암아 얻는 것도 아니다. 그래서 "무위계에 머문다"고 하였다. 성문(聲聞)의 청정한 계처럼, 요컨대 백사갈마(白四羯磨)[253]가 온갖 연을 구족하게 되면 비로소 생할 수 있는 것과 같다. 또한 방편을 갖추어서 수호하는 것은 날카로운 창으로 방어하는 것처럼 한다. 한 생애의 수명이 다하면 [성문의] 계(戒)도 역시 따라 없어지지만, 이 [무위]계는 이와 같은 것이 아니다. 세세의 태어나는 곳에서 언제나 함께 생겨나니 거짓으로 수지할 수도 없고 언제나 범할 수도 없다. 또한 이 계에 머물기 때문에 진실한 지혜가 광명을 더하여 부사의한 중도(中道)와 심히 깊은 연기를 철저하게 보고 여덟 가지 뒤집어진 견해[254]를 그치며 두 가지 변[255]을 멀리

---

253) Skt. jñapticaturtha-karman, 파리어(巴利語)로 ñatti-catuttha-kamma. 또는 백사(白四)·백사법(白四法)·일백삼갈마(一白三羯磨)라 한다. 백(白, jñapti)은 바로 고백한다는 뜻이고, 갈마(羯磨, karma)는 의역하여 업(業)·작법(作法) 등이라 한다. 백사갈마(白四羯磨)는 승가 가운데에서 행해지는 사무를 가리키는 것으로 수계작법(授戒作法)할 때나, 규정대로 구족계(具足戒)를 줄 때에 삼사(三師) 가운데에서 갈마사(羯磨師)가 대중들을 향하여 먼저 고백하는 것을 일백(一白)이라 하고, 다음에 세 번 가부(可否)를 물어서 일을 결정하는 것을 삼갈마(三羯磨)라 한다. 이 일백과 삼갈마를 합하여 백사갈마라 한다.

254) 상(常)·락(樂)·아(我)·정(淨)·비상(非常)·비락(非樂)·비아(非我)·비정(非淨)의 여덟 가지 뒤집어진 견해이다.

여읜다. 그러므로 경에 다음으로, "삿된 견해를 멀리 떠나서 바른 견해에 통달한다"고 하였다. 가섭도 역시 '이로부터 이전의 우리들은 모두 삿된 견해를 가진 사람이었다'고 말하였다. 여기서의 혜(慧)는 올바르지 않기에 삿된 견해라 말하였다. 범부와 이승은 분명하게 자기 마음의 올바른 실상을 알 수 없으며, 진리의 진실한 이치에서도 공(空)을 불공(不空)이라 하고 불공을 공이라 하며 옛부처님께서 행하신 대보리의 길을 보지 못한다. 그러나 지금 이 보살은 마음 밝히는 도[明道]를 비추어 보기에 곧바로 걸림 없는 지혜가 생긴다. 모든 법에서 모두 다 현전하여 통달하고 착오가 없는 것이 마치 밝은 눈을 가진 자가 햇빛이 비추일 때에 온갖 색을 다 볼 수 있는 것과 같다. 한량없이 많은 천마가 모두 다 부처님의 몸을 변화로 만들어 각기 유사한 바라밀을 설할지라도 [이 보살은] 끝끝내 조금도 흔들리는 마음을 내지 않는다.

그래서 경의 다음에, "거듭 다시 비밀주여. 여기에 머물러 모든 번뇌의 장애를 없앤 보살은 신해력으로 오래도록 부지런히 닦지 않더라도 모든 부처님의 법을 완전히 구족한다"고 하였다. 이와 같은 바른 견해는 마치 금강과 같다. 이것은 바로 최상의 견고한 신해력(信解力)이다. 신해력에 의지하여 진실하며 뛰어난 바라밀을 닦아 나아가기에 모든 부처님의 십력[力]·사무소외[無所畏]와 팔해탈[解脫]·삼삼매[三昧]를 얻으며, 그 밖의 한량없이 많은 부처님의 법을 모두 다 성취한다. 용수(龍樹)[256]는 신해력으로써 행하는 것은 제련하는 사람이 갖가지의 방편으로써 광석을 녹이고서 그런 다음에 금을 만드는 것과 같다고 하였다. 만약 신통력이 있는 사람이라면 흙과 나무의 종류를 가지고 곧 금의 체성을 이룰 수 있을 것이다. 그러므로 "오래도록 부지런히 닦지 않더라도 문득 완전히 구족한다"고 하였다. 이 보살은 처음 발심할 때에 곧 부처라 이름되기에 그가 갖는 진실한 공덕은 헤아릴 수 없다. 설령 여래께서 한량없고 끝없는 아승지겁 동안 분별하여

---

255) 멸하여 없어지는 것에 사로잡힌 생각[斷見]과 변하지 않는 실체가 있다는 생각[常見].
256) 『대지도론』 32권의 내용을 축약한 것임(대정장 25, 298 중).

말씀하실지라도 오히려 다 말씀하실 수 없다. 그러므로 부처님께서 이를 요약하여 "이 선남자와 선여인이 무량한 공덕을 모두 성취하였다"고 말씀하셨다.

14. 보리심의 출생에 관한 아홉 가지 질문과 그 답변

"이때 집금강비밀주가 다시 게송으로 부처님께 여쭈었다. (…중략…)[257] 모든 공을 알지 못하므로 열반도 알 수가 없다. 공을 바르게 알아 멸하여 없어지는 것에 사로잡힌 생각[斷見]과 변하지 않는 실체가 있다는 생각[常見]을 떠나야 한다." 앞에서처럼 부처님은 경의 대지(大旨)를 설하셨기에 마음의 실상문이 간략하게 이미 두루 구비되어 있었지만, 이때에 금강수가 미래의 중생들로 하여금 방편을 구족하고 다시 다른 의심이 없도록 하기 위해서 게송으로 부처님께 여쭈어 '세존이시여, 자세하게 그 뜻을 설하여주옵소서'라고 청한 것이다.

이 가운데에 대략 아홉 구절[九句][258]이 있다.

---

257) 경전 본문의 741자를 생략하였다.

258) 『대일경』에서 금강수의 아홉 가지 질문에 대한 대일여래의 답변으로 삼구(三句)를 다시 상세하게 풀이한 것이다. ① 보리심생(菩提心生) : 중생이 본래 지니고 있는 보리심이 어떻게 해서 발생하는가, 또는 그 본성은 무엇인가를 상세히 설한다. ② 보리심상(菩提心相) : 안으로 보리심이 생하여서 외형으로 어떻게 나타나는가를 묻는다. ③ 심속생(心續生) : 진언행자의 보리심이 인위(因位)로부터 과위(果位)에 이르는 단계를 팔심(八心)·3겁(三劫)으로 설한다. 공해는 여기에 의하여 십주심을 지은 것이다. ④ 심상(心相) : 망심의 차별의 모습으로 육십심(六十心 : 번뇌)·육무외(六無畏)·십지에 보리심과 망심의 양면이 있는 것을 설한다. ⑤ 시(時) : 발심해서부터 불과에 이르는 수행중에 경과하는 시간이지만 답하지 않는다. 어째서 3겁을 설한 것인가. 이상의 5구는 3구에서는 보리심위인에 해당한다. ⑥ 공덕취(功德聚) : 자신이 본래 지니고 있는 보리심에 만덕이 있음을 설한다. 부처의 과덕이나 여래의 내덕(內德)을 보이는 것으로 삼구 가운데에서 방편위구경에 해당한다. ⑦ 수행 : 무상의 불과를 이루는 수행에 대하여 묻

"세존이시여, 어떻게 하여야 이 마음에 보리가 생길 수 있는지 설하여 주옵소서"란 바로 보리심의 발생이다. 『화엄경』 등의 여러 경전과 같이 널리 발보리심의 공덕을 찬탄하고는 지금 이 가운데에서 곧바로 마음의 밀인(密印)에 대하여 '어떻게 하여 이 마음에 보리의 종자가 발생하는 것을 알 수 있습니까? 만약 이미 발심하였으면 그 성품은 어떠합니까?'라고 여쭌 것이다.

제2의 구절에, "또한 어떠한 모습[相]으로 보리심이 일어난다는 것을 알 수 있겠습니까?"에서 상(相)이란 이른바 성(性)이 안에서 이루어지면 반드시 모습의 그림자가 밖에 있다. 『반야』[259] 가운데에 자세하게 아비발치(阿毘拔致, Avaivarti)의 상모(相貌)를 밝힌 것과 같다. 지금 여기에서도 보리심이 생할 때에 어떤 모습인가를 질문하였다.

"원컨대 식심(識心)과 마음과 뛰어난 자연지(自然智)가 생기는 것을 설하여 주십시요"라 하는 것은 진실로 부처님의 공덕을 찬탄하고 앞의 두 구절의 뜻을 부연하여 주실 것을 청한 것이다. 처음에 "식심(識心)"이라고 한 것은 바로 마음이 스스로 알아차리는 지(智)이다. 다음에 또 "마음"이라 한 것은 곧 마음의 실상이다. 그 뜻은 경계[境]와 지(智)가 함께 오묘하여서 둘도 아

고 『대일경』「주심품」의 십연생구(十緣生句)나 「구연품」의 삼밀행궤가 그 답이다. ⑧ 이숙식심(異熟識心) : 과거의 선악의 행위에 의하여 불러들인, 정해지지 않은 이숙과인 제8아뢰야식심에 대하여 묻지만 확실한 답은 보이지 않는다. 삼구 가운데에서 이상의 2구는 대비위근에 해당한다. ⑨ 수이심(殊異心) : 행자가 성취한 정보리심의 종종상을 묻는 것으로 수이(殊異)란 그 공덕에 종종의 차별이 있음을 말한다. 「주심품」의 십지, 「백자과상응품」의 글 등에 답이 있다. 이것은 삼구전체에 통하는 것이다. 그밖에 다른 해석도 있다.

259) 『대지도론』 제73권(대정장 25, 570 상중)에 아비발치(阿鞞跋致)의 상모(相貌)에 대해 설한 것을 가리킨다. 아비발치란 불퇴전(不退轉)이라 번역한다. '보살마하살이 범부의 지위와 성문의 지위와 벽지불의 지위와 부처님의 지위를 잘 알며, 이 모든 지위의 진실한 모습 가운데에서 둘이 없고 구별도 없으며 또한 생각하지도 않고 분별하지도 않으며 이 진실 가운데에 들어가 이 일을 들으면 곧장 뛰어다니면서 의심함이 없나니, 이 진실 가운데에는 하나의 모양도 없고 둘의 모양도 없기 때문이다. 이 보살마하살은 또한 이익이 없는 말은 하지도 않고 다만 이익과 상응한 말만을 하며 다른 사람의 장점이나 단점도 보지 않는다. 수보리야, 이러한 행과 종류와 모습을 지니면 그가 바로 아비발치보살마하살인 줄 알 것이다.'

니고 다름도 없다는 것을 밝힌 것이다. 그래서 거듭 이를 말하였다. "자연지"란 바로 여래의 항상한 지혜[常智]이다. 오직 이 마음이 스스로 마음을 증지하는 것으로 다른 것에 따라 깨닫는 것이 아니다. 말하자면 부처님께서는 이미 마음을 인식함에 있어서 사람 가운데에서 가장 제일이어서 틀림없이 이 보리의 발생과 그리고 그 미세한 모습도 아실 것이라하여 오직 이를 설하여 주시기를 바라는 것이다.

제3의 구절에, **"대근용(大勤勇)[260]이시여, 어느 정도의 차제를 거쳐 마음이 계속 생기는 것입니까?"**라고 하는 것에서 **"대근용"**이란 바로 부처님의 다른 명칭이다. 부처님의 덕을 찬탄하고 나서 '어느 정도의 마음의 차제가 있는가, 그리고 이 마음을 얻을 수 있는가'를 질문한 것이다.

제4와 제5의 구절에, **"마음의 온갖 모습[261]과 때[262]는 어떠한지 원컨대 부처님께서는 널리 설하여 주십시요"**라고 하는 것은 이 모든 마음의 차별의 모습과 상속하여 나아가는 것과 무릇 그 어느 때를 경과하는지, 그리하여 구경의 정보리심을 얻을 수 있는지를 질문한 것이다.

제6의 구절에, **"공덕취도 또한 마찬가지입니다"**라고 하는 것은 '이 마음의 미묘한 공덕도 세존께서 널리 연설하여 주시기를 바랍니다'라고 하는 것이다. 그래서 **"또한 마찬가지입니다"**라고 하였다.

제7의 구절에, **"그리고 그 행을 수행하는 것"**이란 다음에 무엇을 행하는 것이고 어떻게 수행하여야 무상의 실지[263]를 획득할 수 있을지 질문한 것이다. 또는 이를 나누어서 두 구절로 삼을 수도 있다.

제8과 제9의 구절에, **"마음과 마음[264]에는 어떠한 차별이 있는지 대모니(大**

---

260) 역시 부처님을 의미한다. 불타는 번뇌마(煩惱魔)·사마(死魔)·온마(蘊魔)·천마(天魔)의 사마(四魔)를 항복시킨 대근용(大勤勇)이기 때문이다.

261) 물든 마음의 차별상을 말한다. 그것을 본 경에서는 백육십심으로 밝히고 있다.

262) 물든 마음의 차별상을 따라 닦아서 보리심을 얻게 되는 때를 가리킨다.

263) Skt. siddhi. 밀교의 수법에 의해서 성취한 이상적인 경지. 성취(成就) 또는 묘성취(妙成就)라는 뜻으로 산스크리트와 한자를 섞어서 성취실지(成就悉地)·실지성취(悉地成就)라고도 한다. 밀교에서 진언(眞言) 등을 송함으로써 성취하게 되는 오묘한 과보를 말한다.

牟尼)[265]여, 설하여 주십시오"란 이른바 중생의 이숙(異熟)[266]의 식심(識心)과 유가행자(瑜伽行者)의 수이(殊異)[267]의 심에 대하여 원하오니 세존께서 분별하여 자세하게 설하여 달라고 한 것이다.

"모니(牟尼, Muni)"[268]란 '적묵(寂默)'이라는 뜻이다. 말하자면 부처님의 몸과 말과 마음은 모두 구경에 적멸하여서 언어를 초월하였다. 이승(二乘)의 작은 고요함에 대하여 비교할 수 없기에 대모니(大牟尼)라 하는 것이다.

[선무외]아사리가 말하였다.

"이와 같은 아홉 구절은 혹은 열 구절로 나누어지기도 하는데 이로부터 이후에 경의 끝에 이르기까지는 모두 여래께서 아홉 가지 질문에 답하신 뜻으로 자세하게 분별하여 설하신 것이다. 그런데 부처님께서는 당시의 대중들의 모임을 관찰하시고 힘써 뜻을 이해하고 근본을 구하게 하시고자 혹은 나중에 묻고 먼저 답하신 것으로 문장에 정해진 기준이 없었다. 혹은 돌려 의문을 일으키고 이로써 지말의 흐름을 다하신 것이다. 예컨대 아래의 문장에서 대비장만다라(大悲藏漫荼羅) 등에 들어가는 것과 같은 것은 바로 수행의 구절을 답하신 것이고, 백자과(百字果) 등은 곧 수이심(殊異心)과 내지는 공덕의 구절에 대해 답하신 것이다. 그밖에는 상응하는 것에 따라 모두 이렇게 문장을 관찰하면 그 뜻을 알 수 있을 것이다."

다음에 여래께서 금강수에게 답변하신 게송 가운데에 "훌륭하구나. 부처의 참된 아들이여. 광대한 마음으로 이익을 주려 하는구나"[269]라 하는 것은

---

264) 먼저의 마음은 모든 공덕 두루 갖춘 근본 마음이며, 나중의 마음은 닦아가는 차별된 마음이다.

265) 대일여래를 가리킨다. 모니(牟尼, muni)는 적묵(寂默)이라 번역하며 번뇌망상의 시끄러움이 없다는 뜻이다.

266) 선악 등의 인(因)에 의하여 무기(無記)의 과(果)를 얻는 것을 이숙이라고 한다.

267) 공덕에서 차별이 있다는 뜻이다. 정보리심의 공덕에 갖가지가 있는 것을 말한다.

268) 번뇌를 가라앉힌 적묵(寂默)·적(寂)·현인(賢人)·인(仁)·선(仙)의 뜻. 문니(文尼)·무니(茂泥)라고도 쓴다. 깊은 진리를 터득한 세상에서 높고 뛰어난 성자 또는 선인을 가리키는 말이다. 모니불(牟尼佛)과 석존(釋尊)은 석가모니불의 약칭이다.

269) 부처님의 말씀을 이끌어내어 중생들에게 이익을 주려함을 말한다.

여래의 종성(種性)으로부터 태어나고 부처님의 몸과 말과 마음으로부터 생하였기에 참된 아들이라 한 것이다. 앞에서 대일세존께서 광대한 가지의 경계를 나타내셨는데, 지금 비밀주도 두루 이와 같은 무량한 제도해야 할 중생[270]을 위하여 빠르게 대행(大行)을 이루고 큰 의심의 그물을 찢으며, 함께 삼평등구(三平等句)의 무진장엄(無盡莊嚴)을 획득하고자 하기에 부처님께서는 찬탄하시어 '훌륭하구나, 부처의 참된 아들이여, 그대가 지금 "광대한 마음"으로 무량한 중생을 "이익"하게 하기 위하여 이와 같은 질문을 하는구나'라고 하신 것이다.

다음에 "가장 뛰어난 대승의 구절인 마음이 계속하여 생기는 모습은 모든 부처의 큰 비밀이어서 외도[271]가 알 수 없는 것이다"라고 말한 것은 무슨 뜻인가? 간략하게 일곱 가지 뜻이 있어서 대승(大乘)이라 한다.

첫째는 법이 크기 때문이다. 말하자면 모든 부처님의 광대하고 심히 깊은 비밀은 비로자나의 모든 장소에 두루한 대인(大人)이 올라타야 할 법이다. 둘째는 발심(發心)이 크기 때문이다. 한결같이 평등한 대혜(大慧)를 한결같이 구하여 다함없는 비원(悲願)을 일으키고 두루 법계의 중생에게 수여하고자 서원해야 한다. 셋째는 신해(信解)가 크기 때문이다. 이른바 처음으로 마음 밝히는 도를 보았을 때에 무량한 공덕을 구족하고서 두루 갠지스강의 모래알처럼 많은 불국토에 이르러 대사(大事)의 인연[272]으로써 중생을 성취하게 한다. 넷째는 성품이 크기 때문이다. 자성청정심(自性清淨心)의 금강보장(金剛寶藏)[273]은 빠뜨리거나 줄어드는 일이 없이 모든 중생들이 동등하게 함께 가지고 있다. 다섯째는 의지(依止)가 크기 때문이다.

270) 제도해야 할 미래의 중생을 가리킨다.

271) 여기에서는 밀교 이외의 교를 총칭하여 외도(外道)라 부른다.

272) 일대사(一大事)의 인연이란 뜻. 부처님이 세간에 출현하여 설법한 것은 일대사의 인연에 의한 것이다. 일대사란 간략히 말하면 미혹을 돌려 깨달음을 얻는다는 뜻이다.

273) Skt. vajra-ratna-kośa. 대열반(大涅槃) 및 중생 마음자리의 정보리심을 비유한 것이다. 마치 금강의 견고한 보장(寶藏)과 같다. 이 견고한 보리심은 일체여래의 공덕을 성취하며, 육도(六道)에 헤매며 삼혹(三惑)에 얽힐지라도 파괴되지 않는다.

말하자면 이와 같은 묘승(妙乘)은 곧 법계중생의 큰 의지처이다. 마치 백 가지 하천이 바다로 모이고, 풀과 나무가 땅에 의지해서 자라는 것과 같다. 여섯째는 시(時)가 크기 때문이다. 이른바 수명의 양이 장원(長遠)하여 과거·현재·미래의 삼시(三時)를 초과하여 사자분신(師子奮迅)하며 비밀한 신통의 용(用)이 아직까지 쉬지 않는다. 일곱째는 지(智)가 크기 때문이다. 이른바 모든 법이 끝이 없으므로 허공과 동등한 마음과 자연의 묘혜(妙慧)도 역시 끝이 없다. 실상의 근원 밑바닥까지 궁구하는 것이 비유하면 상자와 덮개가 서로 잘 맞는 것과 같다.

이와 같은 일곱 가지 인연으로 모든 대승의 법문 가운데에서 마치 제호(醍醐)가 순박한 맛에서 최고인 것과 같다. 그러므로 최승대승(最勝大乘)이라 한다. 승(乘)은 진취(進趣)라 칭하며 구(句)는 그쳐 쉬는 곳을 말한다. 그러므로 "대승의 구절[大乘句]"이라 하였다.

"마음이 계속하여 생기는 모습"이란 무엇인가? 이 마음은 필경에 언제나 청정한 것이 마치 허공이 온갖 모습을 여의지 않을지라도 또한 인연을 좇아 일어나 심상(心相)이 생긴다. 이것은 마치 큰 바다의 파랑이 언제나 존재하는 것이 아니면서 역시 언제나 존재하지 않는 것도 아닌 것과 같다. 만약 언제나 존재한다면 바람이 그치지 않을 때에도 맑고 고요해야 한다. 만약 언제나 존재하지 않는다면 바람이 일자마자 노도와 같은 파도가 상속하지 않아야 한다. 이 마음은 연으로부터 일어나기 때문에 곧 이것은 불생(不生)으로서 생(生)이며, 생으로서 불생[274]임을 알아야 한다. 무상(無相)의 상(相)이란 상이 언제나 무상(無相)인 것이다. 심히 깊고 미묘하여서 알기가 어렵다. 모든 부처님의 비밀한 인이므로 쓸데없이 펼쳐 보여서는 안된다. 이러한 까닭에 범부와 이승이라는 두 종류의 외도는 다만 무생멸(無生滅)의 마음을 인식하지 못할 뿐만 아니라 또 다시 생멸하는 마음도 인식하지 못한다. 따라서 모든 부처님의 큰 비밀인 것이다. 외도는 알 수

274) 일체 사물은 존재한다거나 존재하지 않는다는 두 가지 극단적인 견해에서 멀리 떠난다는 뜻을 보인다.

없으므로 내[佛]가 지금 모두 열어보이니 일심으로 잘 들어야 한다고 말씀하신 것이다.

다음의 게송에서 "백육십심(百六十心)[275]을 초월하여 광대한 공덕이 생기는데 그 성품은 항상 견고하다. 그와 같이 보리가 생하는 것을 알아라"라고 하는 것은 간략하게 "어떻게 해서 보리심이 생하는 것을 알 수 있습니까?"라고 한 처음의 질문에 답한 것이다. 지금 부처님께서 '백육십의 상속하는 마음을 초월하는 것이 바로 정보리심[의 발생]'이라고 말씀하셨다. 마치 어떤 사람이 '어떻게 해서 이 우유로부터 제호가 생기는 것을 알 수 있겠느냐'고 질문하면, '우유와 낙(酪)과 생소(生蘇)와 숙소(熟蘇)에서 거칠고 탁하며 변화하는 모습이 모두 묘하게 섞이고 난 다음에 다시 더러운 찌꺼기가 없는 것이다'라고 답변함과 같다. 이것이 바로 제호가 생기는 것임을 알아야 한다. 수행자가 최초로 금강보장(金剛寶藏)을 개발할 때에 이 심성은 마치 깨끗한 허공과 같아서 모든 수량(數量)을 초월한다고 본다. 이때에 업으로 인하여 태어나는 것을 떠나 불수(佛樹)의 싹[276]이 생한다. 이 싹이 생할 때에 [그 싹은] 이미 법계에 고루 미친다. 하물며 가지나 잎이나 꽃과 열매이겠는가! 그래서 "광대한 공덕이 생긴다"고 하였다. 마음의 작용과 희론을 초월하였기에 부서지지 않으며 바뀌지도 않아 마치 염부단금(閻色檀金)에서 그 허물을 말할 수 없는 것과 같다. 그러므로 그 성품은 언제나 "견고하다"고 한다. 만약 자기의 마음에 이와 같은 심인(心印)이 있다고 알면 이것이 "보리가 생하는 것"임을 알아야 한다.

다음에 한 게송 반이 있는데 보리심의 모습에 대하여 간략하게 답한 것

---

275) 중생의 망심(妄心)이다.

276) 밀교에서 설하는 초지(初地) 정보리심(淨菩提心)의 수행위(修行位). 또는 불수왕아(佛樹王牙)라고도 부른다. 아(牙)는 곧 싹을 말한다. 모든 중생들은 불성을 갖고 있으나 수행을 닦기 전의 보리심을 갖고 있는 것으로 이것을 본유(本有)의 보리심이라 한다. 이것은 종자(種子)라고도 본다. 이와 상대되는 것은 수행의 공덕을 경유하여 점차 보리심이 싹트는 것으로 이것을 수생(修生)의 보리심이라 하며 이럴 때 싹이라 하는 것이다. 그래서 밀교에서는 대부분 '불수아(佛樹牙)'로써 초지 정보리심의 수행위를 부른다.

이다.

세간에서 다시 법으로서 정보리심의 모습을 표시할 만한 것이 없다. 오직 대허공의 비유가 조금이나마 비슷하기에 제외한다. 그래서 "한량없음이 허공과 같다"고 하였다. 비유하면 허공이 안개나 구름·티끌에 물들지 않는 것처럼, 그 성품은 언제나 머물며 온갖 인연을 떠나 있다. 설령 팔방(八方)의 대풍(大風[277])이 세계를 날려버리더라도 역시 그것을 움직이게 할 수 없다. 본초(本初)[278] 이래로 언제나 스스로 적멸하고 무상(無相)하여서 지금 시작한 것이 아닌 것과 같이, 심상도 역시 그러하다. 시작도 없는 때로부터 본래로 생겨남 없다. 본래 생겨남이 없기에 하나의 법이라도 오염시키거나 동요하게 할 수 없으며 상주불변하여서 영원히 고요하고 모습이 없다. 그러므로 "더러운 것에 물들지 않고 항상 머문다. 모든 법도 움직일 수가 없고 본래부터 고요하여 모습이 없다"라고 하였다.

이때에 수행하는 사람이 이 고요한 빛에 비추어져서 한량없는 지견이 자연히 개발되는 것은 마치 연꽃이 피어남과 같다. 그래서 "한량없는 지혜를 이룬다"고 하였다. 이 지를 성취함이란 곧 비로자나 심불(心佛)의 현전이다. 그러므로 "바르고 평등한 깨달음이 드러난다"고 하였다. 산스크리트본에서는 '삼막삼불타(三藐三佛陀, saṃyak-sambuddha)의 보리가 나타남'이라 하였다.

부처님께서는 이미 간략하게 이와 같은 마음의 실상인(實相印)을 설하시었다. 만약 수행자가 이것과 상응할 때에는 이미 견고한 믿음의 힘이 갖추어졌음을 알아야 한다. 그런데 이 믿음의 힘은 본래 진언문의 공양의궤행법(供養儀軌行法)에 따라 [얻어지며, 진언수행자가] 설한 바대로 수행하면 정보리심에 이르게 된다. 그래서 "공양행(供養行[279])을 수행하면 이로부터 비

---

277) 이(利)·쇠(衰)·훼(毁)·예(譽)·칭(稱)·기(譏)·고(苦)·락(樂)의 여덟 가지 바람으로서 여덟 가지의 미혹한 희론을 비유한 것이다.

278) 본래 청정의 법계. 근본의 시작을 의미하는 말로서 여래의 각체(覺體) 또는 진여법계(眞如法界)라 한다.

279) 공양행에는 내외(內外)의 두 종류가 있다. 외공양은 향(香), 화(華), 등명(燈明), 음식(飮

로소 발심한다"고 하였다.

이 가운데 공양에 두 가지가 있다. 첫째는 외공양(外供養)이고 둘째는 내공양(內供養)이다. 아래의 글[280]에서 자세하게 설명하겠다.

어떤 사람이 설명하여 말하길, 다만 심성은 모습도 없고 작용도 없다고 관하여 갖가지로 분분하게 움직여서 보살의 도를 행해서는 안된다고 하였다. 이 설은 옳지 못하다. 네 가지의 불생(不生)[281]으로써 광석 가운데 금의 성품을 살펴보고서 광석상태[因]에 있거나 광석에서 녹여낸 금의 상태[果]에서나 그 금 자체가 줄어들거나 증가한 것은 없다고 해도 만약 방편을 사용하여 불순물을 녹여 없애지 않으면 이 불생의 금을 얻을 수 없는 것처럼 수행하는 사람도 역시 이와 같다. 만약 세 가지[282] 비밀방편의 공양행문(供養行門)으로써 백육십심 광석의 더러움을 녹여없애지 않으면 어떻게 이 정보리심을 얻을 수 있겠는가! 용수아사리(龍樹阿闍梨)의 중도정관(中道正觀)[283]은 바로 연(緣)으로부터 일어나는 것이기에 무생(無生)의 뜻이 이루어진다. 그러나 그대는 거북이의 털과 토끼의 뿔[처럼 본래 아무 것도 없는 것]을 일컬어 무생(無生)으로 삼는다. 이러한 까닭에 잘못된 곳[284]에 떨어진다.

또한 세상사람은 진금을 백번이나 단련하여도 바뀌지 않는 것을 보고 궁극의 묘한 성품으로 삼지만, 만약 오신통을 지닌 선인이라면 온갖 약물로 갖가지로 단련하여 제련하는데 흙이나 돌의 종류를 변화시켜 금의 보

食)등을 가지고 행하는 것이며, 내공양은 삼밀의 묘행에 의해서 행자의 삼업(三業)을 삼세의 제불에게 공양하는 것이다. 수행자가 변하지 않는 내가 있다고 고집하는 생각[我執]과 망념을 비웠을 때 삼세의 제불은 행자의 염원에 따라 그의 몸에 들어가 본존과 행자가 하나가 되며, 본존은 행자의 삼업을 통해서 본존자체의 삼밀을 현현하기에 이른다. 행자의 삼업을 제불에 위탁하기 때문에 이것을 내공양이라고 한다.

280) 『대일경』 제5권, 『대일경소』 제15권 등을 가리킨다.

281) 자(自)·타(他)·공(共)·무인(無因)의 네 가지 불생(不生)을 말한다.

282) 몸과 말과 뜻의 삼밀을 말한다.

283) 용수보살의 저술인 『중관론(中觀論)』에서 사불생(四不生), 중도 등의 뜻을 밝힌 것을 말한다.

284) 멸하여 없어지는 것에 사로잡힌 생각[斷見]에 떨어진다는 뜻이다.

배로 만들 수 있다. 그것을 복용하는 자는 수명이 길어지며 신통변화가 무쌍하게 된다. 진금의 성품 가운데 스스로 이와 같은 능력이 있으나 다만 세상사람들은 비밀의 방편이 없기 때문에 할 수 없을 뿐이라는 것을 알아야 한다. 정보리심도 역시 이와 같다. 만약 대비의 만 가지 행으로써 갖가지로 단련하면 신변가지의 생각키 어려운 업을 이룰 수 있다. 그러므로 얻지 못한 것을 얻었다고 하며, 처음의 마음을 지켜 [그 상태 그대로를] 지극한 과(果)로 삼는 것이 아니다.

15. 외도들의 '내가 있다'는 집착을 깨뜨린다

"비밀주여. 시작도 없는 때로부터 나고 죽는 것을 거듭하는 어리석은 범부들은 내[我]라고 이름하는 것과 내가 있다는 것에 집착하여 한량없이 나라는 것에 대해 분별한다. 비밀주여. 그들은 내[我]의 자성을 관하지 못하여 곧 내[我]와 나의 것[我所]이 생기는 것이다."

이하에서는 심상속(心相續)의 뜻에 대해 답변한다. 정보리심이 최초에 생기하는 연유를 분명하게 하고자 먼저 어리석은 범부들의 이치에 거스르는 마음을 설명하였다.

"시작도 없는 때로부터 나고 죽는 것"이라 함은 무엇인가? 『대지도론』에서는 '세간의 어떤 중생이나 어떠한 법이나 모두 시작이 없다'[285]고 하였다. 경 가운데 부처님께서는 '무명에 덮히고 애착에 묶여서 생사에 오고 가는 그 시작은 얻을 수 없다. 보살은 시작도 없고 또한 공하다고 관하기에 시작이 있다는 [잘못된] 견해에 떨어지지 않는다'고 말씀하셨다.

---

285) 『대지도론』 31권(대정장 25, 291 상) '중생과 법에는 시작이 없다고 말해야 한다.'

"어리석음[愚童]"의 뜻은 앞에서 말한 것과 같다. "범부"란 바르게 번역하면 이생(異生)이라 해야 한다. 말하자면 무명에 말미암아서 업에 따라 보(報)를 받으므로 자재하지 못하여 갖가지 세계 가운데에 떨어져 몸뚱이나 마음이나 형상의 종류가 각각 차별되므로 이생이라 부른다. 그가 '나'라고 헤아리는 것은 다만 말로만 있을 뿐이고 실제로는 없다. 그러므로 "나[我]라는 이름"에 집착한다고 한다. "내[我]가 있다는 것"은 곧 '이것이 나의 것'이라는 욕망이다. 이와 같이 나[我]와 나의 것[我所]에 대한 집착과 열여섯 가지 지견(知見)286) 등에 따라 차별되어 무량하게 같지 않은 것과 같다. 그러므로 이름하여 [나라는] 분별이라 한다.

다음에 허망한 분별이 무엇으로 말미암는지 해석하겠다.

"비밀주여, 만약 그가 내[我]의 자성을 관하지 못하면 곧 내[我]와 나의 것[我所]이라는 [견해가] 생긴다." 만약 그가 제온(諸蘊)이 모두 다 온갖 연으로부터 생겼다고 관찰하면 이 가운데에 어떤 것이 나이겠는가? 나는 어느 곳에 머무르는가? [나는] 바로 온(蘊)인 것인가 아니면 온과 다른 것인가, 모습은 있는가?

만약 이와 같이 자세하게 구하면 정안(正眼)을 얻게 될 것이다. 그런데 그가 스스로 관찰하지 못하고 다만 전전상승(展轉相承)하여 오래전부터 이래로 이러한 [잘못된] 견해를 조상으로부터 학습하여 '나[眞我]는 몸 가운데에 있으며 작용할 수 있으며 신체의 육근(六根)을 길러서 성취하게 되었다'라 하고, 또한 '오직 이것만이 궁극의 도(道)이며 나머지는 모두 허망한 말'이라 한다. 이러한 까닭에 "어리석다[愚童]"고 말한다.

"다시 시(時)287)가 있다고 헤아린다."

---

286) 『대지도론』 35권(대정장 25, 319 중) '나[我]라고 하는 것은 단지 글자만 있는 것이다. 모든 나[我]는 결코 얻을 수 없다. 중생(衆生)·수자(壽者)·명자(命者)·생자(生者)·양육(養育)·주주(呪主)·위인(爲人)·작자(作者)·사작자(使作者)·기자(起者)·사기자(使起者)·수자(受者)·사수자(使受者)·지자(知者)·견자(見者). 이 모든 것은 다 얻을 수 없다. 얻을 수 없으므로 공하니 단지 명칭과 글자만으로 말할 뿐이다.' 중생 이하의 밑줄친 명칭은 모두 나[我]의 다른 이름이다.

모든 천지(天地)의 좋고 추함은 모두 시(時)를 인(因)으로 삼는다고 헤아리는 것을 말한다. 저 [『대품반야경』의] 게송에서 설하는 것과 같다. 때[時]가 오면 중생이 성숙하고, 때[時]가 끝나면 곧 [수명을] 재촉한다. 시(時)는 사람을 깨닫게 하니 이러한 까닭에 시(時)를 인(因)으로 삼는다. 다시 어떤 사람은 이렇게 말한다.

'모든 사람과 물건은 시(時)가 지어낸 것이 아닐지라도 시는 변하지 않는 인(因)이며 실유(實有)의 법이다. 세밀한 까닭에 볼 수 없을지라도 꽃과 열매 등의 결과로써 시가 있다는 것을 알아야 한다. 왜냐하면 결과를 보고 원인이 있는 것을 알 수 있기 때문이다. 이 [시의] 법은 부서지지 않는 까닭에 항상하다.'

이것도 역시 시의 자성(自性)을 관하지 못하였기에 이와 같은 망녕된 헤아림이 생겨난 것이다.

경에, "지(地) 등의 변화"[288]라 하는 것은 이른바 지(地)·수(水)·화(火)·풍(風)·허공(虛空)의 각각에 집착하여 진실하다고 여기는 것이다. 혹자는 말하기를, 지(地)는 만물의 원인이고 모든 중생들과 만물은 지(地)에 의지하여 생길 수 있기 때문이라고 한다. 지의 자성은 다만 온갖 연이 화합함에 따라 있게 된다고 관하지 못함으로써 이러한 [유(有)의] 견해가 생겨서 지를 공양하는 자가 해탈하게 된다고 한다. 또 어떤 사람은 '수(水)는 만물을 생기게 하며 화(火)와 풍(風)도 역시 그러하다'고 헤아리며, 또 어떤 자는 '만물은 공(空)으로부터 생한다. 말하자면 공은 참된 해탈의 인(因)이므로 공양하고 받들어야 한다'고 주장한다.

[이와 같은 잘못된 견해들을] 모두 자세하게 설명해야 한다.

경에, "유가(瑜伽)의 아(我)"[289]라고 하는 것은 무엇인가? 이른바 정(定)을

---

287) 이하에서 삼십종외도가 열거된다. 제일 먼저 ① 시외도(時外道)이다. 즉 온갖 만물이 시(時)로써 생겨나는 원인이라 생각하는 외도이다.

288) ② 지등변화외도(地等變化外道): 오대외도(五大外道)라고도 한다. 지(地)·수(水)·화(火)·풍(風)·공(空) 등의 오대(五大)를 만물의 원인으로 삼는 외도.

289) ③ 유가아외도(瑜伽我外道): 상응외도(相應外道)라고도 한다. 선정을 학습하는 자의

학습하는 자가 이 내심(內心) 상응의 이치를 헤아리고, 이것을 '참된 나'로 삼는 것이다. [이 참된 나는] 상주부동(常住不動)하여서 참된 성품이 담연하고, 오직 이것만이 궁극의 도이며 인과를 초월했다고 한다. 마음의 자성을 관하지 않기 때문에 이와 같은 [허망한] 견해가 생겨서 이것을 참된 나로 삼는다. [이러한 종류의 외도는] 이 이치에 머무는 것만이 바로 해탈이라 이름한다[고 믿는다].

"건립(建立)을 깨끗하다 하며,[290] 건립하지 않는 것을 깨끗하지 않다고 한다."[291]

이 가운데 두 가지의 헤아림이 있다. 앞의 구절은 모든 법을 건립하는 자가 있는데 이것에 의하여 수행하며 이것을 정(淨)이라 한다는 것을 말한다. 다음 구절은 이 건립(建立)이 구경의 법이 아니며 만약 건립이 없다면 이른바 무위(無爲)라고 말하며, 이에 [이 무위를] 참된 나라 부른다. 또한 앞 구절의 닦아야 할 정(淨)을 여의므로 무정(無淨)이라 한다. 아(我)의 자성을 관하지 않으므로 이와 같은 [허망한] 견해가 생기게 되었다. 자세하게 앞에서 설명한 것과 같다.

"또한 자재천(自在天)[292]과 유출(流出)[293]과 시(時)[294]가 있다"고 하는 것은 이른바 한 부류의 외도가 헤아리는 것으로 자재천이 항상하다 하며 이 자재천이 만물을 생한다고 하는 것이다. 마치 『십이문론(十二門論)』에서 이

내심에서 상응하는 이치를 참된 참된 나(眞我)로 집착하는 외도. 요가 선정 속에서 닦아 얻을 영원한 아(我)가 있다고 간주하는 것을 말한다.

290) ④ 건립정외도(建立淨外道) : 온갖 법을 건립하고 이것에 의해서 수행하여 청정으로 삼는 외도.

291) ⑤ 불건립무정외도(不建立無淨外道) : 온갖 법을 건립하지 않고서 할 것도 없으며 닦을 것도 없는 것으로써 참된 나로 삼는 외도. 이상 두 외도는 멸하여 없어지는 것에 사로잡힌 생각[斷見]·변하지 않는 실체가 있다는 생각[常見]에 해당한다.

292) ⑥ 자재천외도(自在天外道) : 자재천(自在天)을 항상하다 하며 자재하다 하고 만물이 생겨나는 원인으로 삼는 외도.

293) ⑦ 유출외도(流出外道) : 손으로 모든 법을 만들어 낼 수 있다고 집착하는 외도.

294) ⑧ 시외도(時外道) : 앞에서 설한 시외도(時外道)와 조금 다르다. 즉 시(時)를 자재천이 조작한 것으로 생각하는 외도이다.

렇게 논란한 것과 같다.

'만약 중생이 이 자재천의 자식이라면 다만 약을 [주어서] 이것으로 괴로움을 막아야 하며 괴로움을 주어서는 안된다. 또한 다만 자재천을 공양하면 곧 괴로움을 멸하고 즐거움을 얻는다고 하나 이는 실로 그렇지 않다. 단지 스스로 괴로움과 즐거움의 인연을 행하여서 스스로 과보를 받는 것이니, [그러므로 세간이나 출세간이나] 자재천이 짓는 것이 아니다. 또한 만약 자재천이 중생을 지어냈다고 하면 누가 다시 [자재천을] 이렇게 지어내겠는가! 만약 자재천이 스스로 지었다고 한다면 이것은 그렇지 않다. 물건이 스스로 지을 수 없는 것과 같다. 만약 다시 [따로] 짓는 자가 있다고 하면 곧 자재천이라고 이름할 수 없을 것이다.'[295] 저 『십이문론』에서 자세하게 설명한 것과 같다.

"유출(流出)"이라고 헤아리는 [외도]는 건립(建立)[의 외도]와 대체로 동일하여, 건립(建立)[의 외도]가 마음으로부터 모든 법을 낸다고 주장하는 것과 같다. 이 가운데 유출(流出)이란 손을 사용하여서 모든 법[즉 물건]을 만들어내는 것과 같다. 비유하면 도사자(陶師子 : 陶工)가 흙을 반죽하여 차례대로 갖가지의 차별된 형상을 만들어 내는 것과 같다. 다음에 "시(時)"라 하는 것은 앞의 시(時) 외도의 종(宗)에서 헤아리는 것과는 다소 다르지만, 모두 자재천의 종류이다.

---

295) 『십이문론』 제10 「관작자문(觀作者門)」(대정장 30, 166 상중). '만일 남이 괴로움을 짓는다면 이는 곧 자재천이 짓는다는 것이니, 이런 삿된 소견으로 물었기 때문에 부처님도 대답하지 않으셨다. 그리고 실제로 자재천이 지은 것이 아니니, 왜냐하면 성품과 형상이 서로 어기기 때문이다. 송아지가 커서 소가 되는 것 같이, 만일 자재천에서 생겼다면 모두가 자재천을 닮았어야 하리니, 그의 자식이기 때문이다. 또 만일 자재천이 중생을 지었다면 괴로움을 자식에게 주지는 않았으리라. 그러므로 자재천이 괴로움을 지었다고 하지 못한다. 누가 묻기를, '중생이 자재천에게서 난 것이라면 괴로움과 즐거움도 자재천에게서 나는 것이지만 즐거움의 원인을 알지 못하므로 괴로움을 준다'고 하면, 그에게 다음과 대답하리라. 만일 중생이 자재천의 아들이라면 오직 즐거움만으로 괴로움을 막아줄지언정 괴로움을 주지는 않을 것이며, 또 자재천에게만 공양하면 괴로움을 멸하고 즐거움을 얻으련만 실제로는 그렇지 못하다. 오직 스스로가 고락의 인연을 행함에 따라 스스로가 과보를 받는 것이지 자재천이 짓는 것이 아니다. (…후략…)'

제2권

경에 **"존귀(尊貴)[296]하다"**고 하는 것은 바로 **나라연천(那羅延天)[297]**이다. 이 외도(外道)는 다음과 같이 생각한다.

'이 천(天)은 담연하게 상주(常住)하여서 부동(不動)하게 모습을 지킴으로써 만물을 조성한다. 비유하면 인주(人主 : 왕)가 하는 일 없이 통치하더라도 관리가 [인주의] 명을 받들어 행하는 것과 같다.'

이렇게 [나라연천이 만물을] 만드는 주인이 되니 따로 존귀한 자가 없다. 그러므로 **"존귀"**라고 한다. 또한 이 종(宗)에서 헤아리기를, 존귀라고 하는 것은 모든 지(地)·수(水)·화(火)·풍(風)·공처(空處)에 고루 미친다.

옛적에 어떤 논사가 그 종의 주장을 조복시키고자 천사(天祠)를 방문하여 그 천상(天像)의 몸 위에 앉아 마시고 먹었다. 인도[西方]에서는 음식찌꺼기를 아주 부정하게 여기므로 [그가 음식찌꺼기를 천상에 버렸을 때에] 모두 다 분노하였다.

그때 논사가 말하였다.

"그대들의 가르침과 같다면 [존귀라 함은] 모든 장소의 지(地)·수(水)·화(火)·풍(風)·공계(空界)에 두루한 모습이 아니겠는가?"

외도의 대중들이 답하였다.

"그렇다."

다시 논사가 말하였다.

---

296) ⑨ 존귀외도(尊貴外道) : 나라연천(那羅延天)이 담연(湛然)하게 상주(常住)하며 만물이 생겨나는 원인이라고 집착하는 외도.

297) Skt. Nārāyaṇa. 범천·제석천과 함께 불교를 수호하는 신. 승력(勝力)·견뇌(堅牢)·구쇄역사(鉤鎖力士) 등으로 의역한다. 하늘에 있는 역사(力士)의 이름으로 제석천의 권속이다. 그 힘의 세기가 큰 코끼리의 칠십배, 혹은 백만배나 된다고 한다. 힘으로써 불법을 수호하며 밀적금강(密寂金剛)과 함께 인왕존(仁王尊)으로서 절문을 지킨다. 형상은 가루라(迦樓羅)를 타고 있으며 몸은 청흑색이고 왼손은 주먹을 쥐고서 허리에, 오른손에는 윤(輪)을 지니고 가슴에 대고 있다. 비쉬뉴신의 다른 이름으로 보기도 한다.

"저 [음식찌꺼지]들은 바로 지·수·화·풍이며 나도 역시 이와 같다. 이로써 서로 상입(相入)하니 어떤 곳이 안된다고 분노할 수 있겠는가?"

그때에 대중들은 잠자코 대답하지 못하였다. 이것 역시 아(我)의 자성을 관하지 못하였기 때문에 이와 같은 허망한 생각을 낸 것이다.

경에 "자연(自然)히 이루는 것"[298]이라 함은 한 종류의 외도가 헤아리는 것으로서 일체의 법은 모두 저절로 그렇게 존재하며 지어내는 자가 없다고 하는 것을 말한다. 마치 연꽃이 피어나면서 색이 선명하고 깨끗한 것과 같으니 누가 이를 물들게 하였는가? 가시 끝의 날카로움은 누가 이를 깎아서 만들었는가? 그러므로 모든 법은 다 저절로 된 것임을 알아야 한다고 주장한다.

그러자 어떤 논사가 비판하여 말하였다.

'지금 눈으로 세상사람이 배와 집의 종류를 만들어내는 것을 보면 모두 온갖 연(緣)으로 있게 된 것이지 저절로 이루어진 것이 아니다. 어찌하여 저절로 된 것이라 하는가? 만일 있다고 말한다면 잘못된 것이다. 반드시 사람이 일하여서 이를 만들어낸 것이지 저절로 된 것이 아니다. 이미 사람이 일하여 만들어내었으니 이것은 바로 연을 따른 것이며 저절로 있는 것이 아니다.'

경에, "내아(內我)"[299]라 하는 것은 어떤 사람이 헤아리기를, '몸 가운데에 마음을 떠난 바깥에 따로 나라고 하는 성품이 있어서 이 몸을 움직이고 온갖 사업을 지을 수 있다'고 하는 것이다. 논사가 비판하여, '만약 이와 같다면 아(我)는 무상(無常)하다. 왜냐하면 만약 법이 이러한 인(因)이어서 인으로부터 생한다면 모두 무상하기 때문이다. 만약 '아'가 무상하다면 곧 죄와 복의 과보가 모두 다 단멸한다'고 말하였다. 이와 같은 등의

298) ⑩ 자연외도(自然外道) : 온갖 법이 모두 자연히 생겨났으며 만든 자가 없다고 집착하는 외도.

299) ⑪ 내아외도(內我外道) : 몸 가운데에 따로 나의 성품[我性]이 있어서 이 몸을 움직이며, 갖가지 일을 만든다고 생각하는 외도. 몸 가운데 변하지 않는 신아(神我)를 말한다.

갖가지의 논의(論義)는 비교하여 헤아리는 가운데 자세히 드러나게 된다.

경에, "인량(人量)"[300]이라 하는 것은 신아(神我)의 크기가 사람의 몸과 같아서, 몸이 작으면 [그 신아도] 역시 작고 몸이 크면 또한 크다고 헤아리는 것이다. 『대지도론』[301]에 어떤 사람이 헤아리기를, '신아의 크고 작음은 사람 몸에 따른다. [사람이] 죽어서 부서질 때에는 신아도 역시 앞서 나간다'고 하니 곧 이것과 같다. 그러나 그 종(宗)에서는 아(我)를 언제나 머무는 자재한 법으로 여겼었는데 지금은 이미 몸의 크고 작음에 따랐으니 곧 이것은 무상한 것이 된다. 그러므로 [이 외도의 주장이] 옳지 않다는 것을 알 수 있다.

경에, "변엄(遍嚴)"[302]이라 하는 것은 이 신아가 온갖 것을 만들 수 있다는 것을 말한다. 그리하여 세간에서 존귀하고 뛰어나며 두루 장엄한 일은 신아가 한 것이라고 주장한다. 자재천(自在天)의 [외도가] 헤아리는 것과는 다소 다르다. 『십이문론』[303]에서 자재[천의 외도]를 파하여 설명한 것과 같다. 자재천은 왜 즐거움 받는 사람으로 모두 다 만들지 않고 괴로움 받는 사람도 만들어서 괴로움 받는 사람과 즐거움 받는 사람이 있게 하는가? [괴로움 받는 사람과 즐거움 받는 사람이 있는 것은 자재천의] 사랑과 미움으로부터 생기는 것임을 알아야 한다. 그러므로 자재라 할 수 없다. 지금 변엄(遍嚴)이 이미 온갖 복락을 만들었으나 즐거움으로써 괴로움을 막을 수가 없다면 어떻게 두루 언제나 자재하다고 이름할 수 있겠는가!

---

300) ⑫ 인량외도(人量外道) : 신아(神我)의 양(量)은 사람 몸의 크기와 같다고 생각하는 외도

301) 『대지도론』 제12권에 그 설명이 나온다. (대정장 25, 149 중). '어떤 사람은 말하기를 "신식이 마음 속에 있는 것은 미세하기가 겨자씨같고 청정한 것을 정색신(淨色身)이라 한다"하였고, 또 어떤 사람은 "보리쌀과 같다" 하고, 어떤 사람은 "콩알과 같다" 하고, 어떤 사람은 "반 치[寸]이다"라 하고, 어떤 이는 "한 치인데 처음 몸을 받을 때 최초로 먼저 받나니, 마치 등상의 골격 같다가 몸이 이루어진 뒤에는 등상이 이미 새겨지는 것과 같다" 하며, 어떤 이는 "크고 작음이 몸과 같다고 죽어 무너질 때에는 이것이 또한 앞서 나간다"고 하는데 이런 말들은 모두가 옳지 못하다.'

302) ⑬ 편엄외도(遍嚴外道) : 신아가 비록 모든 법을 만들어내지만 세간 제존(諸尊)의 뛰어나며 두루 장엄하는 사업은 곧 모두 내가 한 것이라고 하는 외도

303) 『십이문론』「관작자문」(대정장 30, 166 상중). 앞의 295번 주 참조.

경에, "또한 수명[壽者]"[304]이라 하는 것은 무엇인가? 어떤 외도는 모든 법과 내지는 사대(四大)·풀·나무 등에 다 수명이 있다고 생각한다. 마치 풀과 나무가 잘려나가도 계속 생기는 것처럼 수명이 있다고 안다. 또한 그것은 밤에 오무리기에 정식(情識)도 있고 잠들려하기 때문이라고 안다.

비판하는 자[논사]는 이렇게 말하였다. '만약 베어져서 다시 소생하는 것을 보고서 이것으로 [풀과 나무에] 생명이 있다고 하면 곧 사람의 팔 다리 가운데 하나를 자르면 다시 생기지 않는데 어찌 생명이 없다고 하겠는가! 저녁 때가 되어 나무가 잠드는 것과 같다하면, 물은 흘러감에 밤낮으로 쉬지 않는데 어떻게 언제나 [물이] 깨어있다고 할 수 있겠는가!' 모두 아(我)의 자성(自性)을 관하지 않으므로 갖가지 망녕된 견해가 생긴 것이다.

경에, "보특가라(補特伽羅, pudgala)"[305]라 하는 것은 무엇인가? 그 종(宗)에서는 자주 육도의 세계[趣]를 윤회하는 것이 있는데 이것을 하나의 아[一我]라고 간주하는 것을 말한다. 다만 현상에 따라 이름을 다르게 할 뿐이다. 만약 금세로부터 후세에 다다르는 것이 있다면 이것이 바로 식신(識神)이 항상하다고 하는 것인가? 식신이 항상하다면 어떤 것이 죽고 나는가? 죽는다면 이것에 멸(滅)이라 이름하고 태어난다면 그것을 출(出)이라 부른다. 그러므로 [식]신은 항상하다고 말할 수 없다. 만약 무상하다면 곧 아(我)가 없는 것이다.

불법 가운데 독자도(犢子道)[306]의 사람이나 설일체유부(說一切有部)의 사

---

304) ⑭ 수외도(壽外道) : 수자외도(壽者外道)라고도 한다. 온갖 법 내지는 사대(四大)와 초목 등이 모두 수명이 있다고 생각하는 외도.

305) ⑮ 보특가라외도(補特伽羅外道) : 보특가라가 금세에서 후세로 오간다는 외도.

306) Skt. Vāṭsī-putrīyāḥ. 소승 이십부의 하나. 음역하여 발사불디리여부(跋私弗底梨與部)·발사불다라부(跋私弗多羅部)·파차투로부(婆蹉妬路部)·파차부라부(婆蹉富羅部)·파추부라부(婆麤富羅部)·파차부다라부(婆蹉富多羅部)·발사불부(跋私弗部)·파차부(婆蹉部)라 한다. 또는 발차자부(跋次子部)·발사불다라가주자부(跋私弗多羅可住子部)·가주자제자부(可住子弟子部)·파자자부(婆雌子部)라고도 한다. 이 부파의 분파에 관해서는 여러 가지 설이 있다. 『이부종륜론(異部宗輪論)』에 의하면 이 부파는 불멸후 삼백년에 설일체유부에서 분파하였다고 한다. 만유(萬有)를 유위(有爲)의 삼세(三世)와 무위(無爲)와 불가설(不可說)의 오장(五藏)으로 나누어 설명하고, 중생에게는 실아(實我)가 있다고 주장한다.

람과 같아 이 양부[파의 사람]은 삼세에 법이 존재한다고 주장한다. 만약 분명하게 과거·미래·현재가 있다면 곧 여러 번 육도를 윤회하는 자가 있다는 것과 같아서 부처님의 세 가지 법인(法印)[307]과 어긋난다. 그래서 인도의 모든 보살들은 갖가지로 헤아려서 그 종의 견해를 부수었다.

경에, **"또한 식(識)"**[308]이라 하는 것은 존재하는 한 가지 종류에 집착하고 이 식(識)은 모든 장소에 두루하며, 나아가 지·수·화·풍과 허공계에도 식이 모두 그 가운데 두루하다고 하는 것을 말한다. 그러나 이것 또한 그렇지 않다. 만약 식신(識神)이 두루하며 항상하다면 홀로 보고 듣고 느끼고 알 수 있어야 할 터인데 지금 틀림없이 근(根)과 진(塵)이 화합함으로 말미암아 식이 생기게 되니, 곧 너의 식신은 작용이 없는 것이 된다. 또한 만약 식신이 오도(五道)[309] 가운데 두루하다면 어떻게 해서 다시 죽고 태어남이 있는가? 그러므로 그렇지 않다는 것을 알 수 있다.

경에, **"아뢰야(阿賴耶, ālaya)"**[310]라 하는 것은 '집지(執持)한다·함장(含藏)한다'는 뜻이다. 또한 '실(室)'이라는 뜻도 있다. 이 종(宗)에서는 아뢰야(阿賴耶)가 있어서 이 몸을 지니며, 조작하는 바가 있고 만 가지 모습을 함장한다고 주장한다. 이를 끌어 안으나 곧 존재하는 것이 없고, 이를 펼치니 세간에 가득하다. 불교교리 가운데 제8식(第八識)의 뜻과는 같지 않다. 그런데 세존께서는 비밀한 뜻으로 여래장(如來藏)을 설하시어 아뢰야로 삼으신다. 만약 불법 중의 사람으로서 자기의 마음의 실상을 보지 못하고 분

이것은 불교의 무아설에 어긋나므로 이 학파를 불법내의 외도, 또는 부불법외도(附佛法外道)라 한다. 석존 재세시에 어느 외도가 부처님께 귀의한 후에 실아설(實我說)을 세웠고, 그 문도가 끊이지 않고 이어오다가 불멸후 2백년 경에 스스로 일체유부(一切有部)라 칭하였고, 다시 백년 후에 일체유부에서 갈라진 일파를 독자부(犢子部)라 한다.

307) 삼법인(三法印)을 가리킨다.

308) ⑯ 식외도(識外道) : 식이 온갖 곳에 편만하며, 지·수·화·풍·공도 역시 모두 편만하다고 생각하는 외도.

309) 오도(五道)란 곧 육도(六道) 가운데의 오도(五道)를 말한다. 사람이 죽으면 반드시 다른 세계로 향하는데 지금은 이미 인도(人道)에 있으므로 그 나머지 오도를 가리킨다.

310) ⑰ 아뢰야외도(阿賴耶外道) : 아뢰야식이 이 몸을 유지하며 만상(萬象)을 함장한다고 생각하는 외도.

별하여 집착하면 아견(我見)[의 외도]와 같다.

경에, "아는 것[知者][311]과 보는 것[見者]"[312]이라 하는 것은 외도가 헤아리는 것으로 몸 가운데에 아는 것이 있어서 괴로움과 즐거움 등의 일을 알 수 있다고 하는 것이다. 다시 어떤 사람이 헤아리기를, 보는 주체[能見者]가 바로 참된 나라 한다. 『대지도론』[313]에 이르기를 눈으로 색을 보는 것을 '보는 것[見者]'이라 이름하고 오식(五識[314])으로 아는 것을 '아는 것[知者]'이라 이름하는데 모두 '아(我)'라고 헤아리는 것이다. 현상에 따라 이름이 다르다.

[이에 대해] 비판하는 자는 이렇게 말한다.

'그대가 보는 것을 아(我)라고 말하면 그 들음[能聞]도 접촉함[能觸]과 아는 것[知者]도 이것이 아(我)라고 하는 것인가, 아닌가? 만약에 모두 그렇다면 육근(六根)의 경계는 서로 알지 못하니 하나는 여섯을 지을 수 없고 여섯은 하나를 지을 수 없다. 만약 아(我)가 아닌 것이 있다고 한다면 이것도 마찬가지로 의심스럽다.'

그러므로 근(根)과 진(塵)이 화합하여 지견(知見)하는 바가 있는 것이지 따로 아(我)가 있는 것이 아니라는 것을 알아야 한다.

경에, "집착하는 주체[能執[315]와 집착되는 대상[所執]"[316]이라 하는 것은 무엇인가? 어떤 외도는 '몸 가운데 식심(識心)을 떠나 따로 집착하는 것이 있으며, 이것이 참된 나이고, 몸과 입과 뜻을 움직이게 하여 온갖 사업을

---

311) ⑱ 지자외도(知者外道) : 몸 가운데 아는 것[知者]이 있어서 괴로움과 즐거움 등의 일을 안다고 생각하는 외도.

312) ⑲ 견자외도(見者外道) : 몸 가운데 보는 것[見者]이 있어서 이 보는 것이 곧 참 나[眞我]라고 생각하는 외도.

313) 『대지도론』 제35권(대정장 25, 319 하). '눈으로 색(色)을 보는 것을 "보는 것[見者]"이라 하고 오식으로 아는 것을 "아는 것[知者]"이라 한다.'

314) 안(眼)·이(耳)·비(鼻)·설(舌)·신(身)의 오식이다.

315) ⑳ 능집외도(能執外道) : 몸 가운데 따로 집착하는 것이 있어서 이것이 참 나라고 생각하는 외도.

316) ㉑ 소집외도(所執外道) : 집착하는 경계를 참 나로 생각하는데 이 나는 온갖 곳에 두루하다고 생각하는 외도.

짓는다'고 말한다. 혹은 다른 주장에서는 '인식하는 주체란 바로 식심(識心)이다. 그 집착하는 경계를 참된 나라 부른다. 이 아(我)는 일체의 장소에 고루 미친다. 안팎의 신(身)·수(受)·심(心)·법(法)의 성품은 모두 연(緣)으로부터 생겨나 자성이 없다'고 주장한다.

이 가운데의 집착되는 대상과 집착하는 주체도 오히려 얻을 수 없는데 하물며 아(我)이겠는가! 이것 역시 아(我)의 자성을 관하지 않았기에 이런 말을 하는 것이다.

경에, "내지(內知),[317] 외지(外知)"[318]라 하는 것은 지자(知者)의 다른 이름이다. 두 가지 견해로 나누어진다. 어떤 사람은 주장하기를, 내지(內知)를 아(我)라고 한다. 말하자면 몸 가운데 따로 내증(內證)하는 것이 있으며, 이것이 참된 나라는 것이다. 혹은 외지(外知)로써 참된 나를 삼기도 한다. 이른바 바깥의 경계를 아는 것을 참된 나라 하는 것이다.

경에, "사달범(社怛梵, jñātvan)"[319]이라 하는 것은 이른바 지자(知者)로서 외도의 종(宗)에서 주장하는 것과 대체로 같다. 다만 부분별로 다르기 때문에 특별히 이를 거론한 것일 뿐이다.

경에, "마노사(摩奴闍)"[320]라 하는 것을 『대지도론』에서는 사람[人]이라 번역한다. 곧 인집(人執)이다. 자세하게 번역하면 인생(人生)이라 말해야 한다. 이것은 자재천외도(自在天外道)의 부류로서 사람이 곧 사람으로부터 생겨났기에 이로써 명칭을 삼는다. 당나라의 삼장(三藏)[321]은 의생(意生)이라 하였으니 그렇지 않다. 말나(末那, manas)는 의(意)이고, 지금은 말노(末奴,

---

317) ㉒ 내지외도(內知外道): 몸 가운데 따로 내지자(內知者)가 있다 하며 이것을 참 나로 삼는 외도.

318) ㉓ 외지외도(外知外道): 바깥의 번뇌의 경계를 아는 외지자(外知者)가 따로 있다 하며 이것을 참 나로 삼는 외도.

319) ㉔ 사달범외도(社怛梵外道): 지자외도(知者外道)와 거의 비슷하다.

320) ㉕ 의생외도(意生外道): 마노사외도(摩奴闍外道)라고도 한다. 의생(意生, manuja)은 번역하여 인(人)·인생(人生)이라 한다. 사람은 사람으로 인해 생겨났다고 생각하는 외도.

321) 당나라 때의 현장삼장(玄奘三藏)을 말한다. 현장이 번역한 『대반야경』·『비바사론』 등에 의생(意生)이라는 번역이 사용되었다.

manu)라 하는데 소리가 변하면 뜻이 다르며 틀린 것이다.

경에, "마납바(摩納婆, manobhaḥ)"[322)]라 하는 것은 비뉴(毘紐, Viṣṇu)천 외도의 부류이다. 바르게 번역하면 승아(勝我)라 해야 할 것이다. 아(我)는 몸과 마음 가운데에서 가장 뛰어나며 오묘하다고 한다. 그들은 언제나 마음 가운데에서 아(我)가 1촌 정도 된다고 관한다. 『대지도론』[323)]에서도 역시 '어떤 사람[외도]이 주장하기를, 신(神)은 마음의 중심에 있고, 미세하기는 겨자와 같으며, 청정한 것을 이름하여 정색(淨色)이라 한다. 혹은 콩이나 보리와 같아 1촌 정도라고 한다. 처음으로 몸을 받을 때에 가장 앞에 있어서 받는데, 비유하면 상골(像骨)[324)]과 같다. 그리하여 그 몸을 이루면 형상이 이미 장엄된 것과 같다'고 하였다. 당나라의 삼장은 번역하여 유동(儒童)이라 하였으나 그렇지 않다. 유동은 산스크리트로 마나파(摩拏婆)라 한다. 여기에서는 납(納)이라 하였으니 뜻이 다르며 틀린 것이다. [이 두 가지 명칭은 보리사리(菩提闍梨)[325)]의 해석이다.]

---

322) ㉖ 유동외도(儒童外道) : 마납바외도(摩納婆外道)라고도 한다. 유동(儒童, mānava)은 번역하여 승아(勝我)라 한다. 몸 가운데에서 아(我)가 가장 훌륭하다고 생각한다. 이것은 비뉴천외도(毘紐天外道)의 부류이다.

323) 『대지도론』 제12권(대정장 25, 149 중). '어떤 사람은 말하기를 "신식이 마음 속에 있는 것은 미세하기가 겨자씨같고 청정한 것을 정색신(淨色身)이라 한다"하였고, 또 어떤 사람은 "보리쌀과 같다" 하고, 어떤 사람은 "콩알과 같다" 하고, 어떤 사람은 "반 치[寸]이다"라 하고, 어떤 이는 "한 치인데 처음 몸을 받을 때 최초로 먼저 받나니, 마치 등상의 골격 같다가 몸이 이루어진 뒤에는 등상이 이미 새겨지는 것과 같다"고 한다.'

324) 어떤 상(像)을 만드는데 먼저 형상의 골격을 만들고 다음에 그 위에 의상 등으로 장엄하는 것을 비유한 것이다.

325) 금강지(金剛智, Vajrabodhi, 671~741)삼장을 가리킨다. 중인도의 왕자, 또는 남인도 마우리야국의 바라문출신이라고도 한다. 10세에 나란타사에서 출가하여 20세에 구족계를 받고, 6년 동안 대·소승율과 『반야등론』·『백론』·『십이문론』·『유식』 등을 배웠다. 그 뒤 31세에 남인도의 용지(龍智)에게 가서 7년 동안 공양하면서 오부(五部)의 관정을 받아 밀교의 깊은 뜻에 통달하고, 당 개원 8(720)년에 중국 낙양에 들어가 밀교를 크게 떨쳤다. 그뒤 장안 천복사에서 8부 11권의 비밀경을 번역하였다. 일행(一行)·불공(不空) 등의 제자가 있었으며, 741년 낙양 광복사에서 71세에 입적하였다. 선무외삼장에 의한 『대일경』의 번역과 쌍벽을 이루는 금강지 삼장에 의한 『금강정경』 계통의 번역은 인도중기의 조직적인 밀교경전이 중국땅에 차례대로 소개하는 결과를 가져왔으며, 중국에 밀교사상이 일어나는 커다란 역할을 하였다.

경에, "상정생(常定生)"326)이라 하는 것은 저 외도들이 '아(我)는 언제나 머물며 파괴할 수 없고 자연적으로 언제나 생할 뿐 다시 생기지 않는다'고 주장하는 것이다. 그래서 이것을 이름으로 삼았다.

경에, "성(聲)과 비성(非聲)"이라 하는 것에서 "성(聲)"은 바로 성론327)외도(聲論外道)이다. [이 외도들 가운데] 성현론자[聲顯者]는 '성(聲)의 체는 본래 존재하며, 연(緣)을 기다려 이를 드러내니 [성의] 체성은 상주(常住)한다'고 주장한다. 또한 성생론자[聲生者]는 '성(聲)은 불생(不生)으로서 연을 기다려서 생기며, 생긴 다음에 상주한다'고 주장한다. 그 가운데에 다시 다른 주장으로 나누어지는데 다른 곳에서 자세하게 해석한 것과 같다. "비성(非聲)"328)이란 앞에서 주장하는 것과는 다르다. 그것은 성(聲)이 두루 항상하다고 주장하는 것이다. 이 종(宗)은 모두 없애어 존재하지 않게 하니, 선도 악도 없다는 법에 떨어진다. 또한 성자(聲字)가 없는 곳을 참된 것으로 삼기도 한다.

"비밀주여, 이와 같이 아(我)라고 하는 설은 옛날부터 내려오는 분별과 상응한 것으로 순리대로 해탈을 희구한다고 한다."

---

326) ㉗ 상정생외도(常定生外道) : 아(我)가 상주하며 파괴할 수 없고 자연히 언제나 생하며 다시 생하는 것은 없다고 생각하는 외도.

327) 성위상주(聲爲常住)를 주장하는 것을 말한다. 그래서 성상주론(聲常住論)·성론사(聲論師)라고도 한다. 인도철학의 한 계파로서 관념(觀念)의 항상성(恒常性)을 주장하며, 성(聲)이 상주한다고 헤아려 집착한다. 말하자면 성음(聲音)은 우주 실재(實在, reality)의 존재로서 우리들의 언어는 우주 실재의 성음(聲音)에 말미암아 드러난다고 하며 아울러 사람의 성품의 부호가 아니라는 것이다. 이 설은 본래 베다시대의 기도에 기원이 있다. 이후 미맘사학파(Mīmāṃsā)·베단타학파(Vedānta) 등의 여러 학파가 흥기하여 성상주론(聲常住論)을 세웠으며 계속하여 성현론(聲顯論)·성생론(聲生論)의 양파가 형성되어 모든 소리가 상주불변한다고 주장하였다. 그 가운데 ㉘ 성현론(聲顯論, Abhivyakti-vāda)에서는 소리가 지·수·화·풍 사대가 서로 부딪치는 연에 의하여 나타나는 것이나, 그 체(體)는 상주하는 것으로 과거와 미래를 통하여 존재한다고 하는 무시무종론(無始無終論)을 주장한다. ㉙ 성생론(聲生論, Janma-vāda) 즉 성생기론(聲生起論)에서는 소리가 최초에 생기는 근원은 어떤 연(緣)을 기다려 생기나, 일단 생긴 다음에는 상주한다고 주장하는 유시무종론(有始無終論)이다. 전자는 소리의 체에 대하여, 후자는 소리의 작용에 대하여 소리의 상주를 주장하고 있다.

328) ㉚ 비성외도(非聲外道) : 소리의 체 및 소리의 글자[聲字]가 아예 없다고 하는 외도.

경에서는 간략하게 서른 가지 [외도][329]를 들었다. 만약 종류에 따라 차별하면 한량없고 끝없이 많을 것이다. 마치 사람이 앉아서 사선(四禪)[330]을 얻을 때 이 법이 진실의 항상한 이치라고 생각하는 것과 같다. 또는 이렇게 생각한다. '나는 선(禪)을 얻은 자이다'라고. 이와 같은 것들은 모두 아(我)라는 분별과 상응한다. 예를 들면 알 수 있을 것이다. 모두 아의 실상을 관하지 않기 때문이며, 단지 오래전부터 이래로 상승(相承)하여 [내려온] 견해를 원조로 하여 학습하였을 뿐이다. 각각 [외도] 자체에 대사(大師)와 박가범(薄伽梵)이 있으며 일체지견자(一切知見者)가 있다. 유가를 닦음으로써 현재에 이 법을 깨달아 이로써 세간을 위하여 설하는데, 오직 이것

---

329) 『대일경』에서는 모두 29종의 외도를 들었으나 『대일경소』에서는 성(聲)외도를 성현론과 성생론의 둘로 나누어 마지막의 비성외도와 더불어 모두 30종의 외도를 거론하였다.

330) 색계의 네 가지 단계적 경지. 욕계의 어리석음을 초월하여 색계(色界)에 나타나는 4단계로 된 명상. 정신통일의 4단계, 4가지의 심통일(心統一)·사선천(四禪天)이라고도 말한다. 색계(色界) 사선천에 나는 선정이다. ① 초선(初禪)은 깨달음과 관(觀)함에 의해 생각이 환희에 차 편안한 경지이다. 우선 선을 닦는 자가 훌륭한 스승에게 배우면서 적당한 정사에 거주하며, 여러 가지의 장애가 되는 것을 끊고 몸을 단정히하여 마음을 선정의 대상에 집중하면 점차 사욕이나 악을 떠나게 된다. 그때에 얻은 이익으로 기쁨을 느끼고 마음 자체는 경쾌함으로 편안한데 각(覺, 尋)·관(觀, 伺)과 같은 거칠고 미세한 사유작용이 활동하고 있는 마음의 경지이다. ② 2선(二禪)은 다시 그 일심을 오로지 하여 깨달음과 관(觀)도 사라진 뒤 삼매에 의해 편안한 경지이다. 각과 관 등의 사유작용을 떠나 평정하게 되고 안으로는 청정해져서 기쁨을 느끼고 마음 자체는 경쾌하고 편안한 심경이다. ③ 삼선(三禪)은 다시 또 깨달음에 전념하여 모든 성현들이 구하는 바의 희념을 호지하는 것이다. 잔존하는 기쁨의 성정마저 버리고 마음은 평등하게 되어 정념정지(正念正知)가 나타나며, 순간순간 다시 넘치는 기쁨을 억제하고 몸과 마음에 오묘한 쾌락을 느껴서 여러 성인이 '버림으로 인하여 즐거움에 머문다'라고 표현한 심경이다. ④ 사선(四禪)은 이제 그 고락이 이미 멸하여 괴로움도 즐거움도 없는 청정한 마음의 상태이다. 제3선의 지극한 쾌락을 떠나도 후회함이 없이 마음은 평등하게 되고 생각은 청정해지며 불고불락(不苦不樂)의 중사(中捨)에 머물며 내면의 순화가 관찰지(觀察智)를 더욱 촉진시키는 심경이다. 반니원경 장아함경17권에는 초선→2선→3선→4선에 들어가는 순서를 보이고 있으며 이러한 4선(四禪)의 수행에 의하여 일체의 색상을 버리고 공처(空處)에 든다 하고 있다. 요컨대 사선은 심일경성(心一境性)이라는 등지를 기반으로 하면서 초선에서는 욕악불선(欲惡不善), 즉 5개(蓋, 탐욕·진에·혼침·도회·의)를, 제2선에서는 각·관을, 제3선에서는 희(喜)를, 제4선에서는 쾌락을 각각 점차로 멸진하고 드디어는 정신의 청정한 순수성을 얻고 최고의 직관에 이르게 되는 것이다.

만이 구경의 도이며, 다시 다른 도가 없다고 한다. [예를 들면 다음과 같다.]

겁초(劫初)[331]의 때에 오직 하나의 천(天)이 있었는데, 먼저 범계(梵界)에 태어나 이렇게 생각하였다.

'만약 다시 중생이 있어서 [나에게로] 와서 나와 더불어 함께 머문다면 얼마나 좋을까?'

그때에 상계(上界)에 천이 있었는데 목숨을 마치고 이곳에 와서 태어났다. 먼저 태어난 자가 [나중에 태어난 자에게] 말하였다.

'나의 생각하는 힘에 말미암아서 그대가 여기에 태어날 수 있었던 것이다. 그대는 바로 나의 소생(所生)이다.'

그 [나중에 태어난 자]도 또한 이렇게 생각하였다.

'이 존귀하신 분께서 우리들을 태어나게 하셨구나.'

곧 서로 수순(隨順)하며 헤아려서 최초의 아(我)라고 하는 것이 있게 되었다고 한다. 이로부터 이래로 범천왕(梵天王)이 세간을 만들었다고 하게 되었다. 이와 같이 돌고 돌아서 [전해져 내려왔는데 그 이후에] 다른 견해가 생겨난 것은 특별히 기록한 것이 없다.

"순리대로 해탈을 희구한다"고 함에서 순리(順理)란 산스크리트음으로는 유기(瑜祇, yogi)이다. 바로 옛날 옛적에 유가를 수행하는 자가 있었는데 그가 참된 해탈을 얻고 이것은 만물의 근본이라고 말하였다. 지금 그 행에 따라 해탈을 희구하는 까닭에 그렇다고 한다.

이상은 모두 내외의 인과를 파괴하는 이치에 어긋난 마음이다.

다음에 최초로 이치에 따르는 마음을 밝히겠다. 따른다는 것은 곧 세간의 이치에 따르는 여덟 가지 마음이다.

---

331) Skt. kalpāgra. 성겁(成劫)의 처음을 가리킨다. 즉 욕계(欲界)의 유정세계(有情世界)가 성립하는 처음이다. 성겁(成劫)에 20의 증감이 있다. 제1증감의 때에는 위에는 초선천(初禪天)이 있고, 아래로는 지옥계에 이르기까지의 기세계(器世界)가 성립하였으며, 제2증감의 때부터 차례대로 광음천(光音天)부터 유정이 하생(下生)하였다고 한다.

16. 세간의 이치에 따르는 여덟 가지 마음

"비밀주여, 어리석은 범부 등은 숫컷 양[332]과 같으나 언젠가는 하나의 진리에 대해 생각하기도 한다. 이른바 제를 지킴[持齋]이 그것이니 그가 이것을 조금이라도 사유하고 기쁜 마음을 내어 자주자주 닦아 익힌다면, 비밀주여, 이것이 최초로 선업의 종자가 발생하는 것이다." 숫컷 양이란 축생 중에서 성품이 가장 하열한 것이다. 단지 물 마시거나 풀 뜯어먹거나 짝짓기[婬欲]하는 일만 생각하고 다른 것은 알지 못한다. 그래서 인도[西方]의 어법(語法)에 따라 숫컷 양으로써 선악의 인과를 알지 못하는 어리석은 범부에 비유하였다. 세간에서 오래전부터 내려와 전해지고 상승되는 선법(善法)의 명칭이 있다. 그런데 이치를 거스르는 마음으로써 갖가지로 추구할지라도 얻을 수 없다. 나중에 문득 '내가 지금 음식을 아껴서 제(齊)를 지녀야 되겠다'고 스스로 생각을 일으키는 것이 바로 선법이다. 그러나 아직 불법 가운데의 팔관계(八關戒)[333]는 아니다. 그가 음식을 절약하는 자신의 계(戒)로 말미암아 곧 힘써야 할 업무가 줄어들고, 자기가 먹고 마시는 데에서 쉽게 만족하니, 애써서 구하는 노고를 일으키지 않아도 된다는 것을 알게 된다. 이때에 곧 조금이나마 집착하지 않는 마음이 생기고, [그로 인하여] 그 마음은 환희하며 안온하게 된다. 이러한 이익을 보게 되므로 자주자주 이를 닦아 익히게 된다. 여기에서 최초로 미세하나마 선악의 인과를 알게 되기에 [이 마음을] 종자심(種子心)[334]이라 부른다.

---

332) 숫컷 양[羝羊]은 앞 뒤를 모르고 헤매는 어리석은 중생에 대한 비유이다.

333) 집에 있는 이가 하루 밤 하루 낮 동안 받아 지키는 계율. 팔관재계(八關齋戒) · 팔지제법(八支齊法) · 팔계(八戒)라고도 한다. ① 중생을 죽이지 말라. ② 훔치지 말라. ③ 음행하지 말라. ④ 거짓말 하지 말라. ⑤ 술먹지 말라는 5계에 나타난 기본적인 행위에 덧붙여서, '⑥ 때가 아닌 때에 음식물을 먹지 않는다. ⑦ 화환이나 향료로 몸을 단장하지 않는다. ⑧ 좋은 침대가 아닌 마루에서 잔다'의 3종을 추가한 것이다.

334) 일념(一念)의 착한 마음이 일어나는 것을 식물의 씨앗에 비유한 것이다. 이것은 팔심(八心) 가운데 제1이다.

"다시 이것을 원인으로 하여 육제일(六齋日)에 부모와 아들 딸과 친척에게 시여한다. 이것이 제2로 종자가 싹트는 것[牙種[335]]이다."

이 육재일은 곧 『대지도론』에서 '상대(上代)[336]의 오통선인(五通仙人)이 이 날에 단식(斷食)할 것을 권하기에 선법에 따르고 나니, 귀신의 재횡(災橫)을 면하게 되었다'고 한다. 저 [대지도론]에서 자세하게 설명한 것과 같다. 탐욕으로 구하는 것을 그치면 안으로 이익과 즐거움을 얻는 것을 알게 되어 이 법을 수습하여 증장시키고자 지제일(持齋日)에 자기의 재물을 육친(六親)[337]에게 베풀고 스스로 생각한다. '내가 지켜야 할 근심이 사라졌구나.' 그리하여 다른 사람에게 애경받아 '효성스럽다'거나 '의롭다'는 명예를 얻으며, 이러한 인과를 보고서 환희하게 된다. 환희로 말미암아 착한 마음이 더욱 증장하니, 마치 종자에서 싹이 생기는 것과 같다.

"다시 이것을 가지고 친한 사이가 아닌 자들에게도 시여한다. 이것이 제3으로 줄기가 생김[疱種]이다."

이 제(齊)를 지키고 선법(善法)을 성취하고자 하여 탐욕을 버리고 혜(慧)로써 베푸는 마음[338]을 닦아 익히는데, 자주 익힘으로 말미암아 착한 마음이 점차 늘어나 다시 친한 사이가 아닌 사람들에게도 베풀 수 있게 됨을 말한다. 이 평등하게 베푸는 마음의 공덕과 이익을 보게 되므로 그때에 선한 싹이 갑절이 되고 다시 널리 증가한다. 마치 싹과 줄기가 무성하였으나 아직 잎이 생기지 않는 때와 같으므로 포종(疱種)이라 한다.

"또 이것을 가지고 그릇이 큰 덕 높은 자를 찾아 시여한다. 이것이 제4로 잎이 나는 것[葉種]이다."

이미 혜로써 베푸는 것을 즐겨 행하였다. 이것을 인(因)으로 하여 점차

---

335) 팔심 가운데 제2 아종심(芽種心)이다. 착한 마음이 싹트는 모양을 식물의 씨앗으로부터 싹이 생기는 것에 비유하였다. 『대지도론』 제13권에 동일한 비유가 있다.

336) 먼 옛날 겁초(劫初)의 오통선인을 말한다.

337) 부모·형제·처자를 말한다.

338) 탐욕심을 제거하고 연민하는 마음으로 재물을 베푼다는 뜻이다. 이것은 제2의 아종심(芽種心)을 가리킨다.

로 베푸는 대상을 잘 살피게 된다. 예컨대 '이러한 사람은 덕을 실천하는 고상하고 훌륭한 사람이니, 내가 지금 가까이하여 공양해야 한다'고 하는 것이다. 그러자 혜(慧)의 성품이 점차로 열려서 선지식을 만나는 인연이 늘어나게 된다.

"또 이것을 가지고 기꺼이 기악인(伎樂人) 등에게 즐거이 시여하며, 높은 어른들에게 드린다. 이것이 제5로 꽃이 피어남[敷華]이다."

혜의 성품이 점차로 열리자, 다시 베푸는 대상을 잘 구별하여 이타의 이익을 보는 것을 말한다. 예컨대 기악(伎樂)하는 사람들은 대중을 교화하고 그 [기악]으로써 [대중들을] 환희하게 하므로 그 공을 찬탄한다. 무릇 이와 같은 부류[의 사람들]은 아주 많다. 그래서 '등(等)'이라고 하였다. "높은 어른[尊宿]"이라고 함은 나이든 노인[耆舊]으로서 보고 들은 바가 많으며, 학식과 품행이 높고 고상하여 세간의 스승이 되는 분이다. 그를 좇아 이익되는 바가 많으므로 정성을 다하여 기뻐하며 그에게 베푼다. 역시 내가 베풀 때의 마음을 갑절이나 환희하게 하므로 이것은 '꽃이 피어남[華種]'이다.

"또 이것을 시여하는데 친애하는 마음으로 공양한다. 이것이 제6으로 열매가 맺는 것[成果]이다."

익히는 것이 익숙하여져서 곧바로 환희하는 것은 아니라해도 다시 친애하는 마음으로 존귀한 수행을 하는 사람에게 시여하는 것을 말한다. 또한 앞에서 베푸는 인연에 말미암아서 [높은 어른 등의 말씀을 듣고] 법의 이익을 얻게 되어 그의 마음 속에 뛰어난 덕을 품었다는 것을 알게 된다. [높은 어른들이] 욕망 등을 벗어날 수 있는 방법 등에 대해 말하는 것인데 [이러한 말을 들으면] 익숙하게 익히고 가까이 따르며 공양한다. 처음의 종자에 견주어보면 곧 이것이 열매를 맺는 마음[成果心]이다.

"또 다시 비밀주여.[339] 그가 계율을 호지하면 천(天)에 태어나나니 이것이 제7로 선업의 종자를 받아쓰는 것[受用種子]이다."

---

339) 이 이하는 제3의 주심(住心)에 해당한다.

이미 제시(齊施)를 베풀어 그 이익을 보고 곧 삼업의 착하지 못한 것은 모두 쇠락과 고뇌의 인연이라는 것을 알게 됨을 말한다. 그리하여 '내가 이를 버리고 계를 호지하여 머물겠다'고 한다. 계를 호지함으로 해서 현세에 온갖 훌륭한 이익을 얻고 크게 명성이 있게 되어서 몸과 마음이 안락하게 된다. 또한 현명함과 어짐을 갑절이나 증광시키니 목숨이 마친 뒤에 천상에 태어날 수 있다. 비유하면 과일나무의 종자가 이미 성숙하여 그 열매를 수확하기에 이른 것과 같다. 그러므로 수용종자(受用種子)라 한다. 또는 하나의 종자로부터 백천의 열매가 맺힌 것을 말한다. 이 낱낱의 열매는 다시 그 일부가 싹을 틔워서 번성하며 자라나는 것은 그 수를 헤아릴 수가 없다. 지금 이 결과를 수용하는 마음이 다시 나중에 마음의 종자가 되는 것도 또한 이와 같다. 그래서 수용종자(受用種子)[의 마음이]라 한다.

"비밀주여. 그가 이러한 마음으로 생사에 헤매다가 착한 벗으로부터 다음과 같은 말을 듣게 된다. '이들 천과 대천(大天)은 온갖 즐거움을 준다. 만약 경건하게 정성껏 공양하면 온갖 소원을 모두 성취할 수 있다. 이른바 자재천(自在天) 등 (…중략…) 그는 이러한 말을 듣고 마음이 기쁘고 즐거워 은근하고 정중하게 공경하고 수순하여 수행한다. 비밀주여. 이것을 어리석은 중생[愚童異生]이 나고 죽음에 헤매면서 얻는 두려움 없는 의지처[340]라 하나니 이것이 제8 어린애 같은 마음[嬰童心]이다.'" 이미 존귀한 행을 하는 사람에게 친근하여 공양할 줄을 알고, 또한 계율을 지녀 선한 이익을 생하는 것을 보면, 곧 점차로 인과를 알게 된다. 지금 다시 선지식으로부터 '이 대천(大天)은 온갖 즐거움을 준다. 만약 경건하게 공양하면 소원을 모두 들어준다'고 하는 말을 듣고 곧바로 귀의하는 마음을 일으키는 것이다. 비록 아직 부처님의 법은 듣지 못했지만 이 모든 천들을 알고 선행을 닦음으로 인해서 선한 과보를 받음을 알며, 또한 점차로 신해(信解)하고 승전(勝田)[341]을 구별할 줄 알게

340) 두려움 없는 의지처란 공포를 여의었다는 뜻이다. 의지처는 귀의하는 바로서 외도의 삼보(三寶) 등을 의미한다.

341) 복전(福田)과 같은 말이다.

된다. 다시 부처님 법이 뛰어나고 묘하다는 것을 듣게 되면 반드시 귀의하고 신수(信受)하게 된다. 그래서 세간에서 뛰어난 마음이라 한다.

문 앞의 자재천(自在天)[342] 등은 모두 삿되게 헤아리는 것이라 설하고, 지금 다시 이들에게 귀의하면 이것이 세간에서 뛰어난 마음이라고 하였다. 앞과 어떻게 다른가?

답 앞에서는 인과를 알지 못하는 마음이다. 다만 모든 법이 자재천 등이 만든 것이라고 생각한다. 지금은 선근이 성숙하였으므로 생사에 헤매는 가운데에서 두려움 없는 의지처를 구하여 그 행의 인(因)을 본받아 뛰어난 과를 성숙시키고자 원하기에 앞의 생각과 다른 것이다.

"상갈라(商羯羅)"[343]는 마혜수라(摩醯首羅)[344]의 다른 이름이다. "흑천(黑天)"[345]이란 산스크리트 음으로 노날라(嚕捺囉)라 한다. 이는 자재천의 권속이다. "용존(龍尊)"[346]이란 모든 대룡(大龍)[347]이다. "구폐라(俱吠囉)"[348] 등은

---

342) 대자재천의 화신(化身). 욕계(欲界)의 제6천에 살고 있는 자재주(自在主) 이사나(伊舍那, īśāna)를 말한다. 부처님 출세 당시 조물주로써 범천과 함께 존숭된 천이며, 그 신자를 자재천외도라 부른다. 『금강정경』에서는 마왕(魔王)이라 보고 있으며, 금강수보살에게 항복되어 그 후로는 불교에 귀의하여 호법신의 하나가 되었다. 인도교에서는 시바(Śiva)신, 즉 파괴신으로 보고 있다.

343) Skt. Śaṃkara. 자재천의 다른 이름이며, 특히 그 창조력을 중요시한 이름이다. 골쇄천(骨鏁天)이라고도 한다.

344) Skt. maheśvara. 우주의 대주재신. 마혜수라(摩醯守羅)라고도 음역하며, 대자재천(大自在天)・자재천(自在天)이라고 의역한다. 쉬바(Śiva)신의 별명이다. 색계(色界)의 정상에 있는 천신이라고 한다.

345) Skt. Mahākāla. 마하가라(摩訶迦羅)라고 음사한다. 가라는 검다는 뜻으로 몸의 색에서 나온 명칭이다. 인도에서는 전투와 재복과 저승세계의 신으로 세 가지 성격이 있다. ① 시바신의 화신으로서 파괴를 담당한다. 시림(尸林)에 머물며 몸을 잘 감추고 공중을 날며 피와 고기를 먹는 신으로 제사하면 가호하여 전생에서 승리한다고 한다. ② 재물을 담당하는 신으로 비쉬뉴와 지천(地天)의 화신으로 인도사원의 주방(廚房)에서 제사한다. ③ 저승세계의 신으로 염마천(焰摩天)과 동체이다.

346) 모든 대용왕의 존칭.

347) 대룡(大龍)은 부처님을 가리킨다. 대룡을 또한 대상(大象)이라고도 한다.

348) Skt. Kuvera. 베다시대에는 물체에 그림자처럼 따라다니는 악귀(惡鬼)라고 하였다. 그 후에는 야차(Yakṣa)의 주인이 되어서 부(富)의 신으로 보게 되었다. 이 천은 설산의 알라카(Alakā)라고 하는 도성에 살면서 긴나라에게 시중들고 있다고 한다.

모두 세간에서 받드는 대천(大天)이다. “범천후(梵天后)”는 세간에서 받들고 존중하는 신(神)이다. 그러나 부처님의 법 가운데에서 범왕은 욕심을 여의었으므로 후비(后妃)를 두지 않는다. “파두마(波頭摩)”[349] 이하로부터 이른바 “득차가룡(得叉迦龍)[350] · 화수길룡(和脩吉龍)[351] · 상카룡(商佉龍)[352] · 갈구적검룡(羯句摘劍龍)[353] · 대련화룡(大蓮花龍)[354] · 구리검룡(俱里劍龍)[355] · 마하반니룡(摩訶泮尼龍)[356] · 타지제바룡(陀地提婆龍)[357] · 살타난타룡(薩陀難陀龍)”[358] 등은 모두 세간에서 받들고 존중하는 신이다. “천선(天仙)”이란 이른바 모든 오신통을 지닌 신선(神仙)들로서 그 수가 워낙 많아서 명칭을 열거하지 않았다. “베다(圍陀, Veda)”는 범왕이 연설한 네 가지의 명론(明論)이다. “대베다론사[大圍陀論師]”는 그 경을 수지하여 가르치는 자로서 욕심을 벗어나는 수행을 열어 보이므로 귀의해야 한다. 저들 부류 가운데에서 범왕은 마치 부처와 같으며, 사베다전[四韋陀典][359]은 마치 십이부경(十二部經)[360]과 같고,

---

349) 파두마용왕(Padma)을 말한다. 파두마는 홍련화(紅蓮華)라 번역하는데 이 용의 색상에 따라 이러한 이름이 있게 된 것이다. 그리고 경문에는 파두마의 앞에 화천(火天) · 가루라자천(迦樓羅子天) · 자재천후(自在天后)의 세 천이 있는데 『소』에서는 생략하였다.

350) 덕차가용왕(德叉迦龍王, Takṣaka)은 화수길과 동료로서 노하여 응시하면 사람과 짐승이 죽는다. 다설룡(多舌龍)이라고도 한다.

351) 화수길용왕(和脩吉龍王, Vāsuki)은 머리가 아홉개 달린 용이다.

352) 상카용왕(Śaṅkha)을 말한다.

353) 갈구탁검(Karkoṭaka)은 역행용왕(力行龍王)이라고도 한다.

354) 대련(Mahāpadma)용왕을 말한다.

355) 구리검(Kulika)은 패종용왕(貝種龍王)이라고도 한다.

356) 야차의 이름.

357) 신의 이름.

358) 살타난타(Satananda)용왕을 말한다.

359) Veda(베다)는 인도에서 가장 오래된 성전으로서 바라문교의 근본 성전이다. 이 베다에는 리그베다 · 야주르베다 · 아타르바베다 · 사마베다 등 4종이 있다.

360) 모든 경전을 그 구성 형식 또는 내용에 따라 열두 가지 종류로 나눈 것. 12분교(十二分敎) · 12부경(十二部經) · 12분경(十二分經) 등이라고도 말한다. 경(經)을 구성한 문장의 형식을 말한 것이다. 『대지도론』의 설에 의하면 ① 슛타는 계경(契經) · 법본(法本)이라고도 하며 경전 가운데 가르침을 바로 설한 긴 글을 일컫는다. ② 게야는 번역하여 응송(應頌)이라 하며 또는 중송(重頌)이라고도 한다. 긴 경문에 응하여 거듭 그 뜻을 운문으로 편 것, 즉 게송으로 잣구와 문체가 정해진 것을 말한다. ③ 가타는 번역하여 풍송(諷頌) 또는 고기송(孤起頌)이라 한다. 장행(長行)에 의하지 않고 곧 오언(五言)이나 칠

이 법을 전하는 자는 마치 화합승(和合僧)과 같다. 이때에 그가 이와 같은 등의 세간의 삼보(三寶)를 듣고서 환희하여 귀의하며 수순하고 수행하면 이것이 제8의 생사하는 범부의 두려움 없는 의지처이다.

"비밀주여. 다시 이보다 뛰어난 행은 앞에 설한 것에 따라 수승하게 머물러 해탈을 구하는 지혜가 생하는 것이다."

이른바 이 제8의 두려움 없는 의지처 가운데에 다시 뛰어난 마음이 있다. 이미 앞에서 설명한 것과 같이 세간의 모든 덕이 높은 분[薄伽梵]들께 공양하고 귀의해야 한다고 듣고서, 나중에 이러한 마음이 생기게 된다.

'이 모든 삼보 가운데 어떤 것이 가장 뛰어난가? 내가 그 훌륭한 것을 선택하여 따르고 수행해야겠다.'

앞의 선근력(善根力)으로 말미암아서 그 설한 법에 따라 수승하게 머물게 되니 해탈을 구하는 지혜가 생긴다. 그렇지만 아직 연기의 법을 알지 못하기에 공을 관하는 지혜로서 멸하여 없어지는 것에 사로잡힌 생각[斷見]과 변하지 않는 실체가 있다는 생각[常見]을 여의지 못하였다. 그러므로 상무(常無)·상공(常空)이라 여기며, 다만 이와 같은 가르침에 수순하여 부지런히 닦고 학습한다. 이 가운데 다시 두 가지가 있다. 만약 해탈을 구하

언(七言) 등으로 게송의 글귀를 짓는 것이다. ④니다나는 번역하면 연기(緣起)·인연(因緣)의 뜻이다. 경 가운데서 부처를 만나고 법을 들은 인연과 부처의 설법 교화의 인연을 말한 것이다. ⑤이티붓타카를 번역하면 본사(本事)가 된다. 부처가 제자의 과거세의 인연을 설한 경의 글이다. ⑥자타카는 번역하면 본생(本生)이다. 부처가 자신의 전생의 인연을 설한 것이다. ⑦압부다담마는 신역에는 아비달마(阿毘達磨)라 하며 '희유한 법·일찌기 없었던 법'이라는 뜻이다. 부처의 여러 가지 신력을 나타낸 불가사의한 일을 기록한 경문이라는 의미를 담고 있다. ⑧아바다나는 번역하여 비유(譬喩)라 하는데 경 가운데 비유하여 설한 것을 말한다. ⑨우바데사는 번역하여 논의(論議)라 한다. 법의 이치에 대한 논의와 문답을 담은 경의 글을 말한다. 이상의 9가지는 소승경전에서만 볼 수 있는 것이며, 대승경전과 구별짓는 특징이기도 한 것이다. 대승경전은 이상의 9종에 자설과 방광과 수기를 더 첨가하고 있다. ⑩우타나는 자설(自說)이라 하는데 묻는 사람 없이 부처가 스스로 설한 것을 말한다. ⑪베달라는 방광(方廣), 방등(方等)이라고도 하며 대승의 교리가 광대하고 철학적으로 깊고 현묘하고 조직 체계의 규모가 넓고 크다는 데서 쓰여진 말이다. ⑫화가라는 수기(授記)라 하는데 부처가 보살에게 주는 장차 성불하리라는 기록의 경문으로 경에 말한 것을 문답으로 해석하고 또 제자의 다음 세상에 태어날 곳을 예언한 것이다.

는 지혜가 생기면 수승한 마음이라 부르며, 이미 공법(空法)에서 뚜렷하게 알았다면 굳게 안주하여 흔들리지 않는 마음[決定心]이라 부른다. 만일 나누어서 설명하면, 앞의 [여덟 가지 마음과] 함께 열 가지 마음이 있게 된다.

세존께서는 출세간의 공을 관하는 지혜에 대해 분명하게 하시고자 다음에 이렇게 말씀하셨다.

"비밀주여. 그들은 공(空)과 공이 아닌 것의 뜻을 섞어서 이해하여 공이 끊어짐도 아니고 항상함도 아니라는 것을 알지 못한다. 존재도 아니고 비존재도 아니라는 것에 대해 평등한 관을 행하고 모든 희론을 끊을지라도 역시 쌍으로 이러한 견해를 여의는 것은 어렵다."

그가 아직 바른 인연을 이해하지 못하였기 때문이다. 그러나 부처님의 법에서는 인연이 있는 것을 앎으로써 곧 '모든 것이 존재하지 않는다[無]'는 견해를 여읜다. 자성공(自性空)을 관함으로써 '실제로 존재가 있다[有]'는 견해가 생기지 않는다. 만약 유·무의 견해를 여의면 곧 멸하여 없어지는 것에 사로잡힌 생각[斷見]과 변하지 않는 실체가 있다는 생각[常見]에 떨어지지 않는다. 만약 이와 같은 공의 뜻에 통달하지 못하면 비록 존재와 비존재에 집착하지 않고 언어를 여의고 상(相)을 끊었다 할지라도 끝끝내 분별의 생각으로써 이러한 무분별의 마음을 짓게 된다. 마치 장조범지(長爪梵志)가 모든 법의 실상을 관하면서 일체의 법을 수용하지 않고 이러한 견해만을 받는 것과 같다.

'무릇 진공(眞空)은 분별을 여의었다. 어떻게 공을 분별할 수 있겠는가!'

만약 공의 뜻을 이해하지 못하면 다시 일심으로 정진하여 부지런히 해탈을 구한다 할지라도 그가 열반을 알 수 없을 것이다.

이러한 까닭에 부처님께서 말씀하셨다.

"그대가 열반을 구하려고 하면 연기(緣起)의 공을 잘 알아서 멸하여 없어지는 것에 사로잡힌 생각[斷見]과 변하지 않는 실체가 있다는 생각[常見]을 여의어야 한다."

그가 처음의 종자심에서 일부분이나마 탐욕의 때가 감소하게 되면 곧 일부분의 청정한 마음에 따르게 된다. 이로부터 이후에 재시(齋施)가 점차로 증가한다. 곧 이러한 청정한 마음의 세력이 점차 싹터서 자라나게 된다. 이러한 훈습으로 말미암아 곧 귀의해야 할 대상을 선택하고 해탈을 구하는 혜(慧)가 생긴다. 만약 좋은 연을 만나지 못하면 도리어 멸하여 없어지는 것에 사로잡힌 생각[斷見]·변하지 않는 실체가 있다는 생각[常見]의 공에서 퇴보하여 삿된 견해에 빠지게 된다. 그렇지만 저 팔심 가운데의 종자심은 끝끝내 사라지지 않으므로, 만약 부처님의 법을 듣게되면, 멸하여 없어지는 것에 사로잡힌 생각·변하지 않는 실체가 있다는 생각의 공에서 연기의 공을 관하여 곧 바른 도에 들어갈 수 있게 된다. 만약 아직 종자심을 생하지 않은 기연이 없는 사람이라면 갖가지로 그를 위해 설해주어도 끝끝내 신해할 수 없을 것이다.

또한 수행자가 제8의 마음에서 생사의 두려움 없는 의지처를 구할 때, 만약 선지식을 만나서 '삼보(三寶)가 참된 귀의처'라는 말을 듣게되면 그가 점차 현세의 인과를 알게 되어 곧 신수(信受)하게 된다. 그가 재(齋)를 닦을 때와 같다. [재를 닦는] 이 사람이 만약 선지식을 만나면 [그 선지식이] 이렇게 물을 것이다.

"그대는 어떠한 이익을 보았기에 이렇게 재시를 행하는가?"

그가 곧 답하여 말한다.

"제가 욕심껏 구하고 지키려하다보니 갖가지의 근심과 괴로움이 있게 되었습니다. 그러나 욕심을 적게 하고 보시를 베풀면 환희하고 안락하게 머물 수 있다고 보았기 때문입니다."

이때에 선지식이 그에게 말한다.

"착하도다. 선남자여, 부처님께서 설한 것처럼 중생들은 인색과 탐욕 때문에 현세에는 갖가지 근심과 괴로움이 있고 목숨을 마치고서는 이 인연으로 악취 가운데에 떨어진다. 마음에서 인색과 탐욕의 때를 벗겨내면 현세에는 안락하고 큰 명예가 있으며, 목숨을 마친 뒤에는 천상에 태어나고 나중에는 열반을 얻는다. 그러므로 그대는 지금 다시 수승한 마음으로 팔재(八齋)의 법을 받아야 한다."

그가 듣고 나서 곧 신수하고 설한 대로 수행한다.

만약 기연이 없는 사람이라면 단지 세간의 괴로움과 즐거움이 자재천이 지은 것이라거나, 혹은 지(地) 등의 변화라고 하며, 시(時)를 원인으로 삼는다고 설하며, 이와 같은 팔재의 일부분의 편안함과 청정에 대해 들을지라도 오히려 믿지 않는다. 하물며 그 밖의 깊은 일이겠는가!

문 이와 같은 팔심의 최초종자는 다시 무엇을 원인으로 하는가?

답 세간에서 오래전부터 선악의 명칭이 있었기에 종자가 이로부터 생기는 것이다. 겁초(劫初)의 중생이 지비(地肥)[361]를 탐내어 먹는 것과 같다. 이때에 많이 먹는 자를 착하지 않다고 하였고, 적게 먹는 자를 착하다 하였다. 어떤 사람은 많이 먹는 인연으로 온갖 잘못을 일으킴을 보고 문득 이렇게 생각한다.

'내가 지금 이 맛있는 것을 적게 먹고 언제나 스스로 훈계하며 절약하거늘, 이 또한 선하지 아니한가?'

그러나 이 중생도 아직 인과와 후세의 과보를 알지 못하였다. 다만 전전하고 상승(相承)하여 인(仁)과 의(義)와 참괴(慙愧) 등을 말하며 이것을 선법으로 삼으며 이와 같이 행하는 자가 있으면 세간에서는 다함께 이를 찬탄하는 것과 같다.

또한 소겁(小劫)[362]이 끝나는 때에 중생은 홀연히 발심하여, 세간의 악법이 잘못이라고 알게되면 문득 서로 권하고 이끌어서 함께 착한 일을 행한다. 이때에도 또한 선지식이 권하고 이끌어서 그렇게 된 것은 아니다. 모두가 자기의 마음에서 실상을 훈습하는 인연의 힘 때문이라는 것을 알

361) Skt. pṛthivī-parpaṭaka. 지박병(地薄餠)・지피병(地皮餠)・지피(地皮)・지미(地味)・지비(地肥)라 한다. 겁초(劫初)의 때에 자연히 지상에 생긴 얇은 떡[薄餠]을 가리킨다.

362) 인간의 수명은 원래 8만4천 세에서 백년마다 1세를 감축하여서 사람 수명이 10세까지 이르고, 다시 백년마다 수명이 1세를 증가하여서 사람수명이 8만4천 세까지 이르는 이 시간을 1소겁(小劫)이라고 말한다. 20소겁을 1중겁(中劫)이라 칭하며 40중겁을 1대겁(大劫)이라 부른다.

아야 한다. 최초의 종자가 미세한 티끌만한 마음의 때를 여의었을 때에 곧 미세한 티끌만한 청정한 마음의 세력이 나타나게 되는 것과 같다. 선한 종자가 생겼다고 할지라도 그것은 바로 불생(不生)의 생(生)이다. 이 견고한 성품은 중생의 식심(識心)에 있으면서 끝끝내 사라지지 않는다. 그러나 아직 자기의 마음의 실제인 대금강륜(大金剛輪)에 이르지 않은 중간에는 다시 머물 곳이 없으므로 과(果)는 다시 종자가 되고 전전하여 자라날지라도 역시 아자문(阿字門)을 나오지 못한다. 그러므로 최상(最上)의 대승구(大乘句)인 마음이 계속 생겨나는 모습은 모든 부처님의 큰 비밀이어서 외도는 알 수 없다고 한다. 『법화경』의 「약초유품(藥草喩品)」[363)]도 뜻은 여기에 있다.

또 다시 수행자가 삼보에 귀의하고 여래의 율의(律儀)를 수순하며, 하룻동안에 팔재의 법을 닦고 성스러운 계(戒)에 방호(防護)됨으로 말미암아 적정(寂靜)하고 안락하다. 안락하기 때문에 곧 현성(賢聖)이 행하는 바를 믿으며, 자주자주 [현성이 행한대로] 닦아 익히니 이것을 최초의 종자라 부른다. 이 선을 증장하게 하기 위하여 온갖 선을 닦는다. 나아가 계가 아주 맑아지면 이로 말미암아 반드시 천상에 태어나고 나중에는 열반에 이른다. 이

---

363) 『법화경』 제3권 5 「약초유품(藥草喩品)」(대정장 9, 19 중하). '여래가 설하시는 법은 같은 모양 같은 맛이니, 이른바 해탈의 모양, 여의는 모양, 소멸하는 모양이라, 마침내 모든 종류의 지혜에 이르느니라. 그 어느 중생이 여래의 법을 듣고 지녀서 읽고 외우거나 설하심과 같이 닦아 행하여서 얻게 되는 공덕을 스스로는 깨달아 알지 못하느니라. 왜냐하면 오직 여래만이 이 중생의 종류, 모양, 근본 바탕과 성품을 아시되, 무슨 일을 생각하고 무슨 일을 사유하며 무슨 일을 닦고 어떻게 생각하며, 어떻게 사유하고, 어떻게 수행하며, 어떤 법으로 생각하고, 어떤 법으로 사유하며, 어떤 법으로 수행하여 어떤 법으로써 어떤 법 얻는가를 아시느니라. 중생이 갖가지 경지에 머무름을 오직 여래께서 여실히 보시고 밝게 알아 걸림이 없으시니, 저 초목, 숲과 모든 약초 등이 스스로는 상·중·하의 성품을 모르는 것과 같느니라. 여래가 이 한 모양 한 맛의 법을 아시니, 이른바 해탈의 모양, 여의는 모양, 멸하는 모양이며 구경열반인 항상 적멸한 모양이라. 마침내 空으로 돌아가느니라. 부처님이 이것을 아시고 중생심의 하고자 함을 관찰하여 이를 이끌어 보호하시나니, 이러한 연고로 중생을 위하여 일체종지(一切種智)를 곧 말하지 아니하였거늘, 너희들과 가섭이 매우 희유하여 여래의 근기따라 설법함을 알아서 믿을 수 있고 받을 수 있음이라. 왜냐하면 모든 부처님 세존의 근기따라 설하시는 법은 이해하기 어렵고 알기 어려운 때문이니라.'

것을 수용종자라 부른다. 다시 선지식을 친근함으로 해서 올바른 법의 이익을 들으며, 다른 데에 귀의하려는 마음을 일으키지 않는다. 이것이 생사를 헤매는 범부의 제8 진실한 두려움 없는 의지처이다. 또한 이 가운데에 수승하게 머물러 해탈을 구하는 혜(慧)가 생기는 것이 있어, 사유하고 관찰하여 분명한 생각을 낸다. 이로부터 곧 성문(聲聞)의 보리의 최초 종자심을 낸다. 모두 앞의 문장에서 열거한 것으로 자세하게 분별하여 설명하여야 한다.

나아가 삼승의 하나하나의 지(地)에 모두 열 가지 마음을 갖춘다. 제10지에 이르기까지 또한 종자(種子)·싹[芽]·줄기[疱]·잎[葉]·꽃[花]·열매[果] 등을 갖추며 불지(佛地)를 구하는 지혜가 생겨서 필경공(畢竟空)을 관하여 금강제(金剛際)에 이르게 된다.

17. 육십 가지 마음의 모습

"이때에 금강수가 다시 부처님께 청하여 말씀드렸다."

"오직 바라오니 세존이시여, 그 마음에 대하여 설하여 주십시오."

이와 같이 말씀드리자 부처님께서 금강수비밀주에게 말씀하셨다.

"비밀주여, 마음의 상(相)을 잘 듣거라. 즉 탐내는 마음[貪心], 탐욕을 떠난 마음[無貪心], 성내는 마음[嗔心], 자애로운 마음[慈心], 어리석은 마음[癡心], 지혜로운 마음[智心] (…중략…) 무엇을 태어남을 받는 마음[受生心]이라고 하는가. 모든 존재의 상태에서 그 생의 행업(行業)을 수습하는 것을 말한다. 마음은 이와 같은 다양한 성품이 있다."

이것은 앞의 물음 가운데 모든 마음의 모습에 대해 답변하신 구절이다. 처음에 육십심의 명칭을 나열하고 다음에 그 상(相)[364]을 해석하였다.

① "비밀주여, 무엇을 탐내는 마음[貪心]이라 하는가? 물들은 법에 따르는 것을 말한다."

이른바 앞의 경계에 물들어 집착하면 곧 이것이 청정한 마음을 염오(染汚)하는 것이다. 만일 이 법에 따라 행하면 이것을 탐심이 있다고 부른다. 심법(心法)이 미세하여서 알기 어려우므로 다만 그 행하는 사업을 관찰하니 모습은 바깥에 그림자를 반드시 남긴다. 비유하면 연기의 모습을 볼 때에 곧 불이 있음을 미루어 알 수 있는 것과 같다. 그러므로 모든 구절은 대부분 따라 닦음으로써 그 뜻을 밝힌 것이니, 이로써 예를 삼아야 할 것이다. 이들은 모두 아직 세간을 벗어나지 못한 마음을 얻은 이래로 선(善)이 갖가지로 다양하게 일어나는 마음이다. 만약 수행자가 참과 거짓을 잘 알아서 마치 농부가 일하면서 잡초를 뽑아내고 좋은 모를 돌보는 것처럼 한다면, 곧 깨끗한 마음의 세력이 점점 자라날 것이다. 이것을 인연의 현상적인 모습이라 치부하며 지극한 말씀을 소홀히 여기거나, 마음이 그 가운데 빠져서 스스로 깨닫지 못하는 일이 없게 하라.

② "무엇을 탐냄이 없는 마음[無貪心]이라 하는가? 물듦없는 법을 따라하는 것을 말한다."

이것은 앞의 마음과 서로 다른 것을 말하는데, 나아가 구해야 할 선처(善處)마저도 즐겨 원하지 않는 것이다. 이러한 까닭에 선법에 물들지 않으나 더불어 선(善)의 싹을 장애하지도 않는다. 물들지 않은 마음과 명칭은 같으나 현상은 다르므로 반드시 잘 관찰해야 한다. 이러한 까닭에 수행자는 다만 탐내는 마음의 실상을 관찰하여 자연히 물들지 않은 마음을 찾을 뿐이지 혜도 없이 탐내지 않는 행을 일으켜서는 안된다.

③ "무엇을 성내는 마음[嗔心]이라 하는가? 분노의 법에 따르는 것을 말한다."

분노란 성내는 마음이 발동하여 현상이 바깥에 드러난 것이다. 마음의

364) 이하 심상(心相)에 대한 답변에 대해 해석한다. 이 가운데 60종의 염심(染心)을 보인다. 다만 『대일경』에는 59종만을 거론하였으나, 선무외삼장은 대본(大本)의 뜻을 미루어서 원후심(猿猴心)을 더하여 육십심으로 하였다.

법은 알기 어려우므로 분노의 법에 수순하여서 이를 해석하였다. 만약 자주 이와 같은 적정하지 않은 모습이 일어나면 이것이 성내는 마음의 모습이라는 것을 알라. 오직 온갖 연 가운데에서 성내는 마음을 관찰하여 스스로 머무는 바 없이 머무르면 곧 이 장애는 생기지 않는다.

④ "무엇을 자애로운 마음[慈心]이라 하는가? 자애로운 법을 닦는 것을 말한다."

이 자애는 성냄과 서로 어긋난다. 애착하여 보는 물들은 마음의 자애[慈]로써 선한 종자에서 생긴 것이 아니다. 앞의 자(慈)라는 글자는 내심(內心)을 근거로 하며 아래의 자(慈)자는 바깥의 모습으로 행하는 사업이다. 이미 알고 났으면 다만 도를 방해하는 실수를 다스리고, 전전(轉轉)하여 자무량심(慈無量心)[365]을 닦으면 곧 이것이 '자애로운 마음'을 다스리는 방법이다.

⑤ "무엇을 어리석은 마음[癡心]이라 하는가? 법을 관찰하지 않고 따라 닦는 것을 말한다."

이른바 앞에서 말한 선과 악, 옳고 그름을 보지 않고, 만나면 곧 신수(信受)하며, 무릇 행하려는 사업에서 먼저 혜심(慧心)으로써 잘 가려서 옳고 그름을 헤아리지 않으니 이와 같은 온갖 잘못이 많다. 모두가 어리석은 마음의 모습이다.

⑥ "무엇을 지혜로운 마음[智心]이라 하는가? 세간의 분별로써 수승하고 더욱 높은 법에 따르는 것을 말한다."

이른바 이 사람은 갖가지로 말한 것 중에서 모두 지혜로써 이것이 뛰어나고 저것이 열등하며, 이것은 받아들여야 하고 저것은 받아들이면 안된다는 것을 간택하여 그 가장 뛰어난 것을 취하고 다음에 이를 행한다. 바로 이것이 어리석지 않은 모습이다. 그렇지만 도인(道人)의 법[366]은 [보통

---

365) 자·비·희·사(慈·悲·喜·捨)의 네 가지 무량한 마음인 사무량심의 하나로서, 자무량심(慈無量心)에서 자(慈)는 즐거움을 준다는 뜻이다. 모든 중생에게 즐거움을 베풀어주는 마음가짐이며 또 탐욕의 마음을 그친다.

사람의] 지혜력으로써 헤아리더라도 이에 미칠 수 없다. 오직 믿는 자가 들어갈 수 있을 뿐이다. 이러한 까닭에 세지변총(世智辯聰)[367]의 난(難 : 八難)을 관찰하는 것이 그 다스리는 방법이다.

⑦"무엇을 굳게 안주하여 흔들림 없는 마음[決定心]이라 하는가? 세존의 가르침을 말씀대로 받들어 행하는 것을 말한다."

⑧"무엇을 의심하는 마음[疑心]이라 하는가? 항상 어떤 일에 정해지지 않는 마음을 거두어 지니는 것을 말한다."

지금 먼저 의심하는 마음[疑心]을 해석하는 것은 굳게 안주하여 흔들림 없는 마음[決定心]의 모습을 이해하기 쉽고 명료하게 하기 위해서이다. 이른바 이 사람은 들은 것이 있으면 그에 따라 문득 굳게 안주하지 못하는 마음을 낸다. 계를 받을 때와 같이 문득 스스로 의심을 낸다. '내가 지금 틀림없이 계를 얻은 것인가, 계를 얻지 못한 것인가?' 혹은 스승을 의심하고 법을 의심하는 등 여러 가지 사례가 그러하다. 사람이 도를 행하는 데에 의심 때문에 앞으로 나아가지 못하는 것과 같다. 『대지도론』[368]의 게송에서 '비유하면 갈림길을 보고서 이익을 좋아하는 자가 따라가는 것과 같다'고 하였는데 이것이 바로 [의심을] 다스리는 방법이다.

---

366) 부처님의 경계는 생각하기 어려운 경계로서 보통 사람이 헤아려 알 수 없는 묘경(妙境)이다. 그래서 평범한 지혜로써 헤아리기 어렵다.

367) 부처님의 법을 만나기 어려운 팔난처(八難處) 가운데 하나이다. 즉 세지변총(世智辯聰)은 세속지만 있어서 바른 도리에 따르지 않는 것을 말한다.

368) 『대지도론』 제17권에 의심의 덮개[疑蓋]를 제거해야 할 것을 밝히고 있다(대정장 25, 185 상). '어떤 사람이 험준한 길에서 의혹하면 가지 못하듯이 모든 법의 실상을 배우는 데에도 의혹하면 그 허물 이와 같도다. 의혹 때문에 모든 법의 실상을 부지런히 구하지 못하나니, 이 의혹은 어리석음에서 생긴 것으로 죄악 가운데에서 가장 나쁘다. 착한 법과 착하지 못한 법, 생사와 열반 사이에 반드시 진실로 참되게 있는 법, 거기에 대하여 의혹을 내지 말라. 그대들 의혹하는 마음을 내면 죽음의 옥졸에게 결박되리니 마치 사자가 사슴을 덮치듯 벗어나 풀려나기 어려울 것이다. 세상을 사노라면 의혹이 있겠지만 묘하고 선한 법을 따라 가거라. 마치 갈림길에서 망설이는 이가 이롭고 좋은 쪽을 따라가듯이. 이러한 갖가지 인연 때문에 의혹의 가리움을 버려야 한다. 이 다섯 가지 가리움을 버리면 마치 빚을 진 이가 벗어나듯이, 중환자가 쾌차하듯이, 굶주리는 지역을 벗어나 풍요로운 나라를 만나듯이, 옥에서 풀려나듯이, 흉악한 도적들 틈에서 벗어나 편안하고 근심 없게 될 것이다.'

또한 굳게 흔들리지 않는 마음이란 착한 벗 등으로부터 여법한 교명(教命)을 들음에 따라 곧바로 의심하지 않고 지심으로 받들어 행하는 것이다. 그러나 역시 혜(慧)로써 관찰하여 굳게 안주하여 흔들리지 않는 마음을 바르게 내어야 한다.

⑨ "무엇을 어두운 마음[暗心]이라 하는가? 의심할 바 없는 법에 대해 새로이 의심하는 생각을 내는 것을 말한다."

이른바 사제(四諦)와 부정(不淨)과 무상(無常) 등과 같은 것을 세간의 지혜로운 사람은 의심하지 않는다. 그러나 그가 이것을 듣고서 마음에 주저하게 되면 마치 밤에 나무의 밑둥을 보고 갖가지로 억측하는 마음이 생기는 것과 같다. 만약 이와 같은 모습을 본다면 어두운 마음이 시켜서 그런 것임을 알아야 한다.

⑩ "무엇을 밝은 마음[明心]이라 하는가? 의심할 것 없는 법에서 의심없이 닦는 것을 말한다."

이른바 분명한 법인(法印)의 의심할 수 없는 법에서 그가 듣는 대로 믿는 것이다. 이것이 밝은 마음임을 알아야 한다. 그러나 이 가운데에 지나침과 미치지 못함이 있는데 이것이 도를 장애하는 마음이다. 문득 중혜(中慧)에 처하면 이것이 그 마음을 다스리는 방법이다.

⑪ "무엇을 쌓아 모으는 마음[積聚心]이라 하는가? 무량한 것을 하나라고 고집하는 것을 말한다."

이른바 이 사람은 한 가지 일에 따라 신해(信解)를 일으키고 나서 다시 갖가지의 다른 법을 들을지라도 모두 집합시켜 하나로 한다. 또한 하나의 삼매를 학습하여 얻고 나서 다른 경의 가르침과 무량의 법문과 차별되고 뛰어난 일을 보고도 모두 이 굳은 마음을 설하는 것이라고 한다. 그리고 이것을 떠나서는 밖에 다시 다른 법이 없다 하므로 쌓아 모으는 마음이라 부른다.

⑫ "무엇을 싸우는 마음[鬪心]이라 하는가? 서로 간에 옳고 그름을 가리는 것을 성품으로 삼는 것을 말한다."

다른 이가 설하는 가르침을 듣고서 언제나 즐겨 옳고 그름을 변론(辯論)하여, '이 뜻은 이러하다', '이 일은 그렇지 않다'라고 하는 것을 말한다. 설령 말하는 것이 이치에 합당할지라도 역시 갖가지의 방편으로써 그 장점과 단점을 살펴서 잘못으로 떨어지게 한다. 설령 다른 이가 와서 물을 때에도 또 다시 그 장점과 단점을 구하여 이 질문을 어그러뜨리고 피하려 하며 자기는 답할 수 없다고 한다. 이와 같은 모습이 나타나면 이것이 싸우는 마음이라는 것을 알아야 한다.

⑬ "무엇을 다투는 마음[諍心]이라 하는가? 자기 안에서 옳고 그름이 생기는 것을 말한다."

이른바 안으로 옳고 그른 마음을 품고 스스로 하나의 뜻을 사유하여 마치고서 문득 다시 스스로 반대 의견을 지어서 그 잘못을 추구하거나, 착한 마음으로써 사람에게 자문을 받아 이미 받아들였을지라도 돌이켜 스스로 득실(得失)을 추구하고 '이 일은 이래야 한다', '이것은 합당하지 않다'고 말하는 것과 같다. 이와 같은 모습이 많이 나타나면 이것이 다투는 마음임을 알아야 한다.

⑭ "무엇을 다툼이 없는 마음[無諍心]이라 하는가? 옳고 그름을 다 버리는 것을 말한다."

산스크리트본의 전성(轉聲)에 준(准)하면, 육십심의 아래에 모두 위성(爲性)[369]의 글자가 있어야 한다. 예로써 알 수 있을 것이다. 말하자면 그 마음의 향배(向背)를 부수지 않고, 우선 근본을 수습하는 데에서 이와 같은 견해를 지을지라도 다시 다른 말로 부정되거나 이치에 합당한 것을 들으면 곧 이것을 받아 행한다. 혹은 먼저 옳다고 할지라도 다른 사람이 선하지 않다고 하는 것을 듣고서 곧 이것을 고친다. 정(情)에 집착하지 않으나 옳고 그름을 함께 버린다. 이와 같은 모습이 있으면 이것이 다툼이 없는 마음임을 알아야 한다. 무기(無記)의 다툼이 없는 마음을 알아채고 모든 법

369) 산스크리트어의 위격(爲格)으로서 곧 '~을 위하여', 또는 '~에'로 번역해야 할 격(格)을 말한다.

의 실상을 [알고] 다툼이 없는 마음을 닦는 것이 그 다스리는 방법이다.

⑮ "무엇을 천의 마음[天心]이라 하는가? 염원에 따라 성취되기 바라는 마음을 말한다."

모든 천은 선세의 과보로 인해, 필요한 것이 있다면 애써 공을 들이지 않아도 마음대로 생겨나게 할 수 있다. 자주 이와 같이 바램이 일어나면 이것이 천의 마음임을 알아야 한다. 일찍이 상계(上界)에 태어나려고 하였기 때문에 이러한 습(習)이 있다. 예컨대 진언을 수행하는 사람이 원대한 과(果)를 기약하지 않고, 다만 자기 마음을 위하여 끌어당긴다면 정보리심을 장애하게 된다. 스스로 알아서 세간의 실지를 탐하지 말라. 이것이 그 마음을 다스리는 방법이다.

⑯ "무엇을 아수라의 마음[阿修羅心]이라 하는가? 즐겨 생사에 처하는 것을 말한다."

아(阿)는 비(非)라 하고 수라(修羅)는 천(天)이라 부른다. 그 과보는 천(天)과 흡사할지라도 행업(行業)과 머무는 곳은 같지 않기 때문에 이로써 이름으로 하였다. 이것은 해탈의 이익이 있다고 알지라도 깊이 생사의 과보와 쾌락을 즐길뿐 나아가려고 하지 않는 것이다. 만약 수행하는 사람에게 이러한 모습이 있으면, 아수라의 마음이라 함을 알아야 한다. 또한 선세에 일찍이 이 세계에 태어났었기 때문에 이러한 습이 있다. 무상(無常)과 고(苦) 등을 관찰하는 것이 그것을 다스리는 수행이다.

⑰ "무엇을 용의 마음[龍心]이라 하는가? 광대한 자재(資財)를 생각하는 것을 말한다."

이른바 자주 이런 생각을 하는 것이다.

'나는 어떠한 방편으로써 이와 같은 광대한 자재와 뛰어나며 진귀한 보배를 얻을 것인가?'

탐욕이 많고 싫어하는 생각이 없는 것이 바로 용취(龍趣)의 마음이다. 또한 본디 용취 가운데에서 왔으므로 이러한 습이 생긴다. 수행하는 사람으로 하여금 세상사람의 실지를 구하게 하는 것을 좋아하고, 출세간의 청정한 마음을 장애하게 한다. 적게 바라고 만족할 줄 알며, 무상 등을 사유하는 것이 그 마음을 다스리는 방법이다.

⑱ "무엇을 사람의 마음[人心]이라 하는가? 남을 이롭게 하는 것을 사념하는 것이다."

이른바 즐겨 추구하며 생각하기를, '아무개는 나에게 은혜를 베풀었으므로 나는 이와 같은 방편으로써 그에게 큰 이익을 얻게 하겠다. 아무개는 일찍이 나에게 요익하지 않은 바가 있으니 지금 이를 갚으리라'고 한다. 그리고 갖가지로 사람을 구별하고 재물을 이롭게 하려는 생각은 모두 사람의 마음이다. 스스로 마음 작용을 관찰하여 일찍 법의 이익을 구하고, 분분하게 다른 연을 생각해서는 안된다. 이것이 그 마음을 다스리는 방법이다.

⑲ "무엇을 여자의 마음[女心]이라 하는가? 애욕의 법에 따르는 것을 말한다."

이것도 인취(人趣)의 마음이다. 다만 욕심 많은 것이 다를 뿐이다. 경에서 설하는 것처럼, 여인은 욕심이 많은 것이 남자의 백배이다. 언제나 변함없이 좋아하는 것만 생각하고, 혹은 다른 사람의 용모나 자태 등을 생각하며, 수행자로 하여금 청정한 마음을 장애하며 가리게 한다. 역시 많은 생애 동안 일찍이 여인이 되었기에 아직 본래의 습이 있는 것이다. 부정관(不淨觀)[370]과 사념처(四念處) 등으로 [몸의] 실상을 관하면 이것이 그 마음을 다스리는 방법이다.

⑳ "무엇을 자재의 마음[自在心]이라 하는가? 모든 것이 내 뜻대로 되기를 생

---

370) 인간의 육체가 추하고 더러운 것임을 관찰하여 애착과 탐욕의 번뇌를 멸하기 위한 관법. 부정관(不淨觀)에 대해서는 『중아함경』에 다음과 같은 경문이 나온다. '비구는 이 몸이 머리에서 발에 이르기까지 온갖 더러운 것이 충만해 있다고 관찰한다. 곧 나의 몸 가운데에는 머리털 · 털 · 손톱 · 뇌수 · 눈곱 · 침 · 쓸개 · 오줌이 있다고 관찰해야 한다. 이와 같이 비구는 이 몸은 어디에 있거나 좋고 밉거나 머리에서 발에 이르기까지 더러운 것이 충만하다고 관찰한다.' 부정관은 머리에서 발끝까지 신체를 안팎으로 관찰하여 부정하다고 보아, 모든 탐욕을 버리게 하는 수행이다.

각하는 것을 말한다."

자재(自在)란 곧 외도들이 섬기는 천신(天神)이다. 그 종(宗)에서는 '자재천은 생각하는 대로 모든 중생과 괴롭거나 즐거운 일을 만든다'고 주장한다. 이 법을 구하는 자도 언제나 생각을 이어서 그 본존과 같게 되기를 원한다. 만약 진언을 행하는 사람이 자주 이와 같은 실지를 염하고 '내가 바라는 대로 성취할 것이다'라고 생각하면, 이것이 자재의 마음임을 알아야 한다. 또한 선세의 습이 그렇게 시키는 것이다. 모든 법은 모두 다 인연에 속하며, 자재는 없다고 관하면 이것이 그 마음을 다스리는 방법이다.

㉑ "무엇을 상인의 마음[商人心]이라 하는가? 처음에는 거두어 모으고 뒤에 계산하고 나누는 법에 따르는 것을 말한다."

세상의 상인은 먼저 힘써서 화물(貨物)을 쌓아 모은다. 그런 다음에 사유하여 이를 분석하고 '이 물건이라면 그 곳에 사용하기 적당하며, 저 물건이라면 그 곳에 사용하기 적당하여 큰 이익을 얻을 것이다'라고 하는 것과 같이, 만약 수행하는 사람이 먼저 내외의 학문에 힘써서 두루 갖추고 나서 다시 다음과 같이 생각한다.

'이것은 바로 세전(世典)이다. 이와 같은 곳에 쓰면 알맞고, 이것은 이승의 법이니 사용하여 그 사람에게 접해야 한다. 이것은 대승의 자량(資糧)이다. 이것은 어떠한 연에 필요한 것이다.'

이것을 상인의 마음이라 부른다. 역시 선세의 습에 의해서 그렇게 되는 것이다. 질병을 이기는 지혜[371]를 닦는 것이 그 마음을 다스리는 방법이다. 이른바 어떤 법을 듣는 것에 따라 그 인연의 일과 쓰임을 관해야 한다. 어찌 많이 듣는 것이 쌓여 모으기를 기다려 바야흐로 사용하는 곳을 구할 것인가!

㉒ "무엇을 농부의 마음[農夫心]이라 하는가? 먼저 널리 듣고 나중에 법을 구한 것에 따름을 말한다."

---

371) 속히 구경에 도달하는 지혜를 말한다.

농사를 배우는 자가 늙은 농부에게, '어떤 땅이 좋은지 알 수 있습니까? 어떻게 밭 갈고 심으며 김매고, 어떻게 때를 기다리며, 어떻게 수확하여 저장합니까?'라고 묻고, 이와 같이 하나하나 알고 나서 공력을 들이는 것과 같다. 이 마음도 역시 그러하다. 먼저 지혜로운 자에게 여쭈어 널리 도품(道品)[372]을 듣고서 그런 다음에 이를 행한다. 모두 숙세의 습이 그렇게 하는 것이다. 날카로운 지혜로 그것을 다스려야 한다. 제온(諸蘊)이 무상하다고 듣는 것과 같이 곧 계(界)·입(入)·연기(緣起) 등도 그 예로써 모두 그렇다고 알아야 한다. 또한 독화살이 몸에 박힐 때와 같다. 어찌 삼농월(三農月)[373]을 마치고 널리 물은 다음에 이를 뽑을 수 있겠는가!

㉓ "무엇을 하천의 마음[河心]이라 하는가? 두 가지 치우친 법을 의지하여 따라 닦는 것을 말한다."

이 마음의 성품은 쌍으로 두 변에 의지한다. 어떤 때에는 변하지 않는 실체가 있다는 생각[常見]을 닦고, 어떤 때에는 멸하여 없어지는 것에 사로잡힌 생각[斷見]을 닦으며, 혹은 다시 삿된 것과 바른 것을 겸하여 믿는다. 하천의 물이 쌍으로 양 언덕에 의지하니 흘러가는 물건도 역시 정하여 한 변에 걸리지 않는 것과 같다. 이것의 대치는 이른바 수행하는 사람이 마음을 한 경계에 오로지 하면 곧 도달하는 바가 있다는 것이다. 만약 마음을 정하여 지키기 어려운데도 사업을 갖추어 행하려 한다면, 이러한 이치는 없다.

㉔ "무엇을 방죽의 마음[陂池心]이라 하는가? 끝내 싫어함도 만족함도 없는 법에 따르는 것을 말한다."

비유하면 방죽에 온갖 물이 흘러들어올지라도 끝내 싫어함이 없는 것과 같이, 이 마음도 역시 그러하여 명예와 이익과 권속 등의 일이 그 몸에 몰려올지라도 끝내 싫어하지 않으며 나아가 학습하는 법에서도 역시 그

372) 삼십칠도품(三十七道品)을 말한다.
373) 앞의 농부의 비유로써 지금 독화살의 뜻을 해석한다. 삼농월(三農月)이란 봄·여름·가을로서 이 세 계절에는 농사에 힘쓸 때이기에 이렇게 말한 것이다.

러하다. 유미(乳糜)[374]를 얻고 난 다음에 힘껏 빨리 먹으려 하지 않고, 다시 다른 맛을 갈구하여 바라는 것과 같다. 여기에는 적은 욕심으로 만족할 줄 아는 것을 다스리는 방법으로 삼는다.

㉕ "무엇을 우물의 마음[井心]이라 하는가? 이같이 깊이 사유하고서 다시 그 깊이를 더하는 것을 말한다."

구부려서 우물물을 잠깐 보는데 얕고 깊은 정도를 알기 어려운 것처럼 이 마음의 성품도 역시 이와 같다. 무릇 사유하는 것을 좋아하는데 매우 깊고 멀어서, [그가 행하는] 착하거나 착하지 않은 일을 다른 사람들 모두가 헤아리지 못한다. 함께 머물고 같은 일을 할지라도 역시 그의 마음 속은 알지 못한다. 이것이 우물의 마음임을 알아야 한다. 연기의 법문과 착한 사람의 모습은 모두 드러나기에 알기 쉬우니, 이것이 그 마음을 다스리는 방법이다.

㉖ "무엇을 수호하는 마음[守護心]이라 하는가? 오직 이 마음만이 진실하며 그 외의 마음은 진실하지 않다고 하는 것을 말한다."

세상 사람이 자기 몸이나 재물 등을 보호하기 위하여 담을 두텁게 세워 두르고 갖가지로 방비하여 지켜서 다른 사람이 손대지 못하게 하는 것과 같이 이 마음도 역시 그러하다. 언제나 몸과 마음을 수호하니, 거북이가 여섯[375]을 감추어 바깥 경계에 손상되지 않게 하는 것과 같다. 오직 이 수행만이 진실하다고 하며, 그밖의 모든 수행하는 일은 다 진실하지 않다고 하는 것을 말한다. 성문(聲聞)을 학습하는 자는 대부분 이런 마음을 낸다. 겸하여 다른 사람을 보호함으로써 그 다스리는 바로 삼는다. 또한 어떤 사람이 스스로 이해하는 것을 보호하여 다른 갖가지의 이론(異論)에 손상되지 않게 한다. 그밖의 견해란 모두 다 진실하지 않다고 하는 것도 역시 그렇다.

---

374) 우유를 넣어서 끓인 죽이다

375) 거북이의 네 발과 머리와 꼬리의 여섯을 감추어 지켜서 다른 사람이 손해입히지 않게 하는 것을 말한다. 여섯은 육근(六根)을 비유한 것이다.

㉗ "무엇을 인색한 마음[慳心]이라 하는가? 자신만을 위할 뿐, 남을 위해 베풀지 않는 법에 따르는 것을 말한다."

말하자면 이 사람의 온갖 행위는 모두 다 자신을 위한 것이다. 재물이나 기예(伎藝), 내지는 선법(善法)을 모두 좋아해서 몰래 아끼며 남에게 베풀지 않는다. 이러한 모습이 있는 자는 인색한 마음을 가진 자라고 알아라. 베풀거나 무상(無常) 등을 생각함으로써 다스리는 바로 삼는다. 재물과 기능(伎能)이란 항상함이 없기에 베풀 때에도 나로부터 떠나가는 것이 없다고 생각해야 한다. 그리고 지금의 이 몸은 아무리 생각해도 스스로 지킬 수 없다. 어찌 이것을 애석해하는가!

㉘ "무엇을 삵괭이의 마음[狸心]이라 하는가? 서서히 나아가는 법에 따라 닦는 것을 말한다."

고양이나 삵괭이가 짐승이나 새를 사로잡으려고 숨을 죽이며 조용히 있다가 [처음부터] 힘써서 빨리 나아가지 않고, 어느 정도 안에 이르기를 기다린 다음에 잡는 것처럼 이 사람도 그러하다. 우연히 갖가지의 법요(法要)를 들었더라도 다만 작심하여 받아들이고 기억하여 지닐 뿐 나아가 행하지 않는다. 그러다가 기다리는 가운데 좋은 연을 만나면 용건하게 힘써서 이를 행한다. 또한 고양이나 삵괭이가 갖가지 자애로서 길러졌을지라도 은혜를 알지 못하는 것처럼, 만약 사람이 남으로부터 자비로운 은혜와 좋은 말을 받았을지라도 갚을 것을 생각하지 않는다면 이것이 삵괭이의 마음이다. 때와 장소를 기다리지 않고 들은 대로 곧장 행하며 언제나 은덕을 생각하여 그 마음을 다스려야 한다.

㉙ "무엇을 개의 마음[狗心]이라 하는가? 작은 것을 얻고서 기뻐하는 것을 말한다."

개는 박복한 연(緣) 때문에 기대하는 것이 하열하다. 그래서 우연히 거칠고 천한 음식을 조금이라도 얻으면 문득 기뻐서 만족해한다. 만약 조금이라도 이에 넘치면 본래 바라는 바가 아닌 것과 같이 이 마음도 역시 그러하다. 극히 일부분의 선법을 들었으나 이것이 수행의 전부가 아닌데도 다시 뛰어난 수행을 하려고 하지 않는다. 이것은 성문이라는 부류의 습(習)에서 생긴 것이다. 더 높이 나아가려는 의지로써 그 마음을 다스려야 한다. 나아가 큰 바다가 적어도 거부하지 않으며 많아도 넘치지 않는 것처럼 그 마음을 써야 한다.

㉚ "무엇을 가루라[376]의 마음[迦樓羅心]이라 하는가? 함께 무리짓는 법에 따르는 것을 말한다."

가루라는 언제나 양 날개가 그 몸에 붙어 있는 것을 믿고서 뜻하는 대로 가며 이로써 큰 힘을 이룬다. 그러나 한쪽 날개가 [다른 날개보다] 작다면 할 수 있는 것이 없다. 이 마음도 역시 그렇다. 언제나 많은 친구들과 서로 도와 이루고 보탬이 됨으로써 사업을 이룬다고 생각한다. 또한 다른 사람의 행위로 인하여 나중에 마음을 낼 뿐, 홀로 나아가지 못한다. 어떤 사람이 선을 행하는 것을 보면 문득 '그가 행하는데 내가 어찌하여 할 수 없는가'라고 생각한다. 용건한 보리심은 사자왕과 같아서 [타인의] 도움을 빌리지 않는다는 것을 생각하여야 하며, 이렇게 해서 그 마음을 다스린다.

㉛ "무엇을 쥐의 마음[鼠心]이라 하는가? 모든 얽매임을 끊으려고 생각하는 것을 말한다."

쥐는 다른 상자나 밧줄 등을 보고 [이빨로 끊는 것을 좋아하는데] 그 좋아하는 것이 이치에 어긋나며 손상시키고 부수는 것이라는 생각을 하지 못한다. [도리어] 이것을 끊음으로 해서 내가 이와 같은 이익을 얻는다고 하며, 단지 그 나아가지 않음으로써 이를 위하는 것과 같이 이 마음도 역시 그

376) Skt. Garuḍa. 가유라(迦留羅)·가로라(誐嚕拏)라고 음사되며 금시조(金翅鳥) 혹은 묘시조(妙翅鳥)라고 번역한다. 인도신화에 등장하는 독수리같이 사납게 생긴 상상의 동물로서 조두인신(鳥頭人身)에 큰 날개와 발톱을 가진 새이다. 인도신화에서는 불(火)·태양의 신격화로 언제나 용을 잡아먹는다고 하며 조왕(鳥王)이라 부른다. 인도 신화에 의하면 가루라는 가섭파선(迦葉波仙)과 비나타(Vinata) 사이에서 생긴 아들인데 어머니인 비나타가 용의 어머니인 카드루와 사이가 나빴기 때문에 가루라는 용의 적이 되었다고 한다. 용을 주식으로 하며 봉황과 같이 아름답고, 날개를 펼치면 336만리나 된다고 하여 뱀을 잡아먹는 독수리 같은 맹수로 신화화된 것 같다. 불교에 들어와서 팔부중(八部衆)의 하나가 되었으며 천·용·아수라 등과 함께 설법의 자리에 참석하는 호법중으로 나타나고 있다. 태장만다라에 묘사된 것은 외금강부의 남방에 위치하고 있다.

러하다. 묶여 있는 것과 일을 이루는 것을 틈으로 삼아서 이를 저지해야 한다.

㉜ **"노래하는 마음[歌詠心]"**[377]은 산스크리트본에 문장이 빠져서 해석하지 않았다. [선무외]아사리는 '이것은 전법의 소리를 비유한 것이다. 세상 사람이 곡(曲)을 남에게 전해주어 선교(善巧)를 얻고 나서 다시 다른 사람을 위하여 연주함에 갖가지 미묘한 소리를 내니, 듣는 자는 환희하는 것과 같다'고 하였다. 이 마음은 다른 이로부터 정법을 듣고자 하며, '내가 중생을 위하여 되돌려서 갖가지의 문구로써 장엄하고 분별하여 연설하여서 이 묘음으로서 처처마다 듣고서 알게 하겠다'고 한다. 대부분은 성문의 숙세의 습으로서 또한 청정한 마음을 장애한다. 그러므로 '내가 내증한 자연의 혜(慧)를 얻고, 그런 다음에 두루 색신을 나타내어 이를 연설하겠다'고 생각하여야 한다. 이것이 그 마음을 다스리는 방법이다.

㉝ **"무엇을 춤추는 마음[舞心]이라 하는가? 이와 같은 법을 잘 수행하여 더욱 향상함으로써 갖가지의 신변을 행하려는 것을 말한다."**

세상 사람들이 팔 다리를 뻗고 움직이는 것을 춤이라고 부르는 것처럼 신변도 역시 그러하다. 갖가지의 일찍이 없었던 일을 나타내어 앞에 있는 사람의 마음을 맑고 기쁘게 한다. 대부분이 오신통의 남아있는 습이다. [그렇지만 신변에 의해서 생기는 본원(本源)의 궁극이 아니다.] 이와 같은 실지를 지나치게 숭상하며 방편으로 구하는 것도 청정한 마음을 장애할 뿐이다. 제개장삼매(除蓋障三昧)로써 마음을 흔들리게 하지 않고, 신통으로 멸정(滅定)을 일으키지 않겠다고 생각해야 한다. 가지신변을 짓고 세간의 조그만 효험을 탐하지 말아야 한다. 이것이 그 다스리는 방법이다.

㉞ **"무엇을 북치는 마음[擊鼓心]이라 하는가? 스스로 법고를 치려는 마음으로 이 법에 잘 따르는 것을 말한다."**

북은 중생들을 경계(警誡)하여 깨우침을 얻게 한다. 만약 수행하는 사람

---

377) 『대일경』 본문에는 그 설명이 나와있지 않다.

이 '중생은 긴 밤에 혼침(昏寢)하니, 내가 갖가지의 걸림없는 변재(辯才)를 익혀서 대법고(大法鼓)를 두드려 이로써 깨우치게 하겠다'고 생각하면, [이것도] 역시 청정한 마음을 방해할 뿐이다. '일찍부터 한량없이 많은 어언다라니(語言陀羅尼)를 증득하여 천고(天鼓)[378]의 묘한 소리로써 널리 모든 중생들에게 고하겠다'고 생각해야 한다. 세간의 적은 이익으로써 일대사의 인연을 방해하지 말라. 이것이 그 마음을 다스리는 방법이다.

㉟ "무엇을 집의 마음[室宅心]이라 하는가? 스스로 몸을 보호하는 법을 닦는 것을 말한다."

사람이 집을 만들어 세워서 그 몸을 덮어 지키고, 추위와 더위와 바람과 비와 도적과 악충 등의 갖가지 요익하지 않은 일을 피할 수 있게 하는 것과 같이 이 마음도 역시 그러하다. 내가 계를 지니고 선을 닦아서 스스로 방호함으로써 금세와 후세에 [수행자 자신이] 악도의 온갖 고통을 멀리 여의겠다고 한다. [이와 같은 생각을 품는 것은] 대부분이 성문의 습(習)이다. 모든 중생들을 구호하여 홀로 한 몸만이 아니라고 생각해야 한다. 이것이 그 마음을 다스리는 방법이다.

㊱ "무엇을 사자의 마음[師子心]이라 하는가? 모든 두려움 없고 약함이 없는 법을 수행하는 것을 말한다."

사자가 모든 짐승 가운데 이르는 곳마다 모두 이겨서 겁약하지 않은 것처럼 이 마음도 역시 그렇다. 모든 일 가운데에서 모든 사람들에게 승리하고 마음이 겁약하지 않고자 바라며, 자기 마음에 어려운 일이 없고, 나와 그 우열을 다툴 자가 없다고 여긴다. 만약 스스로 깨치고 나면 석가사자의 마음을 내어서 모든 중생들로 하여금 두루 승리하여 우열이 없게 해야 한다. 이것이 그 마음을 다스리는 방법이다.

㊲ "무엇을 올빼미의 마음[鵂鶹心]이라 하는가? 항상 어두운 밤에 사념하는 것을 말한다."

---

378) 도리천(忉利天)의 선법당(善法堂)에 있는 북. 두드리지 않아도 저절로 묘음(妙音)을 낸다고 한다.

이 새는 아주 밝은 데에서는 할 수 있는 것이 없고, 밤에만 육정(六情)379)이 밝고 날카롭다. 수행자가 낮에 들은 것이 있었을지라도 외워 익히는 데에 마음이 어둡고 어지러우면 그 선교를 얻지 못하지만, 어두운 밤이 되면 했던 일을 기억해서 거듭 다시 헤아리는데에 명료한 것이다. 내지는 선관(禪觀) 등을 닦는 데에도 어두운 곳이 좋다고 하는 것이다. 만약 깨닫고 나면 평등하게 명암에 대해 생각하여 낮과 밤의 다름이 없게 해야 한다. 이것이 그 마음을 다스리는 방법이다.

㊳ "무엇을 까마귀의 마음[烏心]이라 하는가? 어느 곳이나 무서워하는 생각이 있는 것을 말한다."

까마귀새와 같이 만약 어떤 사람이 착한 마음으로 가까이 붙으면서 은혜를 베풀거나, 어떤 때에는 그 편리를 찾아 구하여 원망하며 협박하는 마음을 함께 내는 것이니 모든 때에 성품이 언제나 이와 같다. 이 마음도 역시 그러하다. 좋은 친구로서 요익하게 하려고 할지라도 도리어 빠뜨리고 그릇되게 하는 자로서, 한 번 누르니 원망하여 사이가 멀어지고 의심과 두려움을 품는다. 내지는 계를 지니고 선한 일을 닦을 때에도 역시 생사에 두려운 마음을 품는다. [이러한 사실을] 깨닫고 나면 안정되고 두려움 없는 마음을 닦아야 한다. 이것이 그 마음을 다스리는 방법이다.

㊴ "무엇을 나찰의 마음[羅刹心]이라 하는가? 착한 것 가운데서 착하지 않은 것을 일으키는 것을 말한다."

어떤 사람이 착한 일을 하는 것을 보고서 모두 착하지 않은 뜻으로 이해한다. 부처님께서는 온갖 탑묘를 짓는 것은 한량없이 많은 복을 얻는다고 설하셨다. 이것을 그와 반대로 이렇게 말한다.

"이것으로 말미암아 종횡으로 한량없이 많은 작은 벌레를 해치고, 시주(施主)를 번거롭게 하였다. 장차 어떤 이익이 있겠는가? 괴로움의 과보를 받아야 한다."

---

379) 육정(六情)이란 안・이・비・설・신・의의 육식(六識)으로서 이 육식이 밝은 것이다.

"일으킨다"고 하는 것은 이와 같은 등의 착하지 않은 마음을 내어 일으키는 것이다. 이 가운데 다만 공덕과 이익을 관찰하여 그 단점을 생각하지 않음을 다스리는 바로 삼는다.

㊵ "무엇을 가시의 마음[刺心]이라 하는가? 어느 곳에서나 악한 짓을 일어나게 하는 성품을 말한다."

가시나무의 무더기는 모든 곳에서 피해보게 하고 방해하는 바가 많으며, 가까이 가는 자를 불안하게 한다. 이 마음도 역시 그러하다. 예컨대 큰 보시 등과 같은 좋은 일을 행하는데 이미 행하고 나서 다시 후회하는 마음을 일으키는 것이다. 또는 나쁜 일을 하여 마치고서 다시 스스로 사유하되 역시 뉘우치고 두려워하는 마음을 품는다. 이러한 까닭에 언제나 악작(惡作)[380]을 품으면 걱정하고 불안해 한다. 이것을 다스리는 방법은 만약 범하였으면 속히 힘써서 참회하여 없애고, 두려워하거나 후회하지 않는 것이다. 좋은 일을 행하였으면 스스로 사유하여 기쁘고 다행하다는 마음을 내어야 한다.

㊶ "무엇을 굴의 마음[窟心]이라 하는가? 굴에 들어가 법을 닦는 것을 말한다."

이른바 모든 용과 아수라 등[의 궁전]은 모두 지하 혹은 바다 밑의 깊은 굴 속에 있다. 대부분 신선의 온갖 약이 있어서 장수하며 자재하다. 수행자가 그 가운데에 많은 미녀가 있고, 단정하여서 천신들과 같으며, 일찍 죽을 근심이 없고, 다섯 가지 욕락[381]에서 마음 내키는 대로 하며, 혹은 그 가운데 머물면서 겁의 수명을 얻어 미래의 모든 부처님을 뵈어야 하겠다고 생각하는 것이 모두 굴의 마음이다. 법다웁게 수행하여 이 생애 동안에 법명도(法明道)를 보고, 나아가 성불해야겠다고 생각해야 한다. 삿된 길에 머물러서 세간 선인의 법을 생각해서는 안된다. 이것이 그 마음을 다스리는 방법이다.

㊷ "무엇을 바람의 마음[風心]이라 하는가? 모든 곳이나 두루하여 생기는 성

---

380) 후회하는 마음이다.

381) 색 · 성 · 향 · 미 · 촉의 오경(五境)에 대해서 바라는 것이 자기 뜻대로 되는 것이다.

품을 말한다.”

바람의 성질은 산란하여서 [한 장소에] 머물지 않는데 이 사람의 마음도 역시 이러하여 온갖 장소에서 두루 선근을 심는다. 말하자면 세간 외도의 갖가지 천존(天尊) 및 삼승(三乘)의 온갖 수행을 모두 행하는 것이다. 그리고 이렇게 생각한다. ‘많은 종자를 가지고 온갖 장소에 이를 두루하게 하면, 모여서 이루는 것이 있을 것 같다.’ 이것이 바람의 마음이다. [그러나 그가 선근을 심은 온갖 장소는] 자갈밭에다 불모지여서 허무하게 종자를 낭비할 뿐이라고 생각해야 한다. 좋고 아름다운 복전(福田)[382]과 기름진 장소에 오롯한 뜻으로 경작하면 수확하는 것이 반드시 많을 것이다. 이것이 그 마음을 다스리는 방법이다.

㊸ “무엇을 물의 마음[水心]이라 하는가? 모든 착하지 못한 것을 제거하는 법을 잘 닦는 것을 말한다.”

물의 성질은 청결하여서 잠깐 온갖 더러움에 물들어도 이를 맑게 하면 곧 깨끗해지고, 또한 더러운 때를 씻어 없앰과 같이 이 사람의 마음도 역시 그러하다. 언제나 더러운 악을 드러내어 삼업의 중죄를 참회하여 씻고자 한다. 이것은 더러운 때이고 이것은 깨끗하므로 나는 이렇게 수행하여야 한다고 여긴다. 이것이 바로 청정한 마음을 장애한다. 다만 마음의 실상을 관하여 본래부터 더러운 법은 생겨나지 않는다고 알아서 스스로 온

382) 복덕을 낳는 밭이라는 뜻. 불(佛)·법(法)·승(僧)의 삼보와 부모를 공양하고, 고뇌하는 이들을 보살피고 베풀면 복덕을 얻기 때문에 이것을 밭에 비유해서 복전이라 한다. 불타를 큰 복전·최승복전(最勝福田)이라 하며, 또 부모를 삼계(三界)의 최승복전(最勝福田)이라고 한다. 불타나 승보는 공경해야 할 대상으로 경전(敬田 : 恭敬福田·功德福田), 부모나 스승은 은혜에 보답해야 할 대상이므로 보전(報田 : 報恩福田), 가난한 이나 병자 등은 불쌍하게 여겨야 할 대상이므로 비전(悲田 : 隣民福田·貧窮福田)이라고 하여, 이것을 3복전이라고 한다. 또 보답을 구하는 것을 유작(有作)복전이라 하고 보답을 구하지 않고 하는 것을 무작(無作)복전이라 하여 이것을 2복전이라고 한다. 또한 팔복전(八福田)은 복을 심는 8인(八因)이 있는 밭, 곧 불전(佛田)·성인전(聖人田)·승전(僧田)·화상전(和尙田)·아사리전(阿闍梨田)·부전(父田)·모전(母田)·병전(病田)의 여덟 가지를 가리킨다. 복인을 복전이라고 표현한 것은 씨뿌린 뒤 밭에서 곡식을 거두어들이듯, 부처를 공양하면 복을 거두어들일 수 있다는 것을 상징화한 것이다.

갖 덮여있는 장애를 제거해야 한다. 이것이 그 마음을 다스리는 행이다.

㊹ "무엇을 불의 마음[火心]이라 하는가? 활활 타오르는 불꽃처럼 뜨거운 성품을 말한다."

불의 성질은 활활 타오르며 조급하고 빠른 것처럼 이 사람의 마음도 역시 그러하다. 만약 착한 일을 지을 때에는 잠깐 사이에 한량없이 많은 공덕을 이루며, 악한 일을 지을 때에도 역시 적은 시간에 극히 무거운 업을 이룬다. 맹렬하며 폭악한 마음은 손상되는 것이 많다고 사유하며 부드럽고 유화한 자선(慈善)의 물[水]로서 방편을 삼아 멸하게 하는 것이 이 [불의 마음]을 다스리는 수행이다. 이로써 좋은 일에 아주 힘써서 언제나 오래가게 해야 한다. 이것이 그 마음을 다스리는 방법이다.

㊺ "무엇을 진흙의 마음[泥心][383]이라 하는가?"

산스크리트본에는 글이 빠졌으므로 해석할 수 없다. [선무외]아사리가 말하였다.

'이것은 바로 한결같은 무명심(無明心)으로 눈 앞의 가까운 일도 분별하여 기억하지 못하는 것이다. 그러므로 율(律)에서는 마치 진흙덩이와 같다고 하였다.'

또한 진흙투성이의 진창에 빠지면 넘어가기 어려우므로 반드시 옮겨줄 수 있는 방편이 있어야 한다. 말하자면 교량 등을 빌려서야 이를 넘을 수 있는 것과 같다. 만약 이 방편이 있다는 것을 알면 반드시 착한 벗에게 돌아가 기대어서 방편을 개발해야 한다. 이에 점차로 무지를 제거하고 도리어 지혜의 성품이 생겨나게 된다.

㊻ "무엇을 색깔의 마음[顯色心]이라 하는가? 그와 비슷한 것을 성품으로 하는 것을 말한다."

비유하면 청 · 황 · 적 · 백 등의 염색에 만약 흰 실[384]을 넣으면 곧 같은 색이 되는 것처럼 이 사람의 마음도 역시 이와 같다. 착한 법을 보고 듣고

383) 진흙에 빠지면 나가지 못하듯 어둡고 어리석어 앞뒤를 못가리는 것을 말한다.
384) 흰 색으로 물들이지 않은 실이다.

서는 그에 따라 행하고, 악한 일을 보고 들으면 역시 따라 의지하여 수학한다. 내지 무기(無記)도 역시 그러하다. 갖가지의 경계에 대하여 현상 따라 움직인다. 수행하는 사람이 스스로 깨닫고 나면 오직 자증의 법을 구하는 데에는 타인으로 말미암아 깨닫는 것이 아니며, 다른 연으로 바뀌는 것이 아니라는 것을 알아야 한다. 이것이 그 마음을 다스리는 방법이다.

㊼ "무엇을 뗏목의 마음[板心[385]]이라 하는가? 능력에 맞는 법만 따르고 그 밖의 착한 일을 버리는 것을 말한다."

뗏목이 물 위에 떠 있어서 그 크기에 따라 온갖 물건을 실을 수 있는데, 중량을 초과하면 곧 이길 수 없어 끝내 기울어져서 물건들을 쏟아버리게 되는 것과 같이 이 사람의 마음도 역시 그러하다. 착한 법을 간택하여 자기의 능력에 따라 한 가지 일을 행하고 나서 곧 이런 말을 한다.

'나는 예로부터 이래 오직 이 법만을 행하고 다른 것은 알지 못한다.'

나아가 팔재(八齋)를 익혀 행하더라도 [그 지재(持齋)를] 버려 여의지 않으며, 다시 다른 착한 일을 행하려고 하지도 않는다. 그러나 광대한 마음을 내어서 보리행을 학습하면 이것이 그 마음을 다스리는 방법이다.

㊽ "무엇을 미혹한 마음[迷心]이라 하는가? 집착하는 것이 진실과 다르고 생각하는 것도 다른 것을 말한다."

사람이 미혹하기 때문에 동쪽으로 향하고자 하여도 다시 서쪽을 향하는 것과 같이 이 사람의 마음도 역시 이와 같다. 생각으로는 부정관(不淨觀)을 학습하고자 할지라도 도리어 청정한 상을 취하면서 스스로 '나는 지금 부정관을 닦는다'고 말한다. 또는 무상무아(無常無我)를 닦을 때에도 도리어 '항상한 나'라는 미혹 가운데에서 행하며, '내가 지금 무상무아를 닦는다'고 말한다. 마음이 산란함으로 말미암아 그렇게 되는 것이다. 그 마음을 전일하게 해서 자세하고 편안하며 상세하게 뒤집어짐 없이 관찰해야 한다. 이것이 그 마음을 다스리는 방법이다.

---

385) 광대하게 좋아하는 마음이다.

㊾ "무엇을 독약의 마음[毒藥心]이라 하는가? 분별이 끊어진 법에 집착하여 닦는 것을 말한다."

독이란 용 · 뱀 · 약초의 온갖 지독한 독을 말한다. 사람이 독에 중독되어 혼절하고 사경을 헤매게 되어 목숨이 끊어질 때와 같이 이 사람의 마음도 역시 그러하다. 착한 마음이 생기지 않고 또한 나쁜 마음도 생기지 않으며, 내지 온갖 마음이 생길 수도 없다. 다만 맡겨진 대로 움직여 행하고 점차로 '원인도 없고 결과도 없다'는 식의 마음 가운데에 들어간다. 그러므로 무생분(無生分)의 법이라 부른다. 수행하는 사람이 스스로 깨치고 나면 대비의 온갖 선을 일으켜서 '모든 것은 없어지고 나면 그만이라는 공허한 견해'를 떠나야 한다. 이것이 바로 이 마음을 다스리는 감로묘약(甘露妙藥)이다.

㊿ "무엇을 밧줄의 마음[羂索心]이라 하는가? 모든 곳에서 나를 계박하는 것에 머무는 성품을 말한다."

사람이 밧줄에 묶여서 손발과 팔다리를 움직일 수 없는 것과 같이 이 사람의 마음도 이와 같아 멸하여 없어지는 것에 사로잡힌 생각[斷見]과 변하지 않는 내가 있다고 고집하는 생각[我執]의 묶임 가운데에 떨어진다. 이러한 견해는 수행자의 마음을 결박하고 나아가 모든 장소에서 언제나 구속되어 스스로 벗어나지 못하게 한다. 이것이 가장 무거운 장애[386]이다. 이미 알고 나서는 재빨리 연기의 바른 혜의 칼로 장애의 덮개를 끊어 없애야 한다. 이것이 그 마음을 다스리는 방법이다.

51 "무엇을 차꼬의 마음[械心]이라 하는가? 두 발이 그친 것처럼 머무는 것을 성품으로 하는 것을 말한다."

손 묶는 것을 쇠고랑[杻]이라 하며, 발에 차는 것을 차꼬[械][387]라 한다. 사람이 차꼬를 차고 있기 때문에 두 발이 멈추어서 앞으로 나아갈 수 없

386) 육십심 중에서 가장 무거운 장애이다.

387) 옛 형구의 하나. 기다란 두 개의 토막 나무 틈에 가로 구멍을 파서 죄인의 두 발목을 그 구멍에 넣고 자물쇠를 채움.

다. 이 마음도 역시 그러하다. 언제나 단정히 앉기를 좋아하고 적연하게 머물러 서서 선정의 마음을 닦으며 법의 뜻을 관찰하면서도 [도리어] 이것에 구속되기에 차꼬의 마음이라고 이름한다. 이것을 다스리는 행은 모든 때와 장소에서 사유하고 수습하여 정란(靜亂)[388]에 사이가 없게 해야 한다. 이것이 그 마음을 다스리는 방법이다.

㊾ "무엇을 구름의 마음[雲心]이라 하는가? 언제나 비 내릴려고 사념하는 것을 말한다."

인도의 여름철 세 달 중에는 장마비가 특히 심하여 언제나 막혀서 어둡기 때문에 당시의 풍속에서는 삼가하고 깊이 생각하는 마음에 가리는 것이 매우 많다. 그래서 비 내릴 때 사념한다고 하였다. 깨치고 나면 곧 사심(捨心)을 행하여 세간의 근심과 기쁨을 여의고 법의 기쁨에 수순하여야 한다. 이것이 다스리는 것이다.

㊿ "무엇을 밭의 마음[田心]이라 하는가? 항시 이와 같이 자기 몸만 닦는 것을 말한다."

사람이 좋고 기름진 밭이 있으면 언제나 다듬고 갈고 개간하여 잡초를 제거하며 갖가지의 방편으로 청정하게 하듯이 이 사람도 역시 그러하다. 언제나 그 몸을 닦는 것만 좋아하는데 향과 꽃과 맛있는 것 등으로써 뿌리고 바르며 봉양하여 힘써서 빛나고 깨끗하며 장엄하고 좋게 한다. 이러한 잘못을 깨치고 나면 언제나 이렇게 생각해야 한다.

'이렇게 공들여 닦는 마음을 돌려서 이와 같은 모든 공양의 도구로써 복전(福田)에 파종하여 심고, 훌륭한 과를 도와 이루겠노라.'

이것이 바로 그 마음을 다스리는 방법이다.

(54) "무엇을 소금의 마음[鹽心]이라 하는가? 생각에 다시 생각을 보태는 것을 말한다."

소금의 성분은 짜다. 무릇 넣는 곳마다 모두 짠 맛을 늘리는 것처럼 이

388) 정(靜)은 입정(入定), 난(亂)은 출정(出定)의 때를 의미한다.

사람의 마음도 역시 이와 같다. 생각하는 일에 다시 생각을 더한다. 욕망과 물질에 대해 생각하는 때처럼 바로 이러한 생각을 일으키며, 돌아와 다시 스스로 추구하기를, '이 마음은 누구로 말미암아 생하는가? 어떤 모습을 짓는가?'라고 한다. 마음에서 아직 분명하지 않은 것을 관찰하고 다시 추구하는 생각은 어떠한 인연으로 있는가라고 생각한다. 이와 같이 하면 끝이 없을 것이다. 이미 [끝이 없다는 것을] 알고 나면, 한결같이 마음을 진실한 이치[389]에 두고서 힘써 투철하게 수행해야 한다. 또한 심성은 생각을 여의었기에 생각으로 알 수 없다. 분별 위에 다시 심수(心數)를 증가시키지 말라.

㊺ "무엇을 칼의 마음[剃刀心]이라 하는가? 잘라 없애는 법에만 의지하는 것을 말한다."

머리카락을 잘라 없애는 것은 속세를 여윈 출가(出家)의 모습이다. 이른바 이 사람은 마음으로 단지 이렇게 생각한다.

'내가 이미 속세의 모습을 잘라 없애어 악법이 다시 자랄 수 없게 하였다. 다시 무엇을 구할 것인가?'

이 마음은 [보살의 입장에서 본다면] 최악임을 알아야 한다. 스스로 나누어 한계를 지어서 [다시 향상하려는 마음이 없으므로] 선근을 잘라 없애어 생기지 않게 한 것이다. 모든 현성(賢聖)[390]의 끊어야 할 바는 무명주지(無明住地)[391]라는 삼독(三毒)의 뿌리이다. 만약 이것을 잘라서 망상이 생기지 않게 하면 참된 출가라 말할 수 있다.

㊻ "무엇을 수미산과 같은 마음[彌盧等心]이라 하는가? 항상 생각하여 마음을 높고 거만하게 하는 성품을 말한다."

수미산은 높아서 온갖 봉우리를 뛰어 넘기에 그 위로 올라갈 것이 없

---

389) 진실의 승의제(勝義諦)를 말한다. 즉 수행자가 초지의 정보리심에 안주하는 때이다.

390) 삼현(三賢)과 십성(十聖)을 말한다. 삼현은 십행(十行), 십주(十住), 십회향(十廻向)이며, 십성은 십지(十地)를 말한다.

391) 무지(無知)의 근본. 근본무명을 말한다. 무명은 번뇌를 내는 근본이 되므로 주지(住地)라 한다.

다. 이 사람의 마음도 역시 그러하다. 언제나 고거(高擧)392)를 성품으로 한다. 내지는 스승과 스님과 부모 등의 존경해야 할 대상에 대해서도 모두 겸손한 마음을 품지 않는다. 마치 높은 당기가 구부리려고 하지 않는 것과 같다. 만약 이것을 구부리려고 하면 절대로 굽히지 않는 것과 같아서 끝내 그 성품을 바꾸지 못한다. [진언수행자는 모름지기] 인욕하며 겸손함으로써 모든 중생들에 대해 대사(大師)라는 생각을 지어야 하며 이것을 다스리는 바로 삼는다.

㊼ "무엇을 바다와 같은 마음[海等心]이라 하는가? 항상 이같이 자신을 받아들여 머무는 것을 말한다."

비유하면 큰 바다는 백 개의 하천이 여기로 돌아올지라도 삼켜 거두는 것이 무한하다. 이 마음도 역시 그러하다. 모든 뛰어난 사업을 모두 자기에게로 돌아오게 한다. 다른 사람을 업신여기고 비교할 만한 자가 있겠는가라고 한다. 언제나 스스로 이와 같은 온갖 장점을 믿고서 스스로 이것을 수용하여 머문다. 앞의 [수미산과 같은] 마음에서는 힘써 높였는데, 이 마음은 힘써 넓히는 것이다. 그러므로 바다와 같은 마음이라고 한다. 수행자가 [이것을] 깨치고 나면 삼현(三賢)·십성(十聖) 등의 한량없이 많은 큰 바다와 같은 공덕이 전전하여 깊고 넓다는 것을 생각해야 한다. 스스로 마음의 작용을 찾아 구하는 데에 일찍이 아직 그 티끌이나 물방울 조차 얻지 못하였다고 생각하며 크게 오만한 마음을 일으키지 말아야 한다.

㊽ "무엇을 구멍과 같은 마음[穴等心]이라 하는가? 먼저 결정한 것을 나중에 다시 바꾸는 것을 성품으로 함을 말한다."

비유하면 완전하고 견고한 그릇의 바닥이 어떤 일로 인해 구멍이 나면 [물건을 담기에] 알맞지 않은 것처럼, 이 마음도 역시 그러하다. 처음에는 많은 것을 받아 지니지만 나중에는 점점 [구멍과 같은 것에서] 새어나간다. 혹은 처음에 발심하고 계를 받을 때에는 구족하여 빠뜨린 것이 없었으나 오

392) 높은 데에 두는 마음으로서 교만심을 말한다.

래지 않아 점차로 새는 법이 생긴다. 이미 깨진 그릇과 같으므로 법수(法水)는 머물지 않는다. 무릇 이와 같은 예는 모두 구멍과 같은 마음이라 부른다. 그러므로 수행자는 행하는 일에 있어서 모두 시종일관 하여야 한다. 또한 성품이 많이 바뀌면 견고한 보리심을 장애한다고 아는 것이 그 마음을 다스리는 방법이다.

⑲ "무엇을 태어남을 받는 마음[受生心]이라 하는가? 모든 존재의 상태에서 그 생의 행업을 수습하는 것을 말한다."

마음은 이와 같이 동일한 성품이다. 마치 어떤 사람이 백업(白業)과 흑업(黑業)[393]에 따라 선과 악의 과보를 받는 것처럼 갖가지로 다양하게 짓는 것에 따르기 때문에 저 무량한 차별의 몸을 받는 것과 같다. 이 마음도 역시 이와 같다. 지금까지 닦았던 모든 수행을 전부 수생(受生)에 회향하고자 한다. 과를 얻음에도 역시 선과 악을 겸한다는 것을 알아야 한다. 그러므로 수행자는 '선과 악을 잘 선택하여 선하지 않은 것을 제거하고 순수한 백법(白法)을 닦으며 이 선 가운데에 있어서 또 다시 혜(慧)로써 거칠은 광석을 제거하겠다'고 생각해야 한다. 이와 같이 차례대로 하면 이에 순일(純一)하고 청정한 제호(醍醐)의 오묘한 과보를 이룰 수 있게 된다. 이것이 다스리는 방법이다.

제⑳은 산스크리트본에 문장이 빠져 있다. [선무외]아사리는 '원숭이의 마음[猿猴心] 하나가 빠졌다'고 하였다. 원숭이의 성품은 몸과 마음이 산란하여 언제나 잠시도 머물지 않는다. 수행하는 사람도 역시 이러하다. 그 성품이 성급하게 움직이고 불안하기 때문에 연(緣)에 자주 끄달린다. 마치 원숭이가 하나의 가지를 놓고 다른 가지를 붙잡는 것과 같다. 대체적으로 말하면 중생은 모두 그러하다. 지금 지나치게 무성한 것에 대해 말하였다. 여기에서 움직여 흩어지는 생각에 따르지 않고 연을 하나의 경계에 묶으면 이것이 그 마음을 다스리는 방법이다. 마치 원숭이를 기둥에 묶어놓으

393) 백업은 십선(十善)이고, 흑업은 십악(十惡)이다.

면 다시 방자하게 발돋움하여 뛰어오르지 못하는 것과 같다. 이것이 그 마음을 다스리는 방법이다.

그런데 이 육십심은 어떤 때에는 수행자의 본성에 치우치는 것이 많다. 혹은 도를 행하려고 작용하는 마음에 따라 선세의 습이 발동하여 한 때에 다양하게 일어나거나, 혹은 차례대로 생긴다. 언제나 마음을 머물게 하여 깨어 살피면, 자연히 정보리심에 따를 수 있게 된다. 만약 아사리가 제자를 위하여 마음자리를 평평하게 다듬으려면 하나하나 이를 가려 제거해야 한다.

"비밀주여. 하나, 둘, 셋, 넷, 다섯 거듭 헤아리면 무릇 백육십심(百六十心)[394]이다. 세간의 세 가지 망집(妄執)[395]을 뛰어넘어 출세간의 마음이 생긴다. (…중략…) 이것의 4분의 1[396]로 신해지를 뛰어 넘는다."

이것 또한 모든 마음의 모습 및 마음의 다름에 대한 답이다. 무명이 있음으로 말미암아 다섯 가지 근본번뇌의 마음이 생긴다. [그 다섯 가지 근본번뇌란] 탐(貪)·진(嗔)·치(癡)·만(慢)·의(疑)이다. 오견(五見)을 설하지 않은 이유는 견(見)에 속하는 번뇌가 많지만 육십심 가운데에 있기 때문이다. [자세한 것은 생략한다.] 이 다섯 가지의 근본번뇌를 처음으로 거듭 헤아리면 10이 되고, 두 번째로 다시 두 배수로 하면 20이 되며, 세 번째로 다시 두 배수로 하면 40이 되고, 또 네 번째로 두 배수하면 80이 되며, 다섯 번째로 두 배수하면 160의 마음이 된다. 그러므로 하나·둘·셋·넷·다섯을 거듭 두 배수로 하여 160심이 이루어진다고 말한다.

---

394) 진언을 수행하는 자가 초월해야 할 번뇌인 탐·진·치·만(慢)·의(疑)의 다섯 가지 근본번뇌로부터 지말의 번뇌가 생하고 다섯 가지를 거듭 곱하면 5×25=160이 된다. 펼치면 무량의 번뇌가 되고 모으면 삼망집이 된다. 이 백육십심의 개념은 일반 범부의 마음 상태로서 우리의 마음은 한 찰나에서라도 160가지의 형식으로 일어남을 말한다.

395) 추망집(麤妄執), 세망집(細妄執), 극세망집(極細妄執)의 셋이다. 160심이 이 세 가지이다. 이것은 제4의 주심에 해당한다.

396) 4분의 1이란 신해지를 하나로 해서 다시 이를 전개하여 인·근·구경·상상방편(上上方便)의 네 가지 마음으로 한다. 그리고 상상방편은 곧 4분의 1에 해당하므로 여기에서 말하는 4분의 1은 상상방편을 말한다.

중생의 번뇌의 마음은 언제나 두 가지 법[397]에 의거하기에 중도(中道)를 얻지 못하므로 현상에 따라 이름을 달리한다. 문득 나누어서 둘로 하는데 이 두 가지가 중심이 되어서 다시 전전하여 세밀하게 이를 나누니, 그 명칭과 모습은 십만게송 가운데에서 설명한 것과 같다. 만일 다시 상·중·하의 9품으로 요약하면 8만의 진로(塵勞 : 煩惱)가 되며 자세하게 하면 무량하다. 비유하면 하나의 씨앗에서 다섯 가지 근본이 생기며, 하나의 근본에서 모두 갈라져서 두 개의 가지가 된다. 이렇게 해서 다섯 번째로 갈라지기에 이르면 곧 160의 작은 가지가 된다. 여기에서 더 나누면 가지와 잎은 헤아릴 수 없을 정도로 많다.

또한 겁초(劫初) 때에 사람은 모두 화생(化生)하여 생각을 음식으로 삼고, 몸에서 빛이 저절로 나며 안락하고 걸림이 없었지만, 마음의 실상을 알지 못하기에 점점 지비(地肥)를 탐착하게 되었다. 음식맛의 많고 적음에 의해서 모습이 따라 변하고 옳고 그른 것에 대해 승부하는 마음이 이것에 의해서 생겨난다. 교만한 마음이 있게 되어서 복과 이익이 쇠멸하고 지비가 사라지며, 나아가 지부(地膚)·임등(林藤)도 다시는 나타나지 않게 되었다. 다음으로 자연의 갱미(粳米)를 먹음으로써 비로소 남자와 여자의 차이가 있게 되었고, 음행과 도적질과 살생과 거짓말 등의 갖가지 옳지 않은 법이 차례대로 일어났다. 이러한 일은 『아함경』[398]에 자세하게 설하고 있다. 이때부터 갖가지 족성(族姓)과 갖가지 풍속이 있게 되어서 갖가지의 업과 번뇌의 결(結)을 일으키고, 갖가지의 중생의 세계를 구성하여 갖가지의 오음(五陰)의 몸을 만들었다. 일체지를 증득한 사람이 아니라면 그 전말을 끝까지 살피는 것은 불가능하다. 아사리가 이런 비유를 든 까닭은 하나의 무명의 마음이 현상에 따라 나누어지면 곧 아승지(阿僧祇, asaṃkhya)의 망집을 이룬다는 것을 나타내고자 했기 때문이다.

---

397) 멸하여 없어지는 것에 사로잡힌 생각[斷見]과 변하지 않는 실체가 있다는 생각[常見], 또는 존재와 비존재라는 두 가지의 법이다.

398) 『장아함경』 제22권(대정장 1, 145 상).

18. 삼망집(三妄執)

"세간의 삼망집(三妄執)[399]을 초월하여 출세간의 심(心)을 생한다."

만약 정보리심으로써 출세간의 심(心)을 삼는다면 이것이 바로 3겁을 초월하는 유기(瑜祇)의 행이다. 산스크리트로 겁파(劫跛, kalpa)라 하는 것에는 두 가지 뜻이 있다. 첫째는 시분(時分)이고 둘째는 망집(妄執)이다.

만약 일반적인 해석[400]에 의하면 3아승지겁을 넘어야 바른 깨달음을 성취할 수 있다. 비밀의 해석에 의하면 1겁을 초월하는 유기의 행이란 바로 160심 등 한 겹의 추망집을 도탈(度脫)하는 것으로 이것을 1아승지겁이라 부른다. 2겁을 초월하는 유기의 행도 역시 백육십심 등의 한겹의 세망집(細妄執)을 도탈하는 것으로 이것을 2아승지겁이라 한다. 진언문의 수행자가 또 1겁을 초월하려면 다시 백육십심 등의 한겹의 극세망집(極細妄執)을 도탈하여야 불혜(佛慧)의 초심(初心)에 이르게 된다. 그러므로 3아승지겁의 성불이라 한다. 만약 한 생애에 이 삼망집을 도탈하면 곧 한 생애에 성불한다. 어찌 시분을 논할 것인가! 그런데 제1중(第一重)[401]에서 최초로 "오온(五蘊)이 무아(無我)일 뿐임[唯蘊無我]"[402]을 이해하여 요달하는 때를 곧 출세간의 심이 생겨난다고 일컬으며, 세간의 육십심을 넘어서 자신이 전도(顚倒)하여 일으킨 삼독의 근본을 여의는 것을 "삼망집을 초월한다"고 부른다.

또 다시 삼망집이 있으니 이른바 "근(根)과 경(境)과 계(界) 등에 머물러 수행하는 것이다."[403] 여기에서 근이란 육근(六根)을 말하며, 경이란 육진(六

---

399) 이하에서 삼망집(三妄執)을 설명한다. 삼망집은 추망집(麤妄執), 세망집(細妄執), 극세망집(極細妄執)의 셋이다. 160심이 이 세 가지이다.

400) 현교(顯教)에서 바라보는 관점을 가리킨다.

401) 이하에서 3겁의 제1중을 논한다. 그 가운데 자세히 나누면 또 세 가지 해석이 있다. 처음은 추망집(麤妄執)을 끊는 것이다.

402) 오직 오온(五蘊)의 법만 있다고 생각하며 인아(人我)를 공하다고 한다.

塵)[404]이고, 계란 육식계(六識界)를 말한다. 내[內 : 곧 유정(有情)]와 외[外 : 곧 비정(非情)]의 십이계(十二界)가 바로 근·경이다. 그러므로 합하여서 이렇게 말하였다. 이것은 삼과(三果)의 학인(學人)이 머물러야 할 곳이기에 엄류수행(淹留修行)이라 한다.

또 다시 삼망집이 있으니 이른바 업·번뇌의 뿌리 및 무명의 종자이다. 이것은 무학(無學)[405]의 성인[아라한(阿羅漢)]이 끊은 바로서 가장 끊기 어려운 것이다. 무릇 세 종류의 삼망집이 있으니, 마하연을 학습하는 사람이 처음으로 출세간의 초심을 얻는 것은 소승의 견도(見道)에 해당한다. 그러나 성문의 정위(正位)에는 떨어지지 않는다. 그 이유는 그 초발심에서 심성은 단지 나의 전도(顚倒)[된 망상]에 덮히어서 아직 현전하지 않았기 때문이라고 알기 때문이다. 이때에 자세하게 오온·십팔계·십이처 등이 모두 연으로부터 생겨나 항상하지 않으며 변화하는 것이고, '이 가운데 어떤 것이 신아(神我)라 할 수 있겠는가'라고 관찰한다. 이와 같이 추구해 나갈 때에 곧 신아가 본래 생겨나지 않음을 알고, 한량없이 많은 견해의 그물을 넘으니 정보리심이 다소나마 늘고 밝아진다. 또한 보리심의 세력을 얻게 되어 이승의 경지에 떨어지지 않는다. 그렇다해도 그 수행자는 법집이 있는 마음에 해당한다. 만약 선정(禪定)과 도품(道品)의 갖가지 모든 바라밀을 닦을 때에 그 가운데에서 모든 '아(我)'라고 하는 전도를 일으키지 않으며, 마음이 선(禪)과 혜(慧) 등의 법에 머물러 오래 남는다 하여도 속히 보리에 이를 수는 없다. 참다우며 훌륭한 바라밀이 아니기에 엄류수행이라 부른다. 그러나 역

---

403) 세망집(細妄執)을 끊는 것이다.

404) 색(色)·성(聲)·향(香)·미(味)·촉(觸)·법(法)을 말한다.

405) 더 이상 공부할 것이 없게 된 경지. 올바른 무루의 지혜로써 번뇌를 끊어, 즉 번뇌와 심상속(心相續) 사이의 구생(俱生)의 관계를 단절시켜 깨달음의 영역으로 나아가기 위한 길에는 견도(見道), 수도(修道), 무학도(無學道)의 과정이 있다. 견도는 견소단의 번뇌를 끊는 과정, 수도는 수소단의 번뇌를 끊는 과정이다. 그리고 이와같은 체계적인 수행을 통하여 무학도에 이르게 된다. 그런데 '무학도'는 도라고는 하지만, 견소단과 수소단의 일체 번뇌를 남김없이 끊었을 때 출현하는 경지이므로, 이미 수행의 도가 아니라 그 목표이다.

시 점점 하지(下地)[406]의 삼망집을 여의고 업·번뇌의 근본무명의 종자가 십이인연을 생하는 것을 뽑아낸다. 이와 같은 심히 깊은 법은 부처님께서 계시거나 계시지 않거나 성상(性相)이 언제나 그렇다고 알라. 앞에서 설명한 것처럼 "건립(建立)을 깨끗하다 하며, 건립하지 않는 것을 깨끗하지 않다"고 하는 등의 갖가지 종(宗)에서 주장하는 것과는 모두 상응하지 않는다. 장조범지나 모든 대논사들은 자기의 마음의 지혜와 날카로운 근기로써 모든 법의 실상을 추구할지라도 모두가 해탈하지 못하기 때문이다. 이 십이인연의 뜻은 도우(稻芋)[407] 등의 경전에 자세하게 밝힌 것과 같다.

"담적(湛寂)"이라 함에서 적(寂)은 '생겨남이 없다'는 뜻이다. 이른바 다섯 가지 근본 번뇌와 160의 수번뇌(隨煩惱) 등은 모두 필경에 생겨남이 없으므로 적(寂)이라 이름한다. 담(湛)이란 '심히 깊다'는 뜻이다. 비유하면 맑은 연못이 만 길이나 맑고 고요하여 거울처럼 환하기에 보는 자가 얕고 깊은 것을 측량할 수 없음과 같다. 그러므로 세 짐승[408]이 강을 건너는데 각기 발자욱이 갈 수 있는 곳까지만 이를 수 있으며, 오직 거대한 향코끼리[大香象王]만이 점차로 깊이 들어가 그 근저에 도달할 수 있을 뿐이라고 설한다. 여기에 삼승(三乘)의 사람이 있어서 함께 무언설(無言說)의 도로써 모든 법의 실상을 증득하는 것과 같다. 성문은 법성에 들어가는 것이 가장 얕으며, 그래서 생사를 두려워하여 스스로 이미 열반을 증득하였다고 하며 멸도(滅度)했다는 생각을 일으킨다. 벽지불은 들어가는 바가 보다 깊어서 생사에 대하여 심하게 놀라지는 않는다. 그렇다해도 방편력으로써 대비를 일으키는 데에까지는 나가지 못한다. 보살이 이와 같은 법을 깨달을 때에 곧 이 마음의 더러움이 점차로 제거된다. 그 까닭은 청정한 마음이 점차로 나타난다고 알기 때문이다. 이때에 곧 보리심의 세력을 얻어

406) 성문지(聲聞地)를 가리켜서 하지(下地)라 한다. 곧 성문의 삼망집이다.
407) 『불설도우경(佛說稻芋經)』 1권(대정장 16, 816 상중).
408) 세 짐승은 토끼·말·코끼리로서 성문·연각·보살을 비유한 것이다. 삼수도하(三獸渡河)의 비유는 『우바새계경』에 나온다.

머무름 없는 도로써 갖가지의 바라밀을 학습한다. 그러므로 전체적으로는 하나의 법 가운데에서 오르고 가라앉는 다름이 있다.

경에, "모든 외도가 알 수 없다"고 하는 것은 무엇인가? 이 종(宗)에서는 두 종류의 외도가 있다고 설한다. 밖의 외도는 마치 맑은 연못을 다 보고서 도리어 두려워하며 감히 가까이 접근하지 못하는 것과 같다. 안의 외도는 비록 그 가운데에서 헤엄칠 수 있어서 열을 식히고 더러움을 없애며 청량한 즐거움을 얻을지라도 이 가운데에 커다란 보배[寶王]가 엄청나게 많다는 것을 알아채지 못한다. 첫째는 들어오지 못하니 알 수 없는 것이고, 둘째는 들어왔어도 알지 못하는 것이다. 그러므로 "모든 외도가 알 수 없다"고 하였다.

"옛 부처님께서 이르시기를, '온갖 허물을 떠났다'고 하셨다."

말하자면 시방삼세의 모든 부처님께서는 오직 이 하나의 가르침만 있어서 미혹한 대중들을 이끌어들여 불타는 집[409]을 벗어나게 하신다. 이곳은 다시 장애가 없으며 희론(戱論)이 생겨나지 못한다. 그러므로 갖가지 인량(因量)[410]의 모든 스승들은 그 잘못을 여의지 못한 것이고 그러므로 아직 법의 장애를 건너지 못하였으므로 아직은 참된 정보리심을 내었다고 부를 수 없다. 마치 연꽃이 이미 흐린 진흙을 여의었지만 아직 물 밖으로 나오지 않은 것과 같다.

그러므로 경에, "그 출세간의 마음은 오온[蘊] 가운데 머문다"고 하였다. 수행자가 유가 가운데에서 맑고 고요한 마음이 이미 밝게 드러날지라도 현상에 이를 때에 근(根)·진(塵)·식(識) 등이 오히려 마음에 다가옴으로써 유위(有爲)를 두려워하여 무위(無爲)의 법에 집착한다. 그러나 보리심의 세력으로써 다른 가르침에 말미암은 것이 아니므로 이와 같은 혜가 따라 생

409) 『법화경』에 등장하는 불타는 집의 비유이다. 불타는 집은 바로 욕계·색계·무색계의 삼계를 가리킨다.

410) 인명론자(因明論者) 등을 가리킨다. 인명(因明)이란 고대 인도에서 오명(五明)이라든가, 오명처(五明處)라고 말해지는 것 가운데 하나로서 논리학을 말한다.

기게 된다. 온 등에서 그 마음을 일으켜서 집착을 여의는 방편을 닦음에 다섯 가지 비유로 무성공(無性空)을 관찰한다.

처음의 구절에 "물방울을 관찰한다"고 하는 것은 물 위에 떠있는 물방울은 눈으로 여러 가지 모습을 볼 수 있을지라도 참된 성품을 추구하면 알 수 없음과 같다. 색음(色陰)도 역시 그러하다. 또한 거칠거나 미세한 것이나 온갖 연으로부터 생기지 않은 것이 없다. 연하여 생기는 생(生)은 무성(無性)이다. 곧 이 색은 본래 생겨남이 없다. 다음 구절에 "거품"이란 여름철에 폭우가 내릴 때에 물 위에 떠다니는 거품을 말하며, 역시 온갖 연에 속할 뿐이다. 네 구절[411]로써 이를 관함에 도무지 일어나고 사라짐이 없는 것과 같이 수음(受陰 : 受蘊)도 역시 그러하다. 모든 괴로움과 즐거움 등은 모두 정(情)과 진(塵)[412]의 화합에 의하여 생긴다. 연을 따르는 것은 무성(無性)이므로 이 수(受)는 본래 생겨남이 없다.

다음 구절에 "아지랑이"란 봄날에 땅의 기운에 햇빛이 비출 때의 수증기와 같은 것이다. 미혹으로 목마른 자는 잡으려고 하는 마음을 내어서 분주하게 달린다. 그러나 부지런히 갈지라도 이에서 더 멀어지는 것과 같이 중생도 역시 그러하다. 연기의 성품이 공함을 알지 못하고서 법이 존재한다는 생각을 낸다. 만약 실상을 깨달을 때에는 곧 [법이 존재한다는] 생각은 본래 생겨남이 없다.

다음에 "파초(芭蕉)"란 사람이 파초 가운데에서 견실한 것을 구하고자 조각 조각 이를 쪼개어 미세한 티끌 같은 것에 이르러도 얻을 수 없는 것과 같이 행음(行陰 : 行蘊)도 역시 그러하다. 하나의 티끌도 움직이는 경계에 이르며, 온갖 연으로부터 생기지 않는 것이 없다. 연으로 생하는 것은 무성(無性)이므로 이 행음[行]은 얻을 수 없다.

---

411) 네 가지 불생(不生)을 가리킨다. 곧 자(自)로부터 생기지 않으며, 타(他)로부터 생기지 않고, 자타구인(自他俱因)으로부터 생기지 않으며, 무인(無因)으로부터도 생기지 않음을 말한다.

412) 정(情)과 진(塵)은 각각 육식(六識)과 육경(六境)을 말한다.

다음에 "허깨비[幻事]"란 세간의 주술(呪術)이나 약의 힘으로 사람의 마음을 덮어 미혹하게 하고서 갖가지 없었던 일들을 나타나게 하는 것으로 식음(識陰 : 識蘊)도 이와 같다. 한 생각의 무명으로부터 허깨비의 마음이 비로소 삼계(三界)에 나온다. 그 근본을 추구함에 도무지 생기고 사라지며 가고 오는 것이 없다. 온갖 연으로부터 생겨서 자성이 없기 때문이며, 또 다시 본래 생겨남이 없음을 알아야 한다. 성문경(聲聞經[413])에서도 이 다섯 가지 비유를 설하였지만 그 뜻은 무아(無我)를 밝히는 것에 국한된다. 지금 이 가운데 다섯 가지 비유의 뜻은 모든 온(蘊)의 성품이 공함을 밝히는 것이다. 오온을 관함과 같이 십이입(十二入)과 십팔계(十八界)와 육입(六入)과 십이연(十二緣) 등을 알아야 한다. 모두 『대반야경』에서 설명한 것처럼 자세하게 분별하여 설해야 한다. 수행자가 이와 같이 관찰할 때에는 무성문(無性門)으로부터 모든 법이 곧 공함을 요달하고, 한 겹의 전도된 법을 여의어 심성을 잘 알게 된다.

이와 같이 "온·계·처와 인식하는 주체[能執]와 인식되는 대상[所執]"에 동요되지 않으면 적연계(寂然界[414])를 증득했다고 하며, 이 적연계를 증득할 때에 점차로 이승의 경계를 넘어선다. 연꽃이 아직 피어나지 않았을지라도 그 끝부분이 맑은 흐름 위로 나온 것과 같다. 수행자도 역시 그러하여 다시 마음이 온 가운데 빠지지 않는다. 그러므로 "출세간의 마음"이라고 부른다. 만약 바른 번역에 근거하면 상세간심(上世間心)이라 해야 한다.

"비밀주여. 번뇌를 거슬러서 진리를 따르는 여덟 가지 마음의 상속과 업·번뇌의 그물을 떠나는 것"이란 무엇인가?

앞에서 설명한 것과 같이 종자·근(根)·포(疱) 등 및 삼보에 귀의하고 인천승(人天乘)을 위하여 제시(齊施)의 선법을 행하는 것을 모두 세간의 이치에 따르는 여덟 가지 마음[順世八心]이라 부른다. 또한 삼승(三乘)이 처음

413) 『증일아함경』과 『잡아함경』 등에 다섯 가지 비유가 나온다.
414) 오온(五蘊)·십이처(十二處)·십팔계(十八界)의 무성공(無性空)을 증오(證悟)하여, 모든 법이 곧 공이라는 이치를 요달하며, 법집을 버린 경계.

으로 발한 도의(道意)에서부터 업·번뇌의 근본무명의 종자에서 십이인연을 생하는 것을 뽑아내기에 이르기까지를 세간의 이치에 거스르는 여덟 가지 마음[違世八心]이라 부른다. 혹은 견도(見道)와 수도(修道)[415] 등 모든 위(位)에서 이를 나눔에 각각에 여덟 가지 마음이 있다. 대승의 수행자는 모든 온의 성품이 공함을 잘 알기 때문에 모든 법에서 전혀 취하는 것이 없고, 또한 버리는 것도 없다. 세간을 거스르거나 세간에 따르는 여덟 가지 마음[八心]과 아(我)·온(蘊)의 양쪽으로 치우친 두 가지 업·번뇌의 그물을 여의는 것을 1겁을 초월하는 유기(瑜祇, yogi)의 행이라 한다.

유가(瑜伽, yoga)는 번역하여 상응(相應)이라 한다. 만약에 여성(女聲)으로 이것을 부르면 곧 유기(瑜祇)가 된다. 상응이란 관(觀)과 행(行)이 이치와 상응하는 것을 말한다. 일반적인 해석에 의하면 이 보살은 발심한 이래로 1대아승지겁을 경과하여야 바야흐로 이와 같은 적연계를 증득하게 된다. 지금 비밀종(秘密宗)에서는 다만 이 한겹의 망집을 도탈함을 1아승지겁을 초월한다고 말한다. 수행자가 아직 이 겁을 초월하지 않았으므로 벽지불(辟支佛)의 위와 나란할 때를 극무언설처(極無言說處)라 이름한다. 이때에 마음은 무위의 법상에 머문다. [진언을 수행하는 자가] 만약 방편을 잃으면, 대부분 이승의 경지에 떨어지고 작은 열반을 증득한다. 그렇지만 [참된 수행자는] 보리심의 세력으로써 돌아와서 비원(悲願)을 일으킬 수 있다. 여기에서부터 삼승의 지름길이 처음으로 나누어진다. 그렇지만 인법구공(人法俱空)을 보는 것은 아직까지 성실종(成實宗)[416] 등의 여러 종(宗)과 현저하게 다르지는 않다. 오히려 한쪽에 치우친 진리에 근거하여 이 [연각(緣覺)의

---

415) 번뇌와 심상속(心相續) 사이의 구생(俱生)의 관계를 단절시켜 깨달음의 영역으로 나아가기 위한 길에는 견도(見道), 수도(修道), 무학도(無學道)의 과정이 있다. 견도는 견소단의 번뇌를 끊는 과정, 수도는 수소단의 번뇌를 끊는 과정이다.

416) 하리발마가 지은 『성실론』을 근본 성전으로 삼는 종지(宗旨). 4세기경 하리발마가 『성실론』을 지은데서 시작한다. 412(후진 홍시 14)년에 구마라집이 번역한 『성실론』을 승예가 강의하여, 이후 도고·승역·법운·지장·혜민 등이 나타나 융성하였으나 수나라 때부터 쇠하였다.

사람과 균등하게] 평등관(平等觀)을 행할 뿐이다. 그러므로 삼승의 상·중·하의 세간을 벗어난 마음은 1아승지겁에 포함하여 논하며, 제2아승지에 이르러야 이승과 다르다.

"다시 비밀주여. 대승의 행은 무연승(無緣乘)의 마음을 내는 것이니 법에는 아(我)라고 할 만한 성품이 없다는 것이다. 왜냐하면 옛날에 이와 같이 수행하는 이와 마찬가지로 온(蘊)의 아뢰야를 관찰하여 [아뢰야의] 자성이 허깨비 같고 그림자 같고 메아리 같고 돌아가는 불바퀴 같고 신기루와 같음을 알았기 때문이다."

이것은 곧 제2중(第二重)으로 법무아성(法無我性)을 관하는 것을 밝힌다. 산스크리트로 이발라(裏鉢羅, apara)는 무(無)의 뜻이며 또한 타(他)라는 뜻이다. 타연승(他緣乘)이란 평등한 대서원을 내어서 법계의 중생을 위하여 보살도를 행하고, 나아가 모든 일천제(一闡提, icchantika)[417] 및 아직 이승의 정위(正位)에 들어가지 못한 자들을 갖가지의 방편으로 절복(折伏)하고 거두어 들여서 두루 평등하게 이 가르침에 들어가게 하는 것을 말한다. 이러한 무연(無緣)의 대비에 의거하기에 타연승이라고 한다.

또한 무연승(無緣乘)은 이렇게도 말한다. 즉 이 [제2의] 아승지에 이르러 비로소 아타나(阿陀那, adāna)의 깊고 세밀한 식을 관찰하고 삼계는 오직 마음 뿐이며 마음 바깥에 다시 한 법도 얻을 수 없고, 이 무연의 마음에 올라타 대보리의 도를 행하므로 무연승이라고 한다. 이 무연승의 마음은 곧 법무아성(法無我性)이다. 수행자가 겁초에 관행을 닦을 때에 마음이 오온에 빠지기 때문에 다섯 가지의 무성공문(無性空門)으로써 법은 아(我)라고 할 만한 것이 없다고 관한다. 그런데 인연생기[緣生]의 중도[라는 관점]에서 바라보면 오히려 대치실단(對治悉檀)[418]에 속한다. 만약 반야의 방편을 잃

---

417) Skt. icchantika. 선근을 끊고 있어 구원 받을 가망이 없는 자. 단선근(斷善根)·신불구족(信不具足)이라 한역한다. 원래의 뜻은 '욕구를 계속하는 사람'이나 성불할 수 없는 자, 세속적 쾌락만을 추구하고 또 불교의 가르침을 훼방하여 구원받을 가능성이 없는 자라고 한다. 즉 성불하는 인(因)을 갖지 못한 이를 말한다.

418) 실단(悉檀, siddhānta)은 의역하여 성취(成就)·종(宗)·이(理) 등이라 한다. 부처님께서 중생을 교화하여 이끄는 교법을 네 개의 범주로 나눈 것이다. 즉 세계(世界)·각각위인

으면 곧 단멸(斷滅)에 떨어져 악취공자(惡取空者)로서 남방광도(濫方廣道)[419]의 사람이라 불리게 된다. 지금 대승 불가득공(不可得空)의 상(相)은, 공(空)의 상도 역시 얻을 수 없다는 것이다. 모든 법은 존재하는 바가 없다고 관찰할지라도 또한 모든 법에 공한 것도 없다. 그러므로 존재도 떠나고 비존재도 떠나는 도에 따라 법의 무아성을 관하며, 지(智)의 성품을 깨끗하게 하고자 옛적 모든 보살의 수행과 학습에 수순하여 온의 아뢰야를 관한다. 바로 『능가경(楞伽經)』과 『해심밀경(解深密經)』[420] 등에서 [설하는] 팔식(八識)·삼성(三性)[421]·삼무성(三無性)[422]이 모두 이러한 뜻이다.

경에서 "자성(自性)을 안다"고 하는 것은 삼계(三界)가 오직 마음뿐임을 아는 것이다. 허깨비·아지랑이·그림자·메아리·돌아가는 불바퀴·신기루의 여섯 가지 비유와 같은 것은 모두 이것과 함께 존재와 비존재에 대해 분별하여 온의 아뢰야의 별연기(別緣起)의 뜻을 밝히는 것이다. 앞에

(各各爲人)·대치(對治)·제일의(第一義) 등의 사실단(四悉檀)이다. 간략하게 사실(四悉)이라고도 한다. 대치실단(對治悉檀)은 곧 중생의 탐·진·치 등의 번뇌를 찔러서 병에 응하여 법의 약을 미리 주는 것이다.

419) 대승방광불가득공(大乘方廣不可得空)과 서로 어긋나는 것을 말한다.

420) 『능가경』 제2, 제8권 등과 『해심밀경』 제1, 제2권 등이다.

421) 일체만법을 비공(非空)의 측면에서 그 성질에 따라 셋으로 구분한 것. ① 변계소집성(遍計所執性)에서 변계란 주변계탁(周遍計度)의 뜻으로 주관적인 망정(妄情)으로 일체 사물에 대하여 분별적 집착을 일으키는 것이며, 인식되는 대상[所執]은 변계에 의하여 잘못 보인 대상, 즉 대상 그 자체가 아닌 자기 주관의 투영(投影), 그림자를 말한다. 즉 깨달음에 의하여 관조된 경지가 아니라, 범부의 미망 때문에 있는 것처럼 잘못 판단되는 일체의 사물현상이다. ② 의타기성(依他起性)은 자기 원인만으로는 나기 어렵고 반드시 여러 인연에 의지하여 생기는 모든 만유(萬有)를 말한다. 인식활동의 주체인 식(識)의 존재나 객체인 경(境)의 존재도 모두 의타기성(依他起性)이다. 곧 가유적(假有的) 존재를 말한다. ③ 원성실성(圓成實性)은 진여를 말한다. 진여의 자체는 우주에 가득하여 이르지 아니하는 곳이 없고 생멸변화하지 않으며, 인연으로 성립된 허망한 존재가 아니다. 모든 존재의 바탕이 되는 진실한 자성(自性), 즉 실재(實在)이다.

422) ① 상무성(相無性)이란 변계소집성(遍計所執性)의 것은 허공의 헛꽃과 같이 어리석은 중생의 앞에 나타나는 그림자, 환상에 불과한 것이므로 그 체상(體相)이 없다. ② 생무성(生無性)이란 의타기성의 것은 노끈과 같이 삼과 사람의 힘으로 이루어진 일시적 거짓 현상의 모양에 불과하며 노끈이라는 고정적인 자성이 없다. ③ 승의무성(勝義無性)이란 진여는 일체 존재에 원만상주하고 있으므로 일체의 상을 초월해 있다.

서 겁(劫)의 다섯 가지 비유에서 무성공(無性空)을 관하는 뜻과는 다르다. 아뢰야는 함장(含藏)을 뜻하는데, 바른 번역으로는 실(室)이라 한다. 모든 온(蘊)은 이 [아뢰야] 가운데에서 생기며 이 가운데에서 사라진다는 것을 말한다. 즉 모든 온의 소굴(巢窟)이다. 그러므로 이것을 이름으로 삼았다. 그런데 아뢰야에 세 가지 뜻이 있다. 첫째는 분별(分別)의 뜻, 둘째는 인연(因緣)의 뜻, 셋째는 진실(眞實)의 뜻이다.

『대승장엄론(大乘莊嚴論)』의 진실을 구하는 게송[423]에서 '이이(離二)와 미의(迷依)와 무설무희론(無說無戲論)의 삼성(三性)을 갖추어 진실하다는 것을 알아야 한다'고 설한 것과 같다.

이이(離二)라고 하는 것은 분별성(分別性 : 변계소집성)의 진실을 말한다. 인식하는 주체[能取]와 객관적 대상[所取]이란 필경 무(無)인 까닭이다. 미의(迷依)란 의타기성[依他性]의 진실을 말한다. 이로 말미암아 모든 분별을 일으키기 때문이다. 무설무희론(無說無戲論)이란 진실성(眞實性 : 원성실성)의 진실임을 말한다. 자성무희론(自性無戲論)에 말미암기 때문이다.

다음에 진실을 구하는 비유를 설한다. 게송에서는 다음과 같이 송한다.

> 저 허깨비를 일으키는 마술사와 같이
> 비유로써 허망한 분별을 설하며,
> 저 모든 허깨비의 일과 같이
> 비유로써 두 가지의 미(迷)를 설한다.

해석하면 다음과 같다. 마술사가 주술력에 의하여 나무나 돌 등을 변화시켜 미혹의 원인을 삼는 것처럼 이와 같은 허망한 분별의 의타기성도 역시 그러하여, 갖가지의 분별을 일으켜서 전도(顚倒)의 원인이 된다. 또한 환상(幻像)의 금 등 갖가지의 모습이 나타나는 것처럼, 이와 같이 일어난

423) 이이(離二)는 변계소집성(遍計所執性), 미의(迷依)는 의타기성(依他起性), 무설무희론(無說無戲論)은 원성실성(圓成實性)을 의미한다. 『대승장엄경론』 제4권(대정장 31, 611 상).

분별성도 역시 그러하다. 인식하는 주체[能取]와 객관적 대상[所取]인 까닭에 이미(二迷)는 언제나 현현한다.

다음의 게송으로 송한다.

> 그것이 체가 없기에
> 궁극의 진리에 들어갈 수 있다.
> 그것을 얻을 수 있기에
> 세속적 입장에서의 진리[世諦]의 실다움에 통달한다.

이 뜻을 말하면 다음과 같다. 그 마술사와 허깨비의 일이 실체가 없는 것처럼 이 의타에는 분별의 두 가지 상도 역시 실체가 없음을 비유한다. 이 도리에 말미암아 곧 궁극의 진리[第一義諦]에 통달할 수 있다. 또한 마술사와 허깨비 같은 것은 그 바탕을 얻을 수 없는 것처럼 이것으로써 허망한 분별을 비유하는 것도 역시 그러하다. 이 도리로 말미암아 곧 세속적 입장에서의 진리[世諦]의 실다움에 통달할 수 있다.

또한 게송[424]에 다음과 같이 송한다.

> 그 일은 체가 없는 까닭에
> 곧 진실한 경계를 얻는다.
> 이와 같이 전의(轉依)[425]하는 까닭에
> 곧 진실한 뜻을 이해한다.

해석하면 다음과 같다. 어떤 사람이 그 허깨비와 같은 것에 체가 없다고 알면, 곧 나무 등의 실제 경계를 얻는다. 만약 모든 보살이 저 이미(二

---

424) 본론(本論)에는 이 게송 이하에 여섯 게송이 있다. 처음의 네 게송은 변계소집성을 밝히고, 나중의 두 게송은 의타기성을 밝힌다.

425) Skt. āśraya-parivṛtti 혹은 āśraya-parāvṛtti. 전소의(轉所依)의 뜻. 또는 소의이전(所依已轉)·변주(變住)라 한다. 전(轉)은 전사(轉捨)·전득(轉得)의 뜻이다. 전의란 곧 하열한 법의 소의를 전사(轉捨)하고, 뛰어나고 맑은 법의 소의를 증득하는 것이다.

迷)의 체가 없다고 알고 전의를 얻을 때에 곧 진실한 성품을 알게 된다.

또한 게송에 다음과 같이 송한다.

이러한 일은 저 곳에서는 존재이며
저기 있는 체도 역시 무체[無]이다.
체가 있는 것이 없기 때문이다.
이러한 까닭에 이것은 허깨비라 한다.

이 게송은 허깨비의 일이 존재이면서 존재가 아닌 것을 밝힌다. 왜냐하면 존재란 환상의 일이며, 그 곳에 드러나 나타나는 까닭이다. 비존재란 이른바 그 실체는 얻을 수 없기 때문이다. 이와 같이 존재의 체와 비존재의 체는 둘이 아니며, 이러한 뜻이기에 그것이나 이것도 환상이라 설한다.

다시 게송에 다음과 같이 송한다.

무체(無體)도 무체가 아니며,
무체가 아닌 것은 곧 [유]체(體)이다.
무체와 유체는 둘이 아니다.
이러한 까닭에 이것은 환상이라고 말한다.

이 게송은 환상이 존재가 아니면서 존재인 것을 밝혔다. 왜냐하면 존재가 아니라면 그 환상의 일은 무체이다. 진실한 체가 없기 때문이다. 존재라면 환상의 일은 무체가 아니다. 형상이 드러나기 때문이다. 이와 같이 무체와 유체는 둘이 아니다. 이러한 뜻이기에 그것은 환상이라고 설하며, 이 환상은 곧 제온(諸蘊)을 비유한다. 그러므로 허망한 분별은 존재이면서 존재가 아니라는 것을 알아야 한다. 왜냐하면 그 [존재와 비존재의] 두 가지 그림자가 드러날지라도 실체는 얻을 수 없기 때문이다. 그래서 색(色) 등의 유체는 바로 무체이다. 또 다음에 허망한 분별은 비존재로서 존재이다. 왜냐하면 그 두 가지는 도무지 실체가 없을지라도 그림자를 현현하는 것이 있기 때문이다. 그러므로 색(色) 등의 무체와 유체는 둘이 아니라고 말한다. 이 존재와 비존재가 둘이 아니기에 건립(建立)과 비방(誹謗) 및 소승이 적멸로 나아가는 것을 막는다. 그러한 이유로 무체에 말미암아서 무체를 알기 때문에 안립하지 않으며, 유체로 말미암아서 세속적 입장에서의 진리[世諦]를 알기 때문에 비방하지 않는다. 또한 그 두 가지는 다름이 없기 때문에 체를 싫어하여 소승의 열반에 들어가려고 하지 않는다.

그 게송에서 송한다.

환상과 환상을 취하는 것은
미혹하기에 두 가지가 있다.
이와 같이 저 둘이 없을지라도
두 가지의 존재를 얻을 수 있다.

뼈의 형상과 뼈를 취하는 것은
관할 수 있기에 역시 둘이라 설한다.
둘이 없을지라도 둘이라고
설할 수 있는 것은 역시 이와 같다.

앞의 게송의 뜻을 말해보자. 어리석은 사람은 환상과 환상을 취함에 있어서 어리석기 때문에 취하는 것과 취해지는 것의 두 가지 일이 있다고 말한다. 그 두 가지는 존재하지 않는다고 할지라도 두 가지를 얻을 수 있다는 것이다. 어리석음에 말미암아서 현현하기 때문이다. 뒤의 게송의 뜻을 말하면, 관을 행하는 사람도 역시 그러하다. 뼈의 형상과 뼈를 취하는 것을 관함으로 말미암아서 관하는 주체와 관해지는 대상의 두 가지 일이 있다고 한다. 그 두 가지가 없을지라도 두 가지 역시 얻을 수 있다. 관함으로 말미암아 현현하기 때문이다.

문 이와 같이 관하고 나서 어떤 법을 다스리는 대상으로 삼는가?

그래서 거기에 다시 두 게송을 송한다.

다스리는 대상의 체는 말하자면 그 법의
미혹한 모습이라는 것을 알아야 한다.
이와 같은 체는 무체이기에
존재와 비존재란 환상과 같다.

다스리는 주체의 체는 염처(念處) 등의
모든 법이라는 것을 알아야 한다.
이와 같은 체는 무상(無相)이며,
환상과 같은 것도 역시 이와 같다.

앞의 게송의 뜻을 말하면 다음과 같다. 어떠한 것이 다스리는 대상의 체인가? 곧 이 미혹한 법의 모습이다. 미혹한 법의 모습이라는 것은 이른바 이와 같고 이와 같은 체이기 때문이다. 그런데 이와 같은 체를 존재라고 말한다. 허망한 분별에 의거하는 까닭에 또한 비존재라 말한다. 인식하는 주체[能取]와 객관적 대상[所取]의 두 가지 체와 비체(非體)는 다름이 없기 때문에 이와 같은 존재도 역시 환상과 같다. 그러므로 이 모습은 환상과 같다고 설한다.

나중 게송의 뜻을 말하면, 다스리는 주체[能治]의 체는 바로 모든 법이다. 말하자면 부처님께서 설하신 염처 등도 이와 같고 이와 같은 체이기에 그 체도 역시 모두 환상과 같다. 왜냐하면 모든 범부의 객관적 대상[所取]과 같은 것은 이와 같고 이와 같은 유체인 까닭이며, 모든 부처님께서 설하신 것과 같은 것은 이와 같고 이와 같은 무체인 까닭이다. 이와 같은 체는 무상(無相)일지라도 불세존께서는 입태(入胎)·출생(出生)·유성출가(踰城出家)·성등정각(成等正覺)을 시현하시었다. 이와 같은 것은 무상일지라도 그림자를 현현한다. 이러한 까닭에 환상과 같다.

問 만약 모든 법이 동등하게 허공과 같다면, 어떠한 뜻으로 하나는 다스리는 주체[能治]로 삼고 하나는 다스려지는 대상[所治]으로 삼는가?

그 게송으로 답하여 말하였다.

'비유하면 강한 환상의 왕이 다른 환상의 왕으로 하여금 물러나게 하려는 것과 같다. 이와 같이 청정한 법도 염법(染法)을 사용하여 성취하게 할 수 있다.'

이러한 뜻으로 말미암아 보살이 온갖 행을 닦을지라도 얻는 바가 없다. 저 논[426]에서 온의 아뢰야를 관찰하여 자성이 환상과 같다고 요지하는 것을 밝혔는데 이 경과 [그 뜻이] 가장 부합한다. 그래서 이를 갖추어 내었다. 아지랑이 · 그림자 · 메아리 · 돌아가는 불바퀴 · 건달바성도 역시 이와 같이 자세하게 설해야 한다. 앞에서 겁의 다섯 비유에 물거품 · 파초가 있었는데 여기에서 논하지 않은 이유는, 이 세 가지는 마치 법을 분석하는 것과 같아서 무성공(無性空)을 밝히기 때문이다. 그러나 여기에서 환상과 아지랑이 등의 비유의 뜻은 오직 식(識)뿐이어서 다른 경계가 없다는 것이며, 체의 법은 이해하기 어려운 공[427]이라는 뜻을 밝혔다. 곧 이 거칠은 모습은 굴러 화합하는 까닭에 논하지 않은 것이다.

수행자가 오온[諸蘊]이 오직 마음뿐임을 이해할 때에는 곧 법의 자성을 안다. 아직 이와 같은 자성을 요지하지 못할 때에는 유소득(有所得)에 떨어질까 두려워 이치 끝까지 존재를 관찰하지 못하고, 단멸(斷滅)에 떨어질까 두려워 이치 끝까지 공을 관찰하지 못한다. 다만 존재를 보는 것을 밝히지 않는 것만이 아니며, 또한 다시 공을 보는 것도 아직 완전하지 않았다. 지금 [일체가] 환상과 같다는 가르침으로써 존재와 공(空)은 둘이 아니라고 조견(照見)하며, 더 나아가 인(人) · 법(法)의 둘이 공하다는 모습에도 마음이 대적[當]하지 않으면, 이에 참으로 법공(法空)에 들어갔다고 일컫는다. 오직 식(識) 뿐이며 [진공묘유(眞空妙有)라고] 깨달았기 때문이다.

"비밀주여, 이와 같이 무아를 버리면 심주(心主)가 자재하게 되어서 자기 마음이 본래 생겨나지 않음을 깨닫게 된다."

"심주(心主)"는 바로 심왕(心王)이다. 존재와 비존재에 지체하지 않음으로

---

426) 앞에서 인용한 『대승장엄론』을 가리킨다.

427) 모든 법이 모두 공이라는 뜻이다.

서 마음에 걸림이 없고, 행하는 묘업은 뜻대로 이루어진다. 그래서 "심주가 자재하다"고 하였다. 심주가 자재하다고 하는 것은 곧 정보리심을 다시 한번 굴려서[428] 열어 밝힘으로써 앞의 겁보다 배나 뛰어남[429]을 밝히는 것이다. 심왕은 마치 연못의 성품이 본래부터 청정한 것과 같으며, 심수(心數)를 청정하게 하는 것은 마치 객진(客塵)을 청정하게 하는 것과 같다. 이러한 까닭에 이 심성이 청정한 때에 곧 자기의 마음이 본래 생겨나지 않았음을 깨닫게 된다. 왜나하면 마음은 과거와 미래에도 모두 얻을 수 없기 때문이다. 비유하면 큰 바다의 파랑이 연으로부터 일어나기에 여기에는 앞도 없고 뒤도 없으나, 물의 성품은 그렇지 않다. 파랑이 연으로부터 일어날 때에 물의 성품은 먼저 없었던 것이 아니고, 파랑의 인연이 다하였을 때에 물의 성품이 나중에 사라지는 것이 아닌 것처럼 심왕도 역시 이와 같다. 과거와 미래가 없으며 과거와 미래가 끊어진 까닭에 다시 경계의 바람을 만나 연에 따라 일어나고 멸할지라도 심성에는 언제나 생하고 멸하는 것이 없다. 이러한 마음의 본래 생겨남 없음을 깨닫는다면, 곧 점차로 아자문[의 이치]에 들어간다. 이때에 다시 백육십심 등 티끌이나 모래알처럼 많은 한 겹의 미세한 망집을 여의는 것을 제2의 아승기겁이라 부른다. 그러므로 경에, "자기 마음의 성품을 아는 것이 2겁을 초월하는 유기(瑜祇)의 행이다"라고 하였다. 이 가운데의 무위생사(無爲生死)와 연과 인이 생하고 무너지는 등의 뜻은 『승만경(勝鬘經)』과 『보성론(寶性論)』과 『불성론(佛性論)』에서 자세하게 밝힌 것과 같다. 지금은 종의(宗義)를 밝히는 중이므로 상세하게 설명하지는 않겠다.

그런데 앞에서부터 근원을 추구하고 궁극을 성취하고자 하여 한 터럭만큼의 선함을 발한 때부터 인(人)·법(法)과 존재·비존재라는 두 가지 장애를 초월하기에 이르기까지 종(宗)의 궁극을 분명하게 밝혀서 묘하고 깊이 구르

---

428) 타연승(他緣乘)으로부터 다시 한번 굴려서 향상한다는 뜻이다.
429) 앞의 겁보다 배나 뛰어난 것은 제2겁이 초겁의 성문·연각의 이승보다도 신심이 뛰어남을 밝힌다.

게 하였다. 그러나 이 마음 밖의 더러움을 다스리는 데에서 아직 이 마음의 갖가지 비밀하고 부사의한 일을 밝히지 못하였다. 지금부터 그것을 설명하겠다. 만약 이와 같이 상대해서 변론하지 않는다면 곧 일상적인 뜻이 각각 선세의 습을 되풀이하여 익혀서 그 미묘함을 깨닫지 못할 것이다.

"또 다시 비밀주여. 진언문[430]에서 보살의 행을 닦는 모든 보살은 헤아릴 수 없고 셀 수 없을 정도로 많은 백천 구지 나유타겁 동안에 쌓아 모은 한량없는 공덕과 지혜와, 모든 행을 갖추어 닦는 한량없는 지혜와 방편을 모두 다 이룬다."

이것은 곧 제3겁을 초월하는 마음을 밝히고자 하여 보고 듣는 자로 하여금 즐겨 믿고 존중하도록 하기 위해서 먼저 그 공덕을 찬탄한 것이다. 예컨대 다른 가르침을 [학습하는 삼승교(三乘教)의] 보살은 방편대치의 도를 행하여 차례대로 점점 마음의 더러움을 제거하고 한량없이 많은 아승기겁을 경과하여 보리에 이르게 되거나, 혹은 이르지 못하는 자도 있음을 알 수 있다.

지금 이 가르침의 모든 보살들은 이와 같지 않다. 곧바로 진언으로 탈 것을 삼아 정보리심의 문[431]에 초월하여 들어간다. 만약 이 마음의 명도(明道)[432]를 볼 때에는 모든 보살이 무수한 겁 가운데에 닦은 복과 혜가 자연히 구족한다. 비유하면 어떤 사람이 배나 수레로써 가거나 건너며, 험난한 길을 경과하여 5백 유순(由旬)[433]에 도달하게 되는데, 다시 어떤 사람은 곧바로 신통으로 올라가 공중을 날아 도달한다. 그 경과하여 도달한 곳은 비록 아무 차이가 없더라도 타고 가는 법에 다름이 있는 것과 같다.

430) 여기서부터는 제3겁에 해당한다.

431) 초지(初地)를 가리킨다.

432) 초지의 정보리심을 가리킨다. 초지를 심명도(心明道)라 이름하는 것은 마음의 본래 생겨남이 없음을 깨달아 대혜(大慧)의 광명을 생하고 모든 부처님께서 행하는 도를 보기 때문이다.

433) Skt. yojana. 유순나(由旬那)라고도 한다. 인도에서의 거리의 단위. 옛날 제왕이 하루에 행군하는 정도의 거리, 또는 멍에를 황소 수레에 걸고 하루의 길을 가는 여정(旅程)을 말한다. 일유순은 보통 40리, 60리 등 각각의 설이 많은데, 7.4km, 14.4km라고 하는 설도 있다.

세존께서 먼저 자세하게 앞과 같이 모든 마음의 모습을 설하신 까닭은 진언문에서 모든 관을 수행하는 사람이 만약 이와 같은 경계에서 행하여 이를 때에 분명하게 알아서, 아직 도달하지 못하였는데도 도달한 것이라 말하며 중간 길에서 머물러 남지 않게 하시려 하기 때문이다. 또한 윤왕(輪王)의 태자(太子)가 처음으로 태어나 양육되는 때에 온갖 상[삼십이상(三十二相)]을 갖추어서 결점이 없는 것과 같다. 아직은 온갖 기예를 두루 익히거나, 천하[四洲]를 통솔하지 못하더라도 이미 칠보(七寶)[434]를 맡아 지녔기에 전륜성왕[聖王]의 가업을 성취할 수 있다. 왜냐하면 전륜성왕은 [칠보를] 구족한 몸이기 때문이다.

진언을 수행하는 자가 처음으로 정보리심에 들어가는 것도 역시 이와 같다. 아직까지 무수한 아승지겁에서 보현의 온갖 행을 갖추어 닦아 대비방편을 만족하지 않았을지라도, 이러한 여래의 공덕은 모두 이미 성취하였다. 왜 그런가 하면 비로자나의 바탕을 갖춘 법신이기 때문이다. 그래서 경에서는 "무량무수겁 동안에 (…중략…) 지혜와 방편을 모두 다 이룬다"고 하였다. 또한 왕자가 처음으로 태어날 때에 이미 용신(龍神)[435]과 수없이 많은 사람들이 귀의하는 것과 같이 처음에 정보리심을 발하는 자도 역시 이와 같아 이미 천과 인간의 세간에서 바른 길을 잃은 자를 위하여 널리 귀의하게 한다. 일반적인 모든 논서에서는 [수행자가] 이 마음을 증득할 때에라야 부처라 이름한다고 밝혔다. 이러한 까닭에 사리불 등 모든 성문과 연각이 그 지혜의 힘을 다 동원하였으나 측량할 수가 없었다. 그래서 경전에는 "모든 성문과 벽지불의 경지를 초월한다"고 하였다. 수행자가 이 마음을 얻는 때에 곧 석가모니의 정토가 훼손되지 않았음을 알고, 부처님의 수명 장원한 본지(本地)의 몸이 상행(上行)[436] 등의 땅으로부터 솟아난 모

434) 전륜성왕의 칠보를 세상에 출현할 때에 이미 구족하였다는 뜻이다. 전륜성왕은 칠보(輪, 象, 馬, 珠, 女, 居士, 主兵臣)를 가지고, 장수하여 번민이 없고 얼굴이 뛰어나며 가는 곳마다 보배가 가득한 사덕(四德)을 갖추었으며, 정법으로 전세계를 다스린다는 신화적이고 이상적인 왕이다.

435) 용신은 팔부중의 하나이다. 지금 용을 들어서 다른 것을 겸하였다고 볼 수 있다.

든 보살들과 한 장소에 모이신 것을 본다. 번뇌 다스리는 도를 닦는 자는 [수행의] 자취가 보처(補處)에 가까울지라도 어느 누구도 알 수 없다. 이러한 까닭에 이것을 "비밀"이라고 이름한다. 또한 이 보살은 필경 청정한 마음 가운데에서 두루 시방법계의 모든 불보살을 모이게 하고, 자신도 두루 시방에 찾아가서 모든 선지식을 공양하고 정법을 여쭈어 구하지만, 오직 홀로 스스로 명료할 뿐이지 모든 천과 세상사람은 알 수 없다. 이러한 인연 때문에 다시 "비밀"이라 부른다.

앞의 2겁 가운데에서 이승의 경지를 건넜다고 말하였으나, 수보리 등은 부처님의 위신을 계승하여 인(人)과 법(法)이 함께 공하다는 것을 부연하여 설할지라도 이 비밀의 일승(一乘)에서는 마음에 놀람과 의심만 생할 뿐이고 가는 바를 모르기에 [이 비밀경은] **"성문과 벽지불의 경지를 초월한다"**고 말한다.

이때에 큰 위덕을 지닌 모든 천들이 보살의 마음이 의지하는 것을 보지는 못하였지만 모두 공경과 신심을 일으켰다. 그리하여 석제환인(釋提桓因)[437]이 이러한 원을 지어서 말하였다.

"지금 이 상인(上人)께서는 오래지 않아 성불하실 것입니다. 만약 그가 성불하는 때에는 제가 길상초(吉祥草)를 바치겠습니다."

사천왕(四天王)[438]도 역시 이러한 생각을 하며 말하였다.

---

436) 『법화경』「종지용출품」(대정장 9, 40 상)에서 설하는 네 가지 행의 보살 가운데 하나이다. 천계(千界)에 땅으로부터 솟아난 무량한 보살이 있는데 상수상행(上首上行), 무변행(無邊行), 정행(淨行), 안립행(安立行)의 네 보살이다. 지금 그 하나를 들고서 다른 세 보살과 무량한 권속을 구분하였다.

437) Skt. akradevānām indra의 음역. 제석천을 말한다. 도리천에 있는 범왕(梵王)과 함께 불법을 옹호하는 신이다. 원래 인도신화에 등장하는 인드라가 불교에 그대로 들어와서 된 것이다.

438) 불법(佛法)을 수호하는 외호신(外護神). 사천왕은 고대 인도 종교에서 숭상했던 귀신들의 왕이었으나 불교에 귀의하여 부처님과 불법을 지키는 수호신이 되었다. 그들은 수미산(須彌山)의 중턱 지점에서 각각 그들의 권속들과 살면서 동서남북의 네 방위를 지키며 불법수호와 사부대중의 보호를 맡게 되었다. 또 사천왕과 그 부하 권속들은 천하를 두루 돌아다니면서 세간의 선악을 늘 살핀다고 한다. 그리고 그 결과를 매월 8일에는 사천왕의 사자(使者)들이, 14일에는 태자(太子)가, 15일에는 사천왕 자신이 제석천(帝釋天)에게 보고하는 것이 중대한 임무의 하나가 되고 있다. 사천왕은 동쪽이 지국천

"만약 이 보살이 성불할 때에 제가 바루를 바치겠습니다."

범천왕(梵天王)[439]도 역시 이런 생각을 내었다.

"만약 이 보살이 성불할 때에는 제가 전법륜을 청하겠습니다."

그래서 **"가까이 모시고 경례한다"**고 하였다.

이미 입진언문(入眞言門)의 공덕을 찬탄하여 마쳤다.

그런데 수행자는 다시 어떠한 법으로 이 문에 들어가는가? 그래서 경에서는 다음에 **"공성(空性)을 말한다"**라고 하였다. 공성이란 곧 자기의 마음이 허공과 평등하다는 것이다. 앞의 문장에서 '한량없이 많은 것이 허공과 같고, 내지 정등각(正等覺)을 드러낸다'고 하는 것이 바로 이 마음을 비유한 것이다.

앞의 [제2]겁에서는 만법은 오직 마음뿐이요, 마음 밖에 다시 법이 없다고 깨닫는다. 지금은 이 마음이 곧 여래의 자연지이고, 또한 비로자나의 일체에 두루한 몸이라고 관한다. 마음이 이와 같기 때문에 모든 법도 역시 이와 같아 근진(根塵)[440]이 모두 아자문에 들아간다. 그러므로 **"근(根)과 경(境)을 떠난다"**고 하였다. 영상(影像)은 언제나 고요한 광명에서 벗어날 수 없다. 그러므로 **"모습도 없다"**고 하였다. 마음의 실상지(實相智)로써 마음의 실상을 깨닫는다. 경(境)과 지(智)는 모두 반야바라밀이다. 그래서 **"경계도**

왕(持國天王), 서쪽은 광목천왕(廣目天王), 남쪽은 증장천왕(增長天王), 북쪽은 다문천왕(多聞天王)이다.

439) Skt. Brahman. 불교의 대표적 호법선신(護法善神). 범마(梵摩)라 하며 범왕(梵王)・대범천왕(大梵天王)이라고도 한다. 색계초선천(色界初禪天)의 왕으로 부처님에 세상에 나오실 때면 항상 제일 먼저 설법을 청했다 하며, 이를 범천권청(梵天勸請)이라 한다. 언제나 부처님을 오른편에 모시고 손에는 흰 불자(拂子)를 들고 있다고 한다. 범천은 본래 고대 인도의 종교였던 바라문교의 우주창조의 신으로서 최고로 받들어졌다. 바라문교에서는 이 세상의 일체 존재는 범(梵)으로부터 전개・변화하면서 생성・소멸된다고 주장하였다. 부처님은 이러한 당시의 종교사상을 냉혹하게 비판하였다. 불교에서는 범천을 우주만물의 창조와 생성의 원인으로 보는 것을 범천외도(梵天外道)라 일컫는다. 범천은 불교 안에 수용되면서 우주창조신의 성격을 벗어나 다만 불법을 수호하는 호법신의 역할자로서만 경전에 등장하게 된다.

440) 육근(六根)과 육경(六境)의 십이처(十二處)를 말한다. 또한 여기에 모든 법을 거두어 들였다.

없다"고 하였다.

이 가운데의 열 가지 비유를 앞의 열 가지 비유에 견주어보면 다시 희론을 이루기에 "모든 희론을 뛰어 넘는다"고 하였다. 제3중의 미세한 백육십심의 번뇌와 업과 수명의 종자를 제거하여 다시 불수(佛樹)의 싹을 생하게 하는 것이 있다.

그러므로 "허공과 같아서 끝이 없으니 모든 부처님의 법도 이것에 의하여 상속해서 생긴다"고 하였다. 이미 인연을 부수지 않고서 곧 법계에 들어가며 또한 법계를 움직이지 않으니 이것이 바로 연기이다. 인연이 생하고 멸하는 것은 바로 법계가 생하고 멸하는 것이며, 법계가 생하고 멸하지 않는다면 이 인연도 생하고 멸하지 않는다는 것을 알아야 한다.

그러므로 "유위(有爲)와 무위(無爲)의 경계를 떠난다"고 하였다. 여래께서 세상에 나오시거나 세상에 나오시지 않거나 모든 법은 본래 있는 그대로 이와 같이 머문다. 그래서 "모든 만들어 지음을 떠나며"라고 하였다. 『반야경』[441] 가운데에서 설하는 것과 같다. '일체의 법[色法]이 눈에 다다르면 더 다가올 것이 없다. 마치 백 개의 하천이 바다로 나아가면 다시 갈 곳이 없는 것과 같다. 이러한 까닭에 눈은 바로 궁극의 참다운 진리[第一實際]임을 알아야 한다. 궁극의 참다운 진리 가운데에서는 눈도 오히려 얻을 수 없거늘, 하물며 나아가는 것이나 나아가지 못하는 것이겠느냐! 귀·코·혀·몸·뜻도 역시 이와 같다.' 그러므로 "눈·귀·코·혀·몸과 뜻을 떠난다"고 하였다. 수행자가 이와 같은 미세한 혜를 얻을 때에 온갖 더럽거나 깨끗한 법을 관찰하니 조금이라도 그 허공과 가까운 것으로서 연으로부터 생기지 않는 것이 없다. 만약 연으로부터 생긴다면 자성이 없으며, 자성이 없다면 본래 생겨남이 없다. 본래 생겨남 없음이 바로 마음의 실제이다. 마음의 실제도 역시 얻을 수 없으므로 "극무자성심(極無自性心)[442]을 생한다"고 하였다.

441) 『대반야경』 제305권, 306권에 설해져 있다.
442) 마음의 본체는 본래 불생이지만, 그 마음의 본체도 또 불가득이라고 깨달은 마음.

이 마음을 앞의 두 겁에 견주어보면 마치 연꽃이 무성하여 피어난 것과 같다. 나중의 두 마음[443]에 견주어본다면, 이 과(果)는 다시 종자가 되기 때문에, "이와 같은 초심(初心)[444]은 성불의 원인이라고 부처님께서는 말씀하신다. 그러므로 업과 번뇌에서 해탈하고서도 또한 업과 번뇌에 그대로 의지하나니"라 하였다.

이것을 해설하면 다음과 같다.

세존께서는 시방삼세의 부처님을 증명으로 삼으신다. 말하자면 이 일대사(一大事)의 인연으로써 중생을 위하여 청정한 지견을 열으신다. 그 도(道)는 그윽하다. 수행자가 온갖 업과 번뇌에서 해탈할 때에 곧 모든 업과 번뇌는 부처님의 사업 아님이 없음을 안다. 본래부터 스스로 결박당하지 않았는데 누가 해탈시키겠는가! 어진 의원이 독을 변화시켜 약을 만들고 사용하여 온갖 병을 없애는 데에 사용하는 것과 같다. 또한 허공이 온갖 모습에서 벗어날지라도 만 가지 모습이 모두 의지하는 것과 같다.

만약 이 부사의한 해탈에 머물 때에는 바로 참된 아라한(阿羅漢)[445]으로서 유위와 무위에 집착하지 않으며, 모든 세간에서 광대한 공양을 받기에 마땅하다. 그러므로 경에서, "세간에서 높이 받들어 항상 공양해야 한다"고 하였다.

또 다음에 아사리가 반드시 공양해야 하는 뜻을 밝히고자 3겁의 시작과 끝을 통틀어 논하면서 보배구슬의 비유를 사용하였다. 마치 여의보주가 광석 가운데에 있는데 세상사람이 알지 못하기 때문에 네거리의 길 사이에 내버려두니 기와나 조약돌과 아무런 차이가 없는 것과 같다. 그러한

---

443) 인(因)·근(根)·구경(究竟)의 삼구(三句)에서 나중의 두 마음을 가리킨다.

444) 초발보리심(初發菩提心)을 말한다.

445) Skt. arhat. 소승불교에서 종교적인 최고의 경지에 도달한 성자. 나한(羅漢)이라고도 하며 중생의 공양을 받을 자격이 있다고 하여 응공(應供), 도적 같은 번뇌를 모조리 멸했다고 하여 살적(殺賊), 미계(迷界)에 다시 나지 않는다 하여 불생(不生), 마장을 모두 여의었다 하여 이마(離魔) 등으로 번역하며, 성자(聖者)라고도 한다. 이들은 세상의 존경받을 만한 수행자로서 공양과 보시를 받을 가치가 있다. 번뇌를 끊고 고요히 생함 없는 경지에 도달한 진리에 상응하는 자이다.

보배를 구별하는 자가 미세한 모습이 있어서 겨우 그림자의 바깥에 비친 것을 발견하고, 곧바로 이를 알아보고서 먼저 날카로운 쇠를 사용하여 무딘 돌을 쪼아 버리고, 보배에 가까워지면 그 돌을 점차로 연하게 한다. 다시 온갖 약으로 갉아서 쇳돌과 거칠은 것을 사라지게 한다. 그리고 다시 그 바탕을 상하지 않게 한다. 이때에 거칠은 때는 이미 없어졌더라도 미세한 때가 남는다. 씻는 것은 잿물로 하고 문질러서 깨끗하게 닦고, 갖가지의 방편을 사용하여 이를 빛나게 한다. 이미 빛이 드러나게 되었으면 높은 당기에 걸어두니, 온갖 바라는 대로 두루 모든 물건을 비뿌린다. 이때에 세상사람들이 기이하고 특이하다는 생각을 내고서 이 보배를 존중하는 것이 흡사 대천(大天)446)과 같다. [세상사람들이] 바라는 것을 모두 채워주기 때문이다.

그런데 이 보배는 한 때에 두루 중생들의 마음에 응하는데, 그 얻고자 함에 따라 각각에게 차별이 있다. 이 온갖 물건은 보배 가운데에 원래부터 있었던 것인가, 원래부터 없었던 것인가? 만약 원래부터 있었다면 곧 이 작은 구슬에 어떻게 갑자기 온갖 물건을 저장할 수 있겠는가? 만약 원래부터 없었다면 또한 어떻게 갑자기 온갖 물건을 비뿌릴 수 있겠는가? 즉 세간 보배의 성품조차 이미 불가사의하다. 하물며 중생의 보리심의 보배이겠는가! 이러한 까닭에 모든 선지식은 중생에게 세간의 여덟 가지 마음이 겨우 알맞게 싹트기 시작할 때에 문득 이것이 참된 보배라고 안다. [광석에서 여의보를] 끝까지 캐야 할 이치가 있음을 안 것은 그 상을 아는 자가 일찍이 많은 이름난 보배를 알고 있었기에 만나면 곧 이를 아는 것과 같다.

모든 부처님과 보살들도 역시 그러하다. 오래전에 이미 직접 한 털끝만큼의 선근으로부터 스스로 대보리의 도에 이를 것을 증지하셨다. 이러한 까닭에 그의 뜻과 근기를 비추어보고 곧 크게 환희하여 방편으로써 권하여 나아가게 하고, 삼귀[의계(三歸依戒)]를 받게 한다. 앞에서 이미 분별하여 설

---

446) 대자재천(大自在天)의 별명이다.

명한 것과 같다. 비유하면 그 무딘 돌을 거두어서 집안에 두는 것과 같다.

다음에 세 가지의 삼심(三心)[447]으로써 업과 번뇌의 뿌리와 무명의 종자를 뽑아내는 것은 날카로운 쇠로 열어 깨뜨려서 그 거칠은 광석을 제거하는 것과 같다.

다음에 무연승법(無緣乘法)의 무아성(無我性)을 관하는 것은 점차로 연한 곳에 이르러 약물로써 갉아서 이를 손상되지 않게 하는 것과 같다.

다음에 극무자성심을 생하는 것은 잿물로써 밝게 닦아 아주 빛나고 청정하게 하는 것과 같다. 이때에 부처님 집안에 태어나는 것은 높은 당기에 매달아두어 갖가지 보배를 비뿌리는 것이라 말한다. 이러한 인연으로써 세간의 광대한 공양을 받기에 감당할 만하다.

만약 수행자가 곧바로 진언문에 따라 마음의 보배를 보게 되면, 선인(仙人)이 주술을 잘하여서 신력으로써 이를 취하는 것과 같다. 교묘하거나 서투르고 어렵거나 쉬운 것은 같지 않을지라도 보배를 얻는 것은 끝내 다른 길이 없다. 그러므로 이 경에서 얕은 데에서부터 깊은 데에 이르기까지 널리 마음의 모습을 밝힌 것이 모두 보리심의 본말의 인연을 열어 보이기 위함이다. 만약 단지 일상적인 도의 법상에 의한다면, 바로 모든 부처님의 큰 비밀이어서 내가 지금 모두 열어 보인다고 말할 수 없다.

19. 십지(十地)

"비밀주여. 신해행지(信解行地)[448]에서 세 가지 마음[449]과 한량없는 바라밀

447) 초겁(初劫)의 삼승(三乘)을 세 가지로 하고 이 세 가지가 곧 삼심(三心)이다.

448) 초지에서 십지까지이다. 그러나 일반불교에서 말하는 십지와는 달리 무혹(無惑)의 십지(十地)라고 한다.

다의 혜관(慧觀)과 사섭법(四攝法)[450]을 관하면, 신해지(信解地)에서 상대할 것이 없고 한량없는 부사의(不思議)를 얻으며, 열 가지 마음[十心]을 건립해서 끝없는 지혜가 생긴다."

이 경의 종(宗)에서는 정보리심[451]부터 이상의 십주지(十住地)[452]는 모두 신해(信解)의 행이라 한다. 오직 여래만을 구경일체지(究竟一切智)라 이름하는데 『화엄경』에서 [다음처럼] 설한 것과 같다. '초지(初地)의 보살은 [자신이] 여래께서 옛적에 세우신 수행[本行]에서 [교화할] 대상에 포함된다는 것[所入]을 믿고, 모든 바라밀[453]을 성취하는 것을 믿으며 온갖 뛰어난 마음의 경지에 들어감을 믿고, 여래만이 갖춘 열 가지 힘[十力][454]을 성취하는 것을 믿으며, 여래의 네 가지 두려움 없음[無所畏][455]을 구족하는 것을 믿고,

---

449) 인(因)・근(根)・구경(究竟), 즉 보리(菩提)・대비(大悲)・방편(方便)의 세 가지이다.

450) 부처님의 가르침과 재물을 보시하는 보시섭(布施攝), 친근한 말을 하는 애어섭(愛語攝), 몸과 말과 마음 3업의 선행으로 중생을 이익되게 하는 이행섭(利行攝), 모양을 바꾸어 중생에게 친근하게 나아가 인도하는 동사섭(同事攝)의 넷이다.

451) 정보리심은 초지(初地)이다.

452) 삼현위(三賢位) 가운데 십주(十住)가 아니라 십지(十地)를 가리킨다. 구역(舊譯)에서는 대부분 십지를 십주라 한 예가 많다.

453) 십바라밀을 말한다.

454) 여래만이 갖춘 10종의 지력(智力). 18불공법 가운데 10이다. ① 처비처지력(處非處智力) : 도리(道理), 비도리(非道理)를 판별하는 힘, 여실히 모든 이치와 이치가 아닌 것을 아는 힘이다. ② 업이숙지력(業異熟智力) : 지업보지력(知業報智力)이라고도 한다. 업과 그 과보의 관계를 아는 힘, 여실히 삼세(三世)의 업(業)과 그 보(報)의 인과관계를 아는 힘이다. ③ 정려해탈등지등지지력(靜慮解脫等持等至智力) : 가지가지 선정에 통달하는 힘, 여실히 모든 선정이나 삼매의 순서나 깊고 옅음 등을 아는 힘이다. ④ 근상하지력(根上下智力, 根力) : 여실히 중생의 능력이나 성질의 수승하고 열등함 등을 아는 힘. ⑤ 종종승해지력(種種勝解智力) : 지중생종종욕지력(知衆生種種欲智力)이라고도 한다. 중생의 욕구나 이해의 정도를 아는 힘이다. ⑥ 종종계지력(種種界智力) : 성력(性力)이라고도 하며, 여실히 중생의 소성(素性), 소질(素質)이나 그 행위 등의 성격을 아는 힘. ⑦ 변취행지력(遍趣行智力) : 지도처력(至道處力)이라고도 한다. 업에 응해서 나타나는 세계를 아는 힘, 여실히 사람과 하늘 등의 모든 세계에 태어나는 행(行)의 인과(因果)를 아는 힘이다. ⑧ 숙주수념지력(宿住隨念智力) : 여실히 과거세의 여러 가지의 일을 기억해 내어 다 아는 힘. ⑨ 사생지력(死生智力) : 천안력(天眼力)이라고도 한다. 여실히 천안을 가지고 중생의 죽은 뒤나 미래의 선악(善惡)의 세계 등을 아는 힘. ⑩ 누진지력(漏盡智力) : 스스로 모든 번뇌가 다하여, 다음의 생존을 받지 않는 것을 알고, 또 다른 사람이 번뇌를 끊는 것을 틀림 없이 아는 힘이다.

부서지지 않으며 [다른 보살들과] 공통하지 않은 불법을 생장(生長)하는 것을 믿으며, 부사의한 불법을 믿고, 중간과 끝이 없도록 넓은 부처님의 경계를 출생하심을 믿으며, 여래의 무량한 경계에 따라 들어가는 것을 믿고, 부처님이 되는 결과[果]를 성취할 것으로 믿는다.'[456] 이와 같이 모든 것에서 그 마음은 필경 파괴되지 않으며, 다시 다른 연에 따라 바뀌지도 않는다. 그러므로 신해행지(信解行地)라 부르며, 또한 수행지에 도달하였다고 부른다.

"세 가지 마음을 관찰함"이란 바로 인(因) · 근(根) · 구경(究竟)의 마음이다. 신해지(信解地)를 통틀어 논하면 초지의 보살은 허공무구의 보리심을 얻을 때에 자연히 십무진계(十無盡界)[457]에서 십대원(十大願)[458]을 내고, 나아가

---

455) 부처와 보살이 가진 덕의 하나로서 어떤 일이든 두려워함이 없는 자신을 가지고 안심하고 용감하게 법을 설하는 것. 곧 진리에 대하여 바르게 알고 확신하여 말하며 어떠한 불안·의혹도 존재하지 않는 것을 말한다. 여기에 흔히 네 가지 두려움 없음이 있다 하여 사무소외(四無所畏) · 사무외(四無畏)라 한다.

456) 실차난타 역, 『화엄경』 제34권 「십지품」(대정장 10, 182 중). '깨끗한 신심을 이룬 이는 신심의 공용(功用)이 있어 여래께서 본래 행으로 들어가신 것을 믿으며, 바라밀다를 성취함을 믿으며, 여러 훌륭한 지위에 들어감을 믿으며, 힘을 성취한 것을 믿으며, 두려움 없는 마음을 구족함을 믿으며, 깨뜨릴 수 없고 함께 하지 않는 불법을 생장함을 믿으며, 부사의한 불법을 믿으며, 중간도 가장자리도 없는[無中邊] 부처님 경계를 내는 것을 믿으며, 여래의 한량없는 경계에 따라 들어감을 믿으며, 과보를 성취함을 믿나니, 요건(要件)을 들어 말하면 일체 보살의 행과 내지 여래의 지혜와 말하는 힘을 믿는 것이니라.'

457) 화엄에서 설하는 열 가지 다함없는 법에 해당한다. 즉 중생 · 세계 · 허공 · 법계 · 열반 · 불출세(佛出世) · 제불의 지혜 · 심소연(心所緣) · 기지(起智) · 세간전법륜의 열 가지는 다함이 없는 구절이라 한다. 『화엄경』 「십지품」(대정장 10, 182 상중)의 설이다. '불자여, 이 큰 원은 열 가지 끝나는 구절로 성취되나니 무엇이 열인가? 말하자면 중생계가 끝나고, 세계가 끝나고, 허공계가 끝나고, 법계가 끝나고, 열반계가 끝나고, 부처님의 출현하는 계(界)가 끝나고, 여래의 지혜의 계가 끝나고, 마음으로 반연하는 계가 끝나고, 부처님 지혜로 들어갈 경계의 계가 끝나고, 세간의 진전[轉], 법의 진전, 지혜의 진전하는 계가 끝나는 것이니라. 만일 중생계가 끝나면 나의 원도 끝나며, 만일 세계와 내지 세간의 진전, 법의 진전, 지혜의 진전하는 계(界)가 끝나면 나의 원도 끝나려니와, 중생계가 끝날 수 없으며, 내지 세간의 진전, 법의 진전, 지혜의 진전하는 계가 끝날 수 없으므로, 나의 큰 원의 선근도 끝날 수 없느니라.'

458) 열 가지의 큰 원. 또는 십원(十願)이라 한다. 초지의 보살이 발한 십대원은 『보살지지경(菩薩地持經)』 「주품(住品)」에 실려있다. ① 공양원(供養願), ② 수지원(受持願), ③

백만아승지의 큰 원을 만족한다. 이로써 보리심을 인(因)으로 한다. 제2지[二地]부터 이후는 대비만행(大悲萬行)을 더 닦는다. 이러한 다함없는 대원은 모든 법계[十法界]에서 근(根)을 생하게 한다. 나아가 점차로 증장해서 제8지에 이른 뒤부터는 모두 방편을 펼치는 경지[方便地]라 부른다.

『불성론(佛性論)』에서는 '제8지 이상의 경계는 모두 같다. 다만 방편에 의거해서 단계로 삼을 뿐'459)이라고 하였다. 만약 낱낱의 지(地)를 관하면 또한 세 가지의 마음이 있다. 수많은 열 가지의 인연으로써 초지에 들어갈 수 있는 것을 인(因)이라 이름한다. 이미 안주하고 나서 갖가지의 대비만행으로써 이 지를 깨끗하게 다듬는 것을 근(根)이라 이름하고, 청정하게 지(地)를 다듬는 과상(果相)과 방편의 업(業)을 설하여 구경(究竟)이라 부른다. 나머지는 모두 여기에 준한다.

이 경의 "한량없는 바라밀다와 사섭법(四攝法)"이란 곧 마음을 다스리는 단계[治地]이다. 수행자는 여기에서부터 마주할 것 없고, 마음의 헤아림을 초월한 부사의지(不思議地)[의 경지에 오른다]. 열 가지 마음이 있어서 끝없는 지(智)를 생하는데 바로 초지의 과상(果相)이다.

『화엄경』에서는 '열 가지 큰 원을 내고 나서 곧 이익하게 하려는 마음[利益心]·부드러운 마음[柔軟心]·따라 순종하는 마음[隨順心]·고요한 마음[寂靜心]·조복하는 마음[調伏心]·적멸한 마음[寂滅心]·겸손한 마음[謙下心]·윤택한 마음[潤澤心]·흔들리지 않는 마음[不動心]·흐리지 않은 마음[不濁心]을 얻고, 다음에 또 열 가지의 온갖 지(地)를 정화하는 법을 성취한다'460)고 하였다. 이른바 신(信)과 자(慈)와 비(悲)와 사(捨)와 지치거나 싫

전법륜원(轉法輪願), ④ 수행원(修行願), ⑤ 성숙원(成熟願), ⑥ 승사원(承事願), ⑦ 정토원(淨土願), ⑧ 불리원(不離願), ⑨ 이익원(利益願), ⑩ 정각원(正覺願)이다.

459) 『불성론』(대정장 31, 807 중) '구경(究竟)이란 팔지 이상으로서 그 보는 경계가 다 두루하여 다시 별다른 경계를 볼 것이 없기 때문에 구경이라 한다. 다만 방편이 얕거나 깊기 때문이고, 모든 지위를 분별하기 때문이다.'

460) 『화엄경』「십지품」(대정장 10, 182 중). '불자여, 보살이 이러한 큰 원을 내고는 곧 이익하게 하려는 마음·부드러운 마음·따라 순종하는 마음·고요한 마음·조복하는 마음·적멸한 마음·겸손한 마음·윤택한 마음·흔들리지 않는 마음·흐리지 않은

어하지 않음과 모든 경론을 아는 것과 세간의 법을 잘 이해하는 것과 참괴(慙愧) 및 견고한 힘과 모든 부처님들께 공양드리고 가르침에 의거하여 수행함이다. 또 다시 이 지에 머물고 나서 모든 지의 장애를 잘 알고 지의 이루어짐과 무너짐을 잘 알며, 지의 모습과 결과를 잘 알고, 지의 닦을 수 있는 것을 잘 알고, 지의 법청정(法淸淨)을 잘 알며, 지의 전행(轉行)을 잘 알고, 지(地)들의 올바른 것[處]과 올바르지 않은 것[非處]을 잘 알고, 지(地)들의 수승한 지혜를 잘 알고, 지들의 불퇴전을 잘 알고, 모든 보살지를 깨끗하게 다듬고 여래지에 전입(轉入)하는 것을 잘 안다. 이와 같은 등의 허다한 열 가지 마음이 있다. 만약 자세하게 분별하면 곧 백만 아승기의 바라밀문이 있다. 그래서 "끝없는 지혜가 생긴다"고 하였다.

다시 앞의 세 가지 마음에 의거하여 열 가지 마음을 짓는 것에 대해 설명하겠다. 만약 신해지(信解地)를 통틀어 논하면 곧 초지를 종자(種子)로 하고 이지(二地)를 싹으로 하며 삼지(三地)를 줄기로 하고, 사지(四地)를 잎으로 하며, 오지(五地)를 꽃으로 하고, 육지(六地)를 열매로 하며, 칠지(七地)를 수용종자(受用種子)로 하고, 팔지(八地)를 무외의(無畏依)로 한다. 이른바 과(果) 중의 과이다. 구지(九地)에는 불지(佛地)를 구하여 나아가는 혜(慧)가 생하는 것이 있다. 이것이 최승심(最勝心)이다. 십지(十地)에서 이 마음은 분명하게 된다. 이 [구지와 십지의] 두 마음은 따로 경계가 없다. 제8심으로 되돌아와서 방편에 의거하여 전환[轉]하여 개발하여 낸 것이다.

낱낱의 지에도 역시 자체에 이 열 가지의 마음을 갖춘다. 또한 초지에 머무는 때에 모든 지를 청정하게 다듬는 법을 성취하고, 모든 지의 상(相)을 안다. 먼저 초지를 이해하여 마치면 이것을 인(因)으로 삼아 지혜가 증장한다. 다시 이지(二地)를 이해하는 것도 열 가지 마음461)의 부류의 예로

마음을 얻느니라.'

461) 『화엄경』 35권 「십지품」(대정장 10, 185 상). '불자여, 보살 마하살이 초지를 이미 닦고서, 제2지에 들어가려거든 열 가지 깊은 마음을 일으켜야 하나니, 무엇을 열 가지라 하는가? 이른바 정직한 마음·부드러운 마음·참을성 있는 마음·조복하는 마음·고요한 마음·순일하게 선한 마음·잡란하지 않은 마음·그리움이 없는 마음·넓은 마

써 미루어 알 수 있다. 『화엄경』에 다양한 열 가지의 법문[十法門]이 있는데, 이에 준하여 차례대로 자세하게 분별하여 설명해야 한다.

그러나 이 경의 종(宗)에서는 초지로부터 곧 금강보장(金剛寶藏)에 들어갈 수 있기 때문에 화엄의 『십지경(十地經)』에서 설하는 낱낱의 명칭은 아사리가 전하는 대로 모두 반드시 두 가지로 해석해야 한다. 첫째는 일반적인 해석이고, 둘째는 깊이 있는 해석이다. 만약 이와 같은 비밀한 호칭[密號]에 통달하지 못하고서 다만 문장에 의거하여 해설하면 인연의 사상(事相)은 [『화엄경』의] 「십주품」까지만 이를 뿐이다. 만약에 『금강정경[金剛頂]』의 십육대보살(十六大菩薩)[462]을 이해하려면 스스로 [깊이 있는 해석을] 증지(證知)해야 한다.

"내가 모든 세계에서 설한 것은 모두 이것에 의해 얻는 것이다"라고 하는 것은 앞과 같은 일체지지(一切智地)의 다함없는 장엄의 경계와 그 밖의 한량없이 많은 수다라(修多羅, sūtra : 經)에서 부처님께서 찬탄하신 모든 행과(行果)란 이것에 인하여 얻지 않는 것이 없다. 이러한 까닭에 다른 경에서도 이와 같이 자세하게 사라수왕(娑羅樹王)의 줄기와 잎과 꽃과 열매를 찬탄하였다. 지금 이 경에는 오직 이 수왕(樹王)의 종자와 자라나는 인연을 밝혔다. 만약 이러한 인연을 여의고서 저 열매를 맺는다고 하면 이러한 일은 있지도 않다. 『대일경왕(大日經王)』이라 부르는 이유는 여기에 있지

음·큰마음이니, 보살이 이 열 가지 마음으로 제2 이구지(離垢地)에 들어가느니라.'

462) 금강계 사불의 주위를 사방으로 둘러싸고 있는 4위의 보살들을 합한 총칭. 대일여래를 중심으로 사불(四佛)이 각각 사보살을 거느리니 즉 사방불의 각각 사보살을 십육대보살이라 한다. 사불의 별덕(別德)을 열어보인 것으로 십육대보살은 다음과 같다. 금강살타(金剛薩埵)·금강왕(金剛王)·금강애(金剛愛)·금강희(金剛喜). 이상은 아축(阿閦)의 사친근(四親近)이다. 금강보(金剛寶)·금강광(金剛光)·금강당(金剛幢)·금강소(金剛笑)의 사보살은 보생(寶生)의 사친근이다. 금강법(金剛法)·금강리(金剛利)·금강인(金剛因)·금강어(金剛語)의 사보살은 무량수(無量壽)의 사친근이다. 금강업(金剛業)·금강호(金剛護)·금강아(金剛牙)·금강권(金剛拳)의 사보살은 불공성취(不空成就)의 사친근이다. 이들은 아축불 등 사불의 활동을 다시금 세분하여 담당하고 있는 보살들이라 할 수 있다. 예컨대 재보성을 특징으로 하는 보생여래에게는 사방에 금강보·금강광·금강당·금강소보살인 사대보살들이 둘러싸고 있는데, 이들은 보배나 빛 등의 활동을 갖고 보생여래의 활동의 일부분을 담당하고 있다.

않겠는가!

경에 다시 이익을 거론하여 수행하기를 권하면서, "그러므로 지혜로운 이는 이 일체지(一切智)의 신해지를 사유하여 다시 1겁을 초월해서 이 경지에 잘 머물러야 한다"고 하는 것은 곧 처음으로 이 신해지에 들어가는 것이다. 다시 백육십심의 한겹의 세밀한 번뇌를 초월하는 것을 3대아승지겁을 초월한다고 부른다. 수행자가 처음으로 공성(空性)을 관할 때에 모든 법은 모두 마음의 실제(實際)에 들어간다고 안다. 아래로는 중생으로서 제도해야 할 대상을 보지 않고, 위로는 모든 부처님으로서 추구해야 할 대상을 보지 않는다. 이때에 만행(萬行)이 쉬고 궁극까지 성취하였다고 말한다. 그러나 만약 여기에 머물면 곧 퇴전하여 이승의 경지에도 해당되지 않는다. 나아가 보살지에도 오를 수 없으니 이름하여 법애생(法愛生)이라 하며, 또는 무기심(無記心)이라 부른다. 그러나 보리심의 세력과 여래의 가지력(加持力)으로 다시 비원(悲願)을 일으킬 수 있으면 시방의 모든 부처님들께서 동시에 현전하시어 이를 권유(勸喩)하신다. 부처님으로부터 가르침을 받고 나서 마음을 돌려 극무자성심(極無自性心)을 일으킨다. 여기에서는 마음의 실제도 역시 얻을 수 없다. 모든 업·번뇌를 해탈할지라도 업·번뇌는 오히려 모두 남아있다. 이 부사의지(不思議地)에 이른 것이야말로 참되게 이승지(二乘地)를 여의었다고 말한다. 앞의 세 구절의 뜻 가운데에서 다시 불지(佛地)를 열어서 상상(上上)의 방편심(方便心)으로 삼는다. 이 제4의 마음에 이르는 때를 구경일체지지(究竟一切智地)라 부른다. 그러므로 "이것의 4분의 1[463]로 신해지를 뛰어 넘는다"고 하였다.

463) 4분의 1이란 신해지를 하나로 해서 다시 이를 전개하여 인·근·구경·상상방편(上上方便)의 네 가지 마음으로 한다. 그리고 상상방편은 곧 4분의 1에 해당하므로 여기에서 말하는 4분의 1은 상상방편을 말한다.

〖 제3권 〗

20. 육무외(六無畏)

"이때에 집금강비밀주가 부처님께 말씀드렸다. 세존이시여, 원하오니 세상을 구제하시는 분께서는 마음의 모습을 연설하여 주옵소서. 보살은 어떤 종류의 두려움 없는 의지처를 얻을 수 있으며 (…중략…) 일체법자성평등무외를 얻을 것이다."

이 글은 앞의 심상(心相)의 구절에 대해 답한 것이다. 금강수는 이미 이 가르침의 모든 보살이 곧바로 진언문에 올라타 보살지에 오른다고 들었기 때문에 '세존이시여, 이 보살도를 행할 때에 어떠한 종류의 두려움 없는 의지처를 얻을 수 있습니까?'라고 여쭈었다. 부처님께서는 다시 앞의 3겁에 의거해서 차강(差降)[464]을 지으시고 이에 대해 밝히셨다.

산스크리트로 아습박사(阿濕縛娑, āśvāsa)는 바로 번역하면 소식처(蘇息處)라고 말해야 한다. 사람이 힘이 센 사람한테 목을 눌려서 숨이 막히고 장차 혼절하려고 할 때에 갑자기 놓아주니 돌아와 소생하는 것처럼 중생도 역시 이와 같다. 망녕된 생각의 업과 번뇌에 묶여서 연이 닿아도 모두 닫혔으나 이 육처(六處)[465]에 이르러 다시 살 수 있게 된 것과 같으므로 소식처라 부른다. 또한 험악한 길을 지날 때에 그 마음이 태연하여 두려워하

---

464) 계위를 내려가는 것. 등급이 떨어지다.

465) 육무외처(六無畏處)로서 육무외란 곧 삼망집(三妄執)을 초월하는 여섯단계의 심리개발과정이다. 밀교에서는 건너야 할 망집으로서 추(麤)・세(細)・극(極)의 삼망집을 세우는데, 이것을 벗어나는 데에는 정심(淨心)을 개발하는 여섯단계의 심리개발과정이 필요하다. 이것을 육무외라 한다. 『대일경』「주심품」에 등장하는 사상으로 밀교에서 독자적으로 세운 것이다. 무외란 일체의 중생이 생사에 빠져 있는 것을 밀교의 관행을 수행함에 의해서 그 위기를 넘기고 새로운 활력과 생명을 준다는 것이다. 그 부활의 과정을 심리적으로 6종으로 나눈다. 육무외에 대해서는 본문에 등장하는 대로 설명한다.

는 바가 없으므로 두려움 없는 의지처라고도 한다.

부처님께서 이렇게 말씀하셨다.

"비밀주여. 저 어리석은 범부가 모든 선업을 닦고 불선업을 없애면 선무외(善無畏)[466]를 얻을 것이다."

"선(善)"의 뜻은 일반적인 해석이나 깊은 비밀의 해석에 다 통한다. 지금 여기의 뜻은 십선업도(十善業道)를 밝히는 것이다. 세상사람은 열 가지 선하지 않은 도(道)의 인연으로 나쁜 윤회계를 표류하여 빠지고 끝날 때가 없지만 나중에 세간의 이치에 따르는 여덟 가지 마음을 얻어 점차로 삼귀의계를 받고, 한량없이 많은 생애에서 인간세계나 천상에 태어나며 나중에 열반에 이른다. 삼도(三途)[467]의 지극한 고통을 면하게 되기에 최초의 소식처라 부른다. 만약 진언을 수행하는 자라면 처음으로 삼매야에 들어가 삼밀의 공양에 의하여 수행하는 위(位)가 이것과 비슷하다.

"만약 실답게 아(我)를 안다면 신무외(身無畏)[468]를 얻을 것이다."

순신관(循身觀)[469]을 닦을 때와 같이 이 몸은 삼십육물(三十六物)[470]이 모인 것으로서 다섯 가지의 부정(不淨)[471]은 추한 것이 젖어서 충만하다고

---

466) 선무외(善無畏)는 세간의 도덕적 착한 마음을 개발하여 불선업을 없게 하여 정신적으로 무외를 얻어 안락해지는 경지를 말한다.

467) 지옥·아귀·축생의 삼도(三道)를 말한다.

468) 신무외(身無畏)는 도덕으로부터 종교로 나아가는 종교의 제1보인 생천사상(生天思想)이다.

469) Skt. kāya-anupaśyanā. 곧 사념처관(四念處觀) 가운데의 신념처관(身念處觀)이다. 이 관법을 닦을 때에 신체를 머리로부터 발에 이르기까지 차례대로 관찰하면서 삼십육물이 모두 깨끗하지 못하다고 관하므로 순신관(循身觀)이라 한다.

470) 사람의 몸을 구성하는 36종의 요소를 가리킨다. 그러나 항목의 숫자에 대해서는 이설(異說)이 있다. 『대명삼장법수(大明三藏法數)』 권48에 의하면, 삼십육물은 외상(外相)·신기(身器)·내함(內含)의 세종류로 나누어진다. ① 외상십이물(外相十二物)은 머리털[髮]·털[毛]·손톱[爪]·이빨[齒]·눈곱[眵]·눈물[淚]·점액[涎]·침[唾]·똥[屎]·오줌[尿]·때[垢]·땀[汗]이고, ② 신기십이물(身器十二物)은 가죽[皮]·살갗[膚]·피[血]·살[肉]·힘줄[筋]·혈맥[脈]·뼈[骨]·골수[髓]·기름[肪]·살진 살[膏]·뇌(腦)·막(膜)이며, ③ 내함십이물(內含十二物)은 간(肝)·쓸개[膽]·창자[腸]·밥통[胃]·지라[脾]·콩팥[腎]·심장[心]·허파[肺]·생장(生臟)·숙장(熟臟)·붉은 가래[赤痰]·흰 가래[白痰]이다.

471) 종자부정(種子不淨), 주처부정(住處不淨), 자체부정(自體不淨), 외상부정(外相不淨), 구

관하며, 끝끝내 이것을 위하여 탐욕하거나 애착하지 않는다. 다음에 다시 수(受)[472]・심(心)・법(法)을 관하면서 아성(我性)을 관하지 않아 네 가지 전도를 여의게 되었을 때에는 몸의 모든 잡아 묶음에서 소식처를 얻는다. 만약 진언을 행하는 자라면 본존삼매(本尊三昧)의 온갖 모습을 현전하는 때의 위(位)가 여기에 해당한다.

"만약 오온(五蘊)이 모여서 이룬 내 몸에서 자기의 모습에 대해 집착을 버리고 관한다면 무아무외(無我無畏)[473]를 얻을 것이다."

이것은 유온무아(唯蘊無我)[474]를 관할 때에 오음[陰]・십팔계[界]・십이

경부정(究竟不淨)의 다섯 가지를 말한다.

472) 앞의 순신관에 이어 사념처가 모두 거론되고 있다. 사념처는 사념주(四念住)라고도 하는데 37도품(道品) 가운데 첫 번째의 실천수행하는 방법이다. 염처(念處)는 신・수・심・법(身・受・心・法)의 네가지에 대해 골똘히 생각하여 신(身)은 부정(不淨)이고, 수(受)는 괴로움이며, 심(心)은 항상하지 않고, 법(法)은 나라고 할 것이 없다고 관하여 상・락・아・정(常・樂・我・淨)의 네 가지 치우친 견해를 쳐부수는 것이다. 이미 언급된 순신관은 신념처로서, ① 신념처(身念處)란 몸 안팎의 움직임과 고요함에 대하여 여실히 관찰하는 것으로 하고 있다. 경전에서는 '악하고 착하지 않은 생각이 생기면 착한 법의 생각으로서 다스려 끊고 멸하게 하는 것' '마음으로서 마음을 다스려 멸하고 그치게 하는 것' '들숨 날숨의 길고 짧음에 대하여 여실히 아는 것' '이 몸은 어디에 있거나 좋거나 밉거나 머리에서 발까지 온갖 더러운 것이 충만해 있다고 관찰하는 것' 등을 가리킨다. ② 수념처(受念處)란 즐거운 감각을 깨달으면 즐거운 감각을 깨닫는 줄을 알고, 괴로운 감각을 깨달으면 곧 괴로운 감각을 깨닫는 줄 알며, 괴롭지도 않고 즐겁지도 않은 감각을 깨달을 때에는 곧 괴롭지도 즐겁지도 않은 감각을 깨닫는 줄을 아는 것을 말한다. 이는 곧 삼수(三受)를 여실히 관찰하는 것이며, 더 나아가 몸과 마음, 음식 등에 대해서도 마찬가지로 참답게 관찰하는 것이 수념처이다. ③ 심념처(心念處)란 내심(內心)・외심(外心)・내외심(內外心)에 있어서 욕심이 있다면 욕심이 있다는 참뜻은 알고, 욕심이 없으면 없다는 참뜻을 알며, 성냄이 있고 성냄이 없는 것과, 어리석음이 있고 어리석음이 없는 것과, 내지는 해탈하지 않은 마음이 있으면 해탈하지 않은 마음의 참뜻을 알고 해탈할 마음이 있으면 해탈할 마음의 참뜻을 아는 것이라고 한다. ④ 법념처(法念處)란 눈이 빛깔을 통하여 생기는 번뇌의 생멸에 대하여 참답게 알고, 다섯 가지 장애와 그 장애의 멸에 대한 여실한 관찰, 칠각지에 대한 관찰을 법답게 하는 것을 말한다. 이와 같은 사념처를 수행하면 생노병사에서 벗어나거나 구경에 이르며 아라한과를 얻거나, 아뇩다라삼먁삼보리를 이룬다고 한다.

473) 무아무외(無我無畏)는 육체의 부정을 관하여 육체의 계박을 벗어나는 것으로 다시 수행을 거듭하여 현실의 신체가 오온이 임시로 화합하여 있는 비실재임을 깨닫는 것이기 때문에 '나'와 '나의 것'에 속박된 상태에서 벗어난 정신적으로 무외를 얻는 것이다.

474) 오온(五蘊)의 법만이 있다고 생각하고, 인아(人我)를 부정하는 것.

입[入] 가운데에서 갖가지로 분석하고 추구하여도 나[我]는 얻을 수 없다는 것을 말한다. 자기의 색상(色像)을 버리는 것은 '나무에 인(因)하여 나무의 그림자가 나타나 있는데, 만약 나무가 없으면 그림자가 어떻게 생길 수 있겠는가!'라고 비유하는 것과 같다. 지금의 오온은 연을 따라 생기는 것으로 도무지 자성이 없다. 하물며 이 쌓아 모은 것 가운데에 아(我)가 있을 수 있겠는가! 앞과 같이 맑고 고요한 마음을 증득하여 온갖 잘못을 여읜다고 하는 것은 나를 잡아 묶는 것에서 소식처를 얻는 것이다. 만약 진언을 수행하는 자라면 유가의 경계에서 일체 분단(分段) 가운데에 마음은 얻을 수 없다고 관하여 애만(愛慢)이 생기지 않는 위가 이것과 비슷하다.

"만약 오온을 버리고서 법의 반연(攀緣)에 머문다면 법무외(法無畏)[475]를 얻을 것이다."

이것은 수행자가 심온(心蘊) 가운데에 머물 때에 탐욕을 여의고자 하려는 것을 말한다. 이때에 허깨비와 불꽃 등의 비유로써 모든 온이 바로 공이라 관찰하여 이치에 거스르거나 따르는 여덟 가지 마음을 떠나 평온한 경계를 증득할 수 있다. 그리하여 온(蘊)의 잡아묶음에서 풀려나 법에서 소식처를 얻는다. 법이란 십연생구(十緣生句)[476]를 말한다. 진언을 수행하

475) 법무외(法無畏)는 유온무아(有蘊無我)의 심리과정에서 다시 오온의 법도 실재하지 않음을 깨닫는 것이다. 즉 법공(法空)을 관하는 것이다.

476) 밀교 관법의 하나. 십유관(十喩觀)·십연생구관(十緣生句觀)·십연묘구(十緣妙句)라고도 한다. 연생(緣生)의 상은 하나가 아니고 잡다하기 때문에 10종으로 포섭해서 그 실상을 관하므로 십연생구관이라 하고, 비유에 의지하여 관하기 때문에 십유관이라고 한다. 이 십연생구의 사상은 대일경 주심품에 다음과 같이 등장한다. '만약 진언문에서 보살의 행을 닦는 모든 보살은 십연생구를 깊이 수행하고 관찰해서 진언행에서 통달하고 증득해야 한다. 무엇이 열 가지인가. 이른바 환(幻)·양염(陽焰)·몽(夢)·영(影)·건달바성(乾闥婆城)·향(響)·수월(水月)·부포(浮泡)·허공화(虛空華)·선화륜(旋火輪)이다.' ① 환은 마술사가 여러 가지로 조작하는 것이다, ② 양염은 아지랑이, ③ 몽은 눈에 보이는 꿈의 경계, ④ 영은 거울 속의 영상과 같은 것, ⑤ 건달바성은 건달바가 나타낸 궁전의 신기루, ⑥ 향은 메아리의 종류, ⑦ 수월은 물 표면에 비친 달의 그림자, ⑧ 부포는 물위의 물방울들, ⑨ 허공화는 일종의 눈병이 나서 눈의 망막의 작용으로 공중에서 꽃을 보는 것, ⑩ 선화륜은 일종의 쥐불놀이를 해서 공중에 불바퀴가 있는 것처럼 보는 것을 말한다. 밀교의 수행자는 삼밀의 묘행을 닦아서 자신이 곧 불임을 체현하고자 하나, 그 수행 가운데에 여러 가지 마장이 생기게 된다. 그래서 밀교의 수행자는 항상 이 십연생

는 자가 현재에 유가의 경계가 모두 거울 속의 영상이나, 물 속에 비친 달과 같아 성품도 없고 생겨남도 없다고 알 때의 위(位)가 이것과 동등하다.

"만약 법을 버리고서 무연(無緣)에 머문다면 법무아무외(法無我無畏)[477]를 얻을 것이다."

이것은 무연승(無緣乘)의 마음으로써 법의 무아성을 관찰하니 마음 바깥에 있는 영상에 대하여 지(智)는 도무지 얻을 것이 없다고 하는 것이다. 심왕(心王)이 자재하여서 본래 생겨남 없음[本不生]을 깨닫고, 법의 잡아묶임을 여의게 되어 법의 무아에서 소식처를 얻는다. 진언을 행하는 자라면 유가의 도(道) 가운데에서 마음을 자재하게 쓸 수 있을 때의 위(位)가 여기에 해당한다.

"만일 다시 온갖 오온·십팔계·십이처와 인식하는 주체와 인식되는 대상과 아(我)와 수명(壽命) 등과 법무연(法無緣)과 공(空)까지도 자성이 없어서 공지(空智)가 생기면 일체법자성평등무외(一切法自性平等無畏)[478]를 얻을 것이다."

이른바 자기의 마음의 필경 공한 성품을 관할 때에 아(我)와 온(蘊)과 법(法) 및 무연(無緣)이란 모두 동일한 성품이다. 이른바 자성은 무성(無性)이다. 이 공지(空智)가 생기면 곧 이때에 극무자성심이 생긴다. 업·번뇌 등에서 전혀 묶인 바가 없고 또한 벗어난 바도 없다. 그러므로 일체법자성평등(一切法自性平等)을 얻었다고 한다. 이때에 유위계(有爲界)와 무위계(無爲界)의 두 가지 잡아묶음에서 소식처를 얻는다. 이것은 바로 진언을 행하

구의 관에 주하여 일체의 집착심을 멀리 여의고 이로써 그 수행을 이어나가야 한다. 전체의 밀교관법 중에서 이 십연생구관은 마음의 때를 제거하여 깨끗이 하는 비밀한 수행법으로 이 관을 수행하는 자는 일체의 집착을 여의고서 본불생심지(本不生心地)의 묘관(妙觀)에 이르게 된다.

477) 법무아무외(法無我無畏)는 법공의 일부분을 깨달은 보살이 다시 법공의 이치를 철저히 알고 인법이공(人法二空)의 이치를 증득하여 법집(法執)의 속박을 여의고 정신적으로 무외를 얻어 자재한 경지이다.

478) 일체법평등무외(一切法平等無畏)는 삼승교의 보살이 만법유심(萬法唯心)의 관에 머무르며, 다시 나아가 만법일실(萬法一實)의 이치를 관하고 또한 정신적으로 무외를 얻어 평등법계에 머물며 중도일실(中道一實)의 경계를 깨달아 아는 안락한 지위이다.

는 자의 허공처럼 때없는 보리심이다. 그러나 이 마음은 재전(在纏)과 출전(出纏)[479]에서 모두 필경에 모습이 없다. 여래의 오안(五眼)으로 자세히 관찰할지라도 오히려 그 형상과 모습을 얻을 수 없는데 하물며 그 밖의 생사윤회 가운데의 사람들이겠는가! 지금 자세하게 3겁(三劫)・육무외(六無畏)의 수많은 마음의 모습을 밝힌 까닭은 모두 밖으로 드러난 모습을 헤아려서 이로써 수행하여 증득하는 경지가 깊고 얕음을 밝히려고 했을 뿐이다. 앞에서 이미 연기의 모습을 보고 이로써 부처를 헤아려 알아야 할 것이라고 밝혔었다. 다만 알아야 할 것은 마음의 때가 다한 곳에 희론이 행해질 수 없으니 이것이 바로 제6의 무외의(無畏依)이다. 다시 어떻게 표시할 수 있겠는가!

21. 십연생구(十緣生句)

"비밀주여,[480] 진언문에서 보살행을 닦는 모든 보살은 깊이 닦아서 십연생구(十緣生句)를 관찰하고 진언행을 통달하여 증득하여야 한다"에서부터 "실다웁

479) 전(纏)은 번뇌를 뜻하므로 미혹한 번뇌가 중생을 속박하고 있으므로 전(纏)이라 한다. 이런 번뇌 가운데 들어있는 상태를 재전(在纏)이라 하고, 번뇌의 속박을 여읜 깨달음의 경계에 이른 것을 출전(出纏)이라 한다.

480) 여기에서부터 십연생구(十緣生句)를 설한다. 십연생구는 밀교 관법의 하나로서 십유관(十喩觀)・십연생구관(十緣生句觀)・십연묘구(十緣妙句)라고도 한다. 연생(緣生)의 상은 하나가 아니고 잡다하기 때문에 10종으로 포섭해서 그 실상을 관하므로 십연생구관이라 하고, 비유에 의지하여 관하기 때문에 십유관이라고 한다. 그 열 가지는 이하 경문에 나오는 것과 같으며, 밀교의 수행자는 삼밀의 묘행을 닦아서 자신이 곧 불임을 체현하고자 하나, 그 수행 가운데에 여러 가지 마장이 생기게 된다. 그래서 수행자는 항상 이 십연생구의 관에 주하여 일체의 집착심을 멀리 여의고 이로써 그 수행을 이어나가야 한다. 전체의 밀교관법 중에서 이 십연생구관은 마음의 때를 제거하여 깨끗이 하는 비밀한 수행법으로 이 관을 수행하는 자는 일체의 집착을 여의고서 본불생심지(本不生心地)의 묘관(妙觀)에 이르게 된다.

게 모든 마음의 모습을 두루 알게 된다"까지는 간략하게 앞의 질문 가운데 수행의 구절에 대해 답한 것이다. 아래 문장의 만행의 방편과 같이 이 십연생구에 의하여 마음의 더러움을 깨끗이 하지 못함이 없다. 이러한 까닭에 최고의 지요(旨要)라 함을 알아야 한다. 진언을 행하는 자는 특별히 유의하여 이를 생각해야 한다.

그런데 이 품에서 십연생구를 통틀어 논함에 대략 세 가지가 있다.

첫째는 [수행자의] 마음이 온(蘊) 가운데에 빠짐으로써 진실한 법을 대치(對治)하고자 하기에 이 십연생구를 관하는 것이다. 앞에서 설한 것과 같은 즉공환(卽空幻)이 이것이다.

둘째는 마음이 법 가운데에 빠짐으로써 경계의 반연(攀緣)을 대치하고자 하기에 이 십연생구를 관한다. 앞에서 설한 온(蘊) 아뢰야의 즉심환(卽心幻)과 같은 것이 이것이다.

셋째는 마음이 마음의 실제 가운데에 빠지는 것으로써 유위계(有爲界)와 무위계(無爲界)를 여의고자 이 십연생구를 관한다. 앞에서 설한 것처럼 온갖 업·번뇌를 해탈할지라도 업·번뇌에 갖추어 의지하니, 곧 부사의(不思議)의 환(幻)이다.

『마하반야경』[481]의 열 가지 비유에도 역시 세 가지의 뜻을 포함하고 있다. 지금 이 가운데 깊이 닦고 관찰한다는 것은 이 뜻이 제3중(第三重)을 밝히는 것이다.

또한 수행자가 유가 가운데에서 자기의 마음을 감(感)이라 하고 불심(佛

---

481) 『대반야경』 제1 「연기품」 또는 『대지도론』 제6권에 모든 법이 환상과 같고 아지랭이 같고 물 속에 비친 달 같고, 허공 같고, 메아리 같고, 건달바성 같고, 꿈 같고, 그림자 같고, 거울 속의 형상 같고, 변화 같다고 하는 열 가지 비유를 가리킨다. 예를 들면 다음과 같다(대정장 25, 103 중). '건달바성과 같다 함은 해가 처음 뜰 때에 성의 문루나 궁전이나 행인들의 오고감이 보이다가 해가 차츰 높아지면 차츰 보이지 않는다. 이 성은 눈으로만 볼 수 있으되 실제가 없다. 이것을 건달바성이라 한다. (…중략…) 또 깊은 산 골짜기에 이르러 큰 소리로 외치면 메아리가 있어 대답하는 것같이 들리는데 이를 듣고 생각하기를 "누군가 살고 있다"하여 찾다가 찾지 못하고 피로가 극도에 달해 보이는 것이 없으면 생각이 저절로 알게되고 목마르다는 생각과 원하는 마음이 저절로 쉬는 것과 같다.'

心)을 응(應)이라 하는 감응(感應)의 인연으로, 즉시에 비로자나부처님의 [중생들이] 보기 좋아할 몸482)을 나타내고, [중생들이] 듣기에 알맞은 법을 설하는 것과 같다.

그러나 나의 마음도 필경에 청정하며, 불심도 역시 필경에 청정하다. 만약 나의 마음을 바라보면 자(自)라 하고 불심에 즉하여서는 타(他)라 한다. 지금 이 경계는 자(自)로부터 생기는 것인가, 타(他)로부터 생기는 것인가, [자와 타의] 공동으로 생기는 것인가, 원인 없이 생기는 것인가?

『중론(中論)』483)에서 갖가지의 문(門)으로써 관찰하였으나 생(生)은 얻을 수 없으며, 형상과 소리가 완연하니 이것이 바로 법계이다. 환(幻)이라 논하면 즉 환이고, 법계라 논하면 즉 법계이다. 일체처에 두루하다고 논하면 곧 일체처에 고루 미친다. 환이라 논하는 까닭에 부사의환(不思議幻)이라 부른다. 또 다시 깊이 닦아서 청정한 마음을 얻은 이래로 대비의 근을 생함에서부터 방편의 구경에 이르기까지 그 사이의 낱낱의 연기를 모두 열 가지의 비유로써 관찰해야 한다. [그 결과] 증득한 바가 점점 깊어지기에 "깊이 관찰한다"고 하였다.

또한 사제(四諦)484)의 뜻과 같이 사바(娑呵, saha)세계에 이미 한량없고 끝없는 차별의 명칭이 있다. 하물며 다함없는 법계의 근기에 따르는 방편은 어찌 다할 수 있겠는가! 지금 수행자는 일념의 청정한 마음 가운데에서 이와 같은 티끌이나 모래처럼 많은 사제(四諦)에 통달한다. 공(空)이라 함은 끝까지 추구하여도 불생(不生)이다. 유(有)라고 함은 그 성품과 모습을 모두 보인 것이다. 중(中)이라 함은 체(體)를 거론하니 모두가 항상한 것이다. 세

---

482) 비로자나는 자성신(自性身)이고, 보기 좋아할 몸이란 수용(受用)·변화(變化)·등류(等流)의 삼신(三身)을 가리킨다.

483) 『중론』 「관인연품」(대정장 30, 2 중). '모든 법이 자체에서 생겨나지 않고, 남에게서도 생겨나지 않으며, 합한 것도 아니요 원인 없음도 아니니, 그러므로 생겨나지 않는 것임을 알라.'

484) 고집멸도(苦集滅道)의 사성제(四聖諦)를 가리킨다. 관하는 대상이 되는 법이 다양하지만, 지금은 사제를 거론하였다.

가지 법[485]에 정해진 모습이 없으므로 부사의환(不思議幻)이라 부른다.

사제를 말하는 것처럼 다른 모든 법문도 예로 들어야 한다. 이러한 까닭에 오직 여래만이 이 열 가지 비유를 궁극까지 다하시어 그 근원의 밑바닥까지 도달하신다.

경에서 무구(無垢)의 보리심 다음으로 열 가지 비유를 밝힌 까닭은 시작과 끝을 포괄해서 모든 지(地)를 모아 갖추려는 것이다. 이미 연에 맞닿아 관(觀)을 이루었으니 계속 설하지 않겠다. 지금은 다시 『대지도론』에 의거하여 그 대귀(大歸)[486]를 밝힐 뿐이다.

"무엇을 열 가지라 하는가? 이른바 허깨비・아지랑이・꿈・그림자・신기루・메아리・물에 비친 달・물거품・허공꽃・돌아가는 불바퀴 (…중략…) 무엇이 허깨비인가? 주술과 약물의 힘으로 만들거나 만들어진 여러 종류의 색상이 자기의 눈을 미혹하게 하기 때문에 이제까지 없었던 일들을 보는 것을 말한다. 구르고 굴러서 서로 생겨나게 하여 시방에 오고 가더라도 그것은 가는 것이 아니며 가지 않는 것도 아니다. 무엇 때문인가? 본래의 성품이 청정하기 때문이다. 이와 같이 진언의 허깨비[眞言幻]를 지송하여 성취하면 온갖 [신통을] 생겨나게 할 수 있다."

부처님께서는 약(藥)의 힘이 부사의함에 대해 설하셨다. 사람이 약의 힘에 의해서 공중에 오르고, 모습을 감추며, 물을 밟고 불 위를 걷는 것과 같은 일은 모든 논사들이 논리적으로 그 원인을 헤아릴지라도 그 연유를 밝힐 수 없다. 또한 의심이 생겨도 반드시 이럴 것이라거나, 혹은 이렇지 않다고 말할 수도 없다. 이와 같이 헤아리는 법의 경계를 넘어선다. 오직 직접 이 약을 먹거나 가지고서 행하여 쓰는 자만이 알 수 있을 뿐이다.

또한 약술(藥術)의 인연으로 만들거나 만들어진 갖가지의 색상(色像)을 시현하는 것처럼, 온갖 연 가운데에서 하나하나 자세히 구하여도 도무지

485) 유(有)・공(空)・중(中)의 삼제(三諦)이다. 이 삼제는 정해진 모습이 없으므로 부사의환(不思議幻)이라 한다.

486) 만물(萬物)이 돌아가는 곳.

생겨난 곳이 없을지라도, 오정(五情)이 마주 대할 때에는 명료하게 현전한다. 전전(展轉)하여 서로 생겨나 시방으로 오고 갈지라도 역시 가는 것도 아니고 가지 않는 것도 아니다. 이 일도 역시 헤아려 사량할 수 있는 경계가 아니다.

『대지도론』487)에는 다음과 같은 내용이 있다.

'부처님께서 덕녀(德女)에게 물으셨다.

"비유하면 마술사가 갖가지의 일을 환술(幻術)로 짓는 것과 같은데, 너의 뜻은 어떠하냐? 이 환술로 지어진 것은 안에 있는가, 없는가?"

[덕녀가] 답하여 말씀드렸다.

"없습니다."

"밖에 있는가, 없는가? 안과 밖에 있는가, 없는가? 선세로부터 금세에 이르고, 금세로부터 후세에 이르는 것인가, 아닌가? 환술로 지어진 것은 생하는 것과 멸하는 것이 있는가, 없는가? 실로 한 법으로서 환술로 만들어진 것이 있는가, 없는가?"

"없습니다."

"너는 조금이라도 환술로 지어진 기악(伎樂)을 보고 듣지 않았는가?"

"저 역시 보기도 하고 듣기도 하였습니다."

"만약 환상으로 텅 비어 있다면 속이는 것이므로 실다움이 없어야 한다. 어떻게 해서 환술에서 기악을 지어낼 수 있는가?"

"대덕(大德)이시여, 이 환술은 법이 그러합니다. 근본이 없다고 할지라도 듣고 볼 수 있습니다."

부처님께서 말씀하셨다.

"무명(無明)도 역시 이와 같다. 안에도 있지 않고, 내지 생하거나 멸하는 것이 없을지라도 무명의 인연으로 모든 행(行)이 생긴다. 만약 무명이 다하면 행도 역시 다한다. 이에 자세히 설하리라. 지금 이 진언문의 지송자

487) 『대지도론』 제6권(대정장 25, 101 하)에 『덕녀경(德女經)』을 인용한 것을 가리킨다. 본문의 내용이 거의 동일하다.

에 비유하는 것도 역시 이와 같다. 아래의 글[488]에서 자세하게 설명한 것과 같다. 삼밀의 수행에 의하여 온갖 기특하고 부사의한 일을 얻어, 하나하나의 연 가운데에서 자세히 구하나, 필경 사구(四句)[489]를 여읠지라도 본래 그대로인 것이 그와 같다. 청정한 마음과 다르지 않으며 자재한 신변은 완연하여서 틀림이 없다. 이 일도 역시 총명하게 분별하는 날카로운 근기를 가진 모든 대논사들도 헤아릴 수 있는 바가 아니다. 홀로 방편을 구족하여 실지를 성취할 수 있는 자만이 스스로 증득하여 알 뿐이다.

"또 다시 비밀주여, 아지랑이의 성품은 공하지만 세상 사람들이 망상으로 성립한 것처럼 이야기할 뿐이다. 이처럼 진언의 모습도 오직 임시의 명칭일 뿐이다."

『대지도론』[490]에는 다음과 같은 내용이 있다.

'햇빛과 바람이 먼지를 일으켜서 넓은 들판 가운데에서 움직이는 것은 야마(野馬 : 아지랑이)와 같다. 지혜가 없는 사람은 이것을 처음 보고서 물이라 여긴다. 중생도 역시 그러하다. 결사(結使)[491] 번뇌(煩惱)의 햇빛에 온갖 행의 먼지와 삿된 생각의 바람을 움직이니 생사의 광야 가운데에서 구른다. 지혜가 없는 사람은 한쪽의 모습을 남자라 하고 한쪽의 모습은 여자

---

488) 「구연품(具緣品)」 이하를 가리킨다.

489) 자(自)・타(他)・구(俱)・무인(無因)의 사불생(四不生).

490) 『대지도론』 제6권(대정장 25, 102 중). '아지랑이 같다고 함은 햇볕에 바람이 불어 티끌이 움직이면 넓은 들판에 말[野馬 : 아지랑이]이 움직이는 것 같음을 보나니, 어리석은 사람들은 처음 보고서 물이라 여긴다. 남자의 모습・여자의 모습 등도 그러하여서 결사(結使)와 번뇌의 햇빛이 모든 현실의 티끌을 뜨겁게 하면 삿된 기억과 잡념의 바람이 생사의 들판에 움직이는데 지혜 없는 사람은 한 모습이라 하기도 하고 남자의 모습이라기도 하며, 여자의 모습이라고도 하니, 이를 아지랑이라 한다. 또 멀리서 아지랑이를 보고는 물이란 생각을 하다가 가까이 가면 물이란 생각이 없어지니, 지혜 없는 사람도 그러하여서 성스러운 법을 멀리하면 무아를 모르고 모든 법이 공하다는 것도 몰라, 오온・십팔계・십이처의 성품이 공한 가운데에서 사람이란 생각이나 남자란 생각이나 여자란 생각을 일으키지만 성스러운 법에 가까이 가서는 모든 법의 진실한 모습을 알게 된다. 이때 거짓된 갖가지 망상은 모두 없어진다. 그러므로 보살들은 모든 법이 아지랑이 같은 줄로 안다.'

491) 번뇌의 다른 이름. 번뇌는 몸과 마음을 속박하고 고(苦)를 그 결과로 끌어오므로 결(結)이라 하고, 중생을 따라 다니면서 중생을 마구 부리므로 사(使)라고 한다.

라 한다. 또 다시 멀리서 이것을 보고 물이라 하지만, 가까이에서 보면 곧 물의 모습이 아니다. 이와 같이 성스러운 법에서 먼 자는 무아(無我)와 모든 법의 공함을 알지 못하고서 오음·십팔계·십이입의 성품이 공한 법 가운데에서 사람이라는 생각 등을 일으킨다. 만약 성스러운 법에서 가까우면, 곧 모든 법의 실상을 알게 된다. 이때에 허망한 갖가지의 망녕된 생각이 모두 사라진다.'

이 경의 뜻을 말하면, 세상사람이 멀리 광야를 바라보는데에, 멀리서 이를 바라보는 자는 모두 이 아지랑이를 보고 아지랑이의 모습이 성하여 가명(假名)을 세울지라도 그 사실을 구함에 도무지 얻을 수 있는 것이 없음과 같다. 그러므로 망상을 성립시켜 담론하는 것이라고 한다. 진언수행자는 유가 가운데에서 갖가지의 특이한 경계, 내지는 모든 바다와 같이 많은 부처님의 모임이 다함없이 장엄됨을 본다. 이때에 이 아지랑이를 관하며 오직 가명이라고 알아서 교만과 집착을 떠나야 한다. 돌려서 마음자리에 가까울 때에는 곧 가지신변의 갖가지 인연이 다만 법계의 아지랑이일 뿐이라고 깨닫는다. 그러므로 이와 같은 진실한 모습은 오직 가명이라고 한다.

"다시 비밀주여. 꿈 속에서 보는 것과 같이 하루 낮이나 모호율다(牟呼栗多)[492]와 찰나(刹那)[493] 동안에 함께 머물던 여러 종류의 중생들이 갖가지의 괴로움과 즐거움을 받지만 깨고 나면 보던 바가 모두 없는 것이니, 이와 같이 진언의 행도 꿈같은 줄을 알아야 한다."

『대지도론』[494]에는 이러한 내용이 있다.

---

492) Skt. muhūrta. 아주 짧은 시간. 잠시, 잠깐의 뜻이며, 수유(須臾)라고도 의역한다. 모호율다는 1주야의 30분의 1에 해당하는 시간으로, 지금의 48분에 해당한다.

493) 인도에서는 가장 짧은 시간을 찰나(刹那, kṣaṇa)라 하고, 120찰나를 1달찰나(怛刹那, tatkṣaṇa), 60달찰나를 1랍박(臘縛, lava), 30랍박을 1모호율다(牟呼栗多, muhūrta), 5모호율다를 1시(時), 6시를 1주야(晝夜)로 한다.

494) 『대지도론』 제6권(대정장 25, 103 중하). '꿈 같다 함은 꿈 속엔 실로 일이 없거늘 있다고 여기다가 깬 뒤에는 없는 것임을 알고 혼자 웃는다. 사람도 그러하여서 모든 번뇌의 꿈 속에는 실로 없는데도 도를 얻는다고 집착하다가 깬 뒤에는 비로소 실제가 없

'꿈속에서는 도무지 진실한 것이 없을지라도 이를 진실하다고 여기다가, 깨어나서는 없다고 알고서 도리어 스스로 웃는 것과 같다. 사람도 역시 이와 같아서 모든 결사(結使)의 잠 가운데에서 실제로는 없을지라도 집착하지만, 도를 얻어 깨달을 때에 없다고 알아서 깨치고서는 역시 다시 스스로 웃는다. 또한 수면의 힘으로써 법이 없는데도 법을 보고, 기쁜 일이 없는데도 기뻐하며, 성낼 일이 없는데도 성내며, 두려워할 일이 없는데도 두려워한다. 중생도 역시 그러하다. 무명이라는 수면의 힘 때문에 성내고 기뻐하며 근심하고 두려워할 것이 없는데도, 성내고 기뻐하며 근심하고 두려워한다.'

지금 다시 이 꿈이라는 것의 부사의한 면을 밝히겠다. 꿈 속에서는 자신이 하루나 이틀, 내지 한량없이 많은 해를 머물러 살면서 갖가지 국토에서 여러 가지 종류의 중생이 천궁(天宮)에 오르거나 혹은 지옥에 떨어져 온갖 고락을 받는 것을 보지만, 깨어날 때에는 단지 일념 사이일 뿐이다. 깨달은 마음에서 수면법의 인연을 사구(四句)로써 구하여도 알 수가 없으며, 꿈의 일은 비추어보아서 기억하여 지니더라도 그릇되지 않다. 일념으로써 천만세로 삼고, 일심으로써 한량없이 많은 경계를 삼는다. 이 일은 세간의 지혜로운 자가 헤아리더라도 그 근원 밑바닥까지 알 수 없으며, 또한 의심할 수 있는 것도 아니다. 홀로 꿈꾸는 자만이 직접 알 수 있을 뿐이다.

지금 이 진언수행자가 꾸는 유가의 꿈도 이와 같다. 수유(須臾)의 사이에 한량없이 많은 가지(加持)의 경계를 모두 보고, 혹은 자리에서 일어나지 않고서도 많은 겁을 지나거나, 두루 모든 불국토를 다니며, [부처님께] 친근

는 것임을 알고 혼자 웃는다. 이런 까닭에 꿈과 같다고 한다. 또 꿈이란 것은 잠의 힘 때문에 아무런 법도 없는데 있다고 본다. 수도하는 사람도 그러하여서 무명의 잠 때문에 아무 것도 없는 가운데에서 있다고 본다. 이른바 내[我]·나의 것[我所]·남자·여자 등이다. 또 꿈 속에는 기쁠 것이 없는데 기뻐하고 성낼 것이 없는데 성내고, 두려울 것이 없는데 두려워한다. 삼계의 중생도 그러하여서 무명의 잠 때문에 성내지 않을 일에 성내고, 기뻐하지 않을 일에 기뻐하며 겁내지 않을 일을 겁낸다.'

하고 공양하며 중생을 이익하게 한다. 이 일은 모든 인연 중에서 관찰하여도 도무지 일어나는 바가 없으니 일념의 청정한 마음에서 나올 뿐이다. 그러나 역시 분별하더라도 오류가 없다. 이 일을 누가 생각으로 파헤쳐서 그 이유를 밝혀낼 수 있겠는가! 그러므로 참으로 홀로 증득한 자만이 스스로 알 수 있고, 수행하는 자만이 이와 같은 경계를 얻을 수 있다. 다만 꿈의 비유로서 이를 관찰하여 마음에 의심을 없애고 집착도 생기지 않게 해야 한다. 곧 보현색신(普現色身)의 꿈으로써 다함없는 장엄을 짓는다. 그래서 깊이 십구(十句)를 닦으라고 하였다.

"또 다시 비밀주여. 그림자의 비유를 가지고 진언이 실지를 발하는 것을 알아야 한다. 얼굴이 거울에 반연하여 그 모습이 나타나는 것처럼 진언의 실지 또한 이와 같은 줄 알아야 한다."

이 가운데에 그림자를 말하는 것은 바로 『대지도론』의 거울 속 영상의 비유이다. 『대지도론』에서는 다음과 같이 말한다.

'거울 속의 영상과 같이 거울이 지어낸 것도 아니고 얼굴이 지어낸 것도 아니며, 거울을 잡는 자가 지어낸 것도 아니며, 저절로 지어진 것도 아니고, 또한 인연 없이 지어진 것도 아니다.

문 어찌하여 거울이 지은 것이 아닌가?

답 만약 얼굴이 아직 거울에 도달하지 않았다면 영상이 없기 때문이다.

문 어찌하여 얼굴이 지은 것이 아닌가?

답 거울이 없으면 영상이 없기 때문이다.

문 어찌하여 거울을 잡는 자가 지어낸 것이 아닌가?

답 거울이 없고 얼굴이 없으면 영상이 없기 때문이다.

문 어찌하여 저절로 지어진 것이 아닌가?

답 만약 아직 거울이 없고 얼굴도 없으면 곧 영상이 없다. 영상은 거울을 기다리고 거울은 얼굴을 기다린다. 그런 다음에 있기 때문이다.

문 또한 원인 없는 것이 아닌가?

답 만약 인연이라는 것이 없으면 언제나 존재하고, 언제나 존재하지 않아야 한다. 또한 거울을 없애고 얼굴을 없애어도 스스로 나와야 한다. 이러한 까닭에 인연 없는 것이 아니다.

모든 법도 역시 이와 같음을 알아야 한다. 아(我)를 얻을 수 없기 때문이며, 온갖 인연으로 생한 법이 자재하지 않기 때문이다. 모든 법은 인연에 속하기 때문에 스스로 지은 것이 아니다. 만약 스스로 존재하지 않는다면, 다른 것도 역시 존재하지 않기 때문에 다른 것이 지은 것이 아니다. 만약 다른 것이 지었다고 하면 곧 죄와 복의 힘을 잃는다. 또한 함께 지은 것도 아니다. 두 가지의 허물이 있기 때문에 역시 원인 없는 것도 아니다. 선세의 업인(業因)과 금세의 선과 악의 행(行)과 연(緣)에 따라 괴로움과 즐거움을 얻는 것처럼 모든 법은 반드시 인연이 있다. 어리석어서 알지 못할 뿐이다. 어린 아이가 거울 속의 영상을 보고 마음에 즐겨 애착하다가, 잃고 나서는 거울을 부수어 찾아보지만, 지혜로운 사람이 이것을 보고 웃는 것과 같이 즐거움을 잃고서 다시 구한다 하는 것도 역시 이와 같다. 이 또한 득도한 성인이 웃는 바이다.'[495]

---

495) 『대지도론』 제6권(대정장 25, 104 중하). '거울 속의 형상과 같다고 함은 거울 속의 형상은 거울이 지은 것도 아니고, 얼굴이 지은 것도 아니며, 거울을 잡은 이가 지은 것도 아니고, 저절로 이루어진 것도 아니며, 인연 없이 된 것도 아니다. 어찌하여 거울이 지은 것이 아닌가 하면 얼굴이 이르기 전에는 거울 속에 형상이 없었기 때문이다. 그러므로 거울이 지은 것이 아니다. 어찌하여 얼굴이 지은 것이 아닌가 하면 거울이 없으면 형상이 없기 때문이다. 어찌하여 거울을 잡은 이가 지은 것이 아닌가 하면 거울도 없고 얼굴도 없으면 형상이 없기 때문이다. 어찌하여 저절로 이루어진 것이 아닌가 하면 거울이 없고 얼굴도 없으면 형상이 없다. 형상은 거울과 얼굴을 기다린 뒤에야 있게 된다. 그러므로 저절로 이루어진 것도 아니다. 어찌하여 인연 없이 이루어진 것도 아닌가 하면 인연이 없이 이루어진다면 항상 형상이 있어야 할 것이요, 항상 있다면 거울이나 얼굴을 빼고서도 스스로 나와야 할 것이다. 그러므로 인연 없이 이루어진 것도 아니다. 모든 법도 그러하여서 스스로가 지은 것도 아니고, 남이 지은 것도 아니며, 함께 지은 것도 아니고, 인연이 없이 지은 것도 아니다. 어찌하여 스스로 지은 것이 아닌가 하면 나를 찾을 수 없기 때문이며, 원인으로 생긴 모든 법은 자체가 없기 때문이며, 모든 법은 인연에 속해 있기 때문이다. 그러므로 스스로가 지은 것이 아니다. 어찌하여 남이 지은 것이 아닌가 하면 스스로가 없기 때문에 남도 없다. 만일 남이 지었다면 죄와 복의 힘을 잃는다. 남이 짓는 데에는 두 가지가 있으니, 선과 선하지 못함이다. 선이라면 모두에게 쾌락을 주어야 할 것이요, 선하지 못함이라면 모두에게 고통을 주어야 할 것이며, 섞인 것이라면 무슨 인연으로 쾌락을 주며, 무슨 인연으로 고통을 주는가? 함께 짓는다면 두 가지

지금 이 진언문에는 여래 삼밀의 청정한 몸으로 거울을 삼고, 자신의 삼밀의 행으로써 거울 속의 영상의 인연으로 삼으니, 실지가 생하는 것은 마치 거울 속의 영상과 같다. 만약 수행자가 실지를 성취하면 오신통을 일으키고, 수명이 장원(長遠)하게 머물러 시방의 국토를 마주 대하여 보고 모든 부처님의 국토에 다니기에 이르기까지 모두 이 비유로써 이 일을 관찰해야 한다.

스스로 생하느냐, 다른 것으로부터 생하느냐? 만약 다른 이의 삼밀가지가 이러한 과(果)를 수여한다고 하면, 중생이 아직 수행하지 않았을 때일지라도 부처님의 대비가 평등하다면 어찌한 까닭에 성취하게 하지 않는가? 만약 스스로 설한 것과 같이 행하여 이러한 과를 얻는다고 한다면, 어찌하여 삼밀의 맑은 거울의 몸을 관찰하여 가피를 구하는가? 만약 공통으로 생한다고 하면, 곧 두 가지 허물이 있다. 왜냐하면 만약 내 마음을 인으로 삼아 그 온갖 연을 기다려 성취할 수 있다고 말하면, 곧 이 인(因) 가운데에 선세로부터 실지의 과가 있다는 것인가, 없다는 것인가? 만약 선세로부터 이것이 있다면, 온갖 연은 곧 소용이 없고, 만약 선세로부터 이것이 없다면 온갖 연이 다시 무슨 소용이 있겠는가? 그러나 이 실지 성취는 또 다시 인연 없는 것이 아니다. 그래서 『대지도론』496)의 거울속

허물이 있으니 스스로가 짓는 허물과 남이 짓는 허물이다. 만일 인연이 없이 괴로움과 즐거움이 생긴다면 사람들은 항상 즐거워서 모든 괴로움을 여읠 것이다. 만일 인연이 없다면 사람들은 즐거운 인연이나 괴로움을 제거할 인연을 짓지 않을 것이다. 모든 법은 반드시 인연이 있거늘 어리석기 때문에 알지 못한다. 비유하건대 사람이 나무에서 불을 구하고, 땅에서 물을 구하며, 부채에서 바람을 구하는데 이러한 갖가지는 각각 인연이 있다. 이 괴로움과 즐거움은 화합한 인연인데 이 괴로움과 즐거움이 화합한 인연은 전생의 업인(業因)에서 생긴다. 금생에 좋은 행이나 삿된 행의 인연을 지으면 이 까닭에 괴로움과 즐거움을 받는데 이 괴로움과 즐거움의 갖가지 인연을 진실로 구하려면 짓는 사람도 없고, 받는 사람도 없다. 텅 빈 오온이 짓고 텅 빈 오온이 받는다. 어리석은 사람은 즐거움을 얻으면 음란한 마음으로 애착하고, 괴로움을 만나면 성을 내며, 즐거움이 사라지면 다시 얻으려고 애를 쓴다. 마치 어린애가 거울 속의 형상을 보면 즐기는 마음을 내어 애착하고, 애착하던 것을 잃으면 거울을 깨면서 다시 구하려 하는 것을 보고 지혜로운 사람은 비웃는다. 즐거움을 잃었다고 다시 구하는 것도 이와 같아서 역시 도를 얻은 성인에게 웃음을 당한다.'

영상의 게송에서 다음과 같이 설한다.

'존재도 아니고 비존재도 아니며,
또한 존재이며 비존재인 것도 아니다.
이 말도 받아들이지 않는 것 같으니
이와 같은 것을 중도(中道)라 부른다.'

어린 아이가 헛되이 집착을 일으키는 것과 같아서는 안된다. 이와 같이 관하면 수행자의 마음에 얻는 바가 없고 희론이 생기지 않는다. 그러므로 이와 같이 알아야 한다.'

"또한 비밀주여. 건달바성(乾闥波城)[497]의 비유로써 [진언이] 실지궁(悉地宮)을 성취하는 것임을 알아야 한다."

『대지도론』[498]에 [건달바성의 비유를 다음과 같이] 설명한다.

'태양이 처음 뜰 때에 성문이나 망루나 궁전 등이 있어서 사람들이 오가는 것이 보이다가 태양이 차츰 높아지면 사라진다. 이 성은 단지 눈으

---

496) 『대지도론』 제6권(대정장 25, 105 상). '있는 것도 아니고 없는 것도 아니며 있기도 하고 없기도 한 것도 아니며 이러한 말도 용납되지 않는 이러한 것을 중도라 한다.'

497) 실체가 없는 것의 비유. 심향성(尋香城)이라고 번역하며, 건달바신에 의하여 허공에 보이는 환상처럼 변화로 만들어진 도성을 말하는데, 신기루를 말하는 것 같다. 모든 것에 실체가 없고(空), 거짓 존재(假有)라고 하는 비유에 쓰인다.

498) 『대지도론』 제6권(대정장 25, 103 중). '건달바성과 같다 함은 해가 처음 뜰 때에 성의 문루나 궁전이나 행인들의 오고감이 보이다가 해가 차츰 높아지면 차츰 보이지 않는다. 이 성은 눈으로만 볼 수 있으되 실제가 없다. 이것을 건달바성이라 한다. 어떤 사람이 처음에는 건달바성을 보지 못하다가 이른 아침에 동쪽을 향했다고 보고 생각하기를 "실로 즐거운 곳이다" 하여, 빨리 달려 가까이 가면 갈수록 더욱 멀어지며, 해가 높이 솟으면 아주 사라진다. 마치 목마르고 주림에 지친 사람이 더운 기운이 아지랑이 같은 것을 보고 물이라 생각하여 빨리 달려가서 가까이 이르면 이를수록 사라져서 피로만 극도에 이르는 것과 같다. 또 깊은 산 골짜기에 가서 큰 소리로 외치면 메아리가 있어 대답하는 것 같이 들리는데 이를 듣고 누군가가 산다고 생각하고 찾다가 찾지 못하고 피로가 극도에 달해 보이는 것이 없으면 생각이 저절로 깨달아지고 목마르다는 생각과 원하는 마음이 저절로 쉬는 것과 같다. 어리석은 사람도 이와 같아서 오온·십팔계·십이처가 공한 가운데에서 나와 모든 법과 음욕과 성냄을 보고 집착하는 생각을 내어 사방으로 미친듯이 달리면서 쾌락과 만족을 구하다가 뒤바뀌고 속아서 마침내는 고통과 번민의 극치에 다다른다. 만일 지혜로써 나도 없고 진실한 법도 없는 줄 안다면 즉시에 뒤바뀐 생각을 멈추게 할 수 있다.'

로 볼 수 있었던 것이지 실제로는 존재하지 않는다. 어떤 사람이 처음부터 일찍이 없었던 것을 보고 생각하기를 '실로 즐거운 곳이다'하여, 빨리 달려서 가까이 가면 갈수록 점점 사라지다가 해가 높이 솟으면 아주 사라진다.

예컨대 목마른 갈증의 번민이 극에 달하자 모든 열기운이 아지랑이처럼 되니, 이를 물이라 하고, 다시 가서 이를 잡으려 하며 이를 구하나 피곤함이 극에 달해도 보이는 것이 없다. 그러나 생각해보다가 스스로 알아차리면 목말라 바라던 마음이 쉬는 것과 같이 수행자도 역시 그러하다. 만약 지혜로써 나도 없고 진실한 법도 없다고 알면, 이때에 거꾸로 뒤집어진 바람이 그친다.'

성문(聲聞)의 경전에는 이러한 건달바성의 비유가 없다. 또한 성(城)으로써 몸에 비유하여 온갖 연이 실제로 있다 하고, 다만 성은 이것이 가명(假名)이라고 설한다. 그러나 '나'라는 생각을 깨뜨리기 위하여 보살은 날카로운 근(根)으로써 모든 법이 공하다는 생각 가운데 깊이 들어가기 위해 건달바성을 비유로 삼는다.

이 가운데 "실지궁(悉地宮)"이라 하는 것에 상·중·하가 있다. 상은 이른바 밀엄불국(密嚴佛國)[499]으로서 삼계를 초월하여 이승(二乘)이 보고 들을 수 있는 것이 아니다. 중은 시방의 청정하고 장엄한 불국토이며, 하는 모든 천과 아수라의 궁전 등이다. 만약 수행자가 삼품(三品)의 지명선(持明仙)을 이루어 이와 같은 실지궁 가운데에 안주하면 이러한 비유로써 관찰해야 한다. 바다의 기운과 햇빛의 인연으로 고을이 있어 장엄하고 화려하며 층대의 사람과 물건은 찬란하여 볼 수 있는 것과 같이, 저 어리석은 사람이 망녕되이 탐착을 생하여 그것을 실제의 일로서 구하는 것과 같아서는 안된다. 이러한 인연으로써 갖가지의 뛰어나고 묘한 오진(五塵) 가운데에서 청정한 마음은 걸리는 바가 없다.

---

499) 무량한 삼밀금강으로써 장엄된 불국토를 말한다. 대일여래의 정토이다.

"비밀주여. 메아리의 비유로써 진언의 소리를 깨달아 아나니, 소리에 연하여 메아리가 있는 것처럼 저 진언도 이같이 이해하여야 한다."

『대지도론』500)에 다음과 같이 이른다.

'만약 깊은 산 협곡 가운데이거나, 깊이 끊어진 계곡 가운데이거나, 또는 크고 텅비어 있는 집 안에서 말하는 소리가 서로 부딪힘으로써 소리에 따라 소리가 있는 것을 메아리라고 부른다. 지혜가 없는 사람은 [말하는 사람이] 실제로 있다고 여기지만, 지혜로운 자는 마음 속으로 '이 소리는 사람이 만든 것이 아니며, 다만 소리가 돌아옴으로써 다시 메아리의 소리가 있어 사람의 귀를 속인 것'이라고 생각한다.

사람이 말하려고 할 때에 목구멍 가운데에 있는 바람을 우다나(憂陀那, udāna)501)라 부르는데, 돌아 들어와서 배꼽에 이르렀다가 메아리를 낼 때에 목·잇몸·이·입술·혀·목구멍·가슴의 일곱 군데에 닿고 이어서 물러나니 이것을 어언(語言)이라 부른다. 어리석은 사람은 이 뜻을 몰라 [이것에 의해서] 삼독(三毒)을 일으키나, 지혜로운 자는 잘 알아서 마음에 아무런 집착이 없으며, 다만 모든 법의 실상에 따를 뿐이다.'

진언수행자가 유가(瑜伽)하는 가운데 갖가지 여덟 가지 바람의 거스르거나 따르는 소리를 듣고, 혹은 모든 성자가 한량없이 많은 법음으로써 현전하여 교수하거나, 혹은 혀[舌根]가 청정하여서 하나의 음성으로 세계에 두루 가득한, 이런 모든 경계를 만났을 때에 [진언행자는] 역시 메아리의

500) 『대지도론』 제6권(대정장 25, 103 상). '메아리와 같다고 함은 깊은 산골이나 절벽 밑 개울이나 비고 큰 집에서 이야기를 하거나 두드리면 소리를 따라 소리가 나니, 이것을 메아리라 하는데 어리석은 사람은 누군가가 말하는 소리라 하지만 지혜 있는 사람은 이 소리를 누가 내는 것이 아니라 다만 소리가 부딛쳐서 다시 소리가 나는 것을 메아리라 한다고 생각한다. 메아리는 헛된 것이어서 사람의 귀를 속인다. 사람이 말을 하려 할 때에 입 안의 바람은 우다나(憂陀那)라 부르는데 마셔들여 배꼽에 이르렀다가 다시 돌아나오는 소리를 메아리라 한다. 메아리가 나올 때에는 일곱 곳에 닿았다가 물러나니, 이것을 말[語言]이라 한다.'

501) 배꼽 아래 한 두 촌 되는 곳을 우다나라고 한다. 즉 단전(丹田)을 말한다. 여기에 내풍(內風)이 있어 식풍(息風)이라 한다.

비유로써 이것을 관찰해야 한다. 다만 삼밀의 온갖 연에 따라 존재하는 이러한 것은 생하는 것이 아니고 멸하는 것이 아니며, 존재하는 것이 아니고 비존재도 아니다. 그러므로 그 가운데에서 허망되이 희론을 생하지 말라. 이때에 스스로 음성혜(音聲慧)의 법문에 들어간다.

"비밀주여. 달이 나옴으로 달그림자가 맑은 물에 나타나듯이, 진언도 물에 비친 달의 비유와 같으니 저 지명자(持明者)[502]도 이와 같이 설해야 한다."

『대지도론』[503]에 다음과 같이 설한다.

'달이 허공에 가는 데에 달그림자는 물에 나타난다. 진실한 법성의 달이 여여(如如)한 법성 실제의 허공 가운데에 있으면 범부의 심수(心水)에는 아(我)와 아소(我所)의 상만이 나타난다. [그렇기 때문에 물 속의 달 같다고 한다.] 또한 어린 아이는 물속의 달을 보고 기뻐서 가지려고 하지만 어른들은 이것을 보고 곧 웃는다. 지혜가 없는 자도 그러하여서 신견(身見) 때문에 '내'가 있다고 보며, 참다운 지혜가 없으므로 갖가지의 법을 본다. 보고 나서는 기뻐하며 온갖 상을 취하려고 하지만 도를 얻은 성인은 이것을 보고 웃는다.

또 비유하건대 고요한 물 속에 달의 그림자를 보지만, 물을 저으면 곧 보이지 않는다. 무명의 마음은 고요한 물 속에서 '나'라는 것과 교만이라는 온갖 결사(結使)의 그림자를 보지만 진실한 지혜의 지팡이로 심수를 저

---

502) 지명(持明)이란 진언을 의미하는데 여기서는 진언행을 수습하는 자를 가리킨다.

503) 『대지도론』 제6권(대정장 25, 102 중). '물 속의 달[月] 같다 함은 달은 실로 허공에 있으면 그림자가 물 속에 비친다. 진실한 법상(法相)의 달이 법성(法性)과 같은 실제(實際)의 허공에 있으면 범부들의 마음 속 하늘에 나와 나의 것의 모습이 나타난다. 그렇기 때문에 물 속의 달 같다고 한다. 또 어린아이들이 물 속의 달을 보면 기뻐서 건지려 하지만 어른은 보면 웃는다. 지혜 없는 사람도 그러하여서 몸이란 소견[身見] 때문에 나라는 것이 있다고 본다. 진실한 지혜가 없으므로 갖가지 법을 보고, 본 뒤에는 기뻐하면서 모든 모습, 즉 남자라는 모습, 여자라는 모습을 취하려 하거니와 도를 얻은 성인들은 이를 보고 웃는다. (…중략…) 또 비유하건대 고요한 물 속에서 달 그림자를 보았으나 물을 저으면 보이지 않는다. 무명의 마음의 고요한 물에 나·교만 등 모든 결사의 그림자를 보았으나 진실한 지혜의 지팡이로 마음의 물을 저으면 나 등의 모든 결사의 그림자가 보이지 않게 된다. 이런 까닭에 보살들은 모든 법이 물 속의 달 같은 줄 안다.'

으면 곧 보지 못한다. 이러한 까닭에 모든 보살은 모든 법이 물 속의 달과 같다고 안다.'

진언을 지니는 수행자도 역시 이와 같다. 삼밀의 방편에 의하여 자기의 마음이 청정한 까닭에 모든 부처님의 밀엄해회(密嚴海會)가 그 가운데에 나타나며, 혹은 스스로 여의주의 몸으로써 모든 중생들의 심수 가운데에 나타난다. 이때에 자세하게 이를 관찰해야 한다. 지금 이 밀엄의 모습은 나의 청정한 마음으로부터 생긴 것인가, 부처님의 청정한 몸에서 생긴 것인가? 나와 남의 실상조차 오히려 스스로 필경 생겨남이 없는데 어찌 하물며 서로 어긋나는 인연으로써 생길 수 있겠는가? 또한 모든 강과 하천과 우물과 연못과 크고 작은 온갖 그릇에 달도 역시 오지 않고, 물도 역시 가지 않을지라도 맑은 달이 하나의 동그라미로써 두루 온갖 물 속에 들어간다. 지금의 나도 역시 이와 같다. 중생의 마음도 또한 오지 않으며 자기의 마음도 역시 가지 않을지라도 이로써 보고 들으며 이익을 입는 것이 모두 실답고 허망하지 않기 때문에 지혜의 몽둥이로써 이를 휘저어 실다움이 없다고 알게 하며, 그 어린 아이의 방편을 지어서 이것을 가지고 놀이도구로 삼게 하려고 하는 것이다. 이미 스스로 그 뜻을 고요하게 하고, 다시 여여하게 흔들리지 말고 사람들을 위하여 이를 연설해야 한다. 그래서 "지명자(持明者)도 이와 같이 설해야 한다"고 하였다.

"또 다시 비밀주여. 하늘에서 비가 내리면 거품이 생기는 것처럼, 진언 실지의 갖가지 변화도 그와 같다고 알아야 한다."

성문의 경전에는 수(受 : 受蘊)를 떠다니는 물거품에 비유하며, 『반야경』[504] 에서도 물거품을 비유로 삼는다. 성품이 없다해도 인연[으로 성립한 것]이기에 오히려 진실한 법이라 할 수 있다. 그래서 십연생구(十緣生句)에는 변화

---

504) 『대품반야경』 제20권 「무진품(無盡品)」(대정장 8, 367 상). '부처님께서 말씀하셨다. 보살은 선나바라밀에 머무면서 색(色)을 물방울처럼 관하고, 수(受)를 물거품처럼 관하며, 상(想)을 아지랑이처럼 관하고, 행(行)을 파초처럼 관하며, 식(識)을 환술처럼 관한다. 이렇게 관할 때에 오음은 견고하지 않은 모습이며 이 마음이 지어낸 것임을 본다.'

와 같은 것만 있었고 물거품의 비유를 밝히지 않았다.

지금 이 경에서 비유하는 뜻은 다르다. 여름철의 빗물처럼, 빗물로부터 물방울의 크고 작음에 따라 갖가지 색깔의 물거품이 생겨나는데 모양과 종류가 각기 다르다. 그런데 물의 성질은 한 맛일지라도 자체의 인연으로 인해서 [갖가지의 모습을 이룬다]. 사구(四句)로 추구하더라도 따로 생겨나는 법이 없다. 이러한 까닭에 이 물거품 전체가 연에 따른다. 거품이 일어난 것은 바로 물이 일어난 것이며, 거품이 사라지면 바로 물이 사라진다. 그러므로 이것으로 마음의 변화에 비유하였다. 수행자가 곧 자기의 마음으로써 작불(作佛)하고 돌아와 심불(心佛)의 깨달음을 보이는 방편을 입어, 한량 없이 많은 법문에 전입(轉入)하는 것과 같다. 또한 마음으로 만다라를 삼으니, 이 경계는 마음과 더불어 연이 되어서 갖가지 생각하기 어려운 변화를 짓는다. 이러한 까닭에 수행자는 떠다니는 물거품의 비유로써 이를 관하며 자기의 마음을 여의지 않는 것을 알게 된다. 그리하여 집착이 생기지 않게 된다.

『대지도론』[505)]에 또 다음과 같이 설명한다.

'선정(禪定)을 닦는 자에게 열네 가지 변화[506)]가 있고, 천 · 용 · 귀신도

---

505) 『대지도론』 제6권(대정장 25, 105 상중). '변화[化] 같다 함은 열네 가지로 변화하는 마음이니, 초선천(初禪天)에 욕계와 초선천의 둘이고 이선천(二禪天)에 욕계와 초선천과 이선천의 셋이며, 삼선천(三禪天)에 욕계와 초선천과 이선천과 삼선천의 넷이고, 사선천(四禪天)에 욕계와 초선천과 이선천과 삼선천과 사선천의 다섯이다. (…중략…) 신통을 얻은 사람들의 신력으로 여러 가지 물건으로 변화시키고 천 · 용 · 귀신들이 태어나면서 얻은 과보의 힘 때문에 모든 물건으로 변화시키고, 색계에서 태어나면서 얻은 선정 닦은 힘 때문에 모든 물건으로 변화시킨다. (…중략…) 또 변화로 생긴 물건은 일정한 것이 없이 다만 마음이 생김으로써 생긴 것이며, 모든 활동 모두가 진실이 없다. 사람의 몸도 그러하여서 본래 원인이 없고, 다만 전생의 마음에 의해 생긴 것이어서 금생의 이 몸은 모두 진실함이 없다. 그러므로 모든 법이 변화와 같다고 한다. 변화된 것이 마음이 사라지면 변화도 사라지는 것 같아서 모든 법도 그러하니 인연이 사라지면 결과도 사라져 자체가 없다. 변화된 일이 비록 공하나 중생들로 하여금 근심 · 고통 · 성냄 · 기쁨 · 즐거움 · 어리석음 · 미혹 등을 일으키게 하는 것같이 모든 법도 그러하여서 비록 공하여 진실함이 없으나 중생들로 하여금 기쁨 · 성냄 · 근심 · 두려움 등을 일으키게 한다. 그러므로 모든 법이 변화 같다고 한다.'

506) 초선(初禪)에 둘, 제이선(第二禪)에 셋, 제삼선(第三禪)에 넷, 제사선(第四禪)에 다섯으

역시 변화를 지을 수 있다. 화생(化生)은 예로부터 정해진 것이 없고, 다만 마음이 생하면 문득 있다가도 마음이 사라지면 곧 사라지니 이 법은 처음과 중간과 나중이 없다. 생긴다 하여도 따라 온 바가 없으며, 사라진다고 하여도 역시 이르는 바 없음과 같다. 모든 법도 역시 이와 같다고 알아야 한다. 또한 변화하는 모습처럼 청정한 것은 허공을 물들일 수 없는 것과 같고, 죄나 복을 위하여 물들일 수 없는 것과 같이 모든 법도 역시 그러하다. 법성의 여여한 실제는 자연으로서 언제나 청정한 것이 비유하면 염부제(閻浮提)에 네 개의 큰 강[507]이 있고, 하나하나의 강에 5백의 작은 강이 있어서 이로써 권속으로 삼는데, 이 물은 갖가지로 청정하지 않더라도 큰 바다 가운데에 들어가면 모두 다 청정해지는 것과 같다.'

거품의 비유와 뜻이 같다.

"비밀주여. 허공 가운데에는 중생도 없고, 수명도 없고, 짓는 자도 있을 수 없다. 다만 [중생의] 마음이 미혹하고 산란하기 때문에 이와 같은 갖가지의 망녕된 견해가 생기는 것이다."

『대지도론』[508]에는 다음과 같이 설명한다.

'허공이라고 함은 이름만 있고 실제의 법이 없기 때문이니 허공은 볼 수 있는 법이 아닐지라도 멀리서 보기 때문에 눈빛이 바뀌어 사물의 모양과 색을 본다. 모든 법도 역시 이와 같이 공하여서 존재하는 것이 없거늘

로 합계 열 넷의 변화심이 있다. 『대지도론』 제6권(대정장 25, 105 상).

507) ① 긍가하(恆伽河, Gaṅgā), ② 신도하(信度河, Sindh, Sindhu), ③ 박추하(縛芻河, Vakṣu), ④ 사다하(徙多河, Śītā)의 네 큰 강이다.

508) 『대지도론』 제6권(대정장 25, 102 중하). '허공과 같다 함은 이름만 있고 실제가 없기 때문이니, 허공은 볼 수 없는 법이지만 멀리서 보기 때문에 검푸른 빛으로 보인다. 모든 법도 그러하여서 공하여 아무 것도 없거늘 사람들이 무루의 진실한 지혜를 멀리하기 때문에 실상을 버리고 너와 나, 남자와 여자, 집과 성 등 갖가지 물건을 보고 마음으로 집착하되 마치 어린이가 푸른 하늘을 우러러 보고 진실로 색이 있다고 여기는 것과 같다. 또 어떤 사람이 지극히 멀리 날아 올라가도 보이는 것이 없지만 멀리서 보기 때문에 푸른 빛이 있다고 여기는 것과 같이, 모든 법도 그러하기 때문에 허공과 같다고 말한다. 또 허공의 성품같이 항상 청정하거늘 사람들은 흐렸다 하고, 탁하다 하는 것 같이, 모든 법도 그러하여서 성품이 항상 청정하거늘 음욕과 성냄 등이 가리웠기 때문에 사람들은 부정하다고 한다.'

사람이 무루(無漏)의 진실한 지혜를 멀리하기 때문에 실상을 버리고 그와 나 · 남자와 여자 · 집 · 성곽 등의 갖가지 다양한 물건을 보고 마음으로 집착하는 것은 어린 아이가 푸른 하늘을 우러러 보면서 진실로 색이 있다고 하는 것과 같다.

어떤 사람이 날아올라가 아주 멀리까지 갔어도 보이는 것이 없지만, [멀리서 보기 때문에 푸른 빛이 있다고 여기는 것과 같이 모든 법도 그러하여 허공과 같다고 말한다.]

또한 허공의 성품이 언제나 청정할지라도 사람이 흐렸다 하고, 더럽다고 하는 것과 같이 모든 법도 역시 그러하여서 본성은 언제나 청정한데 음욕(婬欲)과 진에(瞋恚) 등에 가려서 사람들은 부정하다고 한다.'

이 경에 **"마음이 미혹하고 산란하다"**고 하는 것은 사람의 질병 · 비인(非人) 등의 갖가지 인연으로써 그 마음이 미혹하고 산란되어 망녕되이 깨끗한 허공 가운데에서 갖가지의 사람의 형상이 있다고 보고, 혹은 두려워하며, 혹은 탐착하는 것과 같다. 만약 본심을 얻을 때에는 이러한 일이 생겨도 허공을 물들이지 못하고, 사라질 때에도 역시 돌이켜 청정하게 하는 것이 아니며, 본래로 허공은 걸림이 없고, 또한 허공과 다르지 않다고 알게 된다. 수행자가 관행을 닦을 때에 만약 갖가지 마사(魔事)와 갖가지 업번뇌(業煩惱)의 경계가 있으면 모두 마음을 이 비유에 두고서 맑은 허공과 같게 해야 한다. 한량없이 많은 겁 가운데에서 지옥에 떨어진다해도 이때에 마음에 걸림이 없게 된다. 신통을 얻은 자가 허공의 한 가지 색깔 가운데에 자재하게 날아다니는 것과 같아서 사람과 법이라는 망녕된 생각에 물들지 않는다.

"비밀주여. 비유하면 불덩어리를 어떤 사람이 손에 들고 공중에 돌리면 바퀴의 모습이 생기는 것과 같다."[509)]

사람이 불씨를 가지고 공중에 돌려서 갖가지 모습을 만드는데, 혹은 모

---

509) 그와 같은 법의 성품을 알아야 한다는 것이다.

나거나 혹은 둥글거나 삼각형이거나 반달모양이거나, 크거나 작거나 길거나 짧은 것이 만들려고 하는 생각에 따른다. 어리석은 자는 이를 보고 사실과 비슷하다고 하며, 집착하는 생각을 일으킨다. 그러나 실로는 도무지 법으로서 생긴 것이 없다. 다만 손 안의 빠른 힘이 하나의 불덩어리를 움직여서 한량없이 많은 모양을 이루게 한 것일 뿐이다.

진언수행자는 또한 유가 가운데에서 마음의 움직이는 바에 따라 성취하지 못함이 없다. 내지 하나의 아(𑖀)자문에서 굴리는 것이 걸림이 없어 한량없이 많은 법문을 이룬다. 이때에 그러한 관을 지어야 한다. 다만 정보리심의 한 몸의 빠른 힘을 교묘하게 사용함에 말미암아 그렇게 된 것일 뿐인데, 그 가운데에서 갖가지의 견해로 헤아려서, '훌륭하다' 하며 희론을 일으켜서는 안된다.

『대지도론』에는 불바퀴의 비유가 없고, 따로 그림자의 비유가 있는데 다음과 같다.

'그림자를 볼 수 있을지라도 잡을 수 없는 것과 같이 모든 법도 역시 이와 같아서 눈동자 등으로 보고 듣고 느끼고 알지라도 실제로는 얻을 수 없다. 또한 그림자에 빛을 비출 때에는 곧 나타나고 비추지 않으면 곧 나타나지 않는 것과 같이 모든 결사(結使)의 번뇌가 정견(正見)의 빛을 막을 때에는 곧 아상(我相)과 법상(法相)이 있다. 또한 그림자는 사람이 가면 곧 [그림자도] 가고, 사람이 움직이면 곧 [그림자도] 움직이며, 사람이 머물면 곧 [그림자도] 머무는 것과 같이 선업과 악업의 그림자도 역시 이와 같다. [선악의 업이] 후세로 갈 때에는 [업의 그림자도] 역시 가며, 금세에 머물 때에는 역시 머문다. 보(報)를 끊지 않은 까닭에 죄와 복이 성숙한 때에는 곧 나온다.'[510]

---

510) 『대지도론』 제6권(대정장 25, 104 상). '그림자[影]와 같다고 함은 그림자는 볼 수만 있고 잡을 수는 없나니, 모든 법도 그러하여서 눈과 감정 등으로 보거나 듣거나 느껴 알 수 있으나 실제로는 얻을 수 없다. 게송으로 읊겠다. 진실한 지혜는 사방에서 잡을 수 없나니 마치 큰 불덩어리를 잡을 수 없는 것 같다. 법은 받아들일 수도 없고 받아들여서도 안된다. 또 그림자는 광명이 비치면 나타나고 비치지 않으면 나타나지 않는 것같이, 모든 번뇌의 매듭이 바른 소견의 광채를 가리우면 나의 모습이나 법의 모습의

그러나 이 그림자는 물질로서 있는 것이 아니라 다만 눈속임[에 비추어 나타나는] 법이다. 불씨를 돌려서 빠르게 돌리면 바퀴를 이룰지라도 역시 진실하게 존재하는 것이 아닌 것과 같다. 비유의 뜻은 대체로 동일하다.

"비밀주여. 이와 같이[511] **대승의 구절[大乘句]이며 마음의 구절[心句]이며 동등할 것이 없는 구절[無等等句]이며 반드시 정해진 구절[必定句]이며 바른 깨달음의 구절[正等覺句]이며 점차로 대승을 생하게 하는 구절[漸次大乘生句]을 잘 알아라."** 산스크리트로 구(句)는 발담(鉢曇, padam)이라 한다. 뜻은 앞의 해석과 같다. 이 열 가지 비유는 모두 마하연인[大乘人]의 심히 깊은 연기로서 성문이나 연각이 갖출 수 있는 처(處)가 아니다. 그러므로 **"대승의 구절"**이라 부른다. 마음의 진실한 성품에는 다시 하나의 법이라도 이를 드러내보이지 않는 것이 없다. 또한 다른 사람에게 줄 수도 없다. 다만 이와 같이 깊이 관찰할 때에 구름같은 장애의 덮개가 갈라져서 스스로 증지할 뿐이다. 그러므로 **"마음의 구절"**이라 부른다. 여래의 지혜는 모든 법 가운데에서 비유할 만한 것이 없고, 또한 초월하는 것이 없다. 그러므로 **"동등할 것이 없다"**고 하였다. 마음의 실상은 이것과 함께 한다고 하는데 [여래의 지혜와 마음의 실상 이 둘 사이에] 틈새도 다른 것도 없다. 그래서 **"동등할 것이 없다"**고 하였다. 만약 십연생구로써 심처(心處)를 요지하게되면 [참다운 지혜는] 그 가운데에 안주한다. 그래서 **"동등할 것이 없는 구절"**이라고 한다.

모든 부처님께서는 이 십연생구의 뜻으로써 사자후하시어 여래의 성품인 마음의 실상인(實相印)을 설하셨다. 만약 신해하는 자가 있으면 설령 시방세계의 모든 마구니가 다 화신으로 부처를 지으며 비슷한 반야를 설할지라도 그의 마음을 바꾸어서 법상(法相)이 이와 같지 않다고 하게 할 수 없다. 그래서 **"반드시 정해진 구절"**이라고 하였다.

그림자가 나타난다. 또 그림자는 사람이 가면 가고, 사람이 움직이면 움직이며, 사람이 머무르면 머무는 것 같이, 선·악업의 그림자도 그리하여서 전생이 지나갈 때에는 역시 지나가고 금생에 머무를 때에는 역시 머무르면서 과보가 끊어지지 않나니, 죄복의 원인이 익어지면 나타난다.'

511) 열 가지의 비유로 보인 진언행의 수습, 즉 십연생구(十緣生句)가 그렇다는 것이다.

이 중도의 정관(正觀)으로써 유위(有爲)와 무위(無爲)의 계(界)를 여의어 극무자성심이 생하는 것은 바로 이 심불(心佛)의 현현이다. 그러므로 "바른 깨달음의 구절"이라고 한다.

큰 바다에 들어가는데 점차로 깊어지는 것처럼 깊이 관찰하여 닦음에 의해 비로자나의 상상지관(上上智觀)으로써 바야흐로 그 근원이 되는 밑바닥까지 궁구하게 된다. 그래서 "점차로 대승을 생하게 하는 구절"이라고 하였다.

이와 같은 여섯 구절은 차례대로 상석(相釋)하여 차례대로 상생(相生)하는 것임을 알아야 한다.

비로자나께서는 이 십연생구의 부사의한 법계로써 무진장엄장을 지으신다. 온세상의 티끌의 수처럼 많은 모든 법계문으로부터 언제나 오근[根]・오력[力]・칠각지[覺]・팔정도[道]・선정(禪定)・해탈(解脫)의 온갖 보배를 출생하여 두루 중생들에게 베푸시더라도 끝나지 않는다. 그래서 "법재(法財)를 모두 갖춘다"고 하였다. 일체여래의 지업(智業)은 이것에 의해서 모두 갖춘다. 그래서 "갖가지 공교한 큰 지혜를 낸다"고 하였다.

만약 일념의 마음 가운데에서 분명하게 십연생구의 뜻을 보게 되면 곧 위로는 다함 없는 법계에 이르고 아래로는 다함 없는 중생계에 미쳐서 그 가운데 모든 마음의 모습을 모두 분명하게 깨쳐 알 것이다. 모든 것은 연으로부터 일어나기에 즉공(卽空)・즉가(卽假)・즉중(卽中)이므로 "참답게 모든 마음의 모습을 두루 알게 된다"고 하였다.

선무외아사리는 '수행자가 처음에 관행을 닦아서 경계가 현전할 때에 내부의 원인과 외부의 연(緣)의 힘에 말미암아 자연히 연기의 지(智)를 생하게 된다. 일상적인 도[常途]의 선정을 익히는 공력(功力)으로 애쓴 다음에 환하게 통하는 것과는 같지 않다'고 말하였다.

산스크리트본에서는 여기 이후에 차례대로 진언을 수행하는 자가 지송하는 차제와 여법한 실지와 여법한 과를 생하는 것을 설명하는데, 이것은 바로 전법자가 기록한 바이다. 그러나 경에서는 그 대의(大意)를 설명하고

자 하였기에 언급하지 않았다.

이미 정보리심의 모든 심상을 모두 설명하였다. 이 이하에서는 닦아 나아가는 방편과 실지의 과(果)를 일으키는 것에 대해 설명하겠다.

제2 입만다라구연진언품(入漫荼羅具緣眞言品) 1

1. 서설(序說)

제2「입만다라구연진언품」은 다음과 같다.

앞의 품(品)에서 이미 갖가지 마음의 모습에 의거하여 일체지심(一切智心)을 대변(對辨)하여 마쳤다. 그런데 이 오묘한 과보는 어떠한 방편으로 도달할 수 있는가? 그래서 이 품에서는 다음으로 만다라의 행법을 밝혔다. 온갖 연(緣)의 지분을 갖추는 것[具衆緣支分][1]과 필요한 진언을 모두 여기에서 자세하게 설명하겠다. 비유하면 이미 우유와 낙(酪) 가운데 제호의 성품이 있다고 알게되면 곧 온갖 그릇들을 갖추도록 가르치고 방편으로 모아서 올라가게 하는 것과 같다. 연(緣)으로부터 일어나기에 십연생구와

---

1) 많은 연(緣)을 갖추는 것을 구중연(具衆緣)이라 한다. 지분(支分)이란 부분적인 재료를 말한다. 대지(大地)를 선택하고, 잘 다듬고, 때를 택하는 등은 연을 갖추는 지분에 해당한다.

다른 것이 아니라는 것을 알아야 한다.

또한 성문의 경전에서는 비니(毘尼, vini)[2]로써 비밀한 가르침을 삼고 사람을 택하는데 반드시 여러 가지를 가린 다음에야 이 [계율]을 수여한다. 만약 율의(律儀)를 아직 발하지 아니하였다면 듣고 닦아 익히게 할 수 없다. 그런데 대승에서는 진언을 지니는 것으로써 비밀한 가르침을 삼으며, 아직 만다라에 들어가지 않았으면 독송하고 수지하게 하지 않는다. 포살(布薩[3])을 몰래 듣는 것과 같아서 도리어 무거운 죄를 초래하기 때문이다. 그러한 이유는 세상 사람들이 어린 자식을 자애로써 키우는데 정성을 아끼지 않을지라도 간장(干將)과 막사(莫斯[4])는 주지 않는 것과 같다. 그 쓰는 방법을 모르면 반드시 그 몸에 상처를 입기 때문이다.

지금의 이 법문도 역시 이와 같다. 즉심성불(卽心成佛[5])의 취지는 알기 어렵다. 미래의 중생들이 법을 가벼이 여기고서 선지식을 찾아 여쭙지 않으며, 삼밀의 가지를 입지 않고서 스스로 마음을 스승으로 삼고 문장에 집착하여 문득 스스로 닦고 배우며 오래 공력을 사용할지라도 이룰 수 있는 것이 없으면 도리어 이 경을 비방하며 부처님의 말씀이 아니라고 할까 두렵다.

또한 이 경의 글에는 일반적인 해석과 깊이 있는 비밀의 두 가지 해석이 있다. 깊이 있는 비밀한 해석 가운데에 다시 얕고 깊음이 있다. 쉽게

---

2) 계율을 가리킨다.

3) Skt. poṣadha, upavasatha, upoṣadha, upavāsa. 또는 우바바소타(優波婆素陀)·우파사(優婆娑)·포살타파(布薩陀婆)·포쇄타(布灑他)·포사타(布沙他)·오파파사(鄔波婆沙)·포사타(逋沙陀)·포쇄타(褒灑陀)·오포사타(烏逋沙他)라 음역하며, 의역하여 장정(長淨)·장양(長養)·증장(增長)·선숙(善宿)·정주(淨住)·장주(長住)·근주(近住)·공주(共主)·단(斷)·사(捨)·제(齋)·단증장(斷增長)이라 하고, 혹은 설계(說戒)라 부른다. 불교 참회수행의 하나. 승려들이 모여 계경(戒經)을 설하며 들으면서 매월 15일과 30일에 보름 동안 지은 죄가 있으면 참회하여 선을 기르고 악을 없애는 수행법이다. 그 의의는 일체의 범함과 번뇌, 좋지 않은 법들을 끊음에 있다고 한다.

4) 간장과 막사는 날카로운 보검을 말한다.

5) 심왕(心王) 심수(心數)가 만다라의 제존(諸尊)으로서 실다웁게 자기의 마음을 알 때에 단장(壇場)의 제존은 곧 수행자의 내심의 덕(德)의 현현(顯現)이라고 깨닫는 것이다.

이것을 나누는 자는 비밀스러운 명칭을 이해하지 못하기에 이것을 인연의 사상(事相)이라 말하고 마음에 교만심을 일으켜 스스로 이렇게 말할 것이다.

"나는 참된 도를 행한다. 무엇이 주술의 사업을 사용하는 것인가?"

이와 같은 등의 인연으로써 법의 업이 다하게 되어 무량한 겁 동안 악한 세계에 떨어진다. 그러므로 진언을 닦고 익히는 자는 반드시 먼저 만다라에 들어가게 해야 한다.

만다라의 명의(名義)는 아래에서 다시 해석하겠다.

2. 만다라

"이때에 집금강비밀주가 부처님께 말씀드렸다.

'희유하옵니다. 세존이시여, 이와 같은 모든 부처의 스스로 증득한 삼보리를 설하시었나이다. 부사의한 법계는 마음의 작용을 초월하시었습니다.' 내지 [정각자(正覺者), 즉 여래의] 모든 팔과 다리 등에서 모두 다 여래의 몸[6]이 나타났다. (…중략…) 시방에 두루하고 나서 부처님 몸의 본래 위치로 돌아오시었다."

곧 금강수가 부처님의 신력을 계승하여 앞의 말씀을 이해하고 나서 먼저 세존께 매우 기이하며 특별하시다고 찬탄하였다. 그리고 큰 방편을 갖추고서 모든 부처님께서 스스로 증득하신 삼보리(三菩提, saṃbodhi)를 설명하였다.

이른바 자기의 마음으로 스스로 깨친 부사의한 법계는 모든 마음자리를 초월하여 의지할 바가 없다. 세상 사람들이 발을 들어 움직이는 것은

---

6) 여래의 몸은 삼중만다라(三重曼荼羅)에 나타난 온갖 상(相)을 의미한다.

모두 땅에 의지하는 것처럼 보살도 역시 이와 같아 마음에 의지하여 나아간다. 그래서 이 마음을 지(地)라고 부른다. 그러나 아직 마음에 의지하는 바가 있으므로 정변지(正遍知)라고 이름하지는 않는다. 여래께서는 이미 이러한 미세한 희론[7]에서 벗어나시고 나아가 마음이 완전히 쉬었으므로 초월심지(超越心地)라 부른다. 구경에 적멸하여 말로써 펼칠 수 없지만, 갖가지의 방편도로써 중생들의 종류를 위하여 본성(本性)을 신해하는 것과 같은 법을 연설하신다. 곧 이것은 일체지심(一切智心)의 다함없는 장엄의 자취를 [이 자재신변의 가지묘용의 나타남에 의하여] 이해하게 하시는 것이다. 부사의한 법계를 연화대(蓮花臺)로 비유할 수 있고 갖가지의 방편도를 연꽃의 잎에 비유한다. 이 이해하게 하는 문장은 비록 간략할지라도 이로써 근본과 통하는 묘한 취지를 담고 있어서 고루 미치지 않음이 없다.

다음에 비밀주가 곧 부처님께 청하였다.

"오직 바라오니 세존이시여, 다음에 진언의 행을 닦아서 대비태장(大悲胎藏)[8]으로부터 대만다라왕(大漫荼羅王)[9]을 생하는 것을 설하여 주옵소서."

지금 또 태장(胎藏)에 의거하여 비유를 삼았는데 수행자가 처음에 일체지심(一切智心)을 내는 것은 부모(父母)가 화합하는 인연으로써 식(識)의 종자가 처음으로 태(胎) 가운데에 의탁하는 것과 같다. 이때에 점차로 증장하여 행업(行業)의 교묘한 바람에 만들어지게 되며 이에 태어나 길러질 때에 모든 육근(六根)과 백 가지 체(體)가 모두 다 구비되고, 비로소 부모의 종성(種姓)[10] 가운데에 태어나게 되니 이것은 마치 진언문에 의하여 대비

---

7) 밀교에서 번뇌를 분별하는데에 추망집(麤妄執), 세망집(細妄執), 극세망집(極細妄執), 미세망집(微細妄執)의 넷으로 나눈다. 미세의 희론이란 네 번째의 망집으로서 등각위(等覺位)의 일혹(一惑)을 가리킨다.

8) 대비를 모든 것을 생하는 근본으로 보기 때문에 태장(胎藏)이라고 한다.

9) 대만다라는 본 품에서 설하는 주된 내용이다. 따라서 불보살의 형색(形色)과 그것을 시현해가는 방법을 설한다.

10) 고대 인도의 사회계급인 사성(四姓)을 가리킨다. ① 바라문(婆羅門)은 Skt. brāhmaṇa의 음역이다. 바라문교의 승려・학자로 사제계급(司祭階級)이다. ② 찰제리(刹帝利)는 Skt. kaṣtriya의 음역이다. 왕족과 무사로 사족계급(士族階級)이다. ③ 비사(毘舍)는 Skt. vaiśya의

만행을 배우고 깨끗한 마음이 나타나는 것과 같다. 또한 이 갓난아이는 점차로 사람의 법을 갖추고 모든 기예(技藝)를 학습한다. 기예에 이미 통달하여 사업을 펼쳐 행하는 것은 깨끗한 마음 가운데에서 방편을 일으켜서 자신의 마음자리를 닦아 다스리고 연에 따라 재물을 이롭게 하며 중생을 제도하는 것과 같다. 그러므로 대비태장생(大悲胎藏生)이라 부른다. 또한 처음으로 정보리심문에 들어가 법명도(法明道)를 보는 것은 식의 종자가 가라라(歌羅羅)[11][에 있을] 때와 같다. 앞의 칠지부터 이래로 대비만행을 위하여 함양(含養)되는 것은 태장에 있는 것과 같다. 무공용(無功用)[12]으로부터 이후에 점점 여래의 방편을 학습하는 것은 갓난아이가 이미 태어나서 온갖 기예를 학습하는 것과 같다. 여래의 일체지지(一切智地)에 이른 것은 기예가 이미 이루어져서 바르게 펼쳐지는 것과 같다. 그러므로 대비태장생이라 부른다. 이것은 제1중[一重]의 비밀만다라(秘密漫荼羅)이다.

지금 연화로써 이 만다라의 뜻을 비유하면 연화는 견고한 껍질 가운데에 있으며, 가지와 꽃과 잎의 성품이 이미 완연하게 구족하고 있는 것이, 마치 세간의 종자심(種子心)과 같다. 이로부터 점차로 증장하여 처음으로 꽃봉우리가 생길 때에 연대(蓮臺)의 과실(果實)이 잎 속에 숨어있는 것은 출세간의 마음[13]이 온(蘊) 가운데 있는 것과 같다. 또한 이 잎 속에 포함되어 있기에 바람이나 추위 등 온갖 것으로부터 손상받지 않으며 청정한 색의 꽃술이 낮과 밤에 번성하는 것은 마치 대비태장과 같다. 이미 성취하고 나서 햇빛 가운데에 비추어져서 펼쳐지는 것은 방편을 만족하는 것과 같다.

지금 이 가운데 묘법연화만다라(妙法蓮花漫荼羅)의 뜻은 비로자나[14]의

음역이다. 농공상에 종사하는 평민계급을 가리킨다. ④ 수드라(首陀羅)는 Skt. sūdra의 음역으로 피정복자인 노예계급이다.

11) Skt. kalala. 태내(胎內)의 종자(種子)로서 태내5위(胎內五位)의 하나. 탁태(托胎)한 최초의 7일간을 말한다.

12) 제7지 이후를 말한다. 제7지까지는 유공용(有功用), 즉 힘써 노력하는 경지이고, 제8지부터는 노력하지 않아도 자연스럽게 이루어지는 경지이므로 무공용이라 한다.

13) 출세간의 마음은 정보리심을 말한다. 이하에서 보리심-因, 대비-根, 방편-究竟의 삼구 순서대로 서술하고 있다.

본지(本地)의 항상한 마음으로써 곧 이것은 연화대의 갖추어진 몸이다. 사불(四佛)과 사보살(四菩薩)은 제호(醍醐)의 과덕(果德)으로서 온갖 열매를 갖추어 이룬 것과 같다. 온 세상[十世界]의 티끌의 수처럼 많은 금강밀혜(金剛密慧)의 차별지인(差別智印)은 마치 꽃술과 같다. 온 세상의 티끌의 수처럼 많은 대비만행의 바라밀문(波羅密門)은 마치 꽃을 함장한 것과 같다. 삼승(三乘)과 육도(六道)의 한량없이 많은 응신(應身)은 마치 뿌리·줄기·가지·잎이 서로 피어나는 것과 같다. 이와 같은 온갖 덕이 수레바퀴처럼 둥글고 모든 것을 갖추었으므로 만다라라고 이름한다.

여래의 가지로써 부처님의 보리자증의 덕으로부터 팔엽중태장(八葉中胎藏)[15]의 몸을 나타내고, 금강밀인(金剛密印)으로부터 제1중(第一重)의 금강수(金剛手) 등 모든 내권속을 나타내며, 대비만행으로부터 제2중(第二重)의 마하살타(摩訶薩埵) 등 모든 대권속을 나타내고, 보문방편(普門方便)으로부터 제3중(第三重)의 모든 중생들이 보기 좋으며 따라하는 종류의 몸을 나타낸다. 만약 윤왕(輪王)의 관정을 여기에 비교하면, 제3중은 만국(萬國)의 군장(君長)과 같고, 제2중은 조정(朝廷)의 백관(百官 : 百揆)과 같으며, 제1중은 종지(宗枝)의 내필(內弼)[16]과 같고, 중대(中胎)는 수공(垂拱)[17]의 임금과 같다. 그래서 연화대의 상지(常智)를 대만다라왕으로 삼는다. 만약 스스로 본지로부터 수적(垂迹)[18]하면 곧 중대의 낱낱의 문으로부터 각기 제1중의

---

14) 만다라 중앙의 대일여래는 연화대와 같고, 사불사보살은 연의 열매와 같으며, 제1중의 내권속은 연화대와 열매를 장엄하는 꽃술과 같다. 제2중의 대권속은 밖으로 향하여 대비를 베풀기 때문에 꽃잎과 같고, 삼승(三乘)과 육도(六道)를 교화하는 제3중의 응신(應身)은 뿌리, 줄기 등과 같다.

15) 중대팔엽원(中台八葉院)을 말한다. 중대팔엽원은 태장만다라의 핵심을 이룬다. 중대(中台) 9존의 상징을 빌려서 대일경의 진수를 표현한 것으로 여래장과 유식·중관 등의 대승불교의 철학과 관련되며, 깊은 밀교의 교리를 보인다. 이 원은 팔엽연화의 중앙에 비로자나여래가 앉고, 사방의 연(蓮)의 동남서북에 보당(寶幢)·개부화왕(開敷華王)·무량수(無量壽)·천고뢰음(天鼓雷音)의 4불과 네귀퉁이의 연변에는 동남으로부터 보현(普賢)·문수(文殊)·관자재(觀自在)·미륵(彌勒)의 4보살이 앉아 있다.

16) 궁안에서 천자를 보좌하는 직책.

17) 팔장을 끼고 있어 일부러 함이 없이 백성을 교화하는 임금이라는 뜻으로 곧 천하가 태평함을 말한다.

갖가지 문을 유출하고, 제1중의 낱낱의 문으로부터 각기 제2중의 갖가지 문을 유출하며, 제2중의 낱낱의 문으로부터 각기 제3중의 갖가지 문을 유출한다. 만약 종인지과(從因至果)[19]라면 곧 제3중에 이끌어져서 성취[20]되며, 제2중을 통하여 제2중에 이끌어져서 성취되고, 제1중을 통하여 제1중에 이끌어져서 성취되어 중태장(中胎藏)을 보게 된다.

이것을 가지고 말하자면, 모든 중생의 종류가 본성으로 신해함이 한량없고 끝없을지라도 이 만다라의 법문에서 행하는 이롭게 하는 것[義利][21]도 또한 모두 다함이 없는 것과 같다. 그래서 "그 모든 미래세의 한량없이 많은 중생들을 구하고 보호하며 안락하게 하기 위해서"라고 하였다.

"이때에 박가범 비로자나여래께서는 대중의 모임을 두루 관찰하시고나서 집금강주비밀주에게 말씀하셨다."

"잘 듣거라. 금강수여. 지금 만다라행을 수행하여 일체지지를 만족하는 법문을 설하겠노라."

이 가운데의 대중의 모임이란 곧 법계만다라에 속하는 제도해야 할 중생이다. 지금 부처님께서는 깊은 비밀의 행을 설하시고자 하시기에 도(道)의 근기를 차별하지 않으시고 혜안(慧眼)으로써 관찰하신다. 이 혜안에 가지되자 선세(先世)에 지었던 선한 싹이 개발되지 않음이 없다. 마치 좋은 밭에 이미 좋은 종자를 뿌렸을 때에 곧 때맞추어 비가 내리는 것을 받을 수 있는 것과 같다. 이 수행을 산스크리트로 야나(耶娜, yāna)라 하는데 곧 승(乘)[22]의 뜻이며, 도(道)라는 뜻이다. 이른바 일념의 선근으로부터 성불

---

18) 본지법신(本地法身)으로부터 제2중과 제3중을 현현하는 차제를 보이는 만다라이다.
19) 수행자가 수행하여 점차로 심히 깊은 부처님의 지혜에 증입하는 차제를 보인 만다라이다.
20) 아사리가 입단수법(入壇受法)하는 제자를 만다라 안에 이끌어들여서 그 모임 가운데의 제존에게 소개하고, 제존은 그 제자를 받아들여 가지하며, 숙세의 악업을 제거하고 제자의 불성을 드러내게 함을 성취한다는 것이다.
21) 현재를 이롭게 하는 것을 의(義), 미래를 이롭게 하는 것을 이(利)라 한다.
22) 승(乘)은 Skt. yāna. 길[道]・배[船]・수레[車]를 가리키며 곧 싣고 운반한다는 뜻이다. 중생을 교화하여 장차 이상세계에 이르게끔 싣고 운반한다는 것이다.

에 이르기까지 이 중간의 낱낱 모든 경지에 있어서 탈 바의 법과 행할 바의 도(道)를 통틀어서 '야나'라고 부른다. 만다라 가운데의 모든 선지식은 승(乘)을 만들고 도(道)를 다듬어서 장차 이끌려고 하는 자들이다. 중생이 이러한 [승]을 타고서 이러한 [도]를 행하는 것을 만다라행(漫荼羅行)을 닦는다고 한다. 이 행을 산스크리트로 절리야(折利耶, carya)라 하는데, 아래의 글에서 설명하는 것과 같다.

먼저 제자를 위하여 평평한 땅을 택하여 다듬는다. 만약 겉으로 드러난 현상만 가지고 논하면 일상적인 해석과 같다.

내[我]가 존재한다고 전도(顚倒)한 [견해에 집착하는] 범부를 위하여 한 생각의 재(齋)를 지키는 종자심(種子心)[23]을 택하고 다듬어서 평평하고 바르게 하는 것을 치지(治地)라 부른다. 내지 일생보처(一生補處)의 보살을 위하여 마음 가운데 무명(無明)의 부모(父母)인 극세(極細)의 더러움을 골라서 없애버리는 것도 역시 치지라 부른다. 이것에 의거하여 말하면 경문의 낱낱의 말씀 아래의 치지(治地)의 뜻에 무릇 몇가지의 중요함이 있다. 예를 들면 십연생구는 모두 점차로 깊게 하더라도 궁극까지 다할 수 없음과 같다.

집금강이 이와 같이 권청하자 부처님께서도 또한 이 인으로써 이를 인[가허용(印可許容)]하시고 나중에 부연하여 설명하셨다. 그래서 "일체지지의 법문을 만족한다"고 하신 것이다. 만약 이 지(地)를 채우지 않으면 곧 두루 모든 중생들을 구호하고 안락하게 할 수 없을 것이다.

"이때에 비로자나 세존께서는 본래 옛적에 무진법계를 성취하시어 중생계를 남김없이 제도하고자 서원하신 까닭에, 일체여래는 함께 모여 점차로 대비장(大悲藏)을 발생하는 삼마지에 증입하셨다."

여래께서 과거에 보살도를 행하실 때에 이와 같은 서원을 세우셨다.

'내가 모든 부처님의 법계를 성취하고, 중생계를 모두 다 남김없이 제도하리라.'

---

23) 수재(守齋)의 종자심(種子心)이란 육재일(六齋日) 등에 선지식에게 공양하는 착한 마음이 있는 것을 말한다.

지금 소원은 이미 채우셨을지라도 제도해야 할 중생들이 다한 것은 아니다. 중생이 끝없으므로 이 법계도 역시 다함이 없다.

계(界)에 세 가지가 있다. 이른바 법계(法界)[24]와 심계(心界)[25]와 중생계(衆生界)[26]이다. 법계를 여의어서 따로 중생계가 없으니 중생계가 곧 법계이다. 심계를 여의고서 따로 법계가 없으니 법계가 곧 심계이다. 이 세 가지는 둘도 아니고 다른 것도 아니라는 것을 알아야 한다. 법계의 뜻을 돌려서 해석하고자 하기에 다음에 무여중생계(無餘衆生界)라 하였다. 중생계는 아직 모두 해탈을 얻지 못하였으므로 아직 이 법계를 두루 채워 성취할 수는 없다. 그러므로 여래께서는 사업을 부지런히 닦으시어 쉴 사이가 없으신 것이다. 바로 이 본원(本願)의 인연 때문에 일체여래는 함께 집회하셨다. [율 가운데에] 승가에 대사(大事)의 인연이 있다. 만약 결계(結界)하여 여러 가지의 계를 설하려면 곧 대중스님들을 모아놓고 함께 인가(印可)하여 가지(加持)한다. 하나의 계를 한번 봄으로써 별중(別衆)[27]이라고 하지 않음과 같다. 지금 장차 일체지지를 만족하는 법문을 설하시려고 하시는 것은 역시 모든 부처님의 일대사[大事]의 인연이다. [모든 부처님은] 동일한 본서(本誓)[를 일으키신 바]이며 동일한 법계인 까닭에 모두 다 집회하시어 함께 신력으로써 가지하신다.

"점차로 증입(證入)하셨다"고 하는 것은 무엇인가?

처음의 무외(無畏)[28]의 때에는 성자(聲字)의 관으로써 만다라의 행을 닦고, 제2의 무외는 유상관(有相觀) 가운데에서 만다라의 행을 닦으며, 제3의

---

24) 여래의 법문(法門)을 가리킨다. 만다라에 있는 모든 성중들은 모두 여래의 법문신(法門身)이다.

25) 수행자, 즉 만다라도량에 이끌어진 제자를 의미한다.

26) 시방삼세 육취(六趣)의 유정으로서 아직 만다라도량에 들어오지 못한 중생들이다.

27) 팔리어로 vagga-kamma. 또는 별갈마(別羯摩)·별중갈마(別衆羯摩)라 한다. 동일한 결계(結界) 내의 승단(僧團) 가운데에 소수의 승려가 있어서 환경에 응하고자 대중들과 별리(別離)되어 따로 작법을 행하는 것을 부른다.

28) 육무외(六無畏), 즉 삼망집(三妄執)을 초월하는 여섯단계의 심리개발과정 가운데 처음의 무외를 말한다.

무외는 유온무아심(唯蘊無我心) 가운데에서 만다라의 행을 닦고, 제4의 무외는 법연심(法緣心) 가운데에서 만다라의 행을 닦으며, 제5의 무외는 무연심(無緣心) 가운데에서 만다라의 행을 닦고, 제6의 무외는 평등심(平等心) 가운데에서 만다라의 행을 닦는다.

[제2의] 이구지(離垢地) 이후로는 각기 자기 관심(觀心)의 경지에서 만다라의 행을 닦는다. 간략하게 행위(行位: 階位)로써 이를 나누는데 이미 십육중(十六重[29])의 깊고 얕은 부동(不同)을 지었다. 이 낱낱의 위에 자신의 보리의 종자심이 있고, 대비태장을 증장하는 인연이 있으며, 혜방편의 업을 수용(受用)하는 과(果)가 있다. 앞에서 설한 것과 같이 낱낱의 문으로부터 각각 갖가지의 문을 유출하는 등이다. 그 가운데에 인으로부터 과로 향할 때에 삼밀의 방편은 전전하여 같지 않으나 궁극에 심왕(心王)의 큰 바다에 이르게 되면 모름지기 한 맛으로서 다름이 없을 뿐이다. 지금 이 시방의 모든 부처님들께서는 과거생에 보살도를 행하실 적에 각각 하나의 법문[30]에 올라타, 일체지지(一切智地[31])에 이르셨다. 장차 보문(普門)의 온갖 행을 일으키는 인연을 설하시고자 함께 이 대비태장삼매(大悲胎藏三昧)에 들어가 과거에 수행하신 도(道)로부터 점차로 증입하여 하나하나 이를 관하셨다. 보살이 선(禪)을 닦을 때에 구차제정(九次第定)[32] 가운데에서 거꾸로, 또는 순서대로 출입하고 선정을 풀자마자 분신유희(奮迅遊戲)하시어 자재하지 않음이 없는 것과 같이 이 모든 여래께서도 점점 차례대로 대비장발생삼마지(大悲藏發生三摩地)에 증입하시는 것이 또한 이와 같았다. 혹은 다함없는 법계를 관함에 일체심(一切心)으로서 일심(一心)[33]으로 삼고,

---

29) 전법관정(傳法灌頂)의 아사리를 천략(淺略)과 심비(深秘)의 두 종류로 나눈다. 여기에서는 전체를 심천(深淺)으로 나누고 다시 십륙중(十六重)으로 한다. 그 가운데 십지의 심행아사리에 십중(十重)이 있다.

30) 일문(一門)의 인행(因行)을 말한다.

31) 보문(普門)의 과해(果海)를 말한다.

32) 차례로 이어서 닦는 9종의 선정. 초선정(初禪定), 이선정(二禪定), 삼선정(三禪定), 사선정(四禪定), 공처정(空處定), 식처정(識處定), 무소유처정(無所有處定), 비상비비상처정(非想非非想處定), 멸수상정(滅受想定).

일체문(一切門)으로써 일문(一門)[34]으로 한다. 혹은 중생계를 남김없이 관함에 일심으로써 일체심으로 하고, 일문으로써 일체문으로 한다. 만약 이 십육중(十六重)의 그윽한 뜻으로써 곧 가로와 세로로 십이부경(十二部經)을 통섭할 때에는 선전(旋轉)이 다함이 없을 것이다.

"세존의 모든 팔과 다리 등에서 모두 다 여래의 몸[35]이 나타났다."

앞의 장엄장(莊嚴藏)을 나타낼 때에는 보문의 낱낱의 몸으로부터 각각 시방에 두루하여 연에 따라 사물에 응하였다. 지금 만다라의 도위(圖位)를 설하려고 하므로 부처님 몸의 상·중·하체에 의거하여 부류(部類)에 따라 이를 나눈다. 허리 이하는 생신(生身)의 석가를 나타내어 인·법 및 이승과 육취(六趣)의 갖가지 유형과 색상(色像)과 위의와 언음(言音)에 동일하게 나타낸다. 만다라에서 자리는 각기 다르다. 그리고 그 권속은 전전(展轉)하여 동일하지 않다. 두루 여덟 방향에서 만다라 본위(本位)의 차제와 같이 머문다. 허리에서부터 위로 향하여 목에 이르기까지는 한량없이 많은 십주(十住 : 十地)의 모든 보살을 출현한다. 각각 삼밀을 지니는 몸으로 한량없는 권속을 거느리고 두루 여덟 방향에 만다라의 본위의 차제와 같이 머문다. 그러나 이 자체에 두 겹이 있다. 심장부터 이하는 대비만행을 지니는 열 불국토의 티끌처럼 많은 모든 대권속이고, 심장부터 그 위는 금강밀혜(金剛密慧)를 지니는 열 불국토의 티끌처럼 많은 모든 내권속으로, 통틀어서 대심중(大心衆 : 보살대중)이라 부른다. 목에서부터 여래의 정수리에 이르기까지는 사지(四智)·사삼매(四三昧)의 과덕(果德)인 부처님의 몸을 출현한다. 즉 이 여덟 개의 몸은 모든 세계에서 따르는 대중·국토·명호(名號)·신업(身業)과 모든 수용(受用)하는 일이 모두 다 같지 않다. 또한 여덟 방향에서 만다라 본위의 차제와 같이 머무신다.

---

33) 일체중생들의 미세하고 작은 선심(善心)으로써 처음으로 하고 마침내 대일여래의 불이(不二)의 일심(一心)에 이른다는 뜻이다.

34) 인천승(人天乘) 등의 근기에 따라 응하는 여러 부분으로부터 마침내 대일 보문(普門)의 일문(一門)에 귀입(歸入)한다는 뜻이다.

35) 여래의 몸은 삼중만다라(三重曼茶羅)에 나타난 온갖 상(相)을 의미한다.

이와 같이 분위(分位)를 펼쳐 봉안하고 나서 다시 두루 종류에 따르는 몸을 나타냄을 "모두 여래의 몸을 나타낸다"고 말하며, 본지(本地)와 수적(垂迹)이 함께 부사의하여서 가지(加持) 불이(不二)임을 밝힌다. 어찌 홀로 하나의 법계로써 갖가지의 모습을 만드시려고 하는 것이겠는가! 수행자가 이와 같이 이해할 때에 비로자나와 귀신과 축생 등의 존을 관함에 그 마음은 평등하여서 뛰어나고 열등하다는 생각도 없다. 문득 일문(一門)으로 들어갈지라도 모두 [보문(普門)의] 심왕(心王)을 보는 것이다.

"그것은 초발심으로부터 나아가 십지보살에 이르기까지 모든 중생을 위한 까닭에 시방에 두루하고 나서 부처님 몸의 본래 위치로 돌아오시었다. 본래 위치에 머무시면서 다시 돌아오신 것이다."

이른바 처음으로 정보리심을 발할 때에 이 만다라를 보는 데에 이미 법계에 고루 미친다. 제2주(第二住)에 오르면 또한 점점 더 넓어지고 점점 더 깊어져서 십전(十轉)의 개명(開明)을 행하고, 이에 제11지에 이르니 그 후에 보는 바가 지극히 원만하다. 이와 같이 분위(分位)를 펼쳐 봉안하고 나니 곧 시방에 두루 이르러 스스로의 법계문에서 진실의 사업을 펼치며, 나아가 닦는 차제를 시현하고 중생을 가르친다. 이러한 모습이 현전하여 요요하며 걸림이 없다.

아래의 문장에서 설명하는 것은 다만 이 마음을 열어 내며 명자(名字)를 지어서 유통할 뿐이다. 또한 종류에 따른 몸을 두루 나타내어 여래의 몸을 모두 나타낸다고 하는 것은 본지(本地)와 수적(垂迹)이 부사의한 가지(加持)를 갖추어 둘이 아님을 밝히려는 것이다. 어찌 홀로 하나의 법계에서 갖가지 형상을 짓게 하겠느냐! 수행자가 이와 같이 이해할 때에 비로자나와 귀신과 축생 등의 존을 관함에 그 마음은 평등하여 뛰어나거나 열등하다는 생각이 없이, 문득 일문으로부터 들어가 심왕을 모두 본다. 그리하여 불사를 지어 마친다.

그러므로 경에, "시방에 두루하고 나서 부처님 몸의 본래 위치로 돌아오시었다. 본래 위치에 머무시면서 다시 돌아오신 것이다"라고 하였다. 뜻은 온갖 방편이 필경에 함께 돌아온다는 것을 밝힌 것이다.

"이때에 박가범은 다시 집금강비밀주에게 말씀하시었다.

"잘 듣거라. 금강수여. 만다라위(漫茶羅位)의 처음은 아사리(阿闍梨[36])이다" 라고 한 것부터 이후는 관정(灌頂[37])의 가르침을 마치고 금강수가 '[입단수

---

36) Skt. ācārya. 불교교단에서 제자를 교수(敎授)하고 제자의 행위를 바르게 하여, 그 모범이 될 수 있는 스승에 대한 총칭. 아차리야(阿遮梨耶) 또는 아차리야(阿闍梨耶)라고도 음역하며, 궤범사(軌範師)·정행(正行)·계사(戒師)라 의역한다. 일반적으로 규범·규칙을 가르치는 스승이라는 뜻과 학문을 가르치며 바른 행동을 보여주는 사람이다. 교단의 선생으로 제자의 행위를 바르게 하고 그 사범(師範)이 되어 교수하는 덕이 높은 승려이다. 그 자격은 10회 이상 안거(安居)를 지내고 계율에 밝으며 지혜와 복덕을 겸비한 자는 아사리가 되어 제자를 교수하게 된다. 이하 경문에 아사리가 갖추어야 할 13가지 덕이 열거되고 있다.

37) Skt. abhiṣiñca. 정수리 위에 물을 붓는 것. 밀교의 법을 전하기 위해 관정을 받는 자[受者]의 머리와 이마 위에 물을 붓는 의례이다. 고대인도에서 국왕이 즉위식 거행할 때 4대해의 물을 길어와 사해의 지배자가 됨을 나타내는 의식에서 시작된 것이 대승불교에 들어와서 부처의 위(位)를 이어받는 의미로 바뀌었다. 밀교에서 불종(佛種)을 단절하지 않고 영원히 계승하는 의식으로 이 관정의식은 이마(頂)에 물을 흘리는(灌) 것인데, 부처의 5지(五智)를 상징하는 다섯 병의 지수(智水)를 붓는 것은 여래의 지혜를 모두 이어받는다는 것을 상징한다. 즉 불의 법수(五智의 法水)를 제자의 이마에 전함으로 해서 불위(佛位)를 계승하는 의례이다. 이와 같이 예로부터 관정은 비밀 법문의 사자상승(師資相承: 전법사자를 위한)과 불교의 법을 널리 펴기 위하여 (재가 신행자를 위한) 실시하여 왔다. 관정을 받기 전에 삼매야계를 받는다. 관정의 종류는 경전에 따라 2종관정·4종관정·5종관정·7종관정·13종관정 등으로 분류하고 있지만, 가장 대표적인 것은 3종과 5종관정이다. 3종관정이란 사업관정(事業灌頂)·인법관정(印法灌頂)·심이관정(心以灌頂)을 말한다. 이 중 사업관정은 땅을 고르고 단을 만든 뒤 일정한 의식절차에 따라 행하는 관정이며, 인법관정과 심이관정은 의식작법을 필요로 하지않고 비인(秘印)만을 전하는 관정이다. 그러나 일반적으로 관정이라 하면 사업관정을 뜻한다. 사업관정의 의식을 집행하기 위해서는 먼저 의식을 행하는 스승의 배역을 정하고 길을 택하며, 관정의 법단을 장엄하는 일 등이 반드시 선행되어야 한다. 그리고 『관정경(灌頂經)』과 『대일경』에 오종삼매야(五種三昧耶)라고 하여 관정을 다섯 단계로 나누고 있다. 즉 관정 받는 자의 정신적 향상 단계를 상징한다. ① 요견만다라(遙見曼多羅)는 밀교의례 집전시 아득히 먼 곳으로부터 만다라를 보기도 하고, 성명(聲明)이라고 하는 밀교음악을 들으며, 신심을 견고하게 하는 단계이다. 재가신자도 참여할 수 있다. ② 결연관정(結緣灌頂)에서는 받는 자는 눈이 가려진 채 장엄한 관정도량에 안내된다. 도량 바닥에 깔린 만다라 위로 꽃을 던지는데[投花得佛] 꽃이 떨어진 장소의 부처 및 보살과 인연이 맺어지며, 그 이후로 그 불보살의 수호를 받는다. ③ 학법관정(學法灌頂)은 꽃을 던져 연이 맺어진 부처나 보살 중 어느 한 존(尊)의 인계 또는 진언을 받는 단계로 수명관정(受明灌頂)이라고도 한다. ④ 전법관정(傳法灌頂)은 밀교의 아사리 자격인 비밀의 인계와 진언을 주는 단계이다. 이 단계는 전법 아사리에 의한다. ⑤ 비밀관정(秘密灌頂)은 아무런 형식 없고 작법도 알

법의 제자는]얼마나 많은 복덕덩어리를 얻습니까'라고 묻는 것이고, 부처님께 아뢰길, "지금부터 이후로 저는 이 선남자와 선여인을 공양하겠습니다. 왜냐하면 그 선남자와 선여인은 불세존을 우러러 봄을 함께 하였기 때문"이라고 말하기까지는 만다라에 들어가는 수많은 지분(支分)을 밝힌 것이다. 또한 대력명비(大力明妃)로부터 제2품[38] 끝부분에 이르기까지는 단(壇 : 만다라)의 행사에서 중요한 진언을 밝혔다.

3. 아사리의 지분(支分)

수많은 지분(支分)[39] 가운데에서 최초로 아사리의 지분을 밝힌다. 왜 그런가 하면 부처님께서는 '이 경을 반드시 스승으로부터 받아라. 쉽게 수행해서는 안된다. 만약 밝은 스승이 없으면 곧 전하는 것이 근거가 없기 때문'이라고 하셨기 때문이다.

그런데 두 가지의 뜻을 이해해야만 아사리(阿闍梨)라는 명칭을 얻을 수 있다. 이른바 천략(淺略)과 심오(深奧)의 구분이다. 만약 앞의 사람을 보았는데 아직 깊이 이해하지 못하는 근기라면 곧 일반적인 도에 수순하여 문장에 따라 해석하라. 만약 이미 날카로운 근기로서 지혜를 성취하였으면 깊은 비밀을 펼쳐서 이를 교수해야 한다.

지금 다시 이 두 가지의 구분으로써 아사리의 뜻을 해석하겠다.

이 만다라의 갖가지 지분과 내지 모든 제존(諸尊)의 진언 · 수인(手印) ·

려지지 않는다. 이심전심으로 주는 관정이다. 비밀리에 스승에서 제자에게로 전하므로 기록이 없다.

38) 『대일경』의 제2품인 「입만다라구연진언품」을 가리킨다. 바로 지금 주석하는 품이다.

39) 지분이란 부분(部分) 또는 부문(部門)의 뜻이다.

관행(觀行)·실지(悉地)에 있어서 모두 다 통달하여 전교관정(傳敎灌頂)을 얻으면 이 사람을 아사리라고 부른다. 또한 세간의 이치에 거역하거나 따르는 여덟 가지 마음을 건너 적연(寂然)한 경계를 증득하면 아사리라고 부른다. 또한 이미 심왕이 자재하여 자기의 마음의 본래 생겨남이 없음을 깨달았으면 아사리라고 부른다. 또는 극무자성심(極無自性心)을 생하여 앞과 같은 만다라해회(漫荼羅海會)에 들어갈 수 있으면 이를 아사리라 부른다. 이로부터 다시 십중(十重)의 깊은 수행이 있고, 나아가 삼밀을 이해하는 사람 가운데에서 가장 상수(上首)인 금강살타와 같으면 아사리라고 부른다. 또한 비로자나를 아사리라고 부른다.

이러한 까닭에 최초의 아사리의 사업을 지을 때에는 곧 [아사리] 자신은 바로 금강살타·비로자나와 같다고 관조해야 한다. 몸과 말과 밀인(密印)으로써 [아사리 자신에게] 가지함을 스승의 위(位)에 잘 머문다고 한다. 그렇지 않으면 성취할 수 없다. 나머지는 깊은 수행을 하는 자가 곧 뜻으로서 납득할 수 있을 것이다.

다음에 아사리의 온갖 덕을 설명하겠다.

경에, **"보리심을 발하라"**[40]고 하는 것은 분명한 서원을 내어서 한결같이 일체지지에 뜻을 두고 구하며 반드시 두루 법계의 중생을 제도해야 한다는 것을 말한다. 이 마음은 마치 깃발과 같아 중생들을 이끄는 우두머리이며, 마치 종자와 같아 만 가지덕의 근본이다. 만약 이 마음을 내지 않았으면 아직 가라라(歌羅羅, kalala)에 의탁하지 않은 것과 같으니 대비태장에 어떻게 양육될 수 있겠는가! 스스로 선근을 건립할 수 없는데 하물며 다시 다른 이의 스승이 되겠는가! 낱낱의 지(地)에 의거하여 깊은 비밀의 해석을 지으면, [서원을 낸 이래로] 비로자나에 이르기까지를 비로소 다함 없는 법계의 구경발심(究竟發心)이라고 이름할 뿐이다.

경에, **"묘혜(妙慧)와 자비"**[41]라 하는 것은 무엇인가?

---

40) 보리심을 발하는 것은 아사리의 열 세 가지 덕 가운데 첫 번째의 덕이다.
41) 아사리의 두 번째의 덕이다.

반야(般若)에 두 종류가 있는데 육바라밀과 화합하는 반야가 있고 실상반야가 있다. 여기에서 처음의 구절을 설명하겠다. 이 혜(慧)는 마치 묘한 바람이 가라라(歌羅羅)의 마음을 우두머리로 하여 백개의 몸을 성취하게 하는 것과 같다. 수행자는 혜가 있기에 곧 통하고 막히는 것을 알고, 옳고 그름을 판단하여 결정한다. 만다라의 모든 사업에서 움직이는 것이 법도에 합당하고 마음에 의심하여 막힘이 없으면 아사리가 되기에 감당할 만하다. 요점을 말하면 만약 비로자나와 동등하게 지(智)와 업(業)을 원만히 하면 이를 심행아사리(深行阿闍梨)라 부른다.

"자비(慈悲)"란 연민하는 마음이 골수에 사무쳐서 모든 행위가 모두 중생을 건립하기 위하는 것을 말한다. 반드시 끝없는 법계의 즐거움을 성취하고 남김 없이 중생계의 괴로움을 도탈시킨다. 만일 이 마음이 없으면 태장(胎藏)이 성립할 수 없는데 어찌 함양(含養)하는 바가 있겠는가! 이에 비로자나의 본원으로써 가지세계에 머물러 널리 비생만다라를 나타내기에 이르기까지를 심비(深秘)의 아사리라고 부른다.

"함께 많은 기예를 갖춘다"[42]고 하는 것은 세간의 갖가지 기예(伎藝)를 잘 한다는 것을 말한다. 말하자면 성론(聲論)[43]·인명론(因明論)[44]·십팔명처(十八明處)[45]·육십사능(六十四能)[46]·산수(算數)·방약(方藥)·관상(觀相)·공교(工巧)의 종류이다. 구연만다라(具緣漫荼羅)에 요긴한 것을 모두 다른 사람[의 손]을 빌리지 않고 만드는 차례대로 행하는데에 빠뜨리는 잘못이 없으면 그런 다음에 아사리가 되기에 알맞다. 또한 다음에 이와 같은 법

---

42) 아사리의 세 번째의 덕이다.

43) 언어학과 문법학을 말한다.

44) Skt. hetu-vidyā. 음역하여 혜도비타(醯都費陀)라 한다. 오명(五明)의 하나로서 인도의 논리학이다. 나집학(邏輯學)이라고도 한다. 인(因, hetu)는 추리의 근거·이유·원인이며, 명(明, vidyā)은 곧 현명(顯明)·지식(知識)·학문(學問)이다.

45) 명처(明處)란 베다를 말한다. 바라문의 4베다와 이에 부수되는 것을 더해서 십팔명처라 한다.

46) 4베다 가운데 치병법·가무법(歌舞法)·논의법(論議法) 등의 다음에 산수·방약·관상·공교 등은 육십사능 가운데 일부분을 따로 열거한 것이다.

을 행하는 가운데 [사물의] 실상과 서로 위배되지 않는 것을 이름하여 묘하고 훌륭한 온갖 기예라 부른다. 또 다시 온갖 총지(摠持)·삼매문·삼십칠도품[道品]·육바라밀·사무애변[四辨]·사섭(四攝)·십력(十力)·사무외(四無畏) 등에서 모두 선교를 얻어 곧 뜻대로 비밀만다라를 만드는 것을 묘하고 훌륭한 온갖 기예라고 부른다.

"반야바라밀을 잘 수행한다"[47]고 하는 것은 곧 이 십연생구를 깊이 닦고 관찰하여 심히 깊은 중도(中道)를 보고 불가득공(不可得空)을 비추어보는 것이다. 이러한 일은 『마하반야경』에서 자세하게 설명한 것과 같다. 만약 수행자가 문자(文字) 및 관심(觀心)에서 잘 통달하게 되어 견해의 집착을 여의게 되면, 사람들을 위하여 세간의 아사리가 되어야 한다. 또한 겁초의 지혜는 이승(二乘)과 함께 행하지만 깊은 반야는 아니다. 이겁(二劫)의 지혜는 이승과 함께 듣지만 또한 매우 깊은 반야가 아니다. 제3겁의 허공과 평등한 마음의 끝없는 지혜는 모든 이승이 생각할 수 없으므로 매우 깊은 반야라 부르며 비밀행의 아사리가 될만한 것이다. 비밀 가운데에서 또한 점차로 깊게 하여서, 이에 부처님께서 제십지[의 보살들]을 위하여 반야를 설하시는데, [이 경지는] 제구지 [보살의] 경계가 아니다. 오직 대비로자나만을 구경의 아사리라고 이름할 수 있을 뿐이다.

"삼승(三乘)에 통달한다"[48]고 하는 것은 대승과 소승의 삼장교(三藏教) 가운데에서 그 글의 뜻을 잘 아는 것을 말한다. 질문할 수 있고, 답할 수 있어서 삼학(三學)[49]을 잘 이루고 제자의 사악함을 뽑아 제거할 수 있는 자가 아사리가 될 수 있다. 만약에 그렇지 않다면 다른 [외도] 논의사(論議師)의 무리에게 굽혀져서 법을 전하는데에서 무력하여 다른 이가 불신하게 된다. 또한 이 경종(經宗)은 좌우로 모든 불교를 통괄한다.

"오온(五蘊)이 무아(無我)일 뿐 (…중략…) 출세간의 마음은 온(蘊) 가운데에

---

47) 아사리의 네 번째의 덕이다.
48) 아사리의 다섯 번째의 덕이다.
49) 불도에 들어가는 세 가지 중요한 일. 계율·선정·지혜의 준말이다.

머문다"고 설하는 것과 같은 것은 곧 모든 부파 가운데 소승의 삼장을 거두어 들인다.

"온(蘊)의 아뢰야를 관찰하여 자기의 마음이 본래 생겨남이 없음을 깨닫는다"고 설하는 것과 같은 것은 곧 모든 경의 팔식(八識)과 삼무성(三無性)[50]의 뜻을 거두어 들인다.

"극무자성심(極無自性心), 십연생구(十緣生句)"라 설하는 것과 같은 것은 곧 화엄(華嚴)과 반야(般若) 등 갖가지의 부사의한 경계를 거두어 들여서 모두 그 가운데에 넣는다.

"실다웁게 자기의 마음을 아는 것을 일체종지(一切種智)라 이름한다"고 설하는 것은 곧 불성(佛性)·일승(一乘)과 여래비밀[51]이 모두 그 가운데에 들어간다.

갖가지의 성언(聖言)에 있어서 그 정요(精要)를 통괄하지 않은 것이 없고, 만약 이 심인(心印)을 지니어 널리 온갖 법문을 열면 이것을 "삼승(三乘)에 통달한다"고 말한다. 또 다시 진언문에서 삼밀의 인(印)에 올라타 부처님의 삼평등(三平等)의 경지에 이르는 것을 이름하여 "삼승에 통달한다"고 한다. 얕고 깊은 중수(重數)는 앞에서 설명한 것과 같다.

"진언의 참된 뜻을 잘 이해한다"[52]고 하는 것은 무엇인가? 예컨대 진언문에 갖가지의 진언과 갖가지의 신인(身印)과 갖가지의 본존, 나아가 구연공물(具緣供物)·낱낱의 지분·성자(聲字)·형색(形色)의 온갖 모습이 같지 않

---

50) 일체만법을 비유(非有)의 측면에서 그 성질에 따라 셋으로 구분한 것. ① 상무성(相無性)이란 변계소집성(遍計所執性)의 것은 허공의 헛꽃과 같이 어리석은 중생의 앞에 나타나는 그림자, 환상에 불과한 것이므로 그 체상(體相)이 없다. ② 생무성(生無性)이란 의타기성의 것은 노끈과 같이 삼과 사람의 힘으로 이루어진 일시적 거짓 현상의 모양에 불과하며 노끈이라는 고정적인 자성이 없다. 그러므로 노끈의 생멸이란 것은 노끈의 자성을 인정한, 노끈을 중심으로 한 인식상의 분별망념일 뿐이요, 실체로서의 노끈은 생한 적도 없었으며 또한 멸한 바도 없는 것이다. 본래 무생(無生)인 것이다. ③ 승의무성(勝義無性)이란 진여는 일체 존재에 원만상주하고 있으므로 일체의 상을 초월해 있다. 삼에서 노끈과 뱀의 모양을 인정하기 어려운 것과 같다.

51) 『법화경』과 『열반경』에서 설하는 불성(佛性)·일승(一乘) 등의 법문을 가리킨다.

52) 아사리의 여섯 번째 덕이다.

은 것에 따라 분별하여 그 성품과 종류를 잘 아는 것이다. 그리하여 이러한 법은 적재(寂災)의 경우에 사용하고, 이러한 법은 증익(增益)의 장소에서 사용하며, 이러한 법은 항복시킬 경우에 쓴다고 안다. 지명장(持明藏)[53]의 『소실지(蘇悉地)』[54] 등에서 자세하게 분별하여 설명한 것과 같다. 이것은 바로 진언의 참다운 뜻에 통달하는 것이다. 그러한 까닭은 하나하나의 진언이 모두 여래의 오묘하고 지극한 언어이기 때문이다.

진언 가운데에 질다(質多, citta)의 글자가 있는 것은 일반적인 해석에서는 단지 마음이라 한다. 그러나 깊이있는 해석에 의하면 질(質, ci)은 이른바 차(遮, ca)자에 삼매의 소리[55]를 띠는데 차(遮)는 흘러 변하지 않는다는 뜻이다. 흘러 변하지 않음은 곧 부처의 성품이다. 부처의 성품은 또한 반야바라밀이라 부르며, 또한 수능엄삼매(首楞嚴三昧)라 부른다. 이러한 까닭에 정(定)과 혜(慧)를 구족한다. 다(多, ta)의 글자는 일체법・여여해탈(如如解脫)・불가득(不可得)의 뜻이다. 만약 이와 같이 [깊은 비밀로 해석하여] 마음에 대해 설하면 이것을 오묘하고 지극한 언어라 부른다.

또 다시 신인(身印)에서 왼손은 삼매를 뜻하고 오른손은 반야를 의미한다. 열 손가락은 십바라밀(十波羅蜜)을 만족한다는 뜻이며, 또한 일체지의 오륜(五輪)을 비유한다. 본존의 형상에서 여자는 선정(禪定)이고, 남자는 지혜이다. [다음으로 오색 가운데] 황색은 금강신(金剛身)이고, 백색은 대비(大悲)이며, 적색은 대혜(大慧)이고, 청색은 대공(大空)이며, 흑색은 대력(大力)이

53) 진언다라니장(眞言陀羅尼藏)의 다른 명칭. 밀교의 총칭이다.

54) 『소실지경(蘇悉地經)』을 가리킨다. 『소실지갈라경(蘇悉地羯羅經)』의 약칭으로 산스크리트명은 Susiddhikaramahātantrasādhanopāyikapaṭala. 3권. 밀교에서는 진언의 수법에 의해서 성취한 이상적인 경지를 실지(悉地siddhi)라고 하는데, 『소실지갈라경*Susiddhikara Sūtra*』은 '묘하게 일체의 작업을 성취하는' 법을 설한 경이다. 『소실지경』은 슈브하까라(Śubhakara, 輪波迦羅) 즉 선무외(善無畏)삼장에 의해서 번역되었다. 선무외는 716년 당나라에 와서 밀교를 전파하던 중 724년 왕의 칙명(勅命)을 받아 낙양의 복선사(福先寺)에서 『대일경』 등을 번역하고, 726년에 『소실지경(蘇悉地經)』과 『소바호동자경(蘇婆呼童子經)』을 번역하여 당나라 사회에 실질적으로 밀교를 전파하였다. 『소실지경』의 한역본은 3권 34품으로 되어 있으나, 세 종류의 별본(別本)이 있다.

55) 산스크리트어의 모음(母音)을 삼매의 소리라 한다.

다. 나아가 모든 연(緣)에 제일실제(第一實際)의 뜻이 있다. 어찌 문자대로 만 이해할 것인가! 만약 이와 같은 참다운 뜻에 통달하면 아사리가 될 수 있다. 또한 3겁(三劫)과 십지(十地)에 의거하여 이로써 깊은 수행을 밝힌다.

"중생의 마음을 안다"[56]고 하는 것은 아사리가 삼부(三部)[57]의 상·중·하의 쓰임과 갖가지의 성품과 종류의 차별을 알고, 유가에 머물러서 가지의 방편으로 중생의 마음 작용을 요달하여 아는 것이다. 와서 법을 구하는 자가 있으면 스승은 응당 말해야 한다.

"너는 잠깐 소안(所安)[58]에 따르라. 내가 잠시 생각해보겠다."

즉시 그의 명자(名字)[59]를 가지고 고요한 방에 들어가 법다웁게 지송하며 그 [처음 온 사람]의 인연을 관하는데, 본존의 가피로써 [그 사람의 참된] 모습을 보아야 한다. 만약 외도가 와서 법을 훔쳐가려고 하거나, 혹은 그 편리를 구하여 와서 속이고 가까이 하려하면, 그때에 본존은 외도 등의 모습을 나타낼 것이다. 자세하게 [본존의] 형상의 종류를 보면 자연히 [새로 온 사람의 본성을] 알 수 있다. [만약 받아줄 수 없으면 그 사람을] 방편으로 보내는데 [이와 같이] 말해주어야 한다.

"선남자여, 법을 구하는 자는 먼저 온갖 악한 견해와 거짓된 마음을 끊어 없애야 한다. 모든 보살은 중생을 제도하기 위하여 갖가지의 난행과 고행을 하셨는데, 네가 지금 어떻게 이러한 난행의 일을 하려고 하는가!

---

56) 아사리의 일곱 번째 덕이다.

57) 3종의 부(部)라는 뜻. 대표적인 삼부조직(三部組織)으로 불부(佛部)·연화부(蓮華部)·금강부(金剛部)의 3부를 갖춘 대비태장생만다라를 들 수 있다. 태장만다라의 3부는 여래의 대정(大定)·대비(大悲)·대지(大智)의 3덕을 나타내는 3종의 부별(部別)을 말한다. 불부는 불의 집단, 연화부는 관세음보살의 집단, 금강부는 금강수의 집단을 의미한다. 이들 각부는 구심점이 되는 부주(部主)를 중심으로 하여 집단을 구성하고 부주는 부족의 장이 되어 부족원을 통솔하며 각각의 서원을 취합하여 만다라 전체의 성격에 맞도록 활동한다. 예를들면 관음의 부족들은 관세음보살이 나타내려고 하는 자비를 표상하고, 금강부는 견고하여서 번뇌를 부수는 금강과 같은 지혜의 서원을 분담하게 된다. 또한 그들은 만다라 전체가 의미하는 진리의 세계를 표상화하는 역할 분담을 하고 있다.

58) '잠시 던져 두어 머물거라'의 뜻이다.

59) 이력서(履歷書)의 종류라는 뜻이다.

본래의 연에 따라 이익을 지어라.”

만약 [아사리가 유가의] 경계 중에서 본존이 만다라에 계시며, 장차 제자를 이끌어서 그를 위하여 관정하시거나, 혹은 [인계나 진언을] 지니고서 이것을 [그 사람에게] 주는 것을 보거나, 이와 같은 등의 갖가지 좋은 상이 있으면 곧 [그 사람을 제자로서] 받아들여야 한다. 또한 본존이 본래의 색상을 버리고 적색으로 되면, 이 사람의 성품은 성냄이 많고, 흑색이면 아주 어리석으며, 황색이면 탐심이 많고, 백색이면 아주 착하고, 옥색이면 대부분 무기(無記)이다.

그리고 [입단수법(入壇受法)의] 만다라 가운데에서 꽃을 [던져서][60] 이르는 곳의 상・중・하의 종류와 갖가지 미묘한 모습을 관찰하여, 그 마음의 근기가 그릇이 될 만한지 아닌지를 알 수 있을 것이다. 그렇지만 이와 같은 모습에 취착(取著)하지 말아야 한다. 역시 십연생구로써 이를 관찰하라. 이와 같은 일에서 하나하나 명료하게 하면, 스승의 위(位)에 [서기에] 감당할 만하다.

또 다시 깊이 있는 해석으로 하면, **“중생의 마음을 안다”**고 하는 것은 곧 실다웁게 자기의 마음을 아는 것이다. 자기의 마음을 앎으로써 곧 분명하게 다른 이의 마음도 알 수 있다. 집에 보물창고가 있으면, 곧 다른 이의 보물을 잘 볼 수 있는 것과 같다. 나아가 모든 근(根)의 성욕(性欲)과 본말의 인연과 마음의 움직임과 희론하는 바를 요요하게 통달하지 않는 것이 없으니 이를 심행(深行)의 아사리라고 이름하는 것이다.

“모든 불보살을 믿는다”[61]고 하는 것은 무엇인가?

---

60) 꽃을 던진다는 것은 투화득불(投華得佛)을 가리킨다. 투화득불이란 만다라단에 들어가 눈을 가린 채로 만다라에 꽃을 던져 연이 닿는 불보살과 결연(結緣)하는 밀교 의식의 하나. 수자(受者)는 눈을 가린 채로 스승에게 안내되어 대단(大壇)의 깔개만다라에 이르러 두 중지로 세 번 꽃을 투하하여 그 꽃이 떨어지는 곳의 존과 연을 맺는다. 결연한 존은 이후 지념불(持念佛)로서 예경한다. 관정이란 그 사람이 만다라 회상(會上)에 위치가 수여되었다고 하는 것이고 대일여래로부터 법통을 받아 계승한다고 하는 것이다.

61) 아사리의 여덟 번째 덕이다.

이른바 이 종(宗)은 처음으로 법의 문에 들어갈 때에는 [새로 입문하는 자가 생각하는] 뜻은 더욱 천박하여서 [심히 깊은 묘법을] 알기 어렵다. 또 삼승(三乘)의 실상은 문자를 여의지 않는 것이 없으나, 진언을 수행하는 자는 반드시 입으로 산스크리트문을 송하고 또한 이를 마음에 관해야 한다. 혹은 몸의 팔다리를 굽히고 펴는 것이 마치 유희[62]와도 같으며, 혹은 삼매염송을 닦을 때에 여인의 형상, 혹은 분노존 등의 형상을 관하며, 혹은 이것으로서 관정하고, 혹은 화단(火壇)을 건립한다. 만약 [새로 입문한 자가 자신의 알량한] 심식(心識)으로써 [밀교의 비요(秘要)를] 헤아리려고 하면, 곧 가지(加持)의 흔적조차도 볼 수 없다. 깊은 신심을 갖춘 자가 아니면 어찌 의혹하지 않는다고 할 수 있겠는가!

또한 수행자는 이 온갖 연(緣)의 사상(事相)[63]에서 모두 깊은 신심으로써 행하여야 한다. 만약 부지런히 애쓰는 것이 많은데에도 아직 드러난 이익을 입지 않았다면 이때에 스스로 다음과 같이 생각해야 한다.

'나의 공행(功行)이 아직 이르지 못했거나, 혹은 삼독의 때에 물들고 번뇌의 장애가 두텁기 때문일 것이다.'

[수행이란] 옷을 빨아서 불에 말리는 것과 같으니 다만 중도에 그치지 말라. 스스로 순수하고 청정하다면 눈으로 [본존의] 광명을 보게 될 것이다.

다시 허깨비의 비유를 사유해야 한다. 약물을 화합하여 공중에 오르고, 장수하는 것을 얻는 것과 같은 것은 역시 [세간의] 날카로운 근기의 지혜있는 자라도 생각으로 헤아릴 수 있는 것이 아니지만 묘하게 그 기술을 이해시키면 이루지 못할 것이 없다. 이 깊은 마음의 깨끗한 신심으로 의혹을 여의기 때문에 점차로 법의 증험이 현전하게 된다. 법의 증험이 현전함으로 말미암아서 신해가 더욱 증가하며 부서지지 않게 된다. 만약 이와 같지 않다면 곧 손 없는 사람이 큰 보배창고 가운데에 이를지라도 텅 비어 얻을 바가 없는 것과 같다. 하물며 아사리의 위(位)에 머무는 것이겠는가!

---

62) 결인(結印)하는 것을 가리킨다.
63) 온갖 연의 사상은 구연만다라(具緣漫荼羅)를 가리킨다.

또한 중생의 일념 마음 가운데에 여래의 수명장원한 몸, 고요한 광명의 바다처럼 큰 모임이 있으나, 불퇴전의 모든 보살도 알 수 없다. 이 법은 배나 다시 믿기 어렵다는 것을 알아야 한다. 그러므로 『법화경』에서 보처(補處)[보살]이 두 번 청하면 여래께서는 네 번 경계하시며 그런 다음에 연설하신다.[64] 지금 이 경에서는 갖추어 닦아 들어가는 방편이 있고, 나아가 일생에도 성불할 수 있다. 만약 잘 받아서 의심하지 않으면 신해지(信解地)에 이르고, 혹은 신해를 뛰어넘을 수 있으니 이에 심행의 아사리라고 이름한다.

"전교관정(傳敎灌頂) 등을 얻으며 만다라 그리는 것을 잘 이해한다."[65]

관정에 두 종류가 있다. 이른바 제자가 법 가운데에서 이미 관정을 얻고 나서 점차로 닦아 나아가 아사리의 온갖 덕을 성취하기에 이르면, 이때에 아사리는 환희하며 다시 [제자를] 위하여서 만다라를 건립하고 전교관정(傳敎灌頂)을 행하며 법다웁게 위유하여 말한다.

"불자여, 그대는 이미 비밀장(秘密藏) 가운데에서 수순(隨順)하여 수학(修學)하는 것을 구족하고 분명하게 알아서 다른 이에게 가르쳐 줄 수 있다. 그대는 지금 이미 훌륭한 이익을 얻었고, 모든 현성의 대중들께서도 역시 모두 [그대를] 칭찬하신다. 지금 이미 관정을 지어 마쳤다. 그대는 참되고 청정한 마음으로 [이 묘법을 제자에게] 전하여 지녀서 유포하며, 여래의 비밀한 가르침을 오래도록 사라지지 않게 하라."

이와 같이 그 응하는 바에 따라 갖가지로 위유하고 나서 곧 사람들을 위한 만다라의 아사리로 만들어야 한다.

---

64) 『법화경』「여래수량품」(대정장 9, 42 중). '또 다시 여러 대중들에게 이르시되, "너희들은 여래의 진실하고 참된 말씀을 믿고 이해해야 한다." 이때 보살 대중들 가운데 미륵보살이 상수가 되어 합장하고 부처님께 사뢰었다. "세존이시여! 오직 원컨대 설하시옵소서. 저희들이 반드시 부처님 말씀을 믿고 받아 지니오리다." 이와 같이 세 번 말씀드리고는 다시 사뢰었다. "오직 원컨대 설하여 주소서. 저희가 반드시 부처님 말씀을 믿고 받아 지니오리다." 이때 세존께서 여러 보살들이 세 번이나 청하여 멈추지 아니함을 아시고 대답해 말씀하셨다.'

65) 아사리의 아홉 번째 덕이다.

또한 수행자가 유가[도량]에서 아사리의 온갖 덕을 성취하면 그때에 심행의 아사리는 [제자를] 위하여서 심만다라(心漫荼羅)[66]를 건립하라. 이때에 제자는 대비로자나의 대비의 물로써 이심관정(以心灌頂)[67]을 행하시는 것을 받게됨을 잘 알고 분명히 본다. 이것은 아래에서 다시 설명할 것이다. 지바라밀을 만족하는 때에 시방의 모든 부처님께서 현전하시고, 관정하시어 부처님의 직위를 수여하시는 것에 이르기까지를 모두 전교관정을 받는다고 부른다. 이미 전교관정을 얻었으면, 최후로 종자를 끊는 사람[68]이 되어서는 안된다. 선사(先師)의 사업을 이어서 모든 제자를 제도하여야 한다. 곧 이 최초의 방편으로써 모름지기 만다라의 도상(圖像)을 이해해야 하기에 다음에 이것을 설명하겠다.

이른바 이 가운데 낱낱의 방위와 상모와 온갖 색을 조절하여 펼쳐서 그림을 그려 장엄하는데에 모두 스스로 그 일을 잘하면서 다른 데에 한 눈 팔지 말아야 아사리가 되기에 감당할 만하다. 또한 정보리심에서 지혜의 방편으로 다함 없는 장엄의 대만다라왕(大漫荼羅王)을 그려 만들면 이에 심행의 아사리라고 부른다.

"그 성품(性品)이 조화롭고 부드러워 변하지 않는 내가 있다고 고집하는 생각[我執]을 떠난다."[69]

---

66) 비밀관정할 때에 이 단을 사용한다.

67) 오종삼매야(五種三昧耶)의 맨 마지막 단계이다. 수행의 계급을 5단계로 나누어 5종의 요서(要誓)라고 하는 의미에서 오종삼매야・오종관정이라고 한다. 곧 ① 초견삼매야(初見三昧耶)는 멀리 단 밖에서 만다라를 볼 뿐, 아직 진언과 인(印)을 전해주지 않은 위(位)이다. ② 입도삼매야(入覩三昧耶)는 단 안에 들어올 수 있도록 허락되어 예배 공양하고, 꽃을 흩어서 그 떨어진 곳에서 본존의 명호를 듣는 위로 진언과 인을 받을 수 있는 위이다. ③ 구단삼매야(具壇三昧耶)는 만다라 및 인(印)을 다 보고 묘업(妙業)을 닦는 위이다. ④ 전교삼매야(傳教三昧耶)는 여법하게 수행하여 필요한 법칙을 다 알아 스승이 될 수 있는 위이다. ⑤ 비밀삼매야(秘密三昧耶)는 극에 이르러서 비밀의 지혜를 내는 위이다. 이것들을 후세의 관정에 배당하면 순차로 만다라공(曼荼羅供), 결연관정(結緣灌頂), 수명관정(受明灌頂), 전법관정(傳法灌頂), 이심관정(以心灌頂)에 해당한다.

68) 전법하지 않고 법등(法燈)을 꺼뜨리면 이 세상에 부처님의 종자가 없어지는 것을 말한다. 전법의 제자가 없는 아사리를 가리킨다.

69) 아사리의 열 번째의 덕이다.

여기에서 아집[이라는 두 글자]는 산스크리트본에는 관정(灌頂)이라는 글자로 하였다. 아사리상전(阿闍梨相傳)에서 이르기를, '이 자의(字義)는 서로 알맞지 않다. "변하지 않는 내가 있다고 고집하는 생각[我執]을 떠난다"고 말해야 한다'고 하였다. "그 성품이 조화롭고 부드럽다"고 하는 것은 곧 [아사리가] 전교(傳教)의 위의에 안주하여 인욕지(忍辱地)에 머물며 부드럽고 조화하며 잘 따르며 사납지 않고, 종족(種族) · 색상(色相) · 다문(多聞) · 지혜(智慧)가 대중들 가운데에서 뛰어나 대중들이 막을 수 없을지라도 또한 교만한 마음이 생기지 않으며, 자심(慈心)으로써 아래를 구제하며, 새로 배우는 이를 권하여 가르치는 것이다. 나아가 비천하고 작은 종성(種姓)[70] 등에게도 역시 하열하다는 생각[을 일으키거나 고귀하고 큰 종성에게] 질투의 마음을 품지 않으며, 다만 한마음으로 법을 스스로 조절하고, 법에 의거하여 머물러야 한다. 이와 같이 조화롭고 부드러우면 이것이 바로 변하지 않는 내가 있다고 고집하는 생각[我執]을 떠남이니 이것은 서로 돌려 해석한 것이다.

또 다시 "조화롭고 부드러움"이란 100번 단련한 순수한 납이 조화롭고 부드럽기에 공교(工巧)사의 손에 따라 만들어지지 않는 것이 없는 것과 같다. 지금의 수행자 [즉 아사리]는 이 마음을 청정하게 다스려서 온갖 거친 광석을 없애었으므로 교묘한 지혜의 손에 따라 만들어지지 않음이 없으며, 그리하여 인욕지에 머물러 연에 따라 현상에 응한다.

모든 불보살의 법문으로부터 도에 들어감은 마치 상족(上族)과 같고, 모든 천과 용 · 귀신의 법문으로부터 도에 들어감은 마치 하족(下族)과 같다. 곧 이 몸으로 대일여래의 존귀하며 특별한 바다와 같은 상호 [가운데 하나]를 만드는 것은 오히려 색과 모양이 가장 으뜸가는 것과 같을지라도 만드는 것이 능하지 않은 자는 [그 천하고 하열한 것과 비슷한] 더러운 옷이 누추하고 새는 것과 같다. 일심 가운데에서 모든 부처님의 설법을 모두 듣고

---

70) 고대 인도의 사회계급인 사성(四姓) 가운데 비천한 계급을 가리킨다.

분별하여 잘못이 없으면 [그런 사람을] 다문(多聞)이라 칭하며 육근이 어둡고 막힌 자는 소문(少聞)이라 부른다. 한량없이 많은 지혜가 자연스레 열리는 것을 지혜로운 자라고 칭하며, 무명의 삼독을 갖추면 어리석은 자라고 한다. 이와 같은 모든 법은 필경 평등하기에 마음에 높고 낮음이 있어서는 안된다. 그러므로 "조화롭고 부드럽다"고 한다. 오직 부처님께서만이 온갖 조화로움과 부드러움으로서 아사리의 법에 잘 머무신다고 한다.

"진언행에서 분명하게 깨달음을 얻는다"[71]고 하는 것은 이른바 만다라를 건립하는 갖가지의 방편 가운데에서 마음에 깨달음을 얻어 모든 의심의 그물을 여의는 것이다. 이른바 이와 같이 호신(護身)하고, 이와 같이 결계(結界)하며, 이와 같이 영청(迎請)하고, 이와 같이 모든 공양구를 청정하게 함으로써 봉헌하며, 이와 같은 진언과 수인으로써 가지하고, 내지 지송하며 닦아 나아간다.

그리고 실지를 성취할 때에도 역시 한량없이 많은 차제법(次第法)이 있다. 이와 같은 것은 모두 아래의 문장 및 『공양차제(供養次第)』[72]에서도 자세하게 설할 수가 없다. 만약 사상(事相)을 행할 때 타인이 방해하는 것을 결택(決擇)함에 모름지기 다시 주저하면서 관찰하거나, 혹은 근본을 취하여 살펴 조사하면 훌륭하게 행하는 아사리라고 이름할 수 없다. 또한 아사리는 유가(yoga)에서 분명하게 깨달아야 하므로 행하는 것에 따라 모두 삼매와 상응해야 한다. 꽃을 바칠 때에 곧 꽃의 삼매와 상응하면, 이 가운데에 본존이 명료하게 현전한다. 또한 향이나 등이나 도향이나 알가수(閼伽水)[73] 등을 바칠 때에도 역시 향의 삼매 내지 향수의 삼매와 상응하며

---

71) 아사리의 열한 번째 덕이다.

72) 『대일경』 제7권 「공양차제법」을 가리킨다.

73) 알가(閼伽, argha)는 가치 있는 것으로 수(水), 또는 공덕수(功德水)·알가향수(閼伽香水)·무탁(無濁)·기(器)라 번역하는 것이다. 알가정(閼伽井)으로부터 떠온 물에 밀(樒)·향말(香末)을 넣은 물을 알가수(閼伽水)라고 부르며, 관정용(灌頂用)·수법용(修法用)의 알가수를 알가정으로부터 퍼올리는 것이 '알가작법(閼伽作法)'이다. 밀교수법에 있어서 6종공양의 하나로서 물을 본존에 바치는데 손님을 영접할 때 발씻을 물을 내드리는 인도의 풍습으로부터 온 것이다. 전공양(前供養)의 알가는 본지로부터 청래(請

낱낱의 본존이 역시 일에 따라 현전한다. 이와 같은 낱낱의 연 가운데에서 모두 이 법문에 들어가 선지식을 본다. 선전(旋轉)하여 운용하는 것은 모두 이치와 상응하고 또한 일에 임하여 머물러서야 비로소 관을 행하는 것이 아니라면, 이 사람은 비밀의 아사리가 되기에 감당할 만하다는 것을 알아야 한다.

"요가를 궁구하고 닦는다"[74]고 하는 것은 상응의 법을 잘 닦는 것을 말한다. 이를테면 삼부(三部) 진언의 상·중·하 성취 등의 일에 있어서 하나하나에 통달하여 모두 바른 이치와 상응하는 것을 유가를 잘 닦는다고 한다. 또한 식재의 법 가운데에서 곧 이 방편으로써 증익(增益)하고 항복(降伏)을 행한다. 혹은 증익법 가운데에서 곧 이 방편으로써 항복하고 식재를 행한다. 항복의 법 가운데에서 곧 이 방편으로써 식재하고 증익한다. 그들의 상응법에 따라 모두 이를 잘 분별하면 유가를 잘 닦는다고 한다. 또한 만다라 가운데 갖가지 본존의 삼매와 형상과 색과 글자와 인(印)과 성류(性類)와 위의, 그리고 공양성취할 때의 운심관찰의 방편을 모두 상응하여 수습한다. 이 가운데의 장애와 실지의 상(相)도 역시 잘 알아야 법을 전할 수 있다.

또한 대비태장을 발생하는 삼매 가운데에서 갖가지의 법계문(法界門)과 갖가지의 선지식이 있고, 선재동자(善財童子)가 차례대로 [모든 성자를] 여쭈어 구하는 것과 같이 [이 아사리도 역시 모든 성자께 여쭈어야 한다.] 혹은 이와 같은 법문에서 이미 잘 수행하였는데, 그 밖의 문에서는 아직 궁구하고 익히는 것이 능하지 않더라도, 만약 보문세계(普門世界)에 들어갈 때에는

來)한 본존의 발씻는 물을 관하고, 후공양(後供養)의 알가는 치주(馳走) 후의 입을 헹구는 물이라고 관한다. 작법은 밀교의 유파에 따라 다소 다른 점이 있지만 행자가 알가기(閼伽器)를 들고 향을 태운 연기에 쐬고, 가지하고, 알가인(閼伽印)을 결한 그 위에 받들어서, 진언·게문을 송하고, 한방울의 물이라도 바다로 생각하고 제불에 바치고, 본존·성중의 두 발을 씻는다. 행자는 이것에 의해서 번뇌를 씻어 없애고 삼업의 청정을 얻는다고 관하고 마치며, 세 번 반(盤) 위에 물을 떨어뜨린다.

74) 아사리의 열두 번째 덕이다.

곧 일념 가운데에서 구족하고 상응하니 이를 심행의 아사리라고 부른다.

"용건한 보리심에 머문다"[75]고 하는 것은 무엇인가?

용건(勇健)은 웅맹(雄猛)하여서 겁약(怯弱)하지 않다는 뜻이다. 이 마음을 기다려야 하는 이유는 진언수행자가 아직 궁극의 진리[眞諦]를 보지 못한 이래로 거스르거나 따르는 경계가 있어서 혹은 갖가지의 두려워할 만한 모습을 나타내고, 혹은 다른 소리를 지으며, 내지 대지를 진동시키고, 혹은 큰 힘 가진 비나야가(毘那野迦)[76]가 나타나 곤란하게 만들기 때문이다. 이때에 안심하여 움직이지 말고 뒤로 물러서는 것도 없이 법의 가르침에 의거하여 이를 깨끗하게 제거해야 한다. 수행자는 이 정보리심에 크게 이롭게 하는 뜻이 있다고 보기 때문에 자연히 삶을 벗어나 죽음으로 들어갈지라도 두려운 생각이 없으며, 저들 마사가 장애할 수 없다.

아직 보리심을 보지 못하였을 때에는 유가 가운데에서 갖가지의 상을 보는 것이 있어야 한다. 말하자면 지(地)·수(水)·화(火)·풍(風)·허공·청·황·적·백·흑색 등의 모든 다른 모습의 얼굴이다. 이때에 마음이 아직 명료하지 않기에 구별할 수가 없을지라도 역시 퇴전하려는 뜻을 내지 말고 오직 이렇게 생각해야 한다.

'이 일은 인연이 없는 것은 아니다. 만약 내가 진리를 볼 때에는 보리심에서 명료하여 걸림이 없으므로 스스로 이해할 수 있을 것이다.'

또한 십연생구로써 이를 관하여 마음에 취하거나 버리지 않아야 한다. 다만 용감하게 나아가 보살도를 행해야 한다. 이미 보리심을 증득하였으면, 곧 옛적의 어느 때에 이와 같은 모습이 있었고, 다시 그때에 곧 이와 같은 사상(事相)이 있었을 뿐이다. 모두 이와 같은 인연이라고 알고서 그 앞의 징조를 보면 그 본말을 모두 알게 될 것이다.

---

75) 아사리의 열세 번째 덕이다.

76) Skt. Vināyaka. 코끼리 머리에 사람 몸을 가진 나쁜 귀신. 비나야가(毘那耶迦)·비나야가(毘那也迦)·빈나야가(頻那夜迦)라고도 쓰며, 상수마(常隨魔)라고 번역한다. 항상 수행하는 사람을 따라다니면서 틈을 타서 착한 일을 방해하는 악한 귀신이다.

또한 수행자가 마음의 명도(明道)를 조견(照見)하게 되면 곧 다함없는 대원(大願)으로부터 견고한 힘을 얻게된다. 비로자나의 금시조왕(金翅鳥王)[77]이 [고개를] 수그려서 법계의 큰 바다를 관할 때에 밝은 거울을 보는 것처럼 지관(止觀)의 날개를 떨쳐서 천(天)과 인간세계의 용을 잡는 것과 같은 것이 바로 용건한 보리심이다.

"비밀주여. 이와 같은 법칙아사리(法則阿闍梨)는 모든 부처님과 보살님들께서 칭찬하시는 바이다."

온갖 덕을 겸비하여 있으므로 곧 밀교를 유통시켜서 부처님의 종자를 끊어지지 않게 하니 이 사람을 부처님의 참된 아들이라 부른다. 진언행으로부터 생하여 언제나 대중들과 성인들에게 찬탄된다. 만약 제자가 유가의 행을 닦을 때에는 곧 이 상인(上人)을 천룡팔부가 공경하며 공양하는 것을 보거나, 혹은 시방의 모든 부처님들께서 그 명호를 찬탄하며 대중을 권발(勸發)하심을 보는 것이 석가모니께서 보살 살타파륜(薩陀波崙, sadāpralāpa)[78]의 구법의 인연을 말씀하시는 것과 같다.

4. 제자

"또한 비밀주여! 그 아사리가 만약 중생[79]을 봄에 [그 중생 가운데] 법기로

77) Skt. Garuḍa로서 가루라(迦樓羅)라 음역. 팔부중의 하나이며 용을 잡아먹는다고 하는 새 종족의 왕으로서 독수리 모양을 한 상상의 큰 괴조(怪鳥).

78) Skt. Sadāpralāpa. 상제보살(常啼菩薩)을 말한다. 살타파륜(薩陀波崙)이라고 음역한다. 『대지도론』 제96에 등장하는 보살로 『반야경』의 수호자라고도 한다. 상제란 언제나 운다는 뜻인데, 중생들이 고통세계에 살고 있는 것을 보고 울며, 부처님 없는 세상에 나서 조용한 숲속에서 걱정하며 운다고 하고, 남에게 좋은 일을 못해서 우는 보살이다. 이 보살에 관해서는 『대품반야경』 「살타파륜품」에 상세히 나오고 있다. 이 보살은 지금 대뢰음(大雷音)부처님 처소에 있으면서 보살도를 행하고 있다고 한다.

삼을 만하여 모든 더러움을 멀리 떠나고 큰 신해와 부지런하고 용맹스럽고 깊은 신심이 있어 항상 남 이익되게 하기를 생각한다."

이것은 바로 아사리의 지분(支分)[80] 가운데에서 제자를 거두어 들이는 의식을 밝힌 것이다. 이 가운데 중생에 두 종류가 있다. 이미 보리심을 내어서 선지식이 계신 곳을 방문하여 진언의 행법을 청하고, 혹은 아직 보리심을 발하지 않았더라도 스승이 스스로 이를 감별(鑒別)하여 그가 법기(法器)가 될 만한가, 이 법을 지닐 수 있겠는가를 알고, 혹은 [아사리가] 유가하는 가운데에 그 [제자의] 근기와 연(緣)을 봄에 혹은 모든 불보살에게 촉루(囑累)되어서 관정을 행하고 이를 교수하게 하는가, 혹은 직접 성중들이 그를 위하여 관정의 법을 행하고 그런 다음에 [법을] 부촉(付囑)하여 그것을 교수하게 하는 것을 보는 것이 있다. 이와 같은 모습이 있으면 [아사리는 그 제자에게] 법을 전해줄 수 있다.

가난한 동네의 거친 음식은 보배그릇에 담을 수 없다. 윤왕(輪王)의 묘약(妙藥)은 박복(薄福)한 사람이 복용하게 할 수 없는데 이는 소화시키기 못하기 때문이며, 혹은 [묘약을 복용함으로 해서 오히려] 목숨이 끊어지는 것과 같기 때문이다. 그래서 반드시 상자와 덮개가 맞아떨어지는 [것과 같을 때에] 곧 교수하면 모두 알맞게 된다. 또한 누더기 옷의 때과 기름이 매우 심하면 염색할 수 없으므로, 먼저 세탁하게 한 다음에야 채색할 수 있는 것과 같이 중생도 역시 그러하다. 만약 선세의 습관에 물들어 있다면 곧 법계의 색에 물들 수 없다. 그러므로 반드시 온갖 더러움을 멀리 여의어야 하는 것이다.

"큰 신해가 있다"고 하는 것은 무엇인가?

이 신해[81]를 산스크리트로 아비목디(阿毘目底, adhimukti)라 한다. 분명하

---

79) 여기서부터는 제자가 법을 받을 자격에 대해서 말하는 것이다. 제자의 덕으로는 다섯 가지를 든다.

80) 아사리에게 속하는 부분(部分)이라는 뜻이다.

81) 믿은 뒤에 확실히 이해하는 것. 승해(勝解)라고도 한다. 가르침을 확신하고 요해(了解)하며 나아가 향상하고자 하는 의욕이다. 밀교에서는 스스로 확신함에서 더 나아가

게 이치를 보고 마음에 의심이나 근심이 없는 것을 말한다. 마치 우물을 팔 때에 점점 진흙에 이르면 비록 물은 보지 못하여도 반드시 가까운 땅 밑에 [물이] 있는 것을 아는 것과 같다. 그래서 "신해"라 부른다.

아래에서 "깊은 신심"이라 하는 것에서 이 신(信)은 산스크리트로 사라다(捨攞馱, śraddhā)라고 하며 이것은 사물에 의지하고 사람에 의지하는 믿음이다. 장자(長者)가 하는 말을 듣고서 혹은 [장자가] 일상적 감정의 표현을 나타낼지라도 이 사람이 아직까지 일찍이 속인 적이 없었다면 곧 잘 받아서 의거하여 행하는 것도 믿음이라 이름한다. 앞의 문장에서 "모든 불보살을 믿는다"고 하는 것과 뜻은 같다. 산스크리트어는 본래 이 두 가지 명칭이 있었지만, 중국어는 이것을 구별할 수 없었기 때문에 동일한 명칭으로 신(信)이라 하였을 뿐이다. 어떤 사람이 위와 같은 부사의법계를 설하는 것을 듣고서 과거에 심은 선한 근본으로써 신(神)과 정(情)이 밝고 날카롭기에 곧 그 말을 받아들여서 중생의 마음 가운데에서 반드시 이 이치가 있다고 알게되면 "신해"라 부른다.[82]

"부지런함과 용맹"은 정진(精進)의 다른 이름이다. 『대지도론』에 '비유하면 우물을 뚫는 데에 이미 젖은 진흙을 볼 때에는 더욱 부지런하게 하여 반드시 물을 보는 것과 같다. 또한 [나무와 나무를 마찰시켜서] 불을 피울 때에 이미 연기를 보았으면 배나 더욱 힘써서 반드시 불을 피울 수 있게 되기를 바라는 것과 같다'[83]고 하였다.

그러므로 신해 다음에 부지런히 힘씀을 밝힌 것이다. 그러한 까닭은 지

다른 이도 믿게 하는 것을 말한다.

82) 대정장 39, 614중단 19~21행에 있는 내용은 내용으로 보아 같은 쪽 하단 5행에 들어가야 문맥에 맞을 것으로 보이기에 위치를 옮겼다. [ ]안에 들어간 글이다.

83) 『대지도론』 제15권(대정장 25, 172 중). '보시 · 지계 · 인욕은 큰 복덕이며, 평안하고 쾌락하여 좋은 명예가 있으며, 바라는 것을 얻게 한다. 이미 이러한 복덕의 맛을 얻었으니 이제 다시 정진하여 더욱 묘하고 수승한 선정과 지혜를 얻으려 한다. 비유하면 우물을 파는데 습기가 나타나서 더욱 부지런히 파면 반드시 물을 얻으리라는 희망을 갖는 것과 같으며, 또 불을 피우는데 연기가 나기 시작하면 더욱 부지런히 비비셔 반드시 불을 얻게 되는 것과도 같다.'

금 이 자연지(自然智)가 반드시 유가(瑜伽)에 인(因)하기 때문이다. 이 유가는 반드시 큰 정진력을 필요로 하기에 『대지도론』에서 다음과 같이 설하였다.

'선정(禪定)과 지혜(智慧)는 복(福)이나 원하는 것만으로 구할 수 없고, 또한 서투른 관법으로 얻을 수 없다. 반드시 몸과 마음으로 부지런히 정진하여 빠르고 분명하게 하며 게으르거나 나태하지 않으면 성취할 것이다. 부처님께서 말씀하시기를, "피와 살과 기름과 골수가 모두 다하여서 단지 가죽과 뼈와 근육만 남더라도 정진을 버리지 말라. 이와 같이 하면 선정과 지혜를 얻을 것이다"라고 하셨다. 이 두 가지를 얻으면 곧 온갖 일이 모두 이루어진다.'[84]

그러므로 반드시 정진의 성품을 갖춘 자에게 모름지기 [법을] 전수할 수 있다. 또한 정진은 모든 선법의 근본이다. 선세의 복덕을 발동시키는 것은 비가 종자를 적셔주어 반드시 싹트게 하는 것과 같다. 부지런함과 용맹의 마음이 없으면 숙세에 심은 업이 있을지라도 발기하지 못하며, 금세의 이익과 안락조차도 얻을 수 없다. 하물며 보리도이겠는가! 이러한 까닭에 발행(發行)의 인연에 인하여서 문득 깊은 신심을 얻는다.

[또한 선세에 이미 일찍이 선지식을 친근하였으므로 삼보에 연(緣)이 깊어서 비록 헤아릴 수 없는 것이 있을지라도 곧 드러내어 믿는다. 그러므로 "깊은 신심"이라고 한다]. 깊은 신심으로써 곧 뛰어난 법을 한결같이 구하고 중생을 짊어진다. 모름지기 [신심을] 키우는 데에는 대비태장으로써 증광하게 해야 한다. 그러므로 언제나 이타를 생각하는 성품이 있는 자에게 전수할 수 있다고 하였다. 또한 아사리가 유가 가운데에서 모든 불보살께서 그 [제자]에게 이

84) 앞과 같음. '선정과 지혜는 복덕이나 소원만으로 구할 바가 아니며, 또 거친 관법으로 얻을 것도 아니다. 반드시 몸과 마음으로 부지런히 닦아 게을리 하지 않아야 비로소 이루게 된다. 부처님께서 말씀하시기를, "피·기름·골수가 모두 다하고 가죽·뼈·심줄만 남도록 부지런히 정진하여야 비로소 선정과 지혜를 얻는다"고 했나니 이 두 가지 일을 얻으면 모든 일이 다 이루어진다. 그러므로 정진이 넷째로서 선정과 지혜의 근본이라 부른다.'

와 같은 덕을 갖추고 있다고 찬탄하시는 것을 보고 듣거나, 혹은 성스러운 대중 앞에 있으면서 지성껏 은근하게 도(道)의 요점을 희구하여 많은 시간을 경과할지라도 처음부터 게으르거나 물러나지 않으며, 이타의 일을 행하고 중생을 구하여 품고자 하면 본존은 [수행자를] 애민하여 가르쳐 전하게 하신다. 이와 같은 온갖 예는 뜻으로써 알 수 있을 것이다.

또한 심행의 아사리가 육근이 청정하여 저 무량겁 이래의 도를 장애하는 것과 도를 이루는 인연을 보고 착오하는 것이 없으며, 보문만다라의 근(根)과 연(緣)이 서로 거두어 들이는 곳도 모두 알 수 있으면 이에 제자를 잘 관찰한다고 한다.

5. 제자를 권발(勸發)하는 게송

"만약 제자로서 그러한 상모를 갖춘다면 아사리는 스스로 가서 이와 같은 말로써 권하여 발[보리심]하게 해야 한다."

여기에 두 가지 뜻이 있다. 첫째는 곧 제자에 대한 의심을 없애기 위해서이다. [만일 제자에게] 지혜가 없으면 [스승은 제자에 대해] 의심하고 후회하며 [비밀법을] 영원히 잃을까 두려워하게 된다. 그러므로 [자격이 되지 않는] 타인에게 헛되이 전해주지 말라. 이것을 전하려면 반드시 스스로 수여할 자를 구해야 하며 와서 청함을 기다리지 말라. 두 번째는 아사리의 인색한 마음을 없애기 위해서이다. 끊임없는 불덩어리 가운데에서도 유통할 수 있으면 역시 나아가야 한다. 하물며 좋은 인연 구하는 것을 만났는데 은혜를 베풀어야 하지 않겠는가!

다음에 다섯 게송이 있는데 그 권발(勸發)의 방편을 밝히고 있다. 처음의 게송은 다음과 같다.

불자여, 이 대승의
진언행도법(眞言行道法)을
내가 지금 바르게 열어 연설하는 것은
그대들 대승의 법기를 위함이다.

이 게송의 뜻을 말하면 '그대 불자여, 그대는 대승의 근기라 할 수 있으므로 지금 이 대승진언행의 탈 바의 도(道)인 법칙의궤(法則儀軌)를 신수하기에 알맞다. 내가 지금 바르게 이를 설하리라'고 하는 것이다.

다음의 게송이다.

과거의 등정각(等正覺)과
미래세와 현재의
모든 세존들께서는
중생을 요익하게 하시고자 머무나니,

이와 같은 모든 현자는
진언의 묘법을 이해하시고
대근용(大勤勇)의 일체종지를 획득하시고
무상보리에 앉으셨다.

시방삼세의 모든 부처님들께서 온갖 방편문을 여시었으나 오직 한 가지 길로써 성불하시고 다시 다른 길이 없다. 부처님과 부처님께서 [성불한 길은] 동일한 길인 까닭에 지금 모든 부처님을 이끌어 증명한다. 이 일은 『법화경』[85]에서 자세하게 설명한 것과 같다.

또한 "요익하게 하시고자 머문다"고 함은 이른바 중생을 요익하고 안락

85) 『법화경』「방편품」(대정장 9, 7 중). '과거 무수겁에 열반하신 수없는 부처님들, 백천 만억으로 그 수효 헤아릴 수 없으니 이와 같은 모든 부처님이 갖가지 인연 비유와 무수한 방편의 힘으로 모든 법의 모습 연설하시되, 이 모든 부처님께서 모두 일승법을 설하시어 무량 중생을 제도하여 그들로 하여금 불도에 들게 하셨느니라.'

하게 하는 바가 많은 것이 곧 여래의 머무시는 곳이다.

“모든 현자”란 곧 여래이다. 보현(普賢)의 원행(願行)[86]이 다 이미 원만하고 지극하기 때문에 이로써 호칭을 삼는다. 모두가 이 진언의 묘법을 이해하셨으며 대근용의 일체지를 성취하셨다. 게송에서 생략된 문장에서는 종지(種智)라 하는데 모든 법의 적멸(寂滅)에 앉음이 바로 보리이다. 이미 이룸과 지금 이룸과 미래에 이루는 것이 아니며, 법으로써 볼 수 있는 것이 없고, 다른 것으로 말미암아 얻는 것이 아니니, 어떠한 모습이 있을 수 있겠는가! 이 보리는 설하여 사람에게 보일 수 없기 때문에, 다음의 게송에서 다시 바깥의 자취로써 이것을 밝혔다.

[경의] 게송으로 읊는다.

진언의 위세는 비교할 바가 없다.
저 큰 힘을 지닌
극히 분노한 마군을 꺾으신
석사자구세(釋師子救世)이시다.

무슨 뜻인가 하면 [부처님께서는] 정해진 모습이 없을지라도 온갖 위력을 갖추시어 모든 마군을 굴복시키시고 온갖 외도를 제압하시며 감로의 문을 열고 대법륜을 굴리신다. 모든 사람과 천들이 이와 같은 자취를 보기에 세간을 구하시는 분이신 석가사자[釋迦師子救世間者]라고 부른다. 연기를 보고 불이 난 것을 알 수 있는 것과 같으므로 신수(信受)해야 한다.

다음의 게송을 읊는다.

---

86) 『화엄경』의 보현행원품에 설해진 보현보살의 10종의 큰 서원. ① 모든 부처님께 예경하는 일. ② 여래를 찬탄하는 일. ③ 공양을 널리 닦음. ④ 업장을 참회함. ⑤ 공덕을 따라 기뻐함. ⑥ 법륜 굴리시기를 청함. ⑦ 부처님께서 항상 세상에 머무시기를 청함. ⑧ 항상 부처님을 따라 배우는 일. ⑨ 항상 중생을 수순(隨順)하는 일. ⑩ 모두 회향하는 것. 이 10종의 서원은 모든 보살들의 행원을 대표하는 것으로 보살의 발심수행을 보현의 원해(願海)에 들어간다고 말한다.

이러한 까닭에
그대들 불자여,
이와 같은 지혜방편으로 성취하여
반드시 살바야(薩婆若, sarvajñāna)를 획득하라.

이 게송은 수행하는 사람을 권발(勸發)하여 그 과(果)를 구하게 하려는 것이다.

'그대가 지금 다행히 스스로 마음을 내었는데 어찌하여 이를 증득하려고 하지 않느냐? 오직 이 묘혜(妙慧)로써 성취하고자 하면 오래지 않아 스스로 일체지(一切智)를 성취하리라.'

앞의 글에서 금강수는 곧바로 비로자나께 여쭈었다.

"어떻게 하여야 일체지지를 얻을 수 있겠습니까?"

부처님께서도 역시 곧바로 답변하셨다.

"참다웁게 자기의 마음을 알아라. 이것을 일체지지라 부른다."

지금 이 가운데 교수(教授)하는 뜻도 역시 동일하다. 그리하여 곧바로 무상(無相)의 보리를 들어서 곧 권하고 수증(修證)하게 하였다. 그러나 행위(行位)의 차별로서 그 사이에 섞인 것은 없다. 앞의 품에서 자세하게 모든 모습을 밝히는 데에 갖가지의 명자(名字)로 장엄하였을지라도 심처(心處)를 논함에 이르러서는 뜻이 모두 이와 같다.

경의 게송을 읊는다.

수행자는 자비의 마음을 일으켜 널리 펴지게 하라.
그가 견고하게 머물러
가르침을 받고자 한다면
평평한 땅을 택하여야 한다.

아사리가 이미 제자를 얻었으면 다음에 치지(治地)의 지분을 밝혀야 한다. 이 가운데 "수행자[行者]"의 글자를 산스크리트본에서는 진언자(眞言者)

라 한다. 게송에서는 여섯 글자를 초과할 수 없기 때문에 뜻을 취하여 글자를 줄였다. 아래의 문장에서도 자못 이러한 예가 있기에 다시 번거롭게 설명하지 않겠다. 말하자면 진언수행자는 자주자주 이와 같은 선법(善法)으로써 그 마음을 일으켜서, 곧 그 하고자 하는 것을 점점 증광시켜라. 그가 견고하게 머물러 가르침을 받으며 또한 [번뇌에] 흔들리지 않을 것을 알면 바야흐로 [그를] 위하여 만다라를 건립해야 한다. 혹은 유가하는 중에 그의 근기와 연이 이미 견고한 것을 보면, 그런 다음에 땅을 선택한다.

『금강정경』의 대본(大本)과 『소실지경』에 지상(地相)이 자세하게 설해져 있다. 그 대체적인 뜻을 말하자면 다음과 같다.

지금 이 세계는 그 자체가 다른 청정한 구역과 같이 평탄하고 바르지 않다. 다만 아래의 글에서 설하는 대로 온갖 뛰어난 장소에 따라 평평하고 단엄하게 해서 원단(圓壇)을 건립할 만한 장소를 택하여 취하고, 자주 움직여 베풀고서 방해하거나 장애되는 것을 없애면 곧 불사를 일으켜도 된다. 또한 지금 모든 단을 건립하는 것은 어떠한 곳이라도 모두 가능하니, 마치 비로자나의 일체의 장소에 두루한 평탄한 마음자리에 대비만다라를 건립하려는 것과 같다. 다만 설하는 대로 좋은 장소에 따라 조금이라도 평탄하여서 깨끗하게 다듬을 수 있는 곳이 있으면, 이 가운데에 만가지 덕을 갖춘 만다라를 펼쳐 내어라. 얕고 깊은 중수(重數)는 앞에 준하여 자세하게 해석해야 한다.

[경의] 게송을 읊는다.

> 산림에 꽃과 과실이 많으며
> 기뻐할 만한 깨끗한 샘이 있는 곳은
> 모든 부처님께서 칭찬하시는 곳이니
> 둥근 단을 지어야 한다.

모든 훌륭한 장소 가운데에서 산림을 최고 좋은 곳으로 친다. 첩첩이 쌓인 바위와 무수한 봉우리는 단엄하고 그윽하여 고요할지라도 만일 꽃이나 과일·흐르는 샘이 없다면 사람이 좋아할 곳이 아니다. 여러 가지 연이 많이 빠졌으면 머물기에 마땅하지 않기 때문이다. 반드시 갖가지 이름난 꽃과 단 과일이 있고, 겸하여 청정한 연못이 있어서 정서적으로 좋아할 곳이어야 한다. 이 곳이 바로 부처님께서 찬탄하시는 곳이다. [이와 같은 곳에서는] 만다라를 건립하는 불사를 행할 수 있다. 또는 수행자가 삼매 가운데에서 이와 같이 훌륭한 장소를 보고서, 만일 성존(聖尊)께서 칭찬하시는 것을 들으면 그 곳에서 이를 건립하게 해야 한다. 아래의 글도 예는 이러하다.

또한 "산(山)"이라 하는 것은 산스크리트로 나가(娜伽, naga)라고 하는데 이는 부동(不動)의 뜻이다. 말하자면 아사리가 유가 가운데에서 이 수행하는 사람을 관하는데 사성(四姓)[87]의 법 가운데에 머물러 행하는 착한 일 등에서 견고한 마음으로 움직이지 않는다. 이른바 스승과 어른께 공경하고 부모에 효양하는 것 등이다.

또한 팔심(八心)[88]의 꽃과 과일이 열려서 청정한 법을 출생할 수 있는 곳에 따라 바로 만다라를 건립할 수 있다. 정보리심이 진리의 이치에 안주하고 견고하며 움직임이 없어서 여덟 방향에서 불어오는 큰 바람도 흔들리게 할 수 없기 때문이다. 대비방편의 꽃과 열매도 처처에 널려서 언제나 정법을 흐르게 하고 중생을 이롭고 즐겁게 하니, 부처님께서 최고라고 칭찬하시는 바로서 만다라를 건립하기에 좋은 곳이다.

다음의 게송을 읊는다.

> 또는 물이 흐르는 곳에 있어
> 솔개와 기러기 등이 장엄한 곳이면

---

87) 인도의 카스트제도를 말한다. 즉 ① 바라문(婆羅門), ② 찰제리(刹帝利), ③ 비사(毘舍), ④ 수드라(首陀羅).

88) 종자심(種子心)을 말한다. 아(芽) 등이다. 앞에서 이미 거론하였다.

그 곳에서는 혜해(慧解)로서
비생만다라(悲生漫茶羅)를 건립해야 한다.

만약 명산(名山)을 얻을 수 없으면 곧 샘물이 있는 곳을 그 다음으로 친다. 말하자면 온갖 물의 흐름이 언제나 끊어지지 않는 곳에 아름다운 목소리의 훌륭한 새가 날아와 모여서 노닐며 노래하고, 단엄하며 청결하여 왁자한 소리와 번거로움을 멀리 여의면, 곧 단을 건립해도 된다.

"기러기[鴈]"는 바른 번역이 아니고, 산스크리트본에는 사라사(娑羅娑, sārasa)새라고 하였는데 형상이 원앙새와 비슷하고 큰 소리가 있으며 매우 청아(淸雅)하다. 이 지방[중국]에는 없기 때문에 회의(會意)하여 말했을 뿐이다. 세속적 입장에서의 진리[世諦]의 만다라라 할지라도 역시 혜해(慧解)가 있는 진언을 지니는 사람이 건립할 수 있다. 그러므로 "혜해로써 비생만다라를 건립해야 한다"고 하였다.

또 다음으로 "물"은 흘러서 머물지 않는다는 뜻이다. 그 마음이 지체하지 않고 언제나 나아감을 "물"이라 이름하며, 복(福)의 하천이 끊어지지 않음을 "물"이라 이름한다. 먼저 마음을 진리의 이치에 안주시킨 사람은 스스로 많은 것을 얻지 못하여도 다만 본래의 청정함으로부터 유출시키고 나서 바르게 이 가운데 다다라서 곧 걸림없는 혜를 움직여 비생만다라를 건립할 수 있다.

"묘한 소리의 온갖 새들이 장엄하였다"고 하는 것은 선법을 선양(宣揚)한다는 뜻이다. 또한 언제나 이타(利他)를 염원하기에 중생들이 귀의할 바로서 모든 [중생들이 이타행에 따라] 기쁨을 얻고 나서 그 은덕을 찬탄하므로 대명칭(大名稱)이 있다고 한다.

다음의 게송을 읊는다.

정각(正覺)과 연도사(緣導師)[89]와

89) 연각(緣覺)을 말한다.

성자(聖者)이신 성문(聲聞)의 대중들이
일찍이 이 땅에 유행하던 곳을
부처님께서 항상 칭찬하셨다.

샘물이 있는 산의 복된 땅은 온갖 성인들이 일찍이 다녀가셨던 곳으로서 위의 조목[條]에 속한다. 지금 여기서의 뜻을 말하면, 비록 위와 같이 뛰어난 곳이 아니라해도 모든 부처님과 연각과 성문의 제자들이 득도(得道)하고 열반한 장소, 혹은 오래도록 머물었던 곳은 그 버금가는 곳이다. 인도에서는 팔탑(八塔)[90] 및 삼승(三乘)의 성스러운 대중들의 유적이 아주 많은데, 모두 큰 위덕을 지닌 모든 천들이 언제나 호지하고 우러러 예를 올린다고 한다. 마치 『반야경』이 있는 곳에 온갖 작은 귀신 무리가 감히 머물지 못하는 것과 같다. 그래서 법의 효험이 성취되기 쉽다.

"부처님께서 칭찬하셨다"고 함은 이를테면 선인(仙人)이 머무는 산이거나, 세존께서 이 가운데에서 도를 얻는 것이 쉽다고 수기하여 설하신 곳과 같은 종류이다. 또한 어떤 사람이 [어느 장소에서] 이미 보리심을 발하였으면 이곳은 바로 모든 부처님이 태어난 곳이고, 또한 득도하고 법륜을 굴리고, 반열반한 장소이다. 또한 오래도록 그 가운데에 머물러서 사위의(四威儀)[91]로써 널리 중생들을 이롭게 한 장소이기도 하다. 아직 비밀한 가르침[秘藏]을 듣지는 못하였으나 다만 삼승이 함께 수행한 곳을 얻어도 역시

---

90) 세존의 일대(一代)의 사적이 있는 여덟 장소에 건립한 대탑. ① 가비라성(迦毘羅城) 룸비니동산은 부처님께서 태어나신 곳이다. ② 마가타국(摩伽陀國)의 니련하변(尼連河邊)의 보리수 아래는 부처님께서 성도하신 곳이다. ③ 가시국(迦尸國) 바라나성(波羅奈城)의 녹야원(鹿野苑)은 법륜을 전한 곳이다. ④ 사위국(舍衛國) 기타원(祇陀園)은 부처님께서 큰 신통을 나타낸 곳이다. ⑤ 상가시국(桑伽尸國) 곡녀성(曲女城)은 부처님께서 도리천(忉利天)에서 안거(安居)를 마치고 칠보의 보배계단으로 내려오신 곳이다. ⑥ 왕사성(王舍城)은 제바달다(提婆達多)가 승가를 깨뜨리고 대중들이 두 곳으로 나뉜 곳으로 부처님의 교화에 의해서 한 곳으로 돌아온 곳이다. ⑦ 광엄성(廣嚴城)은 부처님께서 수명의 양을 사념하시고 장차 열반에 들려하신 곳이다. ⑧ 구시라성(拘尸那城) 사라림(沙羅林)의 내부는 부처님께서 열반에 드신 곳이다.

91) 행(行)·주(主)·좌(坐)·와(臥)의 네가지이다.

길상한 곳이라 부른다. 말하자면 성품이 공(空)하여서 무상(無相)이며 무작(無作)이고, 아상(我相[92])과 인상(人相[93])과 중생상(衆生相[94])과 수자상(壽者相[95])이 없다고 관찰하는 이러한 곳은 이승이 성도하고 열반에 든 곳이다. 또한 갖가지로 『본생경(本生經)』에서 보살이 목숨과 몸을 버려서 바라밀을 학습한 곳이라고 한다. 그러한 장소에서는 모두 만다라를 건립할 수 있다. 또한 스스로 이미 열반을 얻었다고 생각하여 멸도(滅度)의 생각을 일으킨 곳은 성문과 벽지불이 유행하던 땅[地分]이다. 만약 한결같이 보리를 구하는 사람을 만나지 못하였다면 곧 이 중앙을 평평하게 다듬어서 비생만다라를 그려 만들어야 한다.

게송에, "이밖에 다른 온갖 장소로서는 승방(僧坊)과 아란야(阿練若)"라고 읊은 것은 성스러운 [분의] 자취[가 남아있는 곳]을 제외한다면 단지 방향에 따라 국토의 모든 범행자(梵行者)가 머무는 곳[인 승방과 아란야에서 만다라를 만들어야 한다는 것]이다. [그러므로 주처(住處)라 부른다.]

"승방(僧坊)"[96]이란 산스크리트로 비하라(毘訶羅, vihāra)라고 하며 번역하여 주처(住處)라 하는데 바로 복을 기르는 주처이다. 백의(白衣[97])는 복을 기르기 위하여서 모든 비구들을 위해 방을 만들어 바람과 추위와 더위와 습기와 갖가지의 요익하지 않은 일들을 덮어 막아주어 계와 선정과 지혜를 지니는 자에게 안심하고 도를 행할 수 있게 하며, 단월(檀越[98])로 하여금 복을 베풀고 수용하여 낮과 밤이 지날지라도 언제나 끊어짐이 없게 한다.

---

92) 나(我)라는 생각. 사상(四相)의 하나로 오온이 화합하여 조직된 것을 실제적인 나라는 것이 있다고 하고 또 내것이 있는 줄로 생각하는 것.

93) 나는 사람이므로 지옥취나 축생취와는 다르다고 집착하는 것.

94) 중생의 몸은 오온법이 집합되어 생겨난 것이라고 생각하는 것. 또는 생존하고 있는 것이란 생각, 즉 중생이란 관념을 말한다.

95) 4상(相)의 하나. 오래 살고 싶어하는 생각. 또 태어나면서부터 일정한 목숨을 가지고 있다는 생각을 말한다.

96) 곧 대중스님들이 눕고 일어나며 머무는 방사(房舍)이다.

97) 백의(白衣)는 승려가 아닌 재가인을 말하고, 흑의(黑衣)는 승려를 말한다.

98) Skt. dānapati. 보시하는 사람. 시주(施主)라고도 한다. 보시하는 복덕의 주인공을 말한다.

"아란야(阿練若)"는 이름하며 의요처(意樂處)라 한다. 말하자면 공적(空寂)하여서 수행자가 좋아하는 곳, 혹은 홀로 짝이 없거나, 혹은 두 세 사람으로서 절의 밖에서 제한된 크기[99]의 작은 방을 짓고, 혹은 시주가 [수행자를] 위하여 지은 곳, 혹은 단지 나무 아래의 공터에 머무는 것은 모두 이러한 [의요처]이다. 그런데 만약 보리심을 여의고서 온갖 선법(善法)을 닦는다면, 이른바 널리 단시(檀施)를 행하고, 한량없이 많은 율의를 받으며, 갖가지의 선정을 수행하고, 십이분교(十二分教)를 수지하며, 의리(義理)를 사유하고, 자비로 정진하여 중생을 교화할지라도 온갖 행으로 이끌어주는 것이 없으므로 모두 성스러운 자취가 없다고 말한다.

"승방(僧坊)"도 역시 그러하여 범부와 성인이 함께 머물며, 이러한 복을 생하는 장소로서 그 버금가는 곳이다. 이승(二乘)과 공통하는 반야[100]를 제외하고 그 밖의 성문과 연각의 모든 법문은 대비를 멀리 여의고 자기의 해탈을 구하기 때문에 모두 '성스러운 자취가 없는 아란야처(阿蘭若處)'라고 부른다. 그래도 그 가운데에 평지를 택하여 다듬어서 만다라를 그려 만들 수 있다.

게송에, "화려한 방과 높은 누각과 뛰어나게 훌륭한 모든 연못과 정원"이라고 읊은 것은 만약 위와 같이 복된 땅을 얻었을지라도 머무를 수 없다면 세속의 뛰어난 곳을 택하여 취해야 한다는 것이다. 만약 [그곳이] 단엄하고 청정하면 바로 작법을 행할 수 있다.

"방(房)"은 옛적부터 이래로 중생이 참괴할 때에 밝게 드러나 모멸당하지 않도록 그 몸을 가려 막아서 스스로 보호하고 남도 보호할 수 있는 곳이다.

"누각(樓閣)"은 인도(印度)의 중옥(重屋) 위에 높게 드러난 곳이다.

"연못"이란 청정한 연못을 말한다. 물에서 사는 온갖 꽃이 많아서 사람

---

99) 제한된 크기의 작은 방이란 계율에서 승방의 크기를 정하여 큰 집을 지어 머무는 것을 금한다. 다만 시주로부터 기부받은 것은 제외한다.

100) 반야에 대승만의 것이 있고, 삼승이 함께 행하는 반야도 있다.

과 사람 아닌 것이 함께 좋아하는 곳이다.

"정원"은 원림(園林)을 말하는데 유명하고 향기로우며 부드러운 풀과 향기로운 나무가 많으며, 울창하고 무성하며 조용하고 그윽하여서 번거로움을 막을 수 있는 곳도 모두 그 버금가는 곳이다.

또한 만약 수행하는 사람을 보는데 아직 그 밖의 방편도 가운데 들어가지 못했을지라도, 그 체성(體性)이 참괴(慙愧)를 갖추어서 언제나 스스로 보호할 수 있으며, 다른 이도 보호할 수 있고, 혹은 마음이 명백하여서 쉽게 알 수 있으면 온갖 장애가 적다. 나아가 죄를 범하더라도 드러낼 수 있고, 다른 사람을 향하여 스스로 청정을 구하며, 숨기는 것이 없으면, [그와 같은 제자에게는] 역시 [법을] 전수할 수 있다.

또한 "연못"은 물을 갈구하며 싫어함이 없다는 뜻이다. 이른바 이러한 사람은 아직 깊은 법의 맛을 맛보지 못하였을지라도 마음을 비워서 들을 줄 알고, 간절히 우러르는데 싫어함이 없다.

"정원"은 많은 사람이 놀며 관람하는 곳이다. 이러한 사람의 성품은 비민(悲愍)이 많고 즐겨 자비와 구제를 행한다. 귀의하여 믿는 모든 자들이 그 그늘에 의지한다. 이들은 모두 대승의 종성(種性)이며, 또한 우두머리가 될 수 있다.

제2 입만다라구연진언품 2

【제4권】

다음의 게송을 읊는다.

제디(制底)[1]와 화신(火神)의 사당과

소외양간[2]과 하천 모래섬 가운데와

---

1) 제디(制底)는 Skt. caitya, 팔리어로 cetiya로서 지제(支帝)·지제(支提)·지제(枝提)·지타(支陀)·지징(支徵)·지제(脂帝)·제다(制多)·제디야(制底耶)라고도 음역한다. 적집(積集)의 뜻으로 또한 취상(聚相)이라 번역하기도 한다. 석존을 다비(茶毘)할 때에 일찍이 향기로운 섶나무를 크게 쌓아 만들었는데 이것이 제디라는 명칭이 생긴 기원이라고 한다. 탑(stūpa)과 제디는 다른데 『마하승기율』의 설에 의하면 사리(舍利)가 있으면 탑이고, 사리가 없으면 제디라 하였다고 한다. 후세에는 이를 혼용하는 경우가 많았다. 그러나 『지지경론(地持經論)』에서는 사리가 있고 없음을 논하지 않는다고 하며 모두 제디라 칭하였다.

2) 인도에서 소를 기르는 장소는 흔히 마을에서 떨어진 조용한 곳에 위치한다. 인도에서는 소를 신성시하기 하기 때문에 그 배뇨를 가지고 사물을 정화하는데 쓴다. 따라서

모든 천묘(天廟)와 공실(空室)과
선인의 도를 얻는 곳.

비록 성인의 자취나 스님이 머물지 않았더라도 다만 지분(地分)에 따라 제디(制底)를 세울 수 있는 곳이 있으면, 그 사방(四傍)에 곧 만다라를 건립할 수 있다.

"화신(火神)"이란 정행범지(淨行梵志)가 화신을 제사지내는 곳[火祠][3]으로서 그 중에서도 청결하다 하므로 단을 건립할 수 있다.

"소외양간[牛欄]"이란 인도의 마을의 목우(牧牛)들이 함께 모인 곳으로, 마을에서 10리나 5리 정도 떨어진 곳이다. 이미 오랜 시간이 누적되면서 소의 똥과 오줌이 땅에 두루 겹겹이 쌓여 있는데, 범속(梵俗)[4]에서는 이것을 청정하게 여긴다. 그렇다 하더라도 소가 움직여 가기를 [만다라를 건립할 장소에서] 기다려라. 만약 목우가 현재 머물러 있으면 역시 [만다라를] 건립하기에 적당하지 않다.

"하천 모래섬"이란 바르게 번역하면 '모여 흐르는 곳'이라고 해야 한다. 두 강의 물, 혹은 많은 물이 있어서 서로 합해지는 곳을 말한다. 이 곁이나 중간은 자주 물이 가득 넘쳐 지나가면서 쓸어버리므로 온갖 더럽고 추한 것이 남아 있지 않다.

"천묘(天廟)"란 세간의 천신을 섬기는 자가 엄숙하게 비는 방으로서 역시 매우 청정하고 한가하다. 그렇지만 모든 외도의 삿된 견해를 가지고 믿지 않는 [자가 머물고] 있으면, 그 곳에 건립해서는 안된다.

"공실(空室)"이란 세간 사람이 지은 거주하는 집이었는데 나중에 이를 버리고 간 곳을 말한다. 온갖 마음을 어지럽게 하거나 번거롭게 하는 것이 없으므로 작법하기에 알맞다.

소외양간을 정처(淨處)라고도 한다.

3) 바라문이 호마(護摩)를 행하는 도량.

4) 인도의 습속(習俗)이라는 뜻이다.

"선인이 도를 얻은 곳"이란 세간에서 오신통을 구하는 자가 오래도록 머무르면서 성취를 얻은 곳이다. 딱히 다른 좋은 곳이 없다면 여기에서도 만다라를 건립할 수 있다.

또한 "제디(制底)"란 높고 훌륭하게 건립하였다는 뜻이다. 말하자면 어떤 사람이 언제나 백법(白法)을 건립하여 뜻을 굽히지 아니하였다면, 현재까지 성스러운 가르침을 닦지 않았을지라도 선세에 복덕을 심어 안에 선근이 있으므로 탑(塔)이라 부를 수 있음을 알아야 한다.

또한 불[火]은 거친 풀을 태워 없앨 수 있다. 말하자면 이 사람의 몸과 말과 뜻은 아직 청정하게 높이 올라 벗어나 여의지 않았을지라도 안에 혜(慧)의 성품이 있어서 즐겨 청정한 업을 행하며, 잘못이 있으면 개선하니, 그러므로 "화신의 사당[火祠]"이라 부른다.

소[牛, go]는 행(行, gam)의 뜻이고, 외양간[欄]은 방호한다는 뜻이다. 말하자면 어떤 사람의 성질이 부드러워서 따르게 하기가 쉽고, 겸하여 오정(五情)을 즐기려는 욕망에서 스스로 제지하고 방일에 이르지 않는다면 "소외양간"이라 부른다.

찬류(攢流)란 삼승(三乘) 가운데에서 그 마음이 머뭇거리고 분명하게 어떤 길로 나아가야 할지 모르는 것을 말한다. 아사리는 역시 법으로써 권하고 비유해서 말해야 한다.

이 모든 방편은 전부 부처님의 가르침이다. 다만 네가 가장 좋아하는 곳에 따라 한결같이 [이 모든 방편을] 학습해야 하니, [그 방편으로] 이르는 곳에서 회동(會同)하여 의심하지 말아라. 만약 이것이 삿되고 바른 것이 뒤섞인 믿음이라면 곧 그 미혹의 나루터를 끊고 그 바른 길을 보여야 한다.

능히 겸하여 믿었기 때문에 선세에 일찍이 법수(法水)로 그 마음을 씻어 지낸 것을 또한 "하천 모래섬"이라 부른다.

"천사(天祠)"란 삼승을 구하지 않고 천상의 즐거움을 원하는 것을 말한다. 수수(授受)하여 삼악취를 여의고 바른 견해의 천상세계 가운데 태어나려고 하기 때문에 모름지기 거두어 들여야 한다. 이것을 천사(天祠)라 한다.

"공실"이란 이 사람이 세속의 번뇌 가운데 있을지라도 성품이 고요한 것을 좋아하며 세간의 왁자한 번거로움을 싫어함을 말한다. 이는 선근이 장차 성숙하려고 하는 모습이다. 마치 여인이 아이를 배어 점차 성숙하면 곧 자기가 가벼워지기를 바라는 것[5]과 같으니, 그러므로 교화하기에 알맞다. 또한 무색(無色)의 천도(天道)에 뜻을 두어 구하는 것도 역시 공실이라 부른다.

"선인이 도를 얻은 곳"이란 다만 마음을 내어서 오신통과 지명선(持明仙)의 도를 구하거나 혹은 장수하거나 세간의 갖가지 실지를 성취하고자 바라는 것을 말한다. 역시 그 유정의 근기에 따라 이를 권하여 사귈 수 있다.

또한 온갖 다른 학문인 베다(圍陀, veda)의 불을 섬기는 법을 깊이 좋아하여 범천들의 세상에 태어나고자 바라는 자가 있다. 부처님의 비밀한 가르침 가운데에도 역시 화천(火天)의 진언행법의 취지는 매우 깊은 것이라고 들었기 때문에 곧 이 문으로부터 정법에 들어간다.

또한 자재(自在)・비뉴(毘紐)・나라연(那羅延)・일존(日尊)・월존(月尊) 등 갖가지 세간의 천신을 받들어 섬기는 자가 있다. 만약 부처님의 비밀한 가르침 가운데에도 역시 그들 모든 천들의 진언행법, 내지는 비로자나 대아(大我)[6]의 몸이 있다고 하는 것을 들으면, 곧 믿고 받아서 정법에 들어간다.

혹은 삼계(三界)의 온갖 천에 태어나고자 원하는 자가 있는데, 부처님의 비밀한 가르침 가운데에 모든 천계에 오르는 진언행법을 갖추고 있어서 한량없이 많은 세월 동안 그 천계 가운데에 태어나 다시는 물러나 떨어지지 않고 끝내 제일의천(第一義天)을 이룬다는 것을 들으면 이로 말미암아서 마음에 깊이 바라면서 정법에 들어가는 자가 있다.

5) 출산(出産)하기를 바란다는 뜻이다.

6) Skt. parmātman, 혹은 mahātman. 즉 변하지 않는 내가 있다고 고집하는 생각[我執], 아견(我見)을 멀리 여의고 자유자재한 경계에 도달한 최고아(最高我). 상일주재(常一主宰)의 뜻을 포함한다. 열반사덕(涅槃四德) 가운데 상락아정(常樂我淨) 중의 아(我)이다. 중생들은 자기의 몸과 마음에 집착하여 자재성과 상일성이 없다. 불타가 증득한 열반은 진실하며 상주불변하므로 대아(大我)라 부른다.

혹은 세간의 오신통 신선의 법을 종습(宗習)하는 자가 있는데 부처님의 비밀한 가르침 가운데에 가섭(迦葉, Kāśyapa)·구담(瞿曇, Gautama)·대선(大仙) 등 갖가지의 진언이 있어서 부사의한 신통을 획득하고, 나아가 비로자나와 같이 수명이 장원하게 머무른다는 것을 들으면, 그는 곧바로 기뻐 뛰면서 뜻을 두고 구하여 정법에 들어가게 된다.

이와 같은 등의 갖가지 문으로써 부처님께서는 화신(火神)[의 사당을 비롯하여] 모든 장소에서 다 만다라를 건립할 수 있다고 말씀하신 것이다.

다음의 게송을 읊는다.

이상과 같이 설명한 곳이거나
또는 마음으로 좋아하는 곳에서
제자를 이익되게 하기 위하여
만다라를 도화해야 한다.

모든 뛰어난 장소를 구함에 모두 [그 뛰어난 장소를] 구할 수 없을지라도 이 밀교를 전하지 못하여서는 안된다. 다만 아사리가 마음으로 좋아하는 곳에 따라 이로운 땅이라고 여겨지면 곧 만다라를 건립할 수 있다. 깊이 있는 해석으로 하면 단지 그에게 적은 부분의 선근이 있어서 올바르게 원하는 것을 관할 때에 모두 그 마음자리를 택하여 다듬어서 평평하며 바르게 하고 대비만다라를 건립할 수 있다. 또한 중생으로서 차문다(遮文茶[7])·다기니(荼吉爾[8])를 좋아하는 자에 이르기까지, 세간의 작은 주술[을 지닌 자

---

7) Skt. Cāmuṇḍā. 염마천(焰摩天)의 권속이다. 또는 좌민나(左悶拏)·자문나(者門拏)·차민나(遮悶拏)·질투녀(嫉妬女)·노신(怒神)이라 한다. 태장만다라 외금강부원 서방에 머문다. 그 형상은 돼지머리(적흑색)에 사람 몸(적색)이다. 옷을 입지 않았고 보관을 쓰고 있다.

8) Skt. Ḍākinī. 의역하여 공행모(空行母). 또는 나길녕(拏吉寧)·나길니(拏吉尼)·나지이(拏枳儞)·다기니(荼耆尼)·다지니(荼枳尼)·다길이(荼吉儞)·타기니(陀祇尼)·타지니(吒枳尼)라 한다. 태장만다라 외금강부원의 남방에 위치하며, 염마천(閻魔天)의 왼쪽이다. 야차의 일종으로 사람의 피와 간을 먹는 신. 다길니천(荼吉尼天)이라 음역한다. 원래는 칼리Kālī여신의 시자(侍者)였지만, 칼리여신이 시바의 시자, 혹은 처(妻)로 된 뒤에는 시

래도 역시 이 문에서 받아들여야 한다. 본존을 볼 수 있을 때에 자연히 한량없이 많은 성중을 보게 될 것이기 때문이다.

문 앞에서 제자를 택하는 가운데에 반드시 온갖 덕을 갖추어 법기(法器)가 되기에 감당할 만하면 교수해야 한다고 밝혔다. 지금 택지(擇地)의 뜻 가운데에서는 나아가 한 터럭만큼의 작은 선을 행한 자에게라도 전하지 않아서는 안된다고 하였는데 왜 그런가?

답 이 가운데에 두 종류의 제자가 있다. 만약 전법의 제자로서 아사리위를 계승하기에 감당할 만한 자를 구할 때에는 그 사람이 도를 헛되게 행하지 않는다는 것을 반드시 가려야 한다. 만약 결연(結緣)의 제자라면 곧 [부처님께 오체투지하여] 손을 떠받들고 머리를 수그리는 착한 행위만 있더라도 거두어들이지 않으면 안된다. 또한 깊은 비밀의 수행을 하는 아사리라면 분명하게 근기와 연을 보고서 어떤 사람이 과거의 도기(道機)가 이미 성숙하여 법기가 되기에 감당할 만할지라도 현세에 진흙 찌꺼기에 빠져서 터럭만큼의 선근을 [나타나게 하는 것도] 남은 [것이 없지만, 이를 대승도에 이끌] 뿐이다. 그러므로 아사리는 곧 이 가운데의 적은 부분의 평지를 택하여 비밀한 가르침의 만다라를 펼쳐야 한다. 어찌하여 반드시 마음을 안정시키고 진리에 밝은 자를 기다린 다음에야 비로서 불사를 행할 것인가! 그러므로 앞에서 설한 것과 서로 어긋나지 않는다.

바의 시자로도 된 여신이다.

6. 칠일작단(七日作壇)의 만다라

"비밀주여. 그곳에서 땅을 간택(揀擇)하여 조약돌과 깨진 기와와 부서진 그릇과, 해골과 머리카락과 겨와 지게미와 재와 부서진 뼈와 썩은 나무 등과, 그리고 구더기, 개미, 말똥구리와 사마귀와 독충의 종류들을 제거하라."

이것은 다음으로 치지(治地)의 지분을 밝힌 것이다. 앞에서 선택한 땅 가운데에 단을 둘 장소를 간택하여 취하여서 깊이 1주(肘)[9] 이상을 파고 그 흙 위를 하나하나 정밀하게 가려서 온갖 필요없는 물건과 벌레 등을 모두 제거해야 함을 말한다. 만약 이런 것이 있으면 온갖 어려움이 생겨서 법의 장애가 될 것이다. 그 돌맹이와 모래와 조약돌을 조금이라도 가리지 않았다면 이를 골라 없애야 한다. 만일 모래와 돌이 너무 많아서 이곳에도 많이 쌓여 있고, 저 곳에도 역시 그러하여서 청정하게 다듬을 수 없으면 [그곳을] 버리고서 다른 곳을 구해야 한다. 그렇지만 큰 돌이 평평하고 바르면 성교(聖敎)에서는 그 위에서 만다라를 건립할 수 있다고 하였다. 다만 흙 가운데 잡다한 것을 제거하기만 하면 된다.

인도의 속법(俗法)에서는 대부분 질그릇으로 먹으며, 먹기를 마치면 곧 이것을 버린다. 더럽다고 한 것은 다시 가져다 쓰지 않는다. 이와 같이 견주어 보면 그밖의 갖가지 부서진 그릇과 해골과 잡다한 뼈와 갖가지 손톱과 머리카락, 몸에 난 털, 쌀겨, 잡초 및 온갖 재, 찌그러진 말뚝, 썩은 나무 등, 요컨대 이와 같은 갖가지의 가져다쓸 수 없는 물건들로서 본래 깨끗한 흙이 아닌 것은 모두 골라 내어야 한다. 만일 모두 골라낼 수 없으면 역시 [그 땅을] 버리고 다시 다른 곳에서 구하여야 하기 때문이라는 등으로 말하였다.

---

9) 길이의 단위. 1주란 자루의 길이를 말한다. 1주의 길이는 1척 5촌, 또는 1척 6촌이라고도 하며 그 외에도 여러 가지가 있다. 그 기준은 팔꿈치의 관절에서부터 가운데 중지의 끝까지의 길이이다.

"충의(虫蟻)"는 산스크리트로 흘리미(吃嘌弭, krmi)라고 한다. 이 말은 모든 미세한 작은 벌레를 통틀어 포함하니, 모두 골라내어 제거해야 한다. 의랑(蟻蜋)이란 그 큰 것인데 다시 지렁이 등이 있으며 뜻으로써 준하여 알 수 있다.

"독충(毒虫)"이란 뱀 · 나무좀 · 지네 · 그리마의 종류를 말한다. 모두 방편을 써서 몰아 보내어 제거해야 한다. [내지 관정지(灌頂地) 가운데에 모두 정토에 어울리지 않는 것은 모두 이를 가려서 제거해야 한다.][10] 만약 모두 제거할 수 없으면 곧 이곳은 방해와 어려움이 있는 곳이므로 이곳을 떠나야 한다.

또한[11] 아사리가 이미 제자의 마음자리 가운데에서 대비만다라를 건립하기에 감당할 만하다고 알면 곧 깊은 정(定)에 머물러 [제자의 마음자리를] 자세하게 분별하고 관찰해야 한다. 혜(慧)로써 잘 가려서 감당할 수 없는 거칠고 뒤섞인 온갖 더러움을 제거하고 그런 다음에 다듬어서 견실하게 하고 장엄한다. 그렇지 않으면 곧 숙업(宿業)의 남은 기운이 오히려 장애를 일으킨다.

"조약돌"이란 정법을 믿지 않고 내[我]가 존재한다고 견고하게 집착하며, 인과를 없다고 하는 등의 견해이다. [진리의 물이] 스며들기 어렵기 때문에 끝내 선한 싹을 생하게 할 수 없으며, 공을 들여서 도야(陶冶)하더라도 역시 [선한 지혜가] 나오지 않는다. 세밀한 집착이 심히 많아 서로 받지 못하므로 모래와 조약돌로 비유하였다.

"깨진 기와와 부서진 그릇"은 오역죄를 짓고 사중금계(四重禁戒)를 범하며 방등경(方等經)을 비방한 것 등과 같은 것이다. 마음의 그릇이 부서졌으므로 쓸 곳이 없으며, 설령 법미(法味)를 더할지라도 역시 머물지 못하니, 모든 착한 [성자의] 대중들에게 외면당한다. 먼저 혜와 방편의 손으로 이와

---

10) 대정장 39, 617하단 17~18행에 있는 것을 문맥상 이곳(617중단 5행)으로 옮긴다.

11) 여기서부터 '구경정(究竟淨)이라고 이름한다'까지는 즉, 대정장 39, 617중단 11행부터 617하단 18행까지는 '경에, "이와 같이 모든 허물을 여의었다"'의 앞으로 옮기는 것이 내용상 문맥에 맞다.

같은 온갖 장애를 가려서 제거해야 한다.

"해골"이란 보리심을 파괴하는 것과 같은 장애이다. 옛적에 일찍이 사람의 법을 갖추었을 때에는 온갖 지분 가운데에서 가장 상수(上首)였다 할지라도 명근(命根)이 끊어짐으로 말미암아 백체(百體)가 깨지고 부서져서 할 수 있는 것이 없다. 이 악습(惡習)에 연하여 설령 거듭 보리심을 발할지라도 도리어 다시 장애를 이루고, 스스로 물러나 굴복하는 것을 좋아한다. 그러므로 반드시 씻어 없애서 남은 기운을 다하게 해야 한다.

"머리카락"이란 이른바 육십심 등의 [망집의 마음이] 선한 종자의 여덟 가지 마음과 같은 몸으로서 생겨나 아직 출세간의 마음을 얻지 못한 이래로 [선악의 마음이] 뒤섞여 일어나며 어지러워서 실마리를 잡기 어려우므로 "머리카락"이라 부른다. 깨달아 살피고서 곧 [이들 망집심을] 잘라내어야 한다.

"겨와 지게미[糠糟]"란 무명망상과 같다. 희론에 취착함으로써 단지 명칭과 모습의 껍질만 얻고 실상의 쌀[米]을 잃었으므로 이로써 비유한 것이다.

"재[灰炭]"란 적은 법을 좋아하고 이승의 마음을 일으키는 것을 말한다. 만약 선근이 이것을 위하여 태워질 때에는 곧 끊어진 재에서 돌아와 대비의 가지와 잎과 꽃과 열매를 생하지 못한다. 그래서 이로써 비유를 삼았다.

"부서진 뼈"라고 함은 일찍이 중생에게 갖가지 요익하지 않은 행을 짓고 갖가지 뒤섞인 율의(律儀)를 범하는 것을 말한다. 이것은 바로 과거에 생사윤회하면서 지은 숙업의 남은 장애이다. 그래서 "뼈"라고 하였다.

"썩은 나무"란 하려고 하지 않는 게으름의 종류를 말한다. 기예(伎藝)를 키우고 재주를 이루는 데에 마땅치 않다. 또한 산스크리트문에는 겸하여 나무그루터기의 뜻이 있다. 오래 전부터 이래로 모든 번뇌에서 치우쳐 익힌 바가 있어서 남은 그루터기가 깊고 견고하여서 뽑아내기 어렵다. 이와 같은 온갖 과거의 업을 함장하여 마음자리 가운데에 있기 때문에 한 마음으로 도를 행할 때에 마사(魔事)가 흥하기 쉬우므로 반드시 미리 가려 택하여야 한다. 만약 많아서 택할 수 없으면 곧 이 땅을 버리고 따로 다른 기회를 취하여야 한다.

"구더기, 개미, 말똥구리와 사마귀와 독충의 종류"란 갖가지의 현행(現行)하는 번뇌에 비유한다. 구더기와 개미는 어리석음을 비유하고, 말똥구리와 사마귀는 탐욕을 비유하며, 독충은 성냄을 비유한다. 이러한 종류는 매우 많아 갖가지의 수번뇌(隨煩惱)에 비유한다. 모든 미세하고 작은 것은 한량없이 많은 악견(惡見)을 비유한 것이다. 이러한 것들을 혜로 관찰하니 모두 여래의 성품이 있으므로, 장차 보호하여 그 명근(命根)을 끊어지지 않게 하라. 다만 방편으로써 몰아내어 도를 행하는데 방해하지 않게 하며 만다라를 더럽히지 않게 할 뿐이다. 만약 지극하게 도량을 청정하게 하려면 백육십종의 상·중·하의 미세한 더러움을 모두 가려서 남김 없이 해야 바야흐로 구경정(究竟淨)[12]이라고 이름할 수 있다.

경에, "이와 같이 모든 허물을 여의었다"고 하는 것은 이와 같은 예가 아주 많다. 뜻을 이해하였으면 스스로 일에 임하여서 잘 구별해야 한다. 이른바 땅이 옆으로 기울거나, 높고 낮아서 평평하지 않거나, 혹은 [땅의] 색깔과 맛이 성교(聖敎)와 일치하지 않는 것이다. 그 색 가운데에 황백색을 좋은 것으로 하며, 만약 순흑(純黑)이면 곧 취하기에 마땅하지 않다. 이를 맛보는데 맛이 달거나 담박하면 곧 좋고 [땅의 맛이] 맵거나 짜거나 떫은 것 등은 수용하기에 적당하지 않다. 혹은 이것을 파서 다시 구덩이 안에 묻는데 흙이 다 채워지지 않으면 사용할 수 없다. 만약 다시 묻어서 채워 넘치면 좋은 곳이다. 또한 하나의 장소에서는 남방을 하지(下地)라 하는데, 다만 아비차노가(阿毘遮魯迦)[13]를 행하기에 적당한 곳일 뿐이다.

경전에는 다음과 같이 말하였다. "좋은 날 새벽을 잡아 날을 정하고 시분(時分)과 수직(宿直)[14]과 제집(諸執)[15]과 모두 다 상응하여 식전(食前)의 때에 길

---

12) 등각(等覺)의 위(位)에 해당하는 경지라는 뜻. 보살의 제10지를 원만히 한 위로서 미세한 번뇌를 단절한 경지이다.

13) Skt. abhicāruka. 의역하여 조복(調伏)·항복(降伏)이라 한다.

14) 요수(曜宿), 또는 수요(宿曜)를 말한다. 이 가운데에는 이십팔수(二十八宿, nakṣatra)와 십이궁(十二宮, rāśi), 칠요(七曜, graha)가 있다. 사람의 세계와 하늘세계의 온갖 사실이 언제나 서로 반영되어 길흉의 상이 수요에 나타나며 또한 성수의 운행에 따라 개인의 운명이

상한 상(相)을 두어서"라고 하는 것은 땅을 간택하는 것 다음으로 시간을 간택하는[擇時] 지분을 밝힌 것이다. 무릇 행하려는 법사(法事)는 모두 반드시 시의(時義)와 맞아떨어져야 한다. 지금 이 땅을 택하여 다듬으려고 하므로 길일에 지신(地神)을 깨워 일으키는 것이다. 그 밖의 법사는 예로서 알 수 있다.

"좋은 날 새벽"이라 하는 것은 작법하는 데에 백분(白分)의 달을 사용해야 함을 말한다. 그 가운데 1일・3일・5일・7일・13일이 모두 길상하다고 하며 만다라를 건립하기에 적당하다. 또한 한 달 중에서 8일・14일・15일은 가장 좋다. 이 날이 되어서 언제나 염송하면 공(功)을 더할 수 있다.

"날을 정한다"고 하는 것은 인도의 역법(曆法)에서 작은 달을 통계(通計)하면 어떤 날이라도 합당하다. 만약 작은 달이 백분(白分)[16] 안에 있으면 그 달의 15일은 곧 흑분(黑分)에 속하는데 사용하기에 적당하지 않다. 또한 [인도의] 역법에서 날과 달이 평행(平行)하는 도(度)를 통계(通計)하면, 평삭(平朔)[17]을 행하여 모두 하나는 작은 달이고 하나는 큰 달이 되어야 한다. 날과 달이 평행한 가운데에서 또한 다시 늦고 빠름이 있는 것에 의해서 어떤 때에는 평행을 넘고, 어떤 때에는 평행에 미치지 않는데, 그 때문에 초하루[朔]를 정한 것, 혹은 하루가 빠르거나 늦은 보름[望]을 정한 것으로 혹은 14일이 되거나 16일이 된다. 대저 달[月]의 보름은 바로 둥글게 찬 때[보름달]를 이름하며 백분(白分)의 15일로 한다. 달의 바로 절반으로서 활시위[초승달]와 같은 때를 또한 8일로 한다. 이것으로써 이를 견주어서 날을

예정된다는 것이다. 이것을 점성법(占星法)이라 하며 밀교 가운데에 전해져 있다.

15) 구집(九執), 즉 구요(九曜)를 가리킨다. 곧 일(日)・월(月)・화(火)・수(水)・목(木)・금(金)・토(土)와 라후(羅睺)・계도(計都)로써 모두 구집(九執)이 된다.

16) 백분(白分 : śukla-pakṣa)은 초승달에서 부터 만월까지 곧 1일에서 15일까지를 말하며, 백월이라고도 한다. 만월에서 다시 그믐까지를 흑분(黑分, kṛṣnapakṣa)또는 흑월(黑月)이라 한다. 이것은 인도의 역법으로 달이 차고 기우는 것, 즉 희고 검은 것을 세워서 이름지은 것이다.

17) 한 달의 평균 일수가 일삭망월(一朔望月)로 되도록 큰 달과 작은 달을 안배하는 역법(曆法).

정할 수 있다.

"시분(時分)"이란 인도의 역법에서는 낮과 밤에 각기 30시(時)가 있고 낱낱의 시에 따로 명칭이 있다. 낮에는 곧 그림자가 길고 짧은 크기로 시를 헤아린다. 어느 때에 일을 하면 길하고, 어느 때는 흉하며, 어느 때에는 중간이다. 각각[의 시분]에 모두 상징하는 종류가 있다.

"수직(宿直)"이란 이른바 이십칠수(二十七宿)이다. 주천(周天 : 하늘 전체)을 나누어 십이방(十二房)으로 하는데 이 사이의 십이차(十二次)와 같다. 구족(九足)이 있으므로 주천에는 무릇 108족이 있다. 수(宿)는 언제나 균등하게 4족(足)을 얻는다. 이것이 바로 달[月]이 하루 동안에 가는 거리이다. 27일을 지나면 곧 달이 1주천을 간다. 력(曆)에 의거하여 이를 계산하면 달이 머무는 수(宿)는 곧 이 수직(宿直)의 날이다. 수에 상·중·하의 성품이 있어서 강하고 부드러우며 시끄럽고 고요한 것이 같지 않으니, 행하는 법사도 역시 서로 따라야 한다.

"제집(諸執)"이란 집(執)에 아홉 종류가 있다. 곧 일(日)·월(月)·화(火)·수(水)·목(木)·금(金)·토(土)의 칠요(七曜)와 라후(羅睺, Rāhu)·계도(計都, Ketu)를 모두 합해서 구집(九執)이 된다. 라후(羅睺)는 교회(交會)의 식신(食神)이다. 계도(計都)는 바르게 번역하면 기(旗)가 된다. 기성(旗星)은 혜성(彗星)을 말한다. 이 두 집(執)을 제외하고 그 나머지 칠요(七曜)는 서로 다음의 날[日]에 해당한다. 그 성품과 종류에도 역시 좋고 나쁨이 있으니, 범력(梵曆) 가운데에 설한 것과 같다.

"식전(食前)의 때"란 낮과 밤에 각기 세 때가 있는데, 식전에는 식재를 할 수 있으며 해저물 무렵에는 증익을 할 수 있고 밤에는 항복의 일을 할 수 있다. 입만다라관정(入漫荼羅灌頂)은 식재와 상응하므로 "식전"이라 하였다.

"좋은 경계를 만난다"고 하는 것은 작법할 때에 땅 위이나 공중에서 색이나 소리 등의 갖가지 기이한 모습이 있는 것을 말한다. 땅 위에서 여자아이가 다섯 종류 우미(牛味)의 병을, 혹은 향수병을 들고 있는 것을 보거나, 혹은 소지한 물건이 윤인(輪印) 등과 같은 종류인 것을 보거나, 혹은 세간에서 존중하는 좋은 물건 및 그릇에 흰 멥쌀 등을 담는데 청결하게 가득 채우는 것을 보거나, 혹은 입은 옷이 단정하고 선명하게 고운 것을 보거나, 혹은 갖가지의 길상과 상응하는 소리를 설하는 것을 들으면 이것들은 모두 성취의 상이다. 공중에서 홀연히 좋은 구름의 상서로운 기운이 성한 다섯 색을 보고, 무지개 빛이 선명하고 사이사이 섞여서 때가 아닌데 보는 것이 있거나, 혹은 불의 색이 날아올라 호마를 성취한 형상과 같거나, 혹은 해의 곁에서 다섯 무늬를 보거나, 혹은 사람의 형모가 고요히 머무는 것과 같거나, 혹은 공중에서 미묘한 좋은 소리가 있는데, 이른바 백학 · 공작 · 원앙 · 기러기의 종류가 청아하고 맑아서 사람이 듣기에 좋은 이와 같은 것들도 역시 모두 성취의 상이다. [이와 같이] 세속에서 따르는 것을 기다리는 이유는 승의(勝義)의 만다라가 미묘하고 적멸하기에 신심이 돈독하고 착하며 맑은 마음을 가진 사람조차도 오히려 신수(信受)하기에 어렵기 때문이다. 하물며 의심을 품은 자이겠는가! 제도해야 할 사람이 일찍이 베다(韋陀, veda)의 사전(祠典)과 기예(伎藝)와 명처(明處)를 학습하였는데 만약 만다라를 건립하는 시분이 잘못된 것을 보고, 근심하여 길상하지 않은 것에 이를 것을 두려워하며, 문득 의심을 내어 이렇게 말하는 경우가 있다.

"제가 듣기를 총지(摠持)의 지혜로운 자는 통달하지 않은 바가 없다고 하는데 지금 이를 보니, 오히려 좋은 별과 좋은 때를 택하는 것이 능하지 않습니다. 하물며 다른 깊은 일이겠습니까!"

이로 말미암아서 스승을 의심하며 법을 의심하는 까닭에 견고한 믿음의 힘을 잃고 도리어 무거운 죄를 초래한다. 그러므로 반드시 그 뜻과 근기에 따라야 한다.

또 다음으로 갖가지의 세속적 입장에서의 진리[世諦門]는 모두 법계의 표치가 있다. 이른바 "좋은 날 새벽"이란 것의 뜻은 보리심의 기쁜 만남이 새벽에 있다는 것이다. 깊이 수행하는 아사리는 유가 가운데에 머물러 제도할려고 하는 자가 본초(本初)[18]에 선근을 심은 때를 관찰하여야 한다.

오래되었는가, 먼가, 인연은 누구에게 속하는가, 어떤 일에 따라 일어났는가? 수행자가 처음으로 발심할 때와 같이 혹은 부처님께서 설법하시는 것을 봄으로 인하였는가? 혹은 신변을 보고, 혹은 갖가지의 슬프고 괴로운 일을 보고, 혹은 보살·성문·연각에게 도심(道心)을 발하고, 혹은 꽃과 향 등으로써 위와 같은 복전(福田)을 공양하며, 마음에 환희하여 문득 원을 내어서 불과(佛果)를 희구한 것들이다. 그 먼저의 인과 현재의 연이 서로 마음을 움직여 발하게 함으로 말미암기 때문에 갖가지의 깨달음의 기회는 같지 않다. 이러한 때에는 보리심에 적정(寂靜)한 힘이 있고, 저러한 때에는 증진의 힘이 있고, 다시 이러한 때에는 위맹한 힘이 있으므로, 갖가지의 실단(悉檀)[19]의 방편에 따라 이를 건립하면 곧 공이 헛되지 않으며 장애가 생기지 않는다.

"날을 정한다"고 하는 것에서 날[日]은 본존신을 비유하며 달[月]은 유가를 수습하는 행에 비유한다. 수행자의 정심(定心)의 달은 어떤 때에는 밝기가 더하고, 어떤 때에는 미미하여 어둡다. 혹은 내어서 행하는 것이 매우 빠르고, 혹은 내어서 행하는 것이 매우 느리다. 혹은 중도(中道)를 지나치거나 혹은 중도에 미치지 못함으로써 깨닫는 근기의 때가 또한 차기도 하고 기울기도 하게 한다. 항상한 이치를 닦아 비추어서 어떠한 연에 이를 수 있는지, 어떠한 때인지를 알고 건립해야 한다. 그런데 연(緣)이 되는 경계가 변화하므로 혹은 아직 때와 장소에 도달하지 못한 채로 성숙되고, 혹은 이때와 장소를 지나쳐서 성숙되기도 한다. 이와 같은 변화를 모두 잘 알아야 한다. 그래서 "날을 정한다"고 하였다.

"시분(時分)"이란 수행자의 낱낱의 지(地) 자체에 열 가지 마음이 있고, 이 낱낱의 마음에 각각 인(因)·근(根)·과(果)가 있어서 합하여 서른 가지 마음이 된다. 이 30가지의 모호율다(牟呼慄多)[20] 가운데에서 역시 깊고 세

18) 발심의 당초(當初)를 가리킨다.

19) 실단(悉檀)은 Skt. siddhānta, 의역하여 성취(成就)·종(宗)·이(理) 등이라 한다.

밀하게 가려 택해야 한다. 어떤 때가 번뇌를 절복하기에 적당한가, 어떤 때에 공덕을 증익(增益)할 수 있는가, 어떤 때에 중도의 고요한 마음에 따라 머물 수 있을 것인가 하는 것이다. 이것을 '시(時)의 미세한 모습을 해석한다'고 말한다.

"수직(宿直)"이란 수행하는 사람이 유가를 행하는 달에 접하게 되는 인연 있는 경계이다. 온갖 인연 있는 경계 가운데에서 모두 심성(心性)을 보는 것은, 별 무리의 작고 큰 형상의 종류가 다시 차별이 있을지라도 둥글고 밝지 않은 것이 없음과 같다. 달[月]이 이십칠수(二十七宿)를 지나서 경과하는 것처럼 경과하는 바의 별[宿]에 좋고 나쁨의 같지 않음이 있기에 세간의 후월(侯月)의 점(占)도 역시 따라 다르게 한다. 기성(箕星)[21]은 바람을 좋아하므로 달이 가면서 기(箕)에 들어가면 곧 바람이 일고, 필성(畢星)[22]은 비[雨]를 좋아하므로 달이 가면서 필(畢)에 들어가면 곧 비를 내린다. 보리의 [방편]행도 역시 그러하다. 연을 만나고 경계를 대하는데 세력이 같지 않으므로 '굴복시킬 것인가', '거두어 들일 것인가', '고요하게 행할 것인가' 등의 베푸는 방편을 [대하는 경계에] 따라 바꾼다. 만약 아사리로서 근기와 연을 깊이 관찰하고 이러한 일을 잘 알면 '수직(宿直)을 잘 관한다'고 말한다.

"구집(九執)"이란 산스크리트로 흘률하(釳㗚何, Graha)라고 하며 이는 집지(執持)라는 뜻이다. 아사리는 그 심력(心力)의 손으로 어떠한 일을 지니어 감당할 수 있는가를 관하여 전해주는 밀인(密印)이 헛되지 않게 해야 한다. 모든 부처님의 금강혜인(金剛慧印)과 같이 오직 금강심(金剛心)의 보살만이 이를 쥘 수 있다. 만약 하지(下地)의 사람에게 수여하면 곧 집요(執曜)와 상응하지 않는다고 말한다. 구집(九執) 가운데에서 태양[日]은 본래 깨끗한

---

20) 수유(須臾, muhūrta)를 말한다. 아주 짧은 시간. 잠시, 잠깐의 뜻이며, 모호율다(牟呼栗多)라고 음역한다. 모호율다는 1주야의 30분의 1에 해당하는 시간으로, 지금의 48분에 해당한다.

21) 이십팔수(二十八宿)의 하나로 일곱 번째 별이다.

22) 이십팔수의 열두 번째 별이다.

보리심에 비유하니, 곧 비로자나 자체(自體)이다. 달[月]은 보리의 행에 비유하는데, 백월(白月) 15일에 온갖 행이 원만함을 성보리(成菩提)에 비유하고, 흑월(黑月) 15일에 온갖 행이 모두 다하였음은 반열반에 비유하며, 중간에 시(時)와 함께 오르고 내리는 것은 방편력에 비유한다. 이미 백자명문(百字明門)23)을 거두어 들였음을 알아야 한다.

토요(土曜, Śaniścara)는 중태장(中胎藏)을 지니고, 수요(水曜, Budha)는 오른쪽의 연화의 권속을 지니며, 금요(金曜, Śukra)는 왼쪽의 금강의 권속을 지니고, 목요(木曜, Bṛihaspati)는 윗방향의 여래의 과덕(果德)을 지니며, 화요(火曜, Aṅgāraka)는 아랫방향의 대력(大力)의 제명(諸明)을 지닌다. 또 다시 이와 같은 오집(五執)은 곧 오색의 소다라(蘇多羅, sūtra)를 지닌다.

토(土)는 신(信)으로 삼고, 목(木)은 진(進)으로 삼으며, 금(金)은 염(念)으로 삼고, 수(水)는 정(定)으로 삼으며, 화(火)는 혜(慧)로 삼는다. 그 나머지 두 집(執)에서 라후(羅睺)는 장애를 덮는 것을 담당하며, 혜성(慧星)은 길상하지 않음을 보는 것을 담당한다. 그러므로 직일(直日)에 있지 않다.

또한 이와 같은 집요(執曜)는 바로 만다라 가운데의 일종의 선지식문이다. 그 모든 본존은 곧 세간의 사업에 따라 가지방편을 행한다. 아사리는 길상한 때를 잘 택함으로써 그 진언의 본서(本誓)와 본래 있는 그대로를 서로 연계하면, 가지를 행하여 모든 장애를 여의게 할 수 있다.

아침[初日分]은 청정한 마음이 현현하는 것과 같고, 낮[中日分]은 온갖 행을 발기함과 같고, 오후[後日分]은 만 가지 덕이 이미 원만하여 공용이 점차로 쉬는 것과 같다. 초저녁[初夜分]은 자증(自證)의 경지로서 대열반에 머무는 것과 같고, 한밤중[後夜分]은 본서원을 염하여 가지력을 일으킴과 같다. 두루하여 다시 돌기를 시작하여도 끝이 없다. 태양의 체는 하나일지라도 네 대륙의 시분(時分)은 각기 다르다. 지금 이 만다라의 뜻은 보리심

---

23) 일백자의 진언. 본존의 가호와 수행자의 몸과 마음을 견고하게 하는 것과 속히 온갖 소원을 성취하는 것, 보리를 성취하는 것 등을 포괄하는 모든 진언이라는 뜻이다. 백자명(百字明)·백자밀어(百字密語)라고도 한다.

의 광명을 개발하려고 하기에 식전(食前)의 시(時)를 취한다.

"좋은 경계를 만난다"라고 하는 것은 이 마음이 모습도 없고 경계도 없는 것이다. 이것은 유위와 무위도 아니어서 부처님의 오안(五眼)으로 자세하게 관할지라도 역시 그 상모를 볼 수 없다. 그렇지만 갖가지의 선근을 발하는 모습이 있어서 알아챌 수 있을 것이다. 만약 진리를 본 아사리라면 스스로 현전에 통달할 것이다. 만약 아직 진리를 보지 못하였으면 삼매 가운데에서 그 경계를 살펴야 한다. 혹은 그가 육바라밀을 수행할 때에 갖가지의 육폐(六蔽)[24]가 어려움으로 남지 않는 것을 보거나, 혹은 성중들에게 찬탄되거나, 내지 보리의 수기를 받게되거나, 혹은 앞에서와 같은 갖가지 인상(印相)이 삼매 가운데에 나타나 밝고 분명하며 기이하고 특별하여 평상시와 다른 것이 있으면, 인과로 가려서 깊은 뜻으로써 [비로소 인정함을] 얻을 수 있으며, 내지 보문(普門)으로 서로 거두어 들이는 것도 모두 역시 알 수 있을 것이다.

7. 지신(地神)을 깨워 일으키는 게송

"먼저 일체여래께 예를 올리고 다음과 같은 게송으로 지신(地神)을 깨워 일으

24) 올바른 칭호는 육폐심(六蔽心)이다. 폐(蔽)란 덮어 가린다는 뜻으로 우리들의 청정심을 덮어 가리는 여섯 가지 악한 마음을 가리킨다. 즉 ① 간심(慳心) 또는 간탐심(慳貪心)은 인색하여 아끼는 마음으로 보시를 못하게 한다. ② 파계심(破戒心)은 중생의 탐·진·치 등의 번뇌가 청정한 마음을 가려 악행을 행하고 금계를 지닐 수 없게 한다. ③ 진에심(瞋恚心)은 중생의 성냄과 원한이 청정한 마음을 가려 언제나 남에게 해로움을 당할 때에 참을 수 없게 한다. ④ 해태심(懈怠心)은 게으름이 청정한 마음을 가려 불도 수행을 부지런히 행할 수 없게 한다. ⑤ 난심(亂心) 또는 산란심(散亂心)은 중생의 청정한 마음을 가려 선정을 방해한다. ⑥ 치심(癡心) 또는 우치심(愚癡心)은 지혜가 없게 해서 모든 일에 알 수 없게 하고 삿된 법에 집착하며 정견을 일어나지 못하게 한다.

켜야 한다."

아사리가 장차 지신을 깨워 일으키고자 하려면 먼저 운심(運心)하고, 비로자나의 다함없는 장엄의 몸이 법계에 두루하고 시방삼세의 일체여래도 또한 이와 같이 낱낱의 다함없는 장엄의 몸이 법계에 두루하며, 십주지(十住地)로부터 초지까지의 모든 보살의 부분적으로 진리를 증득하여 장엄한 몸이 한량없고 끝없어서 법계에 가득하며 빈틈이 없는 것이 참깨 가운데의 기름과 같다고 사유해야 한다. 이 몸은 두루 모든 성스러운 대중들 앞에 이르러 청정한 삼업으로서 지성껏 예를 드린다고 관한다. 이 인연으로 해서 한량없이 많은 복을 얻으며, 넘어지지 않는 마음으로써 그 제자에게 [묘법을] 베풀어, 장애와 난관이 없이 속히 위없는 보리를 성취하게 한다고 원해야 한다. 다음에 게송을 읊어서 지신을 깨워 일으켜야 한다. 석가모니불이 처음에 도량에 앉을 때에 마왕에게 말씀하신 것과 같다.

"너는 선세에 하나의 커다란 보시를 지은 것으로 말미암아 지금 자재천주(自在天主)의 몸을 얻었다. 그러나 나는 한량없이 많은 겁 이래로 이와 같은 큰 보시를 닦은 것이 헤아릴 수 없으며, 내지 몸과 살과 손과 발도 역시 [보시함에서] 아낀 적이 없었다. 어찌하여 네가 나와 그 우열을 비교하려고 하느냐?"

마왕이 말하였다.

"제가 지은 복은 당신께서 이미 증명하였습니다. 당신의 복업은 누가 증명하겠습니까? 만약 증명할 수 없으면 곧 승부에서 지는 것입니다."

보살이 그때에 오른손을 펴서 땅을 가리키고 진실한 말씀을 하셨다.

"내가 과거에 이 땅 위에서 보살도를 행하여 갖가지로 난행(難行)하고 고행한 것은 지신(地神)이 증명할 것이다."

이 손가락이 바로 신밀의 인(印)임을 알아야 한다. 그때에 한량없이 많은 지신들이 땅에서 솟아나와서 그 몸을 반쯤 드러내고 증명하였다. 이렇게 되자 마왕의 군중(軍衆)들은 물러나 흩어졌다. 지금 아사리도 제자에게 오래지 않아 여래의 위를 계승하게 하고자 하므로 역시 이 인으로써 지신을 깨워 일으킨다. 이때에 그 지신은 크게 환희하며 이렇게 생각한다.

'지금 이 불자는 대사(大事)의 인연을 건립함으로써 장차 우리들을 보호하여 손해와 괴로움을 없애려고 경각시키는구나. 내가 응당 방편으로 수호하여 역시 모든 마구니의 업을 여의게 하리라.'

이러한 온갖 인연으로써 곧 이 대지는 금강과 같아지게 된다. 설한 바의 아리사(阿利沙)의 게송을 자연성취의 진언이라 부른다. 만약 작법할 때에는 산스크리트본을 송해야 한다. 지금 이를 갖추어 기록한다. 7편 송하고 오른손의 오륜(五輪)[25]으로 땅을 눌러라.

달문 제미 사 흘사 포다사

怛文二合汝也睇微天也有女聲娑引吃屣二合護也捕多賜親也於也[26]

"그대, 천친호자(天親護者)여"라 번역한다.

살마 발타낭 치이난

薩麽一切也勃馱曩佛也有多聲哆以難引度世也卽有導師義[27]

"모든 도사(導師)이신 부처님께서"이라 번역한다.

절리야 나야 미세세수

浙唎耶二合行也娜也修行也尾世鍛數殊勝也[28]

"뛰어난 행을 수행하고"라 번역한다.

부미 바라밀다 소자

部弭淨地也播囉密多到彼岸也素者等也[29]

"또한 지바라밀(地波羅蜜)을 청정히 하며"라 번역한다.

마라 새 년 야타 여흘난

摩囉天魔也塞去聲年軍衆也野他如也女訖難奴痕反破也[30]

"마구니의 무리를 부수는 것처럼"이라 번역한다.

---

25) 다섯 손가락을 가리킨다.

26) Skt. tvaṃ devi-sākṣī-bhūtāsa.

27) Skt. sarva-buddhānām tāyinam.

28) Skt. carya-naya viśeṣeṣu.

29) Skt. bhūmi-pāramiteṣu.

30) Skt. māra-sainyam yathā bhagnam.

사홀야 승 헤나 다이나

赦吃也二合釋迦也僧悉孕反係娜師子也哆以那救世也[31]

"세상을 구하시는 석사자(釋師子)와 같이"라 번역한다.

달타 흔 마나 야연 흘률 타

怛他引痕如我也魔羅魔也若延降也吃嘌二合也埵伏也[32]

"나도 역시 마구니를 항복시키고자"라 번역한다.

만다람예 리구 먁 흔

漫荼藍隷漫荼羅也履佉引晝藐密也反痕我也[33]

"나는 만다라(漫荼羅)를 그린다"라고 번역한다.

게송의 뜻은 먼저 지신에게 고하는 것이다.

"그대 천녀(天女)는 친히 이 대지를 수호하는 자로서 이미 일찍이 모든 불도사(佛導師)께 공양하고 가까이 섬기며 수승한 행을 닦고 모든 땅을 깨끗이 다듬으며 모든 바라밀을 청정히 채웠다."

그리고 그 밖의 갖가지의 공덕은 『마하반야경』 가운데에 법을 헤아리며 자세하게 밝힌 것과 같다. 그래서 '등(等)'이라고 하였다. 지금 게송을 번역함에 다섯 글자를 가지고 구절을 삼는 바람에 [갖가지의 공덕을] 다 열거하지는 못하였다. 그러나 지바라밀 가운데에 이미 이 온갖 덕을 포함하였다.

다음의 게송은 [지신을] 깨워 일으키는 이유를 진술하며, 성실(誠實)의 언어를 설한다.

"세존께서 옛적에 보리만다라[34]에 계시면서 천마의 군중들을 항복시키실 때에 그대는 큰 모임 가운데에 나타나 증명하였다. 이로 말미암아 세존을 석가사자(釋迦師子)라 칭하니 홀로 다니는데 두려움 없으며 세간을

31) Skt. śākya-siṃhena tāyinām.

32) Skt. tathā'ham māra-jayam kṛtvā.

33) Skt. maṇḍalam lekhyāmi aham.

34) 마갈타국의 보리도량을 가리킨다.

구호하시는 것처럼, 나도 지금 또한 부처님께서 행한 바를 따르고 여래의 사업을 잇고자 한다. 이러한 까닭에 이 만다라를 그린다. 내가 아직 여래와 모든 면에서 같지는 않지만 비로자나의 삼밀로 가지되었기에 또한 부처님의 몸을 나타내어 두루 온갖 만다라의 큰 모임을 모은다. 이러한 까닭에 너는 지금 또한 나타나 증명하여 모든 마구니의 군중들로 하여금 방해하지 못하게 하라."

지신은 바로 여천(女天)이다. 여(女)는 삼마지라는 뜻이다. 즉 대일세존께서 일체 중생을 호지하는 삼매이다.

"실상(實相)[을 증득하신 석가모니]세존께서 과거 보리만다라에 계시어 무명주지(無明住地)의 마왕과 티끌과 모래알처럼 많은 대중들을 항복시키실 때와 같이 반야바라밀(般若波羅蜜)의 손[35]으로 여러번 오력(五力)[36]을 펼쳐서 모든 중생들의 마음자리를 어루만질 때에 너는 삼매로부터 나타나 증명하라. 이러한 까닭에 한량없이 많은 응당 제도해야 할 중생의 네가지의 마군[37]이 이로 말미암아 물러나 흩어진다. 이러한 까닭에 적업사자(寂業師子)[38]라 부른다. 자재신통으로 세간을 구하는 자이다. 나도 지금 역시 제자의 마음자리를 평평하게 다듬어서 대비만다라를 그려 만들려고 한다. 너도 역시 증명하여서 네 마구니의 군중을 굴복시켜야 한다."

자문(字門)으로써 이 아리사(阿利沙, ārca)를 해석하면 무량한 뜻을 갖추고 있음을 알 수 있다. 그러나 그 종극(宗極)으로 삼아야 할 것은 바로 타(他, tha)자에 있다. 산스크리트로 달다(怛多, thatā)는 여(如)라는 뜻이다. 다(多, thā)자의 길게 끄는 가운데에 곧 아(阿, a)의 소리를 띤다. [아(阿)는 본래 생겨남이

---

35) 좌우의 양손을 각각 정(定)·혜(慧)에 배당한다. 따라서 오른손을 혜수(慧手)라 부른다.
36) 오지(五指)를 오력에 배대한 것이다. 오력은 신(信)·진(進)·염(念)·정(定)·혜(慧)이다.
37) 번뇌마(煩惱魔), 사마(死魔), 음마(陰魔), 천마(天魔).
38) 또는 석사자구세(釋師子救世)·석가사자구세(釋迦師子救世)라 한다. 석가의 별칭이다. 석가(釋迦)는 산스크리트로 śākya로서, 원래의 뜻은 능인(能仁)이다. 적업사자에서 적(寂)은 일체법의 근본 성품은 고요하다는 뜻이며, 업(業)은 일체법을 조작한다는 뜻이며, 사자(師子)는 덕을 찬탄하는 칭호이다.

없다는 뜻이다.] 일체법은 본래 생겨남이 없기에 실상(實相)과 같이 늘거나 줄어듬이 없다. 곧 이 뜻으로써 모든 지신을 깨워 일으킨다.

그 게송을 송할 때에는 장궤(長跪)[39]하여 양 무릎을 땅에 대고, 지혜수(智慧手)에서 그 오륜(五輪)을 펼쳐서 손바닥을 평평하게 해서 땅에 댄다. 바야흐로 이 아리사의 게송을 송하는데 이를 일곱 번 인(印)하고 일곱 번 가지한다. 이것은 바로 진언과 인이 상응하는 것이라 한다.

[선무외]아사리는 다음과 같이 말하였다.

“이 법을 행하고자 할 때에는 먼저 삼매야와 법계와 금강자성(金剛自性)으로 자신을 가지하라.”

모두 「공양법(供養法)」[40]에서 설명한 것과 같다. 라(囉, raṁ)자문을 사용하여 자신의 마음자리와 이 도량의 땅을 청정하게 하고 나서 유가(瑜伽)하는 가운데 먼저 반월(半月)의 풍륜(風輪)을 생각하여 일으키고, 하(訶, ha)자로서 이를 가지하라. 다음에 수륜(水輪)을 생각하여 일으키고 바(縛, va)자로써 이를 가지하며, 다음에 금강지륜(金剛地輪)을 생각하여 일으키고, 아(阿, a)자로써 이를 가지한다. 하나의 연을 잘 관찰하여 상응하고 명료하게 해서 마음과 기식(氣息)을 잘 조절하라. 한 번의 기호흡[氣]으로 아자문을 송하고 상속하여 끊어짐이 없게 하며, 힘이 다하면 쉬고, 다시 나중에 이를 송하라. 혹은 한 번 쉬고, 혹은 세 번 쉬며, 내지 알아채는 바가 있게 하라. 이와 같은 하나의 연의 방편으로 삼매에 들어가면 비밀장엄한 불보살의 큰 모임을 보기에 이른다. 혹은 스스로 내지(內地)와 외지(外地)[41] 가운데 온갖 허물을 본다.

그런데 여기의 지(地)에 세 종류가 있다. 이른바 라(囉, raṁ)자문으로써 자기의 마음자리[42]와 제자의 마음자리 및 도량의 지(地)를 청정하게 하고 모

---

39) 두 무릎을 바닥에 대고 허벅지와 상체를 곧게 일으켜 세우는 자세. 무릎꿇고 앉는 자세에서 허벅지를 세운 것이다. 호궤(胡跪)라고도 한다.

40) 『대일경』 제7권 「공양차제법」을 말한다.

41) 내지(內地)는 심지(心地), 외지(外地)는 단지(壇地)이다.

42) 아사리 자신의 마음자리를 가리킨다.

두 아(阿, a)자문으로써 이를 가지하여 금강이 되게 하라.

경에, "도향과 꽃 등으로 공양한다"고 하는 것은 다만 [지신을] 깨워 일으키는 것만이 아니다. 갖가지의 향기로운 꽃과 등명(燈明) 등으로써 시방의 모든 부처님 및 지신에게 공양해야 한다. 만일 비밀한 해석으로 공양의 뜻을 밝히면 다음과 같다.

아사리가 정보리심의 갖가지 공덕으로써 일체지지의 인(印)에 회향하는 것은 곧 자신의 법계 가운데의 모든 부처님과 지지자(持地者 : 地神)를 공양하는 것이다. 이 공덕을 제자에게 돌려 베풀어서 성불의 인연을 도와주는 것은 곧 제자의 심법계 가운데의 모든 부처님과 지지자를 공양하는 것이다. 만약 [이 정보리심의 공덕을] 사용하여 이 금강도량을 장엄하면 곧 이 법으로써 시방세계 가운데의 모든 부처님께 공양드리는 것이다. [수행자의 보리심의 공덕을] 공양하고 나면, 또한 [다음으로 도향과 꽃 등으로] 일체여래께 귀명해야 하는 것은 예로써 알 수 있을 것이다.

"그런 연후에 치지(治地)하고 그 차제와 같이 온갖 덕을 구족해야 한다."

무릇 만다라를 건립하려고 하면 먼저 반드시 이와 같은 법을 행하고 이에 땅을 파서 가려 다듬어야 한다. 또한 세 가지 지(地)의 뜻을 겸하는데 일반적인 해석과 비밀한 해석의 두 가지가 있다. 나아가 경에서 설한 바의 차제와 같이 모든 지분을 갖추어야 한다. 그래서 "온갖 덕을 구족해야 한다"고 하였다.[43)]

또한 무릇 지(地)를 가려 다듬고자 할 때에는 자신의 심련화(心蓮花) 위에 여의보주가 있어서 안팎으로 명철하다고 관찰해야 한다. 그것을 자세

---

43) 이 다음에 아주 큰 난탈(亂脫)이 있다. 『연오초(演奧鈔)』 제7에 의하여 바로 잡는다. (대정장 59, 76 중). 난탈은 난탈(爛脫)이라고도 하며, 십이구전(十二口傳)의 하나이다. 『대일경』이나 『대일경소』의 「구연품」 이하의 글에 대해서 글을 앞뒤로 읽는 것을 말한다. 원문 그대로는 의미가 이해하기 어려운 경우에 문장을 앞뒤로 읽으면 잘 이해할 수 있다. 이러한 경우는 보통 잘 보이지 않으며, 법에 대해 오만한 자가 스승의 전수를 받지 않고서 제멋대로 어지럽게 읽고서 오해하는 것을 방지하기 위한 것이라 한다. 여기에 대・소(大・小)의 난탈이 있는데, 여러 페이지를 뛰어넘어 앞뒤가 바뀐 것을 대난탈이라 하고, 몇 줄 사이에 이것이 보이는 것을 소난탈이라 한다.

히 관찰하면 온갖 선·악의 모습이 모두 그 가운데에 나타난다. 아사리는 곧 혜의 방편으로써 이를 가려 다듬어서 견고하고 평평하며 바르게 한다. 제자의 마음을 관하는 것도 역시 이와 같다. 이 가운데 매우 비밀한 이취(理趣)는 혜의 뜻으로써 알 수 있다.

이때에 금강수는 여래의 깊고 비밀한 취지를 밝혀서 미래의 제자의 의혹의 마음을 끊어 없애기 위하여서, "세존의 발에 얼굴을 대어 예를 올리고 게송으로 읊는다. 부처님의 법은 온갖 모습을 여의었으며 (…중략…) 법의 그러한 도에 따르는 것은 아닙니다"라고 하였다. 다음은 내가 직접 부처님을 따라 들은 것이다.

"모든 법의 실상[44]은 온갖 모습을 멀리 여의었습니다. 법신불께서 머무시는 바는 법위(法位)입니다. 여래께서 세상에 나오시던지, 나오시지 않던지 언제나 스스로 적멸하여서 불가사의합니다. [범부나 이승의] 사량분별로 미칠 바가 아닙니다. 또한 인량(因量)의 비유로도 나타낼 수가 없습니다. 만약 법상(法相)이 언제나 이렇다면 곧 모든 부처님께서 조작하신 바도 아니니, 하물며 [모든 법의 법상이] 유위(有爲)의 모든 상이 모여서 이룬 것이겠습니까! 어찌한 까닭입니까? 천(天) 가운데 천이신 대정진자(大精進者)이시여! 지금 택지(擇地)와 단을 건립하는 등의 유위의 사상(事相)과 진언차제의 행법을 설하시어, 수행자로 하여금 갖가지의 향과 꽃과 공양물을 갖추며, 입으로는 각관(覺觀)의 언설을 따르고, 몸으로는 수인(手印)의 위의를 학습하며, 마음으로는 본존(本尊)의 색과 모습과 형상과 위(位)를 연(緣)하게 하셨습니까? 이러한 유위유상(有爲有相)으로써 어떻게 바르고 무위무상인 있는 그대로의 도에 도달할 수 있겠습니까? 오직 바라오니 세존이시여, 이 가운데 깊은 취지를 여시어서 세간의 언어와 같은 망집과 의심하고 비방하려는 뜻을 제거해주십시오."

---

44) 아(阿)자를 가리킨다.

8. 단을 설치하는 이유를 밝히다

"이때에 박가범" 이하는 세존께서 게송으로 답하신 것이다. 처음에 "법의 모습을 잘 듣거라"고 하는 것은 모든 법의 실상의 뜻이 매우 깊어서 보기 어렵기 때문에 훈계하여 잘 들으라고 한 것이다. 무릇 법은 언제나 자체에 고정된 성질이 없어서 온갖 연에 따라 생한다. 곧 이 팔심의 상(相)[45]은 모든 희론을 일으킨다. 그대는 다시 어느 곳에서 무상(無相)・무위(無爲)의 법을 찾아 구하려고 하는가! 그래서 다음의 구절에 "법은 분별과 온갖 망녕된 생각을 떠났다" 등이라 하셨다. 만약 모든 법이 본래부터 무상인 것이며, 이와 같다고 알 때에는 곧 마음의 실상은 처음부터 이래로 언제나 스스로 생하는 것이 없다고 비추어 볼 수 있다. 이때에 모든 신・구・의의 업은 모두 허공과 같아서 끝이 없다. 그러므로 "나는 허공과 같은 구경(究竟)이며 최고의 바른 깨달음을 이루었으니"라고 하였다. 그러나 모든 어리석은 범부는 실다웁게 알지 못하므로 삿된 전도로써 허망하게 갖가지의 경계를 집착한다. 이른바 시(時)와 방(方)의 모든 상모(相貌) 등이다.

"욕락과 무명으로 덮여 있다"고 하는 것은 언제나 애착의 물로 적셔지고 무명에 덮힌다는 것이다. 만약 내가 방편을 버리고 곧바로 중생들을 위하여 이와 같은 스스로 증득한 법을 설하면, 저들은 어떻게 깨달아 이해하고 나아갈 수 있겠느냐! 그래서 게송의 다음에 가르침을 개설한 뜻을 밝히면서 "그들을 해탈시키고자 하기에 방편에 수순하여 설하는 것이다"라고 하였다.

부처님의 뜻을 말하면 다음과 같다.

'나의 매우 깊은 법상(法相)은 곧바로 설할 수 없기에 방편력으로써 이 만다라의 구연지분(具緣支分)에 의탁하여 초업자(初業者 : 초심(初心)의 수행자)

---

45) 종자심, 맹아(萌芽) 등 선정심(善淨心)이 발생하여 드러나는 양상을 가리킨다.

로 하여금 마음을 [유상(有相)의] 땅에 두게 하여 [그가 하는] 행위가 헛되지 않게 하려는 것이다.'

곧 이것으로써 [초심의 수행자는] 부처님의 가피를 입고, 겸하여서 십연생구를 관찰할 수 있기에 실상을 움직이지 않고서 신통으로 유희하여, 두루 모든 선지식을 보고, 모든 부처님의 정토를 장엄한다. 모든 수행하는 사람에게 모든 행을 버려서 무상(無相)에 머물게 하려고 하지 않으며, 또한 모든 행에 집착하여 유상(有相)에 머물게 하지 않는다.

만약 모든 유위의 법이 모두 다 실상에 머문다고 하면, 어찌 저 어리석은 사람이 허공에 도피하려고 하거나, 혹은 허공에 탐착하려고 하는 것과 같음을 얻을 수 있겠는가! [결과가 그러하면 어찌 법의 실상을 드러내 보인다고 말할 수 있겠는가!] 그러므로 시간과 방향을 가려 짓는 행위에 대해 말할지라도 실제로는 시간도 방향도 없고, 지음도 없고 짓는 자도 없다. 그 모든 법은 오직 실상에 머문다고 한다.

삼월(三月 : 3개월)의 지송(持誦)이라고 말하는 것은 이 성품이 깨끗하고 둥글고 밝은 가운데에 삼전(三轉)의 방편이 있다는 것이다. 어찌 다만 구순(九旬 : 90일)이라고 [일상적으로] 이해할 수 있겠는가! 또한 동방의 보당불(寶幢佛)이라 말하는 것은 처음 발하는 청정한 보리라는 뜻이다. 어찌 다만 사방(四方)이라고만 이해할 수 있는가! 이로써 예를 들으니 모든 그 밖의 법문도 모두 뜻으로 이해할 수 있을 것이다. 그러므로 **"실제로는 때와 방향도 없고"** 내지 **"오직 실상에 머물 뿐이다"**라고 하였다.[46)]

또 다시 [선무외]아사리는 이 가운데에서 『법화경』의 세 수레[47)]의 비유를 자세히 설하였다. 그 장자의 모든 아들들이 어리고 무지하여서 갖가지의 좋은 말로 권하고 타일러서 불의 재난에서 벗어나게 하려고 하였으나 끝내 하지 못하였다. 그때에 장자가 그들의 속마음에서 탐착하는 것이 오

46) '삼월(三月)의 지송(持誦)'부터 여기까지는 난탈로 위치가 바뀐 것이다.

47) 『법화경』「비유품」에서 양이 끄는 수레, 사슴이 끄는 수레, 소가 끄는 수레 등 세 수레를 삼승(三乘)에 비유하여 밝힌 것을 말한다.

직 놀이에 있는 것을 알아채고, 곧 방편으로 말하였다.

"지금 이 문 밖에 세 가지의 훌륭한 수레가 있다. 너희들이 와서 이를 가지고 스스로 놀 수 있을 것이다."

그때에 그 모든 아들들이 놀이라는 말을 듣고서 그들이 원하는 것에 알맞았으므로 모두 기세좋고 분주하게 달려나왔다. 그러나 그들이 평등하게 보배의 탈 것으로 장엄이 제일인 것[48]을 얻은 것은 그들의 속마음에서 바라는 바가 아닌 것과 같이, 이 만다라의 법문도 또한 이와 같다. 여래께서는 세간의 인과 연으로 이루어진 현상적인 모습을 가지고 부사의한 법계에 비겨 비유하시니, 이로써 뭇 근기에 미치게 하신다. 만약 받들어 잡을 수 있는 자는 문득 보문으로부터 신해하여 용감히 나아가 수행한다. 그리하여 삼밀의 가지를 입어서 스스로 마음의 명도(明道)를 보는 때에 갖가지 명칭과 언어 모두가 여래의 비밀한 호칭이라고 알게되는 것은, 또한 그들이 일상적인 생각으로 예상한 것이 아니다. 이러한 까닭에 법을 전하는 사람은 [법을 받아야 할 자의] 근기와 연을 잘 알고, 또한 법문의 나누어진 처방을 알아서 병에 응하여 약을 주고, 근기에 차이가 나지 않게 해야 한다. 만일 모습에 탐착하는 사람을 위해서 번번이 심히 깊은 공의 뜻을 설해주면, 곧 두려워하고 의혹하며 그 믿지 못하는 마음을 증가시킬 뿐이다. 만약 날카로운 근기의 깊은 지혜가 있는 사람에게 번번이 일반적인 가벼운 법문을 주면, 곧 무위(無爲)의 바른 길을 따르지 않을려고 생각하며 [도리어 그로 하여금 그 법의 가르침에 대하여] 가벼이 여기며 오만한 마음을 일으키게 한다. 다른 이에게 이익이 없다면 [법을 주는 사람] 스스로도 삼매야를 범하는 것이 된다. 그러므로 먼저 유가에 머물러 그 [법을 받아야 할 자의] 본말의 인연을 관찰해야 한다. 잘 알고 나서 이 문답 가운데의 방편을 베풀어서 실상을 드러내는 뜻을 관하여 모든 방편문에 두루 들어가 이를 교수하여야 한다. 그러면 곧 요익함이 많아지며 장애와 어려움이 생기지 않는다.[49]

---

48) 큰 흰 소가 끄는 수레를 모두가 받았는데, 이는 일불승(一佛乘)을 상징하는 것으로 회삼귀일(會三歸一)의 내용을 담고 있다.

또 다음에 세존께서는 무한한 대비로써 미래세상의 장애가 두텁고 근기가 둔한 모든 중생들이 문득 법계에 들어갈 수 없음을 애민하시어 이 매우 깊은 비밀한 가르침 가운데에서 선전총지(旋轉總持)에 겸하여 일반적이고 얕은 방편을 남기셨다. 그리하여 설령 사상(事相) 가운데에서 사유하고 수습할지라도 세간의 실지(悉地)를 이루는데 공이 사라지지 않게 하시니, 삼밀은 깊숙한 자량이 되어 마침내 불과를 성취하게 된다.

그래서 다음의 게송에서, "다시 또 비밀주여! 미래세에 지혜가 모자란 모든 중생이 어리석음과 애착으로 스스로를 가리며 오직 모습이 있는 것에 의지하여 항상 모든 멸하여 없어지는 것에 사로잡힌 생각[斷見]과 변하지 않는 실체가 있다는 생각[常見]과 때와 방향과 업으로 지은 바의 좋고 나쁜 온갖 모습 즐기니 장님이 어둠 속에서 과실을 구함과 같아 이 도(道)를 이해하지 못한다. 그들을 제도하고자 하기에 수순하여 방편으로 설하는 것이다"고 하셨다.

9. 단을 건립하는 사법(事法)

"비밀주여. [단을 건립하는 첫째날에] 이와 같이 설한 처소는 한 지역에 머무르는데 따라 다듬어 견고하게 하는데 아직 땅에 떨어지지 않은 구마이(瞿摩夷)[50]와 구모달라(瞿摸怛羅)[51]를 가져다 섞은 다음에 이것을 발라라. 다음에는 향수(香水)의 진언으로 깨끗하게 하라."

---

49) '이러한 까닭에 법을 전하는 사람은'부터 여기까지는 난탈로 위치가 바뀐 것이다.

50) Skt. gomaya. 소의 똥[牛糞]. 인도에서는 옛부터 소를 신성시하였으며 제단을 깨끗이 하기 위해 소똥을 바른다. 밀교에도 수법을 행할 때 단장(壇場)에 소똥과 소오줌을 섞어서 바르고 혹은 호마를 할 때에도 공양물의 하나로서 소똥을 화로에 던져넣는다.

51) Skt. gomūtra. 우뇨(牛尿)를 말한다. 밀교의 수법조단(修法造壇)할 때에 이를 취하여 구마이(瞿摩夷, gomaya, 즉 소의 똥)와 섞어서 바르며, 이로써 청정하게 한다.

[밀교의] 가르침에서 설명한 것과 같이 무릇 만다라를 건립하는 데에는 칠일 안에 반드시 마쳐야 한다. 최초의 날에 아사리는 대일여래의 자성(自性)에 머무르며, 그런 다음에 지신을 깨워 일으켜야 한다. 몸을 장엄하는 방편은 모두 「공양차제법」 가운데 설명한 것과 같다. 깨워 일으키고 나서 곧 부동존(不動尊)의 진언을 사용하여 이를 가호하며, 그런 다음에 땅을 파고 법다웁게 가려서 다듬는다. 우선 [그 땅의] 중심을 1주(肘) 크기로 파서 가리고 나서 도로 다시 메워야 한다. 만일 [그 땅을 파낸 흙으로] 가득 채우고도 남는 것이 있으면 좋은 땅으로 치고, 예전 같으면 중간 땅으로 치며, 채우지 못하면 하열한 땅으로 여긴다. 이와 같은 순서대로 온갖 허물을 없애고 나서 파낸 흙으로 세밀하게 점점 메우되 윤을 내는 것은 소의 오줌으로 하며 쌓아서 견고하게 하라. 평평하고 바른 것이 손바닥과 같으면 다음에 구마이와 구모달라를 가져다 섞어서 발라라. 만약 일반적인 해석으로 해석하면 이것은 소의 똥과 오줌이다. 저 인도의 속법(俗法)에 따르면 이로써 청정하게 하기 때문이다. 깊이 있는 해석으로 이를 해석하면 구(瞿, go 또는 gam)는 행(行)의 뜻이다. 아자문에 들어가게 되면 곧 이 모든 법은 행함이 없다. 마(摩, ma 또는 ātman)는 아(我)라는 뜻이다. 이(夷, yi 또는 yāna)는 승(乘)의 뜻이다. 어찌하여 모든 법이 무행(無行)이라 하는가 하면 모든 법은 아(我)를 얻을 수 없기 때문이다. 만약 아(我)가 없다면 곧 탈 것과 타는 자도 없으니, 이것을 이름하여 대승(大乘)이라 한다. 구모(瞿摸, gomū)의 뜻은 앞의 해석과 같다. 달라(怛囉, tra)는 여여(如如)하여 티끌과 더러움을 여의었다는 뜻으로 바로 이것이 마음의 실상이다. 만약 수행자가 이와 같이 마음자리를 깨끗하게 다듬으면 곧 필경청정하여 모든 장애를 여읜다.

[제2일에] 땅을 택하여 평평하게 다듬고 나면, 그 방분(方分)을 알아서 곧 만다라의 중심에 깊이 1주 정도를 파고 판사(辦事)진언[52]을 사용하여 오보(五寶)[53]와 오곡(五穀)[54]과 오약(五藥)[55]을 가지하여 그 가운데에 안치하라.

---

52) 부동명왕(不動明王)의 진언, 혹은 항삼세명왕(降三世明王)의 진언을 사용한다.
53) 다섯 종류의 보물을 가리킨다. 즉 금 · 은 · 호박(琥珀) · 수정(水晶) · 유리(琉璃)이다.

더러움을 제거하여 깨끗이 없애는 것 등은 모두 「공양차제법」에서 설명한 것과 같다. 만약 깊이 있는 비밀로 해석하면 곧 보리심 가운데에 오지(五智)의 보배를 안립하고 다섯 종류의 선한 싹을 일으켜 다섯 종류의 잘못을 없애는 것이다. 그러므로 오곡·오약이라 한다. 무릇 오보를 안에 넣을 때에는 앞과 같이 시방의 모든 부처님께 경례해야 한다. 그리고 청하여 아뢰기를, '제가 명일에는 청법하겠나이다'라고 한다. 이와 같이 안치하고 나서 다시 또 깨끗하게 바르며 아주 평정하게 하라. 관정하고자 하는 병을 가져다가 저장해놓은 청정한 물로 채우는데 너무 많이 채우지 말라. 온갖 꽃과 열매를 꽂고, 가운데에 다섯 가지 보배와 곡식과 약을 놓으

단을 설치하고 수법할 때에 오보와 오약(五藥)·오향(五香)·오곡(五穀) 등을 단 아래 중앙과 사방에 매장한다. 이 오보는 오부(五部)의 탑으로 지신(地神)의 보장(寶藏)을 나타낸다. 혹은 관정할 때에 오보를 대단(大壇)의 오병(五甁) 속에 넣는데, 이것은 만다라가 바로 수행자의 심만다라(心曼茶羅)이므로 정보리심을 열어서 오지(五智)의 덕을 개발한다는 뜻을 지닌다. 오보의 종류는 경궤마다 일정치 않다. 『성취묘법련화경왕유가관지의궤경(成就妙法蓮華經王瑜伽觀智儀軌經)』과 『건립만다라호마의궤(建立曼荼羅護摩儀軌)』 등에서는 금(金, suvarṇā)·은(銀, rajata)·진주(眞珠, muktikā)·슬슬(瑟瑟, mahānīla)·파리(頗梨, śilā)를 열거하며, 『소실지갈라경(蘇悉地羯囉經)』 하권 「호마법칙품(護摩法則品)」에는 금·은·진주·라패(螺貝, śaṃhja)·적주(赤珠, lohita-muktikā)를 열거하고, 『십송률(十誦律)』 61권에서는 금·은·마니주(摩尼珠)·파리(玻璃)·비류리(毘琉璃) 등을 열거한다.

54) 쌀·보리·조·콩·기장의 다섯 가지 곡식. 또는 곡식의 총칭. 또는 오종곡자(五種穀子)라고도 한다. 대맥(大麥, yava)·소맥(小麥, godhūma)·도곡(稻穀, śāli)·소두(小豆, masūra)·호마(胡麻, atasī)를 가리킨다. 밀교에서 호마법을 닦을 때에 오곡으로 공양물을 삼고 또한 만다라를 건립할 때에 오보(五寶)·오약(五藥)·오향(五香) 등의 공물과 함께 병에 넣어 단장의 중심이나 사방의 보배를 묻는 곳에 둔다. 보배를 묻는 법은 바로 보리심 가운데에 오지(五智)의 보배를 안립(安立)함을 표시한다. 곧 오곡의 좋은 싹을 일으켜 다섯 가지의 미혹을 제거한다는 뜻이다. 오곡의 명칭은 경궤마다 다른데 『소실지경(蘇悉地經)』 하권에는 도곡(稻穀)·대맥(大麥)·소맥(小麥)·소두(小豆)·호마(胡麻) 등의 다섯 종류가 있고, 『다라니집경(陀羅尼集經)』 12권에는 도곡(稻穀)·소두(小豆)·소맥(小麥)·대맥(大麥)·청과(靑稞) 등의 다섯 종류가 나오며, 『관지의궤(觀智儀軌)』에는 도곡(稻穀)·대맥(大麥)·소맥(小麥)·녹두(綠豆)·백개자(白芥子) 등의 다섯 종류가 나온다.

55) 다섯 종류의 약. 여러 경에서 드는 것은 같지 않으나 『오분율』 5권에 든 것은 생소(生酥, navanīta)·숙소(熟酥, sappi)·유(油, tela)·밀(蜜, madhu)·석밀(石蜜, phāṇita) 등의 다섯 종류이다.

며, 보배를 묻은 곳에 이 병을 두어야 한다.

제3일에 병을 안치한 이후에는 매일 세 때에 불사 성취의 진언을 108편 송하여 이 병을 가지하며, 그런 다음에 다른 일을 지어야 한다. 이 제3일부터 이후에 점차로 만다라의 크고 작은 것과 방위를 견주어서 결정해야 한다. 혹은 4주(肘), 혹은 12주 등이다. 나아가 모든 성천(聖天)이 위치할 곳을 모두 백단으로 점찍어 기록하라. 만약 아사리가 갖추어 기록하여 지닐 수 없으면 그 형상을 그리고 혹은 글자를 쓰고 이를 기록하여 하나하나 분명하게 하라.

제4일의 해질 무렵에 이른 다음에 향수의 진언을 사용하여 향수를 가지하는 것을 108편이나 천 편 하고, 그런 다음에 뿌려야 한다. 그 진언으로 송한다.

> 나모사만다발타남아발라　디　　삼미 가가나삼미
> 南摩三曼多勃馱喃阿鉢囉二合底丁以反下同三迷二伽伽那三迷三
> 삼마다로갈제 발라　흘률
> 三麼多奴揭帝四鉢囉二合吃嘌二合
> 디미수 제　달마타도미흘달니 사바하
> 底微輸上睇五達摩馱睹微戍達脅六莎訶[56)]

처음의 구절은 두루 모든 부처님께 귀명(歸命)함이다. 비로자나의 삼신(三身)이 모든 장소에 두루함과 같이 시방삼세의 일체여래도 역시 이와 같다. 지금 모두 두루한 마음으로써 일체께 귀명하고 나서 그런 다음에 이 진언을 송한 것은 이 모든 세존으로 하여금 본서(本誓)를 어기지 않게 하기 위해서이며, 공동으로 가지하고 증명하시게 하기 위해서이다. 아래의 모든 진언도 예는 이와 같으므로 다시 자세하게 해석하지 않겠다.

제2의 구절에서는 최초의 아자문을 진언의 체로 삼는다. 이른바 종자의

---

56) Skt. Namaḥ samanta-buddhānaṃ apratisame gaganasame samantānugate prakṛti-viśuddhe dhama-dhātu-viśudhane svāhā.

글자이다. 그 밖의 모든 자문(字門)은 다 이 글자를 장엄하기 위한 것이다. 이 자문은 바로 보리심의 본원(本原)으로써 지금 만드는 대비장생만다라왕(大悲藏生漫荼羅王)이다. 먼저 향수를 사용하여 깨끗하게 뿌리는 것은 모두 이와 같이 마음자리를 [깨끗하게] 다스려서 온갖 더러움을 여의게 하기 위함이다. 만약 바깥의 경계를 논하면, 역시 가지하는 바의 금강의 마음자리이다. 이러한 까닭에 그밖의 글자는 모두 이 자문을 이루기 위한 것이다.

아자(阿字, a)는 모든 법이 본래 생겨남이 없다[anutpāda]는 뜻이다. 다음에 파라(波羅, pra)자를 말하면, 파(波, pa)는 궁극의 진리[第一義諦, paramārtha]이고, 라(羅, ra)는 티끌[塵, rajas]이라 한다. 모든 종자는 전부 아자문에 들어가기 때문에 이 티끌은 본래 생겨남이 없다. 티끌이 본래 생겨남이 없다는 것이 바로 궁극의 진리이다. 궁극의 진리는 청정한 보리심을 말한다.

다음에 디(底, ti)자가 있는데 정체(正體)는 다(多, ta)자문이다. 삼매의 소리를 띠기 때문에 굴려서 디(底)로 한다. 디는 마음[citta]이라는 뜻이다. 또한 여여(如如, thatā)라는 뜻이다. 자기 마음의 진실한 모습과 같은 것으로 바로 정보리심이다. 정보리심은 모든 법에서 전혀 물들지 않기에 연화삼매라 부른다. 이 삼매에 머물면 모든 법의 공한 모습도 얻을 수 없다. 모든 부처님의 대공(大空)이기 때문이다.

다음에 사(娑, sa)자와 마(摩, ma)자문을 밝힌다. 정(定)과 혜(慧)가 균등함으로써 삼매(三昧, samādhi)의 소리를 갖추니, 그래서 삼미(三迷, samā)라 한다. 여기에서는 다만 자문에 의거하여 해석한다. 모든 대승경론에 사실단(四悉壇)[57]과 사불생(四不生)[58] 등에 의거하여 갖가지의 인연과 비유로써 널리

57) 사실단(四悉檀, siddhānta)은 부처님께서 중생을 교화하여 이끄는 교법을 네 개의 범주로 나눈 것이다. 즉 세계(世界)·각각위인(各各爲人)·대치(對治)·제일의(第一義) 등의 사실단(四悉檀)이다. 간략하게 사실(四悉)이라고도 한다. 이 가운데 세계실단과 각각위인실단은 유(有)의 뜻, 대치실단은 공(空)의 뜻, 제일의실단은 불생(不生)의 뜻이다. 결국 실단은 아(阿)자의 뜻을 설한 것에 지나지 않다.

58) 자불생(自不生)·타불생(他不生)·공불생(共不生)·무인불생(無因不生)의 넷으로 모두 아자의 불생(不生)의 뜻에 지나지 않다.

아자문을 설한 것처럼, 곧 한량없이 많은 구절의 뜻이 있다. 또한 모든 언어 가운데에 모두 아(阿)의 소리를 띠기 때문에 하나하나의 자문에 모두 일체의 자문을 갖춘다. 만약 뜻을 이해하였으면 자재하게 돌려서 이를 설명해야 한다. 다음부터는 구체적으로 논하지 않겠다.

또한 진언에 종자의 뜻이 있고 구절의 뜻이 있다. 종자의 뜻은 이미 앞에서 설명한 것과 같다. 만약 구절의 뜻을 말하면, 이 아발라디삼미(阿鉢囉底三迷, apratisame)는 동등할 것이 없고 대할 것이 없다는 뜻이다. 이른바 이 마음자리의 만다라왕은 모든 언어와 비유를 초월하여 있으며 나아가 하나의 법으로서 필적할 만한 것이 없다. 그래서 무등(無等)이라 한다. 어찌하여 이와 같은가 하면 위와 같은 자문에서 설한 뜻을 모두 포함하고 있기 때문이다.

제3 구절의 뜻에 "허공과 같다"고 함은 이 마음자리가 필경에 청정하고 분별이 없으며 끝이 없어서 허공과 동등함을 말한다.

또 다음에 가(伽, ga)자문은 행(行, gam)의 뜻이다. 나(那, na)는 대공(大空, nabhas)이며, 법에서 자재하다는 뜻이다. 가(伽)자는 아자문에 들어가기 때문에 일체의 법은 본래 처음부터 이래로 모두 행하는 바 없고, 여래는 이 법 가운데에서 실제에 도달하셨다. 또한 다시 행하는 바 없으며, 행하지 않기 때문에 곧 이는 대공(大空)에 머물러 법에 있어서 자재하다. 나의 마음자리와 이 대공은 필경 동등하기 때문에 제자의 마음자리와 도량의 땅도 역시 이와 같으므로 "허공과 같다"고 한 것임을 알아야 한다.

제4의 구절의 뜻에 "평등하게 따른다"고 한 것은 금강의 대지가 허공과 동등하기 때문에 곧 동등하게 모든 중생계에 두루하며, 널리 종류에 따른 몸을 나타낸다. 그래서 만다라를 그려만드는 것을 감당할 수 있다. 다시 다음에 사(娑, sa)는 루(漏)의 뜻이고, 마(麼, ma)는 아(我, ātman)의 뜻, 의(意, manas)라는 뜻이다. 이들 모든 중생계는 본래부터 생겨남이 없기 때문에 모두 다 여여(如如, thatā)하며, 이러한 까닭에 법계와 중생계는 필경 동등하다. 노(努, nu)는 대공삼매(大空三昧)이다. 여래께서는 이 대공삼매에 머물러 행함도 없고 도달함도 없으시며 역시 가고 옴도 없고, 그 마음의 크기와 같게 연에 따라 응하여 나타나시므로 "평등하게 따른다"고 하였다.

제5의 구절의 뜻에 "본성이 청정하다"고 한 것은 아자의 정보리심문을 돌려 해석한 것으로 향수라는 뜻이다. 여래께서는 등지[59]법계(等至法界)의 향으로써 대비삼매의 물을 섞어서 두루 모든 중생의 마음자리에 뿌려서 그 더러움을 제거하신다. 왜 이렇게 하시는가? 그 본성이 청정하기 때문이다. 물의 성품이 본래부터 맑기 때문에 온갖 더러움을 청정하게 하는 것처럼, 여래의 향수도 역시 이와 같아 본래 청정하기에 모든 중생의 마음을 맑힌다.

그래서 다음으로 제6의 구절의 뜻을 밝혀서 "법계를 정제(淨除)한다"고 한다. 마치 향수를 땅에 뿌리는 것이 더러움을 제거하기 위한 것과 같이 여래도 역시 그러하여 성품이 청정한 계향(戒香)으로써 성품이 청정한 자비의 물을 섞어서 두루 법계 중생의 성품 청정한 마음자리에 뿌리는데, 이것은 모든 희론을 다 깨끗하게 제거하기 위함이다. 그러므로 역시 모든 자문(字門)으로써 이를 널리 부연해야 한다. 일체여래께서 다함께 이와 같은 큰 서원을 말씀하신 것을 이름하여 진언이라 한다.

또한 법계(法界)란 바로 중생계이다. 중생계란 곧 심계(心界)이다. 심계는 바로 본성이 청정하다. 본성이 청정한 것은 일체에 두루 이르러 허공과 같다. 허공과 같다는 것은 곧 무등(無等)으로서 아자문과 동등하다. 허공이 끝없음과 같기 때문이니 아자문도 또한 끝이 없다는 것을 알아야 한다. 허공이 물들지 않고 변화하지 않으며 움직이지 않는 것과 같이, 아자문도 역시 물들지 않고 변화하지 않고 움직이지 않는다는 것을 알아야 한다. 허공이 모든 모습을 여의었을지라도 만가지 형상을 머금고, 모든 행위를

59) 등지는 삼마발제(三摩鉢提, samāpatti)로서 혹은 발제(拔提)라고도 음역하며, 등지(等至)·정수(正受)·정정(正定)·현전(現前)이라 의역한다. 이 등지에 여덟 가지가 있으므로 팔등지라 하고, 삼등지(三等至) 또는 삼삼매(三三昧)라 함은 유심유사(有尋有伺)·무심유사(無尋唯伺)·무심무사(無尋無伺)의 셋을 가리키거나 공(空)·무상(無相)·무원(無願)의 셋이다.

떠날지라도 세간의 사업은 이로 인하여 이루어질 수 있는 것과 같이, 아자문도 역시 이와 같다. 모습이 없고 지음이 없지만 다함없는 장엄을 구족하고 보문의 부사의한 업을 성취한다. 이와 같이 갖가지의 문으로써 자재하게 이를 설명해야 한다.

그런데 다시 한량없이 많고 끝없으며 일찍이 없었던 법이 있어 그 허공으로도 비유할 수 없다. 이러한 까닭에 아자문을 진언의 종자로 삼으니, 비유하는 종류를 초월한다.

끝의 구절에 사바하[莎訶, svāhā]로 하는 것은 깨우쳐 일깨운다는 뜻이다. 일체여래도 보살의 도를 행할 때에 마찬가지로 이와 같은 뜻을 보았기 때문에 반드시 사자후하여 진실한 말씀을 하신다.

"내가 이 아자문으로써 두루 끝없는 중생계를 청정하게 하리라. 만약 나의 이 서원이 헛되지 않다면 저 모든 중생들이 나의 진실한 언어를 송하고 법칙을 어기지 않을 때에 곧 그 원하는 바대로 모두 충만하게 될 것이다."

내가 지금 여래삼매야의 가르침에 따라 이 진언을 송하니 오직 바라는 것은 본서(本誓)에 어긋나지 않고 나의 도량을 구족하고 엄정하게 하려고 사바하라 한다. 이하의 모든 진언에 사바하라고 하는 것은 그 뜻이 대체로 같다.

그리고 향수를 뿌려 청정하게 하고 나면 백단(白檀)을 사용하여 원단(圓壇)을 발라서 만들어야 한다. 12지(指)[60]의 크기로 잘라라. 최초에는 중태장에 대일세존의 위(位)를 두고 다음으로 동방의 대근용(大勤勇)[61]의 장소에 일체여래의 위를 두며, 동남쪽의 진타마니(眞陀摩尼)의 자리에 일체보살의 위를 두며, 다음으로 동북쪽 허공안(虛空眼)의 장소에 불모(佛母)의 위

60) 지(指)는 약 5푼이다.

61) 변지원(遍知院)을 가리킨다. 변지원(遍知院)의 중앙에는 삼각형이 위치하고 있다. 이 삼각형은 일체여래의 지혜를 나타내는 일체변지인이다. 삼각형의 일체변지인을 중심으로 지혜와 사물을 산출하는 생산의 힘을 상징한다. 좌우에 불안불모(佛眼佛母), 대안무불공진실금강보살(大安無不空眞實金剛菩薩) 등 남녀 4존을 배치한다.

를 둔다. 다음으로 대일의 오른쪽에 연화수(蓮華手)의 위를 두고, 다음으로 대일의 왼쪽에 금강수의 위를 두며, 다음으로 서남쪽 모퉁이에 성자부동(聖者不動)의 위를 두고, 서북쪽에 항삼세의 위를 두어라. 정면은 통과하는 문[通門]의 자리이다. 곧 아사리가 머무는 곳으로 공양유가(供養瑜伽)를 닦는 장소이다.

三	六	七
○일체보살(一切菩薩)	○금강수(金剛手)	○성부동존(聖不動尊)
七	火	
二	一	九
東○일체불위(一切佛位)		○오여래위(五如來位) 西○아사리위(阿闍梨位)
木		金
四	五	八
○불모허공안(佛母虛空眼)	○연화수(蓮花手)	○항삼세존(降三世尊)
	水	四

이것은 백단만다라(白檀漫茶羅)[62]의 위(位)이다.

경에, "처음의 제1은 나의 몸이다"[63]라고 함은 곧 비로자나의 위이다. 오불을 모두 하나의 단에 두어야 한다.

"제2는 모든 구세(救世)이다"라고 하는 것은 곧 모든 불보살로서 역시 나누어서 이위(二位)로 한다.

---

62) 밀교에서 대만다라(大曼荼羅)를 건립하는데 전방편(前方便)을 할 때에 건립하는 단(壇)이다. 칠일작단법(七日作壇法) 중 제4일째에 관정을 행하기 위해서 건립하는 만다라로서 통상 삼매야계단(三昧耶戒壇)으로 사용한다. 단을 건립할 때에 먼저 중앙에 백단과 바르는 향으로 12지(指) 정도의 원단(圓壇)을 만들고 오불의 위(位)를 만든다. 다음에 차례대로 제존을 바르는 원단이다.

63) 비유로 사용하여 밀교의 교조 비로자나불을 가리키는 것. 아(我)는 대자재(大自在)라는 뜻이다. 비로자나불은 제1로 비할 바 없이 대자재하기에 이러한 칭호가 있다.

"제3은 그들과 동등하다"라고 하는 것은 바로 불모(佛母)이다. 여래를 이름하여 무등(無等)이라 하는데 반야바라밀은 무등과 동등하기 때문에 "그들과 동등하다"고 하였다.

제4는 연화수(蓮華手), 제5는 금강부주(金剛部主), 제6은 부동존(不動尊)이라 하는데, 곧 항삼세(降三世)는 바로 모든 사업을 성취하는 지명자(持明者)임을 알 수 있다.

이 육위(六位)를 들어서 곧 모든 존을 포함시킨다는 것을 알아야 한다. 이와 같이 행하여 마치고서 그런 다음에 보련화대(寶蓮花臺)의 보배[寶王] 궁전을 짓는다고 관상하라. 가운데에 자리를 펼치고 자리 위에 백련화대를 놓으며 아자문을 돌려서 대일여래의 몸을 만들어라. 염부단(閻浮檀)의 자마금(紫磨金)[64]의 색과 같이 보살의 형상대로 하는데 머리에 발계를 놓은 것이 마치 관의 모양과 같으며, 몸 전체에서 갖가지 빛깔의 광명을 내고 명주 옷을 입으셨다. 이것은 바로 수타회천(首陀會天)[65]에서 최고의 바른 깨달음을 이루신 표치이다. 그 천계의 모든 성천(聖天) 대중들의 의복은 가볍고 오묘하여서 무게가 나가지 않고, 본 바탕이 깨끗하여서 다시 겉을 장식할 필요가 없다. 그러므로 세존을 그 모습과 같게 한다.

만약 깊이 있는 해석으로 풀이하면 여래의 묘하고 엄정한 모습은 본래 있는 그대로 늘거나 줄지 않으며, 조작하여 이룬 것이 아니기에 바깥의 보배로써 장식하지 않는다. 내지 십주(十住 : 十地)의 모든 보살도 부처님의 신력을 계승하였기에 가지신을 볼 수 있다. 저 언제나 고요한 몸은 마치 비단을 입은 것과 같기에 이것을 비유로 삼았다. 염부단금은 또한 자연의 성품이 청정한 것으로서 색도 아주 깊은 것이 부처님의 금강지체(金剛智體)가 가장 깊고 묘한 것을 설명해준다. 몸 전체에서 갖가지 빛을 내는 것

64) 염부수(閻浮樹)의 사이를 흐르는 강에서 나오는 사금(砂金). 염부단(閻浮檀)은 산스크리트로 jambū-nada이며 이를 음역한 것이다. 또는 염부수의 밑에 있다는 금괴덩어리를 가리키기도 한다. 자마금(紫磨金)은 곧 순금을 가리킨다.

65) Skt. śuddha-āvāsa의 음역. 수타위(首陀衛)라고도 하며, 정거천(淨居天)과 같다.

은 곧 보문으로부터 대혜(大慧)의 광명을 열어보이는 것이다.

다음에 사방의 여덟 잎 위에 사방의 불을 관상해야 한다. 동방에는 보당여래(寶幢如來)를 관하라. 아침 해가 처음으로 떠서 붉은 색과 흰 색이 서로 빛나는 색과 같다. 보당(寶幢)은 발보리심의 뜻이다. 비유하면 장군이 대중들을 통솔함에 반드시 깃발을 가지고 그런 다음에 부장(部將)의 분대(分隊)를 가지런히 하나로 하여 적국을 깨뜨리고 큰 공적을 이루는 것처럼 여래의 만행도 역시 이와 같다. 일체지원(一切智願)을 깃발로 삼아 보리수 아래에서 사마(四魔)의 군중을 항복시키는 까닭에 이것을 이름으로 삼는다. 색이 아침 해와 같은 것도 그와 상응하는 뜻이다.

남방에는 사라수왕(娑羅樹王)의 화개부불(花開敷佛)을 관하라. 몸의 모습은 금색으로서 두루 광명을 내어 이구(離垢)삼매에 머무는 표상이다. 처음으로 보리심의 종자로부터 대비의 만행을 길러내어 지금 두루 깨달음의 만덕을 열어 펼치니, 이것을 이름으로 삼는다. 이구(離垢)란 바로 대공(大空)이라는 뜻이다. 이 대공을 증득할 때에 진금을 100번 제련하여 더러움이 완전히 끝난 것처럼 부처님 몸의 모습도 역시 그러하다. 이것은 바로 세간의 가장 묘한 금이다. 만약 염부단금에 비교하면 색이 옅으며 조금 탁하여 저 자연의 [염부단금의] 거울처럼 투철하고 청명한 것과 같지 않다. 꽃잎 위의 부처님은 마음으로 헤아리는 인연으로부터 생하기 때문에 서로 다른 점이 있다.

다음으로 북방에 부동불(不動佛)을 관상하라. 열을 여의어 청량하게 고요한 선정에 머무시는 모습으로 만들어라. 이는 바로 여래의 열반의 지(智)이며, 이러한 까닭에 부동(不動)이라 하는데 그 본명은 아니다. 본명은 고음여래(鼓音如來)라 해야 한다. 천고(天鼓)가 도무지 형상이 없고 머무는 곳이 없을지라도 법음을 연설하여 중생을 깨우치는 것과 같이, 대반열반(大般涅槃)도 역시 이와 같아서 이승이 영원한 적멸에서 도무지 묘용이 없는 것과 같지 않으므로 이로써 비유한 것이다.

다음으로 서방에 무량수불(無量壽佛)을 관상하라. 이는 바로 여래의 방편지이다. 중생계가 다함이 없는 까닭에 모든 부처님의 대비방편도 역시 끝내 다함이 없다. 그래서 무량수라 부른다. 산스크리트로 지나(爾那, jina)를 이름하여 인자(仁者)라 한다. 또한 사마를 항복시키므로 이름하여 승자(勝者)라 한다. 그러므로 게송에서 그 뜻을 갖추어 번역하여 이를 인승자(仁勝者)라 하였다.

이 두 부처님[66]도 역시 진금의 색으로 만들어야 하며, 조금 눈을 감아서 아래를 보며 적멸의 삼매에 든 형상으로 만들어라. 모든 부처님도 예는 이와 같다.

화대의 사유(四維)에 네 보살이 있는데 아래의 문장[67]에서 설명한 것과 같다.

그 일체여래의 위(位)에는 다만 한 부처님을 관하는데 금단(金壇)의 가운데에 계시며, 모든 부처님의 몸과 같다. 나머지는 각 경전에서 형상과 위(位)에 의거하여 모두 종자를 전성시켜서 몸을 이루고 낱낱이 명료하게 해야 한다.

무릇 만다라전자(漫荼羅轉字)의 법은 낱낱의 제존에게 모두 본 종자의 글자를 사용하라. 또는 모든 다른 부(部)에 통용하는 글자로써 하라. 삼부(三部)의 아(阿)·사(娑)·바(縛) 등과 같다. 만약 깊이 수행하지 못한 아사리가 이와 같이 빠르게 선전(旋轉)할 수 없다면, 다만 아자문을 관하여 한량없이 많은 빛을 내게 하고, 빛이 이르는 곳에 곧 그 존의 몸을 나타내어라. 법사(法事)하다가 밤이 되어도 역시 모두 여기에 준거해야 한다. 무릇 관행을 닦을 때에는 먼저 오자(五字)로써 몸을 가지해야 하는데 「공양법」에서 설명한 것과 같다. 곧 자기의 마음을 관하여 여덟 잎의 연꽃으로 만들어라.

[선무외]아사리는 다음과 같이 말하였다.

'보통사람의 한율타(汗栗馱)[68]심의 상태는 마치 연꽃이 오무려서 아직

66) 북방 부동불과 서방 무량수불을 말한다.
67) 『대일경』 제5권 「입비밀만다라위품」에서 설한다.
68) Skt. hṛdaya, 즉 심장(心臟)을 말한다.

피지 않은 모습과 같은데, 줄기가 있으므로 이를 의거하여 이로써 여덟 부분을 이룬다. 남자의 [심장 모습]은 위로 향하고, 여인의 [심장 모습은] 아래로 향한다.'

먼저 이 연꽃을 관하여 그것을 피어나게 하고 여덟 잎의 백련화좌로 삼는다. 이 화대 위에 아자를 관하여 금강의 색으로 만들며, [수행자의] 머리 가운데에 백광변조왕(百光遍照王)[69]을 두고, 무구안(無垢眼)[70]으로써 이를 관해야 한다. 이것을 가지고 [수행자가] 스스로를 가지하면 곧 [수행자 스스로가] 비로자나의 몸을 이룬다. 이 방편으로써 비로자나의 몸을 관하여 나의 몸과 둘이 아니며 다르지 않게 해야 한다. 이렇게 두 명왕(明王)[71]의 중간에 있는 것을 불실(佛室)[의 대(臺)]로 삼는다고 한다.

만다라 그리는 것을 마치게 되어서 아사리가 좌위(座位)를 옮겨 단문(壇門)의 밖으로 나가게 되면 이 불실 위에 좋아하는 존을 두어야 한다. 혹은 『반야경』을 두고 금보배로써 대에 가득하게 장엄하여 공양하며, 혹은 지니고 있는 수주(數珠)나 금강저(金剛杵), 금강탁(金剛鐸)을 둔다.

제5일의 해저물 무렵에 이르러 다시 차례대로 모든 법칙을 갖추어야 한다. 자신을 잘 장엄하여 팔만다라(八漫荼羅)[72]의 위(位)를 관하며 봉청(奉請)하고 결호(結護) 등을 하나하나 두루 준비하여 마치고, 부동명왕이나 항삼세존[의 진언]을 송하며 밀인과 상응하게 108편을 채워서 이 땅을 가지해야 한다.

[선무외]아사리는 이렇게 말하였다.

'제3일부터 이후에 매일 세 때에 염송할 때에는 모두 부동의 진언을 108편 송하여 땅을 가지하라. 이 장소만 아니라 모든 장소에 [부동의 진언을] 사용해야 한다.'

---

69) 아(阿)자의 위에 점을 찍은 것이다.

70) 두 눈 사이에 라(羅)자를 관하는 것을 무구안이라 한다. 라자는 더러움을 여의었다는 뜻이기 때문이다.

71) 부동명왕(不動明王)과 항삼세명왕(降三世明王)이다.

72) 앞의 백단(白檀)만다라 구위(九位)이다.

또한 첫째날부터 삼일에 이르는 사이에 만약 어려움이 있으면 곧 [만다라를] 거두고 정지해야 한다. 만약 이미 백단(白檀)의 위를 발라서 마쳤으면 설령 갖가지의 마사(魔事)가 있어서 모두 화합하지 않더라도 방편을 더하여 반드시 성취하게 해야 한다. 나머지는 『구혜경』[73]에서 설명한 것과 같다.

수행자가 불실(佛室)에 머물러 위와 같이 모든 성존을 관하여 마치면 아(阿, a)를 전(轉)하여 바(嚩, va)로 삼아야 한다. 금강살타로써 자신을 가지하고 바르는 향과 꽃 등을 바치며 법다웁게 공양해야 한다. 모두 「[공양]차제법」에서 자세하게 설명한 것과 같다. 향과 꽃과 공양구를 나누어 나열하는 것도 공양차제의 의식에 준하여 같게 하라. 그런 다음에 대비심을 일으켜 정성을 지극하고 은근하게 해서 청하여 아뢰는 아리사(阿利沙)의 게송을 읊어라. 경의 문장과 같다. 지금 산스크리트로 남은 것은 아래와 같다.

사만바 하라 도미 살라비 이나
三漫嚩引訶㘕存念也覩迷我也薩囉鞞二合一切也爾曩引仁者也卽諸佛
가루나다마 가 부미발리베라 하 가 리야 사보다례
迦盧拏怛莽二合迦悲者部迷鉢履薜囉二合訶請受持地迦引哩也二合作也娑補怛㘑二合幷佛子也
습무 이나뎌 예
濕務二合儞那㕧丁結反曳平明日也[74]

이 게송의 뜻을 말하면, '[중생을] 가엾이 여기시는 모든 부처님이시여, 오직 바라오니 저희들을 존념(存念)하소서. 제가 지금 청하여 아뢰오니, 땅을 수지하는 법을 행하소서. 아울러 모든 불자(佛子)는 다음 날에 [제존께서]

73) 『유희야경(蕤呬耶經)』「간택제자품」(대정장 18, 761 상 이하). 『구혜경』은 중국의 불공삼장(不空三藏)이 번역한 밀교경전의 하나이다. 3권으로 되어 있으며, 유희야경(蕤呬耶經)·옥희야경(玉呬耶經)·구혜단다라경(瞿醯壇跢羅經, Guhya-Tantra), 또는 줄여서 구혜(Guhya)경이라고도 한다. 밀교의 사작법(事作法)에 관한 중요한 경전의 하나이다. 이 경에서는 만다라의 건립을 비롯한 밀교의 의식작법이 설해지고 있다. 이 경의 성립시기는 정확하지는 않지만 『대일경』보다 약간 빠른 7세기 초경으로 보인다.

74) Skt. samanvāharantu me sarva-jina-karuṇātmakāḥ bhūmeh parigrahaḥ kāryam saputraiḥ śvo dinādeḥ.

내려오시게 하기 위하여 증명합니다'라고 하는 것이다. 산스크리트로 존념이라는 소리 가운데에 곧 청부(請赴)의 뜻이 있다. 그 제5일의 밤에 부동의 진언을 송하여 마치고 다음에 대일여래의 몸으로써 곧 지지(持地)의 진언을 송하고 삼매야의 인을 결해야 한다. 그 진언은 다음과 같다.

나모 사만다 발타남살바 달타가다 지슬타 나
南麼 三曼多 勃馱喃薩婆 怛他揭多引二地瑟姹二合那引
지슬지뎨 아자려 미마려
地瑟祉帝三阿者麗四微麽麗五
사마 라니 발라 걸율 뎨 발리수 제 사바하[75]
娑麽二合囉嬭平六缽囉二合吃㗚二合底 鉢履輸上睇七莎訶

처음의 구절은 모든 부처님께 귀명함이고, 제2와 제3의 구절의 뜻은 '일체여래의 가지로써 이를 가지하라'이다. 이 뜻을 말하면, '그 금강도량[76]과 같이 일체여래의 신력으로써 함께 가지하시는 바이다. 지금 이 땅도 역시 이와 같이 하소서'이다.

나는 이미 제자의 청정한 마음자리를 평평하게 다듬어 마쳤다. 이것은 바로 심왕여래(心王如來)께서 대비만다라를 도화(圖畵)하신 곳이다. 내가 지금 진실한 언어를 설하여 일체여래의 신력으로써 이를 가호하여 견고하여 움직이지 않게 한다.

제4의 구절에 아자려(阿者麗, acale)라고 한 것은 부동(不動)의 뜻이며, 제5의 구절에 미마려(微麽麗, vimale)라고 하는 것은 무구(無垢)라는 뜻이다. 이 뜻을 말하면, 일체여래의 신력으로써 바르게 이를 가지하여 편안하고 견고하며 움직이지 않게 하는 것이다. 다만 움직이지 않는 것만이 아니라 또한 온갖 더러움을 여의게 하는 것이다. 바로 제4의 구절 처음의 아자를

---

75) Skt. Namaḥ samanta-buddhānaṃ sarva-tathāgatādhiṣṭhānādhiṣṭhite acale vimale smaraṇi pragriti-pariśu ddhe svāhā.

76) 마갈타국의 보리수 아래를 가리킨다.

진언의 체(體)로 삼는다. 여래께서는 어떠한 법으로써 가지하여 필경에 움직이지 않게 하시는가? 이른바 이 아자문으로써 하는 까닭에 이와 같은 힘과 쓰임이 있다. 제6의 구절은 억념(憶念)하여 가지한다는 뜻이다. 마치 비구가 갈마법(羯磨法)[77]을 행할 때에 대중스님들이 일심으로 화합하여 공동으로 수지하게 하는 것과 같다. 지금 이 진언도 역시 그러하다. 아자를 사용하여 가지하여 마치고 일체여래의 본서를 억념하기 위하여 공동으로 수지하겠다고 청한다.

제7의 구절은 본성이 청정하다는 뜻이다. 이것은 바로 앞의 구절을 돌려 해석한 것이다. 어찌한 까닭에 모든 부처님께서는 마음을 함께하시어 가지하셨는가? 본성이 청정함에 말미암기 때문이다. 만약 [수행자가] 법에 [머물러]서 아자문에 들어가면, 이것은 본래부터 이래 움직임 없고 더러움 없기에 시방삼세의 모든 부처님께서 이 뜻으로 말미암아 모두 함께 하나의 계를 한 번 보는 것이다. 그 이유는 공동으로 가지하시기 때문이다. 끝의 구절에서 사바하[莎訶]라고 하는 것은 승가의 갈마를 마치고 인가(認可)·인성(印成)의 구절을 더하는 것과 같다. 만약 내가 발하는 성실한 언어가 반드시 틀림이 없다면, 오직 모든 부처님의 삼매야를 거스르지 않고 행위를 원만하게 하기를 바란다는 것이다. 이 가운데 있는 종자의 뜻도 자세하게 분별하여 설명해야 한다.

이때에 아사리는 동방의 일체여래의 단위(壇位) 바깥으로 가서 동쪽을 향하여 진언을 3편이나 7편 지송해야 한다. 많이 할수록 좋다. 다음에 남방으로 가고, 다음에는 서방으로 가며, 다음에는 북방으로 가서 모두 백단(白檀)의 좌위(座位)를 등지고서 진언을 지송하라. 이와 같이 한번 돌아 마

---

77) 갈마는 Skt. karma의 음역. 소작(所作)·사(事)·변사작법(辨事作法)이라 번역한다. 불교 교리인 업(業, karma)의 뜻으로도 사용하지만 흔히 수계·참회·결계(結界) 등 계율에 관한 행사에서 의식상의 작법을 의미한다. 수계때 갈마에 의하여 수계자는 악을 끊고 선을 생기게 하는 힘인 계체(戒體)를 자기 몸에서 생기게 한다. 그리고 갈마를 갈마의 방법[法]·갈마를 하는 행사[事]·갈마에 관계하는 사람[人]·갈마를 하는 장소[界]의 넷으로 나누며 이것을 갈마의 4법(四法)이라 한다.

치고 다음에 허공안(虛空眼)의 위로 가서 [아사리가 자신의] 얼굴을 동북쪽으로 향하고 단위를 등지고서 진언을 송하여야 한다. 다음에 동남쪽으로 가며, 다음에 서남쪽으로 가고, 다음에는 서북쪽으로 가며, 또 한바퀴를 마치면 다시 지성껏 예를 올리고 갖가지로 공양해야 한다. 아사리의 좌위에서 동쪽을 보고 앉아서 본 수지의 진언을 송하며 본존삼매에 머물어라. 모두 「공양차제」에서 설한 것과 같다. 또 차례대로 백단위(白檀位)의 제존의 진언을 지니면서 아울러 그 인을 결하라.

[선무외]아사리는 다음과 같이 말하였다.

"먼저 부주(部主) 대일의 진언을 108편 지송하라. 그 밖의 팔위(八位)[78]에 그 진언의 크고 작은 것을 관하여서 이를 지송하라. 만약 다시 지송하려면, 겸하여 제2원의 네 보살과 제3원의 석가 등의 상수의 제존[의 진언]을 겸하여 지송하라. 내지 모든 위(位)의 [진언을] 송할 수도 있다."

그 백단위에는 다만 마른 진흙을 바르고 향수 뿌리는 것을 마치고서 곧 이를 만들 수 있으나, 역시 제4일을 넘겨서는 안 된다. 안치하여 마친 이후에 모두 반드시 이것에 의거하여 지송해야 한다. 법사(法事)를 행하는 밤에 이를지라도 역시 이것에 준하여 알 수 있다. 그 수지하는 땅에서, 밤에 아사리는 법다웁게 지송하여 마치고, 나아가 금강의 풍영(諷詠)으로써 두루 모든 부처님과 보살을 찬탄하라. 연좌(宴坐)하여 피곤이 심하면 곧 이 단을 둔 장소에서 법다웁게 호신하여 곧 동쪽을 바라보며 누워야 하며, 제도받아야 할 제자에게 지극한 대비와 연민하는 마음을 일으켜야 한다.

『구혜탄트라(瞿醯呾坦囉)』에는 땅을 수지(受持)하여 마쳤으면 또 소다라(蘇多羅, sūtra, 金剛線)[79]를 결하여 제자의 명호를 수지하는 법[80]이 있다. 그

---

78) 백단(白檀) 구위(九位) 가운데에서 중앙의 대일여래위를 제외한 다른 팔위를 가리킨다.

79) 금강선(金剛線, vajra-sūtra)은 관정할 때에 관정받는 자에게 수여하는 사선(絲線)이다. 혹은 수법단(修法壇 : 曼荼羅) 위의 금강궐(金剛橛 : 단 위의 네 모퉁이에 세운 기둥) 사이에 묶는 것을 금강선이라 부른다. 다섯 가지 색의 실을 꼬아서 만들며, 아울러 양쪽 선 끝의 결합하는 곳에 세 개의 금강결(金剛結)을 만들므로 이런 칭호가 있게 되었다.

80) 『유희야경(蕤呬耶經)』 「정지품(淨地品)」(대정장 18, 762 중). '다음에 판사진언(辦事眞

가 편안히 잠들 때에 심연화대 가운데에 마자문(麼字門)을 사유해야 한다. 모든 법은 내[我]를 얻을 수 없기에 곧 걸림없는 보리심이며, 또한 여의보주이다."

또 [선무외아사리가] 말하였다.

"이 여의주는 다만 아자문일 뿐이다. 그 아사리는 꿈 속에서 한량없이 많은 모든 부처님과 위대한 명칭을 가진 보살들이 시현하여 온갖 사업을 짓는 것을 보아야 한다. 이른바 갖가지 제도해야 할 중생에 따라 삼륜(三輪)[81]으로써 변화를 나투어 제도하고, 혹은 친히 스스로 비생만다라를 펼쳐 봉안하여 건립하며, 혹은 미묘한 음성으로써 안위하고 권하여 부촉하며 말해야 한다.

"그대는 지금 중생들을 가엾이 생각하기에 이 만다라를 만드는구나. 훌륭하도다. 마하살타여, 그대가 그리는 바는 심히 미묘하도다."

이와 같은 갖가지의 경계가 있으면, 아사리는 혜심(慧心)으로써 이를 잘 결택해야 한다. 온갖 성자는 이미 함께 이 땅을 가지하셨으므로 뜻대로 작법할 수 있음을 알아야 한다.

만약 장애가 있으면 [장애와] 상응하는 호마[82]를 지어서 방편으로써 청정하게 제거하며, 대근용의 마음을 내어서 반드시 행위를 성취하게 해야 한다. 또한 진리를 보고 깨달은 아사리라면 연화삼매의 정보리심의 여의주 가운데에서 분명하게 장애가 있는 것과 장애가 없는 것의 인연을 보는

言)으로 제자를 수지(受持)해야 한다. 동녀가 꼰 선을 사용하여 판사진언으로 각기 일곱 번 지송하며 마음으로 하나하나의 제자를 관념하며 이름을 불러라. 다시 일곱 번 지송하고 한 번 송할 때마다 한 번 맺어서 일곱 매듭에 이르게 하라. 이렇게 제자를 수지하면 모든 장애와 난관이 사라진다.'

81) 부처님께서 중생을 교화하시는데 세 가지의 작용이 있음을 말한다. 첫째는 신변륜(神變輪), 또는 신족륜(神足輪), 둘째는 교계륜(敎誡輪), 또는 설법륜(說法輪), 셋째는 기심륜(記心輪), 또는 억념륜(憶念輪)으로서 제1은 신업(身業), 제2는 구업(口業), 제3은 의업(意業)이다.

82) 상응하는 호마란 불부(佛部)의 본존은 식재호마, 연화부의 본존은 경애호마이며, 다른 것은 이에 준하여 알 수 있다.

것이 요요하여 걸림이 없다. 심불(心佛)이 현전하여 부촉하여 주시고 [견제의 아사리를] 위하여서 의심하는 것을 분명하게 판단하여 주신다. 마치 그 마사(魔事)를 깨닫고나면 대지혜와 대방편으로써 전환시켜서 호마의 법을 짓고 반드시 분명한 마음을 움직이지 않고 물러나지 않으며, 법계만다라를 건립하기에 감당할만하게 하고 그런 다음에 휴식하는 것과 같다.

또한 아사리는 처음에 지신을 깨워 일으킨 이래로 이와 같은 도량의 땅을 버리지 말아야 한다. 언제나 이 가운데에서 가지하고 진리를 생각하며 세밀히 살펴 관찰하며 아직 평평하지 않은 곳이 있으면 부드럽게 이를 닦아 다듬어라. 또한 온갖 연의 지분을 사유하여 모두 희게 해서 갖추게 하라. 일에 임하여 빠뜨림이 없게 하고 의혹을 내지 말라.

땅을 수지하여 마친 이후에는 곧 계역(界域)을 재어서 그리고, 방위를 펼쳐 정하며, 관정하는 밤이 되면 바야흐로 제존을 만들어야 한다. 만약 빠르게 성취할 수 없으면 땅을 수지한 이후에 점차로 이를 닦을지라도 역시 허물이 없다.

10. 제자를 받아들이는 법

경에, "또 다시 다른 날에는 사람들을 제도하여 거두어 들여라"고 하는 데에서부터 아래의 "향수[淨香水][83]를 주어서 마시게 하는데 그의 마음을 청정하게 하기 위해서이다"라고 하는데 까지는 제자를 받아들여서 건립하고 호지(護持)하는 지분을 밝힌다. 지(地)를 수지(受持)하고 나서 다음으로 다음날 밤에 제자[를 받아들이는]법을 행해야 한다. 그래서 "다른 날"이라고 하였다.

83) 이것은 금강서수(金剛誓水)라고도 한다. 제자는 이 서수를 받고 정보리심을 수지하며 시방삼세의 모든 불보살께 서약한다.

이것으로 제도해야 할 제자의 상(相)을 자세히 분별하였다.

게송에 **"만약 제자가 신심이 있으면"**이란 이른바 아사리가 그의 현재의 근성(根性)과, 혹은 오래전의 인연을 관하는데에 이 부사의연기의 세 가지 비밀한 모든 방편 가운데에서 곧바로 믿고 의심하지 않으며, 두려워하는 것이 없으면 곧 [그 사람을 제자로서] 받아들일 수 있다. 다른 것은 스승의 덕 가운데에서 설명한 것과 같다. 게송에서 **"태어난 종성(種姓)이 청정하다"**고 하는 것은 바라문(婆羅門) 등 네 가지의 대성(大姓)의 집에 태어나는 것을 말한다. 만약 전다라(旃陀羅)[84] 등의 집은 법을 상승하며 청정하지 않은 일을 익혀 행하기 때문에 성품이 대부분 나쁘며 추하다. 만약 [전다라를] 위하여 전법관정을 지어서 대법을 유통하게 하려면 남들이 경멸하니 법의 인연이 끝나게 된다. 비구로서 구족계를 받을지라도 역시 대중들이 훼방하며 욕한다. [그러므로] 극히 비천하고 하열한 종성자를 가려내야 한다. 그러나 단지 결연(結緣)의 법을 주는 것 뿐이라면 [종성을] 논하지 않는다.

만약 오래전부터 일찍이 발보리심의 인연이 있으면 이는 바로 여래종성 가운데 태어난 것이니 가장 뛰어난 종족으로 삼는다. 게송에 **"삼보를 공경한다"**고 한 것은 부처님과 법과 대중스님들에 대하여 순후(淳厚)하고 겸하(謙下)하는 마음을 일으켜서 언제나 좋아하고 친근하며 공양하고, 존중하며 찬탄하는 것을 말한다. 이 사람은 선세에 도를 행한 인연이 있다는 것을 알아야 한다. 이에 상불경보살(常不輕菩薩, Sadāparibūta)[85]과 같이 깊

---

84) Skt. Caṇḍāla. 포악(暴惡)·도살(屠殺)이라 번역한다. 인도의 네 가지 성급(姓級) 밖의 가장 천한 족속으로서 도살 등에 종사하였다.

85) 상피경만보살(常被輕慢菩薩)이라고도 하며 간략히 칭하여 불경보살(不輕菩薩)이라 한다. 『법화경』「상불경보살품(常不輕菩薩品)」에서 설하는 보살이다. 과거 위음왕불(威音王佛) 입멸 후 상법(像法)시대에 세간에 나온 보살비구로서 석존의 전신(前身)이다. 이 보살은 매번 비구나 비구니, 우바새, 우바이를 보면 모두 예배하고 찬탄하며 이렇게 말하였다(대정장 9·184 하). '저는 당신들을 깊이 공경하며 감히 가벼이 여기지 않습니다. 왜냐하면 당신들은 모두 보살도를 행하고 미래에 성불할 것이기 때문입니다.' 사람들은 이 말을 듣고 모두 화가 나서 기와조각·돌·나무몽둥이 등으로 그를 때렸다. 그러나 상불경보살은 공경하며 멀리서 사부대중을 바라보며 역시 예배하고 찬탄하며 전과 같은 말을 할 뿐이었다. 이러한 까닭에 증상만(增上慢)의 사부대중들이 그를

이 모든 중생들을 공경하며 불법승보(佛法僧寶)를 믿는다고 부른다.

"깊은 혜(慧)로 몸을 장엄한다"고 하는 것은 이와 같이 허공과 동등하여 끝없는 불법은 열등한 지혜를 가진 자의 마음그릇이 감당할 수 없으므로, 지혜의 성품이 매우 날카로우며 이로써 스스로 장엄하는 자를 위해서만 설할 수 있다는 것이다.

"잘 참을 줄 알고 게으르지 않다"고 하는 것은 감당할 능력이 있으며 뒤로 물러남이 없다는 뜻이다. 산스크리트로 인욕(忍辱)과는 같지 않다. 이른바 법을 구하는 인연에 갖가지 어려운 일이 있을지라도 모두 다 행한다. 설령 한번에 이루지 못할지라도 다시 일어나 닦는다. 맹서하기를 '큰 바다를 퍼내어 다하게 한 다음에라야 그치겠다'고 하는 것과 같다. 만약 사람의 의지의 성품이 이와 같다면 곧 법을 전할 수 있다.

"시라(尸羅)[86]는 청정하고 빠뜨림 없다"고 하는 것은 재가와 출가의 율의(律儀)와 근본 성품으로 받는 모든 금계(禁戒)에서 받들어 지니는 바에 따르며, 곧 깊은 마음으로 방호하여 훼손하거나 모자람이 없는 것을 말한다. 만약 이와 같은 성품을 갖춘 자라면 아직 삼매야평등의 대서(大誓)에 들어가지 않았을지라도 공경하고 따르며 거스르지 않기 때문에 법을 전하기에 알맞다.

"인욕할 줄 알며 인색하지 않다"고 하는 것을 두 구절로 나누어 설명하겠다. "인욕"이란 안과 밖의 거스르거나 따르는 경계의 여덟 종류의 대풍(大風)[87]에서 그 마음이 안인(安忍)하여 움직이는 바가 없는 것을 말한다. 『대지도론』의 시라바라밀(尸羅波羅蜜)[88] 가운데 자세하게 설명한 것과 같다.

상불경이라고 칭하였다.

86) 계(戒)를 말한다.

87) 이(利)·쇠(衰)·훼(毁)·예(譽)·칭(稱)·기(譏)·고(苦)·락(樂)의 여덟 가지 바람으로서 팔미(八迷)의 희론을 비유한 것이다.

88) 『대지도론』 13권(대정장 25, 153 중 이하). '시라(尸羅)라 함은 간략히 말하건대 몸과 입의 율의(律儀)이니, 여덟 가지가 있다. 괴롭히고 해치지 않음과 겁탈하고 훔치지 않음과 삿된 음행 않음과 거짓말 않음과 이간질 않음과 욕설 않음과 꾸밈말 않음과 술 마시지 않고 깨끗하게 생활함이다. 이것을 계상(戒相)이라 한다. 잘 보호하지 않고 놓

이 사람은 반드시 지명(持明)의 중금(重禁)을 범하지 않는다고 알아야 한다. 중생에게 이롭지 않은 행을 하지도 않기 때문에 법을 전수하기에 알맞다.

"인색하지 않다"고 하는 것은 가지고 있는 법재(法財)를 언제나 다른 이에게 베풀려고 생각하며, 와서 구하는 자에게는 마음에 인색함이 없음을 말한다. 『대지도론』의 단바라밀(檀波羅蜜)[89] 가운데 자세하게 설명한 것과 같다. 이 사람은 절대로 지명의 중금을 범하지 않는다고 알아야 한다. 정법에 인색하지 않기 때문에 전수하기에 알맞다.

"용건(勇健)하여 행원(行願)이 견고하다"고 하는 것도 역시 두 구절로 나눈다.

"용건"이란 아사리의 덕 가운데 용건한 보리심의 종성(種性)이다. 도를 수행할 때에 갖가지의 두려워할 만한 사물이나 소리를 만나더라도 마음이 겁약하지 않다. 내지 생을 벗어나 죽음에 들어가더라도 두려운 생각이 없이 바르게 보리살타 대인(大人)이 행하는 바를 따른다. 그러므로 전수해야 한다.

아버리면 이를 파계(破戒)라 하나니 파계한 이는 삼악도에 떨어진다. 만일 하품으로 계를 지니면 인간세상에 태어나고 중품으로 계를 지니면 육욕천에 태어나며, 상품으로 계를 지니면서 겸하여 사선정(四禪定)과 사공정(四空定)을 닦으면 색계와 무색계의 청정한 천계에 태어난다. 상품으로 계를 지니는데 세 등급이 있으니 하등의 청정으로 계를 지니면 아라한이 되고, 중등의 청정으로 계를 지니면 벽지불이 되고, 상등의 청정으로 계를 지니면 불도를 이루나니, 붙이지도 않고 기대지도 않으며 깨뜨리지도 않고 때리지도 않는 일은 성인께서 칭찬하신 바이다. 이런 것들을 상등의 청정으로 계를 지닌다고 한다. 만일 중생을 가엾이 여기기 위해서나 중생을 제도하기 위해서나 계율의 참뜻을 알기 때문에 마음으로 기대거나 집착하지 않으면 이렇게 계를 지니는 이는 장차 불도에 이르게 된다. 이런 것을 위없는 불도를 얻는 계법이라 부른다.'

89) 『대지도론』 11권(대정장 25, 140 상 이하). '단(檀)바라밀에는 갖가지 이익이 있다. 단은 보배 곳간이니 항상 사람의 요구에 따라고, 단은 괴로움을 깨뜨리니 사람에게 즐거움을 줄 수 있으며, 단은 능숙한 마부이니 천상에 태어나는 길을 열어보이고, 단은 훌륭한 수도[府]이니 모든 착한 사람을 거두며,[보시는 모든 착한 사람을 거두어 인연이 되어주기 때문에 거둔다고 한다] 단은 편안함이니 목숨을 마칠 때 마음에 두려움이 없고, 단은 자비의 모습이니 모든 대중들을 건지며, 단은 즐거움을 모음이니 괴로움을 깨뜨릴 수 있고, 단은 큰 장수이니 인색의 적군을 무찌를 수 있으며, 단은 묘한 결과이니 천과 인간이 사랑하는 바이고, 단은 복된 업이니 착한 사람의 모습이요, 단은 빈궁을 깨뜨리고 세 가지 나쁜 길을 끊는다.'

"행원이 견고하다"고 하는 것은 이것이 바로 중요한 마음의 원이다. 산스크리트로 구원(求願)의 뜻과는 같지 않다. 스스로 뜻을 세워서 매일 세 때에 염송하고 곧 하나의 기한을 마칠 때까지 갖가지의 다른 연을 만날지라도 처음부터 끊어지지 않게 하는 것과 같다. 이와 같은 일에 시작과 끝이 있으면 보살도를 행할 때에도 역시 본서를 어그러뜨리지 않기 때문에 법을 전하기에 알맞다.

그런데 이렇게 설한 제자의 열 가지 덕[90]을 겸비하는 자는 아주 드물다는 것을 알아야 한다. 다만 한쪽으로 장점이 있어서 성장하기에 감당할 만하면 바로 받아들여야 한다. 성문(聲聞)은 수구(受具)할 때에 갖가지의 차난(遮難[91])을 관찰한다. 이른바 아주 작거나 매우 늙었거나 용모에 결점이 있거나 온갖 병환 등이 있다[면 법을 전하지 않는다]. 백의(白衣)가 혐오하고 책망할 것이 우려되므로 빈번이 이를 가려낸다. 그러나 지금 이 마하연[大乘]은 이와 같지 않다. 다만 도(道)의 근기여서 제도할 수 있다면 그 밖의 온갖 과실이 있을지라도 모두 보지[92] 않는다.

게송 가운데에 "혹은 열이나 여덟이나 일곱이나 또는 혹 다섯이나 둘이나 하나나 넷[93]이나"라고 하는 것은 이것이 하나의 기한을 정한 도량에서 아사리가 [입단하는 제자에게] 관정을 행하는 한정된 수이다. 이 가운데에는 초수(超數)에 의거하여 이를 취하였다. 이른바 하나로부터 둘에 이르고, 둘로부터 넷에 이르며, 넷으로부터 다섯에 이르고, 다섯으로부터 일곱에 이르며, 일곱으로부터 여덟에 이르고, 여덟에서 뛰어넘어 열 사람에 이른다.

---

90) 제자의 열 가지 갖추어야 할 덕은 다음과 같다. 신심(信心)이 있을 것, 종성(種姓)이 청정할 것, 삼보를 공경할 것, 깊은 혜로 몸을 장엄할 것, 감인(堪忍)하여 게으르지 않음, 시라가 청정하여 빠뜨림이 없을 것, 인욕(忍辱), 인색하지 않음, 용건(勇健), 원행(願行)이 견고함이다.

91) 수법(受法)에 방해가 되는 뜻.

92) 성문(聲聞)의 차난을 보지 않는다는 뜻이다.

93) 이것은 전법을 받는 사람의 숫자를 나타낸 것이다. 3, 6, 9의 숫자는 피하는데 그 이유는 분명하지 않지만 삼계(三界)・육도(六道)・구계(九界)와 같이 미혹한 세계를 상징하는 숫자를 피하기 위해서라고 한다.

이러한 까닭에 하나의 만다라도량 가운데에 동시에 세 사람이나 여섯 사람이나 아홉 사람을 위하여 관정할 수는 없다. 무릇 여래의 비밀한 뜻이기에 아사리도 그 이유를 해석할 수 없다. 『대방등다라니경(大方等陀羅尼經)』[94]에 열 사람 이상으로 넘어서는 안된다고 설하는 것과 같다. 이것을 넘은 그 이상은 아사리가 마음 속으로 헤아리는 것이 고루 미치지 못할까봐 걱정하므로 다음 연을 기다려 따로 작법해야 한다. 또한 열 사람 이하는 이른바 때를 함께하여 발심해서 각기 안과 밖에 있는 것을 살펴서 삼보에 공양하고 공동으로 만다라를 성취하는 까닭에 동시에 작법할 수 있다. 어떤 사람이 [제자의 자격도 갖추지 않고서] 도량을 만나자마자 '법의 연은 만나기 어려운데 바라오니 제도하여 주소서'라고 하는 자에게 선불리 아사리의 관정을 행해서는 안된다.

"또는 다시 숫자가 이것을 넘어도"라고 하는 것은 만약 단지 결연(結緣)만을 위하여 일문(一門)의 본존법 가운데에서 [법을] 구하며 진언과 인을 받으려는 자에게는 이와 같은 제한(劑限)을 적용하지 않는다. 아사리는 역시 대비심을 일으켜서 착한 마음을 조금이라도 일으킨 자가 있으면, 이에 따라 모두 위하여서 보리의 종자를 일으켜 세워야 한다. 그래서 **"또는 다시 숫자가 이것을 넘어도"**라고 하였다.

11. 만다라의 이름과 그 뜻

"이때에 금강수비밀주가 다시 부처님께 말씀드렸다."

94) 북량의 법중(法衆) 역. 4권이다. 영안중(永安中 : 402~413)에 번역하였으며, 『방등단특다라니경(方等壇特陀羅尼經)』·『방등다라니경』·『단특다라니경』 등의 이명이 있다. 이 경의 제2권 「수기분」 제2이다(대정장 21, 650 중).

"세존이시여, 무엇을 이름하여 만다라라고 합니까. 만다라는 그 뜻이 어떠합니까?"

이것은 여래께서 사람을 가려서 대중을 제한함으로 인해서 아직 깨닫지 못한 모든 자들을 깨치게 하시고자 [여래께서는 금강수로 하여금] 돌려서 의문을 일으키게 한 것이다. 금강수는 본디 세존께 이러한 가지(加持)의 경계를 찬탄하며 대비장생대만다라왕(大悲藏生大漫荼羅王)을 연설하여 주실 것을 청하였다. 이 평등의 대비는 또한 한량이 없다. 지금 세존께서 설하신 것을 덕(德)이 있어서 전할 수 있는 자가 있더라도 열 사람을 넘지 못할 것이다. 이는 수전(隨轉)의 일문(一門)[95]으로서 그 갖추어진 몸이 아니며 비슷할 뿐이다. 그러므로 "무엇을 이름하여 이 만다라라고 합니까"라고 질문한 것이다.

또한 만다라는 윤원(輪圓)의 뜻이다. 지금 이미 명수(名數)를 국한하니, 이치에서 아직 원만하지 않은 것과 비슷하다. 그러므로 다시 이 가운데의 "만다라는 그 뜻이 어떠합니까"라고 여쭌 것이다.

무릇 두 가지 질문이 있다. 세존의 답변 가운데에 처음에는 명칭을 답하시고, 다음에는 뜻을 답하셨다. 명칭을 답하신 가운데에 다시 분명하게 본지(本旨)를 펼치시고자 다음과 같이 답하셨다.

'무릇 만다라란 발생(發生)한다는 뜻이다. 바로 모든 부처님을 발생하는 만다라[發生諸佛曼荼羅]라고 이름한다. 보리심이라는 종자를 일체지(一切智)라 하는 마음자리 가운데에 뿌리고, 대비(大悲)라 하는 물로 적시며, 대혜(大慧)의 광명으로써 비추고, 대방편의 바람으로서 두드리며 대공(大空)의 허공으로써 걸림없게 하여, 부사의한 법성의 싹을 차례대로 번성하게 한다. 그리하여 법계에 가득차게 하여 부처님의 수왕(樹王)으로 성장하니, 이 때문에 발생이라 부른다. 무릇 천둥과 비가 흩뜨리는데 껍질이 터진 것에 따라 먼저 싹튼다. 풀과 나무의 번성하는 성분은 동등하지 않으므로 평등

95) 부처님의 본 뜻이 아닐지라도 다른 이의 정서와 근기에 따라 설하시는 것을 말한다.

하게 나누어 베풀더라도 일정한 크기를 이루게 할 수가 없다.'

뜻을 답한 가운데 산스크리트로 만다라는 유락(乳酪)을 모아 흔들어서 소(蘇)를 만든다는 뜻이다. 만다라는 소(蘇) 가운데에서 극히 정순(精醇)한 것이 떠올라 모여서 위에 있다는 뜻이다. 그 정순한 것은 쉽게 변하지 않으므로 다시 이름하여 견(堅)이라 한다. 청정하고 묘한 맛 만이 서로 화합하며, 다른 것은 섞일 수 없다. 그래서 취집(聚集)의 뜻이 있다. 이러한 까닭에 부처님께서는 지극하여 비교할 것이 없는 맛, 더 이상 위가 없는 맛을 만다라로 한다고 말씀하셨다. 세 가지의 비밀방편으로써 중생의 불성의 우유를 모아 흔들어서 이에 다섯 가지 맛을 지나게 하여 묘각(妙覺)의 제호(醍醐)를 이루니, 순정(醇淨)하고 원융하며 묘하여서 다시 더할 것이 없다. 모든 금강지인(金剛智印)이 공동으로 집회한 것은 참되고 항상하며 변하지 않는 감로미 가운데에서 가장 제일인 것과 같으니, 이것을 "만다라"의 뜻으로 한다.

경에, "또한 비밀주여"라고 하는 것부터 이하는 널리 만다라의 뜻을 부연하여 의심나는 것을 풀이하여 없앤다. 다시 나누어서 셋으로 하는데, 첫째는 법계원단(法界圓壇)의 보문(普門)의 한량없음을 밝히고, 다음에는 사람을 제한하고 대중을 가리는 이유를 밝히며, 끝의 구절은 아사리에게 평등의 비원을 일으키도록 권하고 부촉한 것이다.

처음의 문장에서 "끝이 없는 중생계를 애민함은 대비태장생(大悲胎藏生)만다라의 넓은 뜻이다"라고 하는 것은 무엇인가? 만약 수행하는 사람이 스스로 중태장(中胎藏)을 보는 때에, 곧 모든 중생들에게 다 성불의 인연이 있음을 안다. 그러한 까닭에 그 일어나는 대비만다라도 역시 법계에 고루 미친다. 또 온 세상의 티끌의 수처럼 많은 모든 집금강보살 대중들과 같이 일문(一門)으로써 만다라의 주(主)가 되는 것에 따라 나머지는 권속으로 삼아 곧 한 종류의 만다라를 이룬다. 이와 같이 돌고 돌아 다함이 없으므로, 숫자를 헤아리는 비유로 언급할 수 있는 것이 아니다. 하물며 이 가운데에 각기 한량없이 많은 문으로써 장엄하고 갖가지의 방편으로 중생을 이끌고 거두어 들이는 것은 또 어찌 기록할 수 있겠는가! 만약 수행자가 한 글자의 법문 가운데에서 큰 것을 거두어 들여 간략하게 하고, 간략한 것을 부연하여 큰 것으로 하며, 법재를 출생하여 널리 일체에 베풀고 언제나 끊어지지 않게 한다면 만다라의 광대한 뜻을 잘 이해하였다고 일컫는다.

12. 만나기 어려운 만다라의 가르침

다음에 "비밀주여. [이 대비태장생만다라는] 여래의 한량 없는 겁 동안 아뇩다라삼먁삼보리의 가지한 바를 적집하였기에 한없는 덕을 갖추었다. 이와 같이 알라"고 하는 것은 [만다라가] 지니는 광대한 뜻을 해석한 것이다.

『화엄경』의 「입법계품(入法界品)」[96]에서 모든 선지식이 각각 일문(一門) 가운데에서 통달한 법은 깊고 넓으며 한이 없을지라도, 또한 서로 알지 못하는 것과 같다. [석가모니]여래께서도 과거에 보살도를 행하실 때에 보문(普門)으로부터 이와 같은 불국토의 티끌의 수처럼 많은 선지식을 가까이 섬기고 그 하나하나의 공덕장(功德藏)에서 모두 지극하여 평등하게 비교할 것이 없으며, 그 이상가는 것이 없는 의미에 도달하시었다. 이와 같은 내증의 덕은 한량없이 많으며 끝없기 때문에 그 가지로 나타난 법문권속도 역시 한량 없이 많고 끝이 없다. 저 진언문의 수행자도 그 마음을 널리 미치고 크게 하여서 이와 같이 이해하여야 한다. 이미 내증의 덕이 한계가 없다는 것을 알았으므로 다음에 본지(本地)의 만다라에서 사람들을 제도하는 것이 한계가 없다는 것을 밝힌다. 왜냐하면 대비원행에 곁따르

96) 불타발타라(佛馱跋陀羅) 역, 『화엄경』 44권, 34-1 「입법계품」(대정장 9, 676 상 이하).

기 때문이다.

그리하여 경문에서 다음에 이르기를, "비밀주여, 한 중생을 위해서 여래께서 정등각을 이루신 것이 아니며 두 중생을 위해서도 여러 중생을 위해서도 아니다. 무여기(無餘記)[97]와 유여기(有餘記)[98]의 모든 중생계를 연민하시기에 여래께서는 정등각을 이루신 것이다. 대비의 원력으로써 한량없는 중생의 세계에서 그 본성과 같은 법을 연설하신다"고 하였다.

이 가운데 발보리심의 뜻은 「입법계품(入法界品)」 및 『대지도론』의 마하살(摩訶薩)의 논의[99] 가운데에서 자세하게 설명한 것과 같다.

"무여기(無餘記)"란 부처님께서 현전(現前)에 수기(授記)하시고자 결정하시고, '아무개 중생이 아무 겁 가운데에서 부처가 되어 호를 아무개여래라 하며, 이와 같은 국토와 권속이 있다'고 하는 등으로 자세하게 말씀하시는 것과 같으므로 무여기라고 한다.

"유여기(有餘記)"란 중생에게 말씀하시기를, '너는 미래에 어느 부처님의 때에 이 죄를 끝내고 어느 여래께서 너를 위하여 수기하실 것이다'라고 말하는 것과 같은 종류가 이것이다.

또 다시 세존께서 '만약 내가 세상에 있을 때나 혹은 멸도한 다음에 『법화경』의 한 구절이나 한 게송을 들으면, 나는 모두를 위하여 무상보리

---

97) 겁(劫)·국(國)·명(名)과 같이 상세하게 기록되어 있는 것을 말한다.

98) 단순히 미래세에 어떤 부처님이라고 지칭하는 것과 같이 막연하게 기술되어 있는 것을 의미한다.

99) 『대지도론』 5권(대정장 25, 94 중 이하). '또 반드시 설법을 잘 해서 모든 중생이나 자기의 큰 사견이나 큰 애착·교만이나 큰 아만 등 모든 번뇌를 깨뜨리기 때문에 마하살이라고 한다. 또 중생들은 큰 바다와 같아서 처음도 중간도 끝도 없어서 지혜로운 수학자가 한량 없는 시간 동안 계산하여도 그 수효를 다 셀 수 없다. 마치 부처님께서 무진의(無盡意)보살에게 말씀하시기를 "비유하건대 시방 일체 세계와 허공 끝까지를 하나의 바다로 가정하고, 한량 없는 중생들로 하여금 제각기 머리카락 하나씩을 가지고 와서 한 방울씩 찍어내게 하며, 다시 끝없는 중생들로 하여금 제각기 머리카락 하나씩을 가지고 와서 한 방울씩을 찍어내게 하고, 이렇게 거듭하여 그 바닷물이 다할지언정 중생은 여전히 다하지 않으며, 끝 없고 한량 없고 셀 수 없고 생각할 수 없는 중생들을 모두 구제하여 고뇌를 떠나 평안하고 끝이 없는 즐거움에 이르게 하는 큰 마음이 있어 중생을 구제하고자 한다"고 하셨으니, 이런 까닭에 마하살이라고 한다.'

의 수기를 주리라'[100]고 설하신 것과 같은 것을 "무여기"라고 부른다.

또한 '모든 중생들에게 다 불성이 있어, 그 선근을 일으키고 상속하여 끊어지지 않게 하면 무상보리에 이를 것이다'[101]고 하면 이것을 "유여기"라 부른다.

나는 본래 이들 중생을 위하여 [중생의 세계에] 와서 등정각(等正覺)을 이루었다. 하물며 지금 원하는 것을 채우고, 중생 자신의 마음의 보배를 열어서 그 본성과 같이 이것을 보태어 주는데 어찌 한계가 있을 수 있겠는가! 그러나 악세(惡世)에 널리 퍼진 경전의 천박한 수행의 한 자취에 근거하기에 일기(一期)의 법사(法事)는 겨우 열 사람에 이를 뿐이라고 한 것이다.

이로부터 이하는 제2의 구절로서 곧 사람을 제한하고 중생을 가리는 이유를 해석하였다.

"비밀주여, 대승에 머물러 익히기 않았다면, 한번도 진언승(眞言乘)의 행을 사유하지 않았기에 그들은 조금도 보고 듣고 환희하거나 신수할 수 없다. 그러나 금강살타여, 만약 그 유정이 과거에 대승과 진언승의 도(道)의 한량없는 가르침에 나아가 일찍이 수행하였다면, 그들을 위하여 이러한 경우에 한하여 사람의 숫자[名數]를 제한한다."

이 뜻은 말하자면, 만약 모든 중생들이 아직 일찍이 과거의 한량 없이 많은 부처님의 처소에서 오래도록 선근을 심지 않았으며, 이 비밀승에서 아직 일찍이 닦아 익히지 않았으면 곧 얼마 안되는 짧은 시간에 이를 듣고 신수(信受)할 수 없다는 것이다. 만약 법을 전하는 사람이 착한 마음으로 근기와 어긋나게 위하여서 설해주면 또한 그 비방함을 늘려서 그 선근

---

100) 『법화경』 「법사품(法師品)」(대정장 9, 30 하). '여래가 멸도한 다음에 어떤 사람이 『묘법화경』의 한 게송이나 한 구절을 듣고 한 순간이라도 수희(隨喜)한다면 나는 역시 아뇩다라삼먁삼보리의 수기를 줄 것이다.'

101) 『대반열반경』 제36권 「가섭보살품(迦葉菩薩品)」(대정장 12, 580 중). '일천제(一闡提)도 선근을 일으킬 수 있으며, 선근을 일으키고 나서 상속하여 끊어지지 않게 하면 아뇩다라삼먁삼보리를 얻을 것이다.'

을 끊게 된다. 그리하여 『법화경』에 '무지(無智)는 의심하고 후회하여 곧 영원히 잃게 한다'[102]고 하였다. 시방세계의 모든 중생들로서 성문을 열렬히 구하는 자는 적고, 연각을 구하는 자는 더더욱 적으며, 대승을 구하는 자는 매우 드물다. 그러나 대승을 구하는 것이 오히려 쉽다고 할지라도 이 법을 믿는 것은 가장 어렵다고 한다. 그러므로 보안(普眼)으로써 이를 관하니, 이 법을 받기에 감당할 만한 자는 마치 수미산과 큰 바다를 티끌이나 물방울에 비교하는 것과 같다. 이미 그 뜻을 장차 보호하고자 하여 그것을 설하였는데 어찌 간략히 제정하여 사람의 숫자[名數]를 제한하지 않을 수 있겠는가!

"한량없는 가르침에 나아간다"고 하는 것은 곧 겸하여서 만다라의 명칭과 뜻을 해석한 것이다. 무릇 만다라라고 하는 것은 취집(聚集)이라 부른다. 지금 여래의 진실한 공덕을 한 곳에 모아 두었으며, 나아가 온세상의 티끌의 수처럼 많은 차별지인(差別智印)의 둥근 바퀴살이 모여서 대일심왕을 돕고 모든 중생들로 하여금 보문(普門)에 나아가게 한다. 이러한 까닭에 만다라라고 설한다.

"이것을 줄여서 사람의 숫자[名數]를 제한한다"고 하는 것은 아(阿)자의 오전(五轉)[103]으로써 여래의 끝없는 내덕(內德)을 통일하고, 자륜(字輪)의 백명(百明)으로써 여래의 보안(普眼)의 법문을 포섭하는 것과 같다. 이것이 바로 명칭을 간략히 한 것이다. 국토의 티끌처럼 많은 방편으로써 팔엽(八葉)의

---

102) 『법화경』「약초품(藥草品)」(대정장 9, 19 하). '無智疑悔 則爲永失.'

103) 아(阿)자에 음운상 다섯 가지의 전화(轉化)가 있는 것에 따라 이를 발심(發心)·수행(修行)·보리(菩提)·열반(涅槃)·방편구경(方便究竟)의 5덕(五德)에 배당하고 수행의 단계를 보여주는 것. 아(阿, a)자의 4점, 곧 a, ā, aṃ, aḥ에 그것을 총합한 āṃḥ의 문자를 만들고, 오전구족(五轉具足)의 아자라 칭하고, 태장대일의 종자로 한다. 아자를 발심(發心)·수행(修行)·보리(菩提)·열반(涅槃)·방편구경(方便究竟)의 5위(位)에 배당하는 것이 그 본설이다. 그 자음의 전화(轉化)와 관련해서 저 보리심 개현의 차제를 5종으로 부연한 것이다. 이 가운데 보리심을 일으켜 불과를 구하는 것을 발심이라 하고, 삼밀의 행을 닦아 불도에 나아가는 것을 수행이라 하며, 수행하는 원인으로 과덕(果德)을 증득하는 것을 증보리라 하고, 과덕이 이미 원만하여 불생불멸의 진리인 열반에 드는 것을 입열반이라 한다. 끝으로 이상의 4덕을 원만히 구비하는 것을 방편구경이라 한다.

단(壇)을 열어, 무극(無極)의 대비로써 열 사람[104]이라고 한계를 정한 것은 곧 숫자를 간략히 한 것이다. 그러나 그 학습하는 자는 하나의 법명도에서 깨달아 들어감에 따라 곧 두루 온갖 총지문(摠持門)에 들어간다. 마치 하나의 문으로부터 [궁궐 가운데 들어가] 왕을 보는 때에는 이것이 바로 두루 천만의 문에 들어가는 것과 같다. 만약 말한 것처럼 행할 수 없다면 곧 갖가지의 글과 언어로 널리 개시할지라도 이익이 없을 것이다. 그러므로 제3의 구절에서 다음에 사람의 숫자를 제한하여 줄일지라도 스스로 넓음을 장애하지 않는다고 밝혔다.

그래서 경전에는 다음과 같이 말하였다.

"그 아사리는 또한 대비심으로 이와 같은 서원을 세워라.

'다함 없는 중생계를 제도하기 위하여 응당 그 한량 없는 중생을 섭수하여 보리종자의 인연을 지으리라.'"

말하자면 이 만다라를 조립하는 것은 이것을 보고 듣고 만지고 아는 데에 따라 아래로는 손을 들고 머리를 숙이는 일념의 수희(隨喜)에 이르기까지 모두 반드시 아뇩다라삼먁삼보리를 성취한다. 그러므로 아사리가 근기에 어긋나 틀리게 구지관정(具支灌頂)[105]을 행하여주어도, 계주(繫珠)[106]와 독고(毒鼓)[107]의 연(緣)이 어찌 옳지 않겠는가! 그러므로 대비심을 움직여 힘써서 널리 [선포하고] 넉넉하게 해야 한다.

또한 사람의 집에 비밀스러운 보배가 있으면 도적이 엿볼까 두려워서 옷을 덮어 가리는 것처럼, 지금의 이 만다라법문도 역시 이와 같다. 비밀

---

104) 모든 중생이 다 불성을 갖추고 있으므로 열 사람 가운데에는 모든 중생이 포함된다. 십(十)이란 만수(滿數)의 개념으로 사실상 제한이 아니라 모두 포함한다는 뜻이다.

105) 지분(支分)을 구족한 관정. 사업관정(事業灌頂)·법사관정(法事灌頂)이라고도 한다. 아사리·택치(擇治)·택시(擇時)·조단(造壇)·호지제자(護持弟子)·도존(圖尊)·삼매·진언·공양·관정의 10지분을 모두 갖춘 것이 본래의 의미이다.

106) 『법화경』「오백제자수기품」에 나오는 비유로서 자기 옷 속에 보배구슬이 있는 것을 모르고서 걸식하는 것처럼, 본래 갖추고 있는 불성을 알지 못하는 중생을 비유하였다.

107) 『열반경』「여래성품」에 나온다. 독을 묻힌 북을 치면 듣는 자는 모두 죽는다. 북은 열반에 비유되고, 죽는 것은 번뇌를 비유한 것이다.

의 창고가 곧바로 널리 설해지지 않도록 비밀한 뜻을 돌려서 덮는데 유상(有相)의 방편으로 한다. 지금 제한해서 열 사람으로 한다는 것은 세속적 입장에서의 진리[世諦]의 만다라일 뿐이다. 그러나 아사리는 스스로 마음자리를 평평하게 다듬어서 대비만다라를 그려 만들어야 한다. 보안(普眼)으로써 사람을 제도하는 것은 많을수록 좋다. 말하는 것대로만 이해하지 말라.

제2 입만다라구연진언품 3

【제5권】

13. 삼매야계단(三昧耶戒壇)의 작법(作法)

게송에 "진언을 수지하는 수행자"라고 하는 것에서 제자의 지분 가운데 호지건립(護持建立)의 방편을 밝히겠다. 여섯 번째날 밤에 스승과 제자는 모두 청정하게 목욕하고 깨끗한 새 옷을 입으며 공양할 물건을 지니고서 앞에서 건립한 백단만다라(白檀漫荼羅)가 있는 곳에 이르러 여법하게 자신과 도량과 모든 제자를 가지해야 한다. 그 제자를 호지하는 방편은 아래의 문장에서 관정에 들어갈 때에 설명한 것과 같다. 이때에 아사리는 차제법칙(次第法則)과 같이 공양을 갖추어 수행하고 백단위(白檀位)의 모든 존을 관하여 밀인(密印)과 상응하며 그 진언을 지송하라.

『구혜경(瞿醯經)』[1]에 이르기를, '손으로 중대(中胎)의 만다라를 받들고서 진언을 한 번 송하라. 이와 같이 한 번 송하고 한 번 쓰다듬어서 이에 7편에 이르게 하라'고 하였다. 그 밖의 위(位)도 마찬가지이다.

다음에 모든 제자를 위하여 [제자의 마음에] 수순(隨順)하여 법을 설하고 그 마음을 열어 이끌어야 한다. 그를 가르쳐서 세 번 스스로 귀의하고 먼저 지은 죄를 참회하게 한다. 이미 참회하였으면 몸과 마음이 청정한 것이 마치 밝은 구슬과 같아서 참되고 바른 발심에 감당할 만하다. 그 다음에 보리심을 발하게 하는 것은 모두 「공양법」 가운데 설명한 것과 같다. 다음에 바르는 향과 꽃 등을 수여하고, 운심(運心)하여 모든 존께 공양하게 가르치며, 그런 다음에 삼세무장애지계(三世無障礙智戒)[2]를 받게 해야 한다.

이 보살계를 받는 법은 따로 〈행하는 의식이 있다. 보살이 발심하여 방편학처(方便學處)를 받아들이는 이유는 모두 여래의 청정한 지혜를 성취하여 일념 가운데에서 삼세의 모든 법을 요달함에 걸림이 없게 하기 위해서이다. 아울러 [제자를] 위하여서 열 가지[3]의 방편학처를 분별해야 한다. 그렇지만 이 삼세무애지계는 결연(結緣)한 사람에게라도 모두 미리 그 네가지의 근본과 삼매야를 들려주어라. 또한 하나의 게송을 귀로 듣고서 이를 지켜야 한다. 구지관정(具支灌頂)을 받은 자만이 듣지 않아도 된다.〉[4] 그 계에 머무는 자가 처음으로 심명도(心明道)를 보았을 때에 곧 이와 같은

---

1) 『유희야경(蕤呬耶經)』 「소청품(召請品)」(대정장 18, 762 하). '다음에 중앙에 백단(白檀)과 바르는 향으로 둥근 만다라를 만드는데 크기는 12지(指)로 하라. 만다라주(曼荼羅主)의 자리를 만들려면 곧 손으로 그 위를 쓰다듬고서 그 진언을 한 번 송하라. 한 번 송할 때마다 한 번 쓰다듬어서 일곱 번에 이르게 하라. 다음에 다시 마음으로 생각하며 명호를 부르라.'

2) 삼세의 모든 법을 요달(了達)함에 장애가 없는 지혜를 삼세무장애지(三世無障礙智)라 한다. 이 지혜를 생하는 계이므로 삼세무장애지계라 한다. 곧 삼매야계(三昧耶戒)를 가리킨다.

3) 아래의 「방편학처품(方便學處品)」에서 설하는 십선계(十善戒)를 가리킨다.

4) 지금 〈 〉안에 들어있는 부분은 난탈(亂脫)이 있는 곳으로 『연오초(演奧鈔)』 제11본에 의거하여 교정한 것이다(대정장 59, 115 중).

부사의한 세분(勢分)이 있다. 이 계는 직접 불혜(佛慧)를 발생하기에 이승의 율의(律儀)에 한계가 있는 것과는 다르므로 삼세무장애지(三世無障礙智)라고 부른다.

다음에 치목(齒木)[5]을 수여하여 모든 제자에게 이것을 씹도록 해야 한다. 이것으로 인해서 곧 그 사람이 법기가 될 수 있는지, 법기가 아닌지의 상을 본다. 이 [치목의] 법을 행하는 까닭은 그 속제(俗諦)에 따라 이 [치목]을 비밀의 방편으로 사용하여 가지를 행하려는 것이다. 인도국(印度國)의 사람은 무릇 스님을 초청하여 식사를 대접하려고 하거나 세상사람에게 서로 알리려고 할 때에는 먼저 치목을 보낸다. 갖가지 향기로운 꽃으로 장엄한 치목을 보내주면, 다음 날 그를 초청하여 음식을 대접하려고 하는 것인 줄 안다. 이와 같이 하는 이유는 애경하는 마음을 밝히려고 하기 때문이다. 그에게 이미 간질이나 가슴병이나 숙식(宿食)의 인연이 있어서 만약 나의 공양을 받으면 [간질이] 발동하거나 불안하게 될까봐 걱정되기에 먼저 좋은 뜻으로써 장차 보호하고자 이를 염려하여 보내는 것이다. 그가 먼저 몸의 오장육부[器]를 깨끗이 하고 하리륵(呵梨勒, harītakī)[6] 등을 복용하게 되면, 다음 날에

---

5) Skt. danta-kāṣṭha. 일종의 양지(楊枝 : 이쑤시개)로서 부처가 정하신 비구가 지녀야 할 십팔물(十八物)의 하나. 오늘날 사용하는 이쑤시개보다 훨씬 큰 것으로 이를 쑤신다기보다는 씹는 것이다. 『유부율섭(有部律攝)』 11에는 새벽에 치목을 사용하면 입안이 청량해지고 음식을 먹는 것이 즐거우며, 눈이 밝아지는 등 다섯 가지의 이익이 있다고 설한다. 인도의 습속에 의하면 스님을 청하여 음식을 공양하고자 하면 그 전날에 향과 꽃으로 장식한 치목을 드린다고 한다. 밀교에서는 이 습속에 따라 전법관정(傳法灌頂) 및 수명관정(受明灌頂)의 때에 삼매야계단에서 반드시 이것을 수자(受者)에게 주어서 씹게 한다. 수자는 진언을 송하며 오른쪽 이빨로 이것을 씹는다. 치목을 사용함에는 두 가지 이유가 있는데 첫째는 세속적 입장에서의 진리[世諦]에 의하여 깊은 법을 설하기 위한 것이다. 이른바 치목을 씹는 것은 보리심을 발하고 삼업의 숙장(宿障)을 제거하고 삼세무애지의 싹으로 모든 번뇌를 씹고 몸과 마음의 잘못을 제거하기 위한 것이다. 따라서 치목을 수여할 때에도 아사리가 이 뜻을 제자에게 가르친다. 둘째는 이것을 던져서 수자가 법기인가 아닌가의 상을 관하기 위함이다. 치목의 재료로는 우담발라(優曇鉢羅), 혹은 아설타목(阿說他木)으로 만든다. 그 외에 버들 · 뽕나무 · 닥나무 · 대추 등과 같이 향기가 있거나 우유빛이 나는 나무로서 벌레가 먹지 않은 것으로 골라서 만든다. 그 길이는 12지(指) 정도로 하고 손잡이 부분에는 흰실로 꽃을 묶거나 장엄물을 단다.

마음대로 마시고 씹는 데에 범하여 걸릴 것이 없으므로 몸과 마음이 편안하고 즐겁다. 지금 아사리도 역시 그러하다. 제자에게 양지(楊枝)를 수여할 때는 곧 이 방편에 의거하여 깊은 법을 설해야 한다.

"내가 바야흐로 그대에게 불성의 제호(醍醐)인 지극하여 초월하는 것이 없는 최상의 맛을 수여하고자 한다. 이미 그대를 가르쳤으니 보리심을 내어서 삼업의 오래 묵은 장애를 깨끗이 제거하고 삼세무장애지계의 조복하는 어금니로써 모든 번뇌를 씹어 없애라. 또한 이 비밀가지로써 몸과 마음의 질병과 잘못을 씻어 없애게 해야 한다. 그대는 또한 그 입의 잘못을 청정하게 하라. 여러 지방을 다닐 때에는 절대로 망녕되이 널리 전해서는 안된다. 다음날 그대는 불사(不死)의 감로를 잉태하리니 모두 충족하게 해야 한다."

그는 우담발라(優曇鉢羅)[7] 혹은 아설타목(阿說他木)[8]의 거칠거나 가늘지 않으며 바르고 곧고 좋은 것을 취하여 12지(指)의 크기만큼 가지런히 잘라야 한다. 무릇 온갖 셈법[量法]은 모두 엄지손가락의 윗 마디를 사용하여 곁에서 서로 이것을 헤아리게 하는데 이것이 올바르게 헤아리는 방법이다. 이 두 나무는 과거불께서 보리를 얻은 나무[菩提樹]이다. 만약 [이 두 나무가] 없으면 우유빛이 나는 나무[乳木]를 구해야 하는데 이를테면 뽕나무 껍질 등이다. 나무의 윗부분과 아랫부분을 구별하여 기록하고 모두 가지 끝을 위로 하며, 뿌리를 아래로 한다. 향수를 뿌려서 씻고 또한 다시 발라서 이것을 향내나게 하라. 그 아래의 끝에는 하얀 선으로 꽃을 묶어서 장

---

6) 하자(訶子)라고도 한다. 『명의집(名義集)』 3권에 이르기를, '하리륵(訶黎勒)은 하리달계(訶梨怛雞)라고도 하며 이것은 천주(天主)가 가지고 온 것으로 이 열매는 약이 되며 공용(功用)이 아주 많다'고 한다.

7) Skt. Utpala. 우담발라화(優曇跋羅華)·우담화(優曇華)라고도 하며, 번역하여 영서(靈瑞)·서응(瑞應)이라 한다. 인도에서 전륜성왕이 나타날 때 꽃이 핀다는 가상의 식물이다. 3,000년 만에 한 번 꽃이 핀다고 상상되는 꽃으로 매우 드물다는 비유에 쓰인다. 식물학상의 우담화는 뽕나무과의 교목인 무화과 속(屬)에 딸린 한 종이며 열매는 식용으로 한다. 여기에서는 나무의 명칭으로 쓰였으며, 이 나무를 합환목(合歡木)이라 한다.

8) Skt. aśvattha. 나무의 명칭으로 백양(白楊)이라고도 한다.

엄하게 하며, 또한 표지(標誌)를 만들어라. 위와 아래를 알기 쉽게 해야 하기 때문이다. 손으로 받들어 부동(不動)의 진언으로써 이를 가지해야 한다. 혹은 백 편이나 천 편을 하며 미리 장엄하게 준비하라.

이미 계를 받았으면 스승은 하나의 치목을 가져다 모든 존께 봉헌하고 나머지는 제자에게 나누어 주어서 단 밖으로 내보내게 하며, 동쪽을 향하여 혹은 북쪽을 향하게 하여 법다웁게 준거(蹲踞)좌[9])로 앉아 이를 씹게 해야 한다. 씹고 나서는 얼굴이 바라보는 방향을 향하여 곧바로 이 [치목]을 던져서 그 상을 증험하게 한다.

만약 [치목의] 씹은 곳이 밖을 향하면 이 사람은 실지를 이루지 못하며, 자기의 몸을 향하면 실지를 성취한다. 만약 멀리 던졌는데 돌아와서 몸 근처에 있으면, 이것은 오래지 않아 성취하는 상이다. 만약 [치목의] 머리가 곧으며 세로로 위를 향하면 성취가 더욱 빠르다. 머리부분이 아래로 향하면 이 사람은 아수라나 용궁에 들어가게 된다. 만약 [치목을] 던졌는데 공중에 있으면, 이 사람은 먼저 이미 성취하였음을 알아야 한다. 또한 북쪽이나 동쪽을 향하면 상성취(上成就)라 하고, 서쪽은 중성취라 하며, 남쪽은 하성취라 한다. 이와 같다고 할지라도 어떤 사람이 먼저 동쪽을 향하여 던졌는데 씹은 곳이 동쪽을 향하면 곧 이 몸에서 뒤가 되므로 역시 성취할 수 없다. 나머지는 이 방향에 준하여 유추하여 알 수 있을 것이다. 그밖에는 『구혜경』[10])에서 설명한 것과 같다.

---

9) Skt. utkuṭa. 또는 우구타(優俱咤), 온구타좌(嗢俱咤坐)라고도 하며, 인도의 일종의 좌법이다. 오른쪽 다리를 왼쪽 다리 위에 걸치고 웅크린 모양을 나타내며 둔부를 바닥에 닿지 않게 한다.

10) 『유희야경』「소청품(召請品)」(대정장 18, 762 하). '먼저 반드시 병들지 않고 벌레먹지 않은 우담바라나무나 아수타(阿修他)나무를 준비해서 치목을 만들어야 한다. 크기는 12지(指)이며 거칠거나 너무 가늘지 않게 하며 향수로 씻고 나서 그 나무 뿌리와 머리에 흰 선으로 꽃을 묶는다. 다시 향을 바르거나 향을 태워 연기를 쐬게 하고 손으로 나무를 어루만지며 부심(部心)의 진언을 지송한다. 지송하는 횟수는 여러 번 하거나 혹은 일곱 번으로 한다. 제자의 숫자대로 나무의 숫자도 같아야 하며 모두 반드시 한쪽 방향으로 뿌리와 머리부분을 가지런하게 놓아야 한다. 그 작은 머리부분을 씹고 반드시 여법하게 호신(護身)하며 아울러 제자와 그 장소도 옹호하고 차례대로 공양올린다.

다음에 금강선법(金剛線法)을 행해야 한다. 무릇 실[11]을 만드는 데에는 아주 좋고 세밀한 명주를 골라야 한다. 향수로 [명주를] 씻어서 아주 청정하게 하고 깨끗하고 청결한 동녀(童女)[12]로 하여금 오른쪽에서 이를 합하게 하라. 오색의 명주를 합하는 데에는 오여래(五如來)의 진언을 사용하여 각기 하나의 색을 지녀야 한다. 그런 다음에 온갖 사업을 성취하는 진언으로써 모두 이를 가지하라. 만다라의 실을 만드는 것도 역시 이와 같다.

오여래의 색이란 말하자면 대일불(大日佛)[의 진언으로]는 백색[의 실]을 가지하고 보당불(寶幢佛)[의 진언으로]는 적색[의 실]을 가지하며, 화개부불(花開敷佛)[의 진언으로]는 황색[의 실]을 가지하고, 무량수불(無量壽佛)[의 진언으로]는 녹색[의 실]을 가지하며, 고음불(鼓音佛)[의 진언으로]는 흑색[의 실]을 가지한다. 아사리는 먼저 스스로 실을 가져다 세 번 맺어 금강결(金剛結)[13]을 만들어 왼쪽 팔에 묶어서 자신을 호지하라. 다음에 모든 제자의 팔을 하나하나 묶게 하라. 이와 같이 해서 제자를 받아들이면 만다라에 들어가서 모든 장애와 어려움을 여의게 된다. 그 금강결의 법은 자세하게 설명할 수 없다. 아사리로부터 직접 전수받아야 한다.

또한 오색의 실이란 바로 여래의 오지(五智)[14]이다. 또한 이것은 신

그런 다음에 모든 땔나무를 사용하여 양쪽 끝에 소(蘇)를 적시고 호마(胡麻)를 소와 섞어 호마(護摩)한다. 다음에 단지 소(蘇)만 사용하여 호마를 하고 최후에는 낙(酪)과 반(飯)으로 호마한다.'

11) 금강선(金剛線, vajra-sūtra)을 말한다. 삼매야계단에서 주고 받는 다섯 가지 선을 금강선이라 한다.

12) 아직 월경(月經)하지 않은 소녀를 말한다.

13) 금강선(金剛線)을 맺는 법. 금강선을 세 번 맺어서 금강결(金剛結)을 짓는다.

14) 유식(唯識)에서는 사지(四智)를 설하지만 다시 법계체성지(法界體性智)를 대일여래의 지혜로써 더하여 사지의 총체로 한 것이 밀교의 오지설이다. 이 오지는 오불・오대・구식 등에 배대되어 전개된다. 그 내용은 다음과 같다. ① 대원경지(大圓鏡智)는 제8아뢰야식을 전하여서 얻은 원만하고 밝은 지혜이다(圓明無垢智). 마치 큰 거울이 뭇 상들을 비추는 것 같이 일체제법을 밝게 비추는 덕의 쓰임을 가졌기 때문에 대원경지라 한다. 이 지는 동방 아촉불의 지혜로서 보리심이 견고하여 금강 같아서 능히 4마군을 쳐부수므로 금강지(金剛智)라고도 한다. ② 평등성지(平等性智)는 제7아뢰야식을 전하여 얻은 지혜이다. 제7식이 번뇌로서 차별견을 일으키는데, 이 차별견을 떠나서 평등성을 비추어 보기 때문에 평등성지라 한다. 이 지혜는 남방보생불의 지혜이다. ③ 묘관찰지

(信)・진(進)・염(念)・정(定)・혜(慧)의 다섯 가지 법이다. 이러한 다섯 가지 법으로써 모든 교문(教門)을 꿰뚫어 거두어들이므로 **"수다라(修多羅, sūtra)"** 라고 한다. 옛 번역에서는 이를 연경(綖經)이라고 하였다. 만약 진리를 보고 깨달은 아사리라면 여래의 오지로써 제자의 보리심 가운데 다섯 종류의 선근을 가지하고 만행을 꿰뚫어 섭수하며 유가(瑜伽)의 팔[15]을 묶으며 생사윤회하는 세계를 거치더라도 언제나 잃거나 부서지지 않게 한다. 만약 이와 같이 제자를 섭수하면 '훌륭하게 금강결을 지었다'고 할 수 있다.

아사리는 [여섯 번째 날]밤에 제자의 법을 행하려고 할 때에 그 공양하는 것을 일곱 번째 날[16] 밤의 반으로 줄여야 한다. 또한 그 정기(情機)를 관하여 밀교를 찬양하며 하고자 하는 의욕을 발생시켜서 그 마음을 견고하게 해야 한다. 그 가르쳐 훈계하는 두 게송도 역시 아리사(阿利沙, ārca, 讃偈)이다. 제대로 된 산스크리트본을 송하면 좋은 이익이 있으니 이를 아래에 열거한다.

아디야 유사마 비라도라
阿儞也二合從今也庾澁磨二合汝也鼻囉覩邏無對又無等
라바 등따 마하 달마 비 예나 살파 이나 유연
羅婆引利也謄馱獲也摩訶引怛麽二合鼻大我也曳囊諸也薩婆一切也爾奈乎佛也喩延汝也
사보달라 리가 사사니 살라매
娑補怛瀨二合并菩薩也㗚訶此也赦娑泥教也薩囉梅二合一切也

(妙觀察智)는 중생의 근기를 교묘히 관찰하고 설법하여 의혹을 끊어 없애며 제6식을 전하여 얻은 지혜이다. 이 지혜는 서방 아미타불의 지혜이다. ④ 성소작지(成所作智)는 사업을 지어 이루는 전5식(眼耳鼻舌身)을 전하여 얻은 지혜이다. 이 지혜는 북방불공성취불의 지혜이다. ⑤ 법계체성지(法界體性智)는 앞의 4지의 근본 총체이고, 대일여래의 지혜로서 세간과 출세간 제법(諸法)의 체성(體性)인 지혜이다. 제9 아마라식을 전하여 얻은 지혜로서 깨달음을 이룬 상태이다.

15) 유가의 팔이란 곧 좌우의 두 팔을 각각 정(定)과 혜(慧)로 나누는데 그 중 정(定)으로써 왼쪽 팔이다.

16) 칠일작단(七日作壇) 중의 여섯 번째 날 밤과 일곱 번째 날 밤에 공양물을 늘리고 줄이는 차이를 밝힌다. 곧 여섯 번째 날 밤의 공양물은 일곱 번째 날 밤의 공양물의 반 정도를 공양한다는 뜻이다.

파리의리　혜다　살타

跛囉蟻哩二合係哆引薩他二合攝也

사야마나　마호　날야　　데나유연　마하　야니

闍耶磨囊生也摩扈大也捺耶引辯事也帝曩喩延汝也摩訶引夜泥引大乘也

습부　야치혜　　바미사야　타

濕附二合若哆醯明晨生也婆尾屣也二合他得也[17]

게송의 뜻을 말하면, '너희는 지금부터 이래로 문득 이미 동등할 것 없는 이익을 얻고, 위(位)는 대아(大我)[18]와 같을 것이다'라고 하는 것이다. 대아(大我)란 모든 여래의 팔자재(八自在)[19]의 아(我)를 성취하여 법에 자재한 자와 그리고 모든 마하살타를 말한다. 다음에 '모든 여래와 아울러 이 가르침 가운데의 마하살의 대중'이란 '일체 모두가 이미 너를 섭수하였다'고 하는 것이다. '이 가르침'이란 이 대승의 비밀한 가르침 가운데의 십불찰토(十佛刹土)의 집금강[金剛]과 보살 등을 말한다. 다음에 **"대사(大事)를 성취한다"**고 하는 것은 곧 대사를 이루는 것이다. 대사의 인연을 성취함이란 이른바 여래의 지견(知見)을 [중생들을 향해서] 열어 보이고 깨달아 들어오게 끔[開示悟入]하는 것이다. 그러므로 경 가운데에서 회의(會意)하여 이렇게 말하였다.

다음에 **"그대들은 다음 날에 대승에서 태어나리라"**고 하는 것은 대비만다라에 들어가 관정을 받고 나서 일체여래의 종성(種姓) 가운데에 태어남을

---

17) Skt. adya yuṣmābhir atulā lābhā labdhā mahā-ātmabhiḥ yana sarva-jinair yūyam saputrair iha śāsane sarvaiḥ parigṛhītāsta jayamāna mahodayaḥ tena yūyam mahā-yāne śvo jata he bhaviṣyatha.

18) 법신여래(法身如來)를 가리킨다.

19) 팔자재(八自在)는 담무참 역, 『대반열반경』 제23권(대정장 12, 502 하)에 수록되어 있다. 여래법신이 구족한 여덟 가지 자재를 말한다. 즉 ① 하나의 몸으로 많은 몸을 시현하는 것, ② 한 티끌의 몸을 시현하여 대천세계(大千世界)를 가득 채우는 것, ③ 큰 몸을 가볍게 들어 멀리 도착하는 것, ④ 한 국토에서 무수하게 동일하지 않은 몸을 화현하는 것, ⑤ 눈·귀·코·혀·몸의 공용이 서로 통하는 것, ⑥ 일체법을 얻었으나 무법상(無法想)인 것, ⑦ 한 게송의 뜻을 설하는데 무량한 겁을 경과하는 것, ⑧ 몸이 모든 곳에 두루하여 마치 허공과 같은 것이다.

말한다. 또 다음에 연업생(緣業生)을 여의어 대공생(大空生)을 얻으므로 대승생(大乘生)이라 한다.

이때에 아사리는 이와 같이 [제자를 위하여] 가르치고 훈계하며 인가하고 가지하고 나서 다시 차례대로 만다라의 밖에서 [입단수법의 제자로 하여금] 동쪽을 향하여 앉게 하라. 아사리도 또한 [시방삼세의 모든 존께] 공양해야 하며 지성스러운 마음으로 모든 존을 우러러 청하여 말씀드려야 한다.

'제가 내일[明日] 제자를 애민하여 모든 성스러운 존께 공양하고자 하기에 대비태장만다라를 건립하고 힘껏 공양드립니다. 오직 바라오건대 자비로써 억념하시어 내일 모두 다 만다라에 내려 모이셔서 가지하여 주십시오.'

대체적인 뜻은 이와 같으며 그밖에는 『구혜경』[20]에서 설명한 것과 같다. 제자는 지성으로 세 번 청하고 나서 금강구(金剛句)의 게송으로 모든 존을 찬탄하며, 그런 다음에 법다웁게 발견(發遣)하라.

다시 제자를 위하여 자세하게 법요를 설하여 가르쳐서 집중하여 사유하게 하며, 길상초를 깔아 얼굴을 서쪽을 향하게 하여 잠들게 하라. 그가 꿈 속에서 만약 갖가지의 경계를 보면 새벽에 일어나 모두 스승에게 말씀드리게 해야 한다. 그러면 수행하는 사람이 실지를 성취하는지, 못하는지의 상을 알 수 있다. 만약 진리를 깨친 아사리라면 스스로 깊은 유가에 머물러 명확하게 제자의 근본과 지말의 근기와 연을 보고 착오가 없게 해야 한다. 설령 이와 같은 사상(事相)을 짓지 않고 세속적 입장에서의 진리[世諦]에 수순하여 이를 행할지라도 어떤 허물도 없다. 만약 진리를 아직 보지 못한 스승이라면 삼가하여 법칙에 의거하며 실수하지 말아야 한다.

경에, "꿈속에서 스님들의 주처(住處)를 본다"고 하는 것은, 보는 것이 청정하고 미묘하여서 갖가지로 장엄하게 꾸며진 곳에 자신이 그 가운데에 들어가 무릎꿇고 예를 올리며 주위를 돌면서 온갖 경사스럽고 좋은 일을

20) 『유희야경(蕤呬耶經)』 「간택제자품(簡擇弟子品)」(대정장 18, 762 하~763 하)에 제자를 간택하는 내용에 대해 설한 것을 가리킨다.

만나는 것을 말한다.

"원림(園林)"이란 이를테면 보이는 것마다 더욱 성하고 특이하며 꽃과 열매가 번성하니 혹은 직접 스스로 캐어 줍거나, 혹은 나무 끝에 올라가 밟는데 허공을 밟고 가는 것이다.

"당우(堂宇)"란 갖가지의 화방(花房)이 아름답고 탁 트여서 특별히 좋은 것으로 그 가운데에 자재하게 수용하며 몸과 마음이 쾌적한 것이다.

"누관(樓觀)"이란 층대(層臺)가 높이 드러나서 멀리 사방을 보는데에 갖가지의 뛰어난 경치를 보고 정신이 넓게 누그러진다.

무릇 이와 같은 땅은 모두 길상하다고 한다. 이 가운데 법문이 나타난 바도 역시 택지(擇地)[하는 법] 가운데에 설한 것과 같다. 만약 이것과 서로 어긋나서 탑과 절이 불타 무너지고 황폐하며 거친 종류를 보는 것과 같으면 좋은 꿈이 아니다.

"당(幢)"이란 기치(旗幟)의 보배당기를 말한다. 높고 곧으며 화려하여서 대중들 앞에 나타내거나, 혹은 많은 사람을 지휘하여 이끄는데에 사용한다. 이 당을 사용하면 명령에 따르지 않는 자가 없다. 이 당은 대보리심을 건립하고 만행을 법칙대로 이루는 표상이다.

"천개(天蓋)"란 공작의 꼬리 등의 오색으로 사이를 장식하거나, 혹은 공중에 두고서 그 위에 그늘지게 하며, 혹은 사람에게 주어 잡게 하여 다니는 것으로 이는 비원(悲願)으로 널리 덮는 표상이다.

"마니주(摩尼珠)"가 둥글고 밝으며 환하게 비추거나, 혹은 온갖 물건을 출생하여 모든 사람에게 베풀어 주면 이것은 깨끗한 마음과 깨달음의 보배로써 사섭(四攝) · 이타(利他)하는 형상이다.

"도(刀)"를 밝게 꾸미면 거울처럼 환하며, [그 특징은] 정교하고 강하며 예리하다. 혹은 사람에게 수여하거나 혹은 스스로 지니는데 이는 혜(慧)의 성품을 성취하는 표상이다.

"열의화(悅意花)"란 갖가지 물과 뭍에서 피는 꽃이다. 그 성질과 종류에 따라 상 · 중 · 하가 있다. 색은 선명한 흰 색을 상품으로 치고, 맛이 달고 순일한 것도 상품으로 친다. 모두 좋은 싹이 열릴 징조이다. 뜻으로 이를 분별해야 한다.

"여인"이란 바로 삼매의 표상이며, "남자"란 지혜의 표상이다. 또한 단정하고 위엄과 덕스러워서 사람들에게 경애받는 부류를 취한다. "밀친(密親)"이란 부모 등을 말한다.

"선우(善友)"란 법을 전하여 주는 상인(上人)·선지식(善知識) 등이다.

혹은 암소 무리의 목장에서 우유가 맛있고 풍부하며 꽉 차거나, 혹은 사람이 이를 짜거나, 혹은 스스로 빨아 마시는 것을 보면 이것은 모두 대비만다라의 제호상미(醍醐上味)의 표상이다. 혹은 경협(經夾)[21]이 청정하고 희며 더러움 없어 가지런히 정돈되고 장식되었으며 글자의 색이 분명하여 갖가지의 훌륭한 일을 기록한 것을 보면 좋은 상이라 할 수 있으나, 만약 책이 더럽고 낡았으며 글자의 뜻이 손상되어 빠뜨린 종류는 좋은 것이 아니라고 알아야 한다. 혹은 모든 부처님들께서 친히 [법을 받는 사람을] 위하여 정수리를 쓰다듬으시고 현전에 기별(記別)[22]하시며, 미묘한 소리로 이를 위유하시며, 혹은 성문과 벽지불 등을 보고, 나아가 허공 가운데에 머물러 한량 없이 많은 신변을 시현하는 것들은 모두 일에 따라 잘 가려서 그 행하는 바의 인연을 알아야 한다.

"모든 과(果)"란 세간에서 드문 진귀한 묘과(妙果)이다. 혹은 어떤 사람이 [이 오묘한 과보를] 수여하거나, 혹은 [오묘한 과보가] 공중에서 내려오는 것들은 모두 실지의 표상이다. 혹은 강이나 못이나 큰 바다를 건너고, 내지 스스로 꿈에서 [강과 바다의 물을] 마시는데 잠깐 사이에 모두 없어지는 것을 길상(吉祥)하다고 한다. 만약 표류하여 떠다니거나 빠졌는데 아무도 건져 주지 않는 종류는 좋지 않은 것임을 알아야 한다.

---

21) 범협(梵夾)이라고도 한다. 경문을 패다라(貝多羅) 잎에 새겨 두터운 판에 끼워서 묶은 것. 그 모양이 상자와 같으므로 경협이라 한다. 협(夾)은 협(筴)의 오자(誤字)로 책(策)과 같은 뜻이다.

22) 현전수기(現前授記)를 말한다. 부처님께서 바로 그 자리에서 어느 때 성불하리라는 기별(記別)을 주는 것이다.

혹은 공중에서 갖가지 좋은 소리가 있어서 법음을 노래하고, 온갖 기악을 연주함을 듣고, 혹은 삼보의 공덕을 찬양하며, 마음에 들어서 즐거움이 있으며, 혹은 길상하다고 말하며, 혹은 그대에게 바라는 과를 수여하리라고 말하는 이와 같은 것들은 모두 좋은 꿈이라 한다. 상·중·하의 종류로써 이를 분별하여야 한다. 절이나 집 등과 같은 것은 곧 땅에 의지하거나 허공에 머무는 다름이 있고, 그것을 보는 사람에게도 역시 남자와 여자와 범부와 성인의 다름이 있다.

그래서 경에 "자세하게 이를 분별하여라"고 하였다. 만약 앞과 같은 좋은 모습과 서로 다르거나 혹은 꿈에서 그 몸이 미친 코끼리 등에게 쫓겨서 두렵고 위급하거나, 낙타나 나귀를 타거나, 혐오할만 하게 옷이 낡은 사람의 복장이 해져서 부서지는 것을 보거나, 자신이 푸른 진흙과 똥으로 더러운 가운데에서 뒹구는 것을 보거나, 온갖 청정하지 않은 것이 공중에서 떨어지는 것을 보면 이러한 것은 모두 서로 어긋나는 상이다. 만약 깊이 수행하는 아사리라면 스스로 유가하는 가운데에 그 꿈꾼 일과 일어나는 인연을 모두 알아야 한다.[23)]

"계에 잘 머무는 자"라고 하는 것은 산스크리트로 소바라다(蘇嚩囉多, Subālatā)라고 말하는데 이것은 제자의 미칭(美稱)이며 불자(佛子)라고 말하는 것과 같은 종류이다.

제자가 새벽에 일어나 스승에게 아뢸 때에는 근기에 따라 권발(勸發)하여 그 의심의 그물을 끊어야 한다. 만약 그 사람이 성취할 도리가 없다고 보면 곧 구족(具足)한 전법(傳法)[24)]을 수여하지 않아야 한다. 그가 오래도록 공을 들여도 효과가 없으면 의심과 비방을 일으킬까 두렵기 때문이다. 또한 『구혜경』[25)]에 설하는 것과 같이 적재(寂災)의 호마를 행하여서 온갖 장

---

23) 이하에 난탈이 있다. 『연오초』에 의하여 바로잡는다(대정장 59, 135 중).

24) 완전한 법을 전수하는 것.

25) 『유희야경』 「간택제자품」(대정장 18, 763 하). '성취를 획득하는 것은 여기에 준하여 알아야 한다. 악한 것이 들어오려고 하는 것을 보게되면 반드시 적정(寂靜)진언으로 우소(牛蘇)를 호마하여 100번을 채우면 곧 장애가 사라지고 청정을 성취할 것이다.'

애를 여의게 하고 그런 다음에 불러들여라. 만약 갖가지의 뛰어난 경계를 보면, 법의 말씀으로 위유하며 환희할 수 있게 해야 한다.26)

경 가운데 설한 게송도 역시 아리사(阿利沙)이다. 겸하여서 산스크리트 본을 송하면 두루 좋다. 이것을 온전하게 아래에 남긴다.

예사 마나가 바라라 시리 만

翳沙此也磨喇伽二合道也嚩囉囉願也室𠷓二合牖引殊勝也 德也

마하 야나 마호 날야 예나 유연 엄미려 도

摩訶引大也夜囊乘也摩護大也捺也心也曳曩能庾延汝也儼弭灑所演也覩求也

바비 설타 달타 아다 살 염부무 마하 나가

波費成也設他就也怛他引揭哆如來也薩婆枯反焰部無自然智也摩訶引娜伽大龍也

살마로갈 사 제뎌야

薩麽嚧羯世人也寫二合制𠹗耶敬如塔相也

아신디 나신디 미야 디갈라 다

阿悉𠹗二合有也那悉𠹗二合無也尾也二合俱也𠹗羯㘓二合風音多越也

마가 사 미바 저 디남 엄피란 살바 달메비

磨迦引奢虛空也弭嚩同也沮無也底嵐垢也嚴避㘓深奧也薩婆二合一切也達謎鼻上法也

등발라 달견 마나 라염

𠼷鉢囉二合怛堅世智不能了知也麽那引羅闍無含藏

살라마 발라 반차라혜단

薩囉麽二合一切也鉢囉二合半遮囉係單離一切戲論妄想

발라 반제 등 발라반지단

鉢羅二合半制平戲論也𠼷無故也鉢囉半只單亦是戲論重言也

살바 흘리 야피 라도란

薩婆一切也吃哩二合耶避所作也囉覩蘭無比也

살디야 날바 야야 삼 마설라 염

薩𠹗也二合諦也捺嚩二合也也二合參引磨設囉二合闍依也

---

26) '제자가 새벽에'부터 여기까지는 난탈이므로 위치를 바로잡았다.

이능　　달협야　낭　말　란　실례　슬타
伊能奴痕反此也呾脅夜二合也囊乘也沫無渴反嚂願也室㘑二合瑟咤勅閑反殊勝也
라피설　　타날예　살체다
羅避設得也二合他捺曳道也薩體哆二合住也 凡梵本說偈了皆加助句聲云 伊口底也[27]

처음의 반 게송은 비밀승의 도(道)를 찬탄한 것이다. "수승한 원(願)의 도(道)"란 일체지지(一切智智)의 원(願)을 말한다. 만약 이 정보리심의 문에 들어가면 곧 마음의 법명도(法明道)를 비추어 보게 되니, 이른바 옛 부처님의 대보리의 도(道)이기 때문이다. 이 "수승한 원의 도[殊勝願道]"라 하는 본심(本心)의 뜻은 앞의 마하살타 가운데에서 설한 것과 같다. 과거와 미래와 현재의 모든 대심(大心)의 대중들이 이 보승(寶乘)을 타고서 곧바로 도량에 이르지 못하는 일이 없다. 그래서 "대심(大心)의 마하연"이라 하였다.

다음의 한 게송은 수행하는 사람의 발보리심의 공덕을 찬탄한 것이다. 곧 일체여래필정법인(一切如來必定法印)[28]으로써 대보리의 수기를 받으므로 "그대는 지금 한결같이 구하여 여래자연지(如來自然智)의 대룡(大龍)을 성취해야 한다. 세간에서 공경하는 것이 탑과 같다"고 하였다.

"자연지(自然智)"란 여래께서 스스로 깨닫고 증득하신 지혜이다. 옛적부터 아직까지 듣지도 못했고 알지도 못했던 법을 자연히 요요하게 현전하여 걸림이 없기 때문에 이렇게 부른다.

"마하나가(摩訶那伽, mahā-nāga, 大龍)"란 여래의 별호(別號)이다. 이로써 불가사의하며 막힌 것 없는 큰 쓰임에 비유한다.

"제디(制底, caitya)"[29]란 복의 모임이라 번역한다. 이른바 '모든 부처님의

27) Skt. eṣa mārga-varar śrīmā mahā-yāna-mahā-hṛdayaḥ yena yūyam gamiṣyaṃ tena bhaviṣyatha tathāgatāḥ svayambhūvo mahā-nāgāḥ sarva-lokasya caitya astināstibhyām atikrāntam // ākāśam iva nirmalam gambhīr am sarva-dharmebhir apracitkam anālayam sarva-prapaṃcair ahitaṃ prapaṃcairaprapaṃcitaṃ // sarva-kriya bhir atulam satya-dvaya-sam, āśeṣṭham idaṃ tad yāaa-varaṃ śreṣṭham labhiṣyatha naye'ṣṭhitaḥ이다.

28) 보리심(菩提心)의 덕명(德名). 수행자가 발보리심의 공덕으로써 여래로부터 장차 반드시 성불하리라는 대보리의 수기를 받는 인이다.

29) Skt. caitya, 적집(積集) 또는 취상(聚相)이라 번역한다. 석가모니불의 다비(荼毘)시에

온갖 공덕의 덩어리가 그 가운데에 있다. 이러한 까닭에 세상사람들이 복을 구하기 위하여 모두 다 공양하고 공경한다. 너는 지금 보리심을 내어서 일체여래의 끝없는 복덩어리를 거두어 들이고 있다. 이러한 까닭에 세간에서 공경하는 것이 탑을 생각하는 것과 같게 해야 한다'고 말한다.

다음에 한 게송 반이 있는데 정보리심의 여실한 모습의 인(印)을 드러내 보인다. 곧 부처님의 지견을 열어서 청정함을 얻게 하는 것이다.

"존재와 비존재를 모두 초월하였다"고 하는 것은 무엇인가? 이 온갖 연으로부터 생기는 불가사의한 중도(中道)는 멸하여 없어지는 것에 사로잡힌 생각[斷見]과 변하지 않는 실체가 있다는 생각[常見]을 초월하고 존재도 아니고 비존재도 아니며, 온갖 마음의 헤아림으로 갈 수 없는 곳이므로 무구허공금강지인(無垢虛空金剛智印)이라 부른다.

"모든 법은 심히 깊고 오묘하다"고 하는 것은 심성이 매우 깊기 때문에 음·계·입 내지 일체종지(一切種智)도 모두 역시 심히 깊다는 것을 반드시 알아야 한다. 모든 법은 마음의 실상을 벗어나지 못하므로 이와 같은 실상은 오직 부처님과 부처님께서만이 아실 수 있으며, 사량과 분별로 헤아릴 수 없다. 그래서 **"심히 깊고 오묘하다"**고 하였다.

"세지(世智)로는 알 수 없다"고 하는 것은 무엇인가? 말하자면 이 심성은 온갖 세간의 총명하고 날카로운 근(根)을 지닌 자일지라도 생각할 수 있는 것이 아니다. 가령 장조범지(長爪梵志)[30] 등의 모든 대논사도 갖가지의 인

향기로운 섶나무를 크게 쌓아 모은 것으로 지제(支提)라는 이름이 있게 되었다. 그 후에 부처님의 영적(靈蹟) 등에 벽돌과 흙을 높이 쌓아 이를 조성하고, 세존의 무량한 복덕을 여기에 쌓아모았다고 한다.

30) 『대지도론』 1권(대정장 25, 61 중 이하). '장조(長爪)라는 범지(梵志)가 있었고, 그밖의 염부제에서 유수한 큰 논사(論師)가 있었는데, 이들이 말하기를 "온갖 이론은 모두 파괴할 수 있다. 온갖 이야기는 모두 무너뜨릴 수 있다. 온갖 집착은 모두 바꿀 수 있다. 그러므로 믿을 법도 없고 공경할 법도 없다"고 하였다. 사리불의 외삼촌인 마하구치라가 그의 누이인 사리와 토론을 하다가 졌다. 이에 구치라는 생각하였다. "누이의 힘은 아닐 것이다. 반드시 지혜있는 사람을 잉태했는데 엄마의 입을 통해서 하는 짓일 것이다. 아직 태어나기도 전에 이미 그러하니, 태어나서 자란 뒤에는 어떻게 감당하랴!" 이렇게 생각하고 나니 교만한 마음이 일어났다. 말재주를 늘리기 위해 출가하여 범지의

연과 비유로써 장엄하고 비교하며 비유하여 헤아릴지라도 끝끝내 스스로 [알 수 있는] 경계가 아니어서 애써 사유하여 구할지라도 홀로 미혹할 뿐이다. 오직 믿음의 힘이 견고한 자만이 이 비밀의 방편에 의지하여 들어갈 수 있을 뿐이다.

"머금을 수 없다"고 하는 것은 무엇인가? 말하는 것을 잘 알아듣지 못하는 자는 바로 이와 같이 "머금을 수 없는" 곳에 있다. 실제와 같이 온의 아뢰야가 본래 생겨남이 없다는 것을 알기에 집수(執受)하는 것도 없고, 또한 머금는 것도 없다. 그때에 모든 심의식(心意識)의 망녕된 생각과 희론이 모두 다 청정하여져서 법계가 원만하게 비추는 것이 가을 달이 허공에 있는 것과 같다. 그래서 다음의 구절에서 "온갖 망녕된 생각을" 여의었다고 하였다. 산스크리트본에는 온갖 희론과 망녕된 생각을 여의었다고 한다. 지금의 게송 중에서는 말을 간략히 했을지라도 또한 뜻이 달라지지 않았기 때문에 [어구(語句)를] 갖추어 남기지 않았다.

다음 구절에 "희론이 본래 없기 때문에"라고 하는 것은 만약 온전한 산스크리트본이 남았다면 "희론이 없다고 논하기 때문에"라고 말했을 것이다. 모든 희론은 다 온갖 연으로부터 생겨나서 자성이 있지 않으며, 자성이 없으므로 본래 생겨남도 없다. 이것은 앞의 구절을 해석한 것으로써 곧 이 희론이 스스로 희론이 없다고 한다. 지금은 회의(會意)로써 이를 말하기 때문에 본래 없다고 하였다.

다음에 두 구절이 있는데 이 정보리심의 구경의 방편을 밝히며, 온갖 망녕된 업을 벗어남으로써 곧 여래의 지업(智業)을 성취할 수 있다. 보문

몸으로 남천축에 들어가서 경서를 읽기 시작하니, 사람들이 물었다. "그대는 무엇을 구하려는가? 그리고 어떤 경서를 읽는가?" 장조가 대답했다. "열 여덟 가지 큰 경을 모두 다 읽고자 한다." 사람들이 말했다. "그대의 수명이 다하더라도 한 가지도 알기 어렵겠거늘 하물며 다 알 수 있겠는가?" 이때 장조가 생각하였다. '지난 날 교만을 부리다가 누이에게 졌는데 지금 또 여러 사람들에게 멸시를 당하는구나.' 이 두 가지 일 때문에 스스로 맹세했다. '열 여덟 가지 경서를 다 읽을 때까지 나는 맹세코 손톱을 깎지 않겠다.' 사람들은 이 일로 인하여 그를 장조(長爪)범지라 부르게 되었다. (…후략…)'

(普門)의 도리(導利)는 대사(大事)의 인연이 아닌 것이 없다. 이러한 까닭에 모든 행위는 다 짝할 것[倫匹]이 없다. 그래서 "일체의 업은 비할 바 없다"고 하였다.

다음에 앞의 구절을 돌려서 해석하여, 방편과 실상의 대강을 통틀어 논한다. 그래서 "언제나 이제(二諦)에 의지한다"고 하였다. 이 논에서 모든 부처님의 설법은 언제나 이제에 의지한다고 설한다. 그렇지만 이 경의 근본에서는 갖가지의 구지(具支)방편을 행하는 것이 모두 세속적 입장에서의 진리[世諦]에 따른다. 이 인연으로 말미암아 일체지지의 인(印)을 얻는 것은 바로 궁극의 진리[眞諦]이다. 이러한 까닭에 세속적 입장에서의 진리를 인으로 하고 궁극의 진리를 과(果)로 한다. 인(因)은 사미(四味)[31]와 같아 모두 다 항상하지 않으나, 과(果)는 제호와 같아 항상하다고 한다.

그런데 십연생구로써 이를 관함에 세속적 입장에서의 진리의 실상은 바로 궁극의 진리[第一義諦]이다. 이러한 까닭에 방편과 실상이 상즉하여 모두 불가사의하다. 이 두 구절의 문장은 간략할지라도 수행자로 하여금 일체여래의 방편을 의심하지 않게 한다. 그러므로 유사한 것에 접촉하며, 나아가 일부(一部)의 문장의 뜻에 관통하게 할 뿐이다.

이미 간략하게 대보리도를 개시(開示)하여 마쳤다.

또한 인을 지니는 것을 권하면서 끝내고자 하므로, "이 뛰어난 원(願)에 올라타 그대는 그 도에 머물라"라고 하였다. 역시 거듭 수기(授記)의 뜻을 밝힌 것이다.

31) 유미(乳味)・락미(酪味)・생소미(生酥味)・숙소미(熟酥味)・제호미(醍醐味)를 오미(五味)라 하며 이 가운데 앞의 네가지를 가리킨다.

14. 삼세무애지계(三世無碍智戒)

"이때에 주무희론집금강(住無戲論執金剛)[32]이 부처님께 말씀드렸다. 원컨대 삼세에 장애없는 지혜의 계[三世無礙智戒]를 설하소서. 만약 보살이 여기에 머물면 모든 부처님과 보살들을 모두 기쁘게 할 수 있기 때문입니다." 앞의 문장에서는 다만 삼세무장애계(三世無障礙戒)를 받는 것만을 설하고 아직 그 모습을 드러내지 않았다. 이러한 까닭에 주무희론집금강이 거듭 질문하였다. 또 다음에 세존께서 질문을 기다리시고서야 설하신 까닭도 역시 법문권속의 모습을 밝혀내시기 위해서이다. 지금 이 청정한 계는 바로 주무희론집금강의 지인(智印)을 체(體)로 한다. 특히 이 존에게 말씀하신 까닭은 사람과 법을 상응시켜서 유전(流轉)하는 데에 기여가 있기를 바라셨기 때문이다.

[선무외]아사리가 다시 말하였다.

'이 계상(戒相)은 또한 가지구(加持句)이다. 전수(傳受)하려고 할 때에는 먼저 산스크리트본을 송하여야 한다. 그런 다음에 방언(方言)으로서 이를 해석하면 두루 좋다.'

지금 갖추어서 아래에 나열한다.

실리노　구라보달라　달삼말　란예 달라　구라보달라
室哩㕮能矩反矩羅補怛囉二合怛慘沫無渴反囒曳入怛囉二合矩羅補怛囉二合
가 야바급마　나사　미갈달라　니흘쇄　포나 람바
迦引耶嚩岌莾二合娜娑身語意也謎羯怛囉二合儞吃鎩二合布那引覽婆合爲一也
아흘촉　사　살라마　달마사가다마자바야아 달망바 바
阿吃囑二合邪不作也薩囉麽二合達磨赦迦哆麽者婆也阿去怛莾婆去嚩

---

32) 주무희론집금강 이하는 삼매야계(三昧耶戒), 즉 삼세무애지계(三世無碍智戒)를 밝힌다. 이 계는 관정(灌頂) 입단(入壇)의 전방편(前方便)이다. 주무희론집금강이란 문수보살(文殊菩薩)의 다른 이름이다.

발리달야 우 발타보리살다폐 폐저갈사마 제도 리유
鉢㘑怛也二合隅捨奉獻也勃馱菩提薩哆吠二合弊咀羯娑摩二合睇覩引何以故也哩庾
혜 아 달마 바 밤 발달뎌야 야뎌
傒何以反阿引怛摩二合婆去鑁平若自身也鉢怛呧也二合若呧捨施也
제나바살도 달리 연 발리뎌야 갈단
諦娜嚩薩覩二合怛㘑二合延彼三物也鉢㘑呧也二合羯單二合
바 바뎌 갈다망실자 바달 솔도달라 연
婆去嚩呧捨作也 羯哆莽室者二合嚩怛入二合窣堵怛囉二合延云何名三物也
야노다가 사 바급망나이 뎌 달살칙저리혜
也弩哆迦引邪引嚩笈莽娜伊上呧謂身語意也怛薩則咀㘑傒二合是故也善男子也
구라보달라 가 사바급망나삼부나삼물률 제나
俱羅補怛囉二合迦引邪嚩笈莽娜三嚩囉三勿喋二合帝那受身語意戒也
보리살달폐 나 바미달물염 달갈사마 제도 리나
菩提薩怛吠二合娜菩薩也婆尾怛勿焰二合當得也怛羯娑摩二合睇覩引何以故也喋曩二合
가 사바급망나산 발리저야 이야 석차흘라
迦引邪嚩笈莽娜珊引鉢㘑底也二合爾也二合釋叉訖囉二合
하사 구 만 뎌
訶赦平應當學也矩入蔓無寒反呧作也
보리살타 마하살타이뎌
菩提薩埵引摩訶薩埵伊呧菩薩摩訶薩也伊呧是助句聲33)

처음의 구절에, '불자여. 잘 듣거라'고 하는 것은 산스크리트로 구나(矩羅, kula)라 한다. 이는 족(族)의 뜻, 부(部)라는 뜻이다. 보달라(補怛羅, putra)는 남자라는 뜻이다. 만약 세속적 입장에서의 진리로 해석하면, 사성(四姓) 가운데에 태어남을 모두 대족(大族)이라 부른다. 그러므로 족성자(族姓子)라

33) Skt. śṛṇu kulaputra tat saṃvaraṃ yetra kulaputra kāya vāg-manasām ekatra nikṣepaṇ'ārambhaḥ akriyaḥ sarva-dharmānām katamaśca saḥyātma-bhāvam parityago buddha-bodhi-sattvebhyaḥ tat kasmād dhe(tūṛṇa) he ātma-bhāvam parityajati tena vastu-trayaṃ parityaktam bhavati katamaśca tad vastu trayaṃ yad utā kāya-vāg manaḥ iti tasman tarhe kulaputre kāya-vāg-manaḥ saṃvaraṃ samvṛtena bodhisattvena bhāvatavy aṃ tat kasmād dhe tān kāya-vāg-manaḥ saṃparītyagya śikṣāgrahanam kurvanti bodhi-sattvā mahā-sattvā itid.

부른다. 지금 여래의 집안에 태어나게 되면 모든 족(族) 가운데에서 가장 뛰어나므로 족성자라 이름한다.

[선무외]아사리는 '회의(會意)하여 불자(佛子)라고 말해야 한다. 뜻에 있어서 분명하다'고 말하였다.

"만약 훌륭한 가문의 사람이 이러한 계에 머문다면 몸과 말과 뜻이 합하여 하나[34]가 되어야 한다."

이 계는 산스크리트로 삼바라(三嚩羅, saṃvara)라고 한다. 이는 공통된 연(緣)으로 이 계를 함께 이룬다는 뜻으로 혜의 방편 등이 모여 이룬 것을 말한다. 시라(尸羅, śīla)라고 하는 것은 단지 청정의 뜻이지만 삼바라에는 평등의 뜻도 있다. 부처님께서 몸과 입과 뜻이 합하여 하나가 된다고 한 것은 곧 이 삼평등(三平等)의 법문에 머문다는 것이다. 그래서 삼세무장애계라 부른다. 부처님께서는 모든 성문(聲聞)들을 위하여 간략하게 교계(教誡)를 설하시어, '이 삼업의 청정은 바로 대선인(大仙人)의 도'라고 하셨다. [교계를 말씀하신지] 12년 이후부터 점점 그 뜻을 부연하여 갖가지의 율의(律儀)가 이루어지는 것처럼 지금 이 지명(持明)의 간략한 계의 뜻도 이와 같다. 만약 수행하는 사람이 삼업의 방편으로 모두 다 바르게 삼평등의 가르침[處]에 따르면 곧 모든 부처님의 율의를 갖추는 것임을 알아야 한다.

또한 온갖 상념의 그물을 찢는 것이 이 삼바라라는 뜻이다. 말하자면 희론과 온갖 견해의 그물은 세로의 날실과 가로의 씨실이 서로 중복되고 교차하여 이루어져 있으므로 그물이라 부른다. 지금 수행자의 몸과 입의 업은 스스로 다른 몸이 없고 지말을 통틀어 근본으로 돌아오면 오직 하나의 마음일 뿐이다. 그러므로 이 마음의 실상은 언제나 이러한 평등법계라고 관해야 한다. 이러한 까닭에 이 계에 머물 때에는 갖가지 몸과 입과 뜻의 업이 모두 동일하게 한 모습으로서 한량 없이 많은 견해의 그물을 모두 다 깨끗이 없앤다. 그래서 주무희론집금강인(住無戲論執金剛印)이라고

34) 삼평등(三平等)의 뜻이다. 여래의 삼밀과 행자의 삼업이 가지상응(加持相應)해서 일체(一體)로 되는 것을 삼평등이라고 한다.

이름할 수 있다.

경에, "모든 법을 짓지 않을 것이다"고 하는 것은 무엇인가? 갖가지 오음(五陰)은 번뇌에 의지하고 번뇌는 업(業)에 의지한다. 이러한 갖가지 업은 모두 몸과 입과 뜻으로 말미암아 생긴다. 몸과 말과 뜻에 의거하여 나누어서 열 가지의 선업도와 악업도로 하는 것처럼 그 갈래와 계통을 끝까지 찾으면 한량 없고 끝이 없다. 이러한 까닭에 삼업에 의지하여 수행하면 곧 진취(進趣)하는 행이 있게 된다. 진취를 잃으면 곧 뒤집어진 생각이 된다. 뒤집어진 생각으로 말미암아 한량 없이 많은 모습이 일어나며, 이 모든 상이 걸림이 되어서 부처님의 걸림없는 지혜를 얻을 수 없다. 지금 수행자가 십연생구를 깊이 관하여 삼업은 필경에 생겨남이 없고, 법성은 스스로 그러하여 언제나 움직임이 없다고 알게되면, 이것을 무위계(無爲戒)에 머문다고 한다. 그러나 이와 같은 청정한 계도 오히려 여래의 행위가 아니다. 하물며 그 계에 머물면서 온갖 법을 지어냄이겠는가!

"무엇이 계인가? 관찰하여 자신을 버리고 모든 부처님과 보살들에게 봉헌하는 것을 말한다. 왜냐하면 만일 자신을 버린다면 곧 그 세 가지를 버리는 것이 되기 때문이다. 무엇이 세 가지인가? 말하자면 몸과 말과 뜻이다."

다음에 무작(無作)의 계를 지니고 혜의 방편을 구족하는 것을 밝히겠다. 수행자는 몸의 실제(實際) 가운데에서 몸을 얻을 수 없는 것이 여래의 해탈이라고 관한다. 이러한 까닭에 이 몸을 다 버려서 일체여래께 보시하는 데에 쓴다. 이로부터 이후에 움직이고 머물고 베풀고 행하는 모든 행위는 다 여래의 해탈을 위하는 것이지 자기 몸을 위하는 것이 아니다. 비록 갖가지의 치열한 만행(萬行)으로써 불국토를 장엄하고 중생을 성숙시킬지라도 법성은 스스로 그러하기에 조작된 바가 없다. 그가 이와 같이 받들고 닦는 자라면 이를 끝없는 복덩어리라 칭하며 이것을 다함없는 복의 하천이라 부른다. 아주 적은 선근을 지었다해도 이로써 법계의 바다에 던지기 때문에 중생계가 다할지라도 역시 다 마르지 않는다.

[선무외]아사리가 말하기를, 산스크리트본의 논서 가운데 어떤 게송에서

[이와 같이] 이른다.

> 만약 해탈을 구하는 사람이 있어
> 이 해탈의 법을 지니고서
> 해탈한 분께 공양드리면
> 이 복이야말로 가장 뛰어나니라.

만약 진언을 수행하는 사람이 이와 같은 청정한 계를 환하게 알지 못하면, 입으로 진언을 송하며 몸으로 밀인을 지니고, 마음이 본존의 삼매에 머물러 차례대로 의식을 갖추어 닦으며 제존을 공양하고 받들지라도 오히려 모든 법을 조작[하는 자]라고 부른다. 아직 아(我)와 인(人)에 대한 [망녕된 견해의] 그물을 여의지 않았으니 어떻게 보리살타라 이름할 수 있겠는가!

그러므로 경의 다음에 이르기를, "이러한 까닭에 훌륭한 가문의 사람은 몸과 말과 뜻의 계를 받음으로써 보살이라는 이름을 얻는다. 왜냐하면 그 몸과 말과 뜻을 떠나기 때문이다. 보살마하살은 이와 같이 학습해야 한다"고 하였다.

이 가운데 '학습해야 할 것'이란 구역에서는 식차가라니(式叉迦羅尼, śikṣā-kāraṇī)라고 이름하였다. 마치 제5편(第五篇)[35]의 계에 통틀어 비니건도(毘尼揵度, vinaya-skandhā, 戒蘊)[36]의 위의행법(威儀行法)을 섭수함과 같다. 대승을 학습하는 사람도 역시 이와 같이 이 계의 방편을 지니어 두루 온갖 진언행 가운데에 들어가야 한다. 잠깐 동안 계를 지키지 않아도 보살행을 이룰 수 있다고 하는 것은 올바르지 않다.

---

35) 계를 종류별로 나누면 다섯 편이 있다. 첫째는 바라이(波羅夷), 둘째는 승가파시사(僧伽波尸沙), 셋째는 바일제(波逸提), 넷째는 제사니(提舍尼), 다섯째는 돌길라(突吉羅)이다. 제5편이란 이 돌길라(突吉羅, 惡作)를 가리킨다.

36) 비니(毘尼)는 조복(調伏)이라 번역하며 건도(犍度)를 장(藏)이라 번역한다. 곧 율장(律藏)이다.

15. 만다라에 들어가는 작법

경에, "그 다음 날에 금강살타로써 자신[37]을 가지하며 세존비로자나께 예를 올린다"라고 하는 것은 곧 수계(受戒) 받는 다음 날이다. 말하자면 제7일째의 저녁이다. 만다라의 온갖 작무(作務)를 지어 건립할 때에는 모두 금강살타를 사용하여 자신을 가지해야 한다. 말하자면 자신이 곧 집금강이라고 관해야 한다. 이 가운데의 방편은 아래 품의 경전 글귀와 「공양차제법」에서 설명한 것과 같다. 만약 진리를 이미 본 아사리라면 곧 금강살타의 마음, 즉 무등등(無等等)의 보리심에 머문다. 이 비밀가지로써 하게 되는 모든 행위는 이를 막거나 부술 자가 없다.

다음에 앞과 같이 운심(運心)하여 대일여래께 예를 올려야 한다.[38] 먼저 여법하고 깨끗한 병[淨甁]을 취하여 깨끗한 물을 담고 여법하게 뿌리는데, 병 속에는 오보(五寶)와 오곡(五穀)을 두어야 한다. 또한 갖가지 향나무와 온갖 묘한 꽃과 과일나무를 가져다가 중앙에 꽂아서 여러 가지로 장엄하며 선명하고 깨끗한 비단을 사용하여 [정병의] 목을 묶는다. 그런 다음에 항삼세의 진언을 지송하여 정병을 가지해야 한다. 이것 역시 온갖 사업을 성취하는 진언이다. 모두 공양차제에 의거해서 벽제(辟除)하여 더러움을 제거해야 한다.

그런 다음에 청정하게 법계심(法界心)의 종자로써 가지한다. 무릇 진언[을 송하는] 편수는 한정이 없다. 종자로서 이를 헤아려야 하는데, 『소실지경(蘇悉地經)』[39]에서 말한 것과 같다. 또한 그 가운데에는 삼부(三部)의 만

---

37) 여기서 자신은 아사리를 가리킨다.

38) '예를 올려야 한다' 이하에 난탈이 있다. 『연오초(演奧鈔)』 제13권에 의하여 바로 잡는다(대정장 59, 135 중).

39) 선무외 역, 『소실지갈라경(蘇悉地羯羅經)』 「봉청품(奉請品)」(대정장 18, 644 하). '진언을 송할 때에는 큰 것은 1번, 중간 것은 3번, 작은 것은 7번, 아주 작은 것은 21번을 송하라.' 또는 『소실지갈라공양법』 하권(대정장 18, 703 상). '무릇 진언의 글자 수는 많

다라를 만드는 데에 따라 각 부심(部心)이나 부모(部母)[40]의 진언을 사용하여 가지한다.

지금 이 경에서는 통틀어 판사(辦事)[41]의 진언을 사용하여 가지한다. 그 진언은 광(廣)과 략(略)을 겸할 수 있으므로 편수를 논하지 않으니, 잘 생각해서 이것을 끊어야 한다. 만약 아주 큰 [진언]이라면 백편에 이를 때까지 송해야 한다. 다음의 [중간] 것은 5백편, 작은 것은 천편에 이르게 해야 한다.

이미 [향수병을] 가지하여 마쳤으면, 백단(白檀)으로써 먼저 법대로 그린 단문(壇門)의 바깥에 [향수병을] 두어야 한다. 만다라에 들어가려고 하는 자에게 먼저 이 [향수]를 [그 몸에] 뿌려서 그로 하여금 숙세의 장애를 깨끗이 없애게 한 다음에 만다라를 보게 한다. 또한 다른 그릇에 향수를 섞는데 울금과 용뇌와 전단 등의 갖가지 묘한 향과 진언으로 가지하여 수여하고 조금만 마시게 하라. 이것을 금강수(金剛水)[42]라 부른다. 비밀의 가지를 함으로써 네 종류 지옥의 무거운 장애도 모두 다 사라져 없어지며 안팎으로 모두 청정해져서 법기가 됨을 감당할 수 있다.

[선무외]아사리는 다음과 같이 말하였다.

'이것은 바로 서수(誓水)라 부른다. 세속적 입장의 진리[世諦]에 따르면 맹서(盟誓)의 법과 같다. 모든 성스러운 대중들 앞에서 이 향수를 마시고서 그 마음에 스스로 다짐하는데, 요점은 "대보리의 원에서 물러나지 않게

기도 하고 적기도 한데, 한 자에서 네 자까지는 반드시 1억 번을 가득 헤아려 지송하며, 다섯 글자에서 열다섯 글자까지는 하나하나의 글자를 10만 번을 헤아려 지송하며, 열다섯 이상 서른두 자까지는 30만 번을 지송하고, 이것을 넘는 숫자는 1만 번을 지송한다. 하나하나의 때에 법대로 지송하여 그 수를 마치고 나서 품은 소원 및 성취를 따라 은근히 이것을 구한다.'

40) 모주(母主)라고도 한다. 금강계 오부나 태장계 삼부에 각기 부주(部主)와 부모(部母)를 세운다. 부주는 국왕과 같고 각 부의 중심이 되는 본존이며, 부모는 국모(國母)와 같아서 부주나 혹은 기타 제존의 본존을 생산한다.

41) 판사명천(辦事明天), 즉 부동존(不動尊)을 가리킨다.

42) Skt. vajrodaka. 음역하여 발절라오다가(跋折囉烏陀迦)라 한다. 또는 금강서수(金剛誓水)・서수(誓水)라 한다. 밀교에서 관정을 받을 때에 반드시 서서 서약하는데 금강수는 그때에 수자(受者)가 마시는 물이다.

해주십시오"라고 하는 것이다.'

또 다시 걸림없는 계향(戒香)으로써 바(嚩, va)자문의 청백(淸白)한 심수(心水)에 섞는다. 이를 마시거나 닿는 자는 모두 반드시 위없는 보리를 이룬다. 이와 같이 그 마음을 청정하게 하면 곧 비밀의 만다라에 들어가기에 감당할 만하다.

"이때에 집금강비밀주가 게송으로 부처에게 여쭈었다"라고 하는 것부터 이하는 만다라를 조립하는 지분을 밝힌 것이다. 게송 가운데 먼저 부처님을 찬탄하며, '오직 바라오니 일체지자이시여, 모든 설법 가운데 최고 제일이신 분이시여, 그 시분(時分)을 설하여 주십시오'라고 한 것에서, 이 시분(時分)이란 곧 처음에 만다라를 그리는 것부터 일을 마치고 나기까지의 시분의 한계를 나눈 것이다.

다음에 "대중들은 어느 때에 널리 모이고 신령스러운 상서를 나타냅니까?"라고 한 것은 '대비태장 가운데의 모든 보문(普門)의 종류에 따르는 몸이 어떤 때에 두루 도량에 모여 현전하고 신력으로써 가지하며 위의와 증험을 나타내시는가'라고 여쭌 것이다. 만약 제자가 육근이 청정하고 예리하며 깊은 혜(慧)로써 제도할 만한 근기라면, 이때에 곧 직접 끝없는 성중을 모두 보게 되는 것이 마치 영산회(靈山會)[43]에 앉은 자와 마찬가지로 삼변정토(三變淨土)[44]의 분신(分身)의 모든 부처님을 보는 것과 같아 아무런 다름이 없다. 분명히 알아야 하니 이때에 곧 만다라의 아사리는 정성스럽게 진실한 말을 [제자에게] 전하여 말하길, '여래의 사업을 행할 때이다'라고 해야 한다. 그래서 "은근히 진언을 지녀라"고 하였다.

이 게송을 설하고 나서 "그때에 세존께서는 지금강혜자(持金剛慧者)에게 말씀하셨다. 이러한 밤에 만다라를 건립해야 한다"고 하는 것은 무엇인가?

---

43) 영축산에서 『법화경』을 설법하신 것으로 그때에 모인 모든 대중들을 가리킨다.

44) 삼변토정(三變土淨)이라고도 한다. 석가여래께서 『법화경』 「보탑품」을 설할 때, 다보탑(多寶塔)을 공양하기 위해 시방(十方) 분신(分身)의 모든 부처님을 두루 청하면서 세 번 사바세계의 예토(穢土)를 청정한 국토로 변화시킨 것을 말한다.

이른바 제7일의 밤에 법사(法事)를 모두 마치게 된다. 이 가운데에 해가 질 무렵 이후부터 새벽이 밝아지기에 이르기까지를 통틀어서 밤[夜]이라 부른다. 처음에 밤이 되면 곧 모든 위(位)를 도화하고 온갖 공양도구를 안치해야 하며, 밝은 모습이 아직 나타나기 이전에 발견(發遣)하여 마쳐라. 만약 이 법을 거스르면 곧 장애가 생기고 나아가 의지하여 머무는 장소도 역시 길상하지 않게 될 것이다.

그러나 깊은 비밀의 해석에서는 바르게 도(道)의 근기가 가회(嘉會)함을 시(時)로 한다. 혹은 가지의 방편으로써 백겁(百劫)을 붙잡아 일야(一夜)로 하거나 일야를 늘려서 백겁으로 한다. 오래고 짧은 것은 연(緣)에 있고 정해진 한계가 없다. 만약 일반적인 아사리라면 반드시 법칙대로 갖추고 [법칙에] 의거해야 한다. 낮을 나누며 계역(界域)을 재어서 그리고, 백단(白檀) 등으로 제존의 형위(形位)의 분단(分段)을 초(草)하여 정하고 날이 저녁이 되려고 하면 미리 향・꽃・등잔・촛불 등을 준비하여 모두 소판(素辦[45])하게 해야 한다.

『구혜경』[46]에 이르기를, '만다라 북면의 한 곳에서 백색을 재어서 그리고 판사명왕의 진언으로써 모든 어려움을 제거하여 없애며 모든 공양구를 두어야 한다'고 하였다.

[선무외]아사리는 '만약 하룻밤 안에 두루 제존을 그릴 수 없을 때에는 제5일의 수지지(受持地)로부터 이후에 점차로 만들어도 이치에 거리낌이 없다'고 하였다. 또한 따로 존형(尊形)・인(印)・자(字)의 삼종의 방편이 있는데, 아래의 글에서 설명한 것과 같다.

---

45) 준비를 갖춘다는 뜻이다.

46) 『유희야경』「마하만다라품」(대정장 18, 764 하). '만다라의 북쪽면 한 곳에 먼저 군다리명왕의 진언으로 온갖 어려움을 없애고 모든 공양구를 안치하며 지송하여 보호하라.'

16. 만다라 분위(分位)의 설정(設定)

경에, "전법(傳法)의 아사리"라고 하는 것은 무엇인가?

이미 시분(時分)을 알았으므로 곧 [만다라를] 조립(造立)하는 의궤(儀軌)를 밝히겠다. 낮이 시작될 때에 이르러 아사리와 조반(助伴)의 제자는 각기 법다웁게 목욕하고 나서 깨끗한 새옷을 입고 대비심을 일으키며 공물을 지니고서 만다라가 있는 곳에 가서 먼저 낱낱의 온전한 법으로써 [육신(肉身)을] 가지해야 하는데, 「공양차제」에서 설명한 것과 같게 한다. 다음에 법다웁게 자신을 호지하고 득도시켜야 할 제자를 부른다. 그를 위하여 호지하고 향수를 뿌리고 모두 한 곳에 차례대로 앉게 해야 한다. 그런 다음에 아사리는 도량 문 앞에 가서 두루 운심하여 시방의 모든 부처님께 머리를 조아려 정례 올리며, 또한 앞에서 설한 것처럼 해야 한다. 그런 다음에 오색선(五色線)을 지니고서 만다라의 위(位)를 향하여 서서 이를 정수리에 이어라. 다음에 자기 몸을 비로자나로 관하고, 경에서 이르는 대로 대비로자나가 되어서 스스로 가지를 행한다. 그렇게 하는 이유는 대일여래가 바로 대비태장의 아사리이기 때문이다. 그러므로 수행자가 만약 아사리의 사업을 행할 때에는 곧 자신을 비로자나로 삼아야 한다. 만약 구연만다라(具緣漫荼羅)의 온갖 작무(作務)를 행할 때에는 곧 자신을 금강살타로 만들어라. 그 가지의 방편은 아래의 문장[47]과 「공양법」 중에서 설명한 것과 같다.

다음으로 수행자는 방위를 지키는 팔위(八位)를 알아야 한다. 무릇 건립하려고 하는 만다라는 이 [방향]에 따라 돌려라. 동방의 인다라(因陀羅, Indra, 帝釋)로부터 차례대로 따라 돌려 이르게 하라. 남방은 염마라(焰摩羅, Yamarāja), 서방은 바로나(嚩嚕拏, Varuṇa), 북방은 비사문(毘沙門, Vaiśravaṇa, 多聞天), 동북은 이사니(伊舍尼, Iśāni), 동남은 호마(護摩, homa, 火天)라 한다. 서남

47) 「전자륜만다라행품(轉字輪漫荼羅行品)」을 가리킨다.

은 날리디(涅哩底, Nairti),[48] 서북은 바유(嚩庾, Vāyu, 風天)로 한다. 그 윗방향의 모든 존은 대부분 제석의 오른쪽에 의지하며, 아랫방향의 모든 존은 대부분 용존(龍尊)의 오른쪽에 의지한다. 위[上]란 공중에 머무는 것을 말하며, 아래[下]는 땅에 머무는 것이다. 또한 중태장(中胎藏)을 둘러싼 삼중(三重)의 계역(界域)은 모두 미리 표지(摽誌)로 삼아 방우(方隅)를 균등하게 해서 도위(圖位)를 소정(素定[49])하라. 요컨대 대일(大日)의 위(位)를 다섯 가지 보배덩어리의 중심에 해당하게 하라. 이 온갖 상(相)을 그릴 때에 이르기까지 아사리는 먼저 인다라의 방향[동쪽]에 이르러 법다웁게 예를 올려라. 다음에 화방(火方 : 東南)에 머물러 북쪽을 향하여 서며, 조반의 제자는 이사니(伊舍尼 : 東北)에 있으면서 마주보며 수다라(修多羅, 실)를 지니고서 바깥 경계를 재어서 정하라. 제자는 다음에 오른쪽으로 돌아서 날리디(涅哩底 : 西南)에 이르러야 한다. 스승도 역시 오른쪽으로 돌아 서쪽을 향하여 이를 마주 대하라. 아사리는 다음에 다시 오른쪽으로 돌아 바유의 방향[西北]에 이르러라. 제자도 역시 오른쪽으로 돌아 북쪽을 향하여 이를 마주 대하라. 제자는 다시 오른쪽으로 돌아 이사니[의 방향 : 東北方]에 이르러라. 스승도 역시 오른쪽으로 돌아 동쪽을 향하여 이를 마주 대하라. 무릇 한 바퀴를 마칠 때까지는 모든 선(線)을 가지런하게 하고 허공 가운데에 있으면서 균등하고 평정(平正)하게 하라. 두 바퀴에 이를지라도 역시 앞과 같이 오른쪽으로 돌면서 차례대로 이를 이어서 계도(界道)로 삼는다.

다음에 다시 사유(四維)를 재어서 정하라. 아사리는 다시 오른쪽으로 돌

---

48) Skt. Nairti. 또는 Rākṣasa. 음역하여 날리디(涅哩底) · 열리제(涅哩帝) · 녜리디(禰哩底)라 한다. 밀교의 나찰주천(羅刹主天)으로 귀왕(鬼王)의 이름이다. 팔방천(八方天)의 하나이고, 또한 십이천(十二天)의 하나로서 서남방(西南方)을 수호하는 천이다. 태장 및 금강계만다라 외금강부(外金剛部) 서남우(西南隅)에 위치한다. 태장만다라 중에서 나찰천의 몸은 육색(肉色)이며 부릅뜬 눈에 갑옷을 입었으며 왼팔이 밖을 향하고 있다. 엄지로 소지와 무명지를 누르고 검지와 중지를 세워서 도인(刀印)을 나타낸다. 오른손에는 검을 집고 허리 곁에 두며, 둥근 자리에 앉아있는데 그 좌우 양쪽에는 각기 두명의 동자가 있다.

49) 미리 설정한다는 뜻이다.

면서 날리디[의 방향: 西南方]에 이른다. 제자는 먼저 이사니[의 방향: 東北方]에 있다가 오른쪽으로 돌면서 서로 마주보는 것을 유지하라. 제자는 다음에 다시 오른쪽으로 돌면서 바유[西北]의 방향에 이르러라. 스승은 곧 오른쪽으로 돌아 호마[東南]의 방향에 이른다. 제자도 역시 오른쪽으로 돌아 서로 마주보면서 이를 유지하라. 모두 선을 가지런하게 대고 공중에 있으면서 그 위를 견주어 정하게 하라. 제자는 다음에 다시 오른쪽으로 돌면서 날리디[의 방향]에 이르고, 스승은 곧 오른쪽으로 돌아 이사니에 이르러 서로 마주하며 이것을 이어야 한다. 제자는 다음에 다시 오른쪽으로 돌아 호마의 방향에 이르고, 스승은 곧 오른쪽으로 돌아 바유의 방향에 이르러 역시 서로 마주하며 이것을 이어라.

[선무외]아사리는 '그 정사방(正四方)의 십자(十字)의 계도(界道)는 경에서 말하지 않았을지라도 이치로서는 반드시 있어야 한다. 또한 틀림없이 오른쪽으로 돌아서 마주 대하며, 이어서 정해야 한다'고 하였다.

이와 같이 이미 바깥 경계와 팔방(八方)의 상을 정하여 마쳤으면 다음에 중앙으로 들어가 먼저 중대(中胎)의 바깥 경계를 정해야 한다. 역시 앞과 같이 돌고 이어서 사방의 상(相)을 만들라. 그 팔방의 상이 이미 정해졌으면 다시 만들지 말라. 다음에 제1중(第一重)의 바깥 경계를 정하고, 다음에 제2중의 바깥 경계를 정하는 것도 역시 중대의 법칙과 같으며, 그 넓고 좁은 크기도 모두 전전하여 서로 반(半)이 되게 한다. 가령 중태장(中胎藏)은 가로 세로가 8척(尺)이면, 제1중은 넓이가 4척으로 해야 하며, 제2중은 넓이가 2척이고, 제3중은 넓이가 1척이어야 한다.

[선무외]아사리는 '법이 본래 이와 같다. 만약 크고 작은 상을 드러내는 것을 잘 모를 때, 조금이라도 신경써서 이를 균등하게 조절하면 이치에는 잘못이 없다'고 하였다.

이와 같이 나누어 마치고 또한 하나하나의 중(重)에서 다시 나누어 세 부분[三分]으로 하라. 그 가장 안쪽으로 향하는 한 부분[一分]은 이것이 오고 가는 주도(周道)이다. 그러므로 "불자(佛子)가 가야할 길[道]"이라고 하였다. 다음의 한 부분은 온갖 공양물을 안치하는 곳이다. 다음 바깥의 한 부분은 제존(諸尊)을 안치하는 좌위(座位)이다. 그러므로 이 두 부분은 모두 성천(聖天)의 위처(位處)이다.

다음에 이 바깥에서 다시 주위를 둘러싸는 계연(界緣)을 만들어라. 이 곳의 허공위 가운데에 운심하여 관찰하고 그 방면의 분위(分位)에 따라 상응하는 제존을 모두 다 청하여 공양해야 한다. 이렇게 하는 까닭은 아사리가 일을 하는 데에 잊거나 실수하게 되면 제존을 안치하는데 혹시 모두 다하지 못할 수도 있기 때문이다. 그 청하여 부르는 데에 위차(位次)가 없는 자를 모두 운심하여 이 가운데에서 공양해야 한다. 이 세 부분의 위를 나누는 법은 먼저 제1중의 바깥 경계의 안으로부터 적은 부분을 사용해서 계연을 만들어라. 그 넓거나 좁은 크기는 임의대로 자르는데, 나아가면서 조금씩 좌위(座位)에 통할 수 있어야 한다. 이 계연의 안은 균등하게 세 부분으로 나누어라. 먼저 제존 좌위(座位)의 안쪽 계분(界分)을 정하고 나서 다음에 행도(行道)와 공양의 중간 계분(界分)을 정해야 한다.

이와 같이 제1중을 마치고 다음에 제2중에서도 역시 바깥부터 안쪽을 향하여 점차로 이를 나누어야 한다. 다음에 제3중을 나누는 것도 역시 이와 같다. 앞의 글에서 설명한 대일여래의 배꼽부터 이하의 광명은 이것이 제3중의 위(位)이다. 배꼽부터 위로 목에 이르기까지에서 나오는 광명은 제2중의 위로 한다. 목 위에서부터 정수리에 이르기까지의 광명을 제1중의 위로 한다. 그 중대장은 곧 비로자나 자심의 팔엽화(八葉華)이다. 함께 만다라를 건립하는 금강의 제자는 모름지기 진언의 법요에 잘 통달하고 스승에 버금가야 하며, 또 다시 상(相)을 돕는 데에 잃어버리거나 잘못하는 것이 없어야 한다. 만약 이와 같은 사람을 구하지 못하면 단지 이미 일찍이 법다웁게 관정받은 자를 데려다가 해야 할 것마다 지시하고 가르쳐서 이를 행하게 하라. 이러한 사람도 없으면 말뚝을 박고 이것을 [제자로] 삼아야 한다. 먼저 화방(火方 : 東南)의 스승의 위에 말뚝을 박아야 한다. 다음에 이사니[東北]의 방향에 역시 이를 두고서 선을 끌어와서 곧 스승이 먼저 화방의 말뚝이 바로 스승의 위(位)라고 마음으로 새겨라. 그런 다음에 이사니로부터 선을 끌어와 날리디[西南方]에 이르게 한다. 그밖에는 이에 준하여서 행하는 것을 알 수 있을 것이다.

[선무외]아사리는 또한 '함께 선을 끌어오려고 하면, 반드시 관정 받으려고 하는 제자를 데려와야만 한다. 먼저 가지한 향수를 여기에 뿌려 주어서 사업을 행하고, 그려진 단위(壇位) 등도 물건으로써 덮으며 [제자에게] 보게 해서는 안된다'라고 하였다.

17. 만다라를 순서대로 건립하는 과정

"방향 따라 균등하게 네 문이 있다"고 하는 것은 겹겹이 있는 원(院)에 모두 네 개의 문을 설치하며 중앙을 바르고 균등하게 하는 것을 말한다. 서쪽으로 향하는 하나의 문을 열고 출입하여 통하게 하고, 그 밖의 문은 선(線)으로 경계를 만들며 횡으로 이것을 끊어야 한다.

『구혜경』[50]에서는 다음과 같이 말한다.

'무릇 모든 방향에 문을 여는 것은 모두 저 방향과 모퉁이의 넓고 좁음에 따라 아홉으로 나누어서, 가운데의 한 부분을 [출입하는] 문으로 삼아라. 그 나머지 여덟 부분은 곧 문의 좌우에서 각각 네 부분이 되게 한다. 출입하는 문은 조금 열린 상태로 그려라. 그 밖의 모든 문은 흰색의 가루를 사용하여 닫힌 상태로 그려야 한다.'

---

50) 『유희야경(蕤呬耶經)』 「마하만다라품(摩訶曼荼羅品)」(대정장 18, 765 상). '무릇 모든 방향의 문은 반드시 중앙을 열어라. 아홉으로 나누는데 그 여덟 부분은 각기 네 부분을 양 변으로 삼는다. 출입하는 문은 조금 열린 모양으로 그려라. 그 밖의 모든 문은 흰색의 가루로 닫혀있는 상태로 그려라.'

[선무외]아사리가 말하기를, '금강선을 사용하여 경계를 만들고 횡으로 끊는데 마치 금강과 같아서 이를 넘어서는 안되며, 넘는 자는 삼매야를 범한다'고 하였다. 또한 경의 문장에 통하는 문은 서쪽을 향하게 한다고 하였다. 만약 인연이 있으면 그 밖의 방향을 향하여 문를 열어도 이치에는 어긋남이 없다. 그밖에는 다음의 글에서 설명하는 것과 같다.

"성심껏 은근하고 정중하게 모든 성존을 운포(運布)하라"고 하는 것은 도화(圖畫)할 때에 먼저 유가에 머물러 이 만다라 대중들의 낱낱 형상과 색과 상모와 위의와 성류(性類)와 좌위(座位)와 모든 인(印)을 관하고 모두 다 현전하여 구족하고 명료하게 하며, 그런 다음에 한량없으며 은근하게 공경하는 마음으로써 이를 채화(彩畵)하고 나아가 크거나 작거나 헐겁거나 빽빽한 정도도 역시 균등하고 서로 대칭되게 하는 것을 말한다. 그래서 "이와 같이 여러 상을 조성하고 균등하게 조절하여 잘 분별하라"고 하였다.

"내심(內心)의 묘백련(妙白蓮)"이란 중생의 본마음의 묘법(妙法)인 분타리(芬陀利)[51]꽃 비밀의 표치이다. 화대(花臺)의 여덟 잎은 원만하고 균등하여서 바르게 열어펼치는 모습과 같다. 이 연화대(蓮花臺)는 실상자연(實相自然)의 지혜이다. 연꽃잎은 바로 대비방편이며, [꽃술은[52] 모든 삼매문·다라니문(陀羅尼門)·육바라밀·십팔공(十八空) 등으로서, 『대반야경』에 설명한 것과 같다. 이 낱낱의 꽃술로부터 가지신력으로 삼중만다라(三重漫荼羅) 가운데의 한 종류의 장엄 권속을 출현한다. 정방향의 네 잎은 여래의 사지(四智)이고 모퉁이의 네 잎은 여래의 사행(四行)[53]이다. 여기에 의거하여 나타나 여덟 종류의 선지식이 된다. 각기 금강혜인

---

51) Skt. puṇḍaīka. 음역하여 분타리화(分陀利華)라 한다. 즉 하얀 연꽃이다. 간략히 칭하여 백련(白蓮)이라 하는데 원산지는 인도로서 연꽃의 일종이다. 이외에 따로 구물두화(拘物頭華)를 백련화라 칭하기도 하므로, 이 둘을 구분하기 위하여 분타리화를 대백련화(大白蓮華)라 칭하기도 한다. 백련화에는 다섯 가지 특성이 있다. ① 형향원문(馨香遠聞), ② 일경단화(一莖單花), ③ 화과동시(花果同時), ④ 부염어니(不染淤泥), ⑤ 밀봉군취(蜜蜂群聚).

52) 이하에 난탈(亂脫)이 있다. 『연오초(演奧鈔)』 제13에 의하여 이것을 교정한다(대정장 59, 137 중).

53) 밀교 가운데 미륵(彌勒)·문수(文殊)·제개장(除蓋障)·보현(普賢)의 사대보살은 대일

(金剛慧印)을 지니므로 두루 모든 잎 사이에 나타난다고 한다.] 바로 이 장(藏)을 대비태장만다라의 체(體)로 삼는다. 그밖의 삼중(三重)은 이 자증의 공덕으로부터 유출되는 모든 선지식입법계문일 뿐이다. 이러한 십육의 법은 하나하나가 모두 법계와 동등하고 심지어 조금이라도 평등하지 않은 것이 없다. 그러므로 그 표상(摽相)도 역시 명부(冥符)와 함께하며, 여래의 만덕(萬德)을 간략히 섭수하여 이로써 16지(指)로 삼는다. 펼쳐서 늘이면 한량없고 끝없다. 그러므로 이 만다라의 가장 작은 크기는 16지(指)로 자른 것이며 크게 할 때에는 한계가 없다.

이것은 바로 여래께서 비밀스럽게 전하시는 법이다. 한묵(翰墨)으로 그릴 수 없으므로 도상(圖像)에 의탁하여 이로써 수행하는 사람에게 보인다. 만약 깊은 뜻을 이해하였다면 스스로 고요히 알 수 있을 뿐이다. 이 실상화대의 중앙에서 곧 대일여래의 가지의 모습을 나타낸다. 그 뜻은 이미 앞에서 해석한 것과 같다. 그 밖에 비밀의 팔인(八印)은 나중의 「비밀팔인품(秘密八印品)」 및 도상(圖像)에서 설명하겠다.

다음에 동방(東方)의 내원(內院) 대일여래의 위에 해당하는 곳에 "일체편지인(一切遍知印)"[54]을 그려라. "삼각형"[55]으로 만들며 그 끝을 밑으로 향

여래의 사덕(四德)을 분별하여 대표하므로 사행보살(四行菩薩)이라 부른다. 『대일경』의 처음에 곧 이 사대보살을 나열하여 설명하고 있다. 사대보살 가운데 보현은 보리심의 원행(願行)을 나타내니 곧 자증(自證)의 덕이다. 미륵은 사무량심의 대표로써 화타(化他)의 덕을 나타낸다. 문수는 다른 사람을 교화하여 제도하는 묘법을 널리 설한다. 이에 지혜의 근원(根源)이다. 제개장(除蓋障)은 곧 지혜의 장애가 되는 의심을 제거하여 없애므로 이에 선정(禪定)의 덕을 나타낸다. 수행자가 만약 위없는 보리를 성취하고자 하면, 곧 반드시 이 사보살이 대표하는 부처님의 네 가지 덕을 갖추어야 하며 하나라도 빠지면 안된다.

54) Skt. sarvatathāgata-jñāna-mudrā, 밀교 태장만다라 편지원(遍智院) 중앙의 삼각지인(三角智印). 또는 일체불심인(一切佛心印)ㆍ일체편지인(一切遍智印)ㆍ제불심인(諸佛心印)ㆍ대근용인(大勤勇印)ㆍ삼각인(三角印) 등이라 한다. 이 삼각인은 사종법신의 삼매야형을 나타내며, 사지인(四智印)의 총표치이다.

55) 삼각형은 불의 모양으로서 여래의 지화(智火)를 나타낸다. 여래의 지혜는 탐진치의 업을 없애는 것이, 마치 불이 온갖 물건을 태우는 것과 같으므로 삼각형으로 이를 나타낸 것이다.

하게 하고 순백색으로서 불꽃으로 이를 둘러싸며 백련화 위에 둔다. 곧 시방삼세의 일체여래이신 대근용(大勤勇)의 인(印)으로서 제불심인(諸佛心印)이라고도 부른다. 삼각은 항복과 장애를 제거한다는 뜻으로 부처님께서 도수(道樹 : 보리수)에 앉으시어 용맹한 대세(大勢)로써 사마(四魔)[56]를 항복시키시고 바른 깨달음 이루신 것을 말한다.

"선명한 흰색"은 대자비의 색이다. 여래의 사자분신(師子奮迅)의 큰 정진력은 바로 이러한 일의 인연을 위한 것이다. 나아가 대비의 빛을 내어서 온 법계에 늘 비춘다. 그러므로 "주변에 두루하다"고 하였다.

다음에 대근용(大勤勇)의 북쪽에는 이 유(維)에 이르러 허공안(虛空眼)을 두어라. 이는 바로 비로자나불의 모(母)[57]이다.

"불모(佛母)"의 뜻은 『반야경』의 「불모품(佛母品)」[58]에서 자세하게 설명한 것과 같다.

"진금(眞金)"은 여여(如如)한 실상의 체(體)이다.

완전히 청정하다[畢竟淨]는 구절은 그 교문(敎門)의 바깥을 장식한 것이다. 그러므로 "흰 명주로 옷을 만든다"고 하였다. 온갖 희론이 멸할 때에는 마음의 햇빛이 비추지 않는 곳이 없다. 그러므로 "두루 비추이는 것이 햇빛과 같다"고 하였다. 편안하고 조용한 일심(一心)의 사람은 이것을 볼 수 있다. 그 표치(標幟)는 마치 천녀(天女)가 "정수(正受, samāpatti)에 머무는" 모습

---

56) 바른 이치에 어긋나는 허위의 견해를 가지고 깨달음의 바른 길을 훼방하는 악마. 이 악마에 네 가지 종류가 있어 사마(四魔)라 한다. ① 탐욕을 비롯한 여러 가지 번뇌는 우리의 심신을 어지럽게 하므로 번뇌마(煩惱魔)라 한다. ② 오음(五陰)은 가지가지 고통을 내므로 음마(陰魔), 온마(蘊魔)라 한다. ③ 죽음은 인간의 생명을 빼앗으므로 사마(死魔)라 한다. ④ 욕계의 제6천 타화자재천왕이 좋은 일을 방해하므로 천마(天魔), 천자마(天子魔) 혹은 자재천마(自在天魔)라고 한다.

57) 불안존(佛眼尊)을 가리킨다. 대일(大日)은 불부(佛部)의 주존(主尊)이기 때문에 대일존의 모체(母體)가 다른 것에 의존하는 일은 없지만, 불안존은 곧 대일의 능생(能生)의 덕을 관장하기에 불안(佛眼)을 불모(佛母)로 한다.

58) 현장(玄奘) 역, 『대반야바라밀다경(大般若波羅蜜多經)』 305 · 306 · 307권 「불모품(佛母品)」(대정장 6, 552 하 이하). 불모란 반야바라밀(般若波羅蜜)을 가리킨다. 이 최상의 지혜를 얻은 것이 불타이므로, 반야는 부처님의 어머니란 뜻으로 불모라 한다.

과 같다.

다음에 다시 대근용의 남쪽에서 남유(南維)에 이르러 모든 불보살의 "진타마니(眞陀摩尼)"[59]의 인을 만들어라. 이것은 정보리심의 끝없는 행원이 모여 이룬 것이다. 언제나 두루 세간과 출세간의 온갖 재보를 비뿌린다. 세상을 구제하는 자는 모두 깨끗한 성품의 연화대 중앙에서 이와 같은 보배를 나타낸다. 그러므로 "흰 연꽃 위에 머문다"고 하였다.

[선무외]아사리가 말하기를, '이것은 일체에 통하는 인(印)이다. 또한 모든 방면에 다 이것을 둘 수 있다. 만약 모든 불보살의 경 가운데에 지니고 있는 인상(印相)을 말할 수 없으면, 모두 이 값을 따질 수 없는 보주(寶珠)를 잡게 할 수 있다'고 하였다.[60]

경전에는 다음과 같이 말하였다. "대일여래의 오른쪽에 대정진관자재자(大精進觀自在者)를 둔다"고 하는 것에서 [대정진관자재자는] 바로 연화부(蓮華部)[61]의 주(主)이다. 말하자면 여래께서는 궁구하여 마치시고 십연생구를 관찰하여 이 보안연화(普眼蓮華)를 성취하셨으므로 관자재(觀自在)라 부른다. 여래의 행에 의거하였으므로 보살이라고 한다. 정수리에 무량수불을 나타낸 것은 이 행의 극과(極果)가 바로 여래의 보문의 방편지(方便智)[62]임을 밝힌 것이다. 이 형상과 보살신은 모두 현법락(現法樂)[63]에 머물러 기쁘

---

59) 여의주(如意珠)를 뜻하는 말이다.

60) 이 부분에 난탈이 있어 바로 잡는다. 본문의 뜻은 불보살의 인계가 어떤 것인지 모르면 보주의 인으로 통용할 수 있다는 뜻이다.

61) 삼부(三部)의 하나. 본래적으로 중생이 지니고 있는 정보리심이 번뇌에 덮여있는 상태를 진흙연못에 피어나는 청정무구한 연꽃에 비유하며, 또는 여래가 대비삼매에 주하여 설법하고 중생이 온갖 선을 얻기 때문에 이 부의 제존은 모두 이 덕을 내증(內證)한다고 한다. 태장만다라 3부에서는 관음원(觀音院)과 지장원(地藏院)이 연화부에 해당하며, 부주(部主)가 관음보살이므로 관음부(觀音部)라고도 한다.

62) 근기에 따라 응현(應現)하여 보문(普門)으로써 이끌어들인다. 그 방편이 끝없음은 보문의 방편지를 사용하기 때문이다.

63) Skt. dṛṣṭa-dharma-sukha-vihāra. 색계(色界) 사등지(四等持)의 하나이며, 선정(禪定)의 일곱가지 명칭의 하나이다. 선정의 결과에 의하여 이러한 명칭이 있다. 후법락주(後法樂住)의 대칭(對稱)이다. 또는 현법락주(現法樂住)·현법안락주(現法安樂住)·현법희락주(現法喜樂住)라고도 한다. 무학(無學)의 성자가 정려를 잘 닦고 나서 해탈의 법락에 머무

게 미소하는 얼굴로 만들어야 한다.

"관자재 몸의 색깔은 맑은 달과 같고, 혹은 상카(商佉, śaṅkha)[64]와 같으니", 이것은 바로 아주 좋은 나패(螺貝)이다. 혹은 "군나화(軍那花)"[65]와 같은데 그 꽃은 인도에서 산출되며 역시 매우 선명한 흰색이다. 이 세 가지의 비유를 종합하면 그 빛이 선명하며 윤기있고 투철하여서 흰색 가운데에서 으뜸이라고 말하는 것이다.

다음에 관음(觀音)의 오른쪽 변에 "다라(多羅[66])보살"을 그려라. 무릇 모든 성자는 모두 얼굴이 대일여래를 향하게 하라. 지금 관음의 오른쪽이라 말한 것은 바로 이 자리의 서쪽이다. 다른 것도 모두 이것에 준거한다. 이것은 관자재의 삼매이기 때문에 여인의 모습으로 만들어라. 다라(多羅)는 '눈'이라는 뜻이다.

"푸른 연꽃"은 청정하여 더러움이 없다는 뜻이다. 이와 같은 보안(普眼)으로써 뭇 중생들을 거두어 들이는 것은 일찍이 옛적에도 없었고 후세에도 있을 수 없다.

"중년여인의 모습"으로 만드는 것은 아주 늙지도 않았고 아주 젊지도 않다는 것이다. 푸른 색은 항복(降伏)의 색이고, 흰색은 대비(大悲)의 색이다. 그것은 묘하여서 두 가지 작용 가운데에 있으므로 두 가지 색을 화합시켜라. 이러한 뜻이기에 푸르지도 않고 희지도 않다.[67] 그 형상은 합장하여

는 것이다. 『구사론(俱舍論)』권28에 의하면 정(淨)·무루(無漏)의 사근본정려(四根本靜慮)에 의하여 현전(現前)의 법락을 얻는다고 한다.

64) Skt. śaṅkha. 인도에서 사람을 모이게 하는 경우에 부는 소라. 법라(法螺)라고도 한다.

65) Skt. Kunda. 연꽃의 일종이다.

66) Skt. Tārā. 타라는 바다나 강을 건너다라는 동사에서 파생한 명사로 '윤회의 바다를 건너는 일을 도와주는 여성'을 의미한다. 또는 타라를 '푸른 눈'의 뜻으로 보아서 관음의 눈으로부터 방사되는 대광명 가운데 생한 존이라 한다. 티베트에서 이 여존(女尊)은 구제하는 여성이라는 뜻의 다르마sGrol ma라고 부른다. 후에 티베트불교를 받아들인 중국에서는 이 티벳명을 번역한 구도불모(救度佛母)라는 명칭이 사용되고 있다. 특히 이 여존은 인도·네팔·티베트에서 가장 잘 알려진 존격이지만, 일본에서는 거의 숭배되지 않고 겨우 태장만다라의 연화부관음원에 다라보살(多羅菩薩)로서 나타날 뿐이다. 유희좌(遊戱坐)에 앉아 오른손에 여원인(與願印)을 왼손에 삼매야형인 청련화를 갖고 있는 것이 다라보살의 기본자세이다.

손바닥 가운데에 이 푸른 연꽃을 지니며 손과 얼굴은 모두 관음을 향하게 하라. 미소하는 모습과 같으며, 온 몸에 둥근 광명이 깨끗한 금색과 같고, 흰 옷을 입었으며 머리에 있는 발계(髮髻)[68]는 천계(天髻)의 모양으로 만들어라. 대일여래의 발관(髮冠)과 동일하지는 않다.

관음의 왼쪽 변에는 성자(聖者) "비구지(毘俱胝)"[69]를 두어라. 그 몸에 네 개의 손이 있는데, 오른쪽의 한 "손은 수주만(數珠鬘)[70]을 드리우고" 한 손은 시원인(施願印)을 하였으며, 왼쪽의 한 손은 연꽃을 들고, 또 한 손은 군지(軍持)[71]를 잡고 있다. 얼굴에는 "세 개의 눈"이 있는데 마혜수라(摩醯首羅)의 형상과 같으며, 머리에 발관(髮冠)을 썼는데 비로자나의 발계관(髮髻冠)의 모습과 같다. 지닌다[持]고 말하는 것은 땅이 만물을 이고 있다고 말하는 것과 같다. 곧 이것은 머리에 얹어 공경하며 받든다는 뜻이다. 그 몸은 결백하여서 둥근 빛이 이를 둘러싸며 빛 가운데에 황색과 적색과 백색의 세 가지 색을 갖추고 있으나 순수한 백색과 순수한 적색과 순수한 황색이 아니기에 무주(無主)라 한다. 무릇 황색은 증익의 색이며, 백색은 적재의 색이고, 적색은 항복의 색이다. 이 삼매의 빛 가운데에 겸하여서 세 가지 힘을 갖추었으므로 이것을 사용하여 표치로 삼는다.

다음에 비구지의 왼쪽 변 가까이에 "득대세존(得大勢尊)"을 그려라. 세간의 국왕이나 대신(大臣)의 위세가 자재함을 대세(大勢)라 이름하는 것과 같이 이 성자는 이와 같은 대비자재(大悲自在)의 위(位)에 이르렀으므로 이로

---

67) 『대일경』 본문에서는 '푸른색과 흰색이 서로 섞였다'고 하였다.

68) 상투를 가리킴. 오발계는 두발을 다섯의 상투로 모두 묶는 것을 말한다.

69) Skt. Bhṛkuṭi. 천녀 가운데 하나. 비구지(毘俱知)라고도 하며 진목(瞋目)이라 번역한다. 눈이 세개 손이 네개인 분노형을 한 천녀상으로, 관음보살의 이마 위 주름살에서 생하였다. 비쿠티는 주름살의 뜻이다. 태장만다라 관음원의 제1열에 있는 보살이다.

70) 수주(數珠)란 염불할 때나 진언을 외울 때, 또는 절을 할 때에 그 수를 헤아리기 위해서 염주를 사용하므로 염주를 수주라 부른다. 이 수주에 금·은·유리 등의 주옥(珠玉)으로 만든 것이 수주만으로서 공양물 또는 장엄구로 사용한다. 또는 수주(數珠)의 만(鬘)을 가리키기도 한다.

71) Skt. kuṇḍikā. 군지(君智, 또는 軍持)라 음역한다. 두 입구가 있는 물병으로서 비구들이 지니는 십팔물(十八物)의 하나이다.

써 이름으로 삼는다. 아직 피지 않은 연꽃을 지니는 이유는 비로자나의 실지(實智)의 화대(華臺)에 이미 열매가 성숙되고 나서 다시 이와 같은 종자를 지니어 두루 모든 중생들의 심수(心水) 가운데에 뿌려서 다시 아직 피지 않은 연꽃을 피어나게 함과 같기 때문이다. 이 존의 자취도 이와 같이 또한 모든 중생들의 잠겨있는 선(善)의 싹을 보호하여 손상시키지 않고 순간순간 증장시키게 한다. 이는 바로 연화부(蓮華部)의 지명왕(持明王)이다.

다음에 명왕(明王)의 왼쪽 변에 명비(明妃) **"야수다라(耶輸陀羅)"**[72]를 그려라. 번역하여 **"지명칭자(持名稱者)"**라 한다. 몸은 진금색이고, 온갖 영락으로 장엄하여 천녀의 모습처럼 극히 단엄하게 한다. 오른손에는 선명한 흰색의 묘한 꽃가지를 지녔다. 열매와 잎이 서로 사이에 있으며 긴 가지가 아주 무성하다. 그 꽃은 처음으로 점점 자라나는 것도 있고, 혹은 피어나려고 하거나 혹은 바로 핀 것도 있어서, 다섯 가지나 열 가지나 수십 가지가 있다. 왼손에는 발윤우(鉢胤遇)꽃을 지닌다. 역시 인도에서 가장 뛰어난 꽃이다.

득대세명왕(得大勢明王)은 모든 중생의 보리의 종자를 안립시키는 것을 담당한다. 그래서 이 명비는 이 가운데의 갖가지 공덕을 함장(含藏)하고 출생하는 것을 담당하기 때문에 그 입는 옷과 표치와 당기가 모두 뜻과 상응한다.

---

72) Skt. Yaśodharā, 팔리어로 Yasodharā. 또는 야수다라(耶輸多羅) · 야유단(耶惟檀)이라 하며, 의역하여 지예(持譽) · 지칭(持稱) · 화색(華色)이라 하고 또는 라후라모(羅睺羅母, Rāhula-mātṛ)라고도 부른다. 부처님의 출가 전 아내로 뒤에 비구니가 된 비구니 중 제1인자. 데바다하성에 사는 같은 샤카족이며 부처님의 어머니 마야의 오빠뻘 되는 수파붓다의 딸로서 반역자 데바닷타와 부처님의 시자 아난다를 남동생, 라훌라를 아들로 두었다. 아들 라훌라를 낳았을 때 부처님이 출가하자 그 뒤 12년이 지나서 부처님이 다시 카필라성을 찾을 때까지 그녀는 부처님과 같은 고행자의 생활을 지켰다. 시아버지 숫도다나왕이 죽은 뒤 시어머니가 출가할 때 그녀도 동행하여 비구니가 되었다. 그녀는 과거의 남편을 스승으로 존경하며 수행에 진력했다. 또한 누구보다도 자신을 반성하는데 엄격하고 신통력이 뛰어나 비구니 중의 제1인자로 일컬어졌다. 밀교에서는 야수다라보살(耶輸陀羅菩薩)이라 칭하며 태장만다라 관음원 가운데에 위치하고 있다. 밀호는 시현금강(示現金剛)이다. 천녀의 모습으로 머리에 금선관(金線冠)을 썼으며 그 인계는 마두명왕인(馬頭明王印)이다.

다라의 오른쪽에 반나라바실니(半拏囉嚩悉寧)[73]를 두어라. 번역하여 "백처(白處)"라 한다. 이 존은 언제나 흰 연꽃 가운데에 있기 때문에 이렇게 이름하였다. 역시 천계의 발계관(髮髻冠)을 쓰고 순수한 흰색의 옷을 입으며 왼손에는 활짝 핀 연꽃을 들었다. 이 가장 희고 맑은 곳으로부터 보안(普眼)을 출생한다. 그러므로 이 삼매를 이름하여 연화부(蓮華部)[74]의 모(母)라 한다.

다음에 관자재보살의 아래에 "하야게리바(何耶揭唎婆)"[75]를 두어라. 번역하여 마두(馬頭)라 한다. 그 몸은 노랗지도 않고 붉지도 않으며 해가 처음 뜰 때의 색과 같다. 백련화를 영락 등으로 삼아서 그 몸을 장엄한다. 불꽃이 위맹하고 혁혁(赫奕)하여서 다발과 같고, 심하게 울부짖으며 노한 모습으로 만들어라. 쌍어금니가 위로 돌출되었고, 손톱은 길고 날카로우며, 머리터럭은 사자의 갈기와 같다. 이는 바로 연화부의 분노지명왕(忿怒持明王)이다. 마치 전륜왕의 보마(寶馬)가 네 대륙을 두루 다니는 데에 모든 때와 온갖 장소에 있어서 가려는 마음이 쉬지 않는 것처럼 모든 보살들의 대정진력도 역시 이와 같다. 이와 같은 위맹한 세력을 얻어 생사의 무거운 장애 가운데에서 신명을 돌보지 않고 꺾어 굴복시키는 바가 많은 이유는 바로 희고 깨끗한 대비심 때문이다. 그래서 백련의 영락을 사용하여 스스로 몸을 장엄한다. 이미 법다웁게 관음의 모든 권속을 건립하여 마쳤다.

---

73) Skt. Pāṇḍaravāsinī. 관음보살 가운데 하나. 이명으로 백의관음(白衣觀音)・대백의관음(大白衣觀音)・복백의관음(服白衣觀音)・백의관자재모(白衣觀自在母)・백주처관음(白住處觀音)이 있다. 밀호는 이구금강(離垢金剛)・보화금강(普化金剛)이며, 삼매야형은 활짝 핀 연화, 종자는 paṃ, sa이다. 백의에서 백은 청정한 보리심의 뜻이다. 흰 연꽃 가운데에 머무르며 하얀 옷을 입은 것을 상징한다. 정보리심은 제불의 대비를 생하기 때문에 관음부의 모(母)라 한다.

74) 연화부(蓮華部)는 관자재보살을 주존으로 하고 있으며, 이 부는 더러운 땅에서 흰 꽃을 피우는 연화와 같이 중생이 본래 가지고 있는 청정한 보리심을 일으키게 한다는 의미를 가지고 있다.

75) Skt. Hayagrīvaḥ. 의역하여 마수(馬首)라 한다. 즉 마두관음(馬頭觀音)을 가리킨다. 밀교의 팔대명왕(八大明王) 가운데 하나이다. 하야게리파상법(何耶揭唎婆像法)이라는 의궤에서 마두관음의 화상법(畫像法)과 주저법(呪詛法)을 설한다. 아울러 요병(療病)・걸식(乞食)의 인계와 진언 및 박귀(縛鬼)・소제음(消除婬)・호신(護身)의 주를 설하고 있다.

다음에 대일여래의 왼쪽 방향에 금강부(金剛部)[76]의 명왕을 안치하라. 이른바 집금강으로 온갖 원을 만족시키는 자이다. 그 색은 발윤우꽃과 같고 옅은 황색이다. 혹은 녹색의 보배와 같은데 이는 녹색의 말갈보(靺羯寶, mārakata)[77]로서 마치 허공의 색깔과 같다. 정법계(淨法界)의 색과 금강의 지체(智體)를 화합시켰기에 그 몸은 황백색이다. 이와 같은 지신(智身)은 허공이 파괴되지 않는 것처럼 이를 항복시킬 자가 없다. 그래서 허공의 색깔을 표치로 삼는다. 이 뜻을 말하면 어떤 법이 작아서 극미와 같을지라도, 이것을 얻게 된다면 곧 항상하지 않으며 변화하기 쉬운 모든 행을 따른 것이다. 이러한 까닭에 필경공(畢竟空)의 지(智)는 견고한 성품 가운데에서 가장 제일이다.[78] 머리에 세 봉우리의 보관을 쓰고, 모습은 산(山)의 글자와 비슷하다. 봉우리 사이는 살짝 드리워진 초생달의 형상과 같다. 이 뜻을 말하면 반야바라밀이 과지(果地)의 중심에 이르면 바뀌어서 일체종지(一切種智)라 부른다. 그러므로 **"머리에는 온갖 보배의 관을 쓰고"**라 하였다. 갖가지의 미묘하고 다양한 보배와 온갖 **"영락으로써 그 몸을 장엄하였다."** 이 묘혜로써 널리 모든 법을 거쳐서 자재하게 돌고 돌아서 한량 없이 많은 법계장엄(法界莊嚴)을 출생한다. 그러므로 **"사이마다 섞여서 서로 장식하는데 아주 많아서 한량이 없다"**고 하였다. 소지(所持)하는 밀인은 곧 오고금강저[五股金剛]이다. 다섯 여래의 지(智)는 모두 방편과 실상의 두 가지 작용을 겸한다. 그리하여 금강혜(金剛慧)의 손으로써 그 중간을 잡아 쥔다. 그래서 **"왼손으로 발절라(拔折羅)를 잡는다"**고 하였다. 이 인은 빛의 다발로써 두루 주위를 둘러싼다. 그래서 **"두루 원을 그려서 광채를 일으킨다"**고 하

76) 금강부(金剛部)는 금강수(金剛手) 혹은 금강살타를 중심으로 하며 여래의 힘의 기능을 상징한다. 여기에 위치하고 있는 존은 대부분이 손에 금강저, 검(劍) 등의 무기를 가지고 있다. 이것은 정복하기 어려운 난적(難敵)을 교화하기 위한 서원을 나타낸 것이다.

77) Skt. Mārakata. 번역하여 녹색의 보배라 한다. 『현응음의(玄應音義)』 21에 '말라갈다(末羅羯多)는 마라가다(磨羅伽多)라고도 하며 녹색의 보배이다.' 『대지도론』에 이르기를, 금시조의 입가에서 나온 것으로 온갖 독을 제거한다. 세상에서 희귀하므로 보배라 이름한다'고 하였다.

78) 이하에 난탈이 있다. 『연오초』 제13에 의하여 바로잡는다(대정장 59, 148 상).

였다.

다음에 금강부주(金剛部主)의 오른쪽에 **"마마계(忙莽雞)"**[79]를 두어라. 이른바 금강부의 모(母)이다. 역시 금강지저(金剛智杵)를 지니고 온갖 영락으로 몸을 장엄한다. 이것은 바로 금강지력(金剛智力)을 출생하는 삼매로서 이른바 금강삼매(金剛三昧)이다.

다음에 부모(部母)의 오른쪽에 **"대력금강침(大力金剛針)"**[80]을 두어라. 소지(素支, Sūci, 針)를 번역하여 금강침(金剛針)이라 한다. 일고(一股)의 발절라를 지니고 이로써 표치로 삼는다. 이 발절라는 일상(一相) 일연(一緣)의 견고하고 날카로운 혜(慧)이다. 이것을 사용하여 모든 법을 관철하는데 통하지 않는 것이 없으므로 금강침이라 부른다. 그 아래에 두 명의 사자(使者)가 있는데 모두 여인의 모습이다. 호궤(胡跪)하여 **"미소하면서 이를 우러러보고 있다."** 그 용모는 비천하고 살이 쪘으며 엷은 황색이고 금강을 가지고 표치로 삼는데 이것은 그 무거운 장애를 꺾어 부수는 삼매[를 상징한]다.

다음에 집금강의 왼쪽에 **"금강상갈라(金剛商羯羅, Śṛṇkhalā, 鏁)"**를 두어라. 번역하여 금강쇄(金剛鏁[81])라 한다. 그 인은 연결되어 있는 쇠사슬을 잡아 지니고 있다. 양쪽 끝을 모두 발절라의 모양으로 만들고, 쇄(鏁)의 아래에 역시 두 명의 여자 심부름꾼이 있는데 금강침의 사자와 다르지 않다.

---

79) Skt. Māmakī. 보살 명칭 가운데 하나. 마마계(摩麽鷄) 또는 마마계(忙莽計) · 마막지(摩莫枳) · 마마계(忙忙鷄)라고 음역한다. 금강부(金剛部)의 부모(部母)로서 금강모(金剛母)라 하며, 금강수원(金剛手院)에 속한다.

80) Skt. Vajra-sūci, 음역하여 바일라소지(嚩日囉蘇脂)이다. 금강침보살(金剛針菩薩)이라고도 칭하는데 침(針)이란 이지(利智)라는 뜻이다. 이 존이 금강처럼 예리한 지혜로서 모든 법에 통달하기에 금강침이라 한다.

81) 금강쇄(金剛鏁, Vajra-śṛṅkhalā)는 음역하여 바일라시리구라(嚩日囉尸哩佉羅). 태장만다라 금강수원(金剛手院) 가운데열에서 상방 제5위에 있다. 또는 금강상갈라(金剛商竭羅)보살이라 하며 밀호는 견지금강(堅持金剛) · 견고금강(堅固金剛)으로, 계류박주(繫留縛住)의 뜻을 나타낸다. 종자는 hūṃ 혹은 vaṃ이다. 삼매야형은 금강쇄(金剛鎖)이고, 형상은 몸이 엷은 황색이며, 오른손을 세우고 중지와 무명지를 구부리며, 검지와 소지를 갈구리처럼 구부려서 금쇄(金鏁)를 지닌다. 왼손은 권(拳)을 만들어서 허리에 대고 오른쪽 무릎은 수직으로 세우고 얼굴은 오른쪽을 보고 다리를 꼬고 붉은 연화 위에 앉는다. 이 보살은 금강부의 지혜로 모든 중생들을 묶어두고 번뇌장과 소지장을 단멸함을 나타낸다.

이 지인(智印)으로 모든 완고하여서 교화하기 힘든 중생들을 끌어 모아 위 없는 보리에서 물러나지 않게 한다. 그러므로 이로써 이름을 삼는다.

다음에 집금강의 아래에 분노지명(忿怒持明)을 두어라. 삼세의 온갖 큰 장애를 짓는 자들을 항복시키는 자로서 "월염존(月黶尊)"[82]이라 부른다. 얼굴에 "세 개의 눈이 있고 네 개의 어금니가 돌출되었으며, 여름철의 비구름 같은 색이다." 크게 웃는 모습[83]으로 만들고, 금강보(金剛寶)를 영락으로 삼는다. 이것은 금강저를 지닌 자가 한량 없이 많은 문의 큰 세력이 위맹하여서 중생을 섭호(攝護)하는 삼매이다. 한량 없이 많은 권속이 자신의 주위를 둘러싸는데 모두 다 비천하고 살쪘다. 그리고 한 몸에 "백천의 손을 가지고 갖가지의 형틀들을 움직이며", 견고하게 우뚝 서서 분노하는 모습으로 만들어라. 만약 다 그릴 수 없으면, 요컨대 하나이거나 두 명의 사자를 만들거나 5~6명[84]으로 하며, 모두 연꽃 위에 머물게 해야 한다. 이렇게 하는 뜻은 이 연화심(蓮花心) 가운데에서 본래 있는 그대로 모든 용건한 대정진력을 성취한 것이지 다른 곳에서 온 것이 아님을 밝힌 것이다. 이미 금강살타의 모든 권속을 건립하여 마쳤다.

다음에 서쪽 방향으로 가서 여래의 지명사자(持明使者)와 모든 집금강의

---

82) Skt. Krodha-candra-tilaka, 음역하여 구로다찬날라디라가(句路馱贊捺羅底攞迦)이고, 현도태장만도라 금강수원(金剛手院) 내열의 가장 서쪽 끝에 있는 보살이다. 분노월염존(忿怒月黶尊)·월염존(月黶尊)이라고도 하며, 분노하는 모습으로 크게 장애하는 자들을 꺾어 부수는 역할을 맡는다. 밀호는 디라금강(底羅金剛)이며, 종자는 hriḥ 또는 hrim이고, 삼매야형은 삼고극(三鈷戟) 또는 독고극(獨鈷戟)이다. 형상은 신체가 청흑색(青黑色)이고 천관(天冠)을 썼으며, 세개의 눈에 팔이 네개로서 극히 분노하는 형상을 하고 있다. 입에는 네개의 어금니가 드러나있고, 좌우의 제1수(第一手)로 팔뚝을 잡고 있으며, 왼쪽의 제2수(第二手)는 팔을 펴서 독고저를 지녔고, 오른쪽의 제2수는 팔꿈치를 들고 삼고극(三鈷戟)을 잡고 있으며, 붉은 연꽃 위에 결가부좌하고 있다. 인계는 금강혜인(金剛慧印)인데 바로 오고금강인(五鈷金剛印)으로 두 검지를 갈구리처럼 구부리고 두 엄지 끝을 조금 구부려 맞대고 있다.

83) 『대일경』에는 아타타(阿吒吒)라 외친다고 하였다. 아타타는 산스크리트로 Aṭaṭa 알찰타(頞哳吒)라고도 한다. 추위가 극심한 지옥에서 죄를 지은 중생이 입술도 움직이지 못하고 오직 혀에서 내는 소리이다.

84) 다섯 명이나 여섯 명의 사자를 곁에 그리라는 뜻이다.

대중들을 그려라. 갖가지 형색(形色)과 성류(性類)와 갖가지 밀인(密印)의 표치가 있는데 모두 도화하는 가운데에 이를 나타내어라. 이 낱낱 존의 대혜(大慧)의 광명은 모두 법계에 두루하며, 나타난 신밀과 구밀과 의밀도 역시 법계에 고루 미친다. 그래서 "널리 둥글고 가득한 빛을 내는데 모든 중생들을 위하기 때문이다"라고 하였다. 이 아래의 위(位)에 날리디(涅哩底)의 방향[西南]에 의거하여 "부동명왕(不動明王)"을 그려라. 여래의 사자(使者)이다. 오른손으로는 대혜도인(大慧刀印)을 하고 왼손으로 견삭(羂索)을 쥔다. 정수리에 있는 상투는 굽은 머리털이 왼쪽어깨까지 드리웠으며 가늘게 왼쪽 눈을 감고 아래의 이가 오른쪽 윗입술을 깨물고 있다. 그 왼쪽의 아래 입술은 조금 뒤집어서 밖으로 나와 있다. 분노하는 기세를 하는 극히 성내는 모습으로 만들어라. 자리는 돌 위이며, 이마의 주름은 마치 물결무늬와 같고 동자의 모습으로 만들어라. 그 몸은 천할 정도로 충만하게 살쪄 있다. 이것이 그 밀인과 표치의 모습이다. 이 존은 대일(大日)여래의 화대(華臺)에서 오래지 않아 성불한다. 삼매야의 근본 서원에서 처음으로 대심을 발하였으나 아직 모든 상이 갖추어지지 않은 모습을 나타내어 여래의 종과 심부름꾼이 되어서 온갖 업무를 집행한다. 날카로운 칼과 밧줄을 지니는 이유는 여래의 분노의 명을 받들어 모든 중생들[의 번뇌의 마음]을 다 살해하려고 하기 때문이다. 밧줄은 보리심 가운데 사섭의 방편이며, 이로써 항복하지 않는 자를 잡아 묶는다. 날카로운 혜도로는 그 업수(業壽)가 무궁(無窮)하다는 목숨을 끊어 대공생(大空生)을 얻게 한다. 만약 업수의 종자를 없애면 희론의 말도 역시 모두 사라져서 그 입을 닫게 할 수 있다. 하나의 눈으로 바라보는 뜻[85]은 여래의 평등한 눈으로 보게되는 모든 중생에게 용서할 만한 것이 없음을 밝힌 것이다. 그래서 이 존이 행하는 사업은 오직 이 일대사[一事]의 인연을 위한 것일 뿐이다. 그 무거운 장애의 반석(磐石)을 누르고 또한 움직이지 못하게 하는 것은 정보리심의 묘고산왕(妙高山王)을 성

85) 부동존은 하나의 눈으로써 중생을 평등하게 바라보아 용서하지 않고 그 무명번뇌의 근간을 지혜의 날카로운 검으로써 자른다는 뜻이다.

취하려고 하기 때문이다. 그래서 "반석(磐石)에 안주한다"고 하였다.

또 다시 아랫방향의 서북쪽 모퉁이에서 항삼세분노지명왕존(降三世忿怒持明王尊)을 만들어라. 머리에 보관을 쓰고 오고금강인(五股金剛印)을 지닌다. 이 오여래(五如來)의 지(智)와 대자재력으로 [번뇌를] 씻어 없애고 최멸하는 자는 모두 다 과지(果地)를 장엄하게 된다. 단지 장애 없는 치우친 단공(但空)을 증득하는 것만이 아니다. 그러므로 오고인(五股印)을 지니며, 머리에 보관을 쓰고 풍륜(風輪) 가운데에 있게 한다. 즉 『법화경』에서 '모든 행위는 다 불지견을 열어서 청정을 얻게 하기 위함'이라고 하는 뜻과 같다.

게송에 이르기를, "자신의 목숨을 돌보지 않는다"고 하는 것은 지극한 분노를 떨쳐서 목숨을 돌보지 않는 모습으로 그려야 할 것을 말한다. 비로자나를 우러러 보며 가르침을 청하여 받는 모양과 같다. 이를테면 법계의 중생을 불러 껴안으며 모두 법왕(法王)의 위명(威命)으로 순종하게 하려고 한다.

이상으로 제1의 만다라의 상수(上首)의 제존을 안립하여 마쳤다.

대체로 이 제1중의 윗 방향은 불신(佛身)의 온갖 덕을 장엄한 것이다. 아랫 방향은 부처님의 지명사자(持明使者)들로서 모두 여래부문(如來部門)이라 한다. 오른쪽 방향은 여래의 대비삼매로서 만 가지 선을 윤택하게 하기에 연화부라 부른다. 왼쪽 방향은 여래의 대혜(大慧)의 힘과 작용으로서 세 가지 장애를 꺾어 부수기에 금강부(金剛部)라 부른다.

이러한 까닭에 아자문(阿字門)에 들어가면 일체제법은 본래 생겨남이 없으니 이것이 법신[불부]의 뜻이다. 사(娑)자문에 들어가면 일체제법은 물들은 바가 없다. 이것이 연화부의 뜻이다. 바(嚩)자문에 들어가면 일체제법은 언설을 떠나있다. 이것이 금강부의 뜻이다. 아래의 「자륜품(字輪品)」에서 이 세 종자로써 백 가지 진언을 설하여 거두어 들이는 것과 같이, 뜻은 여기에 있다.

다음에 제2원(第二院)으로 가서 "석가모니(釋迦牟尼)"를 그려라.

[선무외] 아사리가 말하길, '이 가운데 제2는 은밀한 언어이다'라고 하였

다. 만약 중앙에서 밖으로 향하면 석가모니의 권속을 제3원으로 삼아야 한다. 지금은 바로 비로자나의 법문의 권속을 제1로 하고, 석가모니 생신(生身)의 권속을 제2로 하며, 모든 보살은 비(悲)와 지(智)의 사이에 있으며 위로는 보리를 구하고 아래로는 중생을 교화하기에 제3으로 한다. 이와 같이 문장을 뒤섞는 까닭은 이것이 바로 여래의 비밀한 가르침[密藏]이기 때문이다. 모든 법에 교만한 사람이 있어서 스승을 따르지 않고 받는 것을 방지하기 위해서 경전의 문장을 바꾼 것이니,[86] 그래서 반드시 구전(口傳)하여 서로 전해주어야 한다.

동방의 첫째문 가운데에 먼저 석가모니를 안치하라. 몸은 진금색이며 아울러 광채가 나는 "삼십이상(三十二相)을 갖춘다." 입은 "가사"는 건타(乾陀, gandha)색[87]으로 만들어라. "백련화에 앉으시어" 설법하는 모양으로 만든다. 말하자면 왼손으로 가사의 모서리를 잡는데 지금의 아쇼카왕[阿育王]의 형상[88]과 같다. 오른손은 손가락을 세우고 공륜(空輪)과 수륜(水輪)[89]으로 서로 버티게 하는데 이것이 그 표치이다. 이 백련화는 바로 중대(中台)의 정법계장(淨法界藏)이다. 세존께서는 이 "가르침을 널리 유포"하게 하시기 위하여 이러한 생신(生身)의 표치로써 이를 연설하시었다. 그렇지만 본래의 법계신과 [생신이] 둘이 아니며 다르지도 않기 때문에 "그곳에 머무르시며 법을 설하신다"고 하였다.

---

86) 반드시 구전하도록 난탈을 사용한다는 뜻이다.

87) 붉고 검은 빛 나는 잡색(雜色)이다.

88) 아쇼카왕 Skt. Aśoka. 구역은 아서가(阿恕伽)라 하며, 신역은 아수가(阿輸伽)라 하고, 의역은 무우(無憂)라 한다. 인도 마우리아 왕조 제3대 왕(B.C 268~B.C 232在位). 전인도를 통일시키고 불교를 보호한 왕이다. B.C 321년경 공작왕조를 개창한 '찬드라 굽타'대왕의 손자 빈두사라왕의 아들로 출생하여, 어려서 성품이 거칠고 사나웠으며 부왕이 죽은 후 배다른 형 수사마를 죽이고 즉위하였다. 즉위 8년에 칼링가를 정복하여 많은 인명을 살상하였으나 어떤 사문의 설법을 듣고 불교에 귀의하였다. 이후로는 법(Dharma)에 의한 정치를 행하고 8만4천 개의 사원과 보탑(寶塔)을 건축하고 석주(石柱)를 세웠으며, 즉위 17년에 화씨성(華氏城)에서 제3결집을 행하고 희랍 5국에 전도승을 파견하였다. 본문에서 아육왕의 상이라 하는 것은 아쇼카왕이 조성한 석가모니상을 가리킨다.

89) 공륜(空輪)은 엄지손가락, 수륜(水輪)은 약손가락이다.

다음에 세존의 북쪽변에 불안(佛眼)[90]을 안치하라. [불안보살]도 역시 석가모니불모(釋迦牟尼佛母)이다. 이쪽[중국]의 방언으로 번역하면 "능적모(能寂母)"[91]라 하는데 세간에서 즐겁게 바라보는 단엄하고 비할 바 없는 몸으로 만들어라. "온 몸에 모두 둥근 광명이 있으며 밝게 기뻐하는 모습으로 미소하고 있다." 이는 바로 여래께서 중생들의 종류에 따른 모습을 출생하는 삼매이다. 이 삼매는 바로 대자(大慈)의 보안(普眼)을 바탕으로 삼고 제도해야 할 중생을 관찰하여 이를 이끌어 이롭게 한다. 자안(慈眼)의 광명이 고루 미치지 않은 곳이 없기에 "온몸에 둥글고 맑은 빛이 있다"고 하였다.

다음에 불모(佛母)의 북쪽에 여래의 "백호상(白豪相)"[92]의 인을 그려라. 연꽃 가운데에 있게 하며 상카(商佉, śaṅkha)의 색으로 만들어라. 몸에 둥근 광명이 있고, 손에 연꽃을 집었는데 반쯤 열린 상태와 같고 안에는 여의보주가 있다. 이것은 바로 여래의 끝없는 복업이 모여서 이루어지는 것이다. 『관불삼매경(觀佛三昧經)』 등에서 자세히 설명한 것처럼 [여의보주는] 모든 중생들의 원을 채워준다.

다음에 석가사자(釋迦師子)의 남쪽에 여래의 "오정(五頂)"[93]을 둔다. 제1

---

90) Skt. Buddha-locanā. 여래의 눈을 인격화한 존. 불안불모(佛眼佛母)라고도 한다. 불안불모(佛眼佛母, Buddha-locanī)는 불안부모(佛眼部母)・불안명비(佛眼明妃)・불안존(佛眼尊)・허공안명비(虛空眼明妃)・능적모(能寂母)・금강길상안(金剛吉祥眼)・일체여래불안대금강길상일체불모(一切如來佛眼大金剛吉祥一切佛母)・일체여래보(一切如來寶)・불모존(佛母尊)・불모신(佛母身)이라고도 한다. 태장만다라 편지원(遍知院)과 석가원(釋迦院)의 1존이다. 이 존은 반야 중도 묘지(妙智)의 신격화(神格化)로 금태양부의 제불보살을 출생하는 총모(總母)이다. 불부의 공덕을 생하는 어머니이기에 불모(佛母)라 부른다.

91) 석존의 모친인 마야(maya)부인을 가리킨다.

92) 여래호상(如來毫相). Skt. Tathāgatorṇā. 태장현도만다라 석가원(釋迦院) 내열(內列)에서 부처님의 북방 제2위에 위치하는 보살이다. 석가호상보살(釋迦毫相菩薩)・진다마니호상보살(眞多摩尼毫相菩薩)이라고도 한다. 여래호상은 대일여래의 덕과 관계 있으며 석가호상은 석가의 권속과 관계된다. 또한 이 존은 여래의 삼십이상 가운데 백호상(白毫相)의 공덕을 담당한다. 밀호는 묘용금강(妙用金剛)이며, 그 형상은 몸 전체가 금색으로 왼손바닥을 받들어 배꼽 아래에 두고 연화를 쥐고 있는데 그 위에 보주(寶珠)가 있고 붉은 연꽃 위에 가부좌하고 있다. 종자는 hūṃ(吽)이고 삼매야형은 여의보주(如意寶珠)이다. 인계는 오른손으로 권(拳)의 형태를 하고 엄지를 내어서 구부리고 있다. 나머지 네 손가락은 미간에 둔다.

은 "백산개불정(白傘蓋佛頂)", 제2는 서야(誓耶)인데 번역하여 "승정(勝頂)"이라 하며, 제3은 미서야(微誓耶)인데 이것은 대부분 소리나는 대로 부르는 것이다. 번역하여 "최승정(最勝頂)"이라 한다. 제4는 제수라시(諦殊羅施)인데 번역하여 "화취정(火聚頂)"이라 한다. 경에서 "온갖 덕"이라 하는 것을 바르게 번역하면 대분(大分)이라 해야 한다. 이것은 큰 덕을 갖추었다는 뜻이다. 제5의 미길라나(微吉羅拏)는 번역하여 "사제정(捨除頂)"이라 하는데 모든 번뇌를 버렸다는 뜻이며, 또한 부수었다는 뜻이기도 하다.

이것은 석가여래의 오지(五智)의 정(頂)이다. 모든 공덕 중에서 윤왕(輪王)이 큰 세력을 갖추고 있는 것과 같다. 그 형상은 모두 전륜성왕(轉輪聖王)의 모습으로 만든다. 이른바 정수리에 육계(肉髻)의 모습이 있고, 그 위에 다시 발계(髮髻)가 있는데 바로 중계(重髻)이다. 그 밖의 상모는 모두 보살과 같이 극히 단엄하고 환희하게 한다. 지니는 밀인(密印)은 그림[94]과 같다.

다음에 동방에서 북쪽 가장자리 가장 가까이에 "오정거중(五淨居衆)을 포열하라." 제1은 "자재천자(自在天子)"이며, 제2는 "보화천자(普花天子)"이고, 제3은 "광만천자(光鬘天子)"이며, 제4는 "의생천자(意生天子)"이고, 제5는 "명칭원문천자(名稱遠聞天子)"이다. 차제대로 이를 나열하여야 하며, 그들의 구체적인 인상(印相)은 도(圖)에 설명한 것과 같다.

---

93) 오불정(五佛頂)을 가리킨다. 오불정은 오정륜왕(五頂輪王)·여래오정(如來五頂)이라고도 한다. 여래무견정상(如來無見頂相)의 공덕을 갖춘 제존을 가리킨다. 오불정은 다음과 같다. 첫째, 백산개불정(白傘蓋佛頂, Uṣṇīṣa-sitātapattra)으로 백산불정(白傘佛頂)이라고도 한다. 둘째, 승불정(勝佛頂, Uṣṇīṣa-jayā)으로 승정(勝頂)이라고도 한다. 셋째, 최승불정(最勝佛頂, Uṣṇīṣa-vijayā)으로 최승정(最勝頂)이라고도 한다. 넷째, 광취불정(光聚佛頂, Uṣṇīṣa-tejorāśi)으로 화취불정(火聚佛頂)·화취정(火聚頂)이라고도 한다. 다섯째, 제장불정(除障佛頂, Uṣṇīṣa-vikīrṇa)으로 사제정(捨除頂)이라고도 한다. 『대일경의석』 7권에 의하면 백산불정은 여래의 중상지정(衆相之頂)이며, 승불정은 여래의 대적지정(大寂之頂)이며, 최승불정은 여래의 수량비밀신통지정(壽量秘密神通之頂)이며, 광취불정은 여래의 정혜광명지정(定慧光明之頂)으로 어두운 장애를 제거하며, 제장불정은 여래의 역무소외신통지정(力無所畏神通之頂)으로 일체중생의 업의 더러움을 부드럽게 조복시킨다. 또는 금륜(金輪)과 고불정(高佛頂)으로 최승과 제장불정을 대신하기도 하며 이 또한 오불정이라 부른다.

94) 도양(圖樣) 1권을 가리키는 것으로 보인다. 『연오초』 제14(대정장 59, 151 하).

[선무외]아사리가 '이것은 바로 오나함(五那含)[95]의 천자(天子)이다'라고 하였다. 이들을 초월한 그 위에 보살이 부처님의 직위를 받는 경지가 있고 역시 정거천(淨居天)이라 부른다. 대부분이 일생보처의 보살이다. 이것은 제2원에 포함되므로 이 가운데에서 밝힐 수가 없다.

이 천의 다음 남쪽으로 호상(豪相)의 오른쪽에 **"다시 삼불정(三佛頂)을 그려라."** 제1은 **"광대불정(廣大佛頂)"**이라 칭하며, 제2는 극광대불정(極廣大佛頂)이라 하며, 제3은 **"무변음성불정(無邊音聲佛頂)"**이라 한다. 그 형상은 모두 오불정과 같다. 이들은 여래 삼부(三部)의 온갖 덕의 정(頂)이다.

그 **"다섯의 여래정(如來頂)"**에 다섯 가지의 색이 있다. 이른바 진금색(眞金色)과 울금색(鬱金色)과 옅은 황색과 아주 흰색과 옅은 흰색이다. 이 가운데 진금과 울금의 두 색은 서로 비슷하다. 그렇지만 진금은 빛이 맑고, 울금은 조금 무겁다.

"삼불정"에는 세 가지 색이 있는데 이른바 **"흰색과 황색과 적색"**이다. 이것은 바로 적재와 증익과 항복의 색을 겸하여 갖춘 것이다.

이 팔불정(八佛頂)은 모두 몸에 두루한 광명이 있으며, 광명은 극히 넓고 두텁고, 온갖 영락으로써 몸을 장엄하였다. 여래의 과거 서원력(誓願力)에 말미암아 모두 온갖 원을 만족하게 한다.

동남의 모퉁이에는 모든 **"화천(火天)"**[96]의 무리들을 포열하여 불꽃 가운

---

95) 색계(色界) 가운데 무번(無煩)·무열(無熱)·선견(善見)·선현(善現)·색구경(色究竟)을 말한다.

96) Skt. Agni. 팔방천(八方天) 또는 십이천(十二天)의 하나. 아기니(阿耆尼)라고 음사하며 화선(火仙)·화신(火神)·화광존(火光尊)이라고도 한다. 금강계만다라에서는 사집금강(四執金剛)의 하나로 동남을 관장하는 서방5천의 하나이다. 태장만다라에서는 최외원 남방에 위치한다. 밀호는 호법금강(護法金剛)이며 종자는 태장계에서는 a, ra이고 금강계에서는 na이다. 이 천은 화취외도(火聚外道)의 신이지만 불을 섬기는 범지(梵志)를 포섭하기 위해서 그 형상을 밀교에 끌어들인 것이다. 베다의 범지가 불에 제사지내는 것을 중시하는 것처럼 이 천은 모든 천 가운데 가장 숭배되며, 밀교에서는 육화천(六火天) 및 12화천을 설하고 일곱명의 권속이 배치된다. 이 천의 공덕에 대해서는 『십이천보은경(十二天報恩經)』에, '화천이 기뻐할 때에 두 가지의 이익이 있다. 첫째는 사람의 몸이 열이 있는 때에 따라 늘거나 줄어들며, 둘째에는 시절이 뒤바뀐다. 이 천이 성낼 때에는 역시 두 가지의 손해가 있다. 첫째는 사람의 몸이 열이 없을 때에 늘거나 줄어

데에 머물게 한다. 이마와 양 팔에 각기 세 개의 재 그림이 있고, 곧 바라문의 삼지(三指)를 사용하여 재를 묻혀서 스스로 몸에 바른 형상으로서 모두 짙은 적색이다. 심장에 해당하는 곳에 "삼각인(三角印)"이 있고, 불꽃은 불 동그라미 가운데에 있다. 왼손에 수주(數珠)를 지니고 오른손은 조병(澡甁)을 들었다. 이것은 바로 보문(普門)의 한 몸으로서 불[火]을 섬기는 베다의 범지[韋陀梵志]를 이끌어 포섭하기 위하여 방편으로 부처님의 베다법[圍陀法]을 열어 보인 것이다. 그래서 이 대비의 화단(火壇)을 표시한다. 범행(梵行)을 청정하게 닦는 표치이다.

다음으로 오른쪽 방향에서 대일의 남쪽에 **"염마(焰摩, Yama-rāja)법왕"**을 만들어라. 손에 **"단나(檀拏, daṇḍa)의 인"**을 잡는다. 이 인상(印相)은 마치 몽둥이의 모습과 같고 위에 사람의 머리가 있으며, [그 사람의 머리는] 매우 분노한 형상이다. **"물소를 자리로 삼으며"** 몸은 검은 현색(玄色)으로 만들어라.

[선무외]아사리가 말하길, '어렸을 적에 일찍이 중병을 앓아서 정신이 혼절하여 명사(冥司)에 가서 이 법왕을 보았다. 왕후와 함께 말하는데 [왕후의] 용모는 매우 자애로웠다. 그런데 이 단나인은 분노의 모습으로써 [내가] 살아있을 적에 범한 것을 검열하여 입으로부터 빛나는 불을 내뿜어 두루 혹독하게 끊는데 출가 이후의 공업(功業)을 검토하게 되자 문득 잠잠해져서 다시는 말하지 않았다. 그리고 염마왕과 그 왕후는 계단으로부터 내려와 좋은 말로써 칭찬하며 은근하게 공경을 다하고 삼귀의와 오계를 받기를 원하였다. 이러한 일 때문에 풀려나 여기 [사바세계]에 되돌아왔다. 소생한 뒤에는 그 양팔을 줄로 묶은 곳에 마치 상처의 흔적같은 것이 있고,

---

들며, 둘째는 자연적으로 불이나 모든 것이 타버린다.'라고 하고 있다. 12천 및 팔방천의 하나로서 태장만다라에서는 외금강부원의 동남우에 위치하며 금강계에서는 부류에 따라 서방에 머문다. 또한 이 천의 형상에 대해서는 태장만다라에서는 팔이 네개에 백발로서 오른쪽의 첫째 손에 삼각인(三角印)을 지니고 가슴에 대며, 두 번째 손은 수주를 지니고, 왼쪽 첫째 손으로는 군지(軍持)를, 다음 손에는 선장(仙杖)을 지니는데, 선장은 일찍이 불을 섬기던 때에 사용했던 기물이다. 대륜(大輪)과 함께 수주는 죄를 멸함을 나타내며, 군지와 선장은 생령(生靈)을 나타낸다고 한다.

열 달이 지나야 비로소 나왔다'고 하였다.

염마의 서쪽에는 염마후(閻摩后)와 "사후(死后)"를 만들어라. 이것도 역시 염마의 왕비이다. 동쪽 변에는 "흑야신(黑夜神)"과 칠마달리(七摩怛里, mātṛ)를 만드는데 번역하여 "칠모(七母)"[97]라 한다. 모두 여자 귀신이다. 그 형상은 모두 다 흑색이다.

다음에 서남쪽 모퉁이에 "날리디귀왕(涅哩底鬼王, Nirṛti)"을 그려라. 칼을 잡고 무서워할 만한 형상으로 만드는데, 이는 방위를 수호하는 나찰왕(羅刹王)이다. "바로나(嚩嚕拏, Varuṇa)"는 서방의 방위를 수호하는 용왕으로서 밧줄을 지녀 인(印)으로 삼는다.

동쪽 방향 오정(五頂)의 남쪽에 "인다라석천(因陀羅釋天)"[98]의 주(主)를 그려야 한다. 수미산에 앉으며 온갖 천이 둘러싸고 있다. 머리에는 보관을 쓰고 몸에는 갖가지 영락을 걸치고 금강저를 들었다. "그리고 그 밖의 모든 권속"이란 사지(舍脂, Śāci)부인과 육욕천(六欲天) 등을 말하며 구체적으로는 도(圖) 가운데에 나타낸 것과 같다.

석천의 권속의 남쪽에 "일천(日天)의 대중을 두어라." 여덟 필의 말이 끄는 "수레 가운데에 앉으며", 아울러 두 비(妃)가 그 좌우에 있다. 이른바 서야(誓耶, Jaya)와 미서야(微誓耶, Vijaya)이며, 번역하여 "승(勝)·무승(無勝)"이라 한다. 일천의 권속으로는 모든 집요(執曜)를 포열하라. 앙가(盎伽, Aṅgha)는 서쪽에 있고, 수가(輸伽, Śugha)는 동쪽에 있으며, 몯다(勃陀, Budha)는 남쪽에

97) 염마천(焰摩天), 혹은 대흑천(大黑天)의 권속을 가리킨다. 칠녀귀(七女鬼)라고 하며, 또는 칠마달리천(七摩怛里天)·칠모녀천(七母女天)·칠자매(七姊妹)·칠모(七母)라 한다. 『대일경소』 권16에 실려있는 칠모(七母)는 염마천(焰摩天)의 권속이다. 『대일경의석』 권7 그 명칭이 아래와 같이 나열되어 있다. 염마천모(炎魔天母), 즉 좌민나(左悶拏, Cāmuṇḍā)·구폐라천모(俱吠羅天母), 즉 교폐리(嬌吠哩, Kauverī)·비유천모(毘紐天母) 즉, 폐슬나미(吠瑟拏微, Vaiṣṇavī)·동자천모(童子天母), 즉 교마리(嬌麽哩, Kaumārī)·제석천모(帝釋天母), 즉 연날리(燕捺利, Indrī)·폭악천모(暴惡天母), 즉 노날리(唠捺哩, Raudrī)·범천모(梵天母) 즉 말나희미(末羅呬弭, Brāhmī). 칠모녀천의 원형은 힌두교의 삽따 마뜨리까(Sapta mātrikā : 七母神)이고, 그 기원은 인더스문명 시대까지 거슬러 올라간다고 한다. 『이취석』에서는 마하가라(摩訶迦羅, Mahākāla, 즉 大黑天)를 중존으로 하고 거기에 칠모천이 있는데 여기에 다시 범천모를 더하여 팔공양보살을 나타낸다.

98) 제석천(帝釋天)을 말한다.

있고, 물라살바디(勿落薩鉢底, Bṛhaspati)는 북쪽에 있다. 몰협몰차(沒脅沒遮, Śauiśaca 또는 Śanaiscara)는 동남쪽에 있고, 라후(羅睺, Rāhu)는 서남쪽에 있으며, 검파(劍婆, Kampa)는 서북쪽에 있고, 계도(計都, Ketu)는 동북쪽에 있다. 또한 남위(南緯)의 남쪽에 닐가다(涅伽多, Nirghāta)[99]를 두는데 이른바 천구(天狗)이다. 북위(北緯)의 북쪽에 올가파다(嗢迦跛多, Aṅgapata)를 두는데 유화(流火)를 말한다.

제석천의 권속의 북쪽 정거천 가까이에 대범왕(大梵王)을 두어라. 발계관을 쓰고 일곱 거위가 끄는 수레 가운데에 앉아 있다. 네 개의 얼굴에 네 개의 손이 있는데, 한 손으로는 연꽃을 잡고, 한 손으로는 수주(數珠)를 쥐었다. 이상은 오른손이다. 왼쪽의 한 손에는 군지(軍持)를 들고 또 한 손으로는 옴자인(唵字印)을 결한다. 인(印)은 집게손가락을 조금 구부리고 나머지 손가락을 곧바로 펴야 하며, 손을 기울여 이를 눌러서 말하는 모습을 만들어라. 이 인은 청정한 수행자의 길상인(吉祥印)이라 부른다.

그 밖의 사선(四禪)의 모든 천은 다 그 왼쪽에 나열하라. 무열(無熱) 등의 다섯 정거천은 그 오른쪽에 나열하여 둔다. 비니(毘尼, vini)에 이른바 정거천의 옷을 입는 의식을 관하는데, 잘 정돈하여 입는 삼의(三衣)와 내의(內衣)를 입는 계를 제정한다는 것이 바로 이것이다.

서쪽방향 문 가까이에 "지신(地神)"의 대중들을 두어라. 다음에 북쪽에는 살라살벌디(薩囉薩伐底, Sarasvatī)를 둔다. 번역하면 묘음악천(妙音樂天)이라 하며 혹은 "변재천(辨才天)"이라고도 한다. 다음으로 북쪽에 나란하게 그의 비(妃)를 둔다.

또 다음에는 미슬뉴(微瑟紐, Viṣṇu)를 둔다. 구역(舊譯)에서는 "비뉴(毘紐)"라 하는데 이는 나라연천(那羅延天)이다. 아울러 "상갈라천(商羯羅天, ṣṛṅkhala)"을 두는데 바로 마혜수라(摩醯首羅, Maheśvara)이다. 하나의 세계에서는 큰 세력을 가

99) Skt. Nirghāta. 그 뜻은 대풍(大風)의 소요(騷擾)·지진(地震)·뇌명(雷鳴)·뇌격(雷擊)이다. 땅과 공중의 음향(音響)이 격동(擊動)한다는 뜻이다. 이외에 천구(天狗)라고도 한다. 천구는 괴수(怪獸)의 일종이다.

지지만 삼천세계의 주인은 아니다. 경 가운데에 아래의 문장에 다시 로날나(嚕捺羅, Rudrā)가 있는데 곧 상갈라의 분노신이며, [맡은] 일에 따라 명칭을 세운다. 또한 "새건나천(塞健那天, Skanda)"을 두는데 곧 동자천(童子天)이다. 모두 그 곁에 비(妃)를 두어라.

[선무외]아사리는 '이 천중(天衆)은 제석범천왕의 좌우에 순서대로 나열하여야 한다'고 하였다. 가장 서북쪽의 모퉁이에는 방위를 수호하는 "풍천(風天)"과 권속을 두고 서쪽문의 남쪽에는 일천(日天)과 상대해서 "월천(月天)"을 두어야 하는데 흰 거위의 수레를 타고 있다. 그 좌우에 이십칠수(二十七宿)·십이궁신(十二宮神) 등을 두고 이로써 권속으로 삼는다.

다음에 북쪽문에 비사문천왕(毘沙門天王)을 두어야 한다. 그 좌우에는 야차팔대장(夜叉八大將)100)을 두는데, 첫째는 마니발타라(摩尼跋陀羅, Maṇibhadra)라고 칭하며 번역하여 보현(寶賢)이라 한다. 둘째는 보로나발타라(布嚕那跋陀羅, Pūrṇabhadra)라고 부르며 번역하여 만현(滿賢)이라 한다. 셋째는 반지가(半只迦, Pañcika)라 칭하며 옛날에는 산지(散支)라 하였다. 넷째는 사다기리(娑多祁哩, Śatagiri)라 부르며, 다섯째는 혜마바다(醯摩嚩多, Himavanta)라 하는데 바로 설산(雪山)에 거주하는 자이다. 여섯째는 비쇄가(毘灑迦, Viśākha)라 하며, 일곱째는 아타바가(阿吒嚩迦, Āṭavaka)101)라 부르며, 여덟째는 반차나(半遮羅, Pañcala)라 한다. 그리고 하리디모(訶栗底母, kāliti)와 공덕천녀(功德天女)가 있

100) Skt. yakṣa. 팔부중(八部衆)의 제3종류이다. 나찰과 같으며 비사문천왕(毘沙門天王)의 권속이다. 또는 팔대약차(八大藥叉)·야차팔대장(夜叉八大將)·팔대천왕(八大天王)·비사문팔형제(毘沙門八兄弟)라고도 한다. 본문에도 나오지만 참고로 이들을 나열하면 다음과 같다. ① 마니발타라(摩尼跋陀羅, Maṇibhadra)는 보현(寶賢)이다. ② 보로나발타라(布嚕那跋陀羅, Pūrṇabhadra)는 곧 만현(滿賢)이다. ③ 반지가(半只迦, Pañcika)는 곧 밀주(密主)·밀신(密身)이다. ④ 사다기리(娑多祁哩, Śatagiri)는 곧 위신(威神)·중덕(衆德)이다. ⑤ 혜마부다(醯摩嚩多, Himavanta)는 설산에 머무는 자로 곧 응념(應念)이다. ⑥ 비쇄가(毘灑迦, Viśākha)는 곧 대만(大滿)·지법(持法)이다. ⑦ 아타부가(阿吒嚩迦, Āṭavaka)는 곧 무비력(無比力)·무비신(無比身)이다. ⑧ 반차나(半遮羅, Pañcala)는 곧 밀엄(密嚴)이다.

101) Skt. Āṭavaka. 십육야차장(十六藥叉將) 또는 팔대야차(八大藥叉)의 하나. 인도의 비아리안에 속하는 신이 불교에 들어와서 경궤에서 명왕이 된 것이다. 종자는 a, āh, hūṃ, vaṃ이고 삼매야형은 검륜(劍輪)·천폭검륜(千輻劍輪)이다.

는데 경문에는 이를 빠뜨렸다.

[선무외]아사리가 '공덕천은 비사문에 따라 북방에 두어야 한다. 만약 본위(本位)이면 역시 서방에 두어도 된다'고 하였다.

무릇 이들 모든 대천신(大天神)은 모두 대중들에게 알려져 있다. 세간의 중생은 각각의 성품과 하고자 하는 인연에 따라 [이 천신들을] 근본으로 받들어 공양한다. 비로자나께서는 보문(普門)으로써 중생을 받아들이려고 하시기에 온갖 장소에 두루하게 그 몸을 나타내는 것이 같으니, 곧 세간에서 함께 알 수 있는 표치로써 출세간의 비밀 표치로 삼는다. 마치 제석천의 형상이 묘고산왕(妙高山王)에 안주하는 것처럼, 여래께서는 인다라삼매(因陀羅三昧)에 드시어 또한 이 곳에서 [자리를] 옮기지 않고 정보리심의 묘고산왕을 열어 내신다. 자체와 그밖의 법문도 예는 모두 이와 같으므로 상세하게 설하지 않겠다. 다만 수행자가 그 낱낱의 가르침을 따라 공덕을 성취할 때에는 스스로 깨우쳐 이해할 수 있을 것이다.

또한 석가모니의 자리 아래에 "분노지명(忿怒持明)"을 만들어야 한다. 오른쪽 편은 "무능승(無能勝)"이라 이름하고 왼쪽 편은 "무능승명비(無能勝明妃)"라 부른다. 둘 다 흰색으로서 도인(刀印)을 지니고 부처님을 우러러 보며 그 사이에 앉는다.

"지신(地神)"이라고 말하는 것은 곧 앞에서 설한 서쪽문 가운데의 지신이다. 보병을 받들어 지니고, 경건하게 공경하며 무릎 꿇게 하라. 그 병 속에는 갖가지 물과 뭍의 온갖 꽃을 꽂으며, 그밖에는 도(圖)에서 설한 것과 같다. 아울러 통문(通門)에서 제2중의 행랑 가운데에 두 용왕을 두어라. 오른쪽은 "난타(難陀)"라 부르고, 왼쪽은 "발난타(跋難陀)"라 한다. 머리 위에 모두 7개의 용머리가 있고, 오른손에 칼을 쥐었으며, 왼손에는 밧줄을 쥐고 구름을 타며 머문다.

이것은 모두 만다라 가운데에서 필요한 것이다. 그러므로 진언수행자는 미혹하지 않은 마음으로써 차례대로 이를 만들어야 한다.

경전에는 다음과 같이 말하였다. "그 밖의 석가부(釋迦部)의 종자[種]와 존

(尊)과 진언과 인계와 단을 설하는 모든 법은 스승이 구체적으로 알려주어야 한다."

석가부(釋迦部)102) 가운데의 불발(佛鉢)·석장(錫杖)의 인(印) 등과 같은 것은 그 종류가 매우 많아서 경에 모두 나오지 않는다. 다만 이 방향에서 비거나 빠진 것이 있으면 다른 경에서 설명한 것을 채택하여 그대로 이를 안치하라. 설령 이것을 빠뜨리더라도 잘못은 없다. 다만 경 가운데 나온 상수(上首)의 모든 존들은 반드시 하나하나 여법하게 이를 그려야 하며, 빠뜨리거나 어긋나게 하지 말라. 그 연화부와 금강부 등의 모든 방향도 역시 이러하다는 것을 알아야 한다.

경에서는 다음으로 제3원의 보살권속을 설한다. 석가부의 안으로 정동쪽의 문 가운데에 "문수사리(文殊師利)"를 그려라. 몸은 울금색으로서 정수리에 오계(五髻)가 있으며 동자의 모습으로 만들어라. 왼쪽에 니로발라(泥盧鉢羅, Nilotpala)를 지니는데 이것은 가는 잎의 푸른 연꽃이다. 꽃 위에 금강의 인이 있으며 극히 기뻐하며 미소하고 백련화대에 앉는다. 이는 그 비밀의 표치이다.

[선무외] 아사리는 이렇게 말하였다.

'울금은 곧 염정금색(閻淨金色)으로 금강의 깊은 지혜를 나타낸다. 머리에 있는 오계(五髻)는 여래의 오지(五智)를 이미 오래전에 성취하였음을 [상징하지만] 본원(本願)의 인연으로 동진법왕자(童眞法王子)의 모습을 나타낸다. 푸른 연꽃은 모든 법에 염착하지 않는 삼매이다. 마음이 머무는 바가 없으므로 곧 실상을 본다. 금강의 지인(智印)은 상적(常寂)의 광명으로써 두루 법계를 비춘다. 백련에 앉은 뜻은 중태장(中胎藏)과 다르지 않음을 밝힌 것이다.'

---

102) 석가부(釋迦部)는 편지원의 외측에 위치한다. 전통적인 석가여래를 중존으로 들고 밀교가 종래의 불교를 섭취하였음을 나타낸다. 여기에는 석가여래를 중심으로 편지안(遍知眼), 호상(毫相), 오불정(五佛頂), 오부정거천(五部淨居天), 삼불정(三佛頂) 등이 위치하고 있다.

문수의 북쪽 변에 "광망동자보살(光網童子菩薩)"을 그려야 한다. 몸은 진금색이고 보배그물을 들고 있으면서 갖가지의 영락으로 장엄하고 보배연화 가운데에 앉는다. 문수는 무상(無相)의 묘혜(妙慧)를 지니고 빛나는 그물[光網]은 만덕의 장엄을 지닌다.

『대지도론』[103]에서 설명한 것과 같이 소금으로 모든 음식을 조화시키려면 그 맛을 배나 늘릴지라도 허공[104]을 씹을 수는 없다. 그러므로 수행하는 사람이 반야와 방편을 잃고서 홀로 공혜(空慧)를 닦으면 곧 단멸(斷滅) 가운데에 떨어지며, 순수한 복덕만 닦으면, 곧 유소득(有所得) 가운데에 떨어진다. 부처님께서 장자(長子)를 관하신 까닭은 뜻이 여기에 있다.

다음에 문수의 다섯 사자[105]를 그려라. 첫째가 "계설니(髻設尼)"이고 둘째가 "우파계설니(優波髻設尼)"이며 셋째가 "질다라(質多羅)"이고 넷째가 "지

---

103) 『대지도론』 제18권(대정장 25, 194 상). '어느 시골사람이 애초부터 소금을 알지 못하다가 귀한 사람이 소금을 갖가지 고지와 채소에 넣어서 먹는 것을 보고 물었다. "왜 그렇게 하시오." 귀인이 말하기를 "이 소금은 모든 음식의 맛을 내게 할 수 있다"고 하니, 그 사람이 생각하기를 "이 소금이 모든 음식을 맛나게 한다면 자체의 맛은 반드시 더 많을 것이다"라 하고는 문득 소금을 한줌 집어 입에 가득히 넣고 먹으려다 짠맛에 입을 상했다. 그러고는 물었다. "그대는 어찌하여 소금이 모든 음식의 맛을 내게한다고 했는가?" 귀인이 말하기를 "이 어리석은 사람아, 이것은 분량을 잘 헤아려 섞어서 맛나게 해야 할 것이거늘 어찌하여 순전히 소금만 먹는가?" 어리석은 사람은 공해탈문의 법을 들으면 모든 공덕은 행하지 않고 오직 공만을 얻으려 하나니, 이것이 삿된 소견이다. 이는 곧 모든 선근을 끊는다.'

104) 또는 '홀로'라는 뜻으로 이해할 수 있다. 즉 윗니와 아랫니가 함께 움직여야 음식을 씹을 수 있는 것처럼 반야와 방편이 떨어질 수 없음을 말한다.

105) 이하에서 오사자(五使者)를 설한다. 오사자는 문수오사자(文殊五使者)·오종금강사(五種金剛使)라고도 한다. 태장만다라 문수원(文殊院) 가운데 주존 문수보살의 왼쪽에 있는 다섯 동자이다. 이 다섯동자는 곧 첫째, 계설니(髻設尼, Keśinī)로서, 머리모양이 단엄하다는 뜻으로 심지(心智)의 청정을 나타낸다. 둘째, 우파계설니(優波髻設尼, Upakeśinī)에서 우파(優波)는 '버금이 된다', 접근·예속의 뜻으로 문수의 능시삼매(能施三昧)를 나타낸다. 셋째, 질다라(質多羅, Citrā)는 잡색(雜色)의 뜻으로 문수의 두루 나타내는 색신(色身)의 덕이다. 넷째, 바소마디(嚩蘇摩底, Vasumatī)는 재혜(財慧)의 뜻으로 지혜(地慧)라고도 부른다. 이 존은 묘혜(妙慧)로 임운자재(任運自在)를 나타낸다. 다섯째, 아갈사니(阿羯沙尼, Ākarṣaṇī)는 청소(請召)·구소(鉤召)·초소(招召)라고도 번역하는데, 중생을 이끌어들여 보리에 도달하게 한다. 그런데 『대일경소』 5권이나 아사리소전(阿闍梨所傳)의 만다라 도위(圖位)에서 오사자는 문수의 좌우에 나누어서 배치되어 있다. 또 『대일경』에는 이들 오사자의 아래에 각기 하나의 봉교자(奉教者)를 두고 있다.

혜(地慧)"이며, 다섯째가 "청소(請召)"이다. 묘길상의 좌우에 차례대로 이를 나열하라. 모두 각기 문수의 하나의 지(智)를 지닌다. 계설니는 머리모양이 단엄하다는 뜻이며, 우파(優波)는 그 버금가는 자이다. 문수는 오계(五髻)로써 오지(五智)를 상징하여 나타내었다. 그러므로 이 사자(使者)도 역시 아름다운 머리털로써 이름을 삼는다. 질다라는 다양한 색이라는 뜻이다. 그 다섯 사자의 아래에 각기 하나의 봉교자(奉教者)를 만드는데 모두 무릎 꿇고 사자를 향한다. 말씀하시는 소리를 공경하며 받으려는 모습과 같다. 모두 문수의 삼매이다. 그러므로 경에서 "무승지(無勝智)를 모시어 지키고 있다"고 하였다.

다음으로 제2중에는 대일여래의 왼쪽에 "제개장보살(除蓋障菩薩)"을 그려라. 인도의 민속에서는 [왕이] 동쪽을 향하여 [나라를] 다스리기 때문에 동쪽을 처음의 방향으로 삼는다. 남쪽은 오른쪽 방향이고, 서쪽은 후방이며, 북쪽은 승방(勝方)으로 삼는다. 지금 이 만다라의 단문(壇門)은 서쪽을 향하고 있기에 대일여래의 왼쪽에 해당한다. 도상 가운데의 제개장보살은 왼손에 연꽃을 들고 꽃 위에 보배구슬을 놓으며, 오른손으로 시무외인을 하고 있다. 이 [제개장]보살과 모든 권속은 모두 대자비의 고통을 뽑아내고 장애를 없애는 문이다. 바로 이 보리심 가운데의 여의보주로써 모든 중생들에게 무외(無畏)를 베풀어서 그 바라는 바를 채운다.

경전에서 "이분위(二分位)를 떠나 팔보살을 그려야 한다"는 것은 제개장(除蓋障)의 곁에 두 사자(使者)를 그리는 것을 말한다. 그런 다음에 그 순서대로 팔보살을 안치하라. 무릇 모든 권속을 나열하는 데에는 모두 최초의 권속을 오른쪽에 둔다. 두 번째는 왼쪽에 두고 세 번째는 다시 오른쪽에 두며 네 번째는 다시 왼쪽에 두어서 이와 같이 왼쪽에 한번, 오른쪽에 한 번씩 차례대로 이를 안치하라.

지금 이 여덟 보살 가운데에서 먼저 "제의괴(除疑怪)"106)를 제개장보살

106) 제의괴(除疑怪, Kautūhalah)는 제의개보살(除疑蓋菩薩)이라고도 한다. 대중들에게 의심스럽고 괴이하여 해결하지 못하는 일이 있으면 이 보살이 곧 그 곳으로 가서 청하지

의 오른쪽에 두고 "시일체무외(施一切無畏)"[107]를 왼쪽에 둔다. 다음에 다시 "제일체악취(除一切惡趣)"[108]를 제의괴의 오른쪽에 두며 "구의혜(救意慧)"[109]를 시무외(施無畏)의 왼쪽에 둔다. 다음에 다시 "비념보살(悲念菩薩)"[110]을

않은 벗이 되어 언제나 모든 중생들의 의심을 끊어 없애준다. 제개장보살의 오른쪽에 안치하며 태장현도만다라 제개장원(除蓋障院)의 현호보살(賢護菩薩)이 바로 이 존이다. 밀호는 공제금강(功濟金剛)・공덕금강(功德金剛)이며, 그 형상은 몸이 육색이며 오른손은 가슴 앞에 세우며 독고저를 쥐고 왼손바닥은 무릎 위에서 받드는 모양을 하고 손 가운데 병이 있다. 그 병의 입구에 독고저를 꽂으며 가부좌하여 붉은 연꽃 위에 있다. 독고저는 의심을 제거하는 덕을 나타내며, 병은 현호(賢護)의 덕을 표시한다.

107) 시무외(施無畏)는 Skt. Abhayaṃ-dada로서 전체의 칭호는 시일체무외보살(施一切無畏菩薩)이다. 현도태장만다라 제개장원(除蓋障院)의 제3존이다. 이 존은 모든 중생들의 갖가지 두려움과 우환을 없애는 것을 본서로 하는 보살로서 밀호는 자재금강(自在金剛)이라 한다. 그 형상은 몸 전체가 육색이며 오른손으로 시무외인을 결하고 왼손으로 금강권을 하며 무릎 위에 두면서 붉은 연꽃 위에 앉아있다.

108) 제일체악취(除一切惡趣)는 Skt. Sarvāpāyajahaḥ이다. 또는 파악취보살(破惡趣菩薩)・사악도보살(捨惡道菩薩)이라 하며 간략히 칭하여 제악취보살(除惡趣菩薩)이라 한다. 현도태장만다라 제개장원 9존 가운데 동쪽 제2위이다. 또는 금강계만다라 현겁십육존(賢劫十六尊) 가운데 동쪽 제3위이다. 온갖 악취를 버리므로 이와 같은 이름이 있다. 밀호는 태장만다라에서 제장금강(除障金剛)이며, 금강계에서는 보구금강(普救金剛)・지만금강(智滿金剛)이다. 그 형상은 태장만다라에서는 몸이 백황색이고 왼손을 구부려 가슴 앞에 대며 손바닥을 위로 받들면서 엄지와 중지를 서로 맞대고 다른 손가락은 펴고 있다. 오른손은 밖을 향하여 늘어뜨리며 다섯손가락을 조금 구부린채로 붉은 연꽃 위에 가부좌하고 있다. 금강계만다라에서는 왼쪽 권을 허리 위에 대고 오른손으로 연꽃을 잡으며 꽃 위에 하나의 범협이 있다.

109) 구호혜보살을 말한다. 구호혜(救護慧)는 Skt. Paritrāṇāśaya-mati이고, 음역하여 파리달라나사야마티(波里怛羅拏舍野麼他)이다. 또는 구의혜보살(救意慧菩薩)・구호혜보살(救護惠菩薩)・애민혜보살(哀愍慧菩薩)・구호보살(救護菩薩)이라 한다. 태장현도만다라 제개장원(除蓋障院)의 동쪽 끝에 위치하는 9존의 하나이다. 여래의 지혜로써 중생을 구호하여 구계(九界)의 중생들이 부처님의 세계에 들어가게 한다. 밀호는 구호금강(救護金剛)이며 종자는 yaṃ이고 삼매야형은 비수(悲手)이다. 그 형상은 몸 전체가 백황색으로 오른손바닥을 받들어 가슴 앞에 두고 엄지와 무명지를 서로 맞대어 고통을 없앤다는 뜻을 보인다. 왼손바닥은 허리에 대는데 이것은 덮어서 보호한다는 뜻이며 연화좌에 앉는다. 『대일경소』 16권에는 "구의혜보살은 비수(悲手)를 심장 위에 둔다"고 하는데 이 비수가 무명지와 엄지를 서로 맞댄 것으로 다른 세손가락은 세우고 있다. 『대일경소』 13권에는 "온갖 고통을 없애고자 원하여 고통을 없애므로 구호라 한다"고 설하고 있다.

110) 비선윤보살(悲旋潤菩薩)을 말한다. 비선윤(悲旋潤, Karuṇāmreḍitaḥ)은 비민보살(悲愍菩薩)・대비전보살(大悲纏菩薩)이라 하며 현도태장만다라 제개장원의 동방 제7존이다. 밀호는 비념금강(悲念金剛)이다. 이 보살은 대비의 지수(智水)를 뿌려서 중생의 말라붙은 밭을 윤택하게 함을 삼매로 삼기에 대비전(大悲纏)이라는 이름이 있다. 태장 만다라

제악취의 오른쪽에 두고, "자기보살(慈起菩薩)"[111]을 구의혜의 왼쪽에 둔다. 다음에 다시 "제일체열뇌(除一切熱惱)"[112]를 비념보살의 오른쪽에 두고 "불가사의혜(不可思議慧)"[113]를 자기보살의 왼쪽에 둔다. 그 밖의 모든 위를 예(例)처럼 펼쳐 봉안하고 모두 이것을 놓아라.

다음에 북방에는 "지장보살(地藏菩薩)"을 그려라. 갖가지로 사이를 장식한 다양한 보배로 장엄한 땅 위에 금과 은과 파지(頗胝)와 수정(水精)의 네 가지 보배로 연화좌를 만들되 역시 극히 화려하게 하라. 그 보살은 화좌 위에 앉아 불꽃같은 빛이 그 몸에 두루하니 마치 태장(胎藏)에 있는 것과 같다. 그래서 "염태(焰胎)에 머문다"고 말하였다. 이 성자는 주로 보왕(寶王)의 마음자리 가운데의 성기공덕(性起功德)의 끝없는 보배창고를 지니고 있다. 그래서 그 표치는 온갖 진귀하고 다양한 보배로 아름답게 장엄하였다. 그 밖에 권속이 되는 보살들도 뜻은 역시 이와 같다.

지장보살의 오른쪽에는 "보처보살(寶處菩薩)"[114]을 두고 지장보살의 왼

가운데에서 이 보살의 몸은 백황색으로 왼손에 아직 피지 않은 연꽃을 들고 오른손으로는 손바닥을 위로 받들며 가슴 앞에 두는데 엄지와 중지를 서로 맞대고 소지와 무명지를 구부린채로 붉은 연꽃 위에 앉아 있다. 왼손에 든 피지 않은 연꽃은 불성(佛性)의 심련(心蓮)을 표시한다.

111) 자기보살(慈起菩薩)을 말한다. 자애생보살(慈愛生菩薩)이라고도 하며 태장만다라 제개장원(除蓋障院) 9존의 한분이다. 몸은 육색(肉色)으로 범협(梵篋)을 지니고 있다. 밀호는 자념금강(慈念金剛)이다.

112) 제일체열뇌(除一切熱惱)는 Skt. Sarvadāhapraśamita이며, 또는 절제열뇌보살(折諸熱惱菩薩)이라 하거나 약칭으로 제열뇌보살(除熱惱菩薩)이라 한다. 태장만다라 제개장원(除蓋障院)의 동쪽 제8위이다. 이 존은 중생의 온갖 열뇌를 부수어 없애는 것을 본서로 삼는다. 밀호는 이포외금강(離怖畏金剛)이다. 그 형상은 현도만도라 중에서 몸은 육색(肉色)으로 오른손은 무릎 위에 두고 여원수(與願手)를 하며, 왼손은 가슴 앞에서 구부려 범협(梵篋)을 들고 가부좌하여 붉은 연꽃 위에 있다.

113) 부사의혜보살(不思議慧菩薩)을 말한다. 부사의혜(不思議慧)는 Skt. Acintyamatidatta이다. 태장만다라 제개장원의 서쪽 끝에 있다. 이 보살은 권실불이(權實不二)의 부사의혜(不思議慧)로써 중생에게 시여하여 중생의 지혜 없음을 단제하는 것을 본서로 한다. 밀호는 난측금강(難測金剛)이며 종자는 ū이고 삼매야형은 보주(寶珠)이다. 현도만다라 중에서 부사의혜보살의 몸은 육색으로 왼손에 연꽃을 지니고 연꽃 위에 광채가 있는 둥근 구슬이 있다. 오른팔을 구부려 세우며 손바닥은 안을 향하게 하고 붉은 연꽃 위에 가부좌하고 있다.

쪽에는 "보장보살(寶掌菩薩)"115)을 두며, 다음으로 보처의 오른쪽에는 "지지보살(持地菩薩)"을 두고, 보장의 왼쪽에는 "보인수보살(寶印手菩薩)"116)을 두며, 지지의 오른쪽에는 또한 "견고의보살(堅固意菩薩)"117)을 둔다. 이와 같은 상수의 제존은 또한 각각 그 좌우에 모든 권속들에게 둘러싸인 모습으로 그린다.

다음에 서방에 "허공장보살(虛空藏菩薩)"118)을 그려라. 선명한 흰색의 옷을 입고 왼손에 연꽃을 들었으며 꽃 위에는 대도인(大刀印)이 있고, 도인 위에 두루 불꽃의 광명을 생한다.119) 대도(大刀)를 지니는 이유는 날카로

114) 이하에서 육지장(六地藏)을 설한다. 육지장이란 육도중생을 교화하는 여섯 분의 지장보살을 가리킨다. 육지장의 명칭은 각 경궤마다 일치하지 않다. 태장만다라 지장원(地藏院) 9존 가운데 상수 여섯 존은 곧, 지장(地藏)·보처(寶處)·보장(寶掌)·지지(持地)·보인수(寶印手)·견고의(堅固意)이다.

115) Skt. Ratna-pāṇi. 음역하여 라달나파니(囉怛曩播抳)이다. 또는 보수보살(寶手菩薩)이라 하며, 태장만다라 지장원(地藏院)의 구존(九尊) 가운데 제6위에 처한다. 이 보살은 정보리심의 여의보주로써 세간과 출세간의 실지를 이루어 채우는 것이 마치 여의주가 손에 있는 것 같이 일체의 바라는 것을 만족시키므로 보수보살(寶手菩薩)이라 부른다. 밀호는 만족금강(滿足金剛)이며, 종자는 paṃ이고, 삼매야형은 삼고저(三股杵)이다.

116) Skt. Ratna-mudrā-hasta, 음역하여 라달나모날라하살다(囉怛曩謨捺囉賀薩多). 태장만다라 지장원(地藏院)의 주존 지장보살의 왼쪽 제2위의 보살이다. 지장보살의 삼매야본서문(三昧耶本誓門)을 담당하며, 중생을 제도한다. 밀호는 집지금강(執持金剛)이며 종자는 phaṃ인데 이는 '물거품이 견고하지 않다'는 뜻이다. 삼매야형은 보배 위의 오고저(五股杵)이다.

117) Skt. Dṛḍhādhyāśaya, 음역하여 열리다디야사야(涅哩荼地也捨也)·지리달지야사야(地利咀地也舍夜)이다. 또는 견고혜보살(堅固惠菩薩)·견고보살(堅固菩薩)·견고심심보살(堅固深心菩薩)·견의보살(堅意菩薩)이라 한다. 밀교태장만다라 지장원(地藏院)의 9존의 하나. 태장만다라 지장원의 제8존이며, 제개장보살(除蓋障菩薩)과 지지보살(持地菩薩)의 사이에 있다. 그 형상은 몸은 육색(肉色)이고 오른손에 개부련화(開敷蓮花)를 지니는데 꽃 위에 불꽃이 있으며 갈마금강(羯磨金剛)을 싣고 있다. 왼손으로는 권(拳)을 쥐어 무릎 위에 놓고 적련화 위에 앉는다. 종자는 ṇaṃ으로서 내증(內證)의 견고하며 부서지지 않음을 표시한다. 삼매야형은 연꽃 위에 십자금강저이다.

118) Skt. Ākāśagarbha, 또는 Gaganagañja. 우주를 모두 함장하고 무량한 복덕과 지혜를 갖추며 언제나 중생에게 베풀어서 모든 원을 성취시키는 보살. 삼매야형은 보검(寶劍)·이검(利劍)·보주(寶珠)이고 종자는 ā, ī, oṃ, trāḥ, trāṃ이다. 또한 대일여래의 복과 지혜의 두 가지 자량을 본서로 한다. 허공장원은 태장만다라 제3중의 서방에 속하는 원(院). 지명원·금강수원·연화원에 접하여 있다. 이 원은 허공과 같이 자리이타의 행동이 자유자재한 과덕을 표현하기 때문에 허공장보살을 중심으로 한다.

운 지혜의 표치이기 때문이다. 이 보살은 여래의 허공과 같은 혜(慧)를 지닌다. 흰 옷을 입은 것은 희고 맑으며 더러움 없음을 밝힌 것으로 그 교문(教門)의 바깥을 장식한다. 비유하면 허공이 분별하는 바도 없고, 또한 쌓아 모으는 것이 없을지라도 세간의 만 가지 형상이 이에 의지하여 생하는 것과 같이, 지금 이 법문도 역시 그러하여 필경공(畢竟空) 가운데에서 생각하기 어려운 자재한 작용을 출생하여 다함이 없다. 『대집경(大集經)』의 「허공장품(虛空藏品)」[120] 가운데에 자세하게 밝힌 것과 같다.

그리고 모든 권속은 모두 바로 연꽃 위에 앉는다. 이 가운데 법문의 권속은 이른바 "허공무구보살(虛空無垢菩薩)[121]·허공혜보살(虛空慧菩薩)[122]·

---

119) 이하 난탈을 교정한다.

120) 『대방등대집경(大方等大集經)』 14권 「허공장품(虛空藏品)」(대정장 13, 94 상중). '사리불아, 저 대장엄(大莊嚴)불토의 일보장엄(一寶莊嚴)부처님 계신 곳에 허공장(虛空藏)이라는 보살마하살이 있어서 대장엄으로써 스스로 장엄하며, 온갖 생각할 수 없는 원력에 가장 뛰어나 모든 공덕 중의 위덕과 걸림없는 지견을 얻었으며, 생각할 수 없는 보살 공덕으로 스스로 장엄함에 상호로써 몸을 장엄하고, 훌륭한 설법으로써 제도할 곳을 따라 입을 장엄하고, 선정에서 물러나지 않아서 마음을 장엄하고, 여러 다라니로써 그 염(念)함을 장엄하고, 온갖 미세한 법에 들어가 그 뜻을 장엄하고, 법의 성품을 순리대로 관하여 나아감을 장엄하느니라. 또 서원을 굳게 함으로써 순지(淳至)를 장엄하고, 온갖 성취를 지어서 하는 일을 장엄하고, 하나의 경지에서 다른 하나의 경지에 이름으로써 필경을 장엄하고, 여러 가지 물질을 버려서 보시하기를 장엄하고, 깨끗한 마음과 좋은 말로써 계율을 장엄하고, 중생들에게 거리끼는 마음 없음으로써 인욕을 장엄하고, 모든 일을 원만히 갖춤으로써 정진을 장엄하고, 선정에 들고 신통에 유희하여 선을 장엄하고, 번뇌의 습기를 잘 알아서 지혜를 장엄하고, 중생을 구호하기 위하여 자애[慈]를 장엄하느니라. 또 중생을 버리지 않기 위하여 가엾이 여김을 장엄하고, 마음에 주저함이 없어 기뻐함을 장엄하고, 미움과 사랑을 여의어 버림[捨]을 장엄하고, 다함 없는 보배손[寶手]을 얻어 공덕을 장엄하고, 여러 중생의 마음작용을 분별하여 지혜를 장엄하고, 중생에게 훌륭한 법을 가르쳐 깨달음을 장엄하고, 슬기의 밝고 깨끗함을 얻어 슬기의 광명을 장엄하고, 이치와 법과 말과 즐거움을 얻어서 온갖 변재를 장엄하느니라.'

121) 무구서보살(無垢逝菩薩)을 말한다. 무구서(無垢逝)는 Skt. Vimalagati이며, 음역하여 미마라가디(尾摩羅誐底)라 한다. 태장만다라 허공장원(虛空藏院)의 중존인 허공장보살의 남방 하열(下列) 제1위의 보살이다. 또한 허공무구보살(虛空無垢菩薩)이라고도 하며 밀호는 명철금강(明徹金剛)이고 종자는 haṃ이다. 삼매야형은 혜도인(惠刀印)이며 혹은 연꽃 위의 푸른 연꽃이다. 형상은 오른손으로 시원인을 하고 왼손은 검지와 중지를 구부려서 연화삭(蓮花索)을 쥐면서 붉은 연꽃 위에 앉아 있다. 인계는 양손으로 도인(刀印)을 한다.

청정혜보살(清淨慧菩薩)[123] · 행혜보살(行慧菩薩)[124] · 안혜보살(安慧菩薩)"[125] 이다. 역시 앞의 차례처럼 좌우로 나열하라. 모두 "등(等)"이라고 말한 이유는 이 상수의 제존에 다시 각각 끝없는 권속이 있는 것을 밝힌다. 그 형상은 모두 도상(圖像)에서 설한 것과 같다.

이 게송의 끝에 "간략하게 대비장만다라의 위(位)를 설한다"고 하는 이 두 구절은 전도자(傳度者)가 뜻으로써 이를 끝맺는 것으로써 경 가운데의 본문은 아니다. 앞에서 설한 것처럼 "보리심을 인으로 하고, 대비를 근으로 하며 방편을 구경으로 삼는다"고 하는 것은 곧 이 마음의 실상의 화대(華臺)이다. 대비태장이 열려서 대비방편으로서 삼중의 보문 권속을 나타낸다. 이러한 뜻이기에 대비태장만다라(大悲胎藏漫荼羅)라고 부른다. 하나의 세계 가운데에서 두루 육취(六趣)의 부류에 따른 몸을 나타내는 것과 같고, 모든

---

122) 허공혜(虛空慧)는 Skt. Gagana-mati이며 또한 공발의법륜보살(共發意法輪菩薩) · 공양발의보살(供養發意菩薩) · 재발심전법륜보살(纔發心轉法輪菩薩, Sahacittotpāda-dharmacakra)이라 한다. 태장만다라 허공장원의 28존의 1존이다. 허공장보살의 오른쪽 제2열에서 제1위에 위치하며 밀호는 법륜금강(法輪金剛)이고 종자는 ca인데 변천(變遷)의 뜻이다. 삼매야형은 연꽃 위의 금강륜(金剛輪)이며 이 윤은 팔폭륜(八輻輪)으로서 팔정도를 나타낸다. 그 형상은 적육색(赤肉色)으로 오른손에 연꽃을 쥐는데 연꽃 위에 팔폭륜이 있다. 왼손은 받들고 위에 독고금강저를 세운다. 독고금강은 아자의 정보리지(淨菩提智)를 나타낸다.

123) Skt. Visuddha-mati. 음역하여 미수타마제(尾戍馱摩帝)이다. 『대일경』「밀인품」의 생념처보살(生念處菩薩)에 해당된다.

124) 행혜(行慧)는 Skt. Caritamati이며 음역하여 좌리달라마제보살(左里怛羅摩帝菩薩) · 야예달라마제보살(惹㘑怛囉摩帝菩薩)이라 한다. 『대일경』 구연품 · 비밀만다라품 등에 허공장원 가운데의 보살로 기재되어 있다. 또한 행혜행보살(行慧行菩薩) · 혜보보살(慧步菩薩)이라고도 한다. 예부터 이 존은 분노구관세음보살(忿怒鉤觀世音菩薩)과 동존이라 하였다. 『불공견삭경(不空羂索經)』 9권에 의하면 그 형상은 왼손에 활짝 핀 연꽃을 들고 오른손으로 허공을 움켜쥔 권의 모습을 하며 가슴에 대고 반가부좌하고 있다. 비밀만다라품에는 삼매야형을 풍륜(風輪) 가운데의 차거보(硨磲寶) 위에 푸른 연꽃을 꽂은 것으로 한다. 이 존의 인계는 밀인품에 의하면 팔엽연화인(八葉蓮華印)이다.

125) 안혜(安慧)는 Skt. Sthirabodhiḥ이며 『대일경』「구연품」·「비밀만다라품」 등에서 허공장원 가운데 이 존에 대하여 기술하고 있다. 안주혜보살(安住慧菩薩)이라고도 한다. 아사리소전(阿闍梨所傳)의 만다라 중에서 이 존은 법혜보살(法慧菩薩)로 칭해진다. 이 존은 과덕(果德)의 혜(慧)에 안주하여 이로써 중생을 이익하게 하고 두려움에서 벗어나게 한다. 종자는 hūṃ으로서 안주(安住)의 뜻을 나타낸다. 「비밀만다라품」에는 그 삼매야형을 풍륜(風輪) 가운데의 금강련(金剛蓮)으로 하며 인계는 청련화인(青蓮華印)이다.

세계에서도 또 다시 이와 같다. 또한 저들 중동분(衆同分)[126] 가운데에서 최고의 상수(上首)가 된다. 그 설하는 법도 역시 그 법 가운데에서 미묘하여서 제일이다. 또한 이 뜻으로 말미암아 널리 다함없는 중생을 섭수하므로 비로자나를 이름하여 법계왕(法界王)이라 한다.

지금 상수의 제존은 함께 모여서 이와 같은 법을 인지(印持)한다. 그러므로 그 모든 동일한 부류의 중생은 각각 희유한 마음[希有心, vismāpanā]을 일으키고서 말하기를, '내가 존경하는 동등할 이가 없는 분도 역시 이 대중 가운데에 있다. 이 법은 매우 희유한 것임을 분명히 알아라'고 한다. 희유한 마음을 내었으므로 모든 법계문에 따라 선근을 심[은 자와] 내지 긴 밤에 불선근을 일으켜서 정법을 파괴하려고 하는 자들까지도 도량에 이르고나서 그가 받드는 대천(大天)을 보게되고 또한 부사의한 법식(法食)을 베품을 받으니 악한 마음이 곧 사라지며 마사(魔事)를 포기하고, 한 생각의 수희(隨喜)하는 마음이 생긴다. 한 생각의 깨끗한 마음을 생함으로써 문득 그 가운데에서 대비태장만다라를 열어 낼 수 있다.

또한 이 만다라의 갖가지 법문은 동일한 법계일지라도 그 공용의 깊고 얕음에는 각각에 차별이 있는 것이, 동일한 땅에서 생기고 동일한 비에 적셔졌을지라도 모든 약초의 성분이 같지 않은 것과 같다. 만약 훌륭한 의사[醫王]가 이를 볼 때에는 곧 이러한 약초는 어떠한 병을 치료하는 데에는 마땅하지 않으나, 어떠한 병에는 약효가 뛰어나다는 것을 안다. 이러한 등의 보문방편 가운데에서 하나하나 분별하여 착오가 없으면 대아사리가 될만하다.

십만 게송의 대본(大本) 가운데에 저 모든 성존은 각기 스스로 통달한 법계문(法界門)과 갖가지의 다른 방편법을 널리 설하셨다. 지금 이 약본에는 단지 그 보통의 도(道)에 나아가는 요긴한 법을 거론하였을 뿐이다. 만약 수행자가 법다웁게 수행하여 법칙을 어그러뜨리지 않고 부사의한 가

---

126) 동일하게 속하는 종류라는 뜻이다.

피를 입을 때에는 스스로 방편을 [대상에 따라 알맞게] 조절하여 보이는데 통달하지 않는 바가 없어야 한다.

[선무외]아사리는 '무릇 수행자로서 유가에 머물지 않으면 사람을 위하여 만다라를 건립할 수 없다'고 하였다.

처음에 [만다라를] 그리고자 할 때에 먼저 자문(字門)을 사용하고 [다음에] 이를 바꾸어서 모든 존을 만들어라. 좌위(座位)와 형색은 성류(性類)에 하나하나 상응하게 하여 곧 이와 같은 대비장(大悲藏)이 바로 나의 몸이라고 관하고 나서야 바야흐로 손을 들고 이를 그려야 한다. 이와 같은 심행의 아사리라면 반드시 모든 때에 언제나 이와 같은 불회(佛會)를 여의지 않을 것이다. 그려서 법사를 행할 때에는 법다웁게 차례대로 금강지(金剛地)를 일으키고 이 보왕의 궁전이 수미산의 정상에 있다고 관해야 한다. 거기에 있는 일체의 장엄은 모두 아래의 [「보통진언장품(普通眞言藏品)」]에서 설명하는 것과 같다. 이와 같이 명료하게 하고 나서야 바야흐로 [제존을 만다라에] 불러 모실 수 있다.

제2 입만다라구연진언품 4

【제6권】

18. 만다라의 도위(圖位)

구체적으로 나열하면 아래와 같다.

윗 방향	오른쪽 방향	왼쪽 방향	아랫 방향
○如來如意寶	△能授一切尊(滿一切願也)	□ 妙金剛	◡[1] 降三世尊
○如來甲冑	□蓮花部女奉教者		

1) 이상의 기호는 색(色)을 나타낸다. □는 황색, ○는 백색, △는 적색, ◡는 청색이다. 또한 ⊟는 황색에 청색이 교차한 것을 말한다.

윗 방향	오른쪽 방향	왼쪽 방향	아랫 방향
○ 如來羂索	□ 蓮花部奉教者	□ 靑金剛	
□ 如來怖魔	□ 蓮花三股戟	□ 金剛蓮	□ 金剛鐸8
○ 如來臍	□ 蓮花戟		
□ 如來馬藏	□ 蓮花尊	□ 寂靜金剛	
○ 如來脣	□ 金剛蓮	□ 大迅利金剛	□ 金剛羂索
□ 如來十力	□ 蓮花輪		
○ 如來牙	□ 蓮花刀	□ 金剛牙	□ 金剛刀
□ 如來大護	□ 蓮花德菩薩	□ 那弭荼金剛(因因立名 又云短也)	
△ 無所畏大護者8	□ 大水吉祥	□ 赤體金剛	
○ 如來無所畏	□ 大吉祥	□ 佛奉教者	
□ 如來鈴鐸	□ 僧吉祥8		
○ 如來商佉	□ 佛吉祥○	□ 越無量虛空	
□ 如來三昧耶金剛	□ 金色菩薩	△ 月黶尊8	
□ 如來正勤	□ 名稱慧菩薩8		
□ 如來三昧耶	□ 白色菩薩	□ 難降大護者(女形)8	
○ 如來舌	△ 壞諸怖畏大護者8	□ 金剛部生	
□ 如來豪相	□ 大勢至菩薩		
○ 一切如來座	□ 毘俱胝菩薩 8	□ 金剛連鏁8	□ 不可越護門者 8
□ 如來大勤勇	□ 觀世音菩薩	□ 執金剛	
□ 如來眼	□ 多利尊8		
○ 如來心	□ 觀音母	□ 金剛母8	
□ 如來鑠底	□ 大白菩薩		
○ 無堪忍(如來無堪忍)	□ 資財主菩薩	□ 金剛針	
□ 水自在尊	□ 遍觀菩薩	□ 金剛鉤	□ 相向守護門者8
□ 如來念處	□ 吉祥菩薩	△ 金剛無勝大護者8	△ 如來使者
○ 如來刀	□ 帶塔德菩薩		
□ 如來輪	□ 寶德菩薩	△ 軍荼利金剛8	□ 金剛拳
□ 如來蓮花	□ 鹿皮衣形		
□ 如來頂	□ 蓮花軍持	△ 大力金剛8	□ 無戲論金剛

윗 방향	오른쪽 방향	왼쪽 방향	아랫 방향
○ 如來結界	□ 蓮花鬘		
□ 如來施願	□ 蓮花斧	□ 虛空無垢金剛	□ 金剛斧
○ 如來平等說	□ 蓮花索		
□ 如來口	□ 蓮花鐸	□ 素囉多金剛妙住	
○ 如來腰	□ 蓮花螺	□ 大身金剛	□ 金剛輪
□ 如來焰光	□ 蓮花部使者	□ 大勝金剛	□ 金剛捧
□ 如來鉤	□ 蓮花部使者 △ 馬頭觀世音	□ 廣眼金剛	
□ 虛空眼	□ 蓮花捧	□ 拔折羅金剛	◡ 聖不動尊

오른쪽 제1중(第一重)을 마친다.

□ 無垢光童子8	□ 賢劫菩薩8	○ 大慧菩薩8	□ 賢劫菩薩
□ 光網童子8		□ 寂慧菩薩8	□ 金光菩薩
□ 男奉教者8	△ 行慧菩薩8	△ 無垢慧菩薩8	□ 金色菩薩
			△ 寶德菩薩
□ 男守衛者8	○ 勝妙天菩薩8	○ 無盡意菩薩8	□ 賢德菩薩
□ 男使者8			○ 花幢菩薩
□ 女使者8	□ 寶嚴菩薩8	□ 不思議慧菩薩8	△ 計都菩薩
△ 六面尊		△ 大慈起菩薩8	□ 無垢光菩薩
	△ 寶印手菩薩8	△ 無像菩薩8	
△ 降閻摩尊			
		○ 救意慧菩薩8	
□ 地慧童子8			△ 清淨慧菩薩8
	○ 寶掌菩薩8		
□ 優波計設尼8		□ 施一切無畏菩薩8	□ 虛空慧菩薩8
⊟ 文殊師利	□ 地藏菩薩8	△ 除一切蓋障菩薩8	○ 虛空藏菩薩8

윗 방향	오른쪽 방향	왼쪽 방향	아랫 방향
□ 計設尼8			□虛空無垢菩薩8
□ 質多羅8	○ 寶作菩薩8	□ 除疑怪菩薩8	△ 法慧菩薩8
□ 請召者8		○除一切惡趣菩薩8	○ 慧步菩薩8
	○ 持地菩薩8		
□ 女使者⁝		△悲念菩薩8 亦名大悲纏	□刺泥弭菩薩 無牆也
□ 男使者⁝	□ 賢意菩薩		△泥弭菩薩 牆也
□女守衛者⁝	○ 寶冠菩薩8	□除一切熱惱菩薩8	○ 寶幡菩薩
□ 女奉教者⁝	△ 發心卽轉法輪菩薩8	○ 海慧菩薩8	□ 金光菩薩 △ 光明菩薩
□ 寶冠童子8			
	□ 善住意菩薩8	△ 妙慧菩薩8	○ 妙幢菩薩
□ 月光童子			□ 無邊幢菩薩
□ 善財童子	□ 賢劫菩薩	□ 賢劫菩薩⁝	□ 賢劫菩薩

오른쪽 제2중을 마친다.

△ 火天護方神	□ 伊舍那護方神	△涅哩底護方神	◡ 風天護方神⁝
△ 火天	□ 鳩槃荼衆眷屬	△ 女羅刹8	◡ 風神后
△ 火天后	□ 阿名揭拏羊耳		
△ 婆私瑟吒大仙	□ 阿濕嚩揭拏馬耳	△ 羅刹衆8	△ 迦樓羅女⁝
△ 竭伽大仙	□ 戍婆揭拏箕耳	□ 賢劫菩薩	△ 迦樓羅⁝
△ 末建荼大仙	□ 雜寶藏神⁝	○ 童男菩薩	
△ 瞿曇大仙	△ 荼吉尼 88 △ 荼 迦 88	□ 比丘衆	△ 非人眷屬 △ 一切人眷屬
△ 迦葉大仙	□ 童男菩薩	○ 日光菩薩	

윗 방향	오른쪽 방향	왼쪽 방향	아랫 방향
△ 諸執曜神等	□ 比丘衆	□西南日輪遍照勝德佛	□ 童男菩薩 □ 比丘衆
△ 毘逝耶后	□ 離塵勇猛菩薩		
△ 日天子	□東北方定勝手德佛	○ 菩薩衆	□ 寶勝菩薩
△ 逝耶后	□ 菩薩衆	○ 比丘衆	□西北方一寶蓋佛
□ 那羅延幷眷屬	□ 比丘衆	○ 童女菩薩	□ 比丘衆
□魔天他化自在天	□ 童女菩薩	△ 苾唛蟻嘌知	□ 童女衆
□ 化樂天	□ 女部多 ⁝		
□ 兜率陀天	□ 部多藥叉類 ⁝	△ 諸毘那夜迦	□ 賢劫菩薩
□ 焰摩天	□ 住雪山藥叉將 8	△ 摩訶迦羅黑神	○ 小訖[illegible]瑟怒二龍王 ○ 訖西瑟怒 二龍王
□東方提頭賴吒天王幷揵闥婆衆	□娑多祁哩藥叉將 ⁝	○ 優婆路係多二龍王	
□ 舍支夫人 8	□半遮羅藥叉將 8	△毘盧遮十眷屬 ⁝	○路係多二龍王
□ 帝釋三十三天	□ 毘灑迦夜叉將 ⁝		○優婆臂多二龍王
□ 童子菩薩	□ 痾吒嚩迦藥叉將 8	△ 毘舍支十眷屬 ⁝	
□ 比丘衆	□ 毘沙門子藥叉將 8		○優婆東訖勞二龍王
□ 歡喜菩薩			○東訖勞二龍王
□上方歡喜德菩薩	□ 摩尼拔陀羅神 8		○ 沙伽羅龍王
□ 菩薩衆	□ 護方神后 8	△ 寒冷地獄	○阿那婆達多龍王
□ 童女菩薩	□俱吠囉護方神毘沙門 ⁝	△熱惱地獄	○ 得叉迦羅龍王
	□ 吉祥功德天		○ 摩迦斯龍王
□ 阿難陀	□ 滿賢藥叉將 8	□毘樓博叉王 8	○ 矩利迦龍王
□ 須菩提	□ 訶栗底母 男五 女五		○ 羯句吒迦龍王
□ 舍利子		△閻摩歿嘌底后	○ 和脩吉龍王
□ 大目連	□ 散支大將 8	△ 閻摩后	○ 阿難陀龍王

윗 방향	오른쪽 방향	왼쪽 방향	아랫 방향
□ 大迦葉	□ 童男菩薩	△ 閻摩但荼	○ 大蓮花龍王 ○ 波頭花龍王
□ 無量音聲佛頂	□ 比丘衆	△ 閻摩羅法王	○ 商佉龍王
□ 廣大佛頂	□ 勝授菩薩	△質呾羅笈多訊獄者	○ 縛嚕拏后8 ○ 縛嚕拏龍王8
□ 火聚佛頂	□ 北方勝德佛	△ 夜黑天	□毘樓勒叉護方天王8
□ 勝佛頂	□ 菩薩衆	□ 辨才天8	
△ 如來錫杖	□ 比丘衆	□ 童男菩薩	○優婆遜那守門者8
○ 如來鉢	□ 童女菩薩	□ 比丘衆	通門
○ 如來牙	□ 賢劫菩薩	□ 離優菩薩	○ 遜那守門者8
□ 豪相	□ 主田農神	□ 南方無優德佛	○ 地神8
△ 無能勝尊	□ 主象馬廐神	□ 菩薩衆	○龍王幷后眷屬8
□ 釋迦牟尼佛		□ 比丘衆	○ 童男菩薩
△ 無能勝妃	□ 主王庫藏	□ 童女菩薩	○ 比丘衆
○ 佛母	□ 主外道福處神		
		□ 別異地獄	○ 行慧菩薩
○ 如來鑠底那	△ 主巖穴神	□ 賢劫菩薩	○ 西方寶焰佛
□ 童男菩薩	□ 主伏藏神	△ 遮悶拏	○ 菩薩衆 ○ 比丘衆
□ 比丘僧	□ 主磧神	△ 嬌吠唎	○ 童女菩薩
□ 普光菩薩	□ 主尸林神	△ 吠瑟拏昧	○ 主平相侵神
□ 東方寶性佛	□ 主波池神		○ 主日歷神
□ 菩薩衆	□ 主龍泉神	△ 嬌唎	○ 主時分神
□ 比丘僧	□ 主井神	△ 燕捺唎	○ 主業作神
□ 童女菩薩	□ 主空中宮菀神	△ 嗟捺唎	○ 主宿神
□ 佛袈裟	□ 主宮室神	△ 未囉弭	○ 主宿對神
□ 佛軍持	□ 主海神	□ 緊那羅妃8	○ 主夜神

윗 방향	오른쪽 방향	왼쪽 방향	아랫 방향
□ 白傘佛頂	□ 主室宅神 □ 主巷曲神	□ 緊那羅 ○ 童男 菩薩	○ 主月神 ○ 主日神
□ 最勝佛頂 8	□ 方神	○ 比丘衆	○ 六時神
□ 摧碎佛頂 8	□ 主街陌神	○ 蓮花手菩薩	○ 主直神
	□ 主河神	□ 東南蓮花勝德佛	○ 主廿八宿神 ○ 主十二宮神
□ 最高佛頂	□ 主道神	□ 菩薩衆	○ 月后名赤色
□ 辟支佛	□ 主曠野神	○ 比丘衆	○ 月后名月祥
	□ 主郊野神	○ 童女菩薩	○ 月天子
□ 大梵并明妃眷屬	□ 主店肆神	□ 慕訶囊	○ 月后名月相
□ 四禪天	□ 主城神	△ 闞名火神	○ 童男菩薩
□ 無色天			
□ 淨居自在天子	□ 主村神	△ 劫微	○ 比丘衆
□ 普花天子	□ 主洲神	□ 芒囊娑	○ 蓮花勝菩薩
□ 光鬘天子	☽ 主鳥神	△ 訖灑也	○ 下方蓮花德佛
	□ 主山神	△ 社吒囉	○ 菩薩衆
□ 意生天子	□ 主悉地物神	△ 句嚕誐囊	○ 比丘衆
□ 名稱遠聞天子	□ 主悉地神	△ 沒栗拏	○ 童女菩薩 ○ 賢劫菩薩
□ 大自在妃并眷屬	□ 主仙藥神	△ 露係多	□ 阿修羅女眷屬 ⁝
□ 大自在天并眷屬	□ 主藥計神	□ 芒嚕多	□ 阿修羅眷屬 ⁝
□ 摩醯首羅子及妃	□ 主藥神	△ 捺嚕迦	
□ 持明妃	□ 悉地持明妃 ⁝	△ 娑摩醯捺羅	○ 摩睺羅伽女 ⁝
□ 持明仙	□ 悉地持明仙 ⁝	△ 諸火仙等	○ 摩睺羅伽

오른쪽 제3중을 마친다.

19. 만다라도위(漫荼羅圖位)에 대한 설명

[선무외]아사리가 말하였다.

'제일원(第一院) 동쪽의 여래구(如來鉤)에서 여래갑(如來甲)까지는 모두 비로자나의 삼매이다. 하나하나 천녀(天女)의 모습으로 만들고 사각형이나 원형의 만다라와 같이 그 색을 칠하라. 흰 연꽃대 위에 앉아서 손에 다시 연꽃을 지니고 꽃 위에 각각 지물의 형상을 사용하여 표치로 삼아라. 구(鉤)·륜(輪)·도(刀)·삭(槊)·상카(商佉)·영탁(鈴鐸)·견삭(羂索)·갑주(甲冑) 등과 같은 것은 모두 본래의 모습대로 그려라. 정상(頂相)·호상(豪相)·입·혀·어금니·입술 등은 예로 미루어서 이해할 수 있을 것이다. 여래의 배꼽은 연꽃 위에서 둥글게 도는 좋은 모습으로 그려서 만들어라. 여래의 허리도 역시 자못 굽어 도는 것이 수주만(數珠鬘)의 모습과 같게 하라. 여래장(如來藏)은 윤왕(輪王)의 마보장상(馬寶藏相)[2]이 보이지 않는 것과 같게 하며, 여래시원(如來施願)은 여원(與願)의 손으로 만들어야 한다. 여래법(如來法)과 변설(辨說) 등은 경장(經藏)을 지니거나, 혹은 설법의 수인으로 만든다. 염처(念處)[3]·십력(十力) 등은 모두 지관(止觀)과 상응하는 법이니 고요한 삼매의 얼굴로 만들어라. 삼매야(三昧耶)는 불정(佛頂)의 모습으로 만들어야 하니 여래정상(如來頂相)은 온갖 공덕을 갖추어 섭수하기 때문이다. 무릇 손 안에 물건의 표치로 삼을 만한 것이 없으면 모두 이러한 것을[4] 두어야 한다.

---

2) 마음장상(馬陰藏相, kośopagata-vasti-guhya)을 가리킨다. 마음장상은 음마장상(陰馬藏相)·음장상(陰藏相)·마왕은장상(馬王隱藏相)·세봉장밀상(勢峰藏密相)이라고도 한다. 여래 삼십이상의 하나. 음(陰)은 남근(男根)의 뜻이다. 곧 부처님의 남근이 뱃속에 숨어서 나타나지 않은 모습을 가리키며 그래서 음장(陰藏)이라 하며, 흡사 말의 음(陰)과 같으므로 마음장(馬陰藏)이라 한다.

3) 사념처(四念處)를 가리킨다.

4) 그 존의 본서(本誓)에 상응하는 표치물 대신에 여의보(如意寶)를 둔다.

만약 만다라에 존형을 만들 수 없어서 단지 비밀인(秘密印) 만을 보일 때에는 금강좌(金剛座) 위에 연화대를 만들고, 대 위에 앞과 같은 표치물을 그려서 만들어라. 그 자만다라(字漫荼羅)를 만들려는데 경전 가운데에서 종자(種子)의 글자가 있으면 법다웁게 이를 두어야 한다. 경전에 실려있지 않으면 [그 존의] 범명(梵名) 가운데 최초의 글자를 취하여 종자[5]의 글자로 삼아야 한다. 혹은 통틀어 아(阿)자를 사용할 수도 있다.

북쪽면의 연화부의 제존으로서 만약 경전에서 형상과 [색(色)]을 설하지 않았으면 통틀어 홍련화색(紅蓮花色)이나 정백색(淨白色)으로 만들어라. 금색존(金色尊)[6] 등과 같은 경우는 곧 명칭대로 만들어라. 지니는 인상(印相)도 불부(佛部)[7]에서 설한 것과 같다. 그러나 연꽃을 사용하여 표치로 삼아라. 연화륜(蓮花輪)의 형상처럼 네 개의 연꽃잎으로 십자의 모양과 같게 해서 사용하여 윤폭(輪輻)으로 삼아야 한다. 바퀴의 바깥에는 칼날이 둘레를 둘러싸게 하라. 연화도(蓮花刀)는 연꽃 위에 칼[刀]을 두는 것이지만 칼끝[刀鋒] 위에 연꽃을 두어 표치의 상(相)으로 삼기도 한다. 금강저와 창 등도

---

5) Skt. bīja. 제불・제신(諸神) 등의 진언에서 1자를 취해 그 문자를 존(尊)을 표상하는 기호로 사용한 범자(梵字). 종자자(種子字)가 갖춘 이름이며, 종자(種子)라고도 하는데 이때는 곡물의 종자인 씨와 같은 의미이며, 비유적인 의미로도 쓰여진다. 밀교에서는 불보살 등의 인물, 또는 화(火)・수(水) 등의 사물을 드러내는 범자(梵字)를 말한다. 제존(諸尊)에는 모두 종자가 있다. 본래 종자(bīja)란 식물의 종자(種子)를 가리키는 문자이고 유식 등에서는 아뢰야식에 저장된 종자를 가리키는 경우가 있다. 밀교에서는 존명(尊名)의 모두(冒頭)의 글자, 또는 중간, 혹은 말미의 한 글자를 취하여 각존을 상징하는 문자로서 중시한다. 이 종자가 중요시되게 된 과정으로는 대승경전에 이미 보여지고 있는 자의석(字義釋)이 그 근저가 된다. 이 종자는 식물의 종자가 많은 열매를 맺듯이 1글자가 수많은 뜻을 산출함을 나타내며, 수행자는 1자로써 제존의 본체를 관한다. 각존의 종자를 만드는 방법은 ① 범어명칭의 머릿글자를 취하는 것. 예를 들면 약사(藥師)의 bhai, 문수(文殊)의 maṃ, ② 진언의 머릿글자, 예를 들면 태장대일여래의 a, ③ 진언의 가운데글자, 예를 들면 지장(地藏)의 ha, ④ 진언의 끝글자, 예를 들면 금강계대일여래의 vaṃ, ⑤ 부족을 총섭하는 종자, 예를 들면 아미타(阿彌陀)의 hrīḥ, 허공장(虛空藏)의 trāḥ 등이 있지만, 한 존에 하나의 종자로 한정되는 것이 아니라 여러 종류의 종자를 지니는 예도 적지 않다. 종자에 의해서 제존을 묘사한 만다라가 종자만다라로서 법만다라라고도 한다.

6) 불부(佛部)의 제존(諸尊)이다.

7) 불부(佛部)에 대해서 설한 문장에 의거한다.

모두 역시 이와 같다. 연화견삭(蓮華羂索)은 연꽃으로 [밧줄의] 양쪽을 장식한 것이다. 탁(鐸)은 연꽃으로 매달아라. 만(鬘)은 연꽃을 꿰어서 몸을 장엄한 것이다. 혹은 가지고 있는 꽃 위에 이를 두어라. 재탑길상(載塔吉祥: 미륵보살)은 정계(頂髻) 위에 솔도파(窣堵波, stūpa)를 두거나 지니고 있는 물건 위에 둔다. 연화존(蓮花尊: 관세음보살)은 꽃 위에 겹쳐서 연꽃을 두어라. 보덕존(寶德尊)[8]은 연꽃 위에 보배가 있다. 능수일체원명왕(能授一切願明王)은 온갖 바라는 원을 채워주는데 그 모양은 하나가 아니라 관세음처럼 손에 연꽃을 지니거나, 꽃 위에 여의보주를 두기도 한다. 식재(息災)·증익(增益)·항복(降伏) 등의 사업에 따라 그 상응하는 단 가운데에 [여의보주를] 두어라. 대길상(大吉祥)은 두 손에 각기 연꽃을 지닌다. 수길상(水吉祥: 관세음보살)은 연꽃의 중심에서 물을 내보내거나, 혹은 손을 늘어뜨려서 물을 내보낸다. 피녹피존(被鹿皮尊: 不空羂索觀音)은 사슴 가죽으로 몸을 장엄하는 것이 범천의 형상과 같다. 그 계인(契印)과 만다라(漫荼羅)의 예는 앞에서 설한 것과 같으며 사(娑)자를 종자로 통틀어 사용한다.

남쪽 면의 금강부(金剛部) 제존도 역시 경에 의거하는데, 처음에 열거한 명칭의 존을 모두 갖추어 안치한다. 네모지거나 둥글거나 삼각형이거나 반달 모양 등의 단을 만드는 데에 따라 몸의 색도 역시 그러하다. 혹은 일고금강저[一股拔折羅]를 지니거나 혹은 삼고(三股)나 오고(五股)를 지닌다. 위 아래의 두 봉(鋒) 등의 갖가지 금강저의 표상(標相)은 경 가운데에서 설한 것처럼 뜻대로 이를 안치한다. 그 칼[刀]·도끼[斧]·갈구리[鉤]·침(針) 등은 모두 금강저를 표치로 삼는다. 칼[刀]은 칼끝과 자루장식을 모두 금강저 끝의 날카로운 모양처럼 만들어라. 견색과 쇠사슬은 양끝이 모두 삼고금강저[三股拔折羅]의 모습과 같게 하고, 윤(輪, cakra)은 십자의 금강저를 바퀴살로 하며, 날카로운 칼날을 빙 둘러서 둘러싸게 하고, 탁(鐸)은 일고금강저[一股金剛]의 위를 묶고 십자의 금강저를 혀로 삼아라. 나머지는 모두

8) 보부(寶部)의 제존의 총칭이다.

예에 준하여 이해할 수 있을 것이다.

계인(契印)의 만다라도 역시 금강좌(金剛座) 위에 백련화를 두고 꽃 위에 각각 그 물건을 나타내어라. 만약 종자만다라[字漫荼羅]를 만들려면 집금강이 통솔하는 권속에는 통틀어 바(縛)자를 사용하라. 그 밖의 금강은 통틀어 훔(吽)자를 사용하여 종자로 삼는다.

제2원의 모든 보살대중에 대해 경전에서 형상을 구체적으로 실었으면, 하나하나 그 가르침대로 그려라. [형상에 관련된] 글이 없으면 통틀어 진타마니(眞陀摩尼, cintā-maṇi)의 인을 사용하는데 연꽃을 지니고 꽃 위에 여의보를 두며, 불꽃다발로 주위를 감싸고 이를 둘러싸게 해야 한다. 혹은 그 명칭의 의취(義趣)에 따라 그 모습을 나타내어라.

보관보살(寶冠菩薩[9])은 곧 꽃 위에 관을 두고, 보망보살(寶網菩薩)은 꽃 위에 금루을 두며, 보장보살(寶掌菩薩)은 손바닥 가운데에 보배를 쥐며, 발심전법륜(發心轉法輪)보살은 손 가운데에 윤(輪)을 지니는 것과 같다. [설명을] 빠뜨린 모든 위(位)에는 모두 현겁(賢劫)의 보살을 두어라.

그 사자(使者)와 봉교자(奉教者)는 모두 비천한 용모로 만들어라. 그 사자는 칼몽둥이를 쥐었는데 형상은 좁은 문을 지키는 것과 같다. 봉교자는 봉인(捧印)을 집지(執持)하거나 혹은 모시는 존을 우러러보며 손가락으로 지시하는 교칙을 받으려는 것과 같게 한다. 수호자(守護者)는 바로 문을 지키는 통신(通信)으로서 아뢰려는 듯하게 만드는데 각기 그 종류에 따른다. 항염마존(降閻摩尊[10])은 문수의 권속으로서 큰 위세를 갖추었다. 그 몸은

---

9) 보관(寶冠)은 Skt. Ratna-kūṭa 혹은 Ratna-makuṭa라 한다. 음역하여 라달나마구타(羅怛那摩勾咤)이다. 또는 보관동자(寶冠童子)·보관동자보살(寶冠童子菩薩)이라고도 한다. 태장만다라 문수원(文殊院) 문수사리보살의 북방 제2위의 보살이다. 보관의 뜻은 장엄(莊嚴)으로서 범천·제석·인왕(人王)·공경(公卿) 등이 모두 보관으로 장엄한다. 이 존은 문수보살의 복혜장엄(福慧莊嚴)의 덕을 담당한다.

10) Skt. Yamāntaka. 염만덕가(閻曼德迦)를 말한다. 또는 염만마존(閻曼摩尊)·육족존(六足尊)이라 한다. 오대명왕의 하나로서 현도태장만다라의 지명원(持明院) 중앙 반야보살의 오른쪽에 위치하고 있다. 밀호(密號)는 대위덕금강(大威德金剛), 혹은 지명금강(持明金剛)이라 하는데, 이것 때문에 대위덕명왕이라 칭해진다. 보통 부동명왕·항삼세명왕과

여섯 개의 얼굴에 여섯 개의 팔과 여섯 개의 발이 있으며, 물소를 자리로 삼는다. 얼굴에 세 개의 눈이 있는데 색은 검은 구름과 같고 매우 분노하는 형상으로 만들어라. 문수(文殊)의 산스크리트본[11]을 살펴서 맞추어보고 구족하게 하여 이를 그려야 한다.

무릇 이러한 모든 존에 대하여 다른 경에서 형상을 갖추어 설하였으면 역시 그것대로 도화하여 만다라 가운데에 넣어도 된다. 이 모든 존은 『비로자나경』에 진언과 수인을 싣지 않았지만, 따로 다른 경에 나오면 그 경전에 의거하여 진언과 수인을 수여하며 [비로자나]경의 「공양차제법」대로 이를 행하여야 한다.

제3원의 시방불 등은 각기 일상적인 모습대로 이를 도화하라. 만약 계인(契印)을 만들려면 여래의 정상(頂相)으로 해야 한다. 종자(種子)는 아(阿)자로써 하라. 성문과 연각은 하나같이 동일하게 비구의 의식(儀式)이다. 이 가운데 연각이 조금 다른데 말하자면 육계(肉髻) 등 대인(大人)의 상(相)이 있는 것이다. 또한 계인은 바루[鉢]・가사(袈裟)・석장(錫杖) 등을 사용해야 한다. 그 종자의 글자는 경전 가운데의 진언에서 설한 것과 같다.

동쪽방향의 일천(日天)의 앞에 마리지천녀(摩利支天女)[12]를 두어라. 『다라니집경』[13]에 나온 것과 같다. 북쪽방향의 야차(夜叉, yākṣasas) 팔장(八將)

함께 명왕부(明王部) 지명원(持明院)에 그려진다. 신체는 청흑색이고, 아주 분노한 모습의 여섯개의 얼굴・여섯개의 팔・여섯개의 발을 가진 자세로서, 슬슬좌(瑟瑟座)에 앉아 불덩어리를 짊어지고 갖가지 무기를 들고서 물소 위에 타고 있는 모습이 많다.

11) 천식재(天息災)가 번역한 『문수사리근본의궤경』 제2권을 가리킨다. 또는 『다라니집경』 제12권이다.

12) 마리지천(摩利支天, Mārīci)은 위광(威光)・양염(陽炎)이라 번역하며 위광보살(威光菩薩)이라고도 한다. 삼매야형은 몸을 보이지 않게 하는데 쓰는 천선(天扇)이며, 종자는 ma, maṃ이다. 양염(陽炎)의 신격화로 인도의 민간에 신앙되었다. 은형술에 의해 장애를 제거하고 언제나 태양 앞에서 시중든다. 제석천과 아수라가 전투할 때에는 해와 달을 지키며 아수라를 어지럽게 한다고 전한다. 형상은 3면6비, 3면8비 등 여러 가지가 있다.

13) 『다라니집경』 12권 「불설제불대다라니도회도량인품(佛說諸佛大陀羅尼都會道場印品)」(대정장 18, 888 하). '원(院)의 서면 문 남쪽에 첫째로 난타용왕좌(難陀龍王座)를 안치하고, 이어 일천좌(日天座)를 안치하고, 이어 마리지좌(摩唎支座)를 안치하고, 이어 아소라왕좌(阿素囉王座)를 안치하고, 이어 염라왕좌(閻羅王座)를 안치하라.'

의 그림 가운데에 조금 빠뜨린 것은 그 형상이 대체로 비슷하다. 모두 갑옷을 입고 가타(伽馱, khadga, 劍)의 인을 지니며 몸의 모습은 원만하고 단정하다. 그 세계에서 구하는 것에 모자란 것이 없고 언제나 쾌락하며 스스로 하고 싶은 대로 하기 때문이다. 양이(羊耳)·마이(馬耳)·상이(象耳) 등은 모두 구반다(鳩槃茶)[14]의 권속이다. 그 형상은 야차와 다른데 모두 몸을 노출하고 털을 드리우며 비인(非人)의 형상으로 만들고, 귀는 짐승과 같다. 도(圖)에 지명선(持明仙)이라 하는 자는 다른 약력(藥力) 등으로 성취하는 자이다. 실지지명선(悉地持明仙)이란 오로지 주술(呪術)에 의하여 실지를 얻는 사람이다. 바로 제선(諸仙)이라고 말하는 것은 모두 베다(圍陀, veda)의 불[火]을 섬기는 부류로서 부지런히 고행을 닦아 오신통을 성취하는 신선이다.

또한 야차지명(夜叉持明)이 있는데 그 부류 가운데에서 복덕이 가장 뛰어나고 천계에 포함되는 자로서 세선(世仙)과는 다르다. 그 산·바다·강·연못·숲·곡식·약·성읍·도로 등의 신은 각각의 명칭을 표치의 상으로 하라. 산신(山神)은 산에 앉고, 하신(河神)은 강에 있으며, 저 나무와 약 등을 손에 들거나 그 위에 의지하여 머문다. 뜻으로써 이를 미루어 알아야 한다. 『화엄경』[15]에는 또한 족행신(足行神)과 신중신(身衆神)이 있다.

---

14) Skt. kumbhānda. 사람의 정기를 빨아먹는 귀신. 구변다(拘辯茶)·궁반다(弓槃茶)·공반다(恭槃茶)라 음역하고 동과(冬瓜)·음낭(陰囊)·형란(形卵)·형면사공과귀(形面似冬瓜鬼)·염미귀(厭尾鬼)라 의역한다. 사천왕의 하나인 남방 증장천왕의 부하로서 말머리에 사람의 몸을 하고 있다.

15) 『화엄경』 제1(대정장 10, 2 중하). '또 부처님 세계에 티끌처럼 수많은 신중신(身衆神)이 있으니, 이른바 화계장엄(華髻莊嚴)신중신과 광조시방(光照十方)신중신과 해음조복(海音調伏)신중신과 정화엄계(淨華嚴髻)신중신과 무량위의(無量威儀)신중신과 최상광엄(最上光嚴)신중신과 정광향운(淨光香雲)신중신과 수호섭지(守護攝持)신중신과 보현섭취(普現攝取)신중신과 부동광명(不動光明)신중신들이다. 이와 같은 이들이 상수가 되어 부처님 세계의 미진수가 있으니, 다 지난 옛적에 큰 서원을 성취해서 모든 부처님을 공양하고 받들어 섬겼다. 또 부처님 세계의 미진수같은 족행신(足行神)이 있으니, 이른바 보인수(宝印手)족행신과 연화광(連華光)족행신과 청정화계(清淨華髻)족행신과 섭제선견(攝諸善見)족행신과 묘보성당(妙宝星幢)족행신과 낙토묘음(樂吐妙音)족행신과 전단수광(栴檀樹光)족행신과 연화광명(連華光明)족행신과 미묘광명(微妙光明)족행신과 적집묘화(積集妙華)족행신들이다. 이와같은 이들이 상수가 되어 부처님 세계의 미진수가 있으니, 모두 과거 한량없는 겁중에 여래를 친근하여 따라 다니며 버린 적이 없었다.'

이들은 모든 갈림길에 가는 것을 보호하는 부류와 몸을 보호하는 신이다. 역시 차례대로 이를 나열할 수 있다.

남방의 필릉흘표지(苾唛吃嘌知)는 마혜수라의 아들로서 몸은 매우 여의었고 언제나 원적(怨敵)을 항복시키는데 설령 뼈와 살을 소진한다하더라도 반드시 승리해야 하기 때문에 이러한 모습을 한다. 나는 이들이 『대지도론』[16]에서 설하듯이 언제나 고행을 닦아서 살을 잘라 불에 제사하고 모든 악신을 감동시키려 하는 자라고 생각한다. 그 이유는 위(位)가 남쪽에 있기 때문이다. 그 열 둘의 화천(火天)은 『대일경』[「호마품」]에서 간략하나마 형상을 설명하였지만 한 신의 명칭은 빠져 있으므로 다만 모든 화천의 총상의 모습에 의거해야 한다. 그밖에는 도(圖) 가운데에 보이는 것과 같다.

서방의 비인취(非人趣)란 비로자나·보문신(普門身) 가운데에 다양한 부류의 귀신과 축생 등임을 알아야 한다. 도(圖) 가운데 따로 다른 모습이 없는 것은 대부분 이 가운데에 속하며, 포함되는 것이 가장 많다. 로희다(路

16) 『대지도론』 13권(대정장 25, 160 중). '문 : 여러 귀신들의 아비는 무슨 까닭에 이 여섯 날에 살을 베고 피를 내어 불에다 넣었는가? 답 : 모든 귀신들 가운데에서 마혜수라가 가장 크고 으뜸인데 모든 귀신은 모두 맡은 날이 있다. 마혜수라는 한 달에 네 날을 맡으니, 8일·23일·14일·29일이고, 다른 신은 한 달에 이틀을 맡으니 1일·16일이거나 2일·17일, 혹은 15일과 30일은 그밖의 모든 신에게 속했다. 마혜수라는 모든 신의 주인이요, 또 맡은 날수도 많으므로 그의 네 날이 재일이 되고, 이틀은 모든 신들이 맡은 날이므로 또 재일로 친다. 그러므로 모든 귀신이 이 여섯 날엔 더욱 세력이 잇다. 또 모든 귀신의 아비들이 이 여섯 날에 살을 베고 피를 내어 불 속에 넣기를 12년 동안 채우고 나면 천왕이 내려와서 그들에게 묻기를, "너는 무슨 소원을 구하느냐" 라고 하면 대답하기를, "저희들은 자식 갖기를 원합니다"라고 한다. 천왕이 말하기를 "선인들의 공양하는 법에 향을 사루거나 좋은 과일을 올리는 등 온갖 청정한 일을 해야 되거늘 너희들은 어찌하여 살과 피를 불에 넣어 마치 죄악의 법같이 하느냐? 너희들은 착한 법을 피하고 나쁜 일을 즐겨 하였으니, 너희들은 나쁜 자식을 낳아서 사람의 살을 씹고 피를 마시게 하리라"고 한다. 이렇게 말할 때에 불 속에서 여덟 귀신이 나타났는데 몸은 먹같이 검고 머리칼은 노랗고 눈알을 붉었다. 모든 귀신이 다 그로부터 나왔나니 그러므로 이 여섯 날에는 몸의 살을 베고 피를 내어 불에 넣으면 세력을 얻는다 한다. 불법에는 좋은 날이나 나쁜 날이 없지만 세상 사람들이 나쁜 날이라 하는 인연에 따라 재계하고 여덟 가지 계법을 지니라고 가르친다.'

係多, Rohita)는 붉은 색이고, 비다(臂多, Pīta)는 황색이며, 그리슬나(訖栗瑟拏, Kṛṣna)는 검은 색이다. 저 푸른 색도 이 가운데에 포함된다. 만약 이 방향에 의지하여 뜻을 밝히려면 각기 따로 이를 내어야 한다. 흘노(訖努, Śukra)는 흰색이다. 이것은 모두 한 종류의 용왕이다. 각각 본래의 색대로 그려라. 또한 우파(鄔波, upa)의 글자를 더하는 자는 그 색이 조금 옅다. 손나(遜那, Sunda)와 오파손나(鄔波遜那, Upasunda)도 역시 문을 지키는 대용왕이다. 모두 오른손에 칼을 지니고 왼손으로 견삭을 쥐었다.

연(年)·월(月)·시분(時分)을 담당하는 신 등은 모두 천녀의 모습으로 만드는데, 꽃가지 등을 잡고 있으며 이로써 표치의 상으로 삼아라. 좋은 일을 주관하는 자에게는 그 꽃도 역시 색상(色相)을 원만하게 준비하라. 또한 나쁜 일을 주관하는 자에게는 시들어 마른 꽃과 열매 등을 지니게 하라. 그 육시(六時)를 주관하는 신은 여섯가지의 꽃을 지닐 수 있다. 때에 따라 피고 지는 형상으로 만드는데 이로써 그 사업을 나타낸다. 밤과 낮을 주관하는 자는 꽃이 피고, 꽃이 오무라들음으로써 이를 밝힐 수 있다. 다른 것은 모두 이것에 준한다.

20. 여래를 찬탄하는 게송

경전에는 다음과 같이 말하였다.

"이때에 집금강비밀주가 일체 대중들의 모임 가운데에서 비로자나 여래를 바라보며 눈이 잠시도 깜박거리지 않았다."

이때에 부처님께서는 시현하신 보문만다라(普門漫荼羅)와 같이 모든 도위(圖位)를 연설하여 마치셨다. 비밀주는 보안(普眼)으로 이 낱낱의 제존을 관하니 모두 근본을 볼 수 없었고 주처(住處)도 없었으나 모두 연화대장(蓮

花臺藏) 실상의 몸으로 갖가지의 방편을 출생하는 것이 다함이 없었다. 이 때에 깊이 스스로 경사스러워하며 희유(希有)한 마음을 일으켜서 배나 이 법을 만나기 어렵다는 생각을 하고 다시 깊은 뜻을 묻고자 먼저 게송을 읊었다.

처음 게송의 뜻을 말하면, "모든 지혜 갖추신 분께서 세간에 출현하시는 것은 마치 저 영서화(靈瑞花)[17]가 언젠가 한번 나타나는 것과 같사옵니다"이다. 부처님의 우담바라화[優曇花]는 비록 만나기 어려울지라도 이 진언법요(眞言法要)는 갑절로 만나기 어렵다. 왜냐하면 이것이 바로 여래의 비밀한 가르침이기 때문이니 긴 밤 동안 수호하여 망녕되이 남에게 전해주지 말라. 진실로 돈오(頓悟)의 근기가 아니라면 그 손에 들어가게 해서는 안된다. 세존께서 세상에 계실 때에도 오히려 원수와 질투하는 자가 많았는데 하물며 말세이겠는가!

다음으로 이 경전이 스스로 나타나기 어려운 인연을 해석하면 다음과 같다.

'어떤 중생이 한번 이 만다라를 보면 시작도 없는 때로부터의 악한 업과 무거운 장애를 꺾어 부수어 남는 것이 없고 반드시 대보리의 수기를 얻기 때문에 둔한 근기의 박복한 사람은 만날 수 없다. 한 번 보기도 오히려 어렵거늘 하물며 차례대로 수행하는 것이겠는가! 반드시 알아야 하니 이러한 사람도 역시 희유하다. 언제나 보문해회(普門海會)에서 찬탄되어 [그 사람의] 이름이 시방에 들리니, 대일여래와 마찬가지로 갖가지의 명호가 있다. 그래서 무량칭(無量稱)이라 한다.'

경에, "이 무상구(無上句)를 행한다"고 하는 것은 바로 무상보리(無上菩提)의 구절을 수행하는 것이다. 이 아자문은 모든 진언의 왕이다. 마치 세존

---

17) Skt. Utpala. 영서화는 우담바라(優曇波羅)라고 한다. 우담발라화(優曇跋羅華)·우담화(優曇華)라고도 하며, 번역하여 영서(靈瑞)·서응(瑞應)이라 한다. 인도에서 전륜성왕이 나타날 때 꽃이 핀다는 가상의 식물이다. 3,000년 만에 한 번 꽃이 핀다고 상상되는 꽃으로 매우 드물다는 비유에 쓰인다.

께서 모든 법 가운데 왕인 것과 같다. 그래서 "진언구세자(眞言救世者)"라 하였다.

다음에 두 구절은 세상을 구제하는 업을 밝힌 것이다. 수행하는 사람으로 하여금 금강의 성품을 성취하고 모든 악취를 끊어버리며 온갖 괴로움이 생겨나지 않게 한다.

경에, "만약 이와 같은 행을 한다면 묘혜(妙慧)가 깊어 움직이지 않는다"고 하는 것은 무엇인가? 만약 진본(眞本)이 갖추어 남아있다면 응당 혜(慧)가 심히 깊어 움직이지 않는다고 말했을 것이다. 마치 큰 바다의 마음과 같아 심히 깊고 넓기 때문이며, 또한 두 극단을 아주 멀리 여의었기 때문이다. 나아가 큰 바람이 일어날 때에도 움직이게 할 수 없는 것과 같다. 수행하는 자가 이 진언의 큰 바다와 같은 마음에 들어가는 것도 또한 이와 같아서 묘혜(妙慧)가 심히 깊고 한량 없으며, 두 극단을 아주 멀리 여의었기 때문에 모든 법이 흔들리게 할 수 없다. 사가라(娑竭羅, Sāgara)용왕이 비를 육천(六天)[18]에 뿌릴 때에 자신은 궁에서 삼업(三業)을 전혀 움직이지 않는 것과 같다. 만약 이와 같은 뜻을 이해하면 곧 만다라의 갖가지 방편이 모두 다 실제에 머무는 것을 알 수 있다.

21. 금강수(金剛手)를 찬탄하는 게송

"이때에 널리 모여있는 모든 대중들과 모든 지금강자들이 한 목소리로 금강수를 찬탄하였다."

저 모든 대중들은 부처님께서 자세하게 만다라의 도위(圖位)를 설하신

18) 사가라용왕은 아래로는 금강륜제(金剛輪際)부터 위로는 제6 타화자재천(他化自在天)에 이르기까지 구름을 일으키고 비를 내리게 할 수 있다.

것을 듣고 나서, 이 가운데 법계의 표치와 금강의 사업을 묻고자 하였으나, 세존을 공경하고 존중하기에 아직 감히 질문하지 못하였는데, 금강수가 중생들의 마음을 관찰하고 근기에 따라 게송으로 읊어서 반드시 의심의 그물을 끊어 널리 무량한 중생들을 이롭게 하려고 함을 안 것이다. 이러한 까닭에 [대중들은 금강수를] 찬탄하고 증명하며 권하여 질문하게 하였다. 십불찰의 티끌의 수처럼 많은 대중들이 한 마음, 한 맛으로써 한 사람으로 하여금 이 법음을 읊게 한 것이지, 사람마다 함께 따로 읊은 것이 아니다.

게송은 다음과 같다.

"훌륭하나이다. 훌륭하나이다. 대근용이시여, 당신께서는 이미 진언의 행을 수행하며 온갖 진언의 뜻을 여쭈시었습니다. 저희들도 다함께 뜻으로 사유하리이다."

진언행은 바로 삼평등법문(三平等法門)이다. 그대 [금강수]는 삼밀을 지닌 사람 가운데에서 가장 상수(上首)이다. 그러므로 세존께 보문(普門)의 깊은 뜻을 여쭈어달라고 하였다. 인자(仁者)가 부처님께 묻고자 하는 뜻과 같이 우리들도 역시 모두 이렇게 사유하며, 지금 모두 동일한 마음으로 생각하니, 속히 여쭈시라고 하였다.

"온갖 것이 나타나 그대를 위하여 증험합니다. 진언을 수행하는 힘에 의지하여 머무는 자와 그 밖의 보리의 큰 마음을 낸 대중들도 진언의 법에 통달할 수 있을 것입니다."

'우리들이 처음으로 발심할 때에 [그대는] 이 무상의 구절에 머물었으며 나아가 금강혜해에서 심히 깊어 움직이지 않았습니다. 이러한 까닭에 반드시 사자후하여 그대가 앞에서 설한 게송에서 현재에 증명하십시오. 우리들의 모든 행위는 다 진언의 행에 머물고 진언의 세력에 의지함으로 말미암아 성취할 수 있습니다. 만약 그대가 여래께 비밀의 방편을 여쭈면 모든 대승을 구하는 사람들이 진언행법에서 모두 통달할 수 있을 것이며, 통달하였기에 오래도록 정진하지 않아도 우리와 더불어 아무런 차이가

없을 것입니다.'

이와 같이 현재와 미래를 이롭게 하는 것을 보았기에 하나의 음성과 동일한 마음으로 권한 것이다.

22. 금강수가 세존께 질문하다

이때에 비밀주가 많은 대중들에게 권발(勸發)되고 나서 곧 가타(伽他, gāthā)를 읊어서 세존께 널리 여쭈었다. 처음의 한 게송은 채색(彩色)의 뜻을 묻는 것으로 네 구절[19]이 있다. 제1의 구절은 "'채색의 뜻은 어떠합니까?'" 라고 묻고, 제2의 구절은 "'어떠한 색으로써 합니까?'"라 물으며, 제3의 구절은 "'어떻게 이 색을 안치합니까", 먼저 어느 곳에 해야합니까, 안입니까, 밖입니까?'라 묻고, 제4의 구절은 "'색을 펼칠 때에 어떠한 색을 먼저 합니까?'"라 묻고 있다. 이것은 만다라를 건립할 때의 일종의 지분이다.

다음 게송은 모든 문의 표상(摽相)을 묻는데 세 구절의 게송이 있다. 제1의 구절은 문 깃발의 모습과 크기를 묻고, 제2의 구절은 문 행랑의 모습과 크기를 물으며, 제3의 구절은 모든 문을 건립하는 법도(法度)와 모습과 크기를 묻는다. 이와 같은 갖가지 비밀의 표치에 대해 아사리는 모두 잘 통달해야 한다. 이것도 하나의 지분이다.

다음에 두 게송이 있는데 무릇 여덟 개의 질문이 있다. 제1의 구절은 어떻게 음식과 꽃과 향 등을 받들어 올리는가를 묻고, 제2의 구절은 보병(寶甁)의 법칙을 묻는다. 분명히 알아야 하니 모든 공양의 도구는 모두 그 가운데에 있는데 아사리는 사상(事相)에 따라 그 성질과 종류를 판별해야

19) 다음과 같다. '채색의 뜻은 어떠하오며 다시 어떠한 색으로써 어떻게 운포(運布)하여야 하며 이 색은 누가 처음입니까.'

한다. 이것도 역시 일종의 지분이다.

제3의 구절은 어떻게 제자를 이끌어 만다라에 들어가게 하는가를 묻고, 제4의 구절은 어떻게 관정법을 하는가를 물으며, 제5의 구절은 어떻게 존을 받들 것인가를 묻는다. 그런데 이 가운데에 또한 두 가지가 있다. 만약 초심의 수행하는 사람으로서 세속적 입장에서의 진리[世諦]의 만다라에 의하면 어떻게 불러들이며 관정하고 아사리에 봉헌할 것인가? 또는 이미 유가를 수습하고 비밀관정을 행하였으면 어떻게 불러들이고 관정하며 아사리에 봉헌할 것인가? 바르게 작법할 때에 가지하고 교수하는 방편은 모두 이 가운데에 포섭된다. 이것도 역시 일종의 지분이다.

제6의 구절은 호마하는 장소를 묻는다. 역시 일반적인 해석과 깊이 있는 해석의 두 해석 및 식재·증익·항복 등의 다른 방편이 있다.

제7의 구절은 진언의 부류의 자의(字義)·구의(句義)[20]를 물으며, 제8의 구절은 삼매문의 얕고 깊은 차별의 상을 묻는다. 무릇 아사리가 일찍이 이와 같은 법에 잘 통달하지 않았으면 만다라를 건립할 수 없다.

[이상의 것들이] 세 가지의 지분을 이룬다.

23. 금강수의 질문에 대한 여래의 답변

"이와 같이 여쭙고 나자 대적법왕(大寂法王 : 부처님)께서는 집금강에게 말씀하셨다. 그대는 한 마음으로 잘 듣거라"고 하며 다음에 게송을 설하여, "뛰어난 진언도는 대승의 과를 출생한다"고 말한 것은 무엇인가? 대승의 과(果)는 바로 부처님의 위없는 혜(慧)이다. 반드시 이와 같은 방편으로 말미암아

20) Skt. padārtha. 그 의리(義理)에 대한 해석을 구절로 축약한 것. 혹은 어구(語句)로 드러낸 의의를 가리킨다.

생길 수 있기에 그대는 좋은 말로써 나에게 청문(請問)하니 지금 두루 모든 마하살(摩訶薩, mahā-sattva, 大有情)을 위하여 개시하고 연설하겠다고 하신 것이다.

처음의 한 게송은 색(色)의 뜻에 대한 답이다.

"그 중생의 세계를 물들임에 법계의 미(味)로써 한다. 옛 부처님들께서 널리 설하신 바로 이를 이름하여 색(色)의 뜻이라 한다."

이것은 마치 세간의 염색하기 쉬운 깨끗한 모직물을 물들이는데 똑같은 맛으로 하는 것과 같아, 미(味)로써 색을 푼다. 가사미(袈裟味)라고 하는 것처럼 곧 이를 물들여서 가사색(袈裟色)[21]으로 만든다. 지금 이 만다라의 색의 뜻도 역시 그러하다. 법계의 부사의한 색으로써 중생의 마음을 물들여서 동일한 정보리미(淨菩提味)로 만든다. 또한 세간에서 물들일 옷을 먼저 양잿물로써 씻으면 염색을 받기가 쉬운 것처럼, 지금 라자문(囉字門, 𑖨)으로 제자의 마음의 때를 태워버려서 재가 다하게 한 다음에 바자문(嚩字門, 𑖪)의 대자비의 물로 세척하여 순일(純一)하고 청백(淸白)하여서 모든 희론을 여의게 한 다음에 물들여서 법계만다라를 만드는데, 갖가지 보문(普門)의 몸을 모두 동일한 실상(實相)의 색으로 만든다.

다음에 나오는 두 게송은 세 가지 질문에 통틀어 답한 것이다.

질문 가운데 어떤 색으로 하는가라는 데에 대하여 지금 이 답변 중에서는 청·황·적·백·흑의 다섯 가지 색을 모두 사용하라고 하였다.

게송에 이르기를, "먼저 내색(內色)을 펼치고 외색(外色)을 펼치지 말라"고 하는 것은 어떻게 색을 펼치고 어느 곳이 먼저 일어나고, 어느 곳이 나중인가에 대해 답한 것이다.

"먼저 내색을 펼치고 외색을 펼치지 말라."

무릇 도화(圖畵)의 법은 먼저 내심의 비밀연화장(秘密蓮華藏)을 건립하여 마친 다음에 제1중의 이(伊, 𑖂)자의 삼점(三點)[22]의 모든 내권속을 만들며,

---

21) 누런 색깔을 띠는 색.

22) 실담글자 이(伊, i)자가 세 점으로 구성된 것. 이 세 점은 세로나 가로로 늘어져있는

다음으로 제2중의 네 보살 등 모든 대권속(大眷屬)과 제3중의 모든 세간 천신의 권속을 만들어야 한다. 또한 모든 계도(界道)는 중앙과 제1중에는 다섯 가지 색을 갖추어야 한다. 먼저 흰색으로 주변의 경계를 삼고 난 다음, 그 바깥에 적색의 계(界)를 펼치며, 다음에 또 황색을 펼치고, 그 다음으로 바깥에 또 청색을 펼치며 가장 바깥에 흑색을 펼쳐라. 그 제2중도 역시 앞과 같은 차례대로 백(白)·적(赤)·황(黃)의 세 가지 색을 펼쳐라. 제3중의 주변경계는 단지 순백의 한 가지 색만을 펼쳐라. 모두 매우 균등하게 조절해서 바르게 하며 점차로 오른쪽으로 돌아서 이를 펼쳐라. 그 행도(行道) 및 공양처의 외연(外緣) 등에 따라 하나의 순색의 계를 만들어라.

『구혜경』[23]에서는 '단지 백색만을 사용한다'고 말하였다. 백색을 우선으로 하여 중앙에서부터 밖으로 향하는 까닭은 이 보리심의 다섯 가지 근(根)·력(力)이 점차로 증광해서 이에 대반열반에 머무르면, 곧 온갖 장소에 두루하여 있지 않은 곳이 없음을 밝히려고 하기 때문이며, 흑색을 가장 바깥에 둔다. 만약 얕은 데에서 깊은 데로 이르며, 그림자로부터 근본으로 돌아오면 곧 세존께서 육취(六趣)에 함께하시어 초문의 권속을 삼으시고 정보리심을 개발하신다. 만약 중생이 이 밝은 문에 들어와 백육십심을 초월할 때는 곧 이미 세간을 벗어나 보살의 위(位)에 오른다. 그러므로 제3의 만다라는 다만 백색으로써 계(界)로 삼는다.

제2의 만다라는 백색의 위에 다시 적색과 황색을 더한 것으로, 적색은

것이 아니라 삼각형의 모양을 갖고 있기에 이것을 사물이 불일불리(不一不異)·비전비후(非前非後)인 것에 비유한다. 남본『대반열반경』2권에는 마혜수라의 얼굴 위에 세 개의 눈이 있는데 그 모습이 이(伊)자의 세 점과 같다고 한다.『대반열반경』에는 아울러 이자의 세 점을 열반의 법신·반야·해탈 등의 세 가지 덕에 비유한다. 이외에『마하지관(摩訶止觀)』3권상 등에는 이자의 세 점을 법신·반야·해탈의 세 가지 덕이나 실성(實性)·실지(實智)·방편(方便)의 삼보리(三菩提), 혹은 정인(正因)·요인(了因)·연인(緣因)의 삼불성(三佛性), 혹은 불·법·승의 삼보(三寶), 혹은 고(苦)·번뇌·업(業)의 삼도(三道) 등 여러가지 삼법(三法)에 비유한다. 여기에서는 불부·연화부·금강부의 권속을 이자의 세 점의 권속이라 하고 있다.

23)『유희야경』「마하만다라품」(대정장 18, 764 중). '내원에서부터 외원에 이르기까지 절반씩 줄여나가며 그 원을 두르게 하는데 단지 백색만을 사용하라.'

부지런히 힘씀으로써 보리심 가운데에 나아가 만행을 닦는 것이고, 황색은 여래의 염처(念處)의 만 가지 덕을 열어 펼치는 것이다. 이때에 곧 중현문(重玄門)에 들어가 적광토(寂光土)에 머물며, 내지 그림자는 보처(補處)에 머물지라도 오히려 [이 보처의] 한 사람도 [여래의 자증의 경계를] 알지 못한다. 그러므로 제2중에 있어서는 다만 세 가지 색으로써 계로 삼는 것이다.

제1중의 만다라는 세 가지 색 위에 다시 청색과 흑색을 더한 것으로 청색은 대공삼매(大空三昧)이다. 이른바 여래의 신밀과 구밀과 의밀은 다함없는 가지(加持)이기에 대허공의 색으로 만든다. 흑색은 이른바 여래의 수량상주(壽量常住)의 몸이다. 이와 같은 오묘한 몸은 필경 형상이 없으니 깊은 현색(玄色)으로 만들어라. 이 두 구절은 여래의 비밀이며, 널리 모든 중생을 위한 것이 아니므로 내권속이라 부른다. 또한 이 깊은 현색에 들어갈 때에는 곧 여래 자증의 중대화장(中胎華藏)이다. 그때에 오지(五智)의 색을 보는데 동일한 법계의 색이다. 어찌하여 옅고 깊은 것의 다름이 있는가? 모든 중생들 중에는 점차로 들어가는 자도 있고 뛰어오르는 자도 있으며, 문득 들어가는 자도 있다. 그러나 그 궁극의 귀결처는 필경에 함께 돌아간다. 그러므로 "모든 것의 내부는 아주 검은 색으로 하라"고 하였다. 질문 가운데에는 어떤 색을 [최초로 삼아야] 할 것인가라고 하며, 지금 이 답 가운데에는 구체적으로 청·황·적·백·흑의 다섯 가지 색을 사용하라고 한다.

"깨끗한 흰색[24)]을 가장 처음으로 삼으며 적색을 제2로 삼는다. 이와 같이 해서 황색과 청색을 점차로 분명하게 드러내어라. 모든 것의 내부는 아주 검은 색으로 하라. 이것을 색의 먼저와 나중이라 한다."

이것은 어떤 색이 최초인지에 대해 답한 것이다. 깨끗한 흰색은 비로자나의 정법계(淨法界)의 색이다. 곧 모든 중생들의 본원(本源)인 까닭에 가장

---

24) 여기서부터는 오색(五色)과 오불(五佛)을 나타낸다. 백색은 대일여래(大日如來), 적색은 보당여래(寶幢如來), 황색은 개부화왕여래(開敷華王如來), 청색은 무량수여래(無量壽如來), 흑색은 천고뢰음여래(天鼓雷音如來)이다.

처음으로 한다. 적색은 보당여래(寶幢如來)[25]의 색이다. 이미 보리심을 내어서 법명도 가운데에서 마구니와 원수를 항복시키시고, 덮혀있는 장애를 없애므로 제2이다. 황색은 사라수왕(娑羅樹王, śāla)[26]의 색이다. 정각을 이룰 때에 만가지 덕이 피어나서 모두 금강실제(金剛實際)에 이르는 까닭에 제3이다. 청색은 무량수(無量壽)[27]의 색이다. 이미 금강실제에 도달하여 곧 가지(加持)의 방편으로써 두루 대비의 만다라를 나타내는 것이, 청정한 허공 가운데 만 가지 형상을 모두 포함하는 것과 같다. 그래서 제4이다. 흑색은 고음여래(鼓音如來)[28]의 색이다. 보문의 자취를 드리우는 까닭은

25) Skt. Ratna-Ketu, 태장만다라 중대팔엽원의 동방에 위치한 부처. 보당불이라고도 하며 『최승왕경』에서는 보성불(寶星佛)·남방불(南方佛)이라 한다. 이 부처는 보리심의 덕을 주관하며 보당으로서 보리심을 발하고 있음을 표현하고 있다. 즉 일체 지원(智願)으로써 깃발[幢旗]를 삼고 보리수 아래에서 마군의 무리를 항복시키므로 보당불이라 이름하는 것이다. 밀호는 수복금강(壽福金剛)·복취금강(福聚金剛)이라 하며 삼매야형은 불꽃광명, 종자는 a, raṃ이다. a는 산스크리트의 첫머리에 오기 때문에 이로써 보리심이 모든 행동의 근본원인이 됨을 표현한다. 형상은 몸이 엷은 황색이고 붉은 색의 가사를 입었으며 오른쪽 어깨를 드러내고, 왼손은 안으로 향하여 가사자락을 잡고 가슴에 놓으며, 오른손은 팔을 굽히고 약간 세워 바깥 쪽으로 열어 놓으며 손바닥은 위로 향하게 하고 손가락 끝을 드리워 여원인(與願印)을 결하고는 보련화좌(寶蓮華座) 위에서 결가부좌하고 있다. 보당불은 본불생(本不生)의 일체지지인 지혜의 횃불을 밝혀 일체 분별망상을 태워 없애는 작업을 수행하고 있다. 이 부처님이 지닌 보당은 번뇌망상의 적을 파괴할 때 그 어떤 보검보다도 훌륭한 역할을 한다.

26) 개부화왕여래(開敷華王如來)를 말한다. 개부화왕은 산스크리트로 Saṃkusumitarāja이다. 태장만다라 사방사불의 한분. 밀호는 평등금강(平等金剛)이며 삼매야형은 금강불괴인(金剛不壞印) 또는 오고저(五鈷杵)이다. 종자는 ā, vaṃ이다. 태장만다라에서는 사불 가운데 남방의 불이며, 보리심의 종자로부터 수행을 장양(長養)해서 공덕의 꽃을 완성한다는 뜻으로 이름된 것이며, 개부란 만개(滿開)의 뜻이라고 한다. 이 부처는 금강계만다라의 남방 보생여래와 동체(同體)로서 함께 대일여래의 평등성지의 덕을 맡으며, 수행과 복취(福聚)를 담당한다. 이 부처의 형상에 대해 몸의 색은 금색으로 광명을 발하며 더럽지 않은 진금(眞金)과 같다고 한다.

27) Skt. Amitābha-Buddha(無量光佛) 또는 Amitāyus-Buddha(無量壽佛). 서방정토 극락세계의 교주. 한량없는 광명의 부처님이며 한량없는 생명의 부처님이다. 아미타불은 한량없는 광명을 지니고 중생의 번뇌의 어둠을 밝히는 한편 한량없는 생명을 지녔기에 생멸이 없는 부처님이란 뜻이다. 또는 관자재왕불(觀自在王佛)·무량청정불(無量淸淨佛)·무량불·감로불(甘露佛)·진시방무애광여래(盡十方無礙光如來)라고도 한다. 무량수의궤(無量壽儀軌)에서 무량수여래는 비원(悲願)을 버리지 않고 무량의 광명으로 행자의 자취를 비추고 업장중죄를 모수 소멸시킨다고 설한다.

모두 근본을 드러내기 위함이다. 근본이란 곧 여래 자증의 경지로서 대열반에 머무는 것이다. 만약 가지신력을 버릴 때에는 곧 중생의 모든 마음으로 헤아리는 것은 그 경계에 미치지 못한다. 이러한 까닭에 그 색은 유현(幽玄)하여서 가장 나중에 두었다.

또 다시 세간의 깨끗한 비단과 같이 먼저 염색을 받았기 때문에 최후의 흑색은 이 염색의 끝이다. 가장 깊기 때문에 다시 더할 수가 없으므로 이로써 나중에 둔 것이다.

만다라에서 색깔의 뜻도 역시 그러하다. 백색은 백육십심의 더러움을 초월하는 뜻이므로 신심의 색이라 부른다. 그래서 최초이다. 붉은색은 대근용(大勤勇)의 뜻으로서 이것은 정진(精進)의 색이기 때문에 제2이다. 황색은 일념 상응하는 때에 정(定)과 혜(慧)가 균등하여 칠각(七覺[29])이 꽃피는 것을 말하며 이것을 염(念)의 색이라 부르며 [제3이다.] 청색은 대공삼매(大空三昧)의 뜻이며 정(定)의 색이라 부른다. 그러므로 제4이다. 흑색은 이른바 대열반의 뜻으로 바로 여래구경의 혜(慧)이다. 이것을 혜의 색이라 이

---

28) Skt. Divyadundubhi meghanirghoṣa. 태장만다라 중태팔엽원의 북방에 위치하는 불. 천고(天鼓)・뢰음(雷音)이라고도 하며, 아미타경의 최승음불(最勝音佛), 관불삼매경의 미묘성불(微妙聲佛), 최승왕경의 천고음왕불(天鼓音王佛), 지거다라니경(智炬陀羅尼經)의 뢰음왕불(雷音王佛)과 동체이다. 밀호는 부동금강(不動金剛)이며, 삼매야형은 만덕장엄인(萬德莊嚴印)이다. 종자는 aḥ, haṃ이다. 이 부처는 북방에 위치하는 관계로 열을 여읜 청량한 적정에 주하는 상으로 불생불멸의 열반을 담당한다. 천고(天鼓)란 형태도 머무는 곳도 없지만 법음을 울려서 중생을 깨닫게 하기 때문에 대적정 가운데에서도 자연히 중생을 교화하는 움직임이 펼쳐지는 것을 천고가 자연히 울려퍼짐에 비유한 것이다. 일본의 현도만다라에서는 몸의 색이 금색의 부처님형태로 왼쪽 어깨에 가사를 걸치고 오른쪽은 드러낸 모습을 하고 있다. 오른손은 무릎위에 놓고 손끝이 땅을 향하는 촉지인을 하고 있으며, 왼손은 손바닥을 위로 향하게 한 다음에 손가락을 오무리고 단전 앞에 두고 있다.

29) 칠각지(七覺支)를 말한다. 깨달음의 지혜를 도와주는 일곱가지의 법. 염각지(念覺支)・택법각지(擇法覺支)・정진각지(精進覺支)・희각지(喜覺支)・제각지(除覺支)・정각지(定覺支)・사각지(捨覺支)를 말한다. 이는 차례로 일어나서 그것을 닦아 익혀나가게 되는데 염각지에서 사각지의 일곱가지가 서로 순환되는 구조를 이루고 있으며, 일곱 번째의 사념지의 경지에 도달함으로써 완결되는 수습법이다. 다시 말하면 사념지에 이르기까지 바른 견해가 점차 올라가는 사선(四禪)의 내용을 구체적으로 체계화한 것이다.

름하며 제5이다.

혹은 다른 설에 백색은 최초이고, 황색은 제2로 삼으며, 적색은 제3이고, 청색은 제4로 하며, 흑색은 제5라 한다고 말하는 것은 물들이기 쉬운 연하고 깊은 모습의 뜻에 의거한 것이다. 또한 백색은 신심의 뜻으로서 최초이다. 황색은 금강을 부술 수 없는 것과 같으니, 곧 나아감이라는 뜻으로서 제2이다. 적색은 마음의 장애를 깨끗이 없애어 광명을 비추는 것을 말하므로 곧 염(念)의 뜻이다. 그래서 제3이다. 그밖에는 앞에서 해석한 것과 같으며, 법문의 나타남이 각기 다르다.

또한 백색은 적재(寂災)의 색으로 여래부(如來部)라는 뜻이다. 그러므로 최초이다. 황색은 증익의 색으로 연화부(蓮華部)의 뜻이기에 제2이다. 적색은 항복의 색으로 금강부(金剛部)의 뜻이기에 제3이다. 청색은 온갖 사업을 성취하며, 또한 종류에 따른 형상을 출생하므로 제4이다. 흑색은 섭소(攝召)라는 뜻이다. 즉 모든 봉교(奉教)와 분노(忿怒) 등이 행하는 온갖 일이다. 그래서 제5이다.

또한 세간의 채화(綵畫)는 다섯 색을 초과하지 못한다. 그렇지만 다시 서로 혼합하면 옅고 진한 것이 갖가지여서 동일하지 않다. 뛰어난 재간꾼은 이것을 잘 분포하여 만 가지 형상을 내는데에 끝이 없는 것처럼 법계의 부사의한 색도 이와 같다. 이를 종합하여 말하면, 오자문(五字門)에 지나지 않지만 역시 서로 서로 발휘하여 갖가지의 차별지인을 이룬다. 여래께서는 보문의 선교(善巧)로써 비생만다라를 그려 만드시고, 나아가 세계의 티끌 수처럼 많은 [중생들의] 종류에 따른 형상을 출생하실지라도 오히려 끝이 없으시다. 만약 유가를 행하는 사람이 이러한 뜻을 이해하였으면, [어느 한] 부류를 만나서 오래도록 자재하게 베풀어야 한다. 적멸진여(寂滅眞如) 가운데에는 어떠한 차제가 있어야 한다. 게송에서 설한 것은 하나의 법문을 들어서 강령(綱領)을 제시하였을 뿐이다.

24. 문의 표치

“문의 표치를 건립하는 것도 그 양은 중앙의 태장(胎藏)과 같게 하라. 행랑도 역시 이와 같고 화대(華臺)는 십육절(十六節)[30]로 하라.”

만다라에는 문마다 모두 당기를 끼워 세우고 이것을 표치로 삼는다. 이것을 문의 표치[門標幟]라 한다. 두 표치 사이의 거리를 세는 법은 중대(中胎)와 균등하게 하라. 위에 횡괄(橫括)[31]을 두고 그 넓이도 역시 그러하다. 당우(幢芋) 위에 모두 언월(偃月)[32]을 두고, 월(月)의 아래에 기치(旗幟)의 형상을 두어라. 비단[33]을 가져다가 잘라서 정사각형으로 만들고 모퉁이부분을 찢고 이로써 양 표지로 삼는다. 각 당우의 바깥에 붙여서 뾰족한 부분을 위로 하여 아래로 늘어뜨려라. 사유(四維)의 사이에 역시 당우와 언월을 두고, 그 표치는 양쪽을 향하게 하여 두어라. 또한 대근용(大勤勇)의 문[동쪽]의 언월 위에 각기 여의보를 두고, 금강수의 문[남쪽] 언월 위에 각기 금강저를 두며, 연화수(蓮華手)의 문[북쪽] 언월 위에 각기 상카(商佉)를 두고, 그 사유의 위에는 역시 모두 보배를 두어라. 문 사이의 행랑의 장소는 아자(亞字) 모양과 같게 하고, 중간에 길을 통하게 하며, 굽은 사이마다 모두 금강궐(金剛橛)[34]을 두어라. 기둥[橛]의 머리는 일고금강저의 모습과 같게 하고, 그 아래는 예리하게 하는데, 한쪽 행랑에 6개의 기둥이 있으며, 양쪽 변에는 12개의 기둥이 있다. 네 문과 아울러 네 모서리에 모두 28매

---

30) 여기서 절(節)은 지량(指量)을 의미한다. 16절이란 정각단(正覺壇)의 가장 작은 것을 보인 것이다.

31) 괄(括)은 차꼬[桁]로써 횡괄이란 조거(鳥居)이다. 차꼬란 서까래를 받치기 위해 기둥과 기둥 사이에 걸쳐 놓는 나무이다.

32) 앙월(仰月)의 모습이다.

33) 이하에서 깃발의 모습을 설명한다.

34) Skt. vajrakilaka. 수법할 때에 단 위의 네 구석에 세우는 기둥. 벌절라지라가(伐折囉枳羅迦)라 음역하며 사방궐(四方橛)·사궐(四橛)이라고도 한다. 그 모양은 독고저(獨股杵)와 같고 길이는 6촌(寸)·8촌 4푼(分)·9촌 등이 있다. 그 머리모양은 연꽃이나 보배 모양으로 만드나 그 수법에 따라 여러가지가 있다.

가 있다. 삼중(三重)은 대부분 이렇다.

아울러 오색의 선을 준비하라. 모두 부동(不動)의 진언, 혹은 항삼세의 진언으로 가지하는데 108편, 혹은 1,080편을 하라. 아사리가 작법하는 그 날 밤에 미리 만다라를 그려서 마쳤으면, 먼저 중대(中胎) 및 제1원을 관하고, 빠지거나 적은 것이 없음을 알면 곧 금강궐을 내려라. 그 금강궐에 금강선(金剛線)으로 주위를 둘러 이를 휘감아라. 통문(通門)의 장소에 이르면 곧 그치고 좌우로 끊어지지 않게 하라. 삼중은 모두 이와 같이 이것을 두어라. 만약 그렇게 할 수 없으면 그 삼원(三院)은 반드시 모두 이 법에 의거해야 하며 빠뜨리거나 적게 하지 말라. 통문의 장소에 이르러서는 실을 들고서 문표에 따라 구부리며, 올라가는데 끝을 멈추게 해서는 안된다.

이미 결계를 마쳤으면, 문에 의지하여 출입하고 자주 다른 장소를 넘어가서는 안된다. 출입할 때마다 반드시 부동의 진언을 거듭 송해야 한다. 만약 유가의 아사리라면, 또한 주위를 두른 선을 끊을 수 있다. 또한 출입할 때에는 이 선을 들어서 아래로 지나가야 한다. 지나가고 난 다음에는 원래대로라고 생각하라. 혹은 문을 나가는 것이 멀어서 급히 출입해야 하면 자신이 비로자나가 되었다고 관하며 걸림이 없는 몸으로 하는데, 선을 넘는다는 생각을 내지 말라. [이러한] 뜻에 따르면 출입하는 데에 재앙이 없다. 여섯 기둥 사이의 돌아 굽어진 곳은 모두 자로 재서 균등하게 하라. 이에 반드시 행도(行道)하고 왕래하는 계원(界院)을 통해야 한다. 가장 바깥 문의 행랑의 양 변도 역시 중대와 똑같다. 그러므로 "행랑도 역시 이와 같다"고 하였다.

화대(華臺)는 관정하는 장소이다. 연화단(蓮華壇)을 자로 재어서 정하는 것은 중대팔엽의 장(藏)과 대체로 같으며, 아주 적은 것은 16지(指)로 잘라라. 그밖의 뜻은 나중에 다시 설명할 것이다. 다만 하나의 문을 열고 그 문이 대단(大壇)[35]을 향하게 하라.

---

35) 대만다라단(大曼荼羅壇)의 줄임말. 수법단의 하나이다. 본존단(本尊壇)이라고도 한다. 별존법(別尊法)을 닦는 밀단(密壇)에 상대적인 단이다. 인도와 티베트 등지에서는 토단

계송에 다음과 같이 말한다.

"그 첫 번째의 문은 내단(內壇)과 똑같음을 알아야 한다."

이른바 제1중 문의 모습은 아홉으로 나눈 것에 준해야 하며, 넓고 좁은 것을 가지런하게 해야 한다. 문을 중도(中道)로서 바로 화장(華藏)의 마음에 비겨야 한다. 그 밖의 제2와 제3도 역시 이것으로써 비례를 삼아 이를 나누고, 자연히 점차로 증광시켜서 각각 그 장소를 얻어야 한다.[36]

바깥 문의 표상이 길고 짧거나 넓고 좁은 크기가 모두 중대와 같은 이유는 여래의 낱낱의 법문이 모두 법계와 상칭(相稱)되며, 내지 털끝만큼의 늘거나 주는 것이 없음을 밝힌다. 또한 행하는 바의 중도는 바로 연화대 실상의 마음에 해당한다. 그 보문의 자취는 멀수록 더욱 넓어진다. 그래서 "지혜로운 자는 외원(外院)에서 점차로 늘려가라"고 하였다.

제2중의 문 상곡 가운데에 두 용왕의 형제를 둔다. 난타(難陀)는 남쪽에 있으며, 발난타(跋難陀)는 북쪽에 있다. 그밖의 온갖 보배 장엄은 「비밀만다라위품(秘密漫荼羅位品)」과 같다.

[선무외]아사리는 다음과 같이 말하였다.

'만약 깊은 비밀의 해석으로 하면 네 면의 방향은 서로 곧바르고 균등하여 평등한데 이것은 사념처(四念處)의 뜻이며, 네 문은 바로 사정려(四靜慮)[37]이며 또한 사섭법(四攝法)[38]이다. 문표는 이것이 사범주(四梵住)[39]이며,

---

(土壇)이 원칙이나 중국 · 일본 등지에서는 목단(木壇)을 사용한다. 사각형의 넓고 평평한 단 위에 사리탑 · 보륜 · 화병 · 금강반 · 육기 · 령 · 독고저 · 삼고저 등의 법구를 놓고 수법을 행한다.

36) 이하는 난탈이 있다. 『연오초』 제18에 의하여 바로잡는다(대정장 59, 198 중).

37) 사선(四禪)을 말한다.

38) 보살이 중생들을 제도하여 해탈키 위해 사용하는 4가지 방법. 부처님의 가르침과 재물을 보시하는 보시섭(布施攝), 친근한 말을 하는 애어섭(愛語攝), 몸과 말과 마음 3업의 선행으로 중생을 이익되게 하는 이행섭(利行攝), 모양을 바꾸어 중생에게 친근하게 나아가 인도하는 동사섭(同事攝)의 넷이다.

39) 사무량심(四無量心)을 말한다. Skt. catvāri-apramāṇa-cittāni. 모든 중생에게 즐거움을 주고 괴로움과 미혹을 없애기 위하여 보살이 가지는 자비심으로 자 · 비 · 희 · 사(慈 · 悲 · 喜 · 捨)의 네 가지 무량한 마음. 무량한 중생을 연하여 행자가 고를 여의고 낙을 얻도록 관하여 삼매에 드는 것이다. 사친근(四親近) · 사등지(四等至) · 사범주(四梵住) · 사범

행랑은 사정근(四正勤[40])이고, 사유(四維)는 사진제(四眞諦[41])이며, 금강선(金剛線)은 수다라(修多羅)이다. 이로써 삼십칠조도품[三十七品]을 연결하여 골고루 나눈 것이다.'

25. 만다라의 삼매

게송에서 "간략히 삼마지를 설하니 한 마음으로 연(緣)에 머물라"고 한 이후부터는 만다라 가운데 삼매의 지분에 대한 답변이다. 만약 아직 유가를 수행하지 않았다면 아사리가 될 수 없으며, 지분을 빠뜨렸으므로 법사도 이룰 수 없다. 경에서는 처음에 간략하게 삼매의 명칭과 뜻을 해석하고 다음에 깊고 자세하게 이를 설명하였다. 처음에 간략하게 마음이 연(緣)을 하나의 경계에 묶어서 마음을 흩뜨리지 않는 것을 등지(等持)의 뜻이라고 해석하였다. 그래서 게송에서 "간략히 삼마지를 설하니 한 마음으로 연에 머물라"고 하였다. 또한 유상(有相)의 유가에는 자체에 상·중·하의 세 종류가 있다. 상은 비로자나 등 모든 여래의 몸을 관하는 것을 말하고, 중은 문수사리 등 모든 보살의 몸을 관하며, 하는 인다라 등의 부류에 따른 몸을 관하는 것을 말한다. 하나하나 만다라에 보이는 색상과 위의와 비밀의 표식(摽式)과 혹은 인(印), 혹은 종자와 같이, 다만 한 마음으로 연에 머물러 다시 마음을 흩뜨리지 않으면, 이것이 바로 그 존의 삼매문이다.

행(四梵行)이라고도 한다.

40) 사정단(四正斷)·사의단(四意斷)이라고 하며 37조도품의 두 번째 항목. 사정근의 네 가지는 다음과 같다. ①아직 나타나지 않은 惡을 끊기 위하여 힘쓰는 것(律儀斷), ②이미 생긴 악을 끊기 위해 힘쓰는 것(斷斷), ③아직 나타나지 않은 善을 나타내기 위해 힘쓰는 것(隋護斷), ④이미 나타난 선을 증대하도록 힘쓰는 것(修斷).

41) 사성제(四聖諦)를 말한다.

요점을 말하자면 만다라해회(漫茶羅海會)의 불국토의 티끌처럼 많은 수의 하나하나의 선지식은 모두 한 종류의 입법계삼매문(入法界三昧門)이다. 만약 종합하여 이와 같은 보문의 대중을 관하고 한 마음으로 연에 머물러 마음을 흩뜨리지 않으면 이것이 바로 보문의 삼매문이며, 또한 보문세계삼매문(普門世界三昧門)이라 부른다. 하나의 문 및 일체문과 같이 단지 정변지부(正遍知部)[42]의 삼매문에 들어가거나, 다만 연화부의 삼매문에 들어가거나, 다만 금강부의 삼매문에 들어간다. 혹은 문수의 권속이 두루 모두 집회하여 하나의 삼매문이 된다. 그 밖의 세 보살도 역시 그러하여 수행하는 사람의 마음의 크기가 크고 작음에 따라 갖가지로 동일하지 않다.

수행자가 유가를 수습하여 본존을 관하거나 비밀인을 관하거나, 혹은 진언을 관할 때에 갖가지의 경계가 현전하거나 본관(本觀)과 모습이 동일하지 않으면 모두 삿된 관이다. 정(定) 가운데에서 해와 달과 뭇 별의 광명이 찬란함을 보거나, 큰 연꽃이 공중에서 두루 가득한 것을 보며, 혹은 보배나무와 누각이 수승하게 장엄된 것이 천궁(天宮) 및 모든 청정한 나라와 같은 것을 보거나, 혹은 다시 활연하게 [이를 봄에] 몸과 마음의 모습이 없거나, 혹은 모든 불보살께서 한량 없이 많은 대중을 보고, 혹은 갖가지의 다른 소리를 듣고, 혹은 가파르게 끊어진 벼랑에 매달려서 무간지옥(無間地獄)에 떨어짐을 보는 [이와 같은 것들은] 본소연(本所緣)에 의하지 않은 것이므로 모두 취해서는 안된다. 다만 항상하게 한 마음으로 생각하라. 정(定)의 경계와 상응할지라도 반드시 깊이 닦아서 십연생구를 관찰해야 하며 맛에 집착해서는 안된다. 만약 다른 경계를 보고 특별하다고 생각하여 이를 취하여 집착하게 되면, 이름하여 아만정(我慢定)이라 하고, 또는 간집정(慳執定)이라 부른다. 오직 올바른 관과 상응할 때에만 자연히 수 억[俱胝]의 불국토를 볼 수 있다.

이 가운데의 부처님은 이른바 백천의 온갖 사업과 국토를 청정한 곳으

42) 정변지(正遍知)는 여래십호의 하나이므로 여래부(如來部)를 말한다.

로 삼으신다. 이와 같이 상응할 때에는 곧 앞 글에서 열거한 갖가지 사상(事相)으로서 인연 아닌 것이 없다. 이와 같고 이와 같은 인연으로써 이와 같고 이와 같은 사상(事相)이 있다고 알고, 다른 것으로 말미암아 깨닫는 것이 아니며, [스스로 증득하여 깨달을 때에는] 장애되는 바가 없다.

또한 깊이 있는 해석으로는 낱낱의 선지식의 법문신(法門身)의 진실상 가운데에서 마음이 연에 머물러 망녕된 생각과 희론이 생기지 않음을 등지(等持)의 뜻이라고 한다. 아자문에 들어가 한 번 법계를 염하는 것과 같은 것은 비로자나의 삼매이다. [묘]법연화의 인으로써 한 마음이 어지럽지 않음은 관자재의 삼매이다. 금강혜인(金剛慧印)으로써 한 마음이 어지럽지 않음은 비밀주의 삼매이다. 나아가 범석(梵釋)의 제존은 각각 하나의 법계문에서 자재를 얻는다. 만약 그 해탈신(解脫身)에서 하나의 연(緣)이 어지럽지 않으면 그것을 정천안삼매(淨天眼三昧)라 부른다. 만약 대비장운해(大悲藏雲海) 가운데에서 한 마음이 어지럽지 않으면 보안삼매(普眼三昧)라 칭하며, 또는 보현색신삼매(普現色身三昧)라 부른다. 만약 여래께서 한량 없이 많은 아승기겁 동안 이 가운데의 자세한 뜻을 연설하실지라도 오히려 끝이 없다.

지금 두 게송으로써 이를 섭수하여 끝까지 다하여 남음이 없게 하려고 **"자세한 뜻으로는 다시 다름이 있으니 대중생(大衆生)들이여, 잘 듣거라"**고 하였다. 이 가운데에 다시 두 가지가 있는데 첫째는 여래의 삼매인(三昧印)을 밝히고, 다음에는 삼매도(三昧道) 가운데의 차별인(差別印)을 밝혔다.

게송에, **"부처님께서 모든 것이 공하다는 것을"**이라고 말씀하셨다고 함은 곧 아자문에 들어가면 적은 법일지라도 얻을 수 없으며, 또한 정해진 모습으로서 삼매라 이름할 것도 없다. 이와 같은 일심법계에 머무르면, 이름하여 **"바른 깨달음의 등지(等持)로 하신다"**고 한다. 왜냐하면 만약 이 심성을 내어서 밖으로 경계에 연(緣)할 수 있다면, 곧 상주(常住)하는 경계가 아니기 때문이다. 경계가 사상(四相)에 의해 움직일 때에 연에 머무는 마음도 역시 경계에 따라 흐르니, 무엇을 이름하여 정(定)이라 하겠는가! 이러한 까닭에 바른 깨달음의 삼매는 모든 법의 본래 생겨남이 없음을 깨닫는 것이므로 오직 이 마음이 스스로 마음을 증득하고, 마음이 스스로 마음을 안다. 오랜 옛적부터 이래로 언제나 그러한 실제가 뒤바뀌는 일이 없었다. 곧 이와 같은 마음은 스스로 이와 같은 연에 머물음으로써 등지(等持)라 이름할 수 있다. 이것이 바로 비로자나본존이며, 나타난 바의 무진장엄장(無盡莊嚴藏)도 또한 이와 같이 본존을 여의지 않는다. 만약 다른 관이라면, 모두 삿된 관이라 부른다.

그래서 다음에 필정인(必定印)을 설하여 말하기를, **"오직 삼매로써만 마음을 증득하며, 다른 연으로부터 [마음의 자성을 증득]할 수 있는 것이 아니다"**라고 하였다. 만약 산스크리트본에 의거하여 꾸밈없이 수수하게 말하면, 그것은 다시 다른 것으로 증득할 것이 없다고 말해야 한다. 이것은 다시 다른 곳에서 [마음의 자성을] 얻을 수 없다는 뜻이다.

다음에, **"저 이와 같은 경계는 모든 여래의 정(定)이니라"**고 하는 것은 『대반열반경(大般涅槃經)』에서 설명한 것과 같다.

'모든 마음이 있는 자는 모두 불성이 있고, 이 불성은 곧 수능엄정(首楞嚴定)이라 이름하고, 또한 금강삼매(金剛三昧)라 칭하며, 또한 반야바라밀(般若波羅蜜)이라 부르니, 부처님과 부처님의 도가 같아서 다시 다른 길이 없다.'[43)]

만약 수행하는 사람이 처음으로 발심할 때에 이와 같이 바르게 마음의

---

43) 『대반열반경』 제25권 「사자후보살품」(대정장 12, 769 중). '선남자여, 불성은 곧 수능엄삼매이니 성품이 제호와 같으며, 여러 부처님의 어머니이니, 수능엄삼매의 힘으로써 부처님들로 하여금 상락아정(常樂我淨)하게 하느니라. 모든 중생이 다 수능엄삼매가 있건마는 닦아 행하지 않으므로 보지 못하며, 그래서 아뇩다라삼먁삼보리를 이루지 못하느니라. 선남자여, 수능엄삼매에 다섯 가지 이름이 있으니, 하나는 수능엄삼매이고, 둘은 반야바라밀이며, 셋은 금강삼매요, 넷은 사자후삼매이며, 다섯은 불성이라. (…중략…) 모든 중생이 다 불성이 있지마는, 번뇌가 덮여서 보지 못하는 것이며, 십주(十住)보살이 비록 일승을 보지마는 여래가 항상 머무는 법인 줄을 알지 못한다. 그러므로 십주보살이 비록 불성을 보더라도 분명치 못하다 하느니라. 선남자여, "수능"이라 함은 온갖 일이 필경이란 말이고, "엄"은 견고하다는 말이니, 온갖 일이 필경에 견고함을 얻으므로 수능엄이라 하며 이러므로 수능엄정을 불성이라고 이름하느니라.'

불성을 관하면 곧 여래정(如來定)에 들어갔다고 부른다. 어찌 번거롭게 점차로 사처(四處)를 초월하여 바야흐로 구경에 이른다고 하겠는가!

또한 유가를 수행하는 사람으로서 만약 모든 부처님의 위신(威神)의 가피를 입으면 이에 삼매 가운데에서 십불찰토의 티끌 수처럼 많은 대중들과 동등한 한량 없이 많은 성존(聖尊)과 세 종류의 밀인(密印)이 서로 어지럽게 섞이지 않았음을 모두 본다. 혹은 다시 한 마음이 어지럽지 않아서 [잘 관하고 염송하기에 모든 성존 가운데 한 존이] 전(轉)하여 자신으로 된다. 곧 기이하고 특별하여 생각하기 어려울지라도 오히려 유상(有相)이고 유연(有緣)이기에 세간의 삼매라 부른다. 만약 이 삼매가 현전할 때에 수행자가 십연생구를 관찰하면 온갖 망녕된 생각과 희론을 깨끗이 없애고, 공적(空寂)과 상응한다. 곧 이와 같은 만다라해회(漫荼羅海會)는 모두 다 온갖 연으로부터 생하여 거울에 비친 모습이나 물에 비친 달이나 건달바성[44]과 같다고 깨닫고, 성품의 상(相)이 없다고 관한다. 이것을 출세간의 삼매라 부른다. 그렇지만 오히려 공병(空病)이 공하지 않기에 아직 대공(大空)이라 이름할 수 없다. 도량에 앉아서 스스로 심성을 증득하게 되면 이와 같은 가지의 경계들은 모두 마음의 실제라고 알게 된다. 그때에 마음은 상(相)에 머물지 않고 또한 공에 의지하지도 않아서 공(空)과 불공(不空)이 필경에 무상(無相)으로서 온갖 상을 갖춘다고 조견하니, 그러므로 대공삼매(大空三昧)라 부른다. 이 삼매에 머무는 자는 곧 훌륭하게 무애혜(無礙慧)에 머무르게 된다. 이 사람은 일체지지(一切智智)를 궁극까지 원만히 하였다고 부처님께서는 설하신다.

그러한 까닭에 경에서 **"그러므로 대공(大空)이란 살바야(薩婆若, sarva-jñāna, 一切智)를 원만히 하는 것이라 한다"**고 하였다.

44) 실체가 없는 것의 비유. 심향성(尋香城)이라고 번역하며, 건달바신에 의하여 허공에 보이는 환상처럼 변화로 만들어진 도성을 말하는데, 신기루를 말하는 것 같다. 모든 것에 실체가 없고(空), 거짓 존재(假有)라고 하는 비유에 쓰인다.

26. 다섯 가지의 삼매도(三昧道) 1

경의 제2권의 처음에서는 다음과 같이 말한다.

"그때에 대비로자나세존께서는 모든 부처님들과 더불어 함께 모이시어 각각 모든 성문, 연각, 보살의 삼매도를 널리 설하시었다."

여래께서는 이미 구경의 삼공삼매인(三空三昧印)[45]을 설하시었다. 보문(普門)에 나아가려고 하는 자로 하여금 어려움이 없게 하시려고 다시 삼매도 가운데 차별의 인을 설하신 것이다. 삼중의 만다라에서 보이는 갖가지 종류의 형상은 모두 여래의 일종의 법문신(法門身)이다. 이러한 까닭에 모두 부처님이라 부른다. 이들 모든 부처님은 각각 근본으로부터 유통되는 법문에서 스스로 그 삼매도를 설한다. 만약 세간 천신의 몸을 나타내면 곧 그 천의 삼매도를 설하고, 또는 성문(聲聞)의 몸을 나타내면 곧 성문의 삼매도를 설하며, 또는 벽지불의 몸을 나타내면 곧 벽지불의 삼매도를 설하고, 또는 보살의 몸을 나타내면 곧 보살의 삼매도를 설하며, 또는 지금강(持金剛)의 몸을 나타나면 곧 금강의 삼매도를 설한다.

이 가운데의 게송은 '이와 같이 한량 없이 많은 국토의 티끌처럼 많다. 세간[46]에서 결집(結集)한 경권(經卷)에는 다 갖추어 실을 수가 없다'는 것을 알아야 한다. 그렇지만 모든 수행하는 사람이 만약 유가의 경계인 삼매에 깊이 들어갈 때에는 스스로 잘 알아 듣고서 바르게 설한 때와 같아서 아무런 다름이 없어야 한다. 이러한 까닭에 "부처님께서 가지하시는 광명[日]"이라고 하였다.

---

45) 공(空)·무상(無相)·무원(無願)의 세 가지 해탈문(解脫門)이다.
46) 성문과 연각 등의 이승(二乘)을 가리킨다.

27. 일체속질력삼매(一體速疾力三昧)

"이때에 부처님께서 일체여래의 일체속질력삼매에 들어가셨다."

이른바 이 삼매에 들어갈 때에 곧 일체여래는 모두 동일한 법계의 지체(智體)라고 증지하시고 일념 가운데에 차례대로 한량 없이 많은 세계와 바다의 티끌처럼 많은 수의 온갖 삼매문을 관찰하신다. 즉 이와 같은 약간의 중생들이 저 삼매문 가운데에서 도에 들어갈 수 있다고 아시고, 그 선지식은 이미 몇몇의 중생을 위하여 종자(種子)의 인연을 지었으나, 아직 몇몇의 중생들을 위해서는 종자의 인연을 짓지 못하였으며, 혹은 어떤 중생이 이와 같은 법문에 들어가면 뛰어올라 성불할 수 있으나 다른 법문에 들어가면 오래도록 머물기만 하며 성불할 수 없다는 것을 아신다. 이와 같은 등의 갖가지로 근기와 성품이 동일하지 않으면 나아가는 방편도 모두 역시 다르다. 이에 그 가운데에서 유희하시면서 차례대로 수습하여 나오고 들어가는데 세간을 초월하여 하나하나의 문에서 각기 한량 없이 많은 중생을 성숙시키셨다. 그래서 "일체속질력삼매"라고 이름하는 것이다.

이때에 세존께서는 두루 관찰하시고 나서 갖가지의 삼매도(三昧道)가 함께 한 몸으로 돌아오니 모두가 불승(佛乘)이라는 것을 아시고서, 다시 집금강에게 일체의 삼매도 가운데의 성보리인(成菩提印)을 설하셨다.

처음에 두 게송이 있는데 성불의 바깥 자취를 밝힌다.

말하자면 "내가 비로소 도량에 앉아 이 일체속질력삼매로써 천마의 군중들을 항복시켰다." 그렇지만 이 가운데에 다시 항복시키기 어려운 것이 있는데 이른바 번뇌 등의 마구니이다. 형상이나 장소가 없으며 또한 자취도 없어서 알아채기 어려울지라도 일념 가운데에서 모두 다 없앤다. 그래서 "사마(四魔)를 항복시킨다"고 하였다. "대근용(大勤勇)의 소리로써"라 하는 것은 부처님께서 성실한 언어로 마왕 파순(波旬)[47]에게 말씀하신 것을 말한다.

"내가 한량 없이 많은 무수한 겁에 중생들을 조복시키기 위하여 신명을 버린 것이 헤아릴 수 없으며, 지금 모두 이미 성숙하였다. 도에 들어가는 기회가 있기에 내가 장차 보리를 증득하여 저들 중생을 위하여 청정한 눈을 개발하고자 한다. 너의 세력으로 어찌 장애할 수 있겠느냐!"

이렇게 말씀하실 때에 모든 중생들의 두려움이 다 제거되고, 천마는 미혹하여 땅을 치면서 모두 물러나 흩어졌다. 만약 중생들이 이와 같은 삼각인(三角印)[48]을 받아지니면 무간지옥의 한량없이 많은 두려움을 제거할 수 있다. 하물며 천마(天魔)와 귀신 등의 두려움이랴! 그래서 "대근용(大勤勇)의 소리로써 중생들의 두려움을 없앤다"고 하였다.

이때에 지신(地神)이 환희하여 찬탄의 말씀을 드리자, 이에 그 소리가 정거천까지 이르렀다. 그때에 대범천(大梵天) 등 팔부(八部) 중생의 무리가 이 마군을 굴복시키시는 바깥의 자취를 보았다. 이러한 까닭에 명칭이 생기고 대근용자(大勤勇者)라 부르는 것이다. 그렇지만 내가 실로 성불한 곳은 그들이 헤아릴 수 없다. 그러므로 다음에 두 게송에서 보리의 진실한

---

47) 욕계의 꼭대기에 있는 제6천의 주인. 이름을 파순(波旬)이라 한다. 수행하는 사람을 보면 자기네 권속들을 없애고 궁전을 파괴할 것이라 생각하고 마군을 이끌어 수행하는 이를 시끄럽게 하며 정도를 방해하므로 천마라 한다. 부처의 성도를 방해하기 위하여 파순(波旬) 마왕은 자기의 딸 미녀 세 명을 보내어 갖은 교태로 유혹하게 하였으나 실패하였고, 자기 스스로 많은 졸개들과 함께 최후의 발악을 보였으나, 태자는 태연자약하게 바른 손을 쭉 펴고 무릎 위에서 땅을 가리키니 천지가 진동하고 땅의 신들이 나타나 마군을 물리쳤다고 한다.

48) 일체여래지인(一切如來智印, sarvatathāgata-jñāna-mudrā)을 가리킨다. 밀교 태장만다라 편지원(遍智院) 중앙의 삼각지인(三角智印). 또는 일체불심인(一切佛心印)·일체편지인(一切遍智印)·제불심인(諸佛心印)·대근용인(大勤勇印)·삼각인(三角印) 등이라 한다. 이 삼각인은 사종법신의 삼매야형을 나타내며, 사지인(四智印)의 총표치이다. 그 색은 흰색이고 백련화 위에 위치하며 바깥으로 불꽃이 둘러싸고 있다. 삼각은 항복(降伏)·제장(除障)의 뜻이며 부처님께서 보리수 아래에서 위맹한 큰 세력으로 사마를 항복시키고 정각을 이루었다. 선명한 흰색은 대자비를 나타내니, 여래는 항상 비광(悲光)으로 법계를 두루 비춘다.

一切如來智印(胎藏界曼荼羅)

뜻을 밝혔다.

"나는 본래 생겨남이 없음[49]을 깨달아"라고 하는 것은 이른바 자기의 마음은 본래부터 이래 생겨남이 없다고 깨닫는 것이다. 즉 이것이 성불이나 실제로는 깨달음도 없고 이루는 것도 없다. 모든 중생들이 이와 같이 언제나 적멸하다는 것을 이해하지 못하여 분별하며 망녕되이 생겨남이 있다고 하며, 육취(六趣)에 윤회하고 스스로 벗어나지 못한다. 지금 비록 정법의 소리를 들었을지라도 도리어 갖가지 유위(有爲)의 자취 가운데에서 추구하고 견주며 헤아려서 성불하기를 바란다. 어디에 [진실의 도를] 얻는 이치가 있는가!

"언어의 도를 벗어나서"라 하는 것은 이로부터 이하는 모두 아자문을 돌려 해석한 것이다. 본래 생겨남이 없음을 깨닫는 것이 곧 부처님이다. 부처님의 자증의 법은 사량이나 분별로 미칠 수 있는 바가 아니며, 또한 남에게 전하여 줄 수 있는 것도 아니다. 『대지도론』[50]에서 이를 "언어가 다하고 [마음작용] 또한 끝난 곳"이라고 하였다.

"모든 허물에서 해탈한다"고 하는 것은 온갖 망상과 분별을 이름하여 '잘못'이라고 한다. 곧 이것은 생멸(生滅), 단상(斷常), 거래(去來), 일이(一異) 등 갖가지의 희론이다. 모든 법의 실상을 알지 못하기에 모두 다 부서지며 구르는 것이다. 만약 제법이 본래부터 생겨남이 없다고 알게되면, 곧 이와 같은 모든 잘못에서 다 해탈한다. 이러한 까닭에 금강의 몸은 백 가지 잘못을 멀리 여윈다.

"모든 인연을 멀리 여읜다"는 것은 만약 법계의 체(體)에 생하거나 멸하는 모습이 있다면 곧 인(因)이 있고 연(緣)이 있다고 설할 수 있을 것이다. 그러나 지금의 법은 연으로부터 생겨났기에 자성이 없다. 자성이 없다면 곧 본래 생겨남도 없는 것이다. [본래 생겨남이 없는 참된 법은] 인연이 화합할

49) 이것은 보리심의 참된 의미를 나타낸 것이다. 즉 아(阿), 바(婆), 라(羅), 하(賀), 거(佉)를 가지고 마음의 실상을 나타낸다.

50) 『대지도론』 제1권 (대정장 25, 61 중). '언어가 완전히 다하고 마음작용 또한 끝난다.'

때에 역시 일어나는 바도 없다. 인연이 흩어질 때에도 다함이 없다. 이러한 까닭에 청정한 허공과 같아서 언제나 바뀌지 않는다. 『대경(大經)』에서도 역시 '오직 여래께서만이 온갖 인연을 떠난다'[51]고 하였다.

"공(空)은 허공과 같다"고 한 것은 본래 생겨남이 없는 필경공의 뜻이다. 자성은 청정하며 한계가 없고 분별이 없기에 대허공과 같다. 이러한 까닭에 세간에서 이해하기 쉽게 허공으로써 부사의한 공에 비유하였다.

"실상과 같은 지혜가 생한다"는 것은 마음의 실상은 곧 비로자나가 일체의 장소에 두루한 것이다. 부처님께서 도량에 앉으시어 법상(法相)[의 참된 실제]와 같다고 이해할 때에 갖가지 실다웁지 않은 견해가 모두 사라져 남음이 없다. 이러한 까닭에 살바야혜(薩婆若慧)는 허공과 같다.

"이미 모든 어두움을 여의었다."

모든 법의 모습에서 실다웁게 알지 못하는 것은 바로 무명(無明)이다. 이러한 까닭에 본래 생겨남이 없음을 깨달을 때에 곧 법계에 두루한 지혜를 일으켜 일체종지(一切種智)로써 모든 법을 관하는데에 보고 들으며 접촉하여 알지 못하는 것이 없다.

"제1의 실제는 더러움 없다."

이 가장 진실한 것은 다시 초월하는 것이 없어서 제1의 실제라고 부른다. 이른바 자성청정심(自性淸淨心)이다. 온갖 어두움을 여읨으로써 부처님의 지견(知見)은 또한 더러움이 없다. 모두 본래 생겨남이 없다는 뜻을 돌려 해석한 것이다.

다음에 두 구절이 있는데 끝내면서 이르기를, "모든 갈래는 오직 생각과 이름일 뿐이며 부처의 모습 또한 그러하다"고 하는 것은 말하자면 육취의 중생과 비로자나는 본래부터 두 몸이 없으며, 다만 중생의 갖가지 망녕된 생각에 따라 갖가지의 [육취의] 이름을 세웠을 뿐이다. 부처님도 역시 이와 같다. 일체세간은 오직 내가 마구니를 항복시킨 자취만을 보니 그들의 심

51) 『대반열반경』 제5권 「사상품(四相品)」(대정장 12, 635 상). '참된 해탈자는 바로 여래이시며, 또한 해탈자는 모든 인연을 뽑아버린다.'

상(心相)에 따라 이를 칭하여 대사문(大沙門)이라 하고 혹은 대근용(大勤勇)이라 말하였다.

『화엄경』에서는 한 세계 가운데에 한량 없이 많은 다른 명칭이 있다고 말하지만, 자증(自證)의 법[52] 가운데에서 그 [화엄경에서] 설명한 것과 같이 [갖가지의 명칭을] 표시할 수 있다고 하는 것이 아니다.

다음의 한 게송은 다시 세속적 입장에서의 진리[世諦]를 통틀어 해석하여 가르침이 어디에서 일어나는지를 밝혔다. 그래서 "이러한 제1의 실제는 가지력을 갖춤으로써 모든 세간을 해탈케 하고자 문자로써 설한다"고 한다. 이른바 불안(佛眼)으로써 관찰하니 이와 같은 갖가지 명칭과 언어도 다시 제1의 실제를 벗어나지 않는다. 그러나 모든 중생들이 도에 들어가는 인연은 갖가지로 같지 않다. 만약 문자와 언어로써 제도해야 할 때에는 곧 여래께서는 실제를 움직이지 않으시고 자재한 신력으로써 저들의 문자를 가지하시어 이를 연설하신다. 만약 중생이 여법하게 수행하여 삼밀과 상응할 때에는 곧 세속적 입장에서의 진리[世諦]가 궁극의 진리[第一義諦]와 더불어 다르지 않음을 알아야 한다.

28. 금강수가 모든 부처님들을 찬탄하는 게송

"이때에 덕을 갖춘 집금강은 일찌기 없었던 안목이 열려 일체지께 정례하고 게송을 읊었다."

"덕을 갖춤[具德]"이란 일체여래의 비밀장엄의 덕을 구족하는 것을 말한다. 연꽃이 자라나서 구족할 때에 햇빛이 비추어져서 자연히 꽃이 피어나

52) 지금의 이 경을 가리킨다.

단엄하여 사랑할 만한 것과 같이, 집금강도 역시 그러하다. 심연화안(心蓮花眼)이 보리인(菩提印)의 빛을 만나 밝고 자연스럽게 열려서 만 가지 덕을 모두 갖추었다. 아름다움이 안에 가득하면 밖으로 용모에 드러난다. 또한 청련화안(青蓮花眼)으로 열어 펼치는 모습이 있어서 이에 가타(伽他, gathā)를 읊어서 앞의 뜻을 이해하게 한 것이다.

처음에, "모든 부처[53]는 심히 희유하옵고 방편의 지[權智][54]는 헤아리기 어렵사오니"라 하는 것은 갖춘 산스크리트본에 따르면 '모든 부처님께서는 희유(希有)합니다. 지(智)와 방편은 부사의하여 하나입니다'라고 해야 한다. 지(智)는 앞의 게송에서 "본래 생겨남이 없음"을 이해하게 하는 것이라 하였고, 방편이란 앞의 게송 가운데의 "가지신력(加持神力)"을 말한다. 또한 지는 심련화대(心蓮花臺)를 구족함이라 말하고, 방편은 잎과 꽃술이 펼쳐짐을 말한다. 두 가지가 모두 불가사의하다. 그래서 "희유하다"고 말하였다.

다음에 "온갖 희론을 떠나는 법신부처님의 자연지이다"라고 하는 것은 널리 부사의한 지(智)를 찬탄한 것이다. "세간을 위하여 설하시어 중생들의 바라는 원을 만족케 하시니"라고 하는 것은 널리 부사의한 방편을 찬탄한 것이다.

어떠한 법을 스승에 의하여 얻고 온갖 인연으로부터 생하면 곧 이것은 희론의 생멸하는 모습으로서 법성불(法性佛)의 자연의 혜(慧)가 아니다. 만약 이것이 자연의 혜라면 곧 수학(修學)하여 얻을 수가 없고, 또한 남에게 수여할 수도 없다. 안에서 증득되는 천계의 감로미(甘露味)는 가령 갖가지의 방편으로써 아직 맛보지 않은 자에게 이를 설하여도 끝끝내 이해시킬 수 없는 것과 같다. 그런데 부처님의 대방편력은 무상법신(無相法身)으로써 갖가지의 명칭과 모습을 지어, [이를] 가지하시고 모든 중생들이 인과의 법으로써 인(因)도 아니고 과(果)도 아니라는 법을 증득하게 하신다. 이

53) 대일여래의 수많은 가지신(加持身)을 가리킨다.
54) 대일여래의 중생교화를 위한 선교방편지(善巧方便智)를 가리킨다.

러한 까닭에 방편과 실상의 두 혜(慧)는 불가사의하다.

다음에, "진언의 상도 이와 같아 항상 두 가지 진리[二諦]에 의지한다"는 것은 이 부사의한 두 지혜를 결성(結成)하여 앞의 글에서 시설한 이제의 뜻을 이해하게 한다. 명상(名相)은 곧 실제(實際)라고 앎으로써 실제로써 가지하여 명칭과 모습을 짓는다. 천략(淺略)이 바로 심비(深秘)라는 것을 알기에 심비로써 천략을 삼는다. 중생에 따라 이루고자 하는 의리(義利)는 모두 실다우며 헛되지 않다. 만약 이 세속적 입장에서의 진리[世諦]를 이해하게 되면 스스로 궁극의 진리[第一義諦]를 통달하게 될 것이다. 그래서 "모든 부처님들께서는 법을 설하실 때에 언제나 두 가지 진리에 의지하신다"고 하였다.

다음에 한 게송이 있는데 부처님의 보리인(菩提印)을 신해하면 한량 없이 많은 복덩어리를 얻는다는 것을 밝혔다. 그러므로 "만약 어떤 중생들이 이 법의 가르침을 알려고 하면 세간 사람들이 [이 수행자에게] 공양하는 것을 마치 탑[制底]에 공경하는 것과 같게 해야 합니다"라고 하였다. 탑[制底]은 생신(生身)의 사리(舍利)가 의지하는 곳이다. 이러한 까닭에 모든 천(天)이나 세상사람으로서 복을 바라는 자는 모두 다 [이 탑을] 공양한다. 만약 수행하는 사람이 이와 같은 뜻을 신수(信受)하면 곧 법신사리가 의지하는 곳이 되므로 모든 세간의 공양과 공경을 받기에 감당할만 하다. 또 다시 산스크리트로 제디(制底)는 질다(質多, citta)와 글자의 체(體)가 같다.

이[55] 가운데의 비밀[의 깊은 뜻]은 이른바 마음으로 불탑(佛塔)을 삼는 것이다. 마치 제삼(第三)의 만다라[56]에서 자기의 마음으로서 기틀을 삼고 차례대로 증가하니, 이에 중대(中胎)의 열반색(涅槃色)은 가장 높은 곳에 있다. 그러므로 이 탑은 심히 높다. 또한 중대 팔엽으로부터 차례대로 증가해서 내지 제2의 수류보문(隨類普門)[57]의 몸에 이르기까지 고루 미치지 않은 곳

55) 지금 이 경을 가리킨다.
56) 외금강부(外金剛部)를 말한다.
57) 외금강부를 가리킨다.

이 없다. 그러므로 이 탑은 매우 넓다. 연화대(蓮華臺)의 달마타도(達磨馱都)[58]는 이른바 법신의 사리(法身舍利)이다. 어떤 중생이 이 마음의 보리인(菩提印)을 이해한다면 곧 비로자나와 동등하게 된다. 그러므로 "세간에서 [진언수행자를] 공양하는 것을 마치 탑[制底]에 공경하는 것과 같게 해야 합니다"라고 하였다.

29. 다섯 가지의 삼매도 2

"이때에 집금강이 이와 같은 게송을 읊고 나서 비로자나 여래를 바라보며 눈이 잠시도 깜박거리지 않으며 묵묵히 머물었다."

이때에 집금강은 이미 필경삼매(畢竟三昧)의 인(印)을 듣고서 삼매도 가운데의 차별의 인을 여쭐려고 하였다. 만약 언어로써 부처님께 여쭌다면 아마도 이치에 이르는 데에 어긋날 것이다. 그래서 묵묵히 부처님을 바라보면서 한 마음으로 머무니 이것이 바로 심히 깊은 질문이다. 또 다시 집금강이 묵묵히 머문 것은 여래께서 근기를 비추시는 뜻을 나타내려고 했기 때문이다. 일상적인 가르침에서 전하는 부처님께서는 낮과 밤의 세 때에 교화할 수 있는 중생을 관찰하시고 이를 도탈(度脫)케 하신다고 하는데, 이와 같은 것은 성문(聲聞)들이 마음에서 생각하는 대로 스스로 이와 같은 설을 지었을 뿐이다.

또한 불안(佛眼)은 관한 다음에 보고, 관하지 않으면 보는 것이 없다. 관할 때에는 곧 지혜가 생기고, 관하지 않을 때에는 지혜가 생기지 않는다고 말하지만, 이것은 바로 생멸과 명암(明暗)의 경계이며, 평등한 대혜(大

58) Skt. dharmadhātu. 법계(法界)를 말한다.

慧)라고 이름할 수 없다. 여래의 형상과 분별을 초월한 혜는 본래 있는 그대로 걸림이 없어 언제나 법계의 근연(根緣)을 비추는 것이 큰 바다의 조수가 끝내 한계를 벗어나지 않는 것과 같다. 이러한 까닭에 금강수에게 알맞게 전할 수 있는 기회가 있으면, 여래께서는 곧 위하여서 연설하신다. 질문을 기다린 후에 답하신 것이 아니다.

또한 금강수는 세속적 입장에서의 진리가 곧 궁극의 진리[第一義諦]이며, [인위(因位)로서의] 수행하는 장소가 [과위(果位)를 얻는] 필경의 장소와 다르지 않다고 알았기에 묵묵하여 말이 없었던 것이다. 여래께서는 궁극의 진리가 바로 세속적 입장에서의 진리이고, 필경의 장소는 수행하는 장소와 다르지 않다고 아셨으므로 널리 분별하여 설하셨다. 중생들로 하여금 두 가지 진리의 모습에 통달하게 하시려고 문득 모습을 드러내시지만, 실로는 똑같이 일치하게 돌아간다.

여래의 답변을 간략하게 하면 네 구절이 된다.

제1의 구절에 **"또 다시 비밀주여. 일생보처**[59]**보살(一生補處菩薩)은 불지(佛地)의 삼매도에 머물며 조작됨을 떠나 세간의 모습을 안다. 업의 땅에 머물지라도 견고하게 부처의 경지에 머문다"**고 하는 것은 바로 최상의 관정위(灌頂位)이다. 그래서 먼저 이것을 밝혔다. 다른 경에서 설명한 대로 이것은 바로 한 생애만 묶여 있는 보살이다. 이로부터 도솔천(兜率天)[60]의 궁전에 상생

---

59) 여기서 일생(一生)이란 근본무명을 끊을 수 있는 기간을 의미한다. 일생을 지내면 부처의 경지를 보충한다는 등각(等覺)의 자리로서 부처의 다음 경지이다. 그러나 『대일경』에서는 아(阿)자의 본불생(本不生)의 지(地)로부터 생하는 것을 일생(一生)이라 한다. 이것은 본지법신으로부터 유출하는 가지법신(加持法身)의 뜻으로 해석할 수 있다.

60) Skt. tuṣita-deva. 욕계(欲界)의 육천의 제4천. 도사다(覩史多)・투슬치(鬪瑟哆)・도솔타(兜率陀)・도술(兜術)이라 음역하며 상족천(上足天)・희족천(喜足天)・묘족천(妙足天)・지족천(知足天)이라 번역한다. 수미산 꼭대기로부터 12만 유순 위에 있는 하늘이라 한다. 칠보로 만든 아름다운 궁전이 있고, 한량없는 하늘 사람들이 살고 있다고 기록되어 있는데, 여기에 내외의 이원(二院)이 있다. 외원은 천중(天衆)의 욕락처이고 내원은 미륵보살의 정토라 한다. 석가모니 부처님도 여기서 수행하다가 세상에 태어난 것으로 이해되었고 현재 미륵보살이 여기서 설법하고 있으며 남섬부주에 하생하여 성불할 시기를 기다리고 있다고 말해진다. 이 하늘은 다른 하늘이 욕정에 잠겨 있거나 들뜬 마음이 많은데 비해 잠기지도 들뜨지도 않으면서 오욕락에 만족한 마음을 냄으로 다음에

(上生)하여 다음에 부처님의 위(位)를 계승하기 때문에 일생보처(一生補處)라 부른다.

그러나 지금 이 경의 근본으로 보면 일생(一生)이란 하나[의 실제]로부터 태어남을 말한다. 처음으로 정보리심을 얻을 때에 하나의 실제의 경지로부터 한량 없이 많고 끝이 없는 삼매와 총지문(總持門)을 발생한다. 이와 같은 낱낱의 경지 가운데에 차례대로 증장한다는 것을 알아야 한다. 제10지를 만족함에 이르러 아직 제11지에 이르지 않은 그때에 하나의 실제의 경계로부터 구족하여 온갖 장엄을 발생한다. 오직 여래의 일위(一位)만 아직 증득하지 못하였으므로 다시 한번 [중생의 생사하는 세계로 방향을] 돌려서 법성을 일으켜 곧 불처(佛處)를 돕는다. 그래서 일생보처라 부른다. 이것은 바로 구경의 발보리심이다. 모든 삼매도 가운데에서 가장 견고한 정진으로 나아가 불도에 들어가는 까닭에 "**불지의 삼매도에 머문다**"고 하였다.

"**온갖 조작됨을 떠났다**"고 하는 것에서 조작[作]이란 이른바 치지(治地)의 업을 닦고, 나아가 불토를 장엄하며 중생을 성숙시키는 유지분별(有智分別)의 마음으로써 오히려 세간의 모습이다. 지금 이 보살은 바르게 대공삼매를 행하여 연으로부터 생한 법과 미세한 희론을 멀리 여의므로 "**조작됨을 떠났다**"고 하였다.

"**세간의 모습을 안다**"고 하는 것은 무엇인가? 실로 세간의 실제(實際)는 필경에 열반의 제(際)와 다르지 않다는 것을 알고 실제를 움직이지 않고서 모든 세간의 근본이 일어나는 인연을 본다. 이러한 까닭에 이 삼매도 가운데에 머물면 생각생각에 여래지(如來地)에 나아간다.

"**업지(業地)에 머문다**"는 것은 산스크리트로 질(質)로서 이를 말하면 작지(作地)라고 해야 한다. 곧 여래금강의 사업을 배우고 모두 선교[방편]을 얻는 것이다. 『영락경』61)에는 또한 '중현문(重玄門)62)에 들어가 부처님의 위

성불할 보처보살(補處菩薩)이 머문다고 한다. 대개 다른 하늘은 계행만 청정하게 닦으면 태어나게 되는데 이곳은 삼학을 두루 닦아야 태어날 수 있다. 이 하늘 사람의 키는 2리나 되고, 수명은 4천세이며 인간의 4백세가 이 하늘의 1주야이다.

의를 학습한다'고 한다.

"부처님의 경지에 견고하게 머문다"고 하는 것은 곧 여래지에서 견고부동함으로 이를 이름하여 머문다[住]고 한다. 앞의 주(住)[63]라는 글자와는 뜻이 다르다. 사람이 목이 말라 물을 구하는데에 이미 많은 시간이 경과했을지라도 문득 청량한 연못을 발견했을 때에 중간에 다시 장애가 없다면 다만 한 마음으로 달려감에 다시 다른 연이 없는 것과 같다. 이것을 보처(補處)[64]의 삼매도라 부른다. 이미 청량한 연못에 도달하였으면 바라는 것이 모두 쉬니 또한 불지(佛地)가 된다. 그러므로 동일하게 대공정(大空定)이라 이름할지라도 뜻에는 차별이 있다.

"비밀주여. 팔지(八地) 보살의 삼매도는 모든 법을 얻지 못할지라도 생겨남을 여의어 모두가 환상으로 지어짐을 안다. 이러한 까닭에 세간에서 관자재자라 부른다"라고 하는 것은 앞에서 이미 십지의 도를 설한 것과 같다. 만약 차례대로 나아가면 불지를 설해야 한다. 만약 점점 [아래로] 내려간다면 제9지를 설해야 한다. 그런데 왜 팔지를 설하는가 하면, 모든 보살이 처음으로 제구지를 건널 때에 위로는 모든 부처로써 구할 수 있는 것을 보지 못하고, 아래로는 중생으로서 제도해야 할 것을 보지 못하니, 대열반에 머문

---

61) 『영락경』 「현성학관품(賢聖學觀品)」(대정장 24, 1015 중하). '불자여, 제41지심(四十一地心)이란 입법계심(入法界心)이라고도 한다. 또한 마음에서 행하는 법이란 번뇌를 용감하게 조복하는 선정에서 법광삼매(法光三昧)에 들어가며, 이 선정 가운데 들어가 열 가지 법을 수행한다. 첫째는 부처님의 부사의한 신통변화를 학습하는 것이고, 둘째는 보살의 권속을 모으는 것이며, 셋째는 거듭 먼저 행한 법문을 닦는 것이고, 넷째는 모든 불국토에 따라 모든 부처님께 여쭙는 것이며, 다섯째는 무명의 부모와 헤어지는 것이고, 여섯째는 중현문(重玄門)에 들어가는 것이며, 일곱째는 부처님께서 온갖 형상을 나타내는 것과 동일하게 나타내는 것이고, 여덟째는 두 가지 법신을 구족함이며, 아홉째는 존재와 비존재라는 두 가지 법을 학습하는 것이고, 열째는 중도제일의제(中道第一義諦)의 산봉우리에 오르는 것이다. 이러한 까닭에 무구보살은 발심하여 머무른 이래로 이 하나의 경지에 이르기까지 무량겁을 경과하면서 사십심의 무량한 공덕법문을 닦는다.'

62) 적멸삼매(寂滅三昧) 즉 무상삼매(無相三昧)로서 팔지(八地)에서 이미 현문(玄門)에 들어가며, 지금 십지에서 다시 증득한다. 그러므로 중현문에 들어간다고 하였다.

63) 앞의 주(住)자는 '업지(業地)에 주(住)한다'의 주(住)이다.

64) 보처위(補處位)의 삼매도라는 뜻이다.

다고 말할지라도 만행은 휴식한다. 이때에 시방의 부처님께서 이 삼매도로써 그 마음을 발기시켜 보리심의 난지(難地)를 건너가게 하는 것이다. 이러한 까닭에 따로 설하신 것이다. 이로부터 나아가 구지(九地)에 들어가는 것을 따로 설하지 않은 것은 이로부터 환난(患難)을 초월하였으므로 따로 행처(行處)의 인(印)을 설할 필요가 없기 때문이다. 처음 뜻을 발할 때로부터 이래로 깊이 십연생구를 관하여 이 지(地)에 들어갈 때에는 성공(性空)의 피안(彼岸)에 도달할 수 있다. 그래서 "모든 법을 얻지 못할지라도 생겨남을 여읜다"고 하였다. 다시 선교방편으로써 여여(如如[65])하여 부동(不動)한 가운데에 십연생(十緣生)의 끝없는 대용(大用)을 일으켜 여환삼매(如幻三昧)로써 두루 시방의 불국토에 이르며, 갖가지의 선지식을 친근하고 두루 한량 없이 많은 사람을 제도하는 법문을 학습하며, 모든 중생에 따라 어떠한 형상과 부류에 따른 언어를 사용하여 득도시켜야 할 자에게는 곧 이를 나타내어 위하여서 법을 설해준다. 이러한 까닭에 세간은 이와 같은 사업의 자취를 보고 관세자재자(觀世自在者)라고 부른다. 이것이 처음으로 연화삼매에 들어가는 자의 다른 이름이다. 이 가운데의 자재(自在)란 산스크리트본을 바르게 번역하면 '부귀'라는 뜻이다. 사람이 큰 세력의 경지를 얻고 재보를 구족하면, 마음 먹은 대로 자연히 성취되는 것과 같다. 이 보살도 역시 그러하여, 가령 시방세계의 모든 유정이 세간과 출세간의 갖가지 생활도구를 구하고자 바랄지라도 그 갖고 싶어하는 바람이 갖가지로 다른 것에 따라 여환삼매로써 일시에 주어서 각기 그 바라는 것을 채울 수 있다. 그렇지만 아직 일으켜 쓰는 자취를 끊고 온갖 행위를 금강과 같게 할 수는 없다. 그래서 나누어서 이인(二印)으로 삼았을 뿐이다.

또한 여기에서 초법명문(初法明門)의 삼매도를 설해야 하는데 앞의 품에서 이미 설하였으므로 다시 중복하여 말하지 않겠다. 앞에서 설한 것처럼 일생보처와 팔지의 삼매는 교도(教道)의 법문에 의거하여 이와 같이 설했

65) 실상(實相)을 의미한다.

을 뿐이다. 그렇지만 비밀승의 사람으로 세속적 입장에서의 진리 가운데에서 곧 궁극의 진리에 통달하는 자는 초발심할 때로부터 바로 대공삼매를 갖추어 행한다. 이것이 그렇지 않다고 말하면 곧 일생 가운데에서 문득 모든 경지를 만족시킬 수 없게 된다.

제2 입만다라구연진언품 5

제7권

"다시 또 비밀주여. 성문의 대중들은 인연있는 땅에 머물지만 생함과 멸함을 알아 그 두 극단을 없애고 극관찰지(極觀察智)로 불수순수행(不隨順修行) 의 인(因)을 얻는다. 이것을 성문삼매도(聲聞三昧道)라 이름한다."

마치 아비담(阿毘曇)[1]에서 밝힌 것처럼 구상(九想)[2]과 팔념(八念)[3]과 배

---

1) 대법(對法)이라 번역한다. 발지론(發智論) · 육족론(六足論) · 바사론(婆娑論) · 구사론(俱舍論) 등 설일체유부(說一切有部)의 논장(論藏)을 가리킨다.

2) 오정심관(五停心觀)의 하나로서 우리 인간의 몸이 추하고 더러운 것임을 관하여 탐욕의 번뇌를 끊어 없애는 관법. 부정상(不淨想), 또는 부정관(不淨觀)이라고도 한다. 시체가 점차 부패하여 마침내 백골이 되기까지의 모습을 아홉 단계로 나누어 마음 속으로 관상하는 것이다. ①시체가 바람과 비 등으로 피가 엉키고 피부와 살이 황적색으로 푸르퉁퉁한 모습을 관한다. ②피부와 살이 진물러 신체의 아홉 구멍에서 고름이 흘러나오고 벌레가 득실거리는 상태를 관한다. ③벌레와 새, 짐승이 시체를 먹는 모습을 관한다. ④시체가 부풀어 곡식 담은 자루처럼 퉁퉁 부은 상태를 관한다. ⑤시체에 피고름이 가득한 상태를 관한다. ⑥피부와 가죽이 부패해 온통 피고름으로 된 상태를

사(背捨)[4]와 승처(勝處)[5]와 일체입(一切入)[6]과 삼삼매(三三昧)[7] 등을 모두

관한다. ⑦ 가죽과 살은 다 없어지고 뼈만 붙어 있으면서 머리, 다리뼈가 뒤섞여 있는 모습을 관한다. ⑧ 시체가 불에 타서 그을리어 연기가 나고 악취가 아며 재와 흙이 되어가는 모습을 관한다. ⑨ 백골이 산란하게 흩어진 상태를 관한다. 이상이 구상관이며 그 명칭과 순서를 다르게 말한 곳도 있다. 또한 다섯 단계로 나누어서 관상하는 것을 5종부정이라고 한다. 곧 ① 육체를 형성하는 원인인 종자가 부정하다. 곧 과거세의 번뇌와 업을 종자로 하고 현재의 부모의 정혈을 종자로 하여 생긴 것이기 때문이다. ② 10개월간 부정한 모태 중에 있었으므로 부정하다. ③ 육체 그 자체가 부정한 것이다. ④ 바깥에 보이는 모든 사물은 부정하다. ⑤ 죽어서는 더욱 영구히 부정한 것이다.

3) 불(佛)・법(法)・승(僧)・계(戒)・천(天)・식(息)・사(死)의 여덟 가지를 염하는 것이다.

4) 여덟 가지 탐착심을 버리는 것으로 팔해탈(八解脫), 팔배사(八背捨)라고도 한다. 8종의 관념(觀念). 이 관념에 의하여 5욕(欲)의 경계를 등지고, 그 탐하여 고집하는 마음을 버림으로 배사라 하고, 또 이것으로 말미암아 삼계(三界)의 번뇌를 끊고 아라한과를 증득하므로 해탈이라 한다. ① 내유색상관외색해탈(內有色想觀外色解脫): 안으로 色慾을 탐하는 생각이 있으므로, 이 탐심을 없애기 위하여 밖의 부정인 퍼렇게 어혈든 빛 등을 관하여 탐심을 일어나지 못하게 하는 것이다. 우선 있는 대상을 오로지 관상하여 욕정을 제거한다. ② 내무색상관왜색해탈(內無色想觀外色解脫): 안으로 색욕을 탐하는 생각은 없어졌으나 이것을 더욱 굳게 하기 위하여 밖의 부정인 퍼렇게 어혈든 빛 등을 관하여 탐심을 다시 일으키지 않게 하는 것이다. 나아가서 염상 중에 마음을 일점에 집중하여 정신통일한다. ③ 정해탈신작증구족주(淨解脫身作證具足住): 깨끗한 색을 관하여 탐심을 일으키지 못하게 함을 정해탈(淨解脫)이라 하며, 이 정해탈을 몸안에 증득하여 구족(具足) 원만(圓滿)하며, 정(定)에 들어 있음을 신작증구족주라 한다. 그 위에서 외경(外境)으로부터 마음을 분리하여 냉정하게 유지하여 몸과 마음이 청정한 경계에 이른 단계이다. ④ 공무변처해탈(空無邊處解脫): 오로지 무한의 공간을 염하여 외계(外界)의 차별상을 멸하고, ⑤ 식무변처해탈(識無邊處解脫): 그 마음의 작용 신체(身體)도 한이 없는 경계에 도달하여, ⑥ 무소유처해탈(無所有處解脫): 그 공간과 마음이 경계를 초월한 근원에 달하고, ⑦ 비상비비상처해탈(非想非非想處解脫): 그 근원이 되는 장(場)이 항상 현실에 나타나지는 경계에 도달한다. 이 넷은 각각 그 아랫자리의 탐심을 버리므로 해탈이라 한다. 경우에 따라서는 ⑧ 멸수상정해탈신작증구족주(滅受想定解脫身作證具足住): 이것은 멸진정(滅盡定)이니, 멸진정은 수(受), 상(想) 등의 마음을 싫어하여 길이 무심(無心)에 머물므로 해탈이라 한다. 완숙한 무(無)가 되는 경계(滅塵地)를 더하는 경우도 있다.

5) 팔배사(八背捨)를 닦아 얻은 뒤에 관하는 마음이 익어져서 자유롭게 정(淨)과 부정(不淨)의 경계를 마음대로 관하는 것. 이것이 승지승견(勝地勝見)을 일으키는 의처(依處)이므로 승처라 한다. 내유색상관외색소승처(內有色想觀外色少勝處), 내유색상관외색다승처(內有色想觀外色多勝處), 내무색상관외색소승처(內無色想觀外色少勝處), 내무색상관외색다승처(內無色想觀外色多勝處), 내무색상관외색청승처(內無色想觀外色青勝處), 내무색상관외색황승처(內無色想觀外色黃勝處), 내무색상관외색적승처(內無色想觀外色赤勝處), 내무색상관외색백승처(內無色想觀外色白勝處).

6) 지(地)・수(水)・화(火)・풍(風)・청(青)・황(黃)・적(赤)・백(白)・공무변(空無邊)・식무

‘유연지에 머문다’[住有緣地][8]고 한다. 이들의 삼매를 방편으로 삼아 의지하여서 그 마음을 편안하고 고요하게 하며, 세간과 출세간의 법이 모두 다 인(因)이 있고 연(緣)이 있음을 바르게 관찰한다. 세간은 집(集)으로써 인(因)을 삼고 고(苦)로써 과(果)를 삼으나, 출세간은 도(道)로써 인을 삼고 멸(滅)로써 과를 삼는다.[9] 『아함경』에서 자세하게 설명한 것과 같다.

『비니(毘尼, vinaya)』에서 요점을 들어 말하면 이른바 ‘모든 것은 연(緣)에 따라 일어난다’고 여래께서 이러한 인(因)을 설하셨으며, ‘그 법은 인연으로써 다한다’고 대사문[여래]께서 설하셨다. 인연의 생겨나고 사라지는 것을 알기 때문에 존재와 비존재라는 견해를 멸하고, 끊어짐과 항상함이라는 두 가지 극단을 멀리 여의어, 궁극의 진리[眞諦]의 지(智)를 생하기 때문에 극관찰지(極觀察智)라 부른다. 끝까지 관찰하기 때문에 뒤집어지거나 그릇됨이 없으므로 제(諦)라 부른다. 무명(無明)으로부터 노사(老死)에 이르기까지 이것이 있으므로 저것이 있고, 이것이 생하므로 저것이 생하며, 내지 윤회(輪廻)는 끝이 없다. 만일 이것을 따라 구르면 이를 이름하여 순(順)이라 한다. 이미 사진제(四眞諦 : 사성제)를 보고 나서 생사의 흐름을 등지고 성도(聖道 : 팔정도)를 따라 행하며, 나아가 ‘나의 생이 이미 다하고 청정한 행[梵行]이 이미 섰으며, 해야할 일을 이미 마쳐서 다음 생을 받지 않는다’고 스스로 수기하여 설하는 것을 불수순(不隨順)이라 부른다. 이와 같은 갖가지의 불수순(不隨順)의 행은 반드시 삼매를 인(因)으로 삼는 까닭에 불수

변(識無邊)의 열 가지를 두루 관찰하는 것을 말한다.

7) 삼삼매(三三昧)는 산스크리트로 trayaḥ samādhayaḥ, 팔리어로 tayo samādhī이다. 또는 삼삼마지(三三摩地) · 삼등지(三等持) · 삼정(三定)이라 한다. 세 종류의 삼매를 가리킨다. 『대승의장(大乘義章)』 권13에서는, ‘心體寂靜, 離於邪亂, 稱爲三昧’라 하였다. 이 삼매는 유루 · 무루의 두 종류로 나누는데, 유루정(有漏定)은 삼삼매(三三昧)이고 무루정(無漏定)은 삼해탈문(三解脫門)이다. 삼삼매(三三昧)의 분류법은 네 종류가 있는데 그 가운데 『증일아함경(增一阿含經)』 권16 등에서 설하는 삼삼매는 ① 공삼매(空三昧, śūnyatā-samādhi), ② 무상삼매(無相三昧, animitta-samādhi), ③ 무원삼매(無願三昧, apraṇihita-samādhi)를 가리킨다.

8) 여기에서의 유연(有緣)은 Skt. sālambana로서, 즉 인식의 대상을 가지고 있다는 뜻이다.

9) 사성제(四聖諦) 가운데 고 · 집을 세간에, 멸 · 도를 출세간에 배대한 것이다.

순수행(不隨順修行)의 인(因)을 얻는다고 한다.

성문(聲聞)의 삼매는 여러 부파[10]의 이설(異說)이 갖가지여서 동일하지 않은데 [대체적으로] 이와 같은 법인(法印)과 합치하면 곧 바른 행이라 하며, 만일 이와 같은 인(印)과 합치하지 않으면 이것을 삿된 행이라 부른다.

"비밀주여. 연각은 인과의 법칙을 관찰하여 무언설(無言說)의 법에 머물며 무언설을 굴리지 않는다. 온갖 법에서 극멸어언삼매(極滅語言三昧)를 증득하니 이를 연각의 삼매도(三昧道)라 이름한다."

인과는 곧 십이인연(十二因緣)의 법이다. 예컨대 성문(聲聞, śrāvaka)은 극관찰지(極觀察智)로써 유온무아(唯蘊無我 : 인(因)과 아(我)의 실체를 부정하면서 법유(法有)만을 인정하는 것)를 이해하여 싫어하고 두려워하는 마음이 중하기 때문에 번뇌를 속히 끊고 스스로 열반을 증득할지라도 십이인연의 실상을 분석하고 추구하지는 못한다. 벽지불(辟支佛, pratyekabuddha)은 지혜가 깊고 날카롭기에 총상(總相)과 별상(別相)으로써 깊이 이를 관찰하여 모든 집법(集法)은 모두 멸법(滅法)이라고 보니 이것이 성문과 다르다. 『아함경』에 이르기를, '십이인연의 법은 부처님이 계시거나 계시지 않거나 언제나 법위(法位)에 머문다'[11]고 하였다. 용수(龍樹)도 역시 '이 가운데의 법위(法位)는 곧 여(如)의 다른 이름이다'[12] 라고 하였다. 이것은 바로 일체세간[의 사람들]이 가장 이해하기 어려운 것이다. 그러므로 세존께서 처음에 성도하셨을 때에 법을 설하려고 하지 않으셨던 이유가 여기에 있다.

벽지불은 들어가는 바가 점점 깊기에 **"무언설(無言說)의 법에 머문다"**고 하였다. **"굴리지 않는다"**고 말한 것은 [벽지불이] 이 궁극의 진리에 머무는

---

10) 상좌부(上座部)·대중부(大衆部) 등 소승의 18 내지는 20부파를 가리킨다.

11) 『도우경(稻芋經)』에 유사한 사상이 있다(대정장 16, 818 상). '미륵보살이 거듭 존자사리불에게 말하였다. 십이인연은 각각 인(因)이 있으며, 각각 연(緣)이 있는데 항상하지도 끊어지지도 않으며 유위(有爲)도 아니고 유위를 벗어나지도 않으며, 다하는 법도 아니고 욕망을 떠난 법도 아니며 사라지는 법도 아니다. 부처님께서 계시든 계시지 않든 상속하여 끊임없는 것이 마치 강이 흘러가는 데에 중간에 끊어짐이 없는 것과 같다.'

12) 『대지도론』 제32권(대정장 25, 298 하).

때에는 성자(聲字 : 언어)가 없으므로 이를 돌려서 타인에게 줄 수 없다는 것이다. 세존께서는 걸림없는 지견(知見)을 얻어 법에 자재하기에 무언설의 법 가운데에서 명자(名字)를 지어서 중생들에게 전수하신다. 그러나 벽지불의 지혜는 걸림이 있기 때문에 연설하지 못한다. 또한 벽지불은 온갖 집법(集法)이 모두 다 열반의 모습[허공]과 같다고 관하며, 갖가지 유위(有爲)의 경계 가운데에서도 역시 희론(戱論)의 바람을 잠재울 뿐이며 말할 수 있다는 것을 알지 못한다. 그러므로 극멸어언삼매(極滅語言三昧)만을 증득하였다고 한다. 유가(瑜伽)를 닦아 이것과 상응하는 것을 연각삼매(緣覺三昧)라 이름한다.

이 두 가지의 삼매[13]는 모두 보리심을 이해하지 못하는 것이다. 그렇지만 오직 이렇게 행하는 도(道) 가운데 한 가지의 심상(心相)이 있다. 부사의(不思議)한 심성(心性)에 이와 같은 삼승(三乘)의 정상(定相)이 있다고 하는 것이 아니다. 이러한 까닭에 수행하는 사람이 이 법인(法印)으로써 스스로 인지(印知)[14]하고 나면 문득 곧바로 초월하여 걸림없게 되지만, 만약 잘 알지 못하면 곧 걸림이 있게 된다.

경전에는 다음과 같이 말하였다.

"비밀주여. 세간의 인과 및 업이 생하거나 멸하여 다른 주인[15]에 속박된다면 공삼매가 생기니 이를 세간(世間)의 삼매도라 이름한다."

말하자면 온갖 세간의 삼매는 요점을 말하면 구경(究竟)의 경지에서 인(因)과 과(果) 및 인으로부터 과를 드러낼 때에 있게되는 작업을 모두 멸하여 무너뜨린다. 말하자면 이 세 가지[16]는 생겨나거나 사라지거나 모두 다른 것에 매여 속박된다. 다른 것[他]이란 신아(神我)[17]를 말한다. 그러한 이

---

13) 성문과 연각의 삼매를 가리킨다.
14) 인가(印可)하고 인지(認知)한다는 뜻이다.
15) 다른 주인은 범천(梵天) 또는 자재천(自在天)을 가리킨다.
16) 인(因)과 과(果)과 작업(作業)을 가리킨다.
17) Skt. puruṣa. 아(我) · 신(神)이라고도 한다. 수론파(數論派)에서 주장하는 25가지 진리 가운데 하나이다. 영원히 홀로 존재한다고 하는 실아(實我)로서 불교에서는 온(蘊)을 벗

유는 만약 수행하는 사람이 바르게 인연의 뜻을 이해하지 못하고서 온갖 선(禪)을 닦아 증득한다면 반드시 자기 마음을 헤아려 집착하고 이것을 내아(內我)로 삼기 때문이다. 그는 세간의 만법이 마음에 인하여 존재한다고 본다. 즉 신아로 말미암아 생긴다고 말한다. 설령 내아에 의지하지 않을지라도 반드시 외아[我]에 의지하니, [외아(外我)]란 곧 자재천(自在天)과 범천(梵天) 등이다. 만약 여기에서 심오한 도리에 깊이 이르려고 한다면 자연히 인업(因業)이 사라지고 오직 아성(我性)만 홀로 남게 된다. 나아가 하나의 법도 마음에 들어가는 것이 없으므로, 공삼매를 증득하는 것이 세간 구경의 도리이다. 이러한 까닭에 삼유(三有)[18]를 다한 끝에 도리어 삼도(三途)[19]에 떨어진다. 비록 선정(禪定) 가운데에서 갖가지 세간의 뛰어난 지혜를 발하며 오신통을 갖추었지라도 그 [외도의 가르침에서] 근본이 되는 깨달음을 궁구해보았자 결국 본래의 장소로 돌아갔을 뿐이다. 그러므로 이 하나의 인(印)으로써 모든 세간의 삼매도를 거두어 들인다. 만약 수행자가 이 마음에 들어가게 되면 [이 삼매가 궁극이 아니라고] 스스로 깨쳐 알아야 한다.

경 가운데에서 부처님께서는 섭게(攝偈)[20]를 설하셨다. 다섯 종류의 삼매도를 크게 나누면 두 가지가 된다. 이른바 불과 보살과 연각과 성문의 네 종류는 모두 출세간의 삼매라 부른다. 또한 제천(諸天) 등에서 설하는 진언법교(眞言法教)의 도는 모두 세간의 삼매에 속한다. 출세간의 삼매는 모두 진실한 이익이 있으므로 **"모든 허물을 제거한다"**고 하였다. 그러나 세간의 삼매는 단지 방편의 이익이 있을 뿐이다. 그러므로 **"중생을 이익되게 하는 것이다"**라고 하였다.

다른 경에서 설하는 것처럼 소승을 구하는 사람은 수행하여 관법을 짓

어난 아(我)라 하여 비난한다. 정신적 원리인 신아(神我)는 물질적 원리인 자성(自性)에 작용하므로 이 현상세계를 전개시킨다고 한다.

18) 욕계(欲界)・색계(色界)・무색계(無色界)의 삼계로써 모두 미계(迷界)이다.

19) 지옥(地獄)・아귀(餓鬼)・축생(畜生)의 삼악도(三惡道)이다.

20) 『경』에 "비밀주여, 알아야 한다" 등의 두 게송 반을 가리킨다. 세간과 출세간을 포섭하는 까닭에 이렇게 부른다.

고, 세간의 법교에서 깊이 싫어하여 떠나려는 마음을 낸다. 대승을 구하는 사람도 성문의 법교에 대해 깊은 거부감을 낸다고 한다. 이와 같이 아직 비밀장(秘密藏)을 모르는 모든 자를 위하여 이러한 방편의 설을 지었을 뿐이다.

이 경에서 다섯 가지의 삼매는 모두 마음의 실상문을 연다. 수행자가 처음으로 유상유가(有相瑜伽)에 머무를 때는 바로 세간의 삼매이다. 다만 이 가운데 오직 온(蘊)으로서 무아(無我)라고 아는 것이 바로 성문의 삼매이다. 만일 십연생구(十緣生句)로써 모든 온이 성품이 없고 생겨남이 없다고 관하면 이는 보살의 삼매이다. 다른 것은 「주심품」에서 자세하게 밝힌 것과 같다.

다른 가르침에서는 심성(心性)의 뜻이 아직 분명하지 않기 때문에 오승(五乘)은 달라서 서로 융회하지 못한다고 하였다. 만약 다시 깊은 비밀의 해석을 지으면 삼중만다라 가운데의 오위(五位)의 삼매와 같은 것은 모두 비로자나의 비밀가지이다. 그것과 더불어 상응하는 자는 모두 한 생애에 성불할 수 있다. 어찌 깊고 얕은 다름이 있겠는가! 지금의 게송에서 설명한 것은 그들이 스스로 유포하여 전하는 법교에 있어서 말했을 따름이다.

30. 진언의 참다운 모습

"다시 또 세존께서 금강수비밀주에게 말씀하셨다."

"비밀주여, 너는 모든 진언의 지분(支分)을 잘 들어야 한다."

진언은 크게 나누면 대략 다섯 가지가 있다. 말하자면 여래께서 설하신 것과 혹은 보살금강이 설한 것, 이승이 설한 것, 제천이 설한 것, 지거천(地居天)이 설한 것이다. 지거천이란 용·금시조·아수라의 종류를 말한다.

또한 앞의 세 가지는 통틀어 성자(聖者)의 진언이라 하고 네 번째는 제천중(諸天衆)의 진언이라 하며, 다섯 번째는 지거천의 진언이라 이름하고, 또한 통틀어서 제신(諸神)의 진언이라고 하기도 한다.

성자의 진언에 아(阿)자, 또는 라(囉)자 등을 설한 것처럼 저 모든 세간의 천신, 내지 지거천 및 귀신 등도 역시 이를 설하니 그 모습에 어찌 다름이 있겠는가!

[선무외]아사리는 '불보살께서 설하신 것은 한 글자 가운데 한량 없이 많은 뜻을 갖추었다. 이를 요약해서 말하자면 아자에 세 가지 뜻이 있는데, 이른바 생겨남이 없는 뜻 · 공(空)의 뜻 · 유(有)의 뜻이다'라고 하였다.

산스크리트본의 아(阿)자와 같이 본초(本初)의 소리가 있다. 만약 본초가 있으면 바로 인연의 법이므로 이름하여 유(有)라 한다. 또한 아(阿)란 생겨남이 없다는 뜻이다. 만약 법이 인연 따라 이루어진다면 바로 자체의 성품이 없으므로 공(空)이라 한다. 또한 생겨남이 없다는 것은 바로 하나의 진실한 경계이다. 하나의 진실한 경계란 바로 중도(中道)이다.

그래서 용수(龍樹)가 이르기를, '인연으로 생한 법은 또한 공이며 가(假)이며 중(中)이라'[21]고 하였다. 또한 『대지도론』에 살바야(薩婆若, sarvajñāna)를 밝히면서 세 가지 이름이 있다고 하였다.

'일체지(一切智)는 이승과 공통이며, 도종지(道種智)는 보살과 공통이며 일체종지(一切種智)는 부처님만이 가지신 법이다. 이 삼지(三智)는 실제로는 일심 가운데에서 얻는 것으로 분별하여서 사람들이 쉽게 이해하도록 세 가지 이름을 지은 것이다.'[22]

---

21) 『중론』 제4 「관사제품」(대정장 30, 33 중) '온갖 인연으로 생겨난 법을 나는 곧 무(無)라 하며, 또한 가명(假名)이라고도 하며, 또한 중도(中道)의 뜻이라 한다.'

22) 『대지도론』 제84권(대정장 25, 646 중). 수보리가 말씀드렸다. "부처님께서는 일체지(一切智) · 도종지(道種智) · 일체종지(一切種智)를 말씀하셨는데 이 삼종지(三種智)에는 어떠한 차별이 있습니까?" 부처님께서 수보리에게 말씀하셨다. "살바야(薩婆若)는 모든 성문(聲聞) · 벽지불(辟支佛)의 지(智)이고, 도종지(道種智)는 보살마하살의 지이며, 일체종지는 모든 부처님의 지이다."

이것이 바로 아자의 뜻이다.

또한 라(囉)자에도 역시 세 가지 뜻이 있다. 첫째는 티끌[塵]의 뜻, 둘째는 아자문에 들어감으로써 곧 무진(無塵)의 뜻이 있고, 또 바라밀의 뜻이 있다. 구경에는 피안에 도달하므로 바로 본래 처음부터 생겨남이 없다. 또한 삼점(三點)을 갖추었으니 삼점으로 곧 일체법을 섭수한다. 아(阿)자・라(囉)자와 같이 다른 모든 종자의 뜻도 다 그러함을 알아야 한다. 또한 모든 언어 가운데에서 아(阿)의 소리를 띠는 것은 모두 아자문에 포함된다. 만일 라(囉)의 소리를 띠면 모두 라자문에 포함된다. 그 밖의 종자도 역시 그러하다. 『대지도론』[23)]에서 말의 평등과 글자의 평등의 뜻을 해석한 것도 역시 같다. 아래의 글에서 다시 자세하게 해석하지 않겠다.

만일 모든 보살의 진언에 아자가 있으면 각기 스스로 통달하는 바의 법계문 가운데에서 모든 뜻을 갖춤을 알아야 한다. 보문법계(普門法界) 중에서 모든 뜻을 갖추는 것이 아니다. 만일 이승의 진언에 아자가 있으면 단지 진무생지(盡無生智)와 적멸열반(寂滅涅槃)에 의거하여 생겨남이 없는 뜻만을 밝히는 것임을 알아야 한다. 만일 범천이 설한 진언에 아자가 있으면 이는 오욕을 벗어나 각관(覺觀)의 생겨남이 없음에 의거한다는 뜻을 밝힌 것이다. 만일 제석천과 호세천(護世天)[24)]의 진언에 아자가 있으면 이는 십불선도(十不善道)와 재난이 생겨나지 않음에 의거한다는 뜻을 밝힌 것이다. 나머지는 모두 부류에 따라 알 수 있다.

이상과 같이 설한 것은 모두 수타의어(隨他意語)로서 일반적인 뜻을 밝혔을 뿐이다. 만일 수자의어(隨自意語)에 있어서 깊은 비밀의 뜻을 밝히면

---

23) 『대지도론』 제48권(대정장 25, 407 하). "어떤 것이 글자의 평등과 말의 평등과 모든 글자에 들어가는 문(門)인가? 아자문(阿字門)은 모든 법이 처음부터 나지 않기 때문이요, 라(羅)자문은 모든 법이 때[垢]를 여의기 때문이며, 파(波)자문은 모든 법이 궁극의 진리기 때문이요, 차(遮)자문은 모든 법은 끝내 얻을 수 없기 때문이며, 모든 법은 마치지도 않고 생기지도 않기 때문이다. (…후략…)"

24) 호세사천왕(護世四天王), 즉 지국(持國 : 東方)・증장(增長 : 南方)・광목(廣目 : 西方)・다문(多聞 : 北方) 사천왕(四天王)이다.

하나의 문에 들어감에 따라 모두 일체법계문을 갖추며, 나아가 모든 세간의 천신 등도 모두 비로자나이니 어찌 얕고 깊은 다름이 있겠는가! 만일 수행자가 차별이 없는 가운데에서 차별의 뜻을 이해하고 차별 가운데에서 무차별의 뜻을 이해할 수 있다면 이 사람은 이제(二諦)의 뜻에 통달하고 또한 진언의 상을 식별할 수 있음을 알아야 한다.

다음으로 경 가운데 모든 진언의 상을 설명하겠다.

처음의 게송에서, **"평등하고 바른 깨달음의 진언의 언어와 명칭으로 성립한 상**[25]**은 인다라**[26]**의 종(宗)과 같아 모든 현재와 미래를 이롭게 하는 것을 성취하게 한다"**고 하는 것은 여래 진언의 통상(通相)을 밝힌 것이다. 지금 또 최초의 삼매야의 진언[27]에 의거하여 이것을 해설하면, 이른바 낱낱의 종자가 모두 일종의 입법계문(入法界門)이다. 아사마(阿三迷, asama)라고 하는 것에서 아(阿)자는 무생문(無生門)이며, 사(娑)자는 무제문(無諦門)이고, 마(麼)자는 대공문(大空門)이다.

"명칭"이란 이 낱낱의 자문은 합하여서 하나의 명사가 된다. 아(阿, a)는 무(無)라 이름하고, 사마(三迷, sama)는 이름하여 등(等)이라 한다. 만일 다시 이를 합하면 바로 무등(無等)이 된다.

"성립"이란 이 온갖 명칭을 의거하여 처음과 끝이 함께 하나의 뜻을 이룬다는 것이다. 처음의 구절에 무등이라 하고 다음에 삼등(三等)이라 하며 다음에 삼매야라 하는 것처럼 서로 합하여서 성립된다. 즉 이것은 무등삼평등(無等三平等)의 삼매야이다. 또한 많은 명칭으로써 함께 하나의 구절을 이루는 것과 같은 것이 이른바 제행무상(諸行無常) 등이며, 나아가 이 많은 구절을 종합하여 합하니 하나의 게송이 되고 그런 다음에 뜻이 원만해진다. 예를 들면 제행무상(諸行無常)·시생멸법(是生滅法)·생멸멸이(生滅滅

25) 이것은 일언일명(一言一名)이 합해서 하나의 진언이 성립한다는 뜻이다.
26) 인다라(因陀羅, Indra), 즉 제석천(帝釋天)은 성명론(聲明論)을 만들었으며, 논 가운데의 일자(一字) 일구(一句)에 많은 뜻을 포함한 것을 말한다.
27) 「밀인품」에서 최초로 설하는 입불삼매야(入佛三昧耶)의 진언이다.

已)・적멸위락(寂滅爲樂) 등이다. 모두 진언이 성립하는 모습이며 다른 것들은 모두 이것에 따른다.

"인다라의 종과 같아"라고 하는 것에서 인다라(因陀羅, Indra)는 천제석(天帝釋)의 다른 이름이다. 제석은 스스로 『성론(聲論)』을 지어서 한 마디의 말로써 온갖 뜻을 함축하기에 끌어와서 증명으로 삼은 것이다. 세간의 [제석이 지닌] 지혜조차 오히려 이와 같은데 하물며 여래께서 법에서 자재하심이랴!

"모든 도리와 이익을 성취케 한다"고 하는 것은 여래의 진언은 낱낱의 말에 있어서 모두 온갖 도리와 이익을 성취하고 하나하나의 명칭 가운데에 역시 온갖 도리와 이익을 갖추어 성취하며, 하나하나가 성립하는 모습 가운데에도 역시 온갖 도리와 이익을 갖추어 성취한다.

잠시 삼매야의 진언을 거론하면 최초의 아(阿)자는 본래 생겨남이 없는[本不生] 뜻인 까닭에 식재의 작용이 있다. 본래 생겨남이 없으므로 온갖 공덕을 구족하여 빠뜨림이 없으면 바로 증익의 쓰임이 있다. 본래 생겨남이 없기에 한량 없이 많은 허물을 모조리 없애어 남김 없게 하면 곧 항복의 쓰임이 있다. 다시 하나의 법으로서 이 본래 생겨남이 없음을 내게 한다면 곧 섭소(攝召)의 쓰임이 있다.

이와 같이 본래 생겨남이 없는 가운데에는 애써 지음이 없으면서도 온갖 사업을 성취한다. 아자와 마찬가지로 그 밖의 낱낱의 자도 역시 이와 같다. 낱낱의 자와 마찬가지로 낱낱의 명구(名句)와 성립하는 모습도 모두 역시 이와 같다. 이러한 까닭에 이 진언 가운데에 온갖 공용을 구족하였음을 알아야 한다.

이상에서 진언의 통상(通相)을 설명하여 마쳤다.

다음에 진언의 별상(別相)을 밝히겠다.

"증가(增加)[28]의 법구(法句)와 본명(本名)과 행(行)이 상응(相應)한다."

---

28) 자(字)에는 산스크리트어로 두 가지 음이 있는데 첫째는 아찰나(阿刹羅)로 이것은 근본자이며, 둘째는 이비비(哩比鞞)로 증가자이다. [『대일경소』 17권] 이렇게 더해지는

진언의 사업을 지으려면 이 진언 가운데 근본으로 세운 명칭과 하고자 하는 의취(意趣)를 관하여 그 부류의 차별을 분별하고 성상(性相)이 응하는 바에 따라 이를 행하여 사용하여야 한다는 것이다.

마치 진언 가운데 법계와 법성과 대공(大空)과 부사의계(不思議界)의 갖가지로 차별된 명언(名言)을 여래가 스스로 증득한 참된 바탕과 더불어 상응하게 하는 것이다. '이러한 것은 불부(佛部)[29]의 진언이다'라고 하지만, 설령 다른 부의 것이라도 역시 불부용(佛部用)으로 사용할 수 있다는 것을 알아야 한다.

만일 대비 · 보안(普眼) · 무염착(無染著) 등과 상응하는 명의(名義)[30]가 있으면 이것은 연화부용임을 알아야 한다. 만일 금강 · 불괴(不壞) · 무희론 등과 상응하는 명의가 있으면 이것은 금강부용임을 알아야 한다. 이와 같은 등의 뜻은 한량 없이 많고 끝이 없다. 유가자는 뜻으로써 이를 짐작하여야 하나니, 상세하게 다 거론할 수 없기 때문이다.

또한 경에서는 명칭과 행과 상응의 작용을 설하고 있다.

만일 모든 진언 가운데 옴(唵, oṁ) · 훔(吽, hūṃ) · 발책가(發磔迦, paṭaka) · 힐리비(頡唎媲, hrḥ) 등의 글자가 있으면 이는 불정(佛頂)의 명호임을 알아야 한다. 만일 게리한나야(揭嘌佷拏也, grhṇa)[잡아 취한다는 뜻], 카다야(佉陀耶, khādaya)[먹는다는 뜻], 반자(畔闍, bhaṇja)[파괴의 뜻], 하나(訶娜, hana)[때린다는 뜻], 마라야(摩羅也, marya)[살해한다는 뜻], 발타

구를 가구(加句)라 한다. 즉 진언의 위 아래에 증가시키는 어구를 가리킨다. 수법의 종류에 따라 증가시키는 구는 각기 차별이 있다. 예를 들svāhā)면 식재법을 행할 때에는 송하는 진언의 최초에 옴(唵, oṃ)을 더하며 가장 끝에 사바하(莎訶, 를 넣거나 혹은 선디가(扇底迦, śqntika)의 구절을 더한다. 조복법을 닦을 때에는 훔(吽, hūṃ)으로 시작하여 끝에 훔(吽, hūṃ)이나 발타(發吒, phāṭ)로 끝낸다.

29) 불의 분류에 속하는 것. 태장만다라 삼부(三部)의 하나이며, 금강계 오부(五部)의 하나이다. 여래부(如來部)라고도 한다. 이 두 만다라에서 대일여래(大日如來)의 덕용(德用)에 속한 자이다. 단 노사나불(盧舍那佛)은 여래라 칭하지 않으며, 대일여래도 불(佛)의 칭호를 사용하지 않는다. 일반적으로 석가불 · 약사불 · 아미타불 · 아촉불 · 보생불 · 다보불 등 모든 부처님이 통상 두 가지 칭호를 함께 쓴다.

30) 상응하는 명의란 유사한 명칭과 의리(義理)라는 뜻이다.

야(鉢吒也, pataya)[때려 눕힌다는 뜻]와 같은 뜻을 지닌 종류의 글자들이 있으면, 이것은 분노(忿怒)존 등의 모든 봉교자(奉敎者)의 진언임을 알아야 한다. [이러한 진언은] 항복법과 섭소법에 사용할 수 있다.

"씹어먹는다"는 뜻을 설명하면, 씹어먹는다는 것은 모든 분노존들로 하여금 모든 비나야가(毘那也迦)의 종류를 삼켜 없앰을 말한다. 그렇다면 [비나야가의 종류를 삼켜 없앤다고] 말한 것처럼 모든 부처님에게 중생을 죽이는 죄가 있을까? 지금 이 근본의 뜻을 밝히면 다음과 같다. 비나야가는 온갖 장애를 짓는 자를 말하는데 이러한 장애는 모두 망상심에서 생긴다. 만약 이와 같은 무거운 장애를 먹어치워 마음의 눈을 뜨게 한다면 이것을 바로 참된 분노자라 함을 알아야 한다. 이 카자문(佉字門)으로써 모든 중생들의 장애를 먹어 치우면 이는 여래께서 시키시는 행으로서 여래의 사업이다. 그밖의 부류는 이를 유추하면 알 수 있을 것이다.

또한 만일 진언 가운데에 나모(納麽,)[이는 귀명의 뜻이다] 사바하(莎縛訶,)[이는 섭취(攝取)라는 뜻이다] 등의 글자가 있으면 이 진언은 삼마지를 닦아서 적정(寂靜)과 상응하는 진언임을 알아야 한다. 혹은 선다(扇多,)[이는 고요함(寂)의 뜻이다] 미성타(微成陀,)[이는 청정의 뜻이다] 등의 글자가 있으면 온갖 원을 이루어 채우는 진언임을 알아야 한다. 또한 이 선다(扇多)는 식재의 뜻도 있으며, 불부(佛部)와 상응한다. 그밖의 것들은 『소실지경』[31] 등에서 상세하게 설명한 것과 같다. 앞에서 설한 것과 같은 것은 모두 모든 불보살의 진언상(眞言相)이다.

다음에 "또한 성문(聲聞)이 설하는 바 하나하나의 구를 펼쳐 봉안한다"라고 하는 것은 무엇인가? 성문은 다른 것을 의지하여 법성에 들어가므로 아직

31) 『소실지경』 상권 「진언상품(眞言相品)」(대정장 18, 634 중 이하). '불부(佛部)의 진언은 선디가(扇底迦)이고, 연화부(蓮華部)의 진언은 보슬치가(補瑟徵迦)이며, 금강부(金剛部)의 진언은 아비차로가(阿毘遮嚕迦)이다. (…중략…) 저 진언 가운데 선디가로(扇底迦嚕)라는 글자와 사실디구로(莎悉底句嚕)라는 글자와, 축망(閦莽)이라는 글자와, 바라축망(缽囉二合閦莽)이라는 글자와, 오바축망(烏波閦莽)이라는 글자와 사바하[莎去訶去]라는 글자가 있으면 이것이 선지가진언임을 알아야 한다.'

깊지 못해서 하나의 언어 가운데 갖추어진 온갖 덕을 알지 못한다. 마치 제행무상(諸行無常)이라고 설하는 하나의 사구게에서 반드시 차례대로 펼쳐서 문장의 뜻에 빠뜨린 것이 없어야 이에 참된 말을 이루며, 자문(字門)으로 뜻을 밝히거나 명구(名句)를 늘릴 필요가 없는 것과 같다.

벽지불은 비록 언설이 없을지라도 역시 신통력으로 진언을 나타내니, 모든 진언을 수지하는 자는 도리와 이익을 획득할 수 있다. 이 가운데에 "약간의 차별이 있다"고 하는 것은 벽지불과 성문이 번뇌가 다한 것은 동일하나 삼매에 깊고 얕은 다름이 있[음을 가리킨]다. 신통으로 사물을 이롭게 하며 그 바라는 바를 모두 성취하는 데에서 [부처님의] 사대 제자를 빼고 그 밖의 성문들은 능력이 미치지 못한다. 또한 그 진언은 오로지 십이인연의 적멸한 이치를 설할 뿐이다. 그래서 "말하자면 삼매가 다른 것으로 업으로 생겨남을 깨끗이 없앤다"고 하였다.

31. 진언의 지분(持分)

경 가운데에서 다음으로 진언의 진실한 모습을 설하고자, "다시 비밀주여. 이 진언의 상은 모든 부처님들께서 만든 것이 아니며 남으로 하여금 만들게 한 것도 아니며, 따라 기뻐한 것도 아니다. 왜냐하면, 이러한 모든 법은 법으로서 이와 같기 때문이다. 모든 여래가 출현하시든 출현하지 않으시든 모든 법은 본래 그대로 이와 같이 머문다. 말하자면 모든 진언은 진언으로써 법이이기 때문이다"라고 하였다. 여래의 몸과 말과 뜻은 필경 평등하기에 이 진언의 상(相)과 소리와 글자도 모두 항상하다. 항상하기에 흐르지 않으며 변하여 바뀌지 않으며 있는 그대로 이와 같아 조작하여 지은 바가 아니다. 만일 만들 수 있다면 이것은 생하는 법이다. 법이 만약 생함이 있으면 곧 파괴

될 수 있으며 [생(生)·주(住)·이(異)·멸(滅)의] 사상(四相)으로 흘러가니 항상함이 없고 나[我]라고 할 것도 없다. 어찌 진실한 말이라고 하겠느냐! 이러한 까닭에 부처님께서는 스스로 지어진 것은 없고, 다른 사람이 짓게 할 수도 없다고 하셨다. 설령 짓게 하는 사람이 있더라도 수희(隨喜)하지 않으신다. 이러한 까닭에 이 진언의 상은 만일 부처님께서 세상에 나오시거나 나오시지 않거나, 또는 이미 설하셨거나 아직 설하지 않으셨거나 현재 설하시거나, 법은 법위(法位)에 머물러 성상(性相)이 언제나 머문다. 이러한 까닭에 필정인(必定印)이라 부른다. 모든 성인의 도는 동일하다. 즉 이 대비만다라의 모든 진언과 낱낱의 진언의 상은 모두 본래 있는 그대로 이와 같다. 그러므로 거듭 이렇게 말하였다.

만약 이와 같으면 이 모든 진언의 상은 필경에 적멸하여서 다른 이에게 수여할 수 없으니 어찌한 까닭에 어떤 때에는 나타나고 어떤 때에는 숨는 것인가? 그러므로 경에 다시 그 이유를 해석하여 다음과 같이 말하였다.

"비밀주여. 정등각을 성취하여 모든 것을 아는 자이며, 모든 것을 보는 자가 세간에 나오시어 스스로 이 법으로 갖가지 도를 말씀하시며, 갖가지 하고자 하는 바에 따라 갖가지 모든 세계[趣]의 음성으로 가지하시며 진언의 도를 설하신다."[32)]

이 뜻을 말하면 여래 자증의 법체(法體)는 부처님께서 스스로 지으신 것이 아니고 다른 천·인이 지은 것도 아니며 있는 그대로의 모습으로 상주한다. [부처님께서는] 가지신력으로 [여래 자증의 법체를] 세간에 드러내어 중생을 이익되게 하신다. 지금 이 진언문의 비밀한 몸·말·뜻은 바로 법신불의 평등한 몸·말·뜻으로써 또한 가지력으로 세간에 출현시켜 중생을 이익하게 한다. 여래의 걸림없는 지견(知見)은 모든 중생들이 상속하는 가

---

32) 『경』의 본문은 다음과 같다. "비밀주여. 등정각을 성취하여 모든 것을 아는 자이며, 모든 것을 보는 자가 세간에 나오시어 스스로 이 법으로 갖가지 도를 말씀하시며, 갖가지 하고 싶어하는 것에 따라 갖가지 모든 중생의 마음에 따라 갖가지 구절과 갖가지 글과 갖가지 방언에 따르는 말과 갖가지 모든 세계의 음성에 따라 가지로써 진언의 도를 설하신다."

운데에 있으며 자연적으로 성취하여 모자라거나 줄어듦이 없다. 이 진언의 체상(體相)을 실다웁게 깨닫지 못하면 생사[윤회]에 속한 사람이라 한다. 만약 스스로 알고 스스로 볼 때에는 곧 "모든 것을 아는 자이며 모든 것을 보는 자"라고 한다. 그러므로 이와 같이 지견(知見)하는 때에는 [수행자가 바로] 부처가 되어 스스로 조작한 것도 아니며 또한 다른 이로부터 전수받은 것도 아님을 알게 된다. 부처가 되어 도량에 앉아 이와 같은 법을 증득하고 나서 일체의 세계가 본래부터 언제나 이러한 법계라는 것을 요지하면 즉시에 대비심을 일으킨다.

어찌하여 중생들은 불도에 매우 가까이 있으면서도 스스로 깨닫지 못하는가?

그래서 이러한 인연으로 여래께서는 세상에 나오시어 이와 같은 부사의법계를 사용하여 갖가지의 도를 분별하여 지으시고 갖가지의 승(乘)을 열어 보이며, 갖가지의 좋아하는 마음의 근기에 따라 갖가지의 문구와 방언(方言)으로써 자재롭게 가지하시어 진언도를 설하신 것이다. 근기에 따라 감응하여 일으켰을지라도 실제(實際)를 움직이지 않으셨다. 비록 선교방편으로 행하지 않는 것이 없을지라도 부처님께서 지으신 것이 아니다. 보문(普門)으로 다르게 설할지라도 다만 불지견으로써 중생에게 보여 깨닫게 하신다. 만일 수행자가 이 진언의 열 가지 비유 중에서 망녕되이 유위(有爲)와 생멸(生滅)을 보면 다시 마음의 번뇌를 늘릴 뿐이지, 여래의 본뜻이 아니다.

또 다시 세존께서는 미래세상의 중생이 근기가 둔하여서 두 가지 진리에 미혹하여 세속제에 즉하여 진제를 알지 못하기에, 은근하게 이러한 일을 가리켜서 이르시길, "비밀주여. 어떠한 것이 여래의 진언도인가? 이 베껴쓴 문자를 가지하는 것을 말한다"라고 하셨다. 세간의 문자와 언어는 [현상적으로는 망상의 문자로 이루어져 있어도 본래는] 진실한 뜻이므로, 이러한 까닭에 여래께서는 곧 진언의 진실한 뜻으로써 이를 가지하신다. 만약 법성을 벗어난 바깥에 따로 세간의 문자가 있다고 하면 이것은 바로 망심의 그릇된 견해이다. 도무지 진실한 체를 구할 수 없는데 부처님께서 신력으로 이를 가지하신다고 하면 이는 바로 전도(顚倒)에 떨어지며 진언이 아니다.

이미 가지되는 경우를 알았다. [그렇다면] 여래께서는 어떠한 법으로 [세간의 문자를] 가지하시는가? [이 질문에 대해서] 부처님께서는 다음과 같이 말씀하셨다.

"비밀주여. 여래는 무량백천 구지 나유타겁에 진실한 진리의 말씀[33]과 사성제(四聖諦)[34]와 사념처(四念處)[35]와 사신족(四神足)[36]과 십여래력(十如來力)[37]과 육바라밀(六波羅蜜)[38]과 칠보리보(七菩提寶)[39]와 사범주(四梵住)[40]와 열 여덟 가지 부처님의 공통하지 않은 법[十八佛不共法][41]을 모두 모아서 수행하셨다. 비밀주여. 요점을 말하자면 모든 여래의 일제지지와 일제여래의 자복지력(自福

---

33) 삼법인(三法印)을 가리킨다.

34) 고집멸도(苦集滅道)의 사성제를 말한다.

35) 신(身)・수(受)・심(心)・법(法)의 네가지에 대해 골똘히 생각하여 신(身)은 부정(不淨)이고, 수(受)는 괴로움이며, 심(心)은 항상하지 않고, 법(法)은 나라고 할 것이 없다고 관하여 상(常)・락(樂)・아(我)・정(淨)의 네 가지 치우친 견해를 쳐부수는 것이다.

36) ① 욕여의족(欲如意足), ② 정진여의족(精進如意足), ③ 심여의족(心如意足), ④ 사유여의족(思惟如意足)의 네 가지를 말한다.

37) ① 바른 도리와 그렇지 않은 도리를 판별하는 지혜의 힘, ② 선악업과 그 과보를 참답게 아는 지혜의 힘, ③ 4선, 8해탈, 삼삼매 등을 여실히 아는 지혜의 힘, ④ 중생의 근기의 높고 낮음을 여실히 아는 지혜의 힘, ⑤ 중생의 여러 가지 의욕과 경향을 여실히 아는 지혜의 힘, ⑥ 중생계와 그 성류(性類)를 여실히 아는 지혜의 힘, ⑦ 어떤 수행에 의해 어떤 도에 나가는가를 여실히 아는 지혜의 힘, ⑧ 중생의 숙명(宿命)을 여실히 아는 지혜의 힘, ⑨ 중생의 미래를 여실히 아는 지혜의 힘, ⑩ 모든 번뇌가 다한 것을 여실히 아는 지혜의 힘이다.

38) 보시(布施)・지계(持戒)・인욕(忍辱)・정진(精進)・선정(禪定)・반야바라밀(般若波羅蜜)이라고 하는 여섯 가지 실천덕목.

39) 깨달음의 지혜를 도와주는 일곱가지의 법. 칠각지(七覺支)로서 염각지(念覺支)・택법각지(擇法覺支)・정진각지(精進覺支)・희각지(喜覺支)・제각지(除覺支)・정각지(定覺支)・사각지(捨覺支)를 말한다.

40) 모든 중생에게 즐거움을 주고 괴로움과 미혹을 없애기 위하여 보살이 가지는 자비심으로 자・비・희・사(慈・悲・喜・捨)의 네 가지 무량한 마음. 무량한 중생을 연하여 행자가 고를 여의고 낙을 얻도록 관하여 삼매에 드는 것이다. 사친근(四親近)・사등지(四等至)・사무량심(四無量心)・사범행(四梵行)이라고도 한다.

41) 범부는 물론 아라한이나 벽지불 또는 보살과도 공통하지 않는 부처 독자의 법. 십력(十力)・사무소외(四無所畏)・삼념주(三念住)・대비(大悲)의 18가지를 말한다.

智力)과 자원지력(自願智力)과 온갖 법계의 가지력으로써 중생에 수순하여 그 종류와 같은 진언교법을 열어 보이신다."

말하자면 여래께서는 한량 없이 많은 아승지겁에 쌓아모으신 공덕으로써 모든 장소에 두루하게 보문으로 가지하신다. 이러한 까닭에 하나하나의 언어·명칭·성립(成立)에 따라 모두 인다라종(因陀羅宗)과 같이 모든 도리와 이익을 성취하지 못함이 없다. 이 낱낱의 공덕은 바로 진언의 상과 같으며, 법성은 스스로 그러하여서 조작하여 이룬 바가 아니다.

지금 아자의 한마디 말을 거론하여 그 뜻을 말하면, 수행자가 스스로 마음을 증득하는 때에 세간과 출세간의 인과는 본래부터 생겨남이 없음을 알게 된다. 그러므로 고(苦)·집(集)·멸(滅)·도(道)가 없으며 하나의 실제(實諦) 뿐이라고 알게 된다. 이 하나의 실제를 보고 나서 반드시 사자후하여 널리 중생들을 위하여 설하신다. 이것을 '수만 가지 수행을 쌓아모은 진실한 진리의 말씀[積集修行眞實諦語]'이라 부른다.

또한 여덟 가지 전도[八顚倒][42]가 본래 생겨남이 없다는 것을 알기 때문에 여래의 염처(念處)를 성취한다. 사여의족(四如意足)[43]이 본래 생겨남이 없음을 알기 때문에 법성의 신통을 성취한다. 처비처지력[處非處智][44] 등이 본래 생겨남이 없음을 알기 때문에 부처님의 자연지력(自然智力)을 성취한다. 여섯 가지 가림[六蔽]이 본래 생겨남이 없음을 알기 때문에 육바라밀의 피안에 도달한다. "칠보리분(七菩提分)"이 본래 생겨남이 없음을 알기 때문에 일곱 가지의 무사각보(無師覺寶)를 성취한다. "사범주(四梵住)"가

---

42) 범부·이승이 미혹하여 집착하는 여덟 가지 전도(顚倒). 간략히 칭하여 팔도(八倒)라 한다. 즉 범부는 유위(有爲) 생멸의 법을 상(常)·락(樂)·아(我)·정(淨)이라 집착하고, 이승의 수행자는 무위열반(無爲涅槃)의 법을 비상(非常)·비락(非樂)·비아(非我)·비정(非淨)이라 집착한다. 본『대일경소』제7권에는 상(常)·락(樂)·아(我)·정(淨)·고(苦)·공(空)·무상(無常)·무아(無我)를 설하고 있다.

43) 사신족(四神足)이라고도 한다. ① 욕여의족(欲如意足), ② 정진여의족(精進如意足), ③ 심여의족(心如意足), ④ 사유여의족(思惟如意足)의 네 가지를 말한다.

44) 여래십력 중의 첫 번째로써 바른 도리와 그렇지 않은 도리를 판별하는 지혜의 힘이다. '등'이라 하였으므로 다른 아홉 가지 힘도 포함시키고 있다.

본래 생겨남이 없음 알기 때문에 무연(無緣)의 자비희사(慈悲喜捨)를 성취한다. "열 여덟 가지 부처님의 공통하지 않은 법[十八佛不共法]"이 본래 생겨남이 없음을 알기 때문에 마음의 인식경계를 벗어나 모든 중생들과는 공통되지 않으신다. 나아가 갖가지 법문을 자재하게 설하신다.

또한 이 경의 초품에서 밝힌 뜻으로 볼 때에 만약 유온무아(唯蘊無我)임을 알고 나아가 적연한 법계를 증득하면 당연히 아(我)·인(人)·중생·수자(壽者)가 본래 생겨남이 없다는 [가르침]에 의거하여 갖가지 법문을 밝히게 된다. 다섯 가지 비유로 자성이 공함을 관찰할 때에 모든 온(蘊)이 본래 생겨남이 없음에 의거하여 갖가지 법문을 밝힌다. 온의 아뢰야를 관찰하고 나아가 마음의 전제(前際)와 후제(後際)를 얻을 수 없음을 깨달을 때에 마음의 영상이 본래 생겨남이 없음에 의거하여 갖가지 법문을 밝힌다. 극무자성심(極無自性心)이 생길 때에 정보리심이 본래 생겨남이 없음에 의거하여 갖가지 법문을 밝힌다. 내지 여래지(如來地)는 대비태장만다라가 구경에 생겨남이 없다는 뜻에 의거하여 갖가지 법문을 밝힌다. 예컨대 아(阿)자는 불생문(不生門)이고 가(迦)자는 무작문(無作門)이라는 등을 모두 자세하게 설해야 한다. 또한 낱낱의 종자와 나아가 낱낱의 명칭이 일일이 성립함을 모두 자세하게 설해야 한다.

또 다시 세존께서는 법에 자재하시어 하나의 글자로써 보리심 등의 갖가지 일(一)의 법문을 섭수하신다. 혹은 두 글자로 지관(止觀) 등 갖가지 이(二)의 법문을 섭수하신다. 혹은 세 글자로써 삼공(三空) 등 갖가지 삼(三)의 법문을 섭수하신다. 혹은 네 글자로써 사념처 등 갖가지 사(四)의 법문을 섭수하신다. 혹은 다섯 글자로써 오근(五根)·오력(五力) 등 갖가지 오(五)의 법문을 섭수하신다. 혹은 여섯 글자로써 육바라밀[六度] 등 갖가지 육(六)의 법문을 섭수하신다. 혹은 일곱 글자로써 칠보리보(七菩提寶: 칠각지) 등 갖가지 칠(七)의 법문을 섭수하신다. 혹은 여덟 글자로써 팔직도(八直道: 팔정도) 등 갖가지 팔(八)의 법문을 섭수하신다. 혹은 아홉 글자로써 구정(九定: 구차제정) 등 갖가지 구(九)의 법문을 섭수하신다. 혹은 열 글자로써 십력

(十力) 등 갖가지 십(十)의 법문을 섭수하신다. 내지 한량 없이 많은 글자로 한량 없이 많은 법문을 섭수하신다. 모든 명구(名句) 등도 역시 이와 같다.

또한 진언의 통상(通相)에 관해서는 예컨대 수행자가 하나의 아자문을 지닐 때에 그들의 성품과 탐욕과 근기에 따라 사념처를 깨닫기도 하고 사신통을 깨닫기도 하는 등 각각 같지 않다. 그러나 하나의 법문을 따라 이해할 때에는 그밖의 모든 법문을 갖추어 갖가지의 법보(法寶)를 구하지 않아도 저절로 이른다. 진언의 별상(別相)에서 네 글자로써 사념처의 법문을 섭수하는 것처럼 여법하게 수행할 때에는 비록 자신이 옛적에 신(身)·수(受)·심(心)·법(法)을 바르게 관찰한 적이 없었더라도 자연히 염처문을 깨달아 법계의 모든 법문에 들어간다. 일상적인 도의 명칭과 의미는 『대지도론』 등에서 자세히 설명한 것과 같다. 여래께서 갖가지 법문을 두루 열거할 필요가 없었기 때문이다.

거듭 요약해서 말하면 처음에 말한 일체지지(一切智智)란 바로 시방삼세 여래의 모든 금강지인(金剛智印)을 모두 열거한 것이다. [시방 모든 부처님께서] 함께 하시는 가지(加持)는 고루 미치지 않은 곳이 없다. 또 일체의 여래께서는 전생에 보살도를 닦으실 때에 모으신 끝없는 복덩어리로 다함 없는 큰 원을 발하시고 나아가 살바야(薩婆若) 가운데에서 궁극까지 둥글게 채우신다. 이러한 까닭에 모두 지혜의 명칭을 얻는다. 말하자면 이와 같은 복과 원과 지력(智力)과 일체 법계의 본성가지력(本性加持力)으로써 세간에 수순하시어 그 종류에 따라 가지하신다. 이러한 까닭에 모든 중생들에게 갖가지 몸과 말과 뜻으로 진언의 가르침을 열어 보이실 수 있는 것이다.

"비밀주여, 진언의 교법이란 어떠한 것인가?"

아자문 등은 진언의 교상이다. 비록 상이 체와 다르지 않고 체가 상과 다르지 않다하더라도 상은 조작하거나 닦아 이룰 수 없어 다른 사람들에게 보일 수 없으므로 해탈을 여의지 않고도 소리와 문자를 지어 나타낼 수 있다. 낱낱의 소리와 문자는 법계에 들어가게 하는 가르침이므로 진언법교(眞言法敎)라는 명칭을 얻는다. 진언의 법교를 논하려면 응당 일체 온갖 세계의 명칭과 언어에 두루 따라야 한다. 다만 여래께서 세상에 나오신 자취가 천축[인도]에서 시작되고 전법자도 역시 산스크리트 문을 사용하므로 한 가지 길로 뜻을 밝혔을 뿐이다.

32. 삼십칠자문(三十七字門)

"아자문(阿字門)[45)]이란 모든 것이 본래 생겨남이 없다는 뜻이다."

아(阿)자가 모든 교법의 근본이기 때문이다. 무릇 최초에 입을 열어 나오는 소리는 모두 아(阿)의 소리가 있다. 만약 아의 소리가 없다면 온갖 언설이 있을 수 없다. 그러므로 모든 소리의 어머니가 되는 것이다. 무릇 삼계(三界)의 언어는 모두 명칭에 의지하고 명칭은 글자에 의지한다. 그러므로 실담(悉曇)의 아(阿)자는 온갖 글자의 어머니이다. 아자문의 진실한 뜻도 역시 이와 같아서 모든 법의 뜻 가운데에 두루하다는 것을 알아야 한다. 왜냐하면 모든 법은 온갖 연으로부터 생겨나지 않은 것이 없기 때문이다.

연으로부터 생겨난 것은 모두 다 시작이 있고 근본이 있다. 지금 이 능생(能生)의 연(緣)을 관찰하니 또 다시 온갖 인연으로부터 생하며, 구르고 굴러서 연에 따른다. 어느 것이 그 근본인가?

이와 같이 관찰할 때에 곧 본래 생겨남이 없다는 이치[本不生際]를 알게 되니, 이것이 만법의 근본이다. 마치 모든 언어를 들을 때에 곧 아자의 소리를 듣는 것과 같아서 모든 법이 생기는 것을 볼 때에 이것이 바로 본래 생겨남이 없다는 이치를 보는 것이다. 만약 본래 생겨남이 없다는 이치를

---

45) 아(阿, ādyanutpāda), 불생(不生)의 뜻이다. 실담(悉曇) 12운(韻)의 하나이며, 50자문(字門)의 첫째이다. 범어에서는 이 음을 근본으로 하여 일체의 범어를 내고 이 글자를 으뜸으로 하여 일체의 범자(梵字)를 낸다고 한다.

보면 곧 실다웁게 자기의 마음을 안다. 실다웁게 자기의 마음을 아는 것은 바로 일체지지(一切智智)이다. 그러므로 비로자나는 오직 이 한 글자로써 진언을 삼으신다. 그런데 세간의 범부는 모든 법의 본원을 관찰하지 못하기에 망녕되이 '생기는 것이 있다'고 말한다. 그 까닭에 생사의 흐름에 따르며 스스로 벗어나지 못한다. 저 지혜없는 화가가 스스로 온갖 채색을 섞어서 두려워할 만한 야차의 형상을 만들고서 완성된 다음에 도리어 자기가 이 그림을 보고 마음에 두려움이 생겨서 갑자기 땅바닥에 쓰러지는 것처럼 중생도 역시 이와 같다. 스스로 모든 법의 본원을 움직여서 삼계를 그려 만들고 도리어 스스로 그 가운데에 빠져서 자기 마음을 모두 불태우며 온갖 괴로움을 받는다. 여래의 지혜 있는 화가는 이미 잘 알고 나서 곧 자재하게 대비만다라를 이룬다. 이로 말미암아서 말하면 이른바 매우 깊은 비밀한 가르침이란 중생이 스스로 이를 감출 뿐이지 부처님께서 숨기는 것이 아니다.

"가지문(迦𑖎字門)[46]이란 모든 법이 작업을 떠나 있음이다."

산스크리트어로 가리야(迦哩耶, kārya)는 작업(作業)의 뜻이다. 모든 외도들이 짓는 자와 짓게 하는 자 등이 있다고 헤아리는 것처럼 모든 부파불교의 논사들도 역시 지음이 있고 짓는 자가 있으며 사용되는 작법이 있어서 이 세 가지가 화합하기에 과보가 있다고 주장한다. 만일 반야의 방편에 인하여 분명히 있다고 하면 즉 무인(無因)에 떨어진다. 무인에 떨어진다면 모든 법은 인과가 없다. 법을 생기게 함을 인(因)이라 하고 생겨난 법을 과(果)라 한다. 이 두 가지 법이 없으므로 지음과 짓는 자와 지어지는 법과 죄와 복과 과보 및 열반도의 일체는 모두 존재하지 않는다. 또한 지음과 짓는 자가 서로 인(因)을 기다려 생기는데, 만약 분명히 짓는 법이 있다면 결정코 짓는 이도 있어야 한다[고 한다]. 모두 외도의 논의와 다르지 않다. 『중론(中論)』 「관작작자품(觀作作者品)」[47]에서 자세하게 설명한 것과 같다.

---

46) 가(迦, kārya), 작업(作業)의 뜻이다.

47) 『중론(中論)』 제8 「관작작자품(觀作作者品)」(대정장 30, 12 중). '만일 먼저부터 결정코

지금 지음과 짓는 자 등이 모두 다 온갖 인연으로부터 비롯됨을 바르게 관찰하면 곧바로 본래 생겨남 없다는 진리[本不生際]에 들어간다. 본래 생겨남 없다는 진리란 부처님께서 계시든 계시지 않던 본래 있는 그대로 이와 같다. 누가 조작의 처음이겠는가! 이러한 까닭에 만일 가(迦)자를 보면 곧 일체 모든 법이 다 조작하여 만들어진 것임을 아니 이것을 이름하여 자상(自相)이라 한다. 만일 이러한 법을 짓는 자라면 필경에 지음이 없음을 진실한 뜻으로 삼는다는 것을 알아야 한다.

"카자문(佉𑖏字門)[48]이란 모든 법이 허공과 같아 얻을 수 없음이다."

산스크리트어로 카(佉)자는 허공의 뜻이다. 세간에서 허공은 생겨나지도 않고 지어진 것도 아닌 법이라고 공통으로 인정한다. 만약 모든 법이 본래 생겨남이 없어서 모든 지음을 여의면 이것은 필경 허공의 모습과 같다. 지금 이 공한 모습도 역시 얻을 수 없다. 어찌한 까닭인가. 세간에서 물질이 없는 곳을 허공의 모습이라고 하는 것과 같이 물질은 지어진 법으로써 항상함이 없다. 만일 물질이 아직 생기지 않았다면, 물질이 아직 생기지 않았으므로 사라지는 것도 없다. 이때에 허공의 모습도 없다. 물질을 원인으로 하여 물질이 없는 곳이 있나니, 물질이 없는 곳을 공(空)이라 한다.

『중론』「관육종품(觀六種品)」[49]에서 자세하게 설명하였는데 이 가운데의 뜻도 역시 이와 같다. 만일 물질이 본래 생겨남이 없다면 무엇을 이름하여 물질이 없는 곳이라고 하는가? 물질이 없는 곳은 설할 수 없으니 바로 허공에는 정해진 모습이 없다. 또한 모든 법은 허공의 모습과 같고 이것을 모습을 속이지 않는 열반이라 한다. 경에서 설하는 것과 같아서 오음(五陰)이 멸하여 다시 다른 오음을 생하지 않으니 이것이 열반의 뜻이다.

짓는 이가 있고, 결정코 지은 업이 있음으로써 그대가 말하기를 '짓는 이가 지음이 있다'고 하면 이는 곧 원인 없음에 빠지나니, 지은 업을 떠나서 짓는 이가 있고, 짓는 이를 떠나서 지은 업이 있다 하기 때문이다. 이는 곧 인연에서 생한 것이 아니라는 말이 된다.'

48) 카(佉, kha), 허공(虛空)의 뜻이다.

49) 『중론』(대정장 30, 7 중). '형상의 법이 있지 않으므로 형상할 수 있는 법도 없고 형상할 수 있는 법이 없으므로 형상의 법도 없다.'

만약 오음이 본래 생겨남이 없다면 지금 무엇이 멸하는 것이며 열반이라 이름하겠는가! 이러한 까닭에 허공과 같은 모습도 역시 얻을 수 없으니 이것이 카자문의 진실한 뜻이다.

"가자문(哦ग字門[50])이란 모든 법의 일체행(一切行)은 얻을 수 없음이다."

산스크리트어로 가다야(哦哆也二合, gatya)는 행(行)이라 한다. 행이란 가고 오며 나아가고 물러가며 머물지 않는다는 뜻이다. 지금 아자문으로부터 전전(展轉)하여 이를 해석하면 모든 법은 본래 생겨남이 없기에 지음도 없고, 지음이 없기에 곧 상대해서 공이라 말할 것도 없다. 공이란 바로 행하지 않는 곳이다. 행하지 않는 곳조차도 오히려 얻을 수 없거늘 하물며 행하는 곳이겠는가!

『중론』의 「관거래품(觀去來品)」[51]에서는 가는 것[行]과 그침[止]의 뜻을 밝히고 있다. 상속(相續)하기 때문에 행이라 부른다. 마치 곡식의 씨앗으로부터 싹과 줄기와 잎이 나오는 것처럼 무명(無明)이 제행(諸行) 등을 연하는 것과 같다. 끊어지므로 그침[止]이라 말한다. 마치 곡식의 씨앗이 사라지면 싹과 줄기가 사라지는 것처럼 무명이 멸하므로 제행 등이 멸한다. 만일 법이 이미 행하였다면 곧 무행(無行)이다. 이미 행하였기 때문이다. 아직 행하지 않은 것도 역시 무행이다. 아직 행하는 법이 있지 않기 때문이다. 행할 때에도 역시 무행이다. 이미 행한 것과 아직 행하지 않은 것을 여의지 않았기 때문이다.

이와 같은 등의 갖가지 문으로 관찰하니 필경에 가는 것이 없다. 가는 것이 없으므로 그치는 것도 없다. 가는 것도 없고 그치는 것도 없으므로 곧 여섯 가지 중생의 세계에 왕래하는 자도 없으며 또한 열반에 머무는 자도 없다. 또 다시 어떤 사람이 본래의 장소에서 움직이지 않고서도 도착한 곳이라면 이 사람은 가는 것도 없고 도달함도 없다고 알아야 한다.

---

50) 가(哦, ga, gati), 행(行) 또는 거래(去來) · 진(進) · 퇴불주(退不住)라는 뜻이다.
51) 『중론』(대정장 30, 3 하). '이미 갔다지만 간 것이 없고 아직 안 간 것도 갈 것 없나니 이미 간 것, 가야할 것 모두 여의면 가는 시간도 가지 않는다.'

그래서 모든 가는 것[行]은 얻을 수 없다고 하였다.

"가자문(伽𑖑字門)[52]이란 모든 법이 하나로 합한 모습은 얻을 수 없음이다."

산스크리트로 가나(伽那, ghaṇa)는 밀접하게 합한다는 뜻이다. 온갖 미묘한 모습이 서로 합하여 하나의 가는 티끌을 이루는 것과 같이 모든 온이 서로 합하여 하나의 몸을 이룬다.

『중론』「관합품(觀合品)」[53]에 모든 [외도의] 논사들이 이르기를, '봄[見]과 보이는 것[可見]과 보는 이[見者]의 세 가지 일 때문에 소견(所見)이 있으니 합(合)이 있음을 알라. 들음[聞]과 들리는 것[可聞]과 듣는 이[聞者], 나아가 물들음[染]과 물드는 것[可染]과 물드는 이[染者] 등과 같이 모든 번뇌도 역시 그러하다'고 하였다.

답변하는 자는 이르기를, '무릇 사물은 모두 다르기 때문에 합함이 있다고 하지만 지금 일체법의 이상(異相)은 얻을 수가 없기 때문에 합함이 없다'고 한다. 저 [관합품]에서 자세하게 설한 것과 같다.

자문(字門)을 전전하여 해석하기 때문에 행의 의미로 그것을 밝힌 것이다. 무릇 행함이 있다면 반드시 감[行]과 가는 것[可行]과 가는 이[行者]의 세 가지 일이 서로 합해야 한다. 하지만 지금 일체법은 본래 생겨남이 없기 때문에 감이 없다. 만일 감이 없다면 어떻게 감과 가는 것과 가는 이가 합할 수 있겠는가! 또한 만약 모든 법이 각각 다른 모습이어서 끝내 합함이 없을 때에 본래 생겨남 없다는 진리에 이르면 곧 다른 모습이 없으므로 역시 합함이 없다. 이러한 까닭에 일체법은 필경 합함이 없다.

"차자문(遮𑖓字門)[54]이란 모든 법이 일체의 흘러 변천함을 떠나있는 것이다."

산스크리트로 차유뎨(遮庾二合底, cyuti)는 바로 천변(遷變)의 뜻이다. 또한

---

52) 가(伽, gha, ghana), 일합(一合) 또는 밀합(密合)의 뜻이다.

53) 『중론』(대정장 30, 18 하). 외도의 질문에 대해 답하기를, '봄과 보이는 것과 보는 이의 세 가지는 제각기 다른 데 있으니 이들 세 법이 다르기 때문에 끝내 합할 때 있을 수 없다'고 하였다.

54) 차(遮, ca, cyuti), 천류(遷流) 또는 변천(變遷)의 뜻이다.

산스크리트어로 차리야(遮唎耶, caryā)는 제행(諸行)의 뜻이다. 차(遮)자를 볼 때에는 곧 제행이 변천하여 머물지 않음을 안다.

『중론』「관행품(觀行品)」에서 다음과 같이 말한다.

'제행은 오음(五陰)이라 이름하는데 제행은 생겨나기 때문에 이 오음은 허망하여 분명한 상이 없다. 예컨대 아기[嬰兒]일 때의 얼굴[色]에서 노년일 때의 얼굴에 이르기까지 중간에 순간순간 머물지 않으므로 결정적으로 성품을 분별할 수 없다.'[55)]

성품이란 결정적으로 존재하여 변하고 달라지지 않는 것을 말하니, 마치 진금이 변하지 않음과 같다. 지금 모든 법은 비록 생기더라도 자성에 머물지 않는다. 그러므로 무성(無性)임을 알아야 한다.

저 [관행품]에서 자세하게 설명한 것과 같다. 만일 무성이라면 본래 처음부터 생겨남이 없는 것이니, 본래 처음부터 생겨남이 없다고 하는 것은 바로 여래의 몸이다. 항상 안주하여 변하고 바뀜이 없으므로 변천함을 떠났다고 한다. 또한 다시 일체법이 화합에 의해 이루어진다면 곧 변천함이 있게 된다. 지금 모든 법이 생겨남도 없고 지음도 없으며 나아가 행하는 것도 없기 때문에 화합함도 없다. 화합함이 없으므로 곧 온갖 변천을 떠난다. 무릇 모든 자문은 모두 순서를 바꾸고 돌려 해석해도 걸림이 없으나 여기에서는 차례대로 이어 받았을 뿐이다.

"차자문(車⊕字門)[56)]이란 모든 법의 영상(影像)은 얻을 수 없는 것이다."

산스크리트어로 차야(車上聲野, chāya)는 그림자라는 뜻이다. 예를 들면 사

---

55) 『중론』(대정장 30, 17 중). '온갖 지어감은 허망한 형상이므로 공하고, 모든 지어감은 생멸하여 머물지 않고 제 성품이 없으므로 공하다. 모든 지어감을 오음이라 하고 [그것이] 지어감에서 난 까닭에 오음을 지어감이라 하기도 하는데 이 오음은 모두가 허망하여 일정한 형상이 없다. 무슨 까닭이겠는가? 아기 때의 얼굴은 기어다닐 때의 얼굴이 아니요, 기어다닐 때의 얼굴은 다닐 때의 얼굴이 아니요, 다닐 때의 얼굴은 동자 때의 얼굴이 아니요, 동자 때의 얼굴은 장년 때의 얼굴이 아니요, 장년 때의 얼굴은 늙은 때의 얼굴이 아니기 때문이다. 얼굴이 찰나찰나에 머물지 않으므로 결정된 성품을 분별하여도 얻을 수 없다.'

56) 차(車, cha, chāyā), 영상(影像)의 뜻이다.

람의 그림자는 모두 자기 몸에 의지하는 것과 같다. 이와 같이 삼계(三界)의 만법은 오직 심식(心識)이 인연으로 온갖 경계를 그럴듯하게 나타낸 것일 뿐이다. 이러한 일은 『밀엄경(密嚴經)』[57]에서 자세하게 설명한 것과 같다.

나아가 유가를 수행하는 사람에게는 갖가지 부사의한 일이 있다. 시방의 모든 부처님들께서 두루 나타내시는 색신을 친견할 수도 있으나, 이것 또한 마음의 그림자이다. 마음은 본래 생겨남이 없기 때문이다. 그러므로 그림자도 역시 생겨남이 없다고 알아야 한다. 생겨남이 없기 때문에 나아가 변천함이 없다. 그러므로 그림자도 역시 변천함이 없다. 왜냐하면 그림자는 일정한 성품이 없어 보는 대로 움직이거나 멈추기 때문이다. 마음의 그림자도 역시 그러하다. 마음이 움직이면 희론을 짓는데, 한 순간도 머무는 때가 없기 때문이다. 세간의 온갖 작용 또한 그렇게 유전(流轉)한다. 만약 마음의 여여한 실상을 요달한다면 그림자도 역시 여여한 실상이므로 얻을 수 없다.

"자자문(惹字門)[58]이란 모든 법의 생(生)은 얻을 수 없는 것이다."

산스크리트로 자다야(喏哆也, jātiya)는 생(生)의 뜻이다. 예컨대 진흙덩어리와 물레와 도예사 등이 화합하여 항아리가 생기고, 실과 베틀과 베짜는 이 등이 화합하기 때문에 옷감이 생기며, 땅에다 들보를 세우고 진흙과 풀을 다지는 사람의 공력 등이 화합하여 집이 생기고, 유제품과 그릇과 가공자의 공력 등이 화합하기 때문에 요구르트[蘇]가 생기며, 씨앗과 지·수·화·풍·허공과 계절 등이 화합하기 때문에 싹이 생기는 것과 같다. 내법(內法)의 인연도 역시 이와 같다. 무명·행 등도 각각 생기는 인연으로 다시 생긴다. 이러한 까닭에 만일 자자문(惹字門)을 보면 곧 일체 모든 법

57) 『대승밀엄경(大乘密嚴經)』 중권 제6 「아뢰야건립품(阿賴耶建立品)」(대정장 16, 737중). '여래께서 옛적 보살이셨을 때에 환희지로부터 법운지에 이르기까지 다라니구절의 다함없는 뜻과 수능엄 등의 모든 큰 삼매를 얻으시고, 의생신이 팔종으로 자재하시어 유희신통을 나타내시니 이를 칭하여 광명이라 한다. 이와 같은 모든 공덕을 다 성취하시고 바른 깨달음 이루시어 밀엄토에 머무시며 뜻대로 변화하시었다. 등등.'

58) 자(若, ja, jāti), 생(生)의 뜻이다.

이 인연으로 생기지 않은 것이 없음을 안다.

[『중론』「관인연품」의] 게송에서 '온갖 인연으로 생한 법은 자성이 없고, 자성이 없다면 어떻게 이들 법이 존재하겠는가!'[59]라고 설하는 것과 같다. 이러한 까닭에 생은 얻을 수 없다. 외도의 논사는 갖가지 그릇된 인연이나 인연 없이도 일체법이 생긴다고 말한다. 불법 가운데에서는 사람이 또한 반야·방편을 잃었기 때문에 인연의 생멸하는 모습에 취착하는데 『중론』[「관인연품」]에서 자세하게 논파하고 있다. 또한 아자문은 모든 법의 본래 성품이 생겨남이 없다는 것[을 보이며], 자(惹)자문도 열 가지 비유로 생을 관찰함에 비록 인연을 따라 있을지라도 얻을 수 없다는 [뜻을 밝히는] 것이다. 만약 생이 필경 얻을 수 없다면 무생제(無生際)와 다르지 않다. 또 열 가지 비유는 이 마음의 그림자가 법계를 벗어나지 못하므로 생 또한 무생제를 벗어나지 못한다는 것이다.

"자자문(社[illegible]字門)[60]이란 모든 법에서 싸워야 할 적은 있을 수 없다는 것이다."

산스크리트로 사마라(社麼攞, jhāmara)는 싸워야 할 적(敵)의 뜻이다. 사(社, jha)자를 보면 곧 일체 모든 법이 모두 싸워야 할 적임을 안다. 세간의 선법(善法)과 선하지 않은 법, 생사를 거스르는 법과 생사를 따르는 법, 보시와 간탐, 지계 내지 지혜와 무명 등은 서로 상대하여 승부함이 무상한 것처럼, 여래께서도 세상에 출현하시어 일체지의 힘으로 마군의 무리를 부수셨으니 이것 역시 싸움이라고 한다. 그러나 일체법 가운데에 아(我)의 뜻이 성립하지 않는데 지혜와 번뇌는 결국 누구에게 속하겠으며, 비파사나(毘婆舍那, vipaśyana), [즉] 관(觀)이 번뇌를 파괴할 수 있다고 말할 수 있겠는가! 만약 밝음이 생길 때 어둠이 멸한 것을 이름하여 부숨[破]이라고 말

---

59) 『중론』「관인연품」(대정장 30, 3 중). '모든 법은 자성이 없으므로 형상도 없다. 이 일이 있기에 이러한 일이 있다고 함은 하나도 이치에 맞지 않는다. (…중략…) 결과가 인연에서 나왔다면 이 인연은 자성이 없다. 자성이 없는데서 나왔거늘 어찌 인연에서 나올 수 있으랴!'

60) 사(社, jha), 전적(戰敵)의 뜻이다.

한다면 이미 생겼기 때문에 부순 것인가, 아직 생기지 않았는데 부순 것인가? 이미 생겼다면 어둠은 없는데 무엇을 다시 부술 것이며, 아직 생기지 않았다면 스스로 체가 없는데 무엇을 부술 수 있겠는가? 만약 생길 때를 칭하여서 '반은 생기고 반은 아직 생기지 않았다'고 말한다면 밝음과 어둠은 필경 서로 미치지 못한다. 또한 일체법은 본래 생겨남이 없고 내지 그림자도 없기 때문에 동일한 모습이어서 여(如)에서 벗어나지 않는데 어떻게 부처님 경계에 있는 여(如)와 마계의 여(如)가 싸울 수 있겠는가! 그러므로 부처님께서 도량에 앉으실 때 단지 모든 법은 상대함이 없다는 것을 아셨으나 세간에서 담론하는 수준에 맞추어 [마군과] 싸워 이겼다는 명칭을 세웠을 뿐이다.

"타자문(吒𑖘字門)[61]이란 모든 법의 만(慢)은 얻을 수 없는 것이다."

산스크리트어로 타가라(吒迦囉, ṭakara)는 만(慢)이라는 뜻이다. 저 법은 비루하고 낮으며 이 법은 높고 뛰어나다고 보는 것을 말한다. 예컨대 삼계(三界)·육취(六趣)에 갖가지로 우열이 같지 않아서, 교만한 마음에 의해 한량 없이 많은 차별을 일으키니 간략하게 일곱 가지 모습[62]이 있다고 한다. 『아미담』[63] 가운데 자세하게 밝힌 것과 같다. 나아가 삼승을 구하는

---

61) 타(吒, ṭa, ṭaṅka), 만(慢)의 뜻이다.

62) 만(慢)을 가리킨다. 만은 범어로 māna, 심소(心所)의 명칭이다. 구사종(俱舍宗)에서 46심소(心所) 가운데의 8부정지법(不定地法)의 하나이고, 유식종(唯識宗)에서는 51심소(心所) 가운데 여섯 가지 근본번뇌의 하나이다. 즉 자기와 타인의 높고 낮음 등을 비교하여 타인을 경멸하고 자신을 높이려는 마음이다. 만의 일곱 가지 모습은 다음과 같다. ① 만(慢)은 열등한 타인에 대해 내가 더 낫다고 하고, 동등한 타인에 대해 나는 동등하다고 하는 교만심. ② 과만(過慢, ati-māna)은 동등한 타인에 대해 나는 우수하다고 하고, 우수한 타인에 대해 나는 동등하다고 하는 교만심. ③ 만과만(慢過慢, mānāti-māna)은 타인이 우수한데 대해 더욱 우수하다고 하는 교만심. ④ 아만(我慢, āṭma-māna)은 나와 내가 소유하는 것에 집착하여 마음을 높이는 것. ⑤ 증상만(增上慢, adhi-māna)은 아직 깨닫지 못하였으면서도 자신은 증득하였다고 하는 교만심. ⑥ 비만(卑慢, ūna-māna)은 타인이 다분히 우수한데 대해 조금밖에 뒤떨어지지 않는다고 하는 교만심. ⑦ 사만(邪慢, mithyā-māna)은 악행을 저지르고 악을 의지하여 고거(高擧)하는 교만심.

63) 『구사론(俱舍論)』 권19(대정장 29, 101 상)에 칠만(七慢)을 거론한 것을 가져오면 다음과 같다. '교만함의 수면[慢隨眠]의 차별이 일곱이 있으니 첫째는 만(慢)이고, 둘째는 과만(過慢)이며, 셋째는 만과만(慢過慢)이고, 넷째는 아만(我慢)이며, 다섯째는 증상만(增

사람일지라도 오히려 상지(上地)와 하지(下地)의 불평등한 견해가 있다고 한다.

지금 모든 법은 생겨남이 없고 나아가 상대됨이 없다는 것을 관찰하기 때문에 아뇩다라삼먁삼보리가 법에 대해 평등하여 높고 낮음이 없음을 알게 된다. 이러한 까닭에 여래를 일체의 금강보살이라 칭하며, 또한 사과(四果)의 성인(聖人)이라고도 칭하며, 또한 범부·외도라고도 칭하며 또한 갖가지의 악취중생이라고도 칭하며, 또한 오역의 삿된 견해를 가진 사람이라고도 부른다. 대비만다라는 이러한 뜻을 바르게 표현한 것이다.

"타자문(咤○字門)[64]이란 모든 법의 장양(長養)은 불가득인 것이다."

산스크리트어로 비타발나(毘咤鉢那, viṭhapana)는 장양(長養)의 뜻이다. 세간의 종자를 인(因)으로 하고 오대(五大)와 시절(時節)을 연(緣)으로 하여 점차로 자라나서 열매가 맺히는 것처럼 내법(內法)도 역시 그러하다. 업(業)의 밭에서 식(識)의 종자를 뿌려 무명으로 덮어서 애수(愛水)로 적시면 자라나게 된다. 『도우경(稻芋經)』[65]에서 자세하게 밝힌 것과 같다.

上慢)이며, 여섯째는 비만(卑慢)이고, 일곱째는 사만(邪慢)이다. 이러한 것이 마음으로 하여금 추켜세우도록 하기 때문에 모두 거만이라는 명칭을 세운 것이며, 그 행상과 일어나는 것이 같지 아니하므로 일곱 종류로 분류하였다. 열등함과 비등한 것에 대하여 그 순서대로 자기가 수승하다고 여기며 자기가 비등하다고 여겨서 마음을 추켜세우는 것을 모두 만(慢)이라 말하며, 비등함과 수승한 것에 대하여 그 순서대로 수승하다고 여기거나 비등하다고 여기는 것을 모두 과만(過慢)이라 하고, 남이 수승한 것에 대하여 자기가 수승하다고 여기는 것을 만과만(慢過慢)이라 한다. 오취온(五取蘊)에 대하여 나와 내것이라고 고집하여 마음을 추켜세우는 것을 아만(我慢)이라 하고, 증득하지 못한 수승한 덕에 대하여 자기가 증득했다고 이르는 것을 증상만(增上慢)이라 하며, 타인이 많이 알고 수승한 데 대하여 자기는 적게 알고 비열하다고 여기는 것을 비만(卑慢)이라 하고, 덕이 없는 중에서 자기가 덕이 있다고 여기는 것을 사만(邪慢)이라 한다.'

64) 타(咤, ṭha, vithapana), 장양(長養)의 뜻이다.

65) 『불설도우경(佛說稻芋經)』(대정장 16, 818 상). '무엇이 넷인가? 무명(無明)·애(愛)·업(業)·식(識)이다. 식(識)을 종자로 삼고 업(業)을 밭으로 삼는다. 무명과 애(愛)는 번뇌의 바탕이어서 식(識)을 자라나게 한다. 업은 식의 밭이 되고 애(愛)로써 적시어주면 무명이 식의 종자를 덮는다. 업은 "내가 식의 종자를 생기게 한다"라 생각하지 않으며 애(愛)도 "내가 적셔준다"고 생각하지 않고, 무명도 "내가 식의 종자를 덮는다"고 생각하지 않으며, 식(識)도 "내가 이러한 인연에서 생겼다"고 생각하지 않는다. 또한 업은 식의 밭이 되고 무명은 거름이 되며 애수(愛水)에 적셔져서 문득 명색(名色) 등의 싹이

지금 이 [『대일경』 「주심품」에서 설하는] 세간의 이치를 거스르는 여덟 가지 마음과 세간의 이치에 따르는 여덟 가지 마음이 상속하고 증장하는 데에도 역시 인연이 있다. 나아가 정보리심도 오자문(五字門)을 연(緣)으로 삼아 대비의 뿌리를 생하니 부처님의 사라수(娑羅樹)가 더욱 증장하여 법계를 두루 가득 덮는다. 그러나 일체법은 이 오자문(五字門)의 본래 생겨남이 없음[本不生]과, 언설을 여읨[離言說]과, 자성이 청정함[自性淨]과, 인연이 없음[無因緣]과, 허공의 모습과 같음[如虛空相]으로 말미암기에 장양(長養)할 수 없다.

또한 아(阿) · 가(迦)자로부터 이래 계속하여 서로 해석함에 있어서 모든 법은 필경에 평등하며 높고 낮은 것도 없으므로 증장함이 없다는 것을 알아야 한다.

"나자문(拏 字門)[66]이란 모든 법에서 상대해야 할 원수가 불가득인 것이다."

산스크리트어로 나마라(拏麽囉, ḍamara)라고 하는 것은 상대해야 할 원수[怨對]라는 뜻이다. 세간의 원수는 다시 서로 보복하기에 이름하여 대(對)라고 하는 것과 같다. 또한 앞에서 전적(戰敵)이라 한 것은 그것과 이것을 서로 더한 것이고 이 가운데 원대(怨對)는 원수를 피한다는 뜻이며, 산스크리트어로는 각기 같지 않다. 『비니(毘尼)』[67] 가운데에 부처님께서 설하시기를, '원한으로써 원한을 갚으면 원한은 끝내 끊어지지 않는다. 오직 원한 없음으로써만 원한이 그칠 수 있을 뿐이다'라고 하셨다. 또 설하시기를, '여인은 범행자(梵行者)의 원수이다'라고 하셨다.

『무량의경(無量義經)』[68]에서도 역시 '생사(生死)의 원적은 자연히 흩어져

자라게 된다.'

66) 나(拏, ṇa, raṇa), 쟁(諍) 또는 원대(怨對)라는 뜻이다.

67) 『장수왕경(長壽王經)』(대정장 3, 386 상)에서 장수왕(長壽王)이 태자 장생(長生)에게 훈계하는 말에서 그 뜻을 요약한 것이다.

68) 『무량의경(無量義經)』 제1 「덕행품(德行品)」(대정장 9, 388 중). '만일 선남자 · 선여인이 부처님 재세시나 멸도하신 후에 이 경을 듣고서 환희하여 즐겨 믿으며 희유한 마음

부서지며, 무생인(無生忍)은 반불국(半佛國)[69]의 보배를 증득한다'고 설하였다. 이러한 까닭에 수행자가 나자문(拏字門)을 볼 때에 일체의 법이 모두 원대(怨對)가 있다고 알면 자상(字相)을 잘 안다고 말한다. 또한 모든 법은 본래 생겨남이 없으며, 나아가 장양하는 것도 얻을 수 없기에 원대도 역시 본래 생겨남이 없으며 나아가 장양할 수도 없음을 알아야 한다. 이러한 까닭에 여래께서는 필경에 원대는 없다고 하셨다. 이것을 이름하여 자문(字門)의 진실한 뜻이라 한다.

"다자문(荼字門)[70]이란 모든 법이 집지(執持)할 수 없는 것이다."

산스크리트어로 당가(湯迦, ḍhaṅha)는 집지(執持)라는 뜻이다. 다(荼)자 위에 점을 찍어서 탕(湯)이라고 전성(轉聲)하였으나 그 체는 동일하다. 또 갈리하(蘖哩何, Graha)는 이것의 다른 이름이다. 경[71]에서는 귀매(鬼魅)가 들러붙거나 인간 아닌 것이 붙는 것이라 하였다. 『대지도론』에서는 달라붙어 쇠약하게 하는 것은 모두 갈리하귀(蘖里何鬼)의 짓이라고 하였다. 사람에게 붙어 서로 떨어지지 않기 때문에 이로써 이름한 것이다. 저 태양·달과 다섯 별 등도 역시 처음부터 끝까지 서로 따르기 때문에 산스크리트어로 갈리하(蘖哩何)라 하였는데 번역하면 구집(九執)이다. 바로 한 곳에 서로

을 내고 수지하고 독송하며 베껴쓰고 남을 위해 해설하며, 여법하게 수행하고 보리심을 일으키며, 모든 선근을 일으키고 대비의 뜻을 내어서 모든 고뇌하는 중생을 제도하고자 하면, 비록 육바라밀을 완전히 닦지 못하였더라도 육바라밀이 자연히 드러나며, 곧 이 몸으로 무생인(無生忍)을 얻고 생사의 번뇌를 일시에 끊어버리며 곧바로 제7지에 뛰어올라 대보살의 위와 동등하게 된다. 비유하면 건장한 사람이 왕을 위하여 원수를 제거하고자 하여 원수를 멸하고 나면 왕이 크게 환희하고 나라의 반을 상으로 주어서 봉하며 그에게 모두 베푸는 것과 같다. 경을 지니는 선남자·선여인도 역시 이와 같아서 모든 수행하는 사람 중에서 가장 용감하며 건장하기에 육바라밀의 법보를 구하여 스스로 이르지 못하더라도 생사의 원적이 자연히 부서져 흩어지며 무생인을 증득하게 되고 불국토의 반을 상으로 받아 안락하게 된다. 선남자여, 이것을 이 경이 지닌 일곱 번째의 공덕부사의력이라 한다.'

69) 보살은 무생인(無生忍)을 얻으면 생사하는 세계의 번뇌를 일시에 끊고 제7지에 오르므로 불국의 반을 상(賞)으로 얻은 것과 같다.

70) 다(荼, ḍha), 집지(執持)라는 뜻이다.

71) 『법화경』 제2권 및 제8권.

모인다.[72] 인도의 달력에서는 정착시(正著時)라 하였는데 이는 집지(執持)의 뜻으로 타라(陀羅, dhara)와는 같지 않다.

이 다자문(荼字門)을 보는 때에 곧 모든 중생들이 시작도 없는 때로부터 사마(四魔)가 붙어서 떨어지지 않는 것을 알게 되는데 이것을 자상(字相)이라 부른다. 지금 아자 등의 갖가지 문으로 전전하여 일체법을 관찰하여도 모두 얻을 수 없기 때문에 일체법은 원대(怨對)할 것이 없다는 것을 알아야 한다. 원대가 본래 생겨남이 없기 때문이다. 끝내 평등법계로 평등법계를 집착하지 않기 때문에 일체 모든 법을 집지(執持)하는 것을 얻을 수 없다고 한 것이다.

"다자문(多ㄱ字門[73])이란 모든 법이 여여(如如)하여 얻을 수 없는 것이다."

산스크리트로 다타다(哆他多, tathatā)는 여여(如如)라는 뜻이다. 어세(語勢) 가운데 겸하는 소리가 있다. 여여를 증득하면 이것은 바로 해탈의 뜻이다. 여(如)는 모든 법의 실상을 말한다. 갖가지 여실하지 못한 견해의 희론이 모두 멸해도 항상한 여(如)의 본성은 파괴할 수 없다. 만일 다자문(多字門)을 보면 곧 일체제법이 모두 여여상임을 알게 되니, 이것을 자상(字相)이라 부른다. 그러나 어떤 한 부류의 외도는 여여의 성품이 있고 만약 이것을 지견한다면 해탈이라 이름한다고 헤아린다. 비록 이런 말을 해도 이는 단지 아견(我見)의 입장에서 다른 이름으로 바꾼 것일 뿐이다. 용수는 성문의 경전 가운데 말하는 법주(法住)라 하는 것도 또한 모든 법의 여여한 뜻이지만, 증입하는 바가 아직 깊지 못하기 때문에 멸도(滅度)라는 생각을 낳고서 열반을 증득한 것으로 여긴다고[74] 하였다. 그러나 생사와 열반은 상대(相待)의 법일 뿐이다. 만약 생사가 본제(本際)이래로 항상 스스로 여여하여 열반상임을 안다면 다시 무엇을 의지하여 열반이라 설하겠는가! 이러한

---

72) 온갖 별들이 하늘에서 돌아가는 것이 끊어지지 않고 계속되는 것을 말한다.

73) 다(多, ta, tathatā), 여여(如如)라는 뜻이다.

74) 『대지도론』 제32(대정장 25, 298 상). '성문의 법 중에서는 모든 법이 나고 없어지는 모양을 관찰하는 이것이 여(如)가 되며 온갖 모든 관(觀)이 소멸하고 모든 법의 실상(實相)을 얻는 이 곳은 법성(法性)을 설명한 것이다. (…후략…)'

까닭에 일체법은 필경 실다웁지도 않고 허망하지도 않으며 같지도 않고 다르지도 않다. 『중론』에서도 역시 '열반의 실제와 세간제의 이와 같은 두 가지는 털끝만큼도 차별이 없다'[75]고 하였다. 차별이 없기 때문에 일체법은 마주 대할 것이 없다. 마주 대할 것이 없으므로 집지(執持)할 것이 없다. 집지할 것이 없으므로 또한 여여한 해탈도 없다.

"타자문(他字門)[76]이란 모든 법에서 머무는 곳을 얻을 수 없는 것이다."

산스크리트음으로 살타나(薩他娜, sthāna)는 주처(住處)의 뜻이며, 또한 위(位)라는 뜻이다. 예컨대 사람이 이 머무는 곳에서 어떤 곳으로 올라갔다면 그 의지하는 처소를 위(位)라고 하는 것과 같다. 모든 현성의 지위도 역시 이와 같다. 온갖 도를 행하는 사람의 마음자취가 소의(所衣)와 소지식처(所止息處)[77]에 의거하기 때문에 갖가지의 명칭을 설한다. 만일 타(他)자를 볼 때에는 곧 일체 모든 법은 인연을 기다리지 않고서는 성립하지 않음을 알게 된다. 모든 것은 주처에 의지하여 존재하니 이것이 자상(字相)임을 알아야 한다. 그러나 모든 법은 본래 생겨남이 없으며 나아가 여여와 해탈도 역시 얻을 수가 없다. 즉 가는 것도 없고 오는 것도 없으며 행하는 것도 없고 머무는 것도 없다. 이와 같은 적멸상 가운데 어찌 다음의 위가 존재하겠는가!

또한 다자문(多字門)에 들어갈 때에 모든 법이 다 공함을 알기 때문에 생사 가운데에 머물지 않는다. 즉 이 여여는 얻을 수 없기 때문에 열반 가운데에도 머물지 않는다. 이때에 행처(行處)가 다하여 쉬고 모든 위(位)도 모두 다하여 온갖 장소에 두루 의지할 바가 없으므로 이를 법에 머물지 않는 여래의 대주(大住)에 머문다고 부른다.

---

75) 『중론』「관열반품」제25(대정장 30, 36 상). '열반과 세간에는 조금도 차별이 없고, 세간과 열반에도 조금도 차별이 없다. (…중략…) 열반의 실제와 세간의 한계라는 이러한 두 경계에 털끝만한 차이도 없다.'

76) 타(他, tha, athāna), 주처(住處)라는 뜻이다.

77) 지식(止息)이란 Skt. samatha이며, 우리의 마음 가운데 일어나는 망념을 쉬고, 마음을 한 곳에 집중하는 것이다. 지(止)·지식(止息)·적정(寂靜)·능멸(能滅)이라 번역한다.

"나자문(娜字門)[78]이란 모든 법에서 시(施)는 불가득인 것이다."

산스크리트로 단나(檀那, dāna)는 사시(捨施)라는 뜻이다. 만일 나(娜)자를 볼 때에는 곧 일체 모든 법이 다 희사(喜捨)할 만한 모습임을 안다. 왜냐하면 일체법이 떠나고 합하는 것은 인연에 달려 있으며 견고하게 머무는 것이 없기 때문이다. 만일 그 가운데에 집착이 생겨 애착한다면 반드시 불살라야 한다. 그렇지 않다면 십지의 모든 보살들이 자타(自他)에서 생긴 청정하고 묘한 공덕이 저 사(捨)의 언덕에 이르기도 전에 오히려 부사의함이 퇴실[79]할 수도 있으므로 제일가는 안락처라고 이름할 수 없다. 지금 모든 법이 생겨남이 없음을 관하므로 베푸는 자나 베푸는 곳이나 베푸는 재물도 모두 다 본래부터 생겨남이 없다. 나아가 모든 법은 머물 곳이 없다. 머물 곳이 없으므로 이 세 가지 것도 역시 머무는 곳이 없다. 이러한 까닭에 부처님께서는 도량에 앉으시어 모두 얻을 바 없으며 또한 베풀 바 없기에 허공장(虛空藏) 가운데에 쌓아 모으신 것도 없이 보문(普門)으로 뭇 중생들에게 두루 유출하시니 이것을 보시[檀]의 실상을 보았다고 부른다. 또한 단바라밀을 구족하였다고도 한다. 또 여래의 비밀한 보배의 창고는 모두가 법연(法然)으로써 다른 이에게 줄 수 있는 것이 아니다. 만약 다른 사람에게 베풀 때에는 다시 중생심의 방[室] 안에 돌아가 그것을 열어 내어 줄 따름이다. 이러한 까닭에 경에서 모든 법은 베품을 얻을 수 없다고 말한 것이 이 자문의 진실한 뜻이다.

"타자문(馱字門)[80]이란 모든 법에서 법계(法界)는 불가득인 것이다."

산스크리트로 달마타도(達摩馱都, dharma-dhātu)는 법계(法界)이다. 계(界)는 체(體)의 뜻이고 나눔[分]의 뜻이다. 부처님의 사리도 역시 여래의 타도(馱都, dhātu)라 한다. 말하자면 여래 신체의 부분이다. 만일 타자문(馱字門)을

78) 나(娜, da, dāna), 시(施)라는 뜻이다.

79) 등각(等覺)의 위(位)에서 미세한 퇴실이 있다. 이 퇴실은 악심이나 사견이 일어나는 것이 아니지만, 범부나 초심의 보살이 생각할 수 있는 것도 아니기에 부사의한 퇴실이라 한다.

80) 타(馱, dha, dharma-dhātu), 법계(法界)라는 뜻이다.

보면 곧 일체 모든 법이 다 체(體)가 있음을 안다. 이른바 법계를 체로 삼는 것이다. 왜냐하면 만일 모든 법의 실상을 여읜다면 곧 일체법의 체의 뜻은 성립할 수 없기 때문이다. 무릇 법계라고 하는 것은 바로 심계(心界)인데 심계가 본래 생겨남이 없기 때문이다. 법계도 역시 본래 생겨남이 없다고 알아야 한다. 나아가 심계는 얻을 수도 없으며 버릴 수도 없으므로 법계도 역시 얻을 수 없고 버릴 수 없다는 것을 알아야 한다. 버리는 것 자체가 없다면 버릴만한 법도 없는데 하물며 [법계로서] 얻을 것이 있겠는가! 만일 법계가 얻을 수 있는 모습이라면 이것은 바로 온갖 인연으로 생한 것이다. 만일 온갖 인연으로부터 생한다면 그 자체가 없다는 것을 알아야 한다. 하물며 모든 법의 체이겠는가! 그러므로 법계란 오직 자신이 증득하는 항상한 마음으로써 따로 다른 법[의 체]가 없다. 또한 여래의 대시(大施)란 이른바 대비만다라이다. 법계란 바로 보문의 실상이다. 이와 같은 실상은 가지 신력으로도 사람들에게 보일 수 없으니 이러한 까닭에 어떤 법도 얻을 수 없다.

"파자문(波[illegible]字門)[81]이란 모든 법의 궁극의 진리[第一義諦]는 불가득인 것이다." 산스크리트로 파라마타(波羅麼他, paramārtha)는 번역하여 궁극의 진리라 하며 또는 승의(勝義)라고도 한다. 살디야(薩底也, satya)를 번역하여 제(諦)라 한다. 제(諦)의 뜻은 사자문(娑字門)에서 설하였다. 지금 이 파자문(波字門)은 궁극적인 진리의 모습을 바르게 밝힌다. 용수는 궁극의 진리를 제법실상[82]이라 하였는데 파괴할 수 없기 때문이다. 또한 모든 법 가운데 제일을 열반이라 부른다.

---

81) 파(波, pa, paramārtha), 궁극의 진리라는 뜻이다.

82) 『대지도론』 제31권(대정장 25, 288 중). '제일의공(第一義空)이라 함의 제일의는 모든 법의 실상(實相)을 말하는 것이니, 부서지지도 않고 무너지지도 않기 때문에 이 모든 법의 실상도 역시 공하다. 왜냐하면 받는 것도 없고 집착하는 것도 없기 때문이다. 만일 모든 법의 실상이 존재한다고 하면 마땅히 받아야 하고 집착해야 하겠지만 진실함이 없기 때문에 받지도 않고 집착하지도 않는다. 만일 받거나 집착한다면 곧 그것은 거짓이다. 또 모든 법 중에서 첫째가는 법을 열반이라 한다.'

『아비담(阿毘曇)』에서 '무엇을 무상(無上)의 법이라 하는가? 지연(智緣)이 다한 것이다. 지연이 다하면 곧 열반이다'라고 설하는 것과 같다. 만일 파자를 보면 곧 일체법이 궁극의 진리를 여의지 않고, 궁극의 진리는 모든 법의 실상을 여의지 않음을 아니 이것을 자상(字相)으로 삼는다. 만일 자문의 진실한 뜻이라면 궁극의 진리도 역시 얻을 수 없다. 왜냐하면 애착이 없기 때문이다.

『대지도론』에서는 또한 다음과 같이 말한다.

'중생은 열반의 음성에 집착하여 희론을 지어서 존재한다거나 존재하지 않는다고 한다. 이러한 집착을 깨뜨리고자 열반이 공하다고 설하는데 이를 제일의공(第一義空)이라 한다. 성인은 마음 속에 얻은 것을 깨뜨리지 않는데 성인은 일체법 가운데에서 상을 취하지 않기 때문이다.'[83]

또한 일체법은 모두 평등법계에 들어가 높고 낮음이 없는데 어찌 무생법(無生法) 가운데에서 수승함과 열등한 상이 있게 할 수 있겠는가! 이러한 까닭에 궁극의 진리는 얻을 수 없다.

"파자문(頗[illegible]字門)[84]이란 모든 법이 거품과 같이 견고하지 않은 것이다."

산스크리트로 패노(沛奴, phaṇa)를 번역하여 거품이라 한다. 예컨대 큰 물에서 파도가 격노하여 서로 몰아치면 거품이 일어 갖가지의 모습이 생기며, 다시 견고하게 결합하여 서로 유지하면 드디어 고정된 작용이 있게 됨과 같다. 그렇지만 거칠은 것에서 세밀한 것에 이르기까지 하나하나 관찰하면 다만 연(緣)일 뿐이며, 연에 따르기에 손가락으로 잡을 수 없으며 도무지 진실한 성품이 없다. 그 근본에 이르면 그 바탕이 통틀어 물일 뿐

---

83) 『대지도론』 제31권(대정장 25, 288 하). '열반이 없다고는 말할 수 없다. 중생이 열반이라는 이름을 듣고 삿된 소견을 내면서 열반이라는 음성에 집착하면서 쓸모없는 이론으로 있다거나 없다고 하므로 그러한 집착을 깨뜨리기 위하여 열반이 공하다고 말하는 것이다. 만일 사람이 있다는 것에 집착하면 그것은 세간에 집착한 것이요, 만일 없다는 것에 집착하면 그것은 열반에 집착한 것이니, 이 범부가 집착한 열반을 깨뜨리는 것이며 성인이 얻은 바를 깨뜨리는 것이 아니다. 왜냐하면 성인은 온갖 법 가운데에서 모양을 취하지 않기 때문이다.'

84) 파(頗, pha, phena), 물거품의 뜻이다.

이며 [거품으로 만들어진 갖가지 모습은] 도무지 생겨남이 없다. 지금 세간의 갖가지 오음(五陰)도 역시 이와 같다. 지금 지말을 거두어 근본으로 돌아가고 거친 데에서부터 세밀한 데에 따라 그것을 관찰하면 실오라기의 끝과 같을지라도 조금만 이동하면 모두 구르고 굴러서 연에 따랐을 뿐이다. 만일 이 온갖 연에 따라 생한다면 자성이 없다. 만일 자성이 없다면 이 생겨남은 바로 생겨나지 않음이라는 것을 알아야 한다. 본래 생겨남 없다는 진리에 이르면 단지 이 바다와 같은 심성일 뿐이다. 그런데 육취(六趣)의 망정(妄情)에 따라 드디어 세계의 눈이 있게 된다. 무릇 바다와 같은 심성이란 바로 법계이다. 법계란 바로 승의(勝義)의 열반이다. 만일 이와 같이 볼 수 있을 때에는 비록 큰 물의 파도가 떨쳐 진동하여 [거품을 가지고] 갖가지의 보현색신을 지을지라도 역시 [물 자체의] 청정한 성품을 무너뜨리지 못한다.

"마자문(麼ㄷ字門)[85]이란 모든 법을 결박할 수 없는 것이다."

산스크리트로 만타(滿馱, bandha)를 번역하면 결박[縛]이 된다. 사람을 끈으로 묶어 놓아서 움직이지 못하게 하는 것이 결박의 뜻이라 한다. 만일 방편으로 이 결박을 풀 때에는 곧 해탈이라 한다. 만일 몸과 줄이 떨어지면 따로 결박을 풀 법이 없다. 천제석(天帝釋)은 미세한 결박으로 아수라왕을 묶어서 도리천(忉利天) 위에 놓았는데, [아수라왕이] 돌아가려는 생각을 일으킬 때에는 오박(五縛)이 그 몸을 묶으며, 만일 생각을 그칠 때에는 결박이 스스로 풀어짐과 같다. 만일 파순(波旬, pāpiyan)의 올가미그물이라면 이것보다 백천배나 더 강하다. 하물며 업·번뇌·무위(無爲)의 결박 등이겠는가! 요점을 말하자면 만일 모든 인연을 떠나서 모든 법수(法數)에 떨어지지 않는 자는 이에 결박되지 않았다고 하는데 이것을 종자의 뜻으로 삼는다.

『중론』에는 다음과 같이 설한다.

---

85) 마(麼, ba, bandhana), 박(縛)의 뜻이다.

'오음을 떠나서 어떤 중생도 없으니 오음으로 중생을 결박해야 한다. 실로는 오음을 떠나서 어떤 중생도 없다. 만일 오음을 떠나서 따로 번뇌가 있다면 따로 번뇌로써 오음을 결박해야 한다. 실로는 오음을 떠나서 따로 번뇌가 없다.'[86]

이와 같은 등의 갖가지 인연으로 결박할 것이 없음을 알아야 한다. 결박이 없으니 풀릴 것도 없으며 결박과 풀림이 없으므로 열반이 바로 생사이고 생사가 바로 열반이다.

「관박해품(觀縛解品)」에서 자세히 설명한 것과 같다. 또 다음에 만일 모든 법이 본래 생겨남이 없으며 나아가 물거품과 같다면 이 가운데 누가 풀고 누가 결박할 수 있겠는가! 이러한 까닭에 모든 결박은 얻을 수 없다.

"파자문(婆𠆙字門)[87]이란 모든 법에서 온갖 존재는 있을 수 없는 것이다."

산스크리트로 파바(婆嚩, bhāva)를 번역하면 유(有)가 된다. 유란 삼유(三有)[88] 내지는 이십오유(二十五有)[89] 등이다. 만일 파(婆, bha)자를 보면 곧 일체 모든 법은 다 인연이 있음을 알게 된다. 온갖 연이 화합하기 때문에 유

---

86) 『중론』「관박해품」(대정장 30, 21 상). '몸을 속박이라 한다면 몸이 있어도 속박되지 않고 몸이 없어도 속박되지 않나니 어디에 속박이 있으랴! 만일 오음의 몸을 속박이라 한다면, 중생이 먼저부터 오음이 있었으면 속박되지 않으리니, 무슨 까닭이겠는가? 한 사람에 두 몸이 있는 것이 되기 때문이다. 몸이 없어도 속박되지 않나니, 왜냐하면 몸이 없다면 오음이 없고, 오음이 없다면 공하거늘 어떻게 속박될 수 있겠는가!'

87) 파(婆, bha, bhava), 유(有)라는 뜻이다.

88) 욕계・색계・무색계의 삼계를 말한다.

89) 생사윤회의 미혹한 경계를 25종으로 나눈 것이다. 인(因)은 반드시 과(果)를 얻고 인과가 불망(不亡)하므로 유(有)라고 부른다. 즉 25종 삼계유정의 이숙(異熟)의 과체(果體)로서 다음과 같다. ① 지옥유(地獄有), ② 축생유(畜生有), ③ 아귀유(餓鬼有), ④ 아수라유(阿修羅有). 지옥에서 아수라까지로 육취 가운데 사취(四趣)이며 각기 하나의 유(有)이다. ⑤ 불파제유(弗婆提有), ⑥ 구야니유(瞿耶尼有), ⑦ 울단월유(鬱單越有), ⑧ 염부제유(閻浮提有). ⑤에서 ⑧까지는 개인(開人)의 사주(四洲)로서 사유(四有)가 된다. ⑨ 사천처유(四天處有), ⑩ 삼십삼천처유(三十三天處有), ⑪ 염마천유(炎摩天有), ⑫ 도솔천유(兜率天有), ⑬ 화락천유(化樂天有), ⑭ 타화자재천유(他化自在天有), ⑮ 초선유(初禪有), ⑯ 대범천유(大梵天有), ⑰ 이선유(二禪有), ⑱ 삼선유(三禪有), ⑲ 사선유(四禪有), ⑳ 무상유(無想有), ㉑ 정거아나함유(淨居阿那含有), ㉒ 공처유(空處有), ㉓ 식처유(識處有), ㉔ 불용처유(不用處有), ㉕ 비상비비상처유(非想非非想處有)이다.

라고 부른다. 결정적인 성품이 없는데 왜냐하면 만일 법이 결정적으로 존재하여 상이 있다면 끝내 무상(無相)도 없으니 결국 항상함이 되기 때문이다. 예컨대 삼세를 말하자면 미래 가운데 법상(法相)이 있는데 이 법이 현재에 이르러 돌아서 과거로 들어갈지라도 본래의 모습을 버리지 않는다고 하면 곧 변하지 않는 실체가 있다는 생각[常見]에 떨어진다. 만일 결정적으로 없음[無]이 있다면 이 없음은 반드시 먼저는 있음[有]이나 지금은 없음이므로 곧 단멸의 견해가 된다. 이 두 가지 견해 때문에 불법을 멀리 떠나게 된다. 『중론』의 「파유무품(破有無品)」[90]에서 자세하게 설명한 것과 같다.

지금 관찰하니 모든 존재는 연에 따르므로 이것은 바로 본래 생겨남이 없다는 뜻이다. 본래 생겨남이 없기 때문에 지음도 없고 행함도 없으며 나아가 결박도 없고 풀어짐도 없다. 이러한 까닭에 파자문(婆字門)은 연에 따라 존재한다[는 의미를 상징한다.] 그러므로 모든 자문을 [파자문 안에] 구족한다. 만일 모든 자문을 구족하면 이것이 바로 삼매왕의 삼매이다. 이십오유를 파괴하실 수 있는 분은 석가모니[91]뿐이다. 이러한 뜻에서 [석가모니를] 파유법왕(破有法王)이라 부른다.

"야자문(野字門)[92]이란 모든 법에서 일체승(一切乘)은 불가득인 것이다."

---

90) 『중론』「관유무품」 제25(대정장 30, 20 상중). '어떤 사람이 있음과 없음을 보거나 자성과 타성(他性)을 보면 이러한 사람은 불법의 참 모습 보지 못한다. 어떤 사람이 모든 법에 깊이 집착하면 반드시 소견이 있으리라고 구한다. 만일 자성을 부정하면 타성을 보고, 타성을 부정하면 있음에 집착하고 있음을 집착하면 없음에 집착하며, 없음을 부정하면 어리둥절해 한다. (…중략…) 만일 어떤 법에 결정코 있음의 형상이 있다면 없음의 형상은 끝내 없으리니, 이는 항상함에 집착하는 것이다. 왜냐하면 마치 어떤 이가 삼세를 설명하는데 미래에 있는 어떤 법이 현재로 왔다가 다시 과거로 들어가면서 본래의 모습을 버리지 않는다 하면 이것을 항상함이라 하는 것과 같다. 또 원인 가운데 본래부터 결과를 포함해 있다고 하면 이것이 항상함이 되는 것 같기 때문이다. 만일 결정코 없음이 있다고 하면 이 없음은 반드시 먼저는 있다가 이제는 없는 것이니, 이것은 아주 없음이 된다. 아주 없음은 상속하지 않는 것이라고도 한다. 이러한 두 소견 때문에 불법을 멀리 떠난다.'

91) 이 파(婆)자는 석가모니불의 종자이기 때문이다.

92) 야(野, ya, yāna), 승(乘)의 뜻이다.

산스크리트로 연나(衍那, yāna)를 번역하면 승(乘)이 되며 또는 도(道)라고도 한다. 예컨대 사람이 배나 수레를 타고 갈 때에 곧 마음대로 멀리 이르고자 하는 곳에 도달할 수 있는 것과 같다. 만일 야(野, ya)자문을 보면 곧 모든 중생들이 갖가지 인연으로 생사의 과보에 나아가거나 열반에 나아가는 자가 각기 탈 것이 있음을 안다. 한량 없이 많은 승(乘)이 모두 불승(佛乘)이라고 아는 것을 이름하여 자상(字相)이라 한다. 지금 관하건대 모든 법이 본래 생겨남이 없기에 바로 가는 것도 없고 머무름도 없으며 움직임도 없고 물러남도 없다. 이 가운데에 누구를 타는 자라고 하며 어떤 법을 탈 수 있는가! 또 다시 이 승(乘[93])은 삼유로부터 나와서 살바야(薩婆若, sarva-jñāna)에 이른다. [어떠한 곳이 이] 500유순(由旬)의 보처(寶處)가 아닌 곳이 있는가! 어떠한 도를 행하여 어느 곳에 가려고 하는가! 이러한 까닭에 모든 승(乘)은 얻을 수 없다고 아는 것을 마하연도(摩訶衍道)라 부른다.

"라자문(囉字門[94])이란 모든 법이 온갖 티끌과 더러움을 떠나 있는 것이다."

산스크리트어로 라서(囉逝, rajas)는 진염(塵染)의 뜻이다. 진(塵)이란 망정(妄情)으로 행하는 것이다. 그래서 눈 등의 육정(六情)과 행(行)과 색(色) 등의 육진(六塵)을 설한다. 만약 라(囉, ra)자문을 보면 곧 일체의 보고 듣고 만지고 알 수 있는 법은 모두 다 진상(塵相)임을 안다. 마치 깨끗한 옷이 먼지와 때에 의해 더럽혀지는 것과 같으며 날아다니는 먼지가 섞여 움직여서 태허(太虛)를 혼탁하게 해서 해와 달을 밝지 않게 하는 것과 같다. 이것을 자상으로 삼는다.

『중론』에서 갖가지의 문으로써 보는 법[見法]을 살펴 구함에 보는 자[見者]가 없다. 보는 자가 없다면 누가 보는 법[95]을 사용하여 외색(外色)을 분

---

93) 대승(大乘), 특히 비밀승(秘密乘)을 가리킨다.

94) 라(囉, ra, rajas), 진염(塵染)의 뜻이다.

95) 보는 법이란 안식(眼識) 등을 가리킨다. 『중론』 「관합품」(대정장 30, 19 상). '봄과 보이는 것과 보는 이의 세 가지는 제각기 다른 데 있으니 이들 세 법이 다르기 때문에 끝끝내 합할 때가 있을 수 없다. 봄이라 함은 눈이요, 보이는 것이라 함은 주위의 물질

별하겠는가! 봄[見]과 보는 것[可見]과 보는 법[見法]이 없기 때문에 식(識)·촉(觸)·수(受)·애(愛)의 네 가지 법도 모두 없다. 애착할 만한 것이 없으므로 십이연의 나눔도 역시 존재하지 않는다. 이러한 까닭에 눈이 색을 볼 때에 이것이 바로 열반의 모습이다. 그 밖의 [듣고 냄새맡고 맛보고 만지고 아는] 진(塵)의 예도 그러하다.

또 다시 아자문으로써 구르고 굴러서 모든 육근[塵]을 관찰함에 그것은 본래 생겨남이 없기 때문에 조작도 없으며 나아가 탈 수 있는 법이나 타는 자도 없다. 보고 듣고 만지고 알 수 있는 법은 다 청정한 법계임을 알아야 한다. 어찌 청정한 법계로 여래의 육근을 오염시킬 수 있겠는가!

『앙굴마라경(鴦掘摩羅經)』96)에 '부처님께서는 항상한 눈[常眼]을 구족하시어 멸함이 없으시기에 분명하게 항상한 색[常色]을 보며 나아가 [귀·코·혀·몸과] 뜻의 법[意法]도 역시 이와 같다'고 한다. 이것이 라(囉)자문의 진실한 뜻이다.

"라자문(邏𑖩字門)97)이란 모든 법에서 온갖 상(相)은 얻을 수 없는 것이다."

산스크리트로 라걸사(邏吃灑, lakṣa)는 번역하여 상(相)이라 한다. 어떤 사람은 성품[性]과 모습[相]이 차별이 없으며 불의 성품이 바로 뜨거운 모습이라고 말한다. 혹 어떤 이는 약간의 차별이 있는데 성품이란 그 체를 말하고 모습이란 인식할 수 있는 것이라고 말한다. 예컨대 부처님의 제자들이 금계를 수지하는 것과 같은 것이 그 성품이고, 삭발하고 할절의(割截衣)98)와 염의(染衣)를 입는 것이 그 모습이라 한다. 만일 라(邏)자문을 보는

이요, 보는 이라 함은 나이다. 이 세 가지가 제각기 다른 곳에 있기 때문에 끝끝내 합할 때가 없다. 다른 곳이라 함은 눈은 몸 안에 있고, 물질은 몸 밖에 있고, 나라는 것은 몸 안에 있다고도 하고, 온갖 곳에 두루했다고도 한다. 그러므로 합할 수 없다. 또 다시 만일 어떤 이가 말하기를 "보는 법[見法]이 있는데 합함으로써 본다거나 합하지 않음으로써 본다"고 하면 두 가지가 모두 옳지 않다. 왜냐하면 만일 합함으로써 본다고 하면 물질이 있는 곳마다 눈과 내가 있어야 한다. 그러나 이 일은 그렇지 않다. 그러므로 합하지 않는다.'

96) 『앙굴마라경』 제3(대정장 2, 531 하).

97) 라(邏, la, lakṣaṇa), 상(相)의 뜻이다.

때에 곧 모든 법이 다 모습이 있음을 안다.

모습[相]에는 다시 두 종류가 있는데 첫째는 총상(總相)으로서 말하자면 무상(無常)・고(苦)・공(空)・무아(無我)의 상이다. 별상이란 모든 법이 무상・무아일지라도 각각의 상이 있으니, 예컨대 지(地)의 견고함, 수(水)의 습기, 화(火)의 열, 풍(風)의 운동 등과 같다. 사(捨)를 보시의 상이라 하고 불회(不悔)・불뇌(不惱)를 지계의 상이라 하며, 마음이 변하지 않음을 인욕의 상이라 하고, 부지런함을 정진의 상이라 하며, 마음을 거두어 들임을 선정의 상이라 하고, 집착하는 바가 없음을 지혜의 상이라 하며 사업을 성취함을 방편의 상이라 하고, 태어남과 죽음을 짜서 만드는 것을 세간의 상이라 하며, 짜지 않는 것을 열반의 상이라고 하는 등이다. 지금 관하건데 유위와 무위의 법은 체・성이 모두 공하다. 이 모습은 누구와 더불어 형상을 이루는가? 『중론』의 「삼상품(三相品)」[99]과 『십이문론(十二門論)』에서 자세하게 설명한 것과 같다.

또 다음에 정청한 법계 가운데에서 백육십심(百六十心) 등 갖가지 모든 모습이 본래 생겨남이 없다면 곧 조작도 없다. 조작이 없으므로 필경에 진(塵)도 없으며, 진이 없으므로 모든 모습을 여윈다. 모든 모습을 여윔을 이름하여 모든 부처님께서 스스로 증득하신 삼보리라고 한다.

"바자문(嚩ठ字門)[100]이란 모든 법에서 언어의 길이 끊어진 것이다."

산스크리트어로 바겁파(嚩劫跛, vākkalpa)를 이름하여 언어라 한다. 만일 바(嚩)자를 볼 때에는 곧 일체 모든 법이 언어의 경지를 여의지 않았음을

98) 포(布)를 작게 잘라서 전휴(田畦 : 밭의 구획)를 본떠서 꿰매 만든 옷. 가사(袈裟)를 말한다.

99) 『중론』 제2 「관삼상품(觀三相品)」 제7(대정장 30, 9 상). '만일 생겨남[生]이 유위라 하면 생겨남과 머무름[住]와 사라짐[滅]의 세 가지 형상이 있어야 하리니, 이 일은 옳지 않다. 왜냐하면 서로 어기기 때문이다. 서로 어긴다 함은 생겨남은 생겨남의 법과 상응하고, 머무름은 머무름의 법과 상응하고, 사라짐은 사라짐의 법과 상응하는데 어떤 법이 생길 때에 머무름과 사라짐 따위와 서로 어기는 법이 있을 수 없을 것이다. 또 동시에 있다 하여도 옳지 않으니 마치 밝음과 어두움이 함께 있을 수 없기 때문이다. 이러한 까닭에 생겨남이 유위의 법일 수 없고 머무름과 사라짐도 역시 그렇다.'

100) 바(縛, va) 언어(言語, vac)라는 뜻이다.

안다. 이 모든 법은 유인(有因)·유연(有緣) 아님이 없기 때문이다. 만일 법이 본래 생겨남이 없다면 곧 모든 인연을 여의니 이러한 까닭에 언어의 길이 끊어진 것이다. 또 다음에 만일 법이 지어진 상이라면 곧 널리 설할 수 있으나 지어짐이 없다면 언어의 길이 끊어진 것이다. 만일 허공의 상으로서 이러한 상이 있다면 널리 설할 수 있으나, 모든 법의 상이 허공의 상과 같아 역시 무상이므로 이러한 까닭에 언어의 길이 끊어진 것이다. 만일 법에 행(行)이 있고, 변천이 있고, 그림자가 있다면 곧 널리 설할 수 있으나, 만일 행이 없고 변천이 없고 그림자가 없다면 곧 언어의 길이 끊어진 것이다. 나아가 모든 법에 만일 모습이 있다면 곧 널리 설할 수 있으나, 지금 일체의 법은 모든 모습을 떠났기에 나타내어 보일 수 없고 남에게 줄 수도 없으니 이러한 까닭에 언어의 길이 끊어진 것이다. 또 다시 모습이 없다고 함도 역시 고정된 모습이 없다. 모든 법은 모습에 즉하여 모습 없음이고 모습이 아님[非相]에 즉하여 모습이 없는 것도 아님[非無相]을 알아야 한다. 그가 세 개의 눈[101]을 가진 것처럼 불가사의하니 이러한 까닭에 언어의 길이 끊어진 것이다. 다른 법문도 여기에 준하여 알 수 있다.

"사자문(奢𑖫字門)[102]이란 모든 법의 본성은 적정(寂靜)한 것이다."

산스크리트로 선디(扇底, śānti)는 번역하여 고요함[寂]이라 한다. 세간의 범부가 잠깐 고요하고 담박한 마음을 얻어 왁자지껄 떠들썩함을 그치는 것과 같은 것도 고요함이라 한다. 나아가 이승의 사람들이 영원히 온갖 행의 윤회를 끊고 열반을 증득하는 것도 역시 고요함이라 한다. 그렇지만 본성이 언제나 고요한 것은 아니다. 그 이유는 모든 법은 본래부터 언제나 스스로 적멸의 모습이기 때문이다. 삼계육도(三界六道)에서 어떤 것이 열반이 아닌가! [보살이] 무루지(無漏智)를 생할 때에 또한 범부와 어떻게 다른가! 지금 홀로 그 가운데에서 멸도(滅度)의 생각을 짓는데 어찌 전도

---

101) 마혜수라의 얼굴에 세 개의 눈이 있는 것 등을 가리킨다. 눈이 세 개인 존은 무수히 많은데 세 번째의 눈은 미간에 위치하며, 본문에서 이 눈을 불가사의하다고 하였다.

102) 사(奢, śa, śānti), 적(寂) 또는 식(息)의 뜻이다.

(顚倒)[의 견해]가 아니겠는가! 또한 만일 모든 법이 본래 성품이 고요하다면 사십이지(四十二地) 가운데에서 어떤 것이 여래지(如來地)가 아니며, 어떤 것이 범부의 단계가 아니겠는가! 만약 미륵보살이 본성이 고요하여 한 생애에 [성불한다는] 기별을 얻으면, 모든 중생들도 역시 모두 기별을 얻어야 한다. 만약 모든 중생들이 본성이 고요한 가운데에 범부의 일을 닦아 배우는 것을 방해하지 않는다면 미륵보살도 역시 응당 범부의 일을 닦아 배워야 한다. 지금 차별의 생각을 지으니 어찌 희론이 아니겠는가! 만일 사(奢, śa)자문에 들어갈 때에는 곧 이 법이 평등하여서 높고 낮음이 없고 언제나 움직이지 않으면서도 하지 못하는 것이 없음을 안다. 그러므로 해탈 가운데에 용납하여 받아들이는 바가 많다. 대반열반이 대의(大義)를 건립한다고 하는 것은 모두 이것으로 말미암는다.

"사자문(沙𑖬字門)[103]이란 모든 법의 성품은 둔(鈍)한 것이다."

만일 산스크리트본이 본래 그대로 남아있다면 "성품은 완(頑)과 같다"고 말했을 것이다. 완(頑)이란 나무나 돌맹이가 아는 것이 없고 접촉하여 받아들이는 뜻이 없는 것과 같다고 한다. 같다고 말하는 것은 비유를 들어 말한 것일 뿐, 한결같이 그것과 똑같다는 것은 아니다.

또한 『대품반야경(大品般若經)』[104]에, '반야는 무지(無知)이다. 자성이 둔하기 때문이다'라고 한 것이 바로 이 자문의 뜻과 맞다. 그래서 문장을 다듬는 자가 고역(古譯)의 말을 남겼을 뿐이다. 무릇 자성이 둔하다는 것은 바로 극무분별심(極無分別心)이다. 어리석지 않고 슬기롭지 않으며 총명하지 않고 아는 것도 없고 지혜도 없으며 망녕됨도 없고 깨닫는 것도 없으며 나아가 모든 법에서 동요되지 않으니 이는 단지 한결같이 둔하여서 금강의 땅보다도 견고하다. 그러한 까닭에 세간 사람들은 취하고 버리는 것

---

103) 사(沙, ṣa), 성품이 둔(鈍)하다는 뜻이다.

104) 『마하반야바라밀경』 제13권, 제41 「신훼품(信毁品)」(대정장 8, 304 중). '수보리가 부처님께 말씀드렸다. 세존이시여, 이 반야바라밀은 들을 수 있고 볼 수 있습니까? 부처님께서 수보리에게 말씀하셨다. 이 반야바라밀은 듣는 것도 없고 보는 것도 없다. 반야바라밀이 듣지도 보지도 못하는 것은 둔해서이기 때문이다.'

을 잊지 않고서 지혜를 숭상하고 어리석음을 버리며, 열반을 존중하고 생사를 천하게 여긴다. 그러나 지금 일체가 본래 생겨남이 없고 나아가 일체의 본성이 고요한데 무엇이 날카롭고 무엇이 둔하겠는가! 저 금강의 날카로운 날과 같이 견고하지 않은 물질을 대하여 한쪽 날만 사용하기에 날카롭다 한다. 만약 향하는 바를 모두 금강으로 하면 드는 물체가 모두 둥글어서 한쪽 날로만 사용할 수 없으니 곧 날카로운 모습은 함께 둔함에 돌아간다.

"사지문(娑𑖭字門)[105]이란 모든 법에서 온갖 진리는 얻을 수 없는 것이다."

산스크리트로 살다야(薩跢也, satya)는 번역하여 제(諦)라 한다. 제란 모든 법을 참된 상과 같이 알아서 뒤집어지거나 그릇되지 않음을 말한다. 태양을 차게 할 수 있고 달을 뜨겁게 할 수 있을지라도 부처님께서 고제(苦諦)를 설하신 것은 다르게 할 수 없다.[106] 집(集)이야말로 참된 인(因)이고 다시 다른 인이 없다. 인이 멸하면 과도 멸한다. 고(苦)를 멸하는 도가 바로 참된 도이며, 다시 다른 도가 없다고 설하신 것과 같다.

또한 『열반경』[107]에서 '고통에서 해방되면 고가 없다. 이러한 까닭에 고는 없으며 궁극의 진리[眞諦]만 있으니 그 밖의 세 가지도 역시 그러하다. 나아가 사제(四諦)를 분별하니 한량 없이 많은 상(相)과 하나의 실제(實

105) 사(娑, sa, satya), 제(諦)라는 뜻이다.

106) 이 문장은 『약설교계경(略說教誡經)』, 즉 『불유교경(佛遺教經)』의 다음 문장과 비슷하다(대정장 12, 1112 상). '이때에 아누룻다가 대중들의 마음을 살피고 부처님께 말씀드렸다. "세존이시여, 달을 뜨겁게 할 수 있고, 태양을 차겁게 할 수 있을지언정 부처님께서 설하신 사제(四諦)는 다르게 할 수 없습니다."'

107) 『대반열반경』 제12, 「성행품(聖行品)」(대정장 12, 682 하)에 사제(四諦)를 밝힌 것을 가리킨다. '선남자여, 범부들은 고(苦)만 있고 참된 이치는 없으며 성문이나 연각은 고도 있고 참된 이치도 있으나 진실한 것은 없으며, 보살들은 고에서 고가 없음을 아나니, 그러므로 고는 없고 진실한 참된 이치가 있다 하느니라. 범부들은 집(集)만 있고 참된 이치는 없으며, 성문이나 연각은 집도 있고 참된 이치도 있으며, 보살들은 집에서 집이 없음을 아나니, 그러므로 집은 없고 진실한 참된 이치가 있다 하느니라. 성문이나 연각은 멸(滅)이 있으나 진실한 것이 아니며, 보살마하살은 멸도 있고 진실한 참된 이치도 있다는 것이며, 성문이나 연각은 도(道)가 있어도 진실하지 않거니와, 보살마하살은 도도 있고 진실한 참된 이치도 있다고 하느니라.'

諦)가 있다'고 「성행품(聖行品)」 가운데 설명한 것과 같다. 이것을 자문의 상으로 삼는다. 그런데 일체법은 본래 생겨남이 없으며, 나아가 필경에 무상(無相)이기에 언어의 [길이] 끊어졌고, 본성이 고요하며 자성이 둔(鈍)하니 봄[見]도 없고, 끊음도 없으며 증득도 없고 닦을 것도 없다고 알아야 한다. 이와 같이 견혹(見惑)을 끊고 수혹(修惑)을 멸함[證]은 모두 부사의법계이다. 또한 공(空)이며 가(假)이며 중도(中道)이다. 실다웁지 않고 허망하지 않으며 정해진 모습으로 보일 것도 없다. 그래서 진리[諦]는 얻을 수 없다고 하였다. 『중론』 「사제품(四諦品)」[108] 가운데에서도 역시 그 뜻을 자세하게 설명하였다.

"하자문(訶𠰺字門)[109]이란 모든 법에서 인(因)은 얻을 수 없는 것이다."

산스크리트로 혜달바(係怛嚩, hetavaḥ)라 하는 것은 바로 인(因)이라는 뜻이다. 인에는 여섯 종류[110]가 있으며, 인연의 뜻 가운데 인에 다섯 종류[111]가 있다. 『아비담(阿毘曇)』[112]에서 자세하게 설명한 것과 같다.

만일 하자문(訶字門)을 볼 때에는 곧 일체의 모든 법이 인연으로부터 생겨나지 않은 것이 없다는 것을 알게 되니, 이것을 자상(字相)이라 한다. 모든 법은 구르고 굴러서 인(因)을 기다려 이루어지므로 최후에는 의지할 것이 없다는 것을 알아야 한다. 그러므로 무주(無住)를 설하여 모든 법의 근본으로 삼는다. 왜냐하면 『중론』[113]에서 갖가지의 문으로써 모든 법의 인

---

108) 『중론』 「관사제품」(대정장 30, 33 중). '뭇 인연에서 나는 법을 나는 그대로가 없음이라 하며 겸하여 거짓인 이름이라 하며 중도(中道)의 이치라 부르기도 한다.'

109) 하(訶, ha, hetu), 인(因)의 뜻이다.

110) 『구사론』 제16권(대정장 27, 79 상)에 다음과 같은 육인(六因)을 설한다. 즉 능작인(能作因, kāraṇahetu)·구유인(俱有因, sahabhūhetu)·동류인(同類因, sabhāga-hetu)·상응인(相應因, samprayukta-hetu)·변행인(遍行因, sarvatraga-hetu)·이숙인(異熟因, vipāka-hetu)이다.

111) 『구사론』 권6·7 등에 육인사연(六因四緣)의 설이 나온다. 사연(四緣)은 바로 인연(因緣)·소연연(所緣緣)·등무간연(等無間緣)·증상연(增上緣)이다. 이 가운데 육인(六因)의 능작인이 사연 가운데의 증상연(增上緣)이고 그 나머지 오인은 사연(四緣) 가운데의 인연이다.

112) 『아비달마대비바사론』 제16(대정장 27, 79 상).

113) 『중론』 「관사제품」(대정장 30, 33 중). '어떠한 한 법도 인연에서 나지 않음이 없으니 그러므로 온갖 법은 공(空) 아닌 것이 없다.'

연을 관찰하여도 모두 생겨남이 없다고 말하기 때문이다.

반드시 알아야 하니 만법은 유심(唯心)이다. 마음의 실상은 바로 일체종지(一切種智)이며 바로 모든 부처님의 법계이다. 법계란 바로 모든 법의 바탕이며, 인(因)으로 삼을 수 없다. 이로써 말하면 인도 역시 법계이고 연(緣)도 역시 법계이며 인연으로 생한 법도 역시 법계이다. 앞에서 설한 아자문은 근본으로부터 지말로 돌아가고 필경에는 이와 같은 곳에 이른다. 지금 하(訶)자문도 근본으로부터 지말로 돌아가 필경에는 이와 같은 곳에 이른다. 아자는 본래부터 생겨남이 없을지라도 모든 법을 생한다. 지금도 역시 인(因)을 기다리지 않고 모든 법의 인이 된다. 끝과 시작이 동일하게 돌아가니 즉 중간의 지취(旨趣)도 모두 알 수 있을 것이다.

또 다음으로 이 가운데의 선다라니(旋陀羅尼) 자륜(字輪)의 모습을 설명하겠다. 이른바 하나의 글자로써 모든 글자의 뜻을 해석하고 모든 글자로써 한 글자를 해석한다. 한 글자의 뜻으로써 모든 글자의 뜻을 성립시키고 모든 글자의 뜻으로써 한 글자의 뜻을 성립시킨다. 한 글자의 뜻으로 모든 글자의 뜻을 부수고 모든 글자의 뜻으로 한 글자의 뜻을 부순다. 한 글자와 모든 글자를 거꾸로나 순서대로나 돌릴지라도 여기에 준하여 알 수 있다.

어떻게 한 글자로 모든 글자를 해석하는가?

가(迦)자를 해석할 때와 같이 단지 갖가지의 인연으로써 본래 생겨남이 없음을 관하여 곧 무소작(無所作)의 뜻을 봄을 말한다. 나아가 하(訶)자를 해석할 때에도 역시 갖가지의 인연으로 본래 생겨남이 없음을 관하여 무인(無因)의 뜻을 본다.

어떻게 모든 글자로써 한 글자를 해석하는가?

이른바 아자문을 해석할 때와 같이 갖가지의 인연으로 무조작(無造作)을 관하여 곧 본래 생겨남 없음[本不生]의 뜻을 본다. 나아가 갖가지의 인연으로써 모든 법의 무인(無因)을 관하여 곧 본래 생겨남 없다는 진리의 뜻을 본다. 다른 글자들도 예가 이러하니 자세하게 이를 설명해야 한다.

어떻게 모든 글자로써 한 글자를 성립시키는가?

모든 법은 본래 생겨남이 없으니 지음이 없기 때문이다. 허공처럼 무상(無相)이기 때문이며, 무행(無行)이기 때문이며, 무합(無合)이기 때문이며, 나아가 무인(無因)이기 때문이다.

어떻게 한 글자로써 모든 글자를 성립시키는가?

모든 법은 지음이 없으니 본래 생겨남이 없기 때문이며, 나아가 모든 법은 무인(無因)이니 본래 생겨남이 없기 때문이다.

어떻게 모든 글자로 한 글자를 부수는가?

어떤 사람이 집착하여 모든 법은 근본이 있으며 생함이 있다고 하면 그것을 부수어 말해야 한다. 만일 모든 법이 조작을 여의고도 생함이 있다고 말하면 이 뜻은 옳지 않다. 내지 만일 모든 법이 인(因)을 얻을 수 없는데 생함이 있다고 말하면 이 뜻은 옳지 않다.

어떻게 한 글자로써 모든 글자를 부수는가?

어떤 사람이 집착하여 조작이 있다고 말하면 그것을 부수어서 말해야 한다. 모든 법이 본래 생겨남이 없다는 뜻이 이미 성립하였으므로 지음이 있다고 말한다면 이 뜻은 옳지 않다. 나아가 인(因)이 있다고 집착하면 역시 그것을 부수어 말해야 한다. 모든 법이 본래 생겨남이 없는 뜻이 이미 성립하였으므로 인이 있다고 말하면 이 뜻은 옳지 않다.

어떻게 [한 글자와 모든 글자를] 거꾸로나 순서대로 돌리는가?

법이 본래 생겨남이 없으면 곧 조작이 없으며, 조작이 없으면 곧 허공과 같이 무상(無相)이다. 허공과 같이 무상이라면 곧 행(行)이 있을 수 없다. 행이 없다면 곧 합(合)이 없으며, 합이 없다면 곧 변천이 없다. 나아가 만일 인(因)이 없다면 법은 본래 생겨남이 없다고 알아야 한다. 이것을 이름하여 순(順)이라 한다. 만일 법에 인이 없다면 진리는 얻을 수 없다. 진리를 얻을 수 없다면 자성은 둔(鈍)하다. 자성이 둔하면 본성이 고요함을 알아야 한다. 만일 본성이 고요하다면 무상(無相)임을 알아야 한다. 나아가 본래 생겨남이 없다면 무인(無因)임을 알아야 한다. 이와 같은 여덟 가지의 의문(義門)으로써 자재롭게 돌려서 이를 해석해야 한다.

또한 지금 일체의 법이라 말하는 것은 총상(總相)일 따름이다. 만일 『마하반야경(摩訶般若經)』에 의하면 색(色)에서 일체종지(一切種智)까지 하나하나 다르게 이를 설하니 뜻은 한량 없이 많다. 또한 낱낱의 문은 「진언주심품(眞言住心品)」 가운데 일반적인 해석과 깊은 비밀의 상에 의거하여 차례대로 분별하여야 한다. 자문으로써 돌리기에 뜻도 역시 동일하지 않다. 그래서 백천만억의 선다라니(旋陀羅尼)를 출생한다.

또 다음에 여래의 모든 언설은 진언 아닌 것이 없으므로 이와 같은 종자의 뜻을 [이해하고서] 두루 모든 수다라(脩多羅, sūtra)에 들어가야 한다. 이러한 까닭에 『대지도론』[114]에서 다음과 같이 말하였다.

보살이 만일 모든 언어 가운데에서 아자를 들을 때에 즉시 뜻에 따라 모든 법이 처음부터 이래로 불생(不生)의 상이라고 알아야 한다[아디(阿提, ādi)는 중국에서 초(初)라고 하며 아누파타(阿耨波陀, anutpāda)는 중국말로 불생(不生)이다].

만일 라(囉)자를 들을 때에는 곧 뜻에 따라 모든 법이 더러움을 여읜 상이라고 알아야 한다[라(羅)자는 중국말로 구(垢)이다].

만일 파(波)자를 들을 때에는 즉시 모든 법이 궁극의 진리 가운데에 들어간다고 알아야 한다[파라말타(波羅末陀, paramārtha)는 중국말로 제일의이다].

만일 차(遮)자를 들을 때에는 즉시에 모든 행이 행이 아니라고 알아야 한다[차리야(遮利夜, caryā)는 중국말로 행(行)이다].

만일 나(那)자를 들을 때에는 곧 모든 법은 얻을 수 없으며 잃을 수 없고, 올 수도 없으며 갈 수도 없음을 알아야 한다[나(那, na)는 중국말로 불(不)이다].

---

114) 『대지도론』 제48 「사념처품」(대정장 25, 407 하~408 상). '아자문은 모든 법이 처음부터 나지 않음이요, 라(羅)자문은 모든 법이때[垢]를 여읨이며, 파(波)자문은 모든 법이 궁극의 진리라는 것이요, 차(遮)자문은 모든 법을 끝내 얻을 수 없음이요 모든 법은 마치지도 않고 생기지도 않음이다. 나(那)자문은 모든 법이 이름을 떠나서 성품과 모양을 얻지도 잃지도 않음이요, 라(邏)자문은 모든 법이 세간을 제도함이요 또한 애욕이라는 가지의 인연이 소멸함이요, 타(陀)자문은 모든 법이 착한 마음을 낳음이며, 또한 베푸는 모양이다. 파(婆)자문은 모든 법이 파자(婆字)를 여읨이요, 다(茶)자문은 모든 법이 다자(茶字)로 청정함이요, (…후략…).'

『대지도론』의 「사념처품(四念處品)」에서 자세하게 설명한 것과 같다.

또 다음에 모든 명칭과 언어 가운데 아(阿)의 소리가 있으면 모두 아자문에 들어간다. 가(迦)의 소리가 있으면 모두 가자문에 들어간다. 내지 하(訶)의 소리가 있으면 모두 하자문에 들어간다. 이러한 까닭에 하나의 자문 가운데 한량 없이 많은 뜻을 갖춘다. 하자문 가운데 단지 무인(無因)의 뜻만 있는 것이 아니다. 다른 자문도 예가 이러함을 알아야 한다.

또 사다야(娑哆也, satya)는 진리라는 뜻이다. 이러한 까닭에 경에서, 사자문(娑字門)은 일체 모든 법에서 진리는 얻을 수 없다고 한다. 또 사다(娑哆, āsakta)는 착(着)의 뜻이다. 이러한 까닭에 「공양법」에서 사자문(娑字門)은 일체 모든 법을 물들일 수 없다고 하였다. 또 파바(婆嚩, bhāva)는 유(有)라는 뜻이다. 이러한 까닭에 경에서 파자문(婆字門)은 일체 모든 법이 유(有)를 얻을 수 없다고 하였다. 파바나(婆嚩娜, bhāvana)는 관(觀)의 뜻이다. 이러한 까닭에 「공양법」에서 파자문은 일체법이 모든 관을 떠나 있다고 하였다. 나머지는 모두 여기에 준거한다.

『대품반야경[大品經]』[115]과 『화엄경』 「입법계품(入法界品)」[116]에서 모두 사십이자문(四十二字門)[117]을 설하였으며, 『열반경』의 「문자품(文字品)」[118] · 『문수소문경(文殊所問經)』[119] · 『대집경』 「다라니자재왕품(陀羅尼自在王品)」[120]에서 각각 실담(悉曇)[121]의 자모(字母)를 해석한 것은 이 경에서 설한 것과 그

---

115) 『마하반야바라밀경(摩訶般若波羅蜜經)』 제6권, 「광승품(廣乘品)」(대정장 8, 256 상 이하).

116) 『화엄경』 「입법계품」 제58권(대정장 9, 765 하 이하).

117) Skt. dvācatvāriṃśad-akṣaramukha. 42의 각 글자에 자의(字義)를 보인 것. 실담자 42자문을 설한 경전은 다음과 같다. ①『대반야경』 「선현품」(대정장 7, 220), ②『대품반야경』 「광승품」(대정장 8, 223), ③『대지도론』 「사념처품」(대정장 25, 1509), ④『80화엄경』 「입법계품」(대정장 10, 279), ⑤『대방광불화엄경입법계품사십이자관문』(대정장 19, 1019), ⑥『수호경다라니품』(대정장 19, 997) 등이다. 자의가 달라도 배열은 비슷하며, ⑤와 ⑥은 대체로 자의도 일치한다.

118) 담무참 역, 『대반열반경』 제8권 「문자품」(대정장 12, 653 하 이하).

119) 불공 역, 『문수문경자모품제십사(文殊問經字母品第十四)』(대정장 14, 509중 이하).

120) 현재 대장경에 수록되어 있는 『대집경』 「다라니자재왕품」에는 해당되는 내용이 없다.

121) Skt. siddhaṃ. 인도어인 산스크리트어의 일종인 범자(梵字)의 자모(字母). 인도에서는 서기 4~5세기경부터 유행해졌으며, 중국에는 불교와 때를 같이하여 남북조(南北朝)때

뜻이 다르기도 하고 혹은 같기도 하다. 만일 이 뜻을 이해할 때에는 모든 경전이 시원스럽게 일치되어 어긋나거나 방해됨이 없을 것이다.

또한 낱낱의 자문을 모두 얻을 수 없다[122]고 말하는 것은 중도의 뜻을 밝히려하기 때문이다. 지금 또한 차(車)자문에 의탁하여 그것을 설하면 거울 속의 얼굴과 형상을 관찰하는 것과 같아서 본질을 인(因)으로 삼고 깨끗한 거울을 연으로 삼아서 그림자가 비추이는 것이 있으니 이것을 생겨난 법으로 삼는다. 곱거나 미운 모습이 바로 앞에 틀림없이 나타나므로 유(有)라 한다. 갖가지 방편으로 추구하여도 도무지 얻을 수가 없으니 이것을 공(空)이라 한다. 이 유와 공은 모두 거울의 체를 벗어나지 않으니 곧 하나로 이름하여 중(中)이라 한다. 세 가지 상은 같지 않으면서 같고 다르지 않으면서 다르다. 이러한 까닭에 세간의 논자는 헤아려 의논할 수 없다.

지금 진언문도 역시 그러하여 관심(觀心)으로써 인(因)으로 삼고 삼밀을 연으로 삼아 보문의 바다처럼 많은 모임을 현전하여 틀림이 없기에 유(有)라고 부른다. 갖가지 문으로써 추구하여도 도무지 얻을 수 없으므로 이것을 공(空)이라 부른다. 이 유와 이 공이 모두 법계를 벗어나지 않으므로 중(中)이라 설한다. 삼제(三諦)가 같지 않으면서 같고 다르지 않으면서 다르다. 모든 방편승(方便乘)의 사람이 헤아려 의논할 수 없다. 다른 법문들도 예가 모두 이와 같으므로 일일이 열거할 필요가 없다.

"비밀주여. 나(仰)[123] · 냐(壤)[124] · 나(儜)[125] · 나(曩)[126] · 마(莽)[127]는 모든

에 전래되었다. 중국에서는 범자의 서체(書體) 및 자모를 실담이라 하고, 범어의 문법이나 어구의 해석 등을 범음(梵音) 또는 범어라 하여 구별했다. 우리나라에서 이 실담문자는 주로 불교의 각종 진언의 표기에 쓰이며, 전각의 천장이나 불구(佛具) 등에 상징적인 문양을 대신하여 사용되기도 한다. 특히 진언을 실담문자로 표기하는데 범자의 체는 중국에 전래된 이후 크게 변화하였다. 또한 밀교에서는 실담문자를 관하는 자륜관(字輪觀)이 있다.

122) 중도(中道) 궁극의 진리[第一義諦]는 언어로 설하거나 마음으로 헤아릴 수 있는 것이 아니기에 얻을 수 없다고 한다. 지금 모든 종자의 자의(字義)는 바로 궁극의 진리[第一義諦]의 실상에 계합하기 때문에 얻을 수 없다고 한 것이다.

123) ṅa.

124) ña. 『경』에는 若로 되어 있다.

삼매에서 자재롭게 온갖 사업을 빨리 성취할 수 있고, 하려고 하는 바에서 뜻와 이익을 모두 성취한다."

가(迦)・차(遮)・타(吒)・다(多)・파(波)의 오류성(五類聲)[128] 가운데에 또 각기 다섯 글자가 있다. 그 제1에서 제4자까지 모두 혜문(慧門)이다. 이미 앞에서 설한 것과 같다. 제5자는 모두 증문(證門)이다. 지금 합해서 이를 설명하겠다.

범서(梵書)에는 이 오자(五字)가 모두 원점(圓點)과 같다. 또 가(迦)・카(佉)・아(哦)・가(伽)의 네 자는 증가하여 제11성(聲)에 이르고 모든 [문자의] 머리 위에 점을 찍는다. 만일 이 점을 지우려면 다음의 뒷 글자 위에 나(仰)자 등을 덧붙여 써라. 그 글자는 바로 점이 있는 것과 다르지 않다. 또 산스크리트 문자의 십이성(十二聲) 가운데 제1은 본체이기 때문에 곧 다음 제2의 글자는 행(行)이고 제3 이후는 모든 획을 늘리면 모두 삼매라 부른다. 제11은 그 위에 점을 찍으면 이것은 증득[證]을 뜻한다. 제12는 곁에 두 점을 찍는데 이것은 반열반을 의미한다. 이 나(仰)자와 같은 자는 지혜성(智慧聲)과 삼매성(三昧聲)[129]에 두루하기 때문에 이것은 바로 대공의 뜻임을 알아야 한다. 이러한 까닭에 따로 설하니 앞의 자와 서로 합하여 논하지 않는다.

『열반경』[130]에는 이 다섯 종자에 역시 종자의 뜻을 자세하게 밝히고

---

125) ṇa. 『경』에는 拏로 되어 있다.

126) na. 『경』에는 那로 되어 있다.

127) ma. 『경』에는 麼로 되어 있다.

128) 이십오음(二十五音), 또는 오오성(五五聲)・상수성(相隨聲)이라고도 한다. 후성(喉聲)・악성(齶聲)・설성(舌聲)・치성(齒聲)・순성(脣聲)을 말한다.

129) 지혜성(智慧聲)은 가(迦) 등의 자모(字母)를 가리키고 삼매성은 이(伊) 등의 운(韻)을 말한다.

130) 『대반열반경』 8권 「문자품」(대정장 8, 654 중하). '가(迦)는 모든 중생들에게 대자대비를 일으키는 것이니, 아들이란 생각 내기를 라후라와 같이 하여 묘하고 선한 뜻을 지으므로 가라 한다. (…중략…) 차(遮)는 닦는다는 뜻이니 모든 중생들을 조복하는 것을 닦는다고 하며, 그리하여 차라 한다. (…중략…) 타(吒)는 남섬부주에서 몸을 반쯤 나타내고 법을 연설하는 것이니, 반달과 같으므로 타라 한다. (…중략…) 다(多)는 여래가 저기에서 비구들에게 말하기를 "놀람과 두려움을 떠나라. 너희들에게 미묘한 법을

있다. 지금 『비로자나경[毘盧遮那宗]』에서는 이 다섯 종자에 의탁하여 대공의 뜻을 밝혔다. 대공은 바로 증처(證處)이니 법으로서 설할 수 없기 때문에 단지 원점으로써 이를 나타낸다. 또한 이 원점은 자체에 법문이 없을지라도 모든 법문에 두루함이 마치 허공이 온갖 형상을 멀리 여읠지라도 만 가지 형상을 머금음과 같다. 이러한 까닭에 모든 자문에 만일 공점을 찍을 때에는 자재의 용을 갖추어 모두 온갖 사업을 성취한다.

또 아자문의 무생(無生)의 묘혜(妙慧)는 일체중생이 평등하게 함께 이를 갖고 있다. 단지 스스로 증득하여 알지 못하기 때문이니 마치 가난한 여인의 보배창고가 그 세력을 얻지 못하는 것과 같다. 그러나 행을 발할 때에는 방편으로 개발함과 같다. 증득해 들어갈 때에 보배창고가 현전하면 이때에 뜻대로 수용하여 구하는 것을 반드시 획득하는 것과 같다. 그래서 이 공점을 찍으면 온갖 도리와 이익을 다 성취할 수 있다고 말한다.

33. 진언이 지닌 공덕

다음에 세존께서 설하신 게송 가운데에 **"진언의 삼매문은 온갖 원을 원만하게 한다"**고 하는 것은 갖추어진 산스크리트본이 남아있다면 진언의 아래에 다시 도(道)라는 글자를 붙였을 것이다.

가행(加行)하는 사람이 한결같은 연으로 아자에 머무름을 아자의 삼매라 한다. 이 아자의 삼매는 바로 마음의 명도(明道)를 여는 문으로서 다른 모든 글자도 역시 이와 같다.

"온갖 원"이란 산스크리트로 살바사(薩嚩奢, sarvāśā)라 하며 마음에서 기

말하리라"고 하므로 다라 한다. (…중략…) 파(波)는 뒤바뀌었다는 뜻이니 만일 삼보가 모두 없어졌다고 말하면 이 사람은 스스로 의혹하는 것이므로 파라 한다.'

원하는 원이다. 말하자면 모든 중생들이 이 삼매문을 닦으면 온갖 마음 속에서 구하는 것을 다 원만하게 할 수 있다. 이 원을 원만하게 하였을 때에는 이것이 바로 모든 여래의 부사의한 과이다. 상주(常住)의 과와 무사(無師)의 혜(慧)라 할지라도 중생들에게 베풀어 주는데 하물며 세간실지의 원이겠는가!

또한 여래의 낱낱 삼매의 성자실상(聲字實相)은 부처님께서 계시든 계시지 않든 법으로서 이와 같기 때문이며, 이러한 까닭에 천류(遷流)하지 않음이 바로 여래의 본지법신(本地法身)이다. 이 법신으로 두루 중생에게 베풀기 위해서 다시 자재신력으로 이와 같은 있는 그대로의 성자(聲字)를 가지하신다. 그러므로 이 성자는 모든 부처님의 가지신(加持身)이다. 이 가지신이 곧 두루 [중생들의] 종류에 따른 몸을 지어서 나타나지 않는 곳이 없다. 가지한 성자(聲字)도 역시 이와 같음을 알아야 한다. 이러한 까닭에 수행자가 단지 일심으로 연을 살펴서 이 성자를 관하면 스스로 부처님의 가지신을 볼 수 있다. 만일 가지신을 보면 곧 본지법신을 본다. 본지법신을 보는 때에는 이것이 바로 수행자 자신이다. 그래서 하나하나의 자문은 바로 여래의 부사의한 과로서 다른 곳에서 오는 것이 아니다.

"수많은 뛰어난 원을 구족하는 것은 진언의 분명한 뜻이다."

갖춘 산스크리트본이 남아있으면 '온갖 뛰어난 원을 갖추는 것은 진언의 분명하고 진실한 뜻이다'로 했을 것이다. 이 가운데 **"뛰어난 원"**이란 산스크리트로 바로(嚩嚧, vara)라 하는데 이는 갖가지의 공덕을 구족함이다. 이른바 삼매와 총지(總持)와 십력[力]과 사무소외[無畏] 등의 바라는 바를 이미 만족하고 구하는 것을 모두 갖춘다는 뜻이다. 앞의 원(願, āśā)이라는 글자와 [지금의 뛰어난 원이란] 산스크리트음이 각기 다르다.

"분명한"이라고 말하는 것은 또 아자문과 같으니 소리이든 글자이든 체가 생겨남이 없음을 거론한 것이다. 소리와 자의 뜻도 곧 체를 거론하니 생겨남이 없다. 만일 증득할 때에는 다시 이 본래 생겨남 없다는 진리를 증득할 따름이니 중간에 다시 뒤섞임도 없고 또 다른 길도 없다. 만일 이 진실한 뜻을 보는 때에는 가령 시방의 모든 부처님께서 동시에 현전하여 갖가지의 비슷한 바라밀을 설하여 그 마음을 바꾸려고 할지라도 또한 의혹이 생기지 않는다. 그래서 "분명"하다고 하였다.

또한 "수많은 뛰어난 원을 구족한다"는 것은 여래의 십세계(十世界)의 티끌 수처럼 많은 내증의 공덕[을 구족하는 것]이다. 분명하기 때문에 하나하나 모두 금강인(金剛印)을 성취한다. 이 자증의 몸으로부터 또한 가지신을 일으키기에 "삼세를 초월한다"고 하였다.

"무구(無垢)함이 허공과 같다"고 하는 것은 바로 청정하고 티없는 부사의한 마음자리이다. 대방편으로써 이 지(地) 위에 보문만다라를 그려 건립하므로 경에서 다음에 "부사의한 마음에 머물러 모든 사업을 일으킨다"고 하였다. 산스크리트본에는 구체적으로 심지(心地)라고 한다. 이 게송에서는 다섯 글자로써 구절을 이루기에 늘여 쓸 수가 없다. 그렇지만 지(地)는 이것이 바로 마음의 체이므로 단지 "부사의한 마음에 머물러"라고 하였다. 진언의 삼매문 가운데 이와 같이 부사의한 과덕(果德)이 있어서 한 나라를 골고루 공급하며 동등하게 중생에게 베푸는 것을 감당할 수 있을지라도 만약 모든 중생들이 재앙 만날 것을 생각하여 공양하고 수행하지 않는다면 마치 왕의 음식이 앞에 가득할지라도 먹고 마실 마음이 없는 것과 같다. 그러니 모든 부처님이라도 그가 이와 같다면 어찌 하시겠는가!

그래서 경에서 다음에 "수행의 경지에 도달하면 부사의한 과를 수여한다"고 하였다. 이 수행지(修行地)131)는 바로 정보리심의 초법명문(初法明門)이다. 예를 들면 성문이 견제(見諦)132) 이후에 또 수도(修道)의 위(位)에 들어가는 것과 같다. 이 보살은 백자명문(百字明門)133) 가운데에서 각기 연화태

131) 보살십지 가운데 초지 정보리심을 가리킨다.

132) 올바른 무루의 지혜로써 번뇌를 끊어, 즉 번뇌와 심상속(心相續) 사이의 구생(俱生)의 관계를 단절시켜 깨달음의 영역으로 나아가기 위한 길에는 견도(見道), 수도(修道), 무학도(無學道)의 과정이 있다. 견도는 견소단의 번뇌를 끊는 과정, 수도는 수소단의 번뇌를 끊는 과정이다. 그리고 이와같은 체계적인 수행을 통하여 무학도에 이르게 된다.

133) 백광변조왕(百光遍照王)의 암(暗)자에 갖추어진 공덕법문을 말한다.

장만다라세계해(蓮花胎藏漫荼羅世界海)를 보니 그 장엄한 상은 모두 다 같지 않다.

먼저 카(佉)자문의 대공륜(大空輪)에서 하(訶)자문으로써 대풍륜(大風輪)을 일으키고 다음에 그 위에 바(嚩)자문으로써 향수해(香水海)를 일으키며, 다음에 그 위에 아(阿)자문으로써 금강지(金剛地) · 금강륜산(金剛輪山)을 일으킨다. 그밖에는 『화엄경』[134]에서 말한 것과 같다.

이 백 개의 연화장의 낱낱 세계의 보리만다라에 있어서 각각에 십세계의 모든 보살과 금강 등이 있으니 이로써 권속을 삼는다. 이 유가자는 자리에서 일어나지 않고서도 모두 이와 같은 모든 부처님의 모임에 이른다. 또한 차례대로 이와 같은 모든 선지식을 찾아 자문을 구한다. 그래서 초지 보살의 화신이 백 개의 불국토를 채운다고 하였다.[135] 헛되이 이것을

---

134) 『화엄경』 제50, 37 「여래출현품」(대정장 10, 264 상중하). '불자여, 비유컨대 세계가 처음 이루어질 적에 큰 물이 생겨 삼천 대천 세계에 가득하고 큰 연화가 나나니 이름이 여래출현공덕보장엄(如來出現功德宝莊嚴)이라, 물 위에 가득 덮이어 빛이 시방의 모든 세계에 비추거든 그때 마혜수라 정거천(淨居天)들이 이 연화를 보고는 이 겁에 그러한 부처님이 세상에 나실 것을 분명히 아느니라. 불자여, 그때에 그 가운데 풍륜이 일어나니 이름은 매우 깨끗한 광명이라, 색계의 여러 천계의 궁전을 이루느니라. 또 풍륜이 일어나니 이름은 깨끗한 빛 장엄이라, 욕계의 여러 천계의 궁전을 이루느니라. 또 풍륜이 일어나니 이름은 견고하고 빽빽하여 깨뜨릴 수 없음이라, 큰 철위산(鐵囲山) · 작은 철위산 · 금강산을 이루느니라. 또 풍륜이 일어나니 이름은 훌륭하고 높음이라, 수미산을 이루느니라. 또 풍륜이 일어나니 이름은 흔들리지 않음이라, 열 가지 큰 산을 이루나니 무엇이 열인가. 거타라(佉陀羅)산 · 선인산 · 복마(伏魔)산 · 큰 복마산 · 지쌍(持双)산 · 니민다라산(尼民陀羅) · 목지린타산 · 마하목지린타산 · 향산 · 설산이니라. 또 풍륜이 일어나니 이름은 편안히 머무름이라, 땅덩이를 이루느니라. 또 풍륜이 일어나니 이름은 장엄이라, 땅에 있는 천계의 궁전 · 용의 궁전 · 건달바 궁전을 이루느니라. 또 풍륜이 일어나니 이름은 무진장이라, 삼천 대천 세계의 모든 바다를 이루느니라. 또 풍륜이 일어나니 이름은 보광명장(普光明藏)이라, 삼천 대천 세계의 모든 마니 보배를 이루느니라. 또 풍륜이 일어나니 이름은 굳은 뿌리라, 모든 여의수(如意樹)를 이루느니라. 불자여, 큰 구름에서 내리는 한결같은 물이 분별이 없지마는 중생의 선근이 같지 아니하므로 풍륜이 같지 않고 풍륜이 차별하므로 세계가 차별하니라. (…후략…)'

135) 『화엄경』에 의하면 초지의 보살은 백 불국토의 중생으로 화현하며, 제2지의 보살은 천불국토를 화현하며, 제3지의 보살은 만불국토에 화현하는 등 십지마다 그 화신을 나타내는 경계가 열 배로 늘어난다. 백불국토는 백 개의 대천세계(大千世界)이다. 하나의 불국에 한 분의 대석가모니불과 백억의 소석가모니불이 계시다고 한다.

보는 것만이 아니라 또한 이 백 개의 연화장세계를 전변시켜서 자신으로 삼는다. 초지의 싹 · 줄기 · 꽃 · 열매 등의 십심(十心)을 만족할 때에 이르러 하나의 명문(明門) 중에서 십해탈문(十解脫門)[136]을 열어 내고 천세계(千世界)를 이루니 모두 분수에 따라 부사의한 과를 수여받게 되는 것이다. 십일지(十一地)의 경계에 이르러 허공운해명문(虛空雲海明門) 가운데에서 낱낱이 모두 연화장장엄세계의 성(性) · 상(相) · 형류(形類)가 전전함에 같지 않으며, 이를 사용하여 자신으로 만들고 자재하여 걸림없음을 본다. 이것을 부사의한 과를 만족하였다고 한다.

다음에 두 게송이 있는데 인(印)이 성취됨을 믿게 권하고자 "이것이 제일의 진실로서 모든 부처님께서 열어 보이신 것이다"라고 하였다. 이 가운데 "열어 보임"이란 바로 부처님의 지견이니 『법화경』[137]의 뜻과 같다. 이것은 모든 부처님의 도에 함께 이끌어 세속적 입장에서의 진리[世諦]를 믿게 하는 것이다.[138]

다음의 반 게송에, "만약 이 교법을 알면 당연히 모든 실지(悉地)를 얻으리라"고 하는 것은 만일 진언수행자가 이 교법 중의 차제방편을 밝게 이해하고 확고한 신심으로써 설한 대로 수행하면 모든 실지를 성취할 수 있다는 것이다. 만일 이 말이 옳지 않다면 시방 삼세의 부처님에게 근본서원을 거슬러 등지고 중생을 속인 죄가 있게 된다. 다음의 한 게송은 궁극의 진리[眞諦]를 믿게 하는 것이다.

그런데 이 실담(悉曇)의 자모는 어린 아이도 모두 지송할 수 있으며, [『대

---

136) 십선계(十善戒)를 가리킨다.

137) 『법화경』 「방편품」 제2 (대정장 9, 7 상). '사리불아! 무엇을 이름하여 모든 부처님 세존이 오직 일대사 인연으로 해서 세상에 나오신다 하는가. 모든 부처님 세존께서 중생으로 하여금 부처님의 지견을 열어 청정케 하기 위하여 세상에 나오시며, 중생에게 부처님의 지견을 보여주기 위하여 세상에 나오시며, 중생으로 하여금 깨닫게 하기 위하여 세상에 나오시며, 중생으로 하여금 부처님 지견의 길에 들게 하기 위하여 세상에 나오시느니라. 사리불아! 이것을 모든 부처님께서 오직 일대사인연으로 해서 세상에 나오시는 것이라 하느니라.'

138) 난탈이다. 한 줄 뒤에서 앞으로 가져온다.

일경』] 「세출세호마법품」139)의 공양 등에 이르면 베다[韋陀, vedas]의 속세 선인들도 모두 함께 지을 수 있다. 그러나 지금의 이 진언문만 홀로 비밀을 성취하는 자만이 진실한 뜻으로써 가지할 따름이다. 만일 입으로만 진언을 송하고 그 뜻을 사유하지 못하면 다만 세간을 이롭게 하는 것만을 성취할 수 있을 뿐이니, 어찌 금강의 체성을 성취할 수 있겠는가! 그래서 게송에서 **"가장 으뜸인 진실한 소리의 진언과 진언의 상(相)을 수행자가 분명하게 사유하면 부서지지 않는 구(句)를 얻으리라"**고 하였다. 이 **"소리[聲]"**란 바로 진언문의 어밀(語密)의 체이다. 아(阿)의 소리 가운데의 제일진실(第一眞實)의 뜻과 같이 이른바 본래 생겨남이 없음이다.

처음에 **"진언"**이라 말한 것은 산스크리트본에서 많은 소리140)로 이것을 부르는데 바로 이것이다. 이것은 바로 통틀어 백자문(百字門)141)의 세제자륜(世諦字輪)의 상을 가리킨다. 다음에 **"진언의 상"**이라 말한 것은 바로 이 진언의 실상이다. 즉 이 진언의 실상은 진실하게 사유함에 따라 하나하나 모두 연화대에 들어간다. **"구(句)"**란 이 자취가 그친 곳이다.

"이때에 집금강비밀주가 부처님께 말씀드렸다.

희유하오이다. 세존이시여, 부처님께서는 불가사의한 진언상(眞言相)의 도법(道法)을 설하셨나이다."

성문의 법에는 해탈 가운데 문자(文字)가 없을지라도 유마힐(維摩詰, Vimala-kīrti)142)은 문자를 떠나지 않고 해탈의 모습을 설하였기에 부사의해탈이라 이름하는 것처럼 지금 이 자륜도 역시 그러하다. 즉 무상법신으로써 갖가지 성자(聲字)를 짓고 갖가지 성자로써 무상법신을 짓기 때문에

---

139) 대정장 18, 42하.

140) 문법상의 복수(複數)를 가리키는 것이다.

141) 『대일경』 6권 「백자과상응품」(대정장 18, 40 중).

142) 지금 문장의 내용은 『유마힐소설경』 중권 「관중생품」(대정장 14, 548 상)에 설하는 다음과 같은 내용에 의거한다. '언설과 문자는 모두가 해탈의 모습이다. 왜냐하면 해탈이란 안에도 없고 밖에도 없으며 양중간에도 없는데, 문자도 역시 안에도 없고 밖에도 없으며 양중간에도 없기 때문이다. 그러므로 사리불이여, 문자를 떠나지 않고 해탈을 설한다. 왜냐하면 모든 법은 해탈의 모습이기 때문이다.'

"불가사의한 진언상"이라 부른다.

"모든 성문이나 연각의 법과 동일하지 않으며, 또한 모든 중생에게 보편적인 것이 아닙니다."

이 경은 법왕의 비밀한 보배이니 망녕되게 비천한 사람에게 보이지 말아라. 석가모니부처님께서 세상에 나오시어 사십여년[143) [동안 진실을 보이지 않으시다가] 사리불(舍利弗) 등이 은근하게 세 번 청하니 바야흐로 그들을 위하여 간략하게 묘법연화의 뜻을 설하심과 같이, 지금 이 본지(本地)의 몸도 또한 이 묘법연화의 가장 깊은 비밀한 곳[144)]이다. 그래서 「수량품(壽量品)」[145)]에 이르기를, '언제나 영축산(靈鷲山)과 다른 모든 주처(住處)에 계시면서 (…중략…) 나의 정토가 훼손되지 않을지라도 대중들은 불타 사라지는 것을 본다'고 하는 것은 바로 이 종(宗)의 유가의 뜻일 따름이다. 또 보처(補處)의 보살이 은근하게 세 번 청함으로 인하여 바야흐로 [중생들을] 위하여서 이 [묘법연화]를 설하시었다. 진실로 돈오(頓悟)의 근기가 없다면 그 속에 들어갈 수 없으므로 두루 모든 중생들을 위할 수가 없다. 또한 앞에 게송 가운데 "수행의 경지에 도달하면 부사의한 과를 수여한다"고 하는 것을 [이것에 의해서] 이해[하게 한다.]

다음에 인이 성취됨을 믿게 하는 두 게송을 이해하게 함을 말한다. 그래서 "만약 이 진언도를 믿는 자는 온갖 공덕법을 모두 만족할 수 있습니다"라고 하였다. 만일 만족할 때에는 곧 온갖 뛰어난 원을 구족하게 된다.

---

143) 『무량의경(無量義經)』(대정장 9, 386 상중). '선남자야, 내가 보리수 아래에 앉은지 6년이 되어 아뇩다라삼먁삼보리를 성취하고서 부처의 눈으로 모든 법을 관찰하니 널리 설할 수가 없었다. 왜냐하면 모든 중생들의 성품이 같지 않고 성품이 같지 않으므로 갖가지로 설법하였으며, 갖가지로 설법하는 방편력으로써 40여년간 실상을 드러내보인 적이 없었다. 그러므로 중생들이 도를 얻는 데에 차별이 있었으며 빠르게 무상보리를 성취할 수 없었다.'

144) 묘법연화는 『법화경』이고 가장 깊은 비밀한 곳이란 『대일경』을 가리킨다.

145) 『법화경』 제5 「여래수량품」 제16(대정장 9, 43 하). 중략 이후의 『법화경』 본문은 다음과 같다. '나의 정토는 헐리지 아니하거늘 중생들은 타버린다고 보아서 근심하고 두려워하는 여러 가지 고통이 이와 같이 가득함이라.'

이상으로 진언의 지분을 널리 설하여 마친다.

34. 만다라공양의 지분

집금강은 다시 위의 글을 받들어서 "부처님이시여, 만다라에 들어가는 데에 필요한 것을 차례대로 설해 주십시오"라고 청하였다.

세존께서 설하신 게송 가운데 먼저 음식·향·꽃 등을 바치는 것과 보배병의 두 구절로 답하신 것을 통틀어 공양의 지분이라고 한다. 모든 공양구 가운데에서 먼저 꽃을 바치는 것을 밝혔다. 무릇 바쳐 올리는 것은 각각 제존의 성류(性類)와 만다라의 방위 등에 따라 하나하나 잘 분별하라. 색깔과 향기·맛·감촉으로서 사람의 마음을 기쁘게 해야 한다. 그 물과 뭍에서 나는 길상하지 않은 꽃들은 단지 절복(折伏 : 항복)할 때에만 쓸 수 있을 뿐이다. 백색과 황색과 적색의 세 가지 색 가운데에 여래부의 부류에는 백색을 사용해야 하며, 연화부의 권속에는 황색으로 하고 금강부의 권속에는 적색으로 해야 한다. 또한 만다라의 방위와 같게 해야 하는데, 원단(圓壇)이면 백색을 사용하고, 방단(方壇)에는 황색을 쓰며, 삼각단에는 적색을 사용하라. 또한 모든 부처님께는 백색을 사용하라. 보살들에게는 황색으로 하고, 모든 세간의 천신에게는 적색을 사용하라. 그 나머지 향 등도 역시 이러한 뜻에 준하여 따라해야 한다. 아울러 『소실지경(蘇悉地經)』146)과 『구혜경』147) 등의 문장을 가져다가 사용하라. 상세한 것까지 기

146) 『소실지갈라경』 상권 「공양화품(供養花品)」(대정장 18, 608 중). '삼종법을 행할 때에는 반드시 물과 뭍에서 난 여러 가지 모든 꽃을 사용해야 한다. 각각의 본부(本部)에 의거해서 잘 분별하고 진언을 가지해서 봉헌해야 한다. (…중략…) 이 진언을 사용해서 꽃에 가지하고 삼부에 공양해야 한다. 가령 불부에 바치는 꽃은 희고 향기있는 것을 공양해야 한다. 관음부에 헌공할 때에는 물속에서 나는 흰 꽃을 공양해야 하며, 지

재할 수는 없다.

"발두마(鉢頭摩, padma)"는 홍련화(紅蓮花)이다. 무릇 청·적·백련 등의 물에서 나는 모든 꽃은 모두 제존에 바칠 수 있다. "용화분나가(龍花奔那伽)"148)라는 것은 무엇인가? 이 분나가가 바로 용수화(龍樹花)로서 미륵세존께서 이 나무 아래에서 성불하신다. "용화"라고 하는 것은 용들이 숭상하는 꽃[이라는 뜻]이다. 인도에는 그러한 종류가 매우 많다. 그 "계살라(計薩囉)149)와 말리(末利, vali)와 득벽람(得蘗藍)꽃과 첨부(瞻蔔, caṁpaka)꽃과 무우(無憂, aśoka)꽃과 디라검(底羅劍)꽃과 발타라(鉢吒羅, pāṭala)꽃과 사라(娑羅, sāla)"나무의 꽃이란, 모두 인도에 있는 것으로 중국에서는 자세히 알 수 없다.

경에, "이들 선명하고 묘한 꽃"이란 산스크리트본에는 겸해서 어떤 [꽃의 명칭을 나타내는] 소리가 있다. 말하자면 이들 모든 꽃들은 다 통용되는 것이다. 그래서 거론하여 예로 삼았다. 그런데 다른 곳에는 그 꽃이 없기도 하다. [그러므로 그 꽃 대신에] 다만 사람들이 좋아하여 세간에서 길상한 것으로 여기는 것은 모두 공양할 수 있다. 낱낱에 담긴 의미를 잘 분별해야 한다. 채집(採集)하여서 다발을 만들 때에는 사이사이 섞고 장엄하며 혹은 연잇거나 맺는다. 수행하는 사람은 은근하며 청정하고 돈독한 마음으로 모든 존들을 환희하고 호념하시게 해야 한다.

다음에 바르는 향에 대해 설명하겠다.

거천에게 바칠 때에는 계절에 따라 피는 여러 가지 꽃 중에서 골라서 헌공한다.'

147) 『유희야경』「봉청공양품(奉請供養品)」(대정장 18, 766 하). '그 향을 사룰 때에는 백단향과 침수향을 서로 섞어서 불부에 공양하고, 시리패슬다가(尸利稗瑟多迦) 등 모든 나무의 즙으로 만든 향으로는 연화부를 공양하며, 검은 침수향과 안실향을 사용하여 금강부를 공양한다.'

148) Skt. puṃnāga. 번역하여 용수화(龍樹華)이다. 미륵보살이 이 나무 아래에서 성도한다고 한다.

149) 계사라(計娑羅)는 Skt. kesara. 또는 계살라화(計薩囉華)·계살라화(鷄薩羅華)라 한다. 의역하면 꽃술이다. 학명(學名)은 Rottleria tinctoria 혹은 Mimusops elengi, 또는 Mesua ferrea 등이다. 그런데 『화엄경』 76권에는 이것을 보옥(寶玉)의 이름이라 하였다.

그 "전단(旃檀)과 청목(靑木)과 울금(鬱金)"150)이란 [모두 이 지방에 있는 것이다. "목숙향(苜蓿香)"이란 산스크리트어로 살파률(薩跛嘌)이라 부른다. 지금의 가파(迦頗) 종류이다. 지금] 투로파(妬路婆)풀[도 가파의 종류이다.]151) 인도의 목숙향(苜蓿香)은 이 지방의 목숙향과는 조금 다르다. "그리고 그 밖의 묘한 바르는 향"152)이란 침수(沈水) · 감송(甘松) · 정향(丁香) · 계심(桂心) · 인도의 두구(荳蔻 : 콩 종류) · 향부자(香附子) 등과 같은 것이다. 『소실지경』153)과 『구혜경』에서 설명한 것과 같다.

또 다음과 같이 이른다. 그 바르는 향의 [재료로] 중생의 몸의 부분과 자광(紫礦)과 아울러 곤충이 먹는 먹거리 등을 사용하지 말라. 깨끗하고 좋은 것을 취하여 물로 잘 개어야 한다. 만일 불[부의 모든 존에게] 바칠 때에는 새롭고 좋은 울금향, 혹은 흑침향(黑沈香)에다가 용뇌향을 섞어야 한다. 연화부의 권속에게는 백단(白檀)을 사용해야 하며, 금강부의 권속에게도 백단을 사용해야 한다. 다른 모든 존들에게는 뜻에 따라 화합하여 이를 사용하라. 향을 합하는 데에는 모두 용뇌(龍腦)를 넣어라.

다음에 분향(焚香)으로는 침수향 · 송향(松香) · 바람(嚩囕, valam)향 · 용뇌154)향을 사용해야 한다. 백단향은 인도에서 마라유(摩囉庾)라고 부르는

150) Skt. kuṅkuma. 향기나는 풀의 이름. 홍화(紅花) · 울금향(鬱金香)이라고도 번역하고 약용에 쓰이는 구근식물(球根植物)로서 그 꽃에서 만든 향도 울금향이라고 한다. 꽃을 압착하여 짜서 다른 물건에 섞어 향을 만들며 뿌리는 염료로 사용한다. 고래로 인도의 캐시미르지방에서 재배했다고 한다.

151) [ ] 부분은 『대일경의석』에서 가져와 보충한 내용이다.

152) 침수(沈水), 감송(甘松), 정향(丁香) 등을 가리킨다.

153) 『소실지갈라경』 「도향약품(塗香藥品)」(대정장 18, 640 상 이하). '향과 약을 바르는 법을 설명하겠다. 모든 진언에 따라서 그에 상응하는 공양을 하면 모든 복을 성취할 수 있을 것이다. 향과 약의 이름은 다음과 같다. 향부자(香附子) · 구타나타(句吒曩吒) · 청목향(靑木香) · 바락가(嚩落迦) (…후략…).'

154) Skt. karpūra, 파리어로 kappūra. 음역하여 갈포라(羯布羅) · 겁포라(劫布羅)라 하며, 또는 편뇌(片腦)라고도 한다. 오종향(五種香)의 하나로 장뇌(樟腦)의 일종이다. 용뇌수(龍腦樹)에서 채취하는 향. 장뇌 비슷한 방향이 있고 향료를 조합할 때 원료로 쓰인다. 또는 훈향(薰香)이나, 구강을 청정하게 할 때, 방충제 등으로 쓰인다. 인도의 남부나 동남부지역 및 중국의 남부에서 생산된다. 용뇌수의 학명은 Dryobalanops camphora, 혹은 Shorea camphorifera이다.

데 이것은 산의 이름이다. 『대지도론』에서는 '마리산(摩梨山, Malī)을 제외하면 전단이 나는 곳은 어디에도 없다'[155]고 하였다.

"백교향(白膠香)"[156]은 사라수(娑羅樹)의 즙이다.

"실리파새가(室利嚩塞迦, śrībhasuka)향"이란 이 지역의 훈륙향(薰陸香)과 비슷하다. 실리(室利)는 덕을 갖추며 길상하다는 뜻이다. 이 향은 천신들까지도 모두 다 좋아하기 때문에 이렇게 부른다.

"그리고 그 밖의 태우는 향의 종류는 향기를 풍기기에 세간에서 아름답다고 칭하는 것으로"라고 하는 것은 또한 앞에서 설명한 것과 같다. 『구혜경』[157]에서는 '향을 사를 때에는 백단과 침수를 서로 섞어서 불부의 종류에 공양하고, 그 나무즙의 향은 연화부의 종류에 공양하며, 검은 침수향과 안실향(安悉香)은 금강부의 종류에 공양하라'고 한다. 혹은 그 [구혜경에서 설하는] 법에 의거하여 향을 만들고 두루 섞어서 이로써 모든 존에게 바쳐라.

"법의 가르침에 따라"라고 하는 것은 진언과 밀인으로써 더러움을 제거하고 가지하는 것 등을 일컫는다. 「공양차제법」[158]에서 설명한 것과 같다. 다른 바르는 향과 꽃 들도 여기에 준하여 알 수 있다.

다음에 "가르침대로 온갖 음식을 바쳐라"고 하는 것은 무엇인가? 경의 대본(大本) 중에서는 모든 음식을 공양하는 것 등에 각기 닦아야 할 방편이 있다고 하였다. 깊은 비밀의 뜻에 이르면 하나하나 법문과 상응해야 한다. 중국에서 아직 갖추지 못하였으면 오직 『소실지경』[159] 등에 의거하여 법

155) 『대지도론』 제2권(대정장 25, 66 중). '온갖 참되고 좋은 언어는 모두 부처님으로부터 나온다. 마치 전단향이 마리산(摩梨山)에서 나오는데 마리산을 제외하면 전단이 나오지 않는 것과 같다. 이와 같이 부처님을 제외하면 참다운 언어가 나올 데가 없다.'

156) 밀교에서 단을 쌓을 때에 오보(五寶) · 오곡(五穀) 등과 함께 땅 속에 오향을 묻는다. 오향은 침향(沈香) · 백단향(白檀香) · 정향(丁香) · 울금향(鬱金香) · 용뇌향(龍腦香)이다.

157) 『유희야경』 「봉청공양품」(대정장 18, 766 하). '그 향을 사를 때에는 백단향과 침수향을 서로 섞어서 불부에 공양하고, 시리패슬다가(尸利稗瑟多迦) 등 모든 나무의 즙으로 만든 향으로는 연화부를 공양하며, 검은 침수향과 안실향을 사용하여 금강부를 공양하라.'

158) 『대일경』 제7권 「공양의식품」 제3(대정장 18, 47 하).

159) 『소실지경』 상권 「헌식품」(대정장 18, 610 하). '다음에는 헌식법을 말하여 모든 천

대로 조작하고, 결호(結護)하며 가지하는 것을 '가르침에 의거하였다'고 말한다.

"유미(乳糜)"[160]란 인도의 죽으로 여러 종류가 있다. 검은 마즙으로 하거나 또는 콩이나 온갖 맛이 나는 약으로 만든다. 『십송율』의 「약법(藥法)」[161] 등의 글에서 자세히 밝힌 바와 같다. 그 중에서 유미를 최고로 여긴다. 무릇 음식을 바칠 때에는 다시 소(酥)와 사당(沙糖) 등을 첨가하여 색과 맛을 함께 갖추게 하고서 먼저 이것을 바쳐야 한다.

또한 인도에는 음식에 많은 종류가 있지만 "낙반(酪飯)"을 상품으로 친다. 이 음식을 바칠 때에 사당과 소금과 생강의 온갖 맛을 잘 분배해야 한다. 또한 국을 끓이는데는 그 음식 만드는 법에 의거하라. 또는 나라의 풍속에서 쓰이는 바에 따르라.

"환희환(歡喜丸)"은 풀을 가지고 온갖 떡을 삶은 것이다. 즉 온갖 맛과 세 가지 매운 약 등을 섞어서 갖가지로 장엄한 것이다.

"만다가(漫荼迦)"[162]는 이 지방의 얇은 떡이다. 그 백엽병(百葉餠)은 인도

선을 기쁘게 해서 속히 성취할 수 있도록 하겠다. 간략하게 헌식법을 설한다. 반드시 둥근 뿌리 · 긴 뿌리 · 열매 · 소유(酥油) · 병(餠) 등을 사용해야 한다. 또 모든 국 등과 혹은 여러 가지 죽과 모든 음식을 사용한다. 이와 같은 네 가지 음식은 모든 부에 다 헌공한다. 미야포라가과도 삼부에 모두 공양하고, 혹은 석류와 주탐과(注耽果)도 또한 삼부에 모두 공양한다. 그 차례가 있기 때문에 각기 한 부(部)에만 통하는 것도 있다. 맛이 달면 선지가법에 사용된다. 맛이 신 감초미(甘酢味)가 있는 것은 보슬치가법에 사용하며, 맵거나 시거나 담백한 맛은 아비차로가법에 사용한다. 다라수과(多羅樹果) · 야자과(椰子果) · 미라과(尾羅果) · 이파과(儞跛果)와 그 밖의 냄새나는 과일은 모두 좋아하지 않으므로 헌공해서는 안된다.'

160) Skt. pāyasa. 또는 유죽(乳粥)이라 한다. 통상 쌀이나 조 등으로 죽을 만들고 여기에 소젖을 넣어 삶은 것이다. 여덟 종류의 죽 가운데 하나로서 석존이 보리수 아래에서 성도하기 전에 우유죽을 드신 인연이 있다.

161) 『십송율』 제26권(대정장 23, 193 중). '"부처님께서 아마나국에서 유행하시다가 여기로 오신다고 들었다. 여기에는 스님들을 모실 만한 단월도 없고 공양도 올리지 않을테니 네가 발우를 지니고 성 안으로 들어가 참깨 · 찹쌀 · 콩 · 팥을 얻어다 세존께 공양드리거라." 그 아들은 재주가 많았기에 즉시 발우를 들고 성에 들어가 참깨 · 찹쌀 · 콩 · 팥을 많이 얻어와서 세존께서 당도하시자 이들 부자가 그 거처하실 방사를 골라서 좌구를 깔고 즉시 갖가지 깨죽 · 기름죽 · 우유죽 · 콩죽 · 팥죽 · 야채죽을 마련하였다.'

162) Skt. maṇḍaka. 얇은 떡이라는 뜻이다.

의 떡 만드는 법인데, 당(糖)과 꿀 등의 온갖 조미료를 밀가루에 섞어서 소(酥)기름으로 끓여서 단 맛을 낸다.

"사당병(沙糖餅)"이란 이 사당을 건다(蹇荼, khaṇḍam)라 부른다. 모양이 [중국의] 익주(益洲)에서 나는 것과 같으며 색은 선명한 흰색이고 이를 건드리면 곧 부서진다. 물에 섞어서 사용하는데 먼저 면(麵)으로 병(餅)을 만들고 여러 번 그 가운데를 적시고 그런 다음에 먹는다. "깨끗하고 오묘하다"는 것은 힘써서 깨끗하게 하며 색깔과 향기를 겸비하게 하는 것을 말한다.

"포리가(布利迦)"[163]는 저감병(著䭢餅)이라 번역한다. 갖가지의 좋은 맛을 섞어서 감(䭢)으로 삼아서 이를 만들어라.

"간혈병(間穴餅)"에는 두 가지가 있는데 찔러 구멍을 내거나 실이 어지럽게 엉킨 것처럼 겹겹으로 구멍이 있는데, [이 간혈병에 조미료를] 첨가해서 온갖 맛을 낸다.

"말도실리병(末塗失囇餅)"[164]도 저감(著䭢)처럼 당과 꿀을 바른다.

"비나가병(媲諾迦餅)"[165]은 밀가루를 개어서 사용하며 이를 저감(著䭢)으로 만들고 소(酥)기름으로 끓이면 마치 물 위에 뜬 포말처럼 아주 사랑스럽다.

"무우(無憂)"[166]는 가장자리를 말은 사당병이다.

"번발타(播缽吒)"[167]음식이란 밀가루를 개지 않은 큰 떡이다.

"이와 같은 온갖 맛있는 음식"이란 여러 지방과 나라에 있는 최상의 맛과 진기하고 묘한 과일을 말하는데 의도에 따라 그것들을 봉헌함을 말한다.

그 "백당(白糖)과 석밀(石蜜)과 사당(沙糖)과 소밀(酥密)"을 또 각 장소에 두어라.

"갖가지 모든 마실 음료"라 하는 것은 인도에는 마시는 법이 아주 많아

---

163) Skt. purikā. 갖가지 좋은 맛이 섞인 떡의 일종.
164) 말도실라병(末塗失囇餅)이라 한다. 떡의 일종.
165) Skt. vedaka. 떡의 일종.
166) 권연사당병(卷緣沙糖餅)이라고도 한다. 떡의 일종.
167) Skt. paṁpaṭa.

서 모두 번잡하므로 향약(香藥)으로써 한다. 맛있어서 병을 낫게 한다. 그리고 포도(蒲陶) 등의 모든 제 철이 아닌 음료는 『비니(毘尼)』[168]에서 설명한 것과 같다.

그 "우유와 락(酪)"을 먹는 데에는 역시 필발(畢撥) 혹은 용뇌 등을 사용하라. 의명(醫明)[169]의 먹는 방법처럼 이를 행하여라.

대저 인도에서 먹고 마시고 씹는 선후의 차례는 대부분 약술(藥術)에 의거한다. 양생하여 몸을 지키는 공이 있기에 대부분 천수(天壽)를 다 누리며 요절하는 병이 드물다.

무릇 음식을 두는 곳은 바르는 향으로 두루 발라야 한다. 음식을 두는 그릇 속에는 넓게 연꽃 잎이나 파초 잎 등을 펼쳐서 두루하게 하라. 만일 이런 것들이 없으면 깨끗하고 새 것인 흰 무명이나 깨끗한 베를 사용해야 한다. 아주 깨끗한 물로 씻고 향수를 두루 발라야 한다. 음식을 차릴 때에는 상수(上首)의 모든 존께는 이 [차리는 음식]을 늘려야 한다. 말하자면 중태장의 비로자나와 제2원의 관음보살·금강수보살, 다음 원의 문수 등 네

---

168) 『근본살바다부율섭(根本薩婆多部律攝)』 제8권 「복과칠일약학처(服過七日藥學處)」(대정장 24, 569 하). '경약(更藥)이라고 하는 것은 여덟 가지가 있으니 무엇이 여덟 가지인가? 첫째는 초자장(招者漿 : 인도의 나무 이름으로서 전달리각(顚咀梨角)이라고도 하는데 조협(皀莢)과 같으며 그 맛은 매실과 같고 각지고 넓이는 1~2지(指)이며 길이는 3~4촌(寸)이다)이고, 둘째는 모자장(毛者漿 : 파초열매. 약간의 후추를 열매 위에 놓고 손으로 세게 비비면 물로 변한다)이며, 셋째는 고락가장(孤洛迦漿 : 모습이 멧대추와 같다]이고, 넷째는 아설야자장(阿說也子漿 : 보리수 열매)이며, 다섯째는 오담발라장(烏曇跋羅漿 : 열매는 크기가 오얏만 하다)이고, 여섯째는 발로쇄장(缽魯灑漿 : 열매의 모습은 까마귀 머루와 같다)이며, 일곱째는 멸률추장(蔑栗墜漿 : 포도열매이다)이고, 여덟째는 갈수나장(渴樹羅漿 : 모양은 작은 대추와 같고 달며 떫다. 나무는 대부분 제각기 따로 서서 모습이 직란과 같다. 이와 같은 장들은 모두 반드시 손을 깨끗이 씻고 깨끗이 거른 후에 마셔야 한다)이다. 이 여덟 가지를 제외하고 귤이나 유자나 앵두나 매실이나 사탕수수나 엿이나 꿀 같은 것으로도 장(漿)을 만드는 것을 허락한다. 만약 맛이 단 것은 초나 초장(醋漿)이나 신 과일과 섞어야 한다. 이러한 것들은 밤에 먹도록 한정한 것이므로 경약이라고 이름한다.'

169) Skt. cikitsā-vidyā. 또는 의방명(醫方明)·의방론(醫方論, cikitsita)이라 한다. 오명(五明)의 하나. 고대 인도에서 질병·의료(醫療)·약방(藥方)에 관해 해설하는 학문. 명(明)은 학(學)의 뜻이다.

보살, 외원의 석가모니와 받들어야 할 본존 등이다. 가령 다른 위(位)에 한 부분(分)을 놓으면 상수의 모든 존께는 두 부분(分)을 놓아야 한다. 혹은 다른 위에 두 부분을 놓으면 상수의 모든 모든 존께는 세 부분을 놓아라. 『구혜경』[170]에 이르기를, 만다라의 주존에게는 수를 두 배로 더해야 한다고 하였다. 이 계급이 같지 않다 하더라도 위로 모든 부처님부터 아래로 세간의 귀신에 이르기까지 모두 평등한 마음으로 공양하고, 풍부하고 두터움이 균등하도록 힘써라. 나아가 [모든 존에게 다 공양하는 것이] 여의치 않으면 단지 부주(部主)를 공양해야 한다. 혹은 음식을 내원(內院)에 두거나 운심하여 모든 존께 공양하라. 바치는 향과 꽃 등도 이러한 예로써 알 수 있을 것이다.

다음에 등명(燈明)을 봉헌하는 것에 대해 설명하겠다.[171]

향유(香油)의 종류는 매우 많은데, 이른바 담복향유(薝蔔香油)·소마나(蘇摩那)향유 등이다. 무릇 향유를 만드는 법은 새꽃을 가져다 다발을 만드는 것을 법대로 해야 한다. 이것을 구멍 뚫어서 햇볕이 내리쬐는 데에 걸어 놓고 기름 그릇을 받쳐놓으며, 도구에 기름을 담아서 꽃 위에 붓는다. 다시 기름 가운데에 떨어지게 하고 또 기름을 가져다 붓는다. 이와 같이 반복하는데 다시 시작해서 해가 떠서 해가 지면 멈춘다. 다음날 또 새로운 꽃을 채취하여 앞과 같이 행한다. 그러면 이 기름의 향기가 꽃의 향기와 균등하게 되는데 그런 다음에 멈춘다.

음식을 봉헌하거나 등을 밝히는 데에 쓰는 모든 그릇은 여러 보배로 된 것을 상품으로 치는데 만약 준비하여 사용할 수 없다면 은이나 동, 내지는 새롭고 깨끗한 질그릇으로도 역시 그런 일을 충분히 감당할 수 있다.

"사방의 증번개(繒幡蓋)"란 만약 재력(財力)이 있으면 낱낱의 존마다 각기

170) 『유희야경』「봉청공양품」(대정장 18, 768 상). '제3원의 세간제존(世間諸尊)에게는 뜻대로 향·꽃 등의 물건을 공양하되 그 부주(部主)가 되는 존에게는 갑절로 공양해야 한다.'

171) 이하에서 『경』의 "또한 여러 등촉(燈燭)을 바치는데 다른 종류의 새롭고 깨끗한 그릇에 묘한 향기나는 기름을 가득 채워 줄지어 놓고 조명을 밝혀라"는 구절을 해석한다.

따로 설치하는데, 보배가 섞인 것을 가장 좋은 것으로 친다. 만일 능력이 안되거든 비단에 그림으로 그려라. 그릴 때에는 깨끗한 물건을 사용해야 하며, 아교 등을 사용해서는 안된다. 만일 넓게 만들 수 없으면 아래로 사방에 이르기까지 각기 하나의 덮개를 두어라.

"문표(門標)와 방울·풍경" 등은 모두 힘닿는 데까지 만들어라. 갖가지의 장엄은 「입비밀만다라품」에서 표현하는 모습에 의거하라.

제2 입만다라구연진언품 6

【제8권】

경전에는 다음과 같이 말하였다.

"또한 마음으로 공양하고 모든 것을 다 행하라."

세존께서 설하신 것처럼 온갖 공양 가운데 마음의 공양을 가장 높게 여긴다. 앞에서와 같이 낱낱의 공양물을 모두 운심(運心)[1]하여 두루 법계에 미치게 하고 진언과 비밀의 인으로써 이를 가지해야 한다. 「공양차제법」[2] 가운데에서 자세하게 설한 것과 같다. 혹은 대보수왕(大寶樹王)이 모든 세

1) 운심공양(運心供養). 『소실지경(蘇悉地經)』 중권 제18 「공양차제법품」에 의하면 네 종류의 공양이 있는데 합장(合掌)과 알가(閼伽)와 인진언(印眞言)과 운심(運心)이다. 모든 공양 가운데 운심을 가장 뛰어난 것으로 여긴다. 운심공양이란 일찍이 향기 맡거나 보았던 꽃과 과일 등을 심상(心想)을 움직여 공양하는 마음을 내는 것을 말한다(대정장 18, 615 하).

2) 『대일경』 제7권 제3 「공양의식품」(대정장 18, 50 하).

계를 두루 덮는데, 마치 꽃으로 장엄한 보리수왕의 모습처럼 구족하고 장엄하였으며, [중생들] 낱낱이 필요로 하고 사용하는 도구를 모두 그 가운데로부터 끝없이 내며, 두루 모든 현성(賢聖)의 앞에 이르러 광대하게 공양하고, 아울러 모든 중생들을 널리 구제한다고 관상하라. 이와 같이 운심하고 나서 허공장전명비(虛空藏轉明妃)[의 진언]을 가지하여야 한다. 그러면 자연스럽게 뜻대로 성취할 것이다.

다음에 길상병법(吉祥瓶法)을 설명하겠다. [이 법에는] 금이나 은 등의 보배를 사용하여야 한다. [이러한 보배가] 없으면 오지그릇이나 깨끗한 질그릇으로 이를 행하여야 하는데 아주 원만하며 단정하게 하며, 또한 새는 것이 없게 하라. 『비니(毘尼)』[3]에서 설하는 방편처럼 깨끗한 물을 걸러서 그 속에 가득 담고, 오보(五寶)・오곡(五穀)・오약(五藥)을 넣어라. 『구혜경(瞿醯經)』[4]에서 이를 설명하였다. 그런데 이 오약은 모두 오천(五天[5])에서 생산

3) 『근본살바다부율섭(根本薩婆多部律攝)』 제11권 「수용유충수학처(受用有蟲水學處)」(대정장 24, 589 상중). '만약 물을 취할 때, 손으로 거르는 망을 오래 잡고 있어 사람이 피곤하면, 반드시 세 가닥 난 넓적다리를 세워 망을 버티어서 양변을 묶어야 하고, 만약 물이 쏟아져 그치지 않아 벌레가 많이 죽을까 염려되면, 망 가운데 모래를 놓거나 쇠똥가루로 받쳐 머물게 하여야 한다. 사기주발이나 동주발을 만들어 테두리에 구멍 세 개를 뚫어 각각 사슬로 꿰어 세 개의 장대에 묶어 놓고, 그 물거르는 망의 한 모서리를 그릇 안에 놓고 아래는 동이를 놓아 그 물을 받는다. 동이 속의 벌레를 보는 것은 반드시 물이 가득 찬 뒤에 해야 한다. 만약 물을 볼 때, 벌레가 작아 보기 어려우면 풀줄기로 가리켜야지 손가락으로 가리켜 보이면 안된다. 물 받는 것이 이미 끝났으면 망을 그릇 속에 넣고, 강이나 연못이 가까우면 그곳에서 가서 기울여 쏟으며, 들에 있어야 할 때에는 우물에 버려도 된다.'

4) 『유희야경』 「봉청공양품」(대정장 18, 766 하~767 상). '오곡(五穀)이란 호마(胡麻)・소두(小豆)・대맥(大麥)・소맥(小麥)・도곡(稻穀)을 말하며, 다른 데에서 온갖 곡식이라 말한 것도 오곡이라 함을 알아야 한다. 오약(五藥)이란 승기(僧祇)・비야(毘夜)・걸나(乞羅二合)・제파(提婆)・사가제파(娑訶提婆)・지리갈니(枳哩羯上尼)를 말하며 다른 데에서 온갖 약이라 말하는 것도 오약임을 알아야 한다. 오보(五寶)란 호(瑚)・파(頗)・금(金)・은(銀)・상카(商佉)이며, 혹은 진주나 보배를 말하기도 한다. 다른 데에서 온갖 보배라 하는 것도 오보임을 알아야 한다.'

5) 고대에 인도 전역을 동・서・남・북・중의 다섯 구역으로 분할한 것으로 오천축(五天竺)・오인도(五印度)라 하며, 간략히 칭하여 오천(五天)・오축(五竺)・오인(五印)이라고도 한다.

되는 것으로 이 지방[중국]에서는 흔하게 볼 수 없다. 또 앞에서 설한 것처럼 온갖 바르는 향 가루를 가져다가 물에 섞는데, 겸하여 용뇌와 우황도 넣어라. 병의 입구에는 보배꽃을 꽂아라. 혹은 지방에 따라 이름난 꽃이 있으면 그 꽃과 열매와 가지와 잎이 온전한 것을 가져다가 사이에 섞어서 드리워 아주 단엄하게 하라. 무늬가 있는 비단으로 병의 목 부분을 감싸며 아울러 꽃다발을 매고 온갖 향을 발라라. 결호(結護)하여 청정하게 하는 방편은 「공양차제법」[6]에서 설명한 것과 같다.

경에 "육병(六瓶)"이라 하는 것은 최소한이다. 중태(中胎)와 사방에 각각 그 하나를 두어야 한다. 그 문 밖의 하나의 병은 절대로 빠뜨려서는 안된다. 중태장(中胎藏)에는 다섯 개의 병을 두어야 한다. 한 가운데 대일여래의 병은 화대(花臺)에 안치하고 나머지는 밖의 꽃술 가운데에 두어라.[7]

만일 열여덟 개의 병을 사용하려면 중태에 하나의 병을 두고 제2원의 대근용(大勤勇)의 자리[8]와 연화부와 금강부의 주(主)[9] 및 문에다 두는데 모두 네 개의 병이다. 제2원의 사대보살(四大菩薩)이란 문수(文殊) · [허공장(虛空藏) · 지장(地藏) · 제개장(除蓋障)]보살 등인데 각기 하나의 병을 둔다. 외원의 네 문과 네 모퉁이, 그리고 문밖의 것은 이를 사용함에 알맞게 하라. 만일 능력이 되면 낱낱의 존마다 모두 하나의 병을 두고, 그렇게 할 수 없으면 안팎의 방향에 따라 상수의 제존이 있는 곳에만 병을 두어라. 그 네 문에는 각기 두 개의 병을 두고, 사각에는 각기 하나의 병을 두며, 출입하는 문 밖에 따로 하나의 병을 두어라. 항삼세의 진언과 인을 사용하여 이를 가지하라. 출입할 때에는 몸에 [향수를] 뿌려서 스스로를 보호하며 제자를 불러들일 때에도 역시 [향수]를 사용하여 뿌리는 것이 비슷하다. 호마하는 장소에도 따로 하나의 병을 안치하라. 대략 백여개의 병이 될 것이

---

6) 『대일경』 제7권 제3 「공양의식품」을 가리킨다.
7) 이하에 난탈이 있어 위치를 수정한다.
8) 변지원(遍智院)의 삼각형(三角形)을 가리킨다.
9) 연화부의 주는 관음원(觀音院)의 관자재보살이고 금강부의 주는 금강수원(金剛手院)의 금강수이다.

다. 관정을 받으려고 하는 자가 많으면 각각 사람 수에 따라 한 병씩 만들게 하되 빠뜨리거나 부족함이 없게 하라. 향수를 담은 병처럼 모든 알가의 그릇도 역시 그러하니, 금·은·흰 유리 등을 사용하여 작은 잔을 만들어야 한다. 나아가 상카(商佉, śaṅkha)와 숙동(熟銅)과 돌과 나무, 혹은 나뭇잎·새 질그릇을 가지고 온갖 향수를 채우며 온갖 이름난 꽃을 꽂아라. 앞에 안치했던 병이 있는 곳에도 하나하나 이를 안치하라. 무릇 중태(中胎)에 음식을 바칠 때에는 사불과 사보살은 각기 본좌(本座)에 따라 화대(花臺) 안에 두고, 비로자나를 받들려면 화대 앞에 안치하라. 앞에서 설한 것처럼 상수의 모든 존들도 역시 음식을 바치는 법[獻食法]에 준거하여 배가할 따름이다. 또한 모든 존의 처소에 각기 깨끗한 옷을 바쳐야 한다. 그래서 "각각에게 겸복(兼服)[10]을 바쳐라"라고 하였다. 만일 능력이 안되면 단지 상수의 모든 존이 계신 곳에만 이것을 안치하라. 혹은 상자를 있는대로 중태원 안에 안치하여 모든 존께 운심하여 공양하라. 중태원에 봉헌된 공양구는 태장(胎藏)의 일중(一重) 공계(空界) 가운데에 안치해야 하며, 만일 이름없는 모든 존께 바칠려면 삼중의 계연(界緣) 안에 두어야 한다. 또 공양할 때에는 먼저 알가수를 바쳐야 하며, 다음에 바르는 향을 바치고, 다음에 꽃·소향·음식을 바치며 나중에 등명을 바쳐야 한다. 경의 문장에는 앞 뒤의 차례가 없다. 또한 깊이 있는 해석[11]으로 하면 지금 수행자는 허공과 같은 알가로써 보리심 가운데의 160종류의 희론의 때를 씻어내는 것이다.

"바르는 향"은 청정의 뜻이다. 세간의 바르는 향이 더러움을 깨끗이하고 열뇌를 그치게 하는 것과 같다. 주무위계(住無爲戒)[12][의 향의]로써 이를

---

10) 아주 좋은 옷[上服]을 말한다. 겸(兼)은 겸(縑)으로써 아주 좋은 옷감이라 찬탄하는 뜻이다.

11) 육종공양을 육바라밀에 배대한다. 보시바라밀은 알가, 혹은 바르는 향이고 인욕바라밀은 화만, 정진바라밀은 소향, 선정바라밀은 반식(飯食), 지혜바라밀은 등명(燈明)이다.

12) 밀교 수행자의 본성구족(本性具足)의 계. 즉 수행자가 정보리심의 체성으로 계체(戒體)를 삼는 것이다.

바르면 생사의 열뇌를 제멸하며 청량한 성품을 얻으므로 바르는 향이라고 하였다. 이른바 "꽃"이란 자비로부터 생한다는 뜻이다. 바로 이 청정한 마음의 종자가 대비태장 가운데에서 만행이 활짝 피어나서 부처님의 보리수를 장엄하므로 "꽃"이라고 말한다. 소향(燒香)은 두루 법계에 이른다는 뜻이다. 마치 천계의 수왕(樹王)[13]이 피어날 때에 향기가 역풍(逆風)이나 순풍(順風)에도 자연히 널리 퍼지는 것처럼 보리의 향기도 역시 그러하여 낱낱의 공덕에 따르며, 곧 혜화(慧火)에 사루어져서 해탈의 바람이 부는 데에 따르고 비원력(悲願力)에 따라 자연히 퍼져서 두루 일체에 스며들기에 소향이라고 한다. 음식은 무상(無上)의 감로로서 불생불사(不生不死)의 맛이다. 만일 이 과덕(果德)을 성숙시키고 다시 더 뛰어날 것 없는 맛을 복용할 때를 입증(入證)이라 칭하니 그래서 먹는다[食]고 한다. 이른바 등불[燈]이란 여래의 광명이 어두움을 부순다는 뜻이다. 그 뜻을 말하자면 과지(果地)에 이를 때에 마음의 장애가 모두 사라져 다함없는 혜(慧)를 굴려서 두루 중생[의 세계]를 비추므로 등불이라고 설한다. 만일 세로로 말하자면 낱낱의 지(地) 가운데 모두 이와 같은 다섯 가지 뜻을 갖춘다. 만일 가로로 말하자면 낱낱의 문(門) 가운데 모두 이와 같은 다섯 가지 뜻을 갖춘다. 예를 들면 앞의 문장에서 밝힌 것처럼 먹기 좋은 온갖 음식은 그 [음식의 재료가] 한 가지일지라도 요리하는 사람의 손에 따라 갖가지로 다른 맛이 난다. 다른 향과 꽃 등도 예가 그렇다고 알아야 한다. 만일 수행자가 오자문으로써 금강의 무희(舞戱)를 잘 지으며 두루 중생에 응할 때에는, 비유하면 다섯 가지 맛을 섞고 다섯 나물을 펼치고 오음(五音)을 울리며 오약(五藥)을 조절함에 성분은 다섯 가지를 넘지 않을지라도 천만 가지로 변화하여 교묘히 구름이 다함이 없는 것과 같다. 이 사람은 바로 도향삼매의 뜻을 이해하고, 또한 화삼매(花三昧)·소향삼매·음식·등명삼매의 뜻을 이해하며, 또한 이 다섯 가지 [공양물]의 다라니의 뜻을 분명하게 안다는 것을 알

13) 도리천(忉利天)에 파리질다라수(波利質多羅樹)가 있는데 높이가 100유순이며 가지와 잎의 넓이가 50유순이고, 온갖 색의 꽃에서 향기를 낸다고 한다.

아야 한다. 이와 같은 갖가지 법문의 공양구로써 심왕의 여래를 공양하고 모든 존을 환희하시게 하면 구하는 바를 반드시 획득할 것이다. 만일 이 가운데의 의취(意趣)로써 도리어 세속적 입장에서의 진리[世諦]의 향과 꽃 등을 관조하면 자연히 저 색향의 성분이 어디에 응용되는지를 알아 한량없이 많은 방편이 사물을 접촉할 때마다 생긴다.

경에, "이와 같이 공양을 닦고나서 다음에 제도할 자를 끌어들여"라고 하는 것부터 이하는 바로 작법할 때의 가지교수(加持教授)의 지분과 호마의 지분을 밝힌 것이다. 가지교수 가운데에서 무릇 금강수의 세 질문에 답하고 있다. 이른바 [금강수는] '어떻게 제자를 끌여들이고, 어떻게 관정하며, 어떻게 스승께 공양합니까?'라는 이 세 구절을 질문하고 나서 호마의 장소를 여쭈었다. 지금 이 답 가운데 먼저 제자를 끌어들이는 것을 설하고 나서 곧 호마를 밝히며, 다른 두 구절에 대해 답하겠다.

그런데 호마는 모든 법사(法事)에 통한다. 단지 제자를 가지하는 것만이 아니므로 의당 한 종류의 지분을 따로 만들어야 한다. 앞 권 가운데에서 이미 일곱 번째 날 밤에 정작법(正作法)할 때와 만다라의 위(位)를 그리는 것을 밝혔고, 중간에 별도로 필요한 지분을 설명하였다. 그래서 문장의 세(勢)가 간단하다. 지금 다시 앞의 문장을 이어받아 차례대로 이것을 설명하겠다.

아사리는 이미 만다라를 그려 마치고 주변을 관찰하여 원만하게 갖추어졌음을 알면 바야흐로 밖에 나가 여법하게 물을 뿌려 깨끗하게 하라. 앞에서처럼 운심하여 두루 모든 여래께 예를 올리고 참회하며 귀의하여 스스로 삼업을 청정하게 하라. 그런 다음에 공양법에 의하여 삼매야의 [인계와] 명(明) 등을 결하여 이로써 그 몸을 호지(護持)하라. 그 모든 공양물에는 또한 무동(無動)의 진언으로써 더러운 때를 제거하여 청정하게 하라. 여법하고 소박하게 마련하여 미리 준비하여라. 또한 금강갑(金剛甲)[14] 등을

14) 환금강갑(擐金剛甲) 등의 인을 결하고 진언을 송하는 것이다. 이 인과 진언에 의하여 수행자의 옷에 불꽃같은 빛이 생하여 모든 마군의 장애를 막는다. 『대일경』 제7권 「증

입고서 하나하나 여법하게 해야 한다.

[선무외]아사리가 말하길, '[수행자가 관념(觀念)하여] 여래의 몸을 지을 때에는 여래갑(如來甲)을 사용하고, 금강의 몸을 지을 때에는 금강갑[15)]을 사용하라. 전환해서 이를 사용해야 한다'고 하였다. 또 『소실지경』[16)] 등에 준하면 여래의 육계(肉髻)와 원광의 모든 상호로써 스스로 몸을 엄정히 하면 더욱 좋다. 또한 통용할 수도 있으니 모든 일을 성취하는 진언으로써 이를 만들어라. 이와 같은 짓고 난 다음에 만다라위(漫荼羅位)로 향하여 그 응하는 바에 따라 앉아라. 유가에 머물러 먼저 라(囉)자문을 사용하여 두루 그 마음을 정화하라. 다음에 다시 도량의 땅을 정화하고 온갖 재난을 없애어 허공의 상과 같게 하라. 그런 다음에 하(訶)자로써 대풍륜(大風輪)을 일으키고 풍륜 위에 바(嚩)로써 향수의 바다를 일으키며 곧 아(阿)자문을 사용하여 금강지(金剛地)의 묘고산왕(妙高山王)을 일으켜라. 이 만다라는 바로 그 위에 있다고 알아야 한다. 「공양차제법」[17)]의 방편처럼 갖가지의 장엄을 관하여 짓고, 허공장[명비의 진언]으로써 이를 가지하라. 다음에 하나하나 만다라의 모든 존의 위(位) 위에 각각 본 종자의 글자를 관하라. 이 모든 종자를 모두 전환시켜서 본존의 몸을 만들어라. 만일 그 아사리가 도를 관하는데 아직 융화하지 못하고, 시절이 늦어지는 것이 꺼려지면 단지 중태의 연화대 위에 아자문을 관해야 한다. 아자문으로부터 한량 없이 많은 빛을 내어 두루 모든 존이 앉은 자리를 비추면 이때에 모든 존이 곧 나타나실 것이다. 이때에 방편으로 이와 같은 모든 존이 나의 몸과 둘이 아니고 다르지도 않다고 전환시켜서 관하라. 이 모든 존은 바로 [나의] 몸 가운데에 계시다고 관하라.

[선무외]아사리가 말하길, '만일 수행자가 아직 유가에 머물지 못하였으

익수호청정행품」 제2에 설하고 있다(대정장 18, 47 중).

15) 다시 말하면 아사리의 사업을 지을 때에는 대일여래의 몸이 되고, 만다라의 사업을 지을 때에는 금강살타의 몸이 된다는 뜻이다.

16) 현재 남아있는 『소실지경』에는 해당되는 문장이 없다.

17) 『대일경』 제7권 「공양의식품」(대정장 18, 48).

면 어떻게 이와 같은 단법(壇法)을 지을 수 있겠는가? 그러므로 처음으로 건립하려고 할 때에 이미 몸 가운데에 있다고 관하고, 그런 다음에 그림으로 그려야 한다'고 하였다. 만일 심행의 아사리라면 항상 이와 같은 대비태장의 성중(聖衆)과 모두 함께하며 또한 내 마음이 저 십연생구(十緣生句)와 같아서 필경 얻을 수 없다는 것을 증득해 안다. 곧 본존을 관하고 나서 다음에 다시 운심하여 갖가지의 보배 탈 것[寶乘]을 만들어 부동의 진언과 인으로 가지하고 이것으로써 성중을 봉영(奉迎)하고 나아가 도로를 깨끗이 다듬고 다음에 [본존을] 소청(召請)하라.

『구혜경』[18]에 이르기를, '각각의 본진언으로 [본존을] 봉청(奉請)하고, 혹은 만다라왕의 진언으로써 모든 존을 다 청하라. 혹은 본 가르침에서 설하는 바에 의거하여 뜻에 따라 자세하거나 간략하게 해야 하며 겸하여 소청의 진언과 인을 사용하라'고 하였다. 또 이 경에서는 곧 본좌(本座)에서 청을 받고 되돌아와 본래상으로써 이 도량에 이른다고 하였다. 서투른 방편 가운데 이런 저런 상이 있는 것과는 같지 않다. 대중들이 모이고 나면 무동존의 진언[明]을 송하여 장애가 되는 것들을 보내버려야 하니 곧 세 가지의 삼매야를 보여서 가지하라. 다음에 알가수(閼伽水)와 띠자리를 받들고 이런 말을 해야 한다.

"잘 오셨습니다. 세존이시여, 잘 오셨습니다. 세존이시여, 본원력으로 내려오시었으니 원컨대 가지를 베푸시어 이 소청과 미미한 공양을 받아주시고 대자비로 오로지 거두어 주십시오."

이때에 아사리는 금강의 사업을 짓고자 하기에 다시 무동존의 혜도(慧

18) 『유희야경』 「봉청의약품」(대정장 18, 767 상). '각기 본진언으로 모든 존을 봉청하고 혹은 다시 만다라주(曼荼羅主)의 진언을 모두 사용하여 모든 존을 다 청하라. 혹은 본법에서 설한 대로 이와 같이 봉청하는데 불부(佛部)에서는 윤왕불정명왕(輪王佛頂明王)이나 부모(部母)의 진언을 사용하여 본부의 모든 존을 청하며, 연화부에서는 새바파하(濕縛婆訶)명왕 및 길상부모(吉祥部母)의 진언을 사용하여 본부의 모든 존을 청하며, 금강부에서는 손바(遜婆)명왕 및 마마계(莽麽計)부모의 진언을 사용하여 본부의 모든 존을 청하라. 혹은 다시 오직 만다라주의 근본진언이나 심진언으로써 일체 내외의 모든 존을 청하는 데에 사용하라.'

刀)로써 자기 몸의 장애를 없애고 전환시켜 금강살타가 되어서 마군의 업을 항복시킨다. 거듭 혜도로써 모든 방향에 계(界)를 결호하고 또 다시 여래의 대계(大界) 진언과 인으로써 거듭 둘레의 경계를 결호하며, 사대호(四大護)로써 각각 한 방향을 보호하라. 또 무감인대호(無堪忍大護)[의 진언][19]을 지송하여 모두 두루 이것을 보호해야 한다.

[선무외]아사리가 말하길, '무릇 만다라를 건립하는 데에는 처음부터 이래로 줄곧 부동존[의 진언][20]을 사용하라. 혹은 항삼세존(降三世尊)[의 진언][21]으로써 이 땅을 호지(護持)하라'고 하였다.

중간에 지송할 때에 매번 법다웁게 결계하고 나서 또 이를 해계(解界)하고 작법하는 밤에 이르면 다시 금강선(金剛線)의 안쪽을 가지런히 잘라서 구족하게 결계하라.[22]

또 결계할 때에는 다만 본존이 있는 곳에서 보통 때처럼 작법해야 한다. 만일 한 바퀴를 돌아서 주변 경계를 결호하고자 하면 역시 모두 성취한다. 만일 결계하고 나서 홀연히 망념이 일어나 결계가 파괴되거나 혹은 갖가지의 마사(魔事)가 일어나면 곧 무감인대호(無堪忍大護)[의 진언]을 염하여 지녀야 한다. 만일 모든 때에 장애가 없게 하려면 그 주변 경계와 공양물 등에 모두 먼저 무감인대호[의 진언]을 사용하여 이를 결호하라. 나중에 장애가 일어나면 또 다시 [이 무감인대호의 진언을] 사용해야 한다.

다음에 예를 올리고 알가수[23]를 받들어 대혜도(大慧刀)로써 두루 모든 공양구에 뿌리고 청정하게 하는데 부사의법계의 심진언으로써 해야 한다.

---

19) Skt. Namaḥ sarva-tathāgatebhyaḥ sarva-bhaya-vigatebhyaḥ viśva-mukhebhyaḥ sarvathā haṃ khaṃ rakṣa-mahā-bale sarva-tathāgata-puṇya nirjāte hūṃ hūṃ traṭ traṭ apratihate svāhā.

20) Skt. Namaḥ samanta-vajrānaṃ caṇḍa-mahā-roṣaṇa sphāṭaya hūṃ traka hāṃ māṃ.

21) Skt. Namaḥ samanta-vajrānaṃ ha ha ha vismaye sarva-tathāgata-viṣaya-sambhava- trailokya-vijaya hūṃ jaḥ svāhā.

22) 이하에 대난탈이 있어 바로잡는다.

23) 앞에서도 알가수를 바쳤는데 지금 또 바치는 이유는, 앞에서는 봉청하여 모신 성자의 발을 씻고, 지금은 향을 바르기 위해서 온몸을 청정하게 한다. 또한 거듭 바치는 것은 정성이 지극함을 나타낸다.

또한 바르는 향을 바칠 때에는 도향의 진언으로 머물러 이를 가지해야 한다. 차례대로 공양할 때에는 또 하나하나에 그 존의 진언으로써 [가지]하라. 혹은 통(通)[용하는 진언]이나,[24] 혹은 별(別)[개의 진언의]로, 혹은 스스로 염하여 지니는 [진언]으로써 하라. 그 다른 공양물도 예에 따른다. 또 마음의 공양법을 지어야 한다. 가지하는 데에는 허공장의 진언으로써 하고 금강아리사(金剛阿利沙 : 讚頌)의 시를 송하여 찬탄해야 한다.[25]

무릇 단 가운데에 공양물을 바칠려면 평등한 마음으로써 빠뜨리는 것이 없도록 해야 한다. 『구혜경』[26]에 이르기를, '만일 음식을 공양할 때 착오로 빠뜨리게 되면 보충하여 환희하도록 간청해야 한다. 공양한 음식의 종류가 많지 않으면 다른 공양물로 그 숫자를 채워야 한다'고 하였다.

다음으로 밖으로 나가서[27] 광야의 귀신들에게 음식을 베풀어라. 도(圖)에 의거하여 동쪽문 바깥에서 비나야가(毘那野迦)에게 베풀어라. 남쪽 문의 바깥에서 얼률하(蘗嘌何, grha)에게 베풀어라. 이는 매귀(魅鬼)로서 사람에게 달라붙는 것이다. 서쪽 문 바깥에서는 벽라(蘗囉, graha, 執曜)에게 베풀어라. 이는 질역(疾疫)을 퍼뜨리는 자이다. 북쪽 문 바깥에서는 다길니(荼吉爾)에게 베풀어라. 문의 좌우에 각각 사위(四位)를 두어라. 『구혜경』에는 '모두가 나찰 · 비사차(毘舍遮) · 부다(部多)로서 피를 마시고 고기를 먹는 갖가지 비인(非人)의 종류이다. 혹은 땅에 머물거나, 숲속에 머물거나 마음에 걸리는 자들을 각각 본분에 따라 소집하여 그들에게 두루 보시하라'[28]

---

24) 부(部)에 따라 부주(部主)의 진언을 모든 존에 통틀어 사용할 때에 통(通)이라 하고 모든 존의 각기 다른 진언을 별(別)이라 한다.

25) 이하에 다시 난탈이 있어 바로잡는다.

26) 『유희야경』 「공양품」(대정장 18, 768 상). '공양한 음식의 종류가 충분하지 않으면 다른 음식으로 그 빠진 숫자만큼 채워야 한다. (…중략…) 공양을 더할 때에는 절대로 실수가 없게 해야 한다. 음식을 공양할 때 착오로 빠뜨리게 되면 곧바로 보충하여 환희하도록 간청해야 한다.'

27) 만다라의 제4중(重)에서 모든 천신 · 귀신을 공양하여 마치고 다시 밖에서 귀신을 공양하는 것은, 단 안에서 호방천(護方天)의 대표를 공양하고 밖에서 이름없는 무수한 귀신들을 공양하는 것이다.

28) 『유희야경』 「공양품」(대정장 18, 768 하). '이로써 나찰과 비사차와 부다 등 모든 피

고 하였다. 모든 연만다라(緣漫荼羅)의 공양하는 음식을 모두 다 가져다 한 곳에서 섞고, 아울러 모든 향과 꽃 등도 모두 별도로 그 지분을 내어서 함께 한 곳에 두어라. 아사리는 대비의 무한한 법시의 마음을 일으켜 유가 가운데에서 갖가지의 수용하는 도구를 관하고 또한 허공장전명(虛空藏轉明)[비(妃)의 진언]으로써 가지하여 두루 펼쳐서 베풀어야 한다. 이 모든 귀신들이 음식을 받으면 만다라를 장애하지 않을 것이다. [음식을 베푸는 데에는] 동방으로부터 시작하여 다음에 남·서·북방으로 가야 한다. 이와 같이 한 바퀴 돌아 마치고, 또 동북방에 베풀고 다음에 동남방·서남방·서북방으로 가서 또 한 바퀴를 돌아 마치며 또한 단의 동쪽에 이르러 상방(上方)의 귀신에게 음식을 베풀어라. 다음에 단의 서쪽으로 가서 하방의 귀신에게도 음식을 베풀어라. 대략 세 번에 걸쳐 음식을 내놓는다. 모든 법사 가운데에서도 이 법은 더욱 어렵다. 이때에 갖가지의 극히 무서워할 만한 형상이 저절로 나타나거나 혹은 천둥소리나 야간(野干)의 울부짖음 등을 듣게 된다. 이와 같은 갖가지의 기이한 상이 있더라도 아사리는 자기의 마음을 잘 안정시켜야 한다. 또 베풀려고 할 때에 먼저 다시 그 몸을 방호하고 낱낱이 여법하게 하라. 만일 그 음식이 바닥났는데 [그들이] 다시 구하면 다시 베풀되 힘껏 풍부하게 하여 그들을 환희하게 해야 한다. 공양물이 적으면 다만 가지고 있는 대로 할 뿐이다. 모든 방향에 음식을 베푸는 것을 다 마치면 손을 씻고 물을 뿌려 청정하게 하며 문 앞에서 향을 사루어 공양하라. 다음에 안에 들어가 알가와 소향을 봉헌하고 운심하여 의복을 봉헌하는데 이것을 츤시(儭施[29])로 삼는다. 그런 다음에 유가좌에 머물러 오륜자(五輪字)로써 몸을 가지하고 머리에 백광변조왕(百光遍照王)을 두며, 무구안(無垢眼)으로써 자기 마음의 화대(華臺)에 본래 생겨남 없다는 진리의 종자를 관하고, 바야흐로 보문(普門[30])의 지송을 지어라. 먼저

를 마시고 살을 먹는 갖가지 종류들에게 공양하라. 땅에 머물거나 나무에 머물거나 숲에 살거나 마음에 걸리는 자에게 모두 공양해야 한다.'

29) 달츤보시(達儭布施)의 줄임말로 달츤(達儭, dakṣana)은 재물을 베푼다는 뜻이다.

비로자나의 심월(心月) 가운데에 진언을 밝게 나타내고 그 다음에 지송하고 아울러 밀인을 [결하여] 보여라. 중태장에 두루하게 하고 난 다음에 제2원의 모든 존에게까지 미치게 한 다음에 마쳐라. 혹은 하나하나 눈앞에 이를 관하고 지송하여라. 혹은 자신을 그 본존으로 삼고 그 심월에 진언의 종자를 나타나게 하여 지송하거나, 내지는 문득 만다라의 몸으로 만들어 지송하거나, 수행자의 마음을 관하는 세력에 따라야 한다. 만일 이렇게 할 수 없으면 일심으로써 부주(部主)의 진언을 백 편 송하고 다른 상수의 모든 존에는 각각 일곱 편을 송하며, 아울러 그 인을 결하여야 한다. 구체적으로는 「공양차제법」 가운데 설한 것과 같다.

35. 제자를 가지하다

아사리가 이와 같이 작법하여 마치면 다시 정성스러운 마음으로 모든 존께 정례드리고 그런 다음에 모든 제자를 불러서 하나하나에게 [만다라단장에] 들어가게 하고 앞의 향수를 [입단수법(入壇受法)의 제자에게] 뿌려 청정하게 하고 그에게 바르는 향을 수여하며 이를 사용하여 손에 바르게 하라. 다음에 청정한 꽃을 수여하고 간략하게 [제자를] 위하여 「주심품(住心品)」 가운데 보리심의 진실한 뜻을 널리 설하고 스스로 귀의할 곳을 알아서 참되고 바른 발심을 내어서 지성스럽고 정중하게 모든 부처님을 억념하게 하라. 그렇게 하는 이유는 수행자가 불심을 발함으로써 바로 불자(佛子)가 되고, 법왕자의 관정위를 받아서 여래의 종성(種性) 가운데 태어나게 해야 하기 때문이다. 그러므로 움직이거나 정지하거나 말하는 데에 모든 부처

30) 대일여래의 진언을 가리킨다.

님을 잊지 말아야 한다. 지금 이 경에서 모든 진언을 설할 때마다 번번이 "두루 모든 부처님께 귀명합니다"[31]라고 하는 것이 바로 그 뜻이다. "청정한 부처님"이라 말하였는데 성문법에서는 아라한(阿羅漢, arhat)도 역시 부처님이라 부른다. 다른 모든 대승의 미요의(未了義)의 경전에도 역시 성불의 뜻이 있다. 그렇지만 두루 청정하다고는 할 수 없다. 지금 올바르게 본심(本心)의 항상한 부처님을 밝히려고 정(淨)자를 더하여 이를 밝혔다. 산스크리트본을 바르게 번역하면 "불가(佛家)"를 불부(佛部)라고 해야 하는데, 이는 종족부류(種族部類)라는 뜻이다.

이때에 아사리는 제자의 몸을 관하고 오륜(五輪)[32]을 지어서 오자(五字)로써 이를 가지하고, 겸하여 [제자의] 마음 화대(華臺) 가운데에 아자 등을 안치하고 곧 대일의 체와 같게 하라. 입불삼매야(入佛三昧耶)의 인(印)으로써 그 [입단수법의 제자의] 정수리 위를 인(印)하고 다음에 "법계생인(法界生印)"으로 [제자의] 심장을 인하며 또 "전법륜인"을 결하여 배꼽 위를 인하고, 각각 세 번씩 그 진언을 송하라. 다음에 곧 그 [제자의] 심장 가운데의 아자문을 돌려서 바(嚩)자문으로 만들고 금강살타의 인을 결하여 모든 지분(支分)을 인하라. 말하자면 다섯 군데이다. 이와 같이 하는 이유는 그 [제자로 하여금] 금강의 사업을 성취하도록 하기 위해서이다. 이때에 아사리는 또 다시 삼매야 등으로 자신을 호지해야 한다.

다음에 새롭고 깨끗한 흰색 명주나 다른 비단을 가져다가 먼저 부동존의 진언으로 여법하게 작정(作淨)하고 또 본부(本部)의 진언왕(眞言王)을 사용하여 세 번 돌려서 이를 가지하라. 대일(大日)의 만다라를 건립하려면 비로자나의 진언을 사용하라. 연화수(蓮花手)와 금강수[의 만다라를 건립함]에도 역시 준하여 설해야 한다. 이 채색된 깨끗한 비단을 사용하여 두루 제자의 얼굴을 덮고 깊은 자비호념의 마음을 일으켜 이어(耳語)[33]로 그 삼매야계

---

31) 진언의 첫구절이 대개 Namaḥ samantabuddhānām으로 시작되는 것을 말하며, 이 진언 구절의 뜻은 '두루 모든 부처님께 귀명합니다'이다.

32) 지·수·화·풍·공의 오륜법계탑을 가리킨다.

를 말해주어야 하며, 단에 아직 들어오지 않은 모든 다른 이들이 [아사리의] 말소리를 듣게 하지 말아라. 이 하나의 게송은 언제나 [『대일경』] 「전자륜만다라행품(轉字輪漫荼羅行品)」[34]에 있는 것 중에서 설해야 한다. 또 그 정수리 위에 하나의 라(囉)자가 있다고 관하라. 라자 위에 점을 찍는데, 그래서 장엄하게 대공점으로써 한다고 하였다[이것은 바로 람(覽)자이다]. 이 글자의 네 변에 두루 불꽃광명이 있는 것은 꽃다발이 고리 형태로 이어져 끊어지지 않은 것과 같다. 글자 가운데 또 두루 흰 광명이 흘러나오는 것은 깨끗한 보름달이 비추는 것과 같다. 이 청정한 법계의 마음으로 가지함으로써 안팎의 모든 장애를 없앨 수 있다.

36. 투화득불(投華得佛)

다음에 [제자를] 이끌어 제1중의 문의 손나(遜那)·우파손나(優波遜那)의 두 용왕이 지키는 곳에 이르면 바로 그 문의 행랑에서 나아가거나 물러나지 않게 하라. 스승은 그를 위하여 삼매야인을 결하고 세 번 그 진언을 송해야 한다. 꽃을 인계 위에 두고 제자로 하여금 지성스러운 마음으로 도량을 향하여 꽃을 뿌리게 하라. 꽃이 떨어지는 곳에 따라 그 [존]이 수행자가 전생에서 인연이 있었던 법문의 선지식이라는 것을 알아야 한다. 곧 이 방편문에 의하여 나아가며 수행한다.[35] 무릇 아사리는 꽃이 도달한 곳을 관하여 그 성류(性類)를 판단해야 한다.

만일 부처님의 머리 위에 떨어지면 불정(佛頂)과 호상(毫相) 등을 성취한

---

33) 삼매야계를 이어계(耳語戒)라 하여 귀엣말로 일러 준다.

34) 『경』 3권 「전자륜만다라행품」(대정장 18, 22 하).

35) 이하에 난탈이 있어 바로잡는다.

다. 얼굴 위에 떨어지면 불안(佛眼)을 성취하고, 몸의 중간에 떨어지면 모든 마음을 성취한다는 것을 알아야 한다. 몸의 아랫부분에 떨어지면 모든 사자(使者) 등을 성취한다. 또한 부처님 몸[36]의 상·중·하 부분에 따라 상·중·하의 성취가 있음을 알아야 한다. 연화부와 금강부도 역시 그러하며 그밖의 제존은 다만 상·중·하의 상을 안다. 만약 꽃이 그 존에서 멀리 떨어지면 오래 되어야 비로소 성취한다.

만일 공양하는 원(院)에 떨어지면 소속된 존에 따라 그 진언을 수여하라. 만일 두 존 사이에 떨어지면 그 멀고 가까움을 보아야 한다. 만약 먼저 내원에 떨어진 다음에 외원으로 옮겨갔다면 그 사람은 신심을 갖추지 못하였기에 억지로 지송한다해도 하열한 성취를 얻는다. 온갖 계도(界道)와 행도(行道)하는 원(院)에 떨어졌다면 그 사람은 분명한 마음이 없으며 성취하지 못한다. 만일 그가 다시 던지려면 [그를] 위해서 호마를 행하고 그런 다음에 꽃을 던지게 해야 한다. 그밖에는 [『구혜경』]에서 설하는 것과 같다.

『구혜경』에 이르기를, '단에 들어가려고 할 때에 아사리는 이렇게 말해야 한다. "저 아무개는 여법하게 이 만다라를 건립하여 제자를 얻어 들이겠습니다. 그 복덕과 종성(種性)과 성취를 감당할 수 있는 법기(法器)에 따라 오직 바라오니 이 만다라 중에서 그 모습을 시현하소서"[37]라고 한다.

이미 꽃을 뿌렸으면 다음에 얼굴을 [덮은 천을 치우고 고개를] 들어 도량을

36) 『유희야경』「분별상품」(대정장 18, 769 하). '꽃이 만약 부처님 머리 위에 떨어지면 불정진언(佛頂眞言)과 불호상(佛毫相) 등 모든 존의 진언을 성취한다고 알아야 한다. 꽃이 부처님 얼굴 위에 떨어지면 불안존(佛眼尊) 등의 모든 진언을 성취한다고 알아야 한다. 꽃이 만약 부처님 몸의 가운데에 떨어지면 모든 심진언을 성취한다고 알아야 한다. 꽃이 만약 부처님의 아랫부분에 떨어지면 사자(使者)의 진언을 성취한다고 알아야 한다. 꽃이 부처님 몸의 위·가운데·아랫부분에 떨어지는 데에 따라 상·중·하품을 성취한다고 알아야 한다.'

37) 『유희야경』「분별상품」(대정장 18, 769 하). '만다라의 문 앞에 [제자를] 이끌어들이면서 그 아사리는 이렇게 말해야 한다. "저희 아무개는 여법하게 이 만다라를 건립하여 제자를 들이고자 합니다. 그가 지은 복덕과 종성 및 성취에 따르며 법기를 감당할 만한 것에 따라 만다라 중에서 그 모습 보이시기를 바랍니다."'

바라보게 해야 한다. 환희하는 마음으로 그에게 고하여, "그대는 지금 이 묘한 만다라를 보고 깊이 공경하는 마음을 내어야 한다. 너는 이미 부처님 집안에 태어났으니 모든 명존(明尊) 등께서 함께 가호하실 것이다. 모든 길상과 실지가 모두 다 현전할 것이다. 이러한 까닭에 삼매야계를 굳건히 지니고 진언법교를 부지런히 수습해야 한다"고 말하라. 다음에 제자로 하여금 향과 꽃 등으로 두루 만다라의 성중께 공양하게 하라. 곧 도량에서 본존의 진언[과 인계]를 수여하고 한 장소에 앉게 하여 그것을 송하게 하라. 다음에는 다른 사람을 이끌어 들여야 한다.

37. 적재호마(寂災護摩)

다음에 모든 제자를 위하여 적연(寂然)의 호마를 지어야 하니 이것이 선디가(扇底迦, śāntika)의 법이다. 또한 식재(息災)라고도 번역할 수 있다. 이것은 일종의 지분이고 지금은 여래의 답 가운데에 행사의 차례에 의거하여 가지교수의 지분을 설하는 것이 아직 끝나지 않아서 이 중간에 호마를 설명하겠다. 혹은 관정 등의 법과 서로 합하면 일종의 지분이 될 수도 있다.

"적연(寂然)[38]의 호마를 행하라. 호마는 법에 따라 머물라."

앞의 호마라고 말한 것은 이 호마의 법을 행해야 함을 말한다. 다음에 호마라고 한 것은 작법하는 사람을 경계하는 것이다. 호마를 행할 때에는 법에 맞게 머물러야 하기에 이를 거듭 말한 것이다. 여기에서는 유가의 법으로써 자신을 가지하고 나아가 봉청(奉請)과 결계(結界) 등은 모두 염송할 때의 방편에 의거한다. 그래서 "법에 따라 머물라"고 하였다.

38) 여기서는 식재(息災)의 의미이다.

"처음에는 태장(胎藏)의 중심에서 제이(第二)의 외측으로 가라. 만다라 가운데에서 의심이나 걱정을 일으키지 말라."[39]

그 관정과 호마단이 있는 곳에는 만다라의 바깥에서 다시 선으로 둘레의 구역을 삼고, 내계(內界)와 서로 통하게 하며, 아울러 출입하는 문을 두어야 한다. 만다라의 외계(外界)에 두루 금강선(金剛線)으로 주위를 차단시켰다면, 호마공양할 때에 이르러 역시 운심하여 통문(通門)의 장소에서 금강선을 들어올려 모든 존이 통과하여 왕래하게 해야 한다.

앞의 문장은 비밀한 말이다. [그리고] 석가의 권속이 있는 원을 제2로 삼는다. 대단(大壇)의 바깥에 중태장(中胎藏)과 서로 마주 보게 하라. 아사리는 또 그 바깥에 있으면서 얼굴을 만다라로 향하라. 이 두 위(位) 가운데[40]에 화단(火壇)을 안치하라. 산스크리트 문장이기에 밀어(密語)로 이르며 아사리는 만다라 가운데에서 호마단을 만들라고 한다. 만일 스승에 따라 받지 않는 자는 대부분 그 취지를 놓치고 만다라의 원(院) 가운데에서 이것을 만들 것이다. 지금은 관정단으로 또한 반드시 중태를 바로 마주보게 하여야 하며, 이 단을 옮겨서 조금 남쪽에 가깝게 할 수 있다. 나아가 서남의 모서리에 이르면 모든 세 위(位)[41]가 서로 바라보게 되니 이치에 어긋나지 않는다. "의심하고 염려하지 않는 마음"이란 바로 식재의 뜻이니 응당 일사불란(一絲不亂)하게 이것을 만들어야 한다. 만일 수행자가 사(奢)[42] 자문에 머물러 모든 법이 언제나 적연(寂然)하다고 관하면 의심과 후회가 영구히 사라지고 덮힌 장애가 깨끗이 제거되니, 이것이 바로 적연호마의 본뜻이다.

"만다라를 건립하는 법은 [아사리]자신의 팔꿈치의 길이만큼 취하여 가로 세로로 1주(肘)가 되게 하고 그 깊이는 절반[반 주]으로 하라."

---

39) 이하에 대난탈이 있어 바로잡는다. 대정장 39, 660 하 20행에 있는 다섯 줄의 문장을 이곳으로 옮긴다.

40) 대단(大壇)과 아사리가 앉은 자리의 두 위(位) 중간을 가리킨다.

41) 대단과 호마단과 아사리가 앉은 자리를 말한다.

42) 선디가법의 머릿글자가 사(奢)이다. 이 종자는 본성이 고요함을 의미한다.

주변에는 빙 둘러 가장자리를 두고 넓이는 네 손가락 마디이며 높이도 역시 이와 같다. 무릇 호마단은 사각형[方]과 원(圓)과 삼각형[43]을 사업에 따라 달리 사용한다. 다만 이 가운데의 작법은 사각형단[方壇]만을 써야한다. 그리고 구마이(瞿摩夷, gomayī)와 구모달라(瞿摸怛囉, gomūtra)를 바르고 향수를 뿌려라.

"중앙에 금강인(金剛印)을 나타내어라"고 하는 것은 화로 안에 금강저[拔折羅, vajra]를 그려서 만들어야 한다는 것이다. 그러한 이유는 호마가 여래의 혜화(慧火)이어서 업의 인연으로 생겨난 온갖 재난과 횡액을 불살라 확실하게 쓸어 없애어 다시 남는 것이 없게 하기 때문이다. 사각형단을 대인다라(大因陀羅)[단]이라 이름하는데 이는 심왕(心王)의 뜻이다. 이 혜화의 인으로써 저 밑바닥까지 궁구함에 금강의 성품으로부터 생겨났음을 밝힌다. 이러한 까닭에 금강을 깨뜨릴 수 없는 것과 같다. 아래의 「세출세호마품(世出世護摩品)」[44] 중에 세존께서 스스로 널리 인연을 설하시었다. 만약 진언수행자가 단지 세속적 입장에서의 진리[世諦]의 호마만을 만들고 이 가운데 비밀한 뜻을 이해하지 못하면 곧 베다[韋陀]의 화사(火祀[45])와 어찌 서로 비슷한 것이 아니라고 할 수 있겠는가! 그래서 번역자는 지(智)의 명칭을 겸하여서 여러 가지를 깊고 얕은 두 가지 해석으로서 의(義)와 용(用)을 겸하여 거론한 것이다.

"스승이 머무는 곳에서 오른쪽에는 호마(護摩)의 지분(支分)을 갖추어라."

가령 대단의 문을 서쪽으로 향하여 열면, 화단(火壇)은 대단의 서쪽에 두어야 한다. 아사리는 또 화단의 서쪽에 동쪽을 보고 앉아라. 모든 호마에 사용되는 도구에 관련된 지분은 스승의 위치에서 남쪽에 두어야 한다. 호마에 쓰이는 장작은 유목(乳木[46])을 사용해야 하는데, 이른바 뽕나무와

---

43) 식재는 사각형[方], 증익은 원(圓), 항복은 삼각로(三角爐)를 사용하는데 지금은 식재 호마를 하기 때문에 사각형의 방단을 사용한다.

44) 『대일경』「세출세호마법품」 제27(대정장 18, 42 하). 이 품에서 베다의 호마 등 모든 호마에 대해 설한 것을 가리킨다.

45) 베다에 근거하여 행하는 바라문의 호마를 가리킨다.

곡식류이다. 혹은 우슬(牛膝)의 줄기를 사용하되 이를 잘라서 12지(指) 만큼 가지런하게 잘라라. 모두 반드시 습기 있고 윤택한 새 것으로 채집하여 조리있고 단정한 것을 취한다. [유목의] 중간 윗부분을 보되 한 가지 방향에 이것을 두어야 한다. 향수를 깨끗하게 뿌려 [유목의] 밑부분이 몸쪽을 향하도록 하라. 만일 태우고자 할 때에는 우유와 낙(酪)과 소(酥)와 꿀 속에서 그 양끝을 적셔 화로 안에 던져 넣어야 한다. 혹은 침수향으로써 하라. 네 마디의 길이로 재고 굵기는 엄지손가락 만큼 하여 소합향을 묻혀서 108번을 [지송하여] 그것을 사용하면 더욱 좋다. 그 만다라 중앙에 바치는 모든 음식과 향·꽃 등은 각각 이것을 취하여 변사(辨事)의 진언[47]을 사용하여 여법하게 뿌려 청정히 하고 자리의 오른쪽에 놓아두어야 하는데 그 알가의 왼쪽에 둔다. 바치는 모든 음식은 소·락 등을 사용하여 섞어서 한 그릇에 담아 두어야 한다. 그리고 모든 오곡(五穀)도 역시 소유(酥油) 등으로써 적시고 한 곳에서 섞어서 다른 그릇에 두며 모두 나누게 하라. 만일 깊이 있는 해석으로 하면 이 호마의 지분은 바로 온갖 인연의 뜻이다. 이 인연에 말미암아서 삼유(三有)[48]의 재난과 병환이 일어나지만[49] 지금은 도리어 이것을 지혜불[慧火]의 밑천으로 삼아 일체 보문의 몸에 공양하고 부사의한 세력을 늘린다. 『열반경』[50]에, '번뇌를 장작으로 삼고 지혜를 불로 삼아서 이러한 인연으로 열반의 밥을 지어 모든 제자들이 다 맛

---

46) 호마를 닦을 때에 화로에 태우는 연료로 쓰는 나무에 단목(段木)과 유목(乳木)의 2종이 있다. 단목은 소나무 등의 마른 나무를 조각조각 쪼갠 것이고, 유목은 뽕나무 등의 생나무로 촉촉한 기운이 있는 것을 가리킨다. 먼저 화목을 화로 안에 쌓고, 그 위에 유목을 놓아 화력을 세차게 한다. 나무의 종류와 깎는 방법과 그 크기는 증익 등의 4종 단법에 의하여 각각 다르다.

47) 변사명왕(辨事明王), 즉 부동명왕의 진언을 송한다.

48) 욕계·색계·무색계의 삼계를 말한다.

49) 이 부분에 난탈이 있어 바로잡는다.

50) 『대반열반경』 제4권 「여래성품」(대정장 12, 385 하). '저 세간에 세 가지 맛이 있는데 소위 무상(無常)·무아(無我)·무락(無樂)이다. 번뇌를 장작으로 삼고 지혜를 불로 삼아 이러한 인연으로 열반의 밥을 지으니 상락아(常樂我)라 한다. 이 밥을 모든 제자들이 맛보게 한다.'

보게 한다'고 한 것이 바로 이 뜻이다.

또한 제자를 위하여 작법할 때에는 아사리의 북쪽 변에 생띠를 의지하여 웅크리고 앉게[蹲踞坐][51]하라. 아사리도 역시 띠자리에 앉는데 상이나 요 따위를 사용해서는 안된다. 그런데 생띠를 사용하는 데에 대략 세 가지 뜻이 있다. 첫째는 그 성질이 정결하기만 하고 머무는데 좋은 촉감[52]이 없으므로 이로써 수행자의 혼미하고 태만하며 게으른 마음을 깨끗이 없앨 수 있다. 둘째는 이 풀이 길상초(吉祥草)이어서 세존께서 이것을 깔고 앉으시어 보리를 증득하셨다. 이러한 까닭에 모든 장애를 없앤다. 셋째는 이 길상한 띠풀로 혜성(慧性)을 나타낸다. 이 풀은 양 가장자리가 날카롭게 베는 부분이 많아서 앉거나 눕거나 지니는데 [풀을 다루는] 방법이 없으면 도리어 상처받는다. 그러나 손으로 다듬어서 그것을 잘 보호하면 곧 피해를 막을 수 있다. 일체 모든 법도 이와 같아서 진리에 맞게 관할 때에는 모든 속세의 번뇌가 모두 성품이 청정한 쓰임이 있지만, 만일 방편을 잃을 때에는 곧바로 지신(智身)을 무너뜨린다. 그래서 이 [풀]로써 법문의 표상(表像)을 삼는다.

만일 큰 돌 위에서 만다라를 건립하거나, 높다란 누각 위에서 구멍을 파서 화로를 만들 수 없다면 채색을 사용하여 이것을 그려야 한다. 아주 분명하고 곱게 장엄하여 사용하기에 충분하도록 하라. 이것을 간략하게 만드는 호마처[略作護摩處]라고 부른다. 만일 방 가운데에 만다라를 건립하려는데 협소하면 밖으로 나가 도량이 바라보이는 장소에서 여법하게 화로를 만들어야 한다. 화로의 네 면에는 모두 빙 둘러서 생띠를 펼쳐놓되 오른쪽으로 돌게 하며, 차례대로 서로 눌러서 그 머리가 나오게 하라.

---

51) Skt. utkuṭa. 또는 우구타(優俱吒), 온구타좌(嗢俱吒坐)라고도 하며, 의역하여 준거좌(蹲踞坐)라 한다. 인도의 일종의 좌법이다. 오른쪽 다리를 왼쪽 다리 위에 걸치고 웅크린 모양을 나타내며 둔부를 바닥에 닿지 않게 한다. 밀교에서는 이 자세가 분노형을 나타낼 때의 좌법으로 항복법과 상응한다.

52) 촉감에 거칠고 좋은 것이 있는데 좋은 것은 태만을 생하기 쉬워서 띠자리로 이것을 방지한다.

그밖에는 「호마품」[53]에서 설명한 것과 같다. 또 다시 넓고 두텁게 빙 둘러 땅바닥이 드러나지 않게 한다. 두루 향수를 뿌리고 모든 사업을 성취하는 진언을 사용하여 가지해야 한다. 앞의 문장에서 설한 쇄지(灑地)의 진언으로써 하라.

이 가운데 호마의 행법에서는 아사리가 처음에 만다라 가운데에서 공양하고 지송하여 마치면[54] 다음에 밖으로 나와서 화법(火法)을 지어야 한다. 동쪽을 향하여 길상좌(吉祥座)에 있으면서 먼저 유목(乳木)과 마른 땔감을 가져다 화로 가운데에 놓고 소(酥)를 사용하여 위에 뿌리고 이것을 태워라. 다음에 축축한 땔감을 놓고 사업성취의 진언을 사용하여 더러움을 제거해 없애고 청결하게 한다. 그 다음에 유가에 머물러 화천(火天)의 종자를 돌려서 화존(火尊)을 만들고 삼각만다라(三角漫荼羅[55]) 가운데에 머물러야 한다. 뒤의 품에서 나타내는 열두 화존처럼 그 하나의 사업과 상응하는 것을 취하라. 이미 상응하였으면 화존의 몸과 [수행자] 자신의 몸이 둘이 아니고 다름도 없다고 관해야 한다. 화존과 마찬가지로 화만다라(火漫荼羅)도 역시 그러하다고 알아야 한다. 세 가지가 모두 동일한 상이라고 관해야 한다. 그런 다음에 화천의 진언으로써 이를 봉청하라. 『소실지경』[56]에서 봉청하고자 할 때에는 먼저 이 진언을 송해야 한다고 하였다.

"제가 지금 화천의 으뜸가는 분이시며 천(天) 가운데 선(仙)인으로서 범행이 우뚝하여 존경스러운 분께 봉청하나이다. 오직 바라오건대 이 곳에

---

53) 『경』 제6권 「세출세호마법품」 제17(대정장 18, 42 하).

54) 앞에서 밝힌 대단의 염송을 마친 뒤에 곧바로 투화득불(投花得佛)의 법을 행한다. 그렇지만 실제로는 지금의 문장처럼 대단의 공양·염송을 마치면 밖으로 나가서 호마하며, 그런 다음에 투화득불을 행한다.

55) 삼각형은 화대(火大)의 형상이기 때문에 화단(火壇)을 가리킨다. 삼각형 모양의 단은 아니다.

56) 『소실지갈라경』 중권 제25 「호마법칙품」(대정장 18, 621 하)의 문장은 다음과 같다. '물로 씻어서 깨끗하게 한 다음에 유목에 불을 붙인다. 불이 붙은 다음에는 먼저 화천을 청한다. "제가 지금 화천의 으뜸가는 분께 봉청합니다. 천중선(天中仙)이시여, 청정한 범행을 으뜸으로 공경하오니 이 도량에 내려오시어 호마를 받아주소서. 그리고 나서 청소화천의 진언을 송한다.'

내려오시어 호마를 받아주소서."

다음에 화천의 진언을 송한다.

나모 사만다 발타남 아가나예 사바하[57]
南摩 三曼多 勃陀喃 阿揭娜曳 莎訶

처음의 구절은 모든 부처님께 귀명하는 뜻으로 앞에서 설명한 것과 같다. 제2의 구절에서 아가나예(阿揭娜曳, agnaye)란 화천(火天)이라는 뜻이다. 이 가운데 최초의 아(阿)자를 종자로 삼는다. 일체의 모든 법은 본래 생겨남이 없기 때문에 바로 금강의 지체(智體)와 같다. 가(佉)는 행(行)의 뜻이다. 모든 법은 본래 생겨남이 없기에 만행(萬行)을 구족하였을지라도 행하는 바가 없다. 이러한 까닭에 스승 없이 스스로 깨쳤다고 한다. 만일 스승 없이 스스로 깨쳤다면 이것은 바로 대공과 같아서 모든 장소에 두루하므로 나(娜)자와 동체이다. 모든 법은 스승도 없으며 행도 없기 때문에 스스로 모든 장소에 편만하다. 그러므로 삼계로부터 움직여 나오지 않고도 살바야(薩婆若)에 이른다. 이러한 까닭에 탈 것[乘]과 타는 자[乘者]가 없어도 그것은 대승(大乘)이 된다. 야(也)에 삼매성을 더하는 이유는 이 승(乘)의 정(定)과 혜(慧)가 균등함을 밝히려는 뜻이다. 모든 부처님께서는 보살도를 행하실 적에 모두 이와 같은 혜화(慧火)로써 온갖 마음의 때를 불사르시고 정법의 광명을 불타오르게 하셨다. 이러한 까닭에 참다웁게 이를 설하면 바로 진언이 이루어진다. 만일 소청할 때에는 이히(伊係, ihi, 오라) 이히(伊係)의 글자를 증가시켜야 한다. 발견(發遣)할 때가 되면 가차(揭車, gaccha, 가라) 가차(揭車)의 글자를 늘려라. 그 인상(印相)은 뒤의 품[58]에서 설한 것과 같다.

이미 소청하였으면 먼저 알가향수로써 세 차례 뿌려 청정하게 하고 세

57) Skt. Namaḥ samanta-buddhānāṃ agnaye svāhā.
58) 『대일경』 제4권 「밀인품」 제9(대정장 18, 24).

번 양치질할 물을 올려라. 즉 온갖 오곡·소·낙 등을 가져다 앞에서 설한 진언으로 세 번 호마하고 화천을 공양하라. 무릇 호마할 때에는 모두 먼저 대표(大杓)[59]로 청정한 소(酥)를 가득 채우고 이를 태워라. 다음에 곧 섶을 사루며 그 다음에 음식을 호마하라. 다음에 온갖 곡식을 사루는데 혹은 우유죽을 사용하기도 한다. 다음에 또 연꽃 등을 뜻대로 사루어라. 그 중간에 넣을 때에는 모두 소표(小杓)로 하라. 그 까닭에 경에서, **"그릇을 가득 채워 지녀서 이를 공양해야 한다"**[60]고 하였다. 공양하고 나면 거듭 향수를 뿌리고 알가를 기울여라. 사람이 먹고 나면 물을 사용하여 씻고 양치질하는 것과 같다. 다시 향과 꽃 등으로 공양하고 운심(運心)하여 화천을 보내드리고 본래의 자리에 안치하여야 한다.

다음에 모든 존[61]을 봉청해야 한다. 먼저 한송이 꽃을 가져다가 모든 사업을 성취하는 진언으로 더러움을 없애어 청정하게 하고 부주(部主)의 진언으로써 가지하며, 두 손을 합하여 받들고 마음 속으로 말해야 한다.

'오직 바라옵나니 모든 존이시여, 이 곳을 가지하시고 저의 미약한 공양을 받아주소서.'

그리고 곧 화로에서 [꽃을] 떼어서 만다라를 향해 던져야 한다. 그 멀고 가까움에 따라 던지려고 할 때에는 먼저 이 꽃이 두루 모든 존의 좌위에 이르러 그 부류에 따라 상응하는 자리로 삼는다고 관해야 한다. 또한 모든 사업을 성취하는 [진언]을 사용하여 화로 안에 더러운 것을 치워 깨끗하게 하고서 이윽고 모든 존을 청해야 한다. 혹은 그 존의 진언으로 하나

59) 표(杓)는 호마를 행할 때 음식이나 오곡, 기름 등의 공양물을 본존(화로의 입구)에 공양할 때 사용하는 기구. 여기에 주표(注杓)와 사표(瀉杓)의 다름이 있다. 주표는 대표(大杓), 사표는 소표(小杓)라고도 한다. 대표는 공물을 담아서 화로 가운데에 넣으므로 주표라 이름하고 소표는 공물을 화로 가운데 또는 대표에 부어넣으므로 사표라 부른다. 결국 주(注)와 사(瀉)는 같은 뜻이지만, 크고 작음에 따라 쓰임이 약간 다르다.

60) 『대일경』 2권 제2 「구연진언품」(대정장 18, 11 중)

61) 앞에서 화천의 단락을 마치고 이하에서는 모든 존의 단에 관하여 설한다. 다만 현재 행하는 것처럼 다섯 단계의 호마는 아니다. 그러므로 이 모든 존의 단락에서 부주(部主)와 본존과 권속과 세간의 천신 등의 모든 존을 공양한다.

하나 따로 청하라. 혹은 한 부(部)의 권속에 따르거나, 내지는 진언왕(眞言王)[62]을 사용하여 일시에 모두 청하라. 이 화로는 이미 화계(火界)와 동등하다. 청할 때에는 모든 존이 본좌에서 움직이지 않고도 내려와 강림하시며, 일이 종료되면 가는 모습 없이 본래 장소로 돌아가신다. 한 존의 호마를 성취할 때마다 번번이 향수를 화로에 뿌리고 향수로 양치질해야 하며, 뒷 문장의 적재진언(寂災眞言)으로 일곱 번 공양하라. 이와 같이 하나하나 [가지하여] 마치면 다시 호마를 108번 하라. 다시 [대표(大杓)]의 그릇에 가득 채워 소(酥)를 한번 태워라. 그러나 그렇게 할 수 없다면 총체적으로 공양하는데, 일백 팔 번 혹은 1,080번을 해야 한다. 그러면서 염하여 말하기를, '이 모든 것에 따라 오직 바라건대 모든 존께서 함께 공양을 받아주소서'라고 하라.

다음에 두루 환희하도록 간청한다. 법다웁게 공양하고 나면 바야흐로 참회하고 회향하며 아울러 금강의 풍영(諷詠)을 송하라. 그 분향하는 것을 끊이지 않게 하고, 또 알가를 바치며 그런 다음에 모든 존께 정례드리고 모든 제자를 불러서 앞의 문장[63]에서 설한 것처럼 산화(散花) 등의 법을 짓게 하라. 나아가 고하는 말[64]을 모두 마치면 바야흐로 낱낱의 제자를 이끌어 호마처에서 아사리의 왼쪽 가에 있으면서 공경심을 가지고 준거좌로 앉아있게 한다. 스승은 왼손으로 제자의 오른손 엄지손가락을 잡고 적재진언을 송하라. 한 번 송할 때마다 한 번 화식을 베푼다. 이와 같이 하여 21번에 이르면 모든 제자들이 이와 같이 [따라] 하도록 한다. 『구혜경』[65]에 이르기를, '향을 손에 바르고 가슴 위에 얹어 뜻에 따라 지송하며 발견(發遣)해 드려야 한다'고 하였다. 지금 다음으로 이 적재의 진언을 해석한다.

---

62) 해당되는 부(部)에서 부주(部主)의 진언을 가리킨다.
63) 투화득불(投華得佛)에 대하여 설한 것을 가리킨다.
64) 꽃 던지는 것을 마치고 제자에게 만다라를 보게 하며 훈계하는 말을 가리킨다.
65) 『유희야경』「분별상품」(대정장 18, 770 상). '다시 향을 손에 바르고 가슴 위에 얹어 뜻에 따라 지송하며 발견(發遣)하여 마쳐라.'

나모 사만다 발타남 아 마하선디가다 선디갈라 발라 섬마달마이 자다아파바
南麽 三曼多 勃馱喃 阿 摩訶扇底蘖多 扇底羯囉 鉢囉 睒摩達磨儞 若多阿婆嚩
살바바바 달마 사만다 발라 발다 사바하[66]
薩嚩婆嚩 達麽 三曼多 鉢囉 鉢多 莎訶七

이 진언은 처음의 아(阿去聲 : 급하게 소리낸다)를 체로 삼는다. 아는 모든 법이 본래 생겨남이 없다는 뜻이니 바로 금강지화(金剛智火)의 체이다. 삼매점을 찍는 것은 본래 생겨남이 없는 행으로 금강혜화(金剛慧火)의 삼매이다. 곁에 두 점(:)이 있는 것은 열반의 뜻이다. 말하자면 이 아자문에 들어가면 혜(慧)와 행을 구족하는 까닭에 모든 장애의 덮개를 태워 없애고 대적열반(大寂涅槃)을 얻을 수 있다. 적재의 진언으로 하는 이유는 바로 이러한 뜻에 있다. 또 다음에 작법할 때에는 이 종자가 염부금과 같이 빛다발이 빙 둘러 불로부터 나오는데 세 가지 색을 갖추고 있다고 관해야 한다. 본체는 황백색이다. 그 삼매의 획은 적색으로 만드는데 곁의 두 점은 흑색으로 겁재(劫災)의 불과 같다. 본성은 희고 맑기 때문에 식재(息災)의 쓰임이 있으며, 황색을 겸하는 것은 증익의 쓰임이 있다. 적색은 사루어 없애는 항복의 쓰임이 있고 흑색은 큰 장애를 꺾어 부숨과 아울러 섭소(攝召)의 쓰임이 있다. 또 이 자체(字體)는 방편문이다. 이것은 바로 대공(大空)의 색과 같아서 갖가지의 사업을 갖춘다는 것을 알아야 한다.

또 다음으로 뒤의 문장[67]의 십이화(十二火) 가운데에서는 아자가 지혜의 불[火]이고 삼매의 획(:)은 행만(行滿)의 불이며, 섭소의 뜻을 갖추면 이는 풍조(風燥)의 불이고, 항복의 뜻을 갖추면 로히다(盧醯多, rohita)의 불이다. 황색과 적색을 섞으면 몰율나(沒栗拏, muhūrta)의 불이다. 적색과 흑색을 겸하면 분노의 불이다. 온갖 색을 겸비하면 자타라(闍吒羅)의 불이다. 요점을 말하자면 모두 다 열두 가지 쓰임을 갖추고 있으니 자세하게 부연했을 때

66) Skt. Namaḥ samanta buddhānaṃ āḥ mahā śānti gata śānti kara praśama dharma nirjāta abhāva svābhāva dharma samata prāpta svāhā.

67) 십이화의 뜻은 「호마품」에서 밝히고 있다. 『대일경』 제27품이다.

름이다.

다음에 뒤의 모든 구절은 모두 돌려서 상석(相釋)한다. 첫 구절에서 마하선디(摩訶扇底, mahā-śanti)란 대적(大寂)의 뜻이다. 가다(蘖多, gata)는 간다[逝]는 뜻이다. 말하자면 여래께서는 이 한 글자의 뜻으로 본성이 언제나 고요한 대열반 가운데에서 떠나기도 하시고 이르시기도 하신다. 아자의 체는 본래 적정한데 삼매의 획을 갖추었기에 선서(善逝)이며, 정제점을 갖추면 열반이다. 이 곳에서 움직이지 않고도 곧 가며 곧 도착하니 대공과 같아서 고루 미치지 않은 곳이 없기에 대적(大寂)이라 한다. 다음 구절에서 선디갈라(扇底羯囉, śantikara)는 작적(作寂)의 뜻이다. 말하자면 이 자문은 방편을 만족하므로 언제나 시방삼세에 두루하여 널리 보문의 사업을 짓고 중생을 성취시키며 모두 대적(大寂) 가운데에서 가고 오게 하므로 작적(作寂)이라 하였다.

다음에 발라섬마달마열야다(鉢囉睒摩達摩涅若多, paraśama dharma nirjata)라고 하는 것에서 발라(鉢囉, para)는 최승(最勝)의 뜻이고, 섬마(睒摩, śama)는 적(寂)을 증득하는 것인데 앞의 구절을 거듭 풀이한 것이다. 작적(作寂)이기 때문에 이것은 바로 적(寂) 가운데 적(寂)이다. 왜그런가 하면 적(寂)도 필경에는 얻을 수 없기 때문에 언제나 작(作)이다. 작(作)도 필경에는 얻을 수 없기에 상적(常寂)이다. 모든 세간 [사람]이 헤아릴 수 없으므로 최승(最勝)이라 한다.

달마(達磨, dharma)는 법이고 열자다(涅若多, nirjata)는 생겨남이다. 무엇으로부터 생기는가 하면 이른바 이 부사의한 적업(寂業)에서 생긴다. 움직임과 고요함[寂]이 필경 같기 때문에 본래 생겨남이 없다는 구절로부터 뿌리·줄기·가지·잎·꽃·열매를 생하여 보리수왕을 이룬다. 비유하자면 불이 [사물을] 태우기도 하고 [불의 열로 생물을] 양육할 수도 있듯이 금강의 지화(智火)도 역시 그러하다. 정제점(淨除點)을 사용하여 태우고 삼매점으로써 양육한다.

다음에 아바바살바바바(阿婆嚩薩嚩婆嚩, abhāva-sarva-bhāva)란 또한 앞의 구절을 돌려 해석한 것으로 무자성(無自性)·일체자성(一切自性)이라 한다. 본성이 고요하나 연(緣)으로부터 일어나기에 자성이 없다. 연으로부터 일어난 것은 모두 본성이 고요하니, 이러한 까닭에 일체법의 자성으로 삼는다. 이러한 뜻이기에 망상은 생기지 않으며 대공이 생한다.

다음에 달마삼만다발라발다(達磨三曼多鉢囉鉢多, dharma-samanta-prāpta)라고 하는 것도 앞의 구절을 돌려 해석한 것이다. 이 뜻으로써 여래께서는 모든 법에서 평등하시니, 말하자면 무상보리를 성취하셨다. 발라발다(鉢囉鉢多, prāpta)는 획득의 뜻이다. [일체는] 얻을 수 없기 때문에 이 평등의 구절이 성립된다. 나머지는 앞에서 풀이한 바와 같다.

무릇 호마할 때에는 갖가지 상이 나타난다. 어떤 때에는 불태우는 것이 타지 않거나, 타더라도 속히 꺼져 아주 치성하지 못하거나, 연기에 불꽃이 없거나, 연기가 지극히 탁하거나, 혹은 노새 등과 같은 가축 소리를 내서 사람들이 듣기 좋지 않거나 한다. 성취하지 못한다고 말하는 것 등은 장애를 입어 성취하지 못하는 상임을 알아야 한다. 혹은 연기와 불꽃 가운데에 보병(寶甁)·보배 그물·사자·수레 등의 갖가지 묘한 형상을 짓고, 혹은 종·방울·나패(螺貝) 등의 음악소리와 같으며, 혹은 길상한 성취의 소리를 내면 걸림없는 실지의 상임을 알아야 한다. 나아가 호마를 잘 지으려면 이 가운데에서 간곡하게 취지를 수여받아서 자세히 알고 통하고 막히는 상을 알아야 한다. 호마에도 각기 그 응하는 사업[68]에 따라 적정(寂靜)으로 하거나 환희(歡喜)로 하거나 혹은 위맹(威猛)의 마음으로써 하며, 입는 의복에도 [그 사업에 따라] 백색과 황색과 적색이 있어야 한다. [세 가지 사업은 각각] 북쪽을 향하거나 동쪽을 향하거나 남쪽을 향하여 앉아야 한다. 그 만다라도 역시 원형·사각형·삼각형의 다름이 있으며 색도 역시 알 수 있다. 그 호마의 장작은 식재에는 나무에서 제일 높은 가지를 사용하고, 증익에는 나무의 중간 가지를 사용하라. 절복시켜야 할 일이면 나무의 뿌리를 사용해야 한다. 만일 식재의 법사(法事)라면 소(酥)와 우유와 대

68) 본 문장에서는 세 종류의 호마가 나왔지만 호마에는 일반적으로 사종호마를 들고 있다.

맥(大麥)과 꿀과 아울러 우유죽과 띠풀의 싹과 군나화(軍那花)와 백단향(白檀香)과 무우목(無憂木)을 사용해야 한다. 또한 증익의 법사에는 우유죽과 낙반(酪飯)과 꿀과 유낙(乳酪)의 죽과, 호마와 천목(天木)과 회향(迴香)과 천문동(天門冬)과 용화(龍花)와 온갖 곡식 등을 사용해야 한다. 또한 절복의 법사에는 희고 붉은 겨자나, 겨자기름과 독약과 뼈와 머리카락과 온갖 가시나무 등 찌르는 성질이 있는 나무를 사용해야 한다. 비록 경에서는 구체적으로 설하고 있지 않지만 유추해 볼 수는 있다. 또 소유(蘇油)를 몇 번 태우는 횟수에 따라 호마도 역시 태운다. 나머지는 뜻대로 많고 적게 하라. 최초와 최후에는 모두 소유를 표에 가득 채워 호마를 행한다. 그 밖의 모든 법사는 예가 이러하다.

무릇 식재의 호마에는 먼저 반드시 항복의 법사를 지어야 한다. 만일 사용하는 진언 가운데 항복시키는 뜻이 있으면 곧바로 본법에 의거하여 지송하라. 만일 그런 의미가 없다면 법사에 의거하여 증가시켜라. 겨자 등의 항복법과 상응하는 공양물을 사용하여 7번, 혹은 14번 호마를 행하라. 증익법과 상응하는 구절의 뜻을 관하고 그 공양물로써 또 7번이나 14번을 행하고 이에 모두 갖추어지면 적재(寂災)의 법을 지어라. 마치 증익의 호마를 행하는 데에 먼저 반드시 항복법을 지어서 구족하게 되면 증익의 법을 지어야 함과 같다. 그 항복의 호마는 한 법이라도 곧장 성취되면 앞의 방편을 시설할 필요가 없다. 이 만다라에는 세 가지 법사가 있음을 알아야 한다.

『구혜경』에서는 관정하여 마친 다음에 또 법에 의거하여 호마해야 한다고 말한다. '먼저 만다라주(漫茶羅主)의 진언을 사용하여 소유(蘇油)를 사루는 것을 100번 하고, 다음에 적정(寂靜)의 진언으로써 소와 꿀과 낙을 사용하여 밥과 섞어서 100번 해야 한다. 다음에 호마(胡麻)를 사용하여 100번 하라.'[69] 이렇게 해야 바야흐로 널리 만다라를 시현할 수 있다.

---

69) 『유희야경』 「분별호마품」(대정장 18, 771 상). '앞의 법대로 호마를 지어서 불을 붙이고 나서 만다라주의 진언을 사용하여 우소(牛蘇)를 100번 호마하라. 다시 적정의 진

법사가 끝나 헤어지려 할 때에 스승은 스스로 그 몸에 [향수를] 뿌리고 다시 알가를 받들며 차례대로 낱낱의 모든 존을 공양해야 한다. 다음에 만다라주[의 진언의]로써 호마를 108번 [송]하라. 다음에 적정의 진언으로 100번 송하라. 다음에 부심(部心)의 진언으로 21번을 송하라. 다음에 낱낱의 모든 존의 진언으로 우소(牛蘇)를 사용하여 각기 7번씩 [송하여] 호마하라. 그런 다음에 본래 지념하는 진언으로 마음대로 호마하고 바야흐로 해계(解界)・발견(發遣) 등의 법을 지어라. 혹은 다시 앞에 의거하여 총상(總相)의 방편을 지어도 된다. 지금 이 경 가운데 아(阿)・사(娑)・바(嚩)의 세 종자는 「자륜품」[70]에서 설하는 것과 같으니 이것이 바로 삼부(三部)의 심진언이다. 만일 다른 때[71]의 세 가지 법사[72]라면 다만 단 중에서 지송해서 마치고 곧 나와서 호마해야 한다. 만일 성취호마를 지으려면 반드시 다섯 장소가 서로 바르게 맞아야 한다. 제1은 본존이고 제2는 화로이며, 제3은 성취한 공양물이며, 제4는 소유(蘇油)의 그릇이고, 제5는 아사리의 좌위(座位)이다. 그 성취물은 먼저 깨끗한 그릇 등으로 받치고 덮으며 한번 소유 등을 취할 때마다 모두 표(杓)를 펴서 잎 위에 놓고 곧 이것을 태워라. 만일 유정을 성취하게 하려면 공양물이 안치된 장소에서 그 모습을 그려야 한다. 다른 것은 앞에서 설명한 것과 같다. 어떤 사람을 위해서 호마하려면 하나하나 칭명하면서 [성취물을] 불 속에 던져라. 만다라 없이 호마법 만을 지으려면 화로를 빙 둘러 한 겹의 만다라를 건립하고 모든 존의 좌위를 안치해야 한다. 모든 존을 청하고 공양하려면 [그 절차의] 자세하고 간략한 것은 마음에 따라할 뿐이다.

『소실지경』[73]에 이르기를, '호마를 마치면 모두 본래 염하여 지녔던 진

언으로써 소와 꿀과 낙을 밥과 서로 섞어서 100번 호마하라. 다시 호마(胡麻)를 사용하여 100번 호마하라'

70) 『대일경』 5권, 제10 「자륜품」(대정장 18, 30 상).

71) 관정할 때에는 앞에서 설한 것처럼 세 번 호마하지만 관정이 아닌 다른 때의 수법에서는 대단(大壇)의 지송이 끝나면 한 번 호마하는 것을 말한다.

72) 식재・증익・항복법의 세 가지 법사를 말한다.

언을 사용하여 깨끗한 물을 가지하고 손으로 묻혀서 화로 속에 세 번을 흩뿌려야 한다. 또한 화천에게 거듭 다른 공양을 받아들이도록 청하라. 나아가 본좌에 돌아간다고 관상하라. 남은 곡식·소·꿀·낙 등은 모두 한 곳에 모아 섞어서 화천의 진언을 사용하여 세 차례 지송하고 그것들을 가지하여 호마를 지어라. 거듭 호신(護身)·호방(護方) 등의 인을 결하고 나아가 결계를 풀면 바야흐로 발견(發遣)할 수 있다'고 하였다. 또 『구혜경』[74]에서는 여섯째날 밤에 제자의 법을 짓고 마치면 장애를 없애기 위하여 먼저 '항복의 호마를 짓고, 다음에 자신의 증익을 위하여 부심(部心)의 진언으로 호마하라. 그런 다음에 적정의 진언으로 식재의 호마를 지어라. 법사를 짓는 사업에 임하여 수차례 좋지 못한 상이 있으면 부모(部母)의 진언으로 식재의 호마를 직고 소유와 장작을 사루는 것을 100번 해야 한다. 작법하는 다음날[즉 제8일]에는 부족한 것을 채울 수 있으므로 다시 식재의 호마를 108번 하라'고 하였다. 이 화법(火法)은 지분(支分) 가운데 어려운 일이다. 장차 재앙과 장애를 제거하고 정법의 위세를 증익시키고자 하므로 모든 어려움이 되는 것은 모두 이 가운데 그 편리함을 살펴 구해야 한다. 만약 낱낱이 명료하지 않다면 스스로 손상을 입으므로 경솔하게 헛되이 지어서는 안된다.

---

73) 『소실지갈라경』 중권, 「호마법칙품」(대정장 18, 622 상). '호마가 끝나면 본존진언을 사용해서 청정한 물에 가지하여 손으로 물을 묻혀서 호마로 가운데 흩뿌린다. 이와 같이 세 번 한다. 호마가 모두 끝나면 다시 화천에게 계청하여 다시 남은 공양을 여법하게 드리고, 돌아가실 것을 봉송 기원한다. 청소법(請召法)과 같은데 강림(降臨)이라는 글자를 빼고 퇴환(退還)자로 바꾸어 넣는다. 남은 다른 곡식과 소·밀과 낙 등은 모두 섞어서 한 곳에 모아 놓고, 앞에 나온 사화천(祀火天)진언을 사용하되 세 번 지송한 다음 호마를 행한다. 다시 본존진언의 글자 수가 많고 적은 것을 살피고 염송하며 공양하여 본존을 위호하고 더불어 자기도 위호하여서 여법하게 봉송한다.'

74) 『유희야경』 「분별호마품」(대정장 18, 771 중). '다음에 아사리는 자기 몸에 뿌려야 한다. 다시 모든 존에게 알가를 바치고 차례대로 낱낱의 모든 존께 공양드린다. 다음에 만다라주의 진언으로 108번 호마하라. 다시 적정의 진언으로 108번 호마하라. 다시 부심의 진언으로 21번 호마하라. 다음에 낱낱 모든 존의 진언으로 우소(牛蘇)를 사용하며 각기 7번 호마하라. 그런 다음에 본래 소지했던 진언으로 뜻대로 호마하라.'

38. 재물로 보시할 것을 가르친다

경에, "수행자는 호마가 끝나고 나면 재물로 보시할 것을 가르쳐야 한다"고 하는 것부터 이하는 비밀주의 질문 가운데 '어떻게 스승을 공양합니까'의 구절에 답하신 것으로 가지교수(加持教授)의 지분에 속한다. 스스로 제자를 가르쳐서 그로 하여금 직접 보시하게 하는 이유는 이 물건에 탐착하여 이를 얻고자 하는 것이 아니라, 그가 선근을 발생하여 관정의 공덕을 성취하도록 하기 위해서이다. 만일 제자가 안팎의 갖가지 자재로 일대사인연을 구하기 위하여 인색함 없이 지성으로 공손하게 전법인을 받들어 보답하면 곧 한량 없이 많은 오래된 장애를 부술 것이다. 또 스스로 단나[보시]의 이익을 보고 깊이 경사스럽고 행복한 마음을 내게 된다. '제가 지금 이 세간에서 애착하는 것인 오가(五家)[75]와 함께하는 모든 허물과 질병의 수많은 재물을 버리고, 위없는 법보와 정법의 재물로 바꾸어 두루 중생에게 베풀어 항상 다함이 없도록 하겠습니다'라고 사유함으로써 그 마음은 환희하게 된다. 환희하기 때문에 의심과 후회를 떠난다. 의심과 후회를 떠나기에 문득 안으로 고요한 안락을 얻어 머문다. 그런 다음에 법수(法水)로써 이를 관정하면 곧 영구히 번뇌를 여읠 수 있다. 재물이 없으면 나아가 몸을 바쳐서 스승에게 공양하라. 말하자면 이 몸으로써 아사리를 받들어 섬기고 공급하는데 피곤함과 고통스러움을 꺼리지 않고 항상 떠나지 않으면서 정법을 문의해 구하되 신명을 아끼지 말아야 하니 도를 구하기 때문이다. 이때에 아사리는 그 정성스러움에 감동하여 비념(悲念)의 마음을 내어서 가르치는데에 깊은 비밀의 방편으로 한다. 나아가 자신이 수지하고 있는 진언의 공행을 도량에 가득 베풀어 작법하고 돌려 사용하여 그것들을 베풀면 공력을 적게 쓰더라도 큰 성취를 얻는다. 이것은 바로 모든

75) 폭군 · 도적 · 홍수 · 화재 · 방탕한 아들을 오가(五家)라 한다. 재화란 이 오가에 의하여 잃기 쉬우므로 재난이 많다.

보시 가운데 으뜸이다. 『구혜경』에 이르기를, '제자는 호마하는 곳에서 지성스러운 마음으로 아사리에게 정례해야 한다. 먼저 옷감 두 상자를 바쳐야 한다. 그런 다음에 다른 재물을 보시하여라'[76]고 하였다. 그런데 저 문장에서는 관정이 끝나면 만다라상을 자세히 보여주고 진언과 인을 가르치고 나서야 비로소 받들어 베푼다는 것이어서 이 경과 같지 않다. [그것은] 임의대로 소용닿는 바에 따랐을 뿐이다.

"이미 행하였으면 가호(加護)를 행하는데 소청(召請)하여 말씀드려야 한다."

처음 소청하여 맞아들인 이래로 모든 것이 가지방편이니, 지금 그 마음을 발기시키기 위한 까닭에 또 다시 교수하여 일러말하기를, **"지금 이 수승한 복전은 모든 부처님께서 말씀하신 바로서 일체 모든 유정을 널리 이익하게 하고자 함이다"**라고 하였다. 이것은 말하자면 '세존이시여, 중생들은 무시 이래로 항상 안팎으로 재물이 결핍되어 행하는 모든 것이 자재하지 못합니다. 이러한 인연으로 겨를이 없는 곳에 떨어져 속히 무상보리에 이르지 못함을 봅니다. 그러니 한결같은 가지신력으로 이 무상복전을 설하시옵소서'라고 하는 것이다. 이 대비장(大悲藏) 가운데의 모든 보문(普門)의 큰 바다에는 끝내 모이지 않는 것이 없다. 지금 이 가운데에서 널리 무한한 선근을 심으시기에 금생부터 이후로 세상이 끝날 때까지 언제나 여의주신(如意珠身)과 허공장신(虛空藏身)을 지어서 나와 남의 모든 바라는 바를 채우신다. 그래서 **"널리 모든 유정들을 요익하게 하신다"**고 하였다. 또 다시 제일의승(第一義僧)[77]과 법을 전하는 분에게 보시하여 마쳤으면 다시 [제자를] 가르쳐서 세제(世諦)의 화합승(和合僧)[78]에게 공양하게 하라. 화합승에

76) 『유희야경』「호마품」(대정장 18, 771 상). '그런데 모든 보시 중에서 [스승을] 받들어 섬기는 것을 최고로 친다. 무릇 보시하고자 하면 먼저 옷감 두 필을 바쳐야 한다. 그런 다음에 다른 재물을 보시하여라. 성취를 구한다면 반드시 이렇게 보시해야 한다. 만약 삼마야를 구한다면 옷이나 금이나 암소나 송아지를 보시해야 하며, 때로는 몸에 있는 것을 모두 보시해야 한다.'

77) 대비만다라의 모든 성중(聖衆)을 가리킨다.

78) 현재 세상에 살고 있는 승려를 말한다.

게 보시할 때에는 시방의 모든 범부와 성인의 승가 대중에게 모두 다 몫이 있다. 이러한 까닭에 이 복은 허공의 구름바다와 같아서 생각으로 헤아리기 어렵다.

"큰 과를 획득해야 한다"고 하는 것은 구경의 이익이다. 만일 이 가운데에 복을 심으면 금강을 먹는데에 필경 소멸되지 않으며 반드시 금강지제(金剛地際)에 이르고 그런 다음에 그쳐 멈추는 것과 같다. 그래서 축도생(竺道生)[79]이 이르기를, '털끝만큼의 선(善)도 불과(佛果)로 취향해 간다'고 하였다.

다음에 세간의 희원(希願)을 밝히고자 다시 세간을 이롭게 하는 것을 설한다. 이른바 "다함없는 대자재(大資財)는 세간에서 항상 따라 생겨난다고 설하신다"고 하는 것은 바로 세계실단(世界悉檀)[80]이기 때문에 세설(世說)이라고 한다. 마치 박구라(薄拘羅, Dvakula)[81]가 하나의 하리륵(訶梨勒)[82]을 스님에게 보시하였기에 91겁 이래로 언제나 질환이 없고 끝내 횡사하지 않은 것이나, 아나율(阿那律, Anuruddha)[83]이 한끼의 식사를 벽지불에 보시하였기에 역시 한량 없이 많은 겁 이래로 항상 보배창고를 갖고 태어나는 것과 같다. 『본생경(本生經)』에서 자세하게 설한 것과 같으며, 그래서 상수생(常

79) 구마라집삼장의 문하에 열반경학자인 축도생(竺道生 : 355~434)이 있는데 그의 저술인 『선불수보론(善不受報論)』에 이러한 말이 나온다. 『법화의소(法華義疏)』 제4권 하.

80) 실단(悉檀, siddhānta)은 의역하여 성취(成就)·종(宗)·이(理) 등이라 한다. 부처님께서 중생을 교화하여 이끄는 교법을 네 개의 범주로 나눈 것이다. 즉 세계(世界)·각각위인(各各爲人)·대치(對治)·제일의(第一義) 등의 사실단(四悉檀)이다. 간략하게 사실(四悉)이라고도 한다. 이 가운데 세계실단(世界悉檀)은 바로 세간의 법에 수순하여 인연화합의 뜻을 설하는 것이다. 또한 세간의 일반적인 사상·언어·관념 등의 사물(事物)로써 연기의 진리를 설명한다. 예컨대 인류는 인연화합하여 존재하므로 실체가 아니라고 하는 것과 같다. 사람이라는 존재는 본시 세속의 견해이므로 세속의 법에 적합하게 설하여 대중들에게 수순하여 범부로 하여금 기쁘게 해서 세간의 바른 지혜를 얻게 하기 위한 것이기에 이 실단을 낙욕실단(樂欲悉檀)이라고도 부른다.

81) 부처님의 제자로서 정진하는데 병이 없는 수행자로 유명하다.

82) 하리륵과(阿黎勒果)를 말한다. 하자(訶子)라고도 한다. 『명의집(名義集)』 3권에 이르기를, '하리륵(訶黎勒)은 하리달계(訶梨怛雞)라고도 하며 이것은 천주(天主)가 가지고 온 것으로 이 열매는 약이 되며 공용(功用)이 아주 많다'고 한다.

83) 부처님의 십대제자 가운데 천안제일(天眼第一)이다.

隨生)이라 한다. 또한 설일체유부[有部]의 『비니(毘尼)』 가운데 설하기를, '대가섭(大迦葉)·사리불(舍利弗)·목건련(目乾連)·수보리(須菩提)의 사대제자는 마치 현병(賢甁)[84]과 같다. 어떤 사람이 깨끗한 마음으로 공양하여 마치면 희구하는 세간의 현세과보가 원하는 대로 되지 않음이 없다. 하물며 모든 승가에 보시하는 것이겠는가! 시방세계의 이와 같은 등의 덕을 갖춘 모든 사람들은 다 그 가운데 있다'고 하였음을 알아야 한다. 나아가 무학성인(無學聖人)[85]이 수명을 늘려 세간에 머물고자 할지라도 승가의 힘에 의지하는 것과 같다. 이러한 까닭에 그대는 지금 실지의 과를 성취하고자 하므로 닦아야 할 단시를 구족하여 결핍됨이 없게 해야 한다. 또한 환희하는 마음으로 세속적 입장에서의 진리[世諦]의 현전승가(現前僧伽)[86]를 공양해야 한다. 시방의 스님들이 [한 날 한 시에] 다 모일 수 없기 때문에 다만 계내(界內)에서 현전에 모인 분들에 따라 베풀면 이는 곧 모든 스님들에게 보시하는 것이다.

---

84) Skt. pūrṇaghaṭa. 음역하여 본나가타(本那伽咤), 의역하여 만병(滿甁)이라 한다. 또는 공덕병(功德甁)·현병(賢甁)·여의병(如意甁) 등이라 한다. 『대지도론』 13권에 '어떤 사람이 이 병을 얻으면 세간에서 구하는 갖가지 과보가 나타나 원하는 대로 되지 않는 것이 없다'고 한다.

85) 무학이란 더 이상 공부할 것이 없게 된 경지이며, 그러한 경지에 오른 자를 가리킨다. 올바른 무루의 지혜로써 번뇌를 끊어, 즉 번뇌와 심상속(心相續) 사이의 구생(俱生)의 관계를 단절시켜 깨달음의 영역으로 나아가기 위한 길에는 견도(見道), 수도(修道), 무학도(無學道)의 과정이 있다. 견도는 견소단의 번뇌를 끊는 과정, 수도는 수소단의 번뇌를 끊는 과정이다. 그리고 이와같은 체계적인 수행을 통하여 무학도에 이르게 된다. 그런데 '무학도'는 도라고는 하지만, 견소단과 수소단의 일체 번뇌를 남김없이 끊었을 때 출현하는 경지이므로, 이미 수행의 도가 아니라 그 목표이다.

86) 현전(現前, pratyakṣa)이란 눈앞에 현현하는, 혹은 눈앞에 존재한다는 뜻이다. 현재전(現在前)이라고도 한다. 색계와 무색계는 현전하는 세계가 아니고, 욕계를 현전계(現前界)라 한다. 사방승가(四方僧伽)에 대한 말이다. 즉 관념적으로 사방 일체의 비구·비구니를 포함해서 생각하면 이것을 사방승가(四方僧伽)라 하고, 현실로 눈앞에 보는 바의 비구·비구니의 집단을 가리켜서 현전승가(現前僧伽)라 한다. 현전승가는 반드시 4인 이상이라야 한다. 이것은 갈마(羯磨 : 계율의 작법)를 행할 수 있는 최소의 인원으로 그 이하는 단지 군(群)이라고 부른다. 상주승가(常住僧伽)를 현전승가라 하며, 그 소용되는 자구를 현전승물(現前僧物)이라 한다.

39. 관정법

경에, "이때에 비로자나세존께서는 다시 집금강비밀주에게 말씀하셨다"고 하는 것에서 그 이하는 관정의 법을 밝힌 것이다. 역시 가지교수의 지분에 속한다. 그런데 이 관정은 모든 다른 법사에도 통한다. 혹은 따로 한 종류의 지분이 되기도 한다.

"아사리는 제2의 만다라를 만들라. [중[태]만다라와 마주 볼 수 있게] 대만다라를 2주(肘) 정도 떨어지게 한다"고 하는 것에서 제2는 차소(次小)라는 뜻이다. 즉 상대(相待)해서 이를 말한 것이다. 무릇 화로는 중태(中胎)에 놓아두어야 한다. 처소가 불편하면 점차 남쪽에 가깝게 이동하며 나아가 서남의 모퉁이에 마주 대하게 하라. 이 관정단도 화단(火壇)의 북쪽에 두고 또한 사방을 균등하게 하라.[87] 오직 하나의 문만을 설치하는데 문은 단을 향하여 열어라. 그 단의 네 모서리 밖에는 네 집금강을 그려라. 동남쪽의 화방(火方)에는 "주무희론(住無戲論)"[88]을 두며, 날리디방(涅哩底方 : 서남쪽)에는 "허공무구(虛空無垢)"[89]를 두며, 풍방(風方)에는 "무구안(無垢眼)"[90]을 두고

87) 이 이하의 문장은 『경』의 "사방을 균등하게 해야 하는데 안쪽으로 향하게 하나의 문을 열고 네 집금강(執金剛)을 안치하여 그 사유(四維)의 바깥에 머물게 하라"는 문장을 해석한 것이다.

88) 19집금강 가운데 네 집금강을 밝히고 있다. 먼저 주무희론집금강이란 생(生)・멸(滅)・거(去)・래(來)・일(一)・이(異)・단(斷)・상(常)의 차별적 견해는 모두 희론으로서 연기의 실상을 표현한 것은 아니다. 따라서 이른바 팔불중도(八不中道)의 정각은 즉 무희론이다. 중도정관에 안주함을 주무희론이라 한다.

89) 보리심의 체를 가리킨다. 보리심의 체는 허망분별의 경계를 초월해서 마치 정허공(淨虛空)이 사소한 막고 가림도 없애고 더러움도 없도 물들음도 없어서 분별함이 없는 것과 같은 것이다. 이 보리심의 지체(智體)를 가진 진언행보살을 허공무구집금강이라 한다.

90) 무구안(無垢眼)이란 여래의 청정지안(淸淨智眼)으로서 여래는 육안(肉眼)・천안(天眼)・혜안(慧眼)・법안(法眼)・불안(佛眼)의 오안(五眼)을 갖추고 계신다. 이 오안이 모두 청정하기 때문에 이것을 총칭해서 무구안이라 한다. 또 여래는 일체종지를 가지고 일체법을 관하여 역력분명하게 견문(見聞)하고 각지(覺知)해서 걸리는 바가 없기 때문에 무구안이라 한다.

이사니방(伊舍尼方)에는 "피잡색의(被雜色衣)"[91]가 있으며, 단의 중앙에는 팔엽의 큰 연꽃[大蓮花王]을 꽃술이 구족한 채로 만들고, 네 잎 가운데에 네 반려보살을 안치하라.[92] 제석방(帝釋方 : 동쪽)[에 있는 반려보살]을 "총지자재(總持自在)보살"이라 부르며, 염마방(焰摩方 : 남쪽)을 "염지(念持)보살"이라 부르고, 나가방(那伽方 : 서쪽)을 "이익심(利益心)보살"이라 부르며 야차방(夜叉方 : 북쪽)을 "비자(悲者)보살"이라 부른다. "그 네 모퉁이의 잎에는 네 봉교자(奉教者)를 두어라." 화방(火方 : 남쪽)[에 있는 봉교자를] "착잡색의(著雜色衣)"라 칭하며, 날리디(涅哩底 : 서남쪽)의 방향은 "만원(滿願)"이라 이름하고 풍(風 : 서북쪽)의 방향은 "무애(無礙)"라 칭하며, 이사니(伊舍尼 : 동북쪽)의 방향은 "해탈(解脫)"이라 부른다.[93]

또 다시 깊이 있는 해석으로 하면 방단(方壇)은 바로 대인다라(大因陀羅) 심왕(心王)의 금강계(金剛界)이다. 주무희론이란 바로 본원(本原)의 성품이 청정한 삼세무장애지계(三世無障礙智戒)이다. 이 계로 말미암기에 모든 희론이 다 그친다. 희론이 그치기에 무사(無師)의 대혜(大慧)를 성취할 수 있으며 티끌이 모두 사라지니 깨끗한 허공과 같다. 그래서 "허공무구"라 부른다. 허공 가운데 더러움의 장애가 없을 때에는 눈으로 시방 끝까지 보지못할 것이 없다. 반야 역시 그러하여 모든 상을 여읨으로 말미암아 모든 종류에 있어서 보고 듣고 깨달아 알지 못함이 없기에 "무구안"이라 한다. 마치 눈밝은 사람이 모든 사업을 자재하게 행하는 것과 같이 지금 걸림없는 비(悲)로써 널리 모든 근연(根緣)을 보고 나서 곧 널리 색신을 나타내어 이를 이끌어 이롭게 한다. 그래서 "착잡색의"라 하였다. 만약 이 네

---

91) 보리심의 수왕(樹王)은 만덕개부(萬德開敷)해서 백 가지 꽃이 어지럽게 피어있는 미를 장식하고 갖가기 법계의 색으로 이 허공무구의 정보리심을 채색하여 대비만다라를 이루는 것을 피잡색의라 한다.

92) 이 부분에 해당되는 경문은 다음과 같다. "내심(內心)의 대연화(大蓮華)는 여덟개의 꽃잎에 꽃술과 수염이 있으며 사방의 잎 가운데에는 네분의 반려(伴侶)가 되는 보살이 있다. 무엇을 넷이라 하는가? 이른바 총지자재(總持自在)와 염지(念持)와 이익심(利益心)과 비자보살(悲者菩薩) 등이다."

93) 이하에 난탈이 있다. 『연오초(演奧鈔)』 제28권에 의하여 바로잡는다(대정장 59, 306 중).

가지 금강혜인을 일심 가운데 구족하여 빠뜨린 것이 없다면 이 마음자리를 안정시키고 관정의 혜신(慧身)을 감당해 지닐 수 있다. 보리수 아래에서 금강지제(金剛地際) 이래로 모두 다 견실하니 이러한 까닭에 여래께서 성도하실 때에 위태롭거나 함정에 빠지지 않았음과 같다.

"네 반려[보살"이]란 이른바 심소유법(心所有法)이 바로 심왕의 반려이다. 말하자면 이 청정한 법계의 심왕이 네 가지 법을 성취하고 네 가지 여래의 사업을 행하면, 곧 관정하여 법왕위를 받기에 감당할 만하다. 처음에 다라니자재왕(陀羅尼自在王)이라 한 것은 바로 아자문에 통달하는 것이다. 이 진언왕을 보는 때에 곧 모든 다라니문에서 모두 자재함을 얻기 때문에 이로써 이름을 삼았다. 또 "총지자재(總持自在)"하기 때문에 여래의 염각여의삼매왕(念覺如意三昧王)을 성취하고 만[억의] 불국토를 섭지(攝持)할 수 있다. 예컨대 저 용궁의 비밀한 보배가 큰 바다를 유지하여 넘쳐 흐르지 않게 하며, 또한 그것을 잘 지녀 소모해 없어지지 않게 하는 것과 같으므로 "염지(念持)"라 한다. 이미 이와 같은 염보(念寶)를 얻으면 문득 본원을 기억하여 널리 법재를 비내려 법계를 충만케 하며 널리 중생들에게 베푸는 것을 "이익심(利益心)"이라 부른다. 이미 다함 없는 자재(資財)를 내어서 무한한 대시를 짓더라도 모든 하열한 중생은 수용하려는 마음이 없어 그것을 구하려고 하지 않는다. 이들을 위해 대비심을 일으키고 갖가지 방편으로 모든 궁벽한 이들을 이끌어 내기 때문에 "비자(悲者)보살"이라 하는 등이다.

"봉교자(奉教者)"[94]라고 하는 것은 바로 이 네 문에서 절복(折伏)하고 섭수(攝受)하여 여래의 사업을 행하는 자이다. "착잡색의"란 바로 다라니자재왕을 위하는 사업임을 알아야 한다. "만원(滿願)"이란 염지여의보왕(念持如意寶王)이 행하는 사업이다. "무소가애(無所罣礙)"란 자비의 법시(法施)를 행하는 사업이다. "해탈"이란 대비방편으로 중생의 고통을 뽑아 없애기 위

94) 이하에서 『경』의 "나머지의 모든 네 잎에는 네 봉교자(奉教者)를 안치하는데 잡색의(雜色衣)와 만원(滿願)과 무애(無礙) 및 해탈(解脫)이다"는 구절을 해석한다.

한 사업이다. 그러므로 네 봉교자라 부른다.

경에 "중앙에는 법계의 불가사의색(不可思議色[95])을 나타내고"라 하는 것은 바로 람(藍)자이다. 순백색으로 만드는데 이른바 부사의한 법계의 표치이다.

또 다음에 "네 가지 보배로 만든 병"이란 바로 비로자나의 사덕(四德[96])의 보배이다. 중태의 사각에 두어라. 앞에서 설한 것처럼 부동명왕으로써 가지하고 나서 다음에 사보살의 진언으로 각기 하나의 병을 가지하라. "보현(普賢)"은 다함 없는 원행(願行)의 보배이며, "자씨(慈氏)"는 다함 없이 중생을 요익하게 하는 보배이고, "제개장(除蓋障)"은 다함 없는 청정한 지견의 보배이며, "제제악취(除諸惡趣)"는 다함 없는 대비방편의 보배이다. 또한 보현은 법계에 두루한 정보리심이다. 자씨는 이 청정한 마음이 태장 가운데에서 뿌리·싹·줄기·잎을 발생한다. "제개장"은 바로 이 정각수왕(淨覺樹王)의 오묘하게 장엄한 꽃과 열매가 피어 나타남이며, "제일체악취(除一切惡趣)"는 이 과일을 거두어 들인 뒤 모든 중생들의 밭 가운데 심는 것이다. 이와 같이 계속해서 상생(相生)하여 다함이 없다. 이러한 까닭에 이 네 가지 보배의 병으로써 갖가지 보배와 약과 온갖 곡식을 가득 채우고 성품을 청정하게 적시는 향수를 사용하여 연화대 가운데의 부사의법계심(不思議法界心)에 뿌려준다. 이러한 까닭에 법왕자(法王子)라고 이름

---

95) 순백색(純白色)을 의미한다.

96) 본문에서는 보현·자씨·제개장·제제악취의 순서로 네 보살을 거론하였으나, 보현 이하에서 제개장은 관음과 동체이며, 제제악취는 문수와 동체이므로 이 네 보살은 보현·문수·관음·미륵의 네 보살이다. 『대일경』의 처음에 미륵(彌勒)·문수(文殊)·제개장(除蓋障)·보현(普賢)의 사대보살을 나열하여 설명하고 있다. 이 사대보살은 대일여래의 사덕(四德)을 분별하여 대표하므로 사행보살(四行菩薩)이라 칭한다. 사대보살 가운데 보현은 보리심의 원행(願行)을 나타내니 곧 자증(自證)의 덕이다. 미륵은 사무량심의 대표로써 화타(化他)의 덕을 나타낸다. 문수는 다른 사람을 교화하여 제도하는 묘법을 널리 설한다. 이에 지혜의 근원(根源)이다. 제개장(除蓋障)은 곧 지혜의 장애가 되는 의심을 제거하여 없애므로 이에 선정(禪定)의 덕을 나타낸다. 수행자가 만약 위없는 보리를 성취하고자 하면, 곧 반드시 이 사보살이 대표하는 부처님의 네가지 덕을 갖추어야 하며 하나라도 빠지면 안된다.

한다. 한 종류의 보병은 되돌아 한 보살·한 금강·한 사자(使者)와 기틀이 서로 상응하여 통하니 방위의 법문으로 그것에 배대하면 곧 반드시 알 수 있다.

무릇 관정하려고 할 때에는 변사(辨事)[명왕, 즉 부동존]의 진언으로서 자리와 공양물을 가지하여 연화대 위에 안치하라. 아사리는 다시 제자를 위하여 법다웁게 호신하라. 먼저 부동명왕[의 진언]으로써 모든 장애를 제거하고 다음에 세 종류의 삼매야97)를 사용하여 세 군데98)를 가지하고 금강살타로써 지분을 가지하여 마쳤으면 길상좌법(吉祥坐法)에 의거하여 그 가운데에 앉게 하라. 모든 바르는 향·꽃·등불·알가수 등으로 먼저 여법하게 가지해야 하니 한결같이 앞의 법과 같게 하라. 아사리는 먼저 그에게 향수를 바치고 다음에 바르는 향을 사용하여 그 몸을 두루 바르며 꽃다발로 그 몸을 장식하고 이것을 영락으로 삼는다. 다음에 향을 사루어 향기가 배이게 하라. 온갖 등불을 그 앞에 줄지어 놓고 온갖 음식을 바쳐야 한다.

무릇 이 공양물에 통틀어 십삼좌(十三坐)가 있다. 말하자면 사금강(四金剛)과 사보살과 사사자(四使者)와 그리고 제자이다. 그 제자의 공양물은 가장 풍부하게 하여 마치 본존에 공양하는 것과 같게 하라. 또한 대만다라 중에 그 좌위를 안치하여 공양할 수도 있다. 관정할 때에 이르면 다만 언제나 그들의 명호를 지송하고 제자를 가지하도록 청한다. 그 사보살은 제1원에서 각기 한 방향에 안치하라. 사자는 여래의 아래에서 모시게 하는데 문의 좌우에 서있게 하고, 또한 새롭고 깨끗한 흰색 일산을 들며99) 위에서 꽃다발과 흰색 비단을 늘어뜨려라. 또한 먼저 부동[의 진언]을 사용하여 더러움과 장애를 제거하고 대일여래의 진언으로 이를 가지하라. 아사

97) 불부·연화부·금강부의 삼매야이다.

98) 정수리·심장·배꼽이다.

99) 일반적인 일산(日傘)이 아니고 아사리가 관정 받는 자를 위하여 봉지(奉持)하는 산개(傘蓋)이다.

리는 스스로 집어들고 사용하며 그 위를 덮어라. 또한 다른 사람으로 하여금 깨끗한 소의 꼬리털로 만든 불자(拂子)와 부채와 향로를 들게 하며, 모두 변사의 진언으로써 가지하라. 또한 상자 안에 의복과 길상한 물품을 안치하라. 이것은 금비(金箄)[100]·밝은 거울·윤보(輪寶)·상카(商佉, śaṅkha, 貝)의 종류이다. 아울러 네 가지 보배병을 지니고 이로써 공양하며 아울러 **"마음을 거두어 들이는[101] 음악"**을 연주하라. 이 곡은 유가(瑜伽)의 대본 [즉 『금강정경』] 가운데에 있다. 만일 바르는 향을 바치려고 할 때에는 곧 바르는 향을 바치는 곡이 있으며, 꽃·등·음식 등도 모두 이와 같다. 낱낱의 가영(歌詠)은 모두 진언이고 낱낱의 무희(舞戲)는 밀인(密印) 아닌 것이 없다. 나아가 [이러한] 기능을 보유한 사람이 없다면 아사리가 스스로 그것을 연주해야 한다. 만약 그렇게 하지 못하면 갖가지 기예를 종합적으로 겸했다고 할 수 없다.

"마음을 거두어 들인다"고 하는 것은 세상 사람들이 미묘한 색과 소리를 보고 마음이 취해서 몰두하게 되면 다시는 다른 연을 맺지 않듯이, 지금 이 금강의 기악(伎樂)이 사람의 마음을 감동시키는 것도 역시 이와 같다. 예컨대 마명(馬鳴)보살이 스스로 뢰타화라(賴吒和囉, Rāṣṭravara)의 곡을 연주하면 5백의 왕자가 이 곡을 듣고 동시에 집을 떠나 도에 들어간 것과 같으니 바로 그 뜻이다. 『구혜경』 가운데에 '단지 다룰 수만 있다면 음악을 연주해야 한다'고 하였다.

"길상스러운 가타(伽陀)[102] 등과 장황하고 미묘한 말씀을 드려라."

이 송(頌)에 무릇 세 종류가 있다. 첫째는 길경(吉慶)이고 둘째는 길상(吉

100) 금으로 만든 젓가락을 가리킨다. 밀교에서 관정할 때에 아사리가 이로써 수법자의 눈을 가지하여 그 무지(無智)의 막을 제거함을 나타낸다.

101) 뜻을 한 곳에 모은다는 의미이다.

102) Skt. gāthā의 음역. 가타(迦陀)라고 쓰고, 풍송(諷誦), 게송(偈頌), 게(偈)로 번역하며, 넓은 의미의 가요, 성가(聖歌)를 일컫는다. 흔히 교설(教說)의 끝 부분에 서술되어 있는데, 산문형식의 경문의 의미를 중설(重說)하는 게송(祇夜)과 구별하여 고기송(孤起頌), 고기설(孤起說) 등으로 번역된다.

祥)이며 셋째는 극길상(極吉祥)으로 모두 아리사(阿利沙, ārca)의 가타(gāthā)이다. 이 길경으로 그 마음을 안심시키니 여전히 가지(加持)의 쓰임이 있다. 아사리는 스스로 이것을 설해야 한다.

다음에 아래의 문장에 또 길경(吉慶)의 일종이 나온다. 이 지방에서 쓰는 것은 조악(粗惡)하지만 그래도 다 준비해야 한다. 이 게송을 읊을 때에 스스로 흰 불자로 그 몸을 털어내어라. 찬탄을 송하여 마치면 아사리는 다시 만다라의 모든 존께 정례해야 한다. 관정을 행하려는 것이므로 지성으로 아뢰어라. 곧 보병을 지니고 서서히 만다라를 세 번 돌고 나서 다시 여법하게 가지하라. 제자가 있는 곳에 이르러 먼저 라(囉)자를 사용하여 불[火]로 삼아 그 몸을 태우고, 모두 재가 되면 네 병을 사용하여 차례대로 이것을 뿌려라. 뿌리고 나면 이 재 가운데에 바(嚩)자문을 관하여 만들어라. 그 색은 순백색으로 이로부터 다섯 종자를 출생시켜라. 이른바 아(阿)·밤(鑁)·람(囕)·훔(𤙖)·캄(欠)이니 이 오자륜(五字輪)[103]을 지송하라. 다음에 암(暗)자를 송하여 그 정수리 위에다 두고 점차적으로 중태장을 이루어라. 또 이 종자로부터 세 겹의 빛나는 불꽃을 일으키는데, 한 겹은 목 위를 빙 돌아 있고 비추는 장소에 따라 모든 존이 따라 나타나니 곧 제1원의 만다라를 이룬다. 다음 한 겹의 빛은 두루 심장 위를 돌고 모든 존이 따라 나타나니 제2중의 만다라를 이룬다. 다음 한 겹의 빛은 두루 배꼽 위를 돌아 모든 존이 따라 나타나니 제3중의 만다라를 이룬다. 이때에 제자도 모두 만다라의 몸을 이룬다. 다시 깊이 있는 해석으로 하면 이것이 바로 보문법계신(普門法界身)이다.

---

103) 이하에서 오자엄신관(五字嚴身觀)을 설한다. 오자엄신관은 오대성신관(五大成身觀)·오륜성신관(五輪成身觀)·오륜관(五輪觀)이라고도 한다. 오상성신관(五相成身觀)의 대칭(對稱)이다. 즉 진언수행자가 아(阿)·밤(鑁)·람(囕)·훔(唅)·캄(欠), 혹은 아(阿)·바(縛)·라(羅)·하(賀)·카(佉)의 다섯 글자를 순서대로 신체의 다섯 부위에 포치하여 자기 몸을 장엄하게 가지하여 대솔도파(大率都婆)로 삼는 관법이다. 그래서 솔도파관(率都婆觀)이라고도 한다. 우주 진리의 다섯 가지 면을 상징한 대일여래의 다섯 가지 종자를 행자의 요도, 배꼽, 심장, 미간, 이마의 다섯 군데에 정착시켜 관하여 행자가 대일여래와 본질적으로 일체임을 깨닫게 되는 관법이다.

다음에 [제자를] 이끌어 한 곳에 이르게 해야 한다. 아사리[104]가 친히 [제자에게] 옷을 입혀주고 머리에 흰색 비단을 둘러 관을 씌어주고, 향을 몸에 바르며 꽃다발로 장식하고 분향과 등불을 여법하게 공양하라. 아울러 [제자의] 어깨를 금강선으로 감아 묶고 팔찌와 반지를 차게 하라. 그 제작법은 실지의 공양 중에서 설한 것과 같다. 또한 아사리는 먼저 라(囉)자를 사용하여 금비(金錍)를 가지하고 만(瞞)자로써 밝은 거울을 가지하며 법륜과 법라(法螺)의 진언으로 윤(輪)과 상카(商佉)를 가지하라. 또한 제자를 마주보고서 금비로 그 눈을 맑게 닦아주고 게송을 읊어라. 라(囉)자문을 관하여 그 눈 가운데 더러운 장애를 청정하게 해야 한다. 다음으로 그 밝은 거울을 바로 앞에 보여주고 게송을 설해주며, 만(瞞)자문을 관하여 그 마음 가운데의 더러운 장애를 맑혀야 한다. 다음에 법륜을 가져다 그의 두 발 사이에 안치하고 아울러 상카를 그의 오른손에 쥐어주며 [제자를] 위하여 게송을 읊어라. 각기 그 진언을 사용하여 그것들을 가지하라. 그렇게 하는 까닭은 만약 그들 수행인이 깨끗한 눈으로 현전에서 스스로 마음의 거울을 관조할 수 있다면 이것이 바로 대보리를 성취하는 것이기 때문이다.

대보리를 성취하였으면 법륜을 굴려야 한다. 법륜을 굴린다는 것은 몇 명 안되는 중생을 위하여 [그들만으로] 한정하는 것이 아니라 모든 중생들을 깨닫게 해야 한다. 이러한 까닭에 대법라(大法螺)를 분다. 무릇 비밀종(秘密宗)에서는 모두 인연의 사상(事相)에 의탁해서 이로써 깊은 취지를 비유한다. 그러므로 이와 같이 전수하는 것이다.

아사리는 다음에 우산을 가지고 그 [제자의 머리] 위를 덮고 [제자를] 이끌어 만다라의 둘레를 세바퀴 돌아야 한다. 먼저 제1의 행도원(行道院)을 돌고 다음에 제2의 행도원을 돌며 마지막으로 제3의 행도원을 돈다. 이와 같이 행도(行道)할 때에 아사리는 길상(吉祥)·극길상(極吉祥)의 게송을 읊어야 한다. 또는 길경(吉慶)의 산스크리트문장을 읊을 수도 있다. 이미 돌

104) 제자를 관정하기 위해 아사리가 옷을 입혀주는 것이다. 옷은 이미 앞의 상자에 들어 있다.

아 마쳤으면 다시 두 용이 지키고 있는 곁채에 이르러 제자로 하여금 정성스럽게 예배하게 하라. 그 일산은 몸을 따라 상하로 움직여 그를 가려야 한다. 그러면서 삼매야의 게송을 읊어주어야 한다. 이른바 비밀장(秘密藏) 가운데 사중금(四重禁)으로서 이것들은 모두 아리사의 게송인데 뒤에서 그것을 풀이할 것이다.

『구혜경』105)에 이르기를, '제자가 서쪽문에 이르러 예배하고 나면 아사리는 모든 존께 아뢰어 말해야 한다. "저 아무개는 아무개와 더불어 관정을 마쳤습니다. 모든 존께서는 지금 부촉하시어 명장(明藏)을 지니도록 하여주십시오"'라고 한다. 이렇게 말한 다음 일산을 놓고 그 제자를 일어서게 하고 만다라를 마주보고 [그를] 위하여서 삼매야계를 설해야 한다.

"그대는 지금 이미 만다라의 지명아사리(持明阿闍梨)를 성취하여 마쳤다. 모든 부처님과 보살들 및 진언주(眞言主)인 모든 천신이 이미 그대를 알고 있다. 만일 법기가 될만한 중생을 보거든 그를 연민하고 그를 위해서 만다라를 건립하여 이를 교수해야 한다"고 한다. 그런데 이 경에는 법라(法螺)를 전하는 게송이 있다. 인도[西方]에서 국왕이 관정법을 받을 때와 같이, 사대해(四大海)의 물과 국경 안의 모든 강의 물을 가져다 함께 보배·약과 곡식 등을 두고 국경 안의 지도를 그려서 이 동자106)를 사자좌에 걸터앉게 하며 갖가지 진귀한 보배로 통솔하는 권속들을 장엄하고, 그 크고 작음에 따라 차례대로 받들게 한다. 베다(韋陀, vedas) 범지(梵志)의 스승은 상보좌(象寶座)에 앉아서 그 뒤에 임하며 이 보수(寶水)로써 상아(象牙)를 통해 흘려서 그 정수리 위에 떨어뜨린다. 그 다음에 말을 꺼내어 모든 사람들에게 고하게 한다. 또한 옛 현명한 선왕들이 백성을 통치하는 법을 찬탄하여 설명하면서, '이와 같이 순행(順行)하여 행하는 자는 수명이 장원

---

105) 『유희야경』「호마품」(대정장 18, 771 상). '또한 [제자가] 서쪽문에 이르러 예배하고 그 일산을 몸에 따라 움직여서 머리를 덮게 한다. 그 아사리는 모든 존께 이와 같이 아뢰어야 한다. "저 아무개는 [제자] 아무개에게 관정을 하여 마쳤습니다. 모든 존께서는 지금 부촉하시어 명장(明藏)을 지니도록 하여주십시오." 이와 같이 말하고 나서 그 일산을 내려라.'

106) 왕위를 계승할 태자(太子)를 가리킨다.

하게 될 것이며, 근본과 가지107)가 번성하여서 전륜성왕의 업을 계승하게 될 것이다. 만약 이와 같은 일을 하지 않으면 곧 스스로 그 위(位)에서 물러나게 되고 몸을 죽이며 상속을 끊게 된다'고 말한다. 이와 같이 하나하나 가르쳐 인도한다.

지금 이 법왕자의 관정은 이와 같지는 않다. 밀엄불토(密嚴佛土) 법계의 대단(大團)을 죽 나열하고 묘법련화(妙法蓮花) 자재신통의 사자좌에 앉아 본성청정한 지혜와 자비의 물로 만덕을 갖추어서 그 마음에 뿌려라. 이때에 모든 보살대중들과 아래로 팔부의 중생에 이르기까지 환희하고 찬탄하며 공경하여 우러러보지 않음이 없을 것이다. 이때에 아사리는 법왕의 유훈(遺訓)으로서 가르치고 훈계하라. 이로부터 이후에 [관정을 받은 자는] 여래의 집안에 태어나게 되고 분명하게 불위(佛位)를 잇게 될 것이다. 만약 이와 같이 분명하게 하지 않으면 곧 정법을 존중할 줄 모르는 것이다.

40. 길경(吉慶)의 찬탄

길경아리사(吉慶阿利沙, ārca)의 게송

[바아라아피유(嚩駬囉阿避庾, vajrābhyutthāna) 가운데에서 나온다. 바아라아피유는 금강기경(金剛起經)이라 번역한다.]

107) 본가(本家)와 분가(分家)를 가리킨다.

제1게송108)

락그사미　달라건자나발자마　다 파신
落吃滥弭三合達囉建者曩鉢喇麽三合多引婆悉
lakṣamī-dharaḥ kañcana-parvat'ābhaḥ
[부처님께는] 길상상(吉相相)을 지니는 금산(金山)의 빛이 있으니,

달리　로가나　타신달리　마라발라　혜　나
怛嚟三合路迦曩去他悉怛嚟三合莽羅鉢囉二合係乎異反拏
trai-lokya-nāthas tri-mala-prahīnaḥ
삼세(三世)의 스승으로서 삼구(三垢)를 제멸(除滅)하시네.

몯미미몰단　무자발달라　니 달로
沒微微沒誕引畝闍鉢怛囉二合泥去怛嚧二合
buddho vibuddhāmbuja-pattra-netram
활짝 핀 연꽃의 눈을 갖추신 깨달으신 분께서

달몽가람혜다가람발라　타 문발라　사난
怛懵蘗嚂係多羯嚂鉢囉二合他上門鉢囉二合社難引
tan maṅgalam hita-karam prathamam prajānām
중생을 요익하게 하시는 것은 바로 제1의 경사스러움[嘉慶]일세.

제2게송

톄노　파니슬타　발라　바라달바감　비야
諦怒輕波儞瑟吒二合鉢囉二合嚩囉怛嚩釖二合粃也二合

108) 제1게송에서 제3게송까지는 삼보에 대한 찬탄이다. 즉 제1게송은 부처님을 찬탄하며, 제2게송은 법을 찬탄하고, 제3게송은 승가를 찬탄한다.

tano'padiṣṭaḥ pravaras tvakampyaḥ

널리 설하신 최승부동의 [법]이며,

계　다 실달리　로계나라니　바포이야

契棄夜反多 悉怛履三合路計捺囉泥去嚩布爾也二合

khyātas tri-loke nara-deva-pūjyaḥ

삼세에 열어보이신 [법]은 사람과 천신이 공양해야 한다.

달라모　탐망선뎌갈라발라　사난

達囉暮二合瞻莽扇底羯囉鉢囉二合社難

dharmo' ttaraḥ śānti-karaḥ prajānām

최승의 법은 중생의 작적(作寂)으로서

로계니미　디 연수 바몽가람탐

路計儞尾二合底去延輸上婆懵蘖濫僧

loke dvitīyam śubha-maṅgalam tam

이 세간에서 제2의 훌륭한 경사[善慶]일세.

제3게송

살달라마　욕걸다　실로　디망가라 지사

薩達喇摩二合欲吃多二合室嚕二合呧懵蘖邏引遲邪二合

saddharma-yukta-śruti-maṅgal'āḍhyaḥ

정법과 상응하고 다문(多聞)의 길경(吉慶)[을 갖춘]

승구단율　니 바 소라락걸사　니야

僧衢咀嘌二合泥去嚩引素囉諾吃屣二合膩也

saṅgho nṛ-devāsura-dakṣiṇīyaḥ

승가의 대중은 사람과 천인·비천(非天)의 공양을 받으며

흐리 실리우녕 디야 발라 바람건녕난
吃唎二合室唎虁儜引遲耶二合鉢囉二合嚩嚂虁儜難引
hrī-śrī-gun'āḍhyaḥ pravaroganānām
참괴・길상・공덕이 풍부한 훌륭한 대중들로서

로계달리 디연수 바몽갈탐
路計怛哩二合𠷐延輸上婆懵蘗儋
loke tritīyaṃ śubha-maṅgalam tam
이 세간에서 제3의 훌륭한 경사라네.

제4게송

예 몽갈람 도사다니 바미망 나갈리사
曳入懵蘗嚂如覩史多泥去嚩微莽去曩蘗喇娑二合
yan maṅgalam tuṣṭadevavimāna-garbhād
경사스러운[嘉慶] 도솔천궁장[覩史多天宮藏]으로부터

나사니하 바다라도자갈도혜다야
那賜儞何引嚩多羅覩若蘗覩係多也
āsīdihāvatārato jagato hītāya
중생을 이익케 하기 위하여 이 땅에 하생하시어

새 인날뢰 소뢰발리물율 달사달타갈다사
塞去印捺賴三合素賴鉢囇勿嘌二合怛寫怛他蘗多寫
sendraiḥ suraih parivṛtasya tathā-āgatasya
제석천 등 모든 천들에 둘러싸이신 여래의

달몽갈람파바도선디갈람다바 니야
怛懵蘗嚂婆嚩覩扇底羯嚂哆嚩引儞也二合

tan maṅgalam bhavatu śanti-karam tavādya

그 작적(作寂)의 경사가 오늘 너에게 내려지리라.[109]

제5게송

예 몽가람보라바 리가비라하바 예차

曳入懵蘖噓補囉嚩入口犁迦毘羅訶嚩平二合曳遮

yan maṅgalam puravare kapil'āhvayeśca

가비라라고 불려지는 성스러운 지역에서 그 경사스러움과 같이

디베마하미비라피슬주 다 바 디디달사

儞吠摩訶麼毘羅避瑟株吒矩反二合哆歎反縛無汗反儞儞怛寫

devair mahā-ātmabhir abhiṣṭuta-vanditasya

큰 덕을 지닌 모든 천신들에 의해서 찬탄되고 예경되시는

아 사 나진디야 달사라사달타갈다사

阿引賜引梛震底也二合怛舍邏寫怛他蘖多寫

āsīd acintya-kuśalasya tathā-āgatasya

불가사의한 좋은 복을 갖추신 여래의

달몽가람 파바도선디가람달바 디야

怛懵蘖噓 婆嚩覩扇哌迦噓怛嚩引儞也二合

tan maṅgalām bhavatu śanti-karam tavādya

그 작적의 경사기 오늘 너에게 내려지리라.[110]

---

109) 여래께서 중생을 이롭게 하기 위하여 도솔천궁으로부터 이 사바세계에 하생하실 때에 여래에게는 제석천 등의 천신들이 빙 둘러싸는 상서로운 상이 있었다. 즉 이것이 가경이다. 이 가경이 오늘 작적(作寂)을 성취한 제자의 몸 위에 내려진다는 뜻이다.

110) 카필라의 궁전에서 불가사의한 복을 갖추신 여래께서 탄생하실 때에 큰 위덕을 지닌 모든 천신들이 여래를 찬탄하고 예경하는 가경(嘉慶)이 있었는데, 그 가경이 오늘 작적을 얻은 제자의 몸에 내려진다는 뜻이다.

제6게송

예 몽가람 지사라유자바 라보삽파나제
曳入懵蘖噛 枳娑攞瑜入嚩二合羅補澁波梛提
yan maṅgalam kisalayojvala-puṣpa-maddhe
빛나는 꽃가지로 장엄한 그 경사스러움,

람미차람미니 바 녕마호니 바유슬치
噛迷遮啉弭尼 嚩去寧麼護泥去嚩乳瑟鯠二合
rameś ca lumbinivane bahudevajuṣṭe
즐거운 룸비니 동산에서 기뻐하는 모든 천신들

나 타사연망디바부바파바다가사
曩去他寫然莽儞嚩部嚩婆嚩多迦寫
nātasya janmani babhūva bhavāntakasya
도사(導師 : 부처님)의 탄생은 다함이 있는 [생사하는 몸]이 아니니라.

달몽가람 파바도선디가람달바 디야
怛懵蘖噛 婆嚩都扇086迦噛怛嚩引儞也二合
tan maṅgalam bhavatu śānti-karam tavādya
그 작적의 경사가 오늘 너에게 내려지리라.111)

제7게송

예 몽가람미미타누 카나설나야
曳入懵蘖噛尾尾馱耨入佉囊設囊耶

111) 최후신(最後身)으로서 이 룸비니 동산에 부처님께서 탄생하실 때에 빛나는 꽃으로 장엄한 룸비니동산에는 모든 천신들이 기뻐하며 강림하는 길상이 있었다. 그 길상이 오늘 작적을 얻은 제자의 몸에 내려진다는 뜻이다.

yan maṅgalam vividha-duḥkha-nināśanāya

그 경사스러움이 있을 때에는 갖가지의 고를 사라지게 하나니

도슬실야　달포바나망피몰라　자도뢰타　라달리

睹瑟室也三合怛布嚩曩莽避沒囉二合若覩嚩馱二合囉怛𠼐二合

tuṣṭyā tapovanam abhivrajato'rdha-ratre

한밤중에 기쁜 마음으로 고행림(苦行林)에 가시어

아 사소뢰파리물율　달사납망새흘　달사

阿引賜素嚩播唎勿嘌二合怛寫納莽塞吃三合怛寫

āsīt suraiḥ parivṛtasya namaskṛtasya

모든 천신들에 둘러싸여서 예를 받으시나니

달몽가람 파바도선뎌가람달바 디야

怛懵蘗嚂 婆嚩覩扇𢀜迦嚂怛嚩引儞也二合

tan maṅgalam bhavatu śānti-karam tavādya

그 작적의 경사가 오늘 너에게 내려지리라.

제8게송

예 몽가람부자가라사납망새걸율　달사

曳入懵蘗嚂部若伽囉闍納莽塞吃嘌三合怛寫

yan maṅgalam bhujagarāja-namas-kṛtasya

그 경사에 용왕이 예를 올리고

날디야　살다　데발리물율　달사혜자쇄반디야

捺儞夜二合薩跢二合鞞鉢履勿嘌二合怛寫係者灑半𠹕也二合

nādyas taṭe parivṛtasya hi cāṣa-paṅktyā

강가에서는 새들의 행렬에 둘러싸이시니

선디율타 망나부 단망부온파바소날나사

扇呧嘌他二合莽捺部二合單莽部嗢婆嚩蘇捺曩寫

śāntyartham abhūtam abhūd bhava-sūdanansya

희유한 적의(寂義)[의 부처님께서]는 유(有)를 끊어 없애시는 분이다.

달몽가람 파바도선디가람달바 디야

怛懵蘗嚂 婆嚩覩扇底迦嚂怛嚩引儞也二合

tan maṅgalam bhavatu śānti-kāram tavādya

그 작적의 경사가 오늘 너에게 내려지리라.112)

제9게송

예 몽가람박가벌도솔로 망라자모리

曳入懵蘗嚂薄伽伐覩窣嚕二合莽囉閣暮㘑

yan maṅgalam bhagavato drumarāja-mūle

세존께서는 보리수나무 아래에서

매디리 말쇄나미디뎨막호망 라박걸추

昧底唎二合沫麗曩微爾帝莫胡忙引囉博吃芻

maitrī-balena vijite bahumāra-pakṣe

자비의 힘으로 한량없는 마군의 무리에 승리하시니

나나발라가라망파바나부 미첨 말쇄자

曩曩鉢囉迦羅莽婆嚩娜部二合尾瞻去沫麗者

nānā-prakāram abhavadbhuviś ambare ca

112) 석가모니부처님께서 니련선하 언덕에서 수행하여 성취하실 때에 용왕이 예를 드리고 강가에 날던 작은 새들이 행렬을 지으며 부처님 상공을 맴돌을 때에 희유한 적의(寂義)를 얻으셨다. 이것이 부처님께서 유(有)를 끊어 없애신 가경이다. 그 작적의 가경이 오늘 제자에게 내려진다는 뜻이다.

[그 마군들은] 갖가지 부류의 형상 지녀 하늘과 땅에 충만하였다.

달몽가람 파바도선디가람달바 디야
怛懵蘖囕 婆嚩覩扇底迦囕怛嚩引儞也二合
tan maṅgalam bhavatu śānti-karam tavādya
그 작적의 경사가 오늘 너에게 내려지리라.113)

제10게송

예몽가람 발라　바나도바라 달라　망자거려
曳懵蘖囕 鉢囉二合嚩娜都嚩囉上達囉二合莾斫吃囇
yan maṅgalam pravarto vara-dharma-cakre
그 경사란 최승의 법륜을 굴리심이라.

바라 나사신체　다 바다소가달사사솔도
嚩囉引捺斯悉體二合多 嚩多蘇蘖怛寫舍窣覩
varāṇasī sthitavataḥ sugatasya śāstuḥ
바라나에 머무시는 선서(善逝)·도사(導師)께서는

알데 부탐부비바부파바다가사
遏諦入部儋部費嚩簿婆嚩多迦寫
adbhūtaṃ bhuvi babhūva bhavān'takasya
세간에 희유하여 다함이 없으시도다.

달몽가람파바도선디가람달바 디야　파
怛懵蘖囕婆嚩覩扇底迦囕怛嚩引儞也二合波

---

113) 세존께서 보리수 아래에서 자비의 힘에 의하여 하늘과 땅에 충만한 갖가지 부류의 마군의 무리들에게 승리하실 때에 가경이 있다. 그와 같은 가경이 오늘 제자의 몸에 내려지라고 기원한다.

tan maṅgalam bhavatu śānti-karam tavādya

그 작적의 경사가 오늘 너에게 내려지리라.[114]

제11게송

예 몽가람혜다갈람발라문파미달람

曳入懵蘖噞係多羯噞鉢囉門跛尾怛濫三合

yan maṅgalam hita-karam paramam pavitram

그 청정한 이익은 제1의 길경(吉慶)일세.

본닐야 갈리 야가라녕망리야 자나비유슬

本昵也二合吃㗚二合耶迦羅儜忙哩也二合若囊毘乳瑟

puṇya-krīyā-karaṇam ārya-janā'bhiyuṣṭim

복덕을 행하시니 모든 성중들이 찬탄하시는 바이며

걸율차 나 자가 나박가범 모니삭 걸야 승 하

吃㗚蹉入曩二合若伽引娜薄伽梵引牟尼鑠引吃也二合僧思孕反訶

kṛtsna-jagāda-bhagavān muni-śākya-siṃhas

두루 설하시는 구덕존(具德尊 : 바가범)이신 모니석사자(牟尼釋師子)와 같이

달몽가람 파바도선디가람달바 디야

怛懵蘖噞 婆嚩覩扇底迦噞怛嚩引儞也二合

tan maṅgalam bhavatu śānti-karam tavādya

그 작적의 경사가 지금 너에게 내려지리라.[115]

---

114) 세상에 드문 유(有)가 다한 최후신인 선서・도사께서 바라나에 머무시며 최승의 법륜을 굴리실 때의 가경이다. 그 작적의 가경이 오늘 제자에게 내려진다고 하는 뜻이다.

115) 석가모니께서는 중생을 위하여 이익되게 하신다. 그 덕생은 모든 성중이 함께 찬탄하는 바이다. 이것이 시로 제1의 가경이다. 그 작적의 가경이 오늘 제자에게 내려진다는 뜻이다. 이상으로 산스크리트어의 찬탄을 서술하고 난 다음에 『소』에서는 게송의 번역을 다시 언급하였다.

길상한 온갖 덕을 지니시고[116]
상호를 구족하시어 금산(金山)처럼 빛나시는
삼세의 도사께서는
삼구(三垢)를 모두 없애시었네.

정각의 눈을 열으시니
마치 수생(水生 : 연꽃)의 잎 같으셔서
중생들을 요익하게 하시니
[이것이야말로] 최초의 선경(善慶)일세.

앞에서 먼저 온갖 길하고 경사스러움이 생기는 것을 얻은 이유는 모든 여래께서 세간에 나오셨기 때문임을 밝혔다. 그래서 산스크리트로 락그삽미(落吃澁弭三合, lakṣmī)라 하고, 번역하여 길상상(吉祥相)이라 하며, 혹은 구상(具相)이라고도 한다. 또한 이것은 가경(嘉慶)의 뜻이며, 길상의 뜻이며, 길경(吉慶)의 뜻이며, 가위(嘉慰)의 뜻이며, 위덕(威德)의 뜻이고, 훌륭한 상모(相貌)라는 뜻이다. 이것을 섭일체공덕(攝一切功德)이라 함을 알아야 한다. 그래서 회의(會意)하여 말하였다.

다음 구절에서 '열으신다'고 아뢴 것은 또한 이것이 각오(覺悟)라는 뜻이다. 수생(水生, ambuja)이란 바로 연꽃의 다른 이름이다. 이와 같은 뜻을 갖추었으므로 여래께서 세상에 나오시면 요익한 것이 많다. 그래서 '최초의 훌륭한 경사일세'라고 하였다. 혹은 길경(吉慶)이라고도 하고 혹은 가경(嘉慶)이라고도 하는데 대체로 같다.

그 널리 설하신 바의[117]
제1의 무동법(無動法)으로써
삼계에 열어보이신 [법을]
인간과 천(天, deva)은 응당 공양해야 하네.

---

116) 이 게송은 불보(佛寶)에 대한 찬탄이다.
117) 이하는 법보(法寶)에 대한 찬탄이다.

수승한 법은 능히
모든 중생들을 영원히 고요하게 하네.
이것이 바로 세간에서
제2의 훌륭한 경사일세.

앞에서 세존께서 설하신 일체는 구경에 모두 제일실제(第一實際)에 이르므로 무동법(無動法)이라 하였다. 산스크리트로 계다(契棄夜反多, khāta)는 널리 설한다는 뜻이며, 또한 열어 보인다는 뜻이다. 이 가운데 삼계(三界)란 산스크리트본에서는 바로 삼세(三世)라 한다. 그 뜻은 과거 · 현재 · 미래와 삼유(三有)에 통한다. 두루 세간에 제일실제를 보이실 때에 모든 인간과 천은 모두 이 법을 공양해야 하니, 큰 은혜를 갚을 수 있기 때문이다.

산스크리트로 선저갈라(扇呧羯囉, śantikara)는 번역하여 작적(作寂)이라 한다. 이 작(作)은 능작(能作) · 능령(能令) · 능득(能得)의 뜻이다. 이 법은 중생으로 하여금 일체법의 본성이 상적(常寂)임을 깨닫게 하며 내외의 온갖 장애가 필경 생겨나지 않게 하므로 영적(永寂)이라고도 한다. 이하의 예에서도 그러하다. 여래께서 세상에 나오시면 이 법을 설하시기 때문에 제2의 선경[善]이라 하였다.

바르고 묘한 법과 상응하여[118]
다문(多聞)의 경사를 획득하는 [스님들은]
인 · 천 · 아수라 등이
응당 공양해야 할 복전(福田)의 승가(僧伽)이네.

길상(吉相)과 참괴(慙愧)와 공덕이
뛰어나게 많으니
이는 세간을 위한
제3의 훌륭한 경사일세.

---

118) 이하는 승보(僧寶)에 대한 찬탄이다.

윗 산스크리트문장에서 살달나마(薩達喇摩, saddharma)라고 하는 것은 번역하여 정법(正法)이라 하며 혹은 묘법(妙法)이라 한다. 구절을 채우기 위해 지금 갖추어 놔둔 것이다. 이 가운데 상응(相應)이란 산스크리트로 욕흘다(欲吃多, yukta)라 한다. 이것은 응당 이와 같이 합해진다는 뜻이며, 즉 명부에 계합한다는 뜻으로 유가(瑜伽, yoga, 相應)와는 조금 다르다. 다음 구절에서 이 법을 많이 들음으로 해서 행이 이치와 계합하는 것이 큰 경사이므로 다문경(多聞慶)이라 하였다. 바른 번역에 의거하면 부문(富聞)이라 해야 하지만 지금은 옛 번역을 따랐을 뿐이다.119)

수라(修羅)란 바로 모든 천(天)의 대중으로 제천과 구별하고자 아수라(阿修羅)라고 하였다. 『입세론(立世論)』120) 등에서는 비천(非天)이라 한다. 또한 이 응공(應供)의 산스크리트 명칭은 아라하(阿羅訶, arhat)와 같지 않다. 이 응공은 모든 천 등이 복을 구하기 위하여 응당 공양해야 한다는 뜻이다.

제2의 게송 처음에 부(富)라고 하였는데 앞의 부문(富聞)과 뜻이 동일하다. 이는 또한 구비되어 부족함이 없다는 뜻이다. 길상이 풍부하고 참괴가 풍부하며 공덕이 풍부하다는 것이다. 마지막 구절에 중(衆)이라 한 것은 단지 아주 많다[衆多]고 부르는 것으로 범어명칭인 승가(僧伽, saṅgha)와는 뜻이 다르다. 승가는 겸하여 화합의 뜻을 갖고 있다. 정법장이 세간에 나오면 수행과를 닦아나가는 사람이 있게 된다. 그래서 제3의 훌륭한 경사라 말하였다.

도솔타 천궁(天宮)의 장(藏)에
계실 때의 경사와,
천계로부터 내려와
모든 중생들을 이익하게 하심과,

---

119) 이하에 난탈이 있어 바로잡는다.
120) 『입세아비담론(立世阿毗曇論)』 제5 「천비천투쟁론」 제18(대정장 32, 193 중).

제석천과 신중이
여거(如去 : 여래)를 따라 보좌하는 것과 같이
그대도 지금 작적(作寂)의 경사[嘉慶]와
동일한 것을 얻을 수 있으리라.

윗 게송에서 장(藏)이란 글자는 산스크리트로 가나바(蘖喇婆, garbha)라 한다. 이는 중심의 장(藏)이고, 중태장(中胎藏)의 장이어서 비타가(比吒迦, piṭaka)나 구사(俱舍, kośa) 등과는 그 뜻이 각기 다르다. 보살이 천궁에 있거나 천계에서 내려올 때에는 모든 세간에 한량 없이 많고 끝이 없는 길경(吉慶)한 일이 있기 때문이다. 『화엄경』121) 등의 경에서 자세하게 설명한 것과 같다.

---

121) 『화엄경』 제58권 제38－6 「이세간품(離世間品)」(대정장 10, 309 중~310 하). '불자여, 보살 마하살이 도솔천에 머무는데 열 가지 짓는 업이 있으니 무엇이 열인가? 이른바 욕계의 천자들을 위하여 싫어하여 여윌 법을 말하되 모든 자유자재함이 다 무상하고 모든 쾌락은 다 마땅히 쇠퇴한다 하여, 저 천자들을 권하여 보리심을 내게 하나니, 이것이 첫째 짓는 업이니라. 색계의 천인들을 위하여 여러 선정과 해탈과 삼매에 드나듦을 말하되, 만일 거기에 애착을 내거나, 애착을 인하여 다시 몸이란 소견·삿된 소견·무명 등을 내거든 그들에게 실다운 지혜를 말하고, 만일 모든 빛과 빛 아닌 법에 뒤바뀐 생각을 일으켜 청정하나 한편 그들에게 부정하고 무상한 것이라 말하며, 그들을 권하여 보리심을 내게 하나니, 이것이 둘째 짓는 업이니라. 보살 마하살이 도솔천에 머물러 삼매에 드나니 이름이 광명장엄이라. 몸에서 광명을 놓아 삼천 대천세계를 두루 비추고 중생의 마음을 따라 가지가지 음성으로 법을 말하거든 중생들이 듣고는 신심이 청정하며, 목숨이 마치고 도솔천에 태어나면 그들을 권하여 보리심을 내게 하나니 이것이 셋째 짓는 업이니라. 보살 마하살이 도솔천에 있어서는 걸림 없는 눈으로 시방의 도솔천에 있는 모든 보살을 보고, 저 보살들도 여기를 보며, 서로 보고는 미묘한 법을 토론하나니, 이른바 도솔천에서 내려오고 어머니 태에 들고 탄생하고 출가하고 도량에 나아가 큰 장엄을 갖추며, 그리고 옛적부터 행하던 일을 나타내며, 그 행을 말미암아 이 큰 지혜와 가진 공덕을 이루었거든, 본 고장을 떠나지 않고 이런 일을 능히 나타내나니, 이것이 넷째 짓는 업이니라. (…중략…) 불자여, 이것이 보살 마하살이 도솔천에 머물면서 열 가지 짓는 업이니, 만일 보살들이 이 법을 성취하면 나중에 인간에 태어나느니라. 불자여, 보살 마하살이 도솔천에서 내려와 태어날 때에 열 가지 일을 나타내나니 무엇이 열인가? 불자여, 보살 마하살이 도솔천에서 내려와 태어날 때에 발바닥으로써 큰 광명을 놓나니, 이름이 안락장엄(安樂莊嚴)이라. 삼천 대천 세계의 모든 나쁜 길에 두루 비추거든 여러 나쁜 곳 중생들이 이 광명에 부딪치면 모두 괴로움을 여의고 안락을 얻느니라. 안락을 얻고는 장차 신기한 어른이 세상에 나실 줄을 아나니, 이것이 첫째로 나타내는 일이니라. 불자여, 보살 마하살이 도솔천에서 내려와 태어날 때에 미간의 흰 털로써 큰 광명을 놓나니, 이름이 깨우침이라, 삼천 대천 세계

또 다타가다(怛他揭多, tathāgata)는 번역하여 여래라 하며 또는 여거(如去)라 한다. 여실한 도로부터 가서 열반에 가운데에 이르며 또한 다시 태어나지 않기에 이로써 이름으로 삼는다. 천계로부터 내려오는 때를 해석하는 데에는 뜻에서 편리함을 도모하기 위해 문장을 바꾸었을 뿐이다. 도솔천에 보처(補處)보살이 있으면 세간의 불종자가 끊어지지 않으며, 만일 어떤 사람이 비밀장 가운데에서 관정의 위(位)를 받으면 한 생애 동안에 정각을 이룬다. 그래서 그 경사스러움과 같다고 하였다.

가비라의 훌륭한 궁성에서
경사스러움이 있었을 때
모든 대위덕천이
찬탄하고 예를 올림과 같이

불가사의한 것 같아도
진실하게 잘 오신 이와 같이
그대도 지금 작적(作寂)의 경사와
똑같은 것을 얻을 수 있으리라.

산스크리트본에서 그 '경사스러움'이라고 하는 데에는 시(時)의 뜻을 포함하고 있다. 이하의 예에서도 그러하다. 이는 보살이 태에 머물 때 일체세간에 한량 없이 많은 길상하고 경사스러운 일이 있다는 것이다. 역시 『화엄경』「입법계품(入法界品)」과 「이세간품」[122]에서 자세하게 설명한 것과 같

에 두루 비추며, 지난 세상에서 함께 수행하던 여러 보살의 몸에 비추느니라. 저 보살들이 광명의 비춤을 받고는 보살이 장차 내려와 나실 줄을 알고 각각 한량없는 공양거리를 일으켜 보살이 있는 데 나아가 공양하나니, 이것이 둘째로 나타내는 일이니라. (…중략…) 불자여, 보살 마하살이 몸에서와 자리에서와 궁전에서와 누각에서 이렇게 백만 아승지 광명을 놓아 가지가지 보살의 업을 나타내며, 이 업을 나타내고는 모든 공덕의 법을 구족하나니, 그러므로 도솔천으로부터 인간에 내려오느니라.'

122) 『화엄경』「이세간품」(대정장 10, 310 하~311 하). '불자여, 보살 마하살이 일부러 태중에 머무는 열 가지 일이 있으니, 무엇이 열인가? 불자여, 보살 마하살이 마음이 작고 지혜가 용렬한 중생을 성취시키려 함이고, 저들로 하여금 이 보살이 자연으로 화생하여

다. 나아가 시방의 한량 없이 많은 대보살 대중이 모두 중앙부에 운집하니 법을 듣기 위해서이다. 그래서 불가사의하다. 앞의 게송에서 여거의 뜻과 맞추기 위해 지금 이래로 정각을 이룬다는 것으로써 그것을 풀이했다. 또한 뜻의 세에서 편의를 도모했다. 보살은 태 가운데 있더라도 온갖 큰 위덕을 지닌 모든 천들이 찬탄하고 예를 올리지 않음이 없는 것처럼 그대도 지금 역시 허공안(虛空眼) 불모(佛母)의 장(藏) 가운데에서 성스러운 태에 의탁하고 있다. 이러한 까닭에 팔부(八部)의 용신이 모두 지극히 공경하므로 그와 똑같은 경사스러움을 얻을 수 있다고 하였다.

꽃동산에 계실 때의 경사로

지혜와 선근이 닦아서 얻은 것이 아니라는 생각을 내지 않게 하려는 것이니라. 그러므로 보살이 일부러 태중에 있는 것이니 이것이 첫째 일이니라. 보살 마하살은 부모와 권속들과 지난 세상에 함께 수행하던 중생의 선근을 성숙케 하기 위하여 태중에 있느니라. 왜냐하면 저들이 반드시 태중에 있음을 보고야 가졌던 선근을 성숙하는 연고니, 이것이 둘째 일이니라. 보살 마하살이 어머니 태에 들 적에 바른 생각으로 바르게 알고 미혹이 없으며, 어머니 태에 머물고는 마음에 항상 바르게 생각하고 잘못됨이 없나니, 이것이 셋째 일이니라. 보살 마하살이 어머니 태에 있으면서 항상 법을 말하거든 시방 세계의 큰 보살들과 제석과 범천왕과 사천왕들이 모여 와서 한량없는 신통한 힘과 그지없는 지혜를 얻게 되느니라. 보살이 태에 있으면서 이런 변재와 훌륭한 작용을 성취하나니 이것이 넷째 일이니라. 보살 마하살이 태에 있으면서 대중을 모으고 본래의 원력으로 모든 보살 대중을 교화하나니, 이것이 다섯째 일이니라. 보살 마하살이 인간에서 성불하려면 마땅히 인간에서 가장 훌륭하게 태어나야 하느니라. 그래서 일부러 어머니의 태에 있는 것이니, 이것이 여섯째 일이니라. 보살 마하살이 모태에 있을 적에, 삼천 대천 세계 중생들이 보살 보기를 거울 속에서 자기의 얼굴 보듯이 하느니라. 그때에 큰 마음 가진 하늘 용・야차・건달바・아수라・가루라・긴나라・마후라가・사람인 듯 아닌 듯한 이들이 다 보살에게 나아가 공경하고 공양하나니, 이것이 일곱째 일이니라. 보살 마하살이 모태에 있을 적에 타방 세계에서 맨 나중 나는 보살로서 모태에 있는 이들이 다 모여와서 크게 모은 법문[大集法門]을 말하니, 이름이 광대한 지혜의 광이라. 이것이 여덟째 일이니라. 보살 마하살이 모태에 있을 적에 때를 여읜 광 삼매에 들고 삼매의 힘으로 어머니 태중에서 큰 궁전을 나타내니, 갖가지 장엄이 모두 훌륭하여 도솔천 궁전으로는 비길 수 없지마는, 어머니의 몸은 편안하고 걱정이 없게 하나니, 이것이 아홉째 일이니라. 보살 마하살이 모태에 있으면서 큰 위엄과 세력으로 공양 거리를 일으키니, 이름이 큰 복덕을 열어 헤치는 때를 여읜 광이라, 시방의 모든 세계에 두루하여 모든 부처님 여래께 공양하거든, 저 여래들이 다 그지없는 보살의 머무는 처소인 법계장(法界藏)을 연설하나니, 이것이 열째 일이니라. 불자여, 이것이 보살 마하살이 일부러 태에 들어 있는 열 가지 일이니, 만일 보살들이 이 법을 분명히 알면 매우 미세한 길[甚微細趣]을 나타내느니라.'

빛과 꽃이 두루 장엄하게 장식하네.
기쁨의 룸비니[林微尼, Lumbinī]에서는
한량없는 천중(天衆)이 자리하고

삼계도사가 처음으로 탄생하시어
후변신(後邊身)[123]을 다하심과 같이
그대도 지금 그 작적(作寂)의 경사와
동일한 것을 얻을 수 있으리라.

산스크리트로 지사라유(枳娑羅瑜, kisalaya)라 하는 것은 나무숲 위에 가지와 잎을 두르고 있는 꽃이다. 다음에 보삽파(補澁波, puṣpa)라고 하는 것은 바로 꽃의 체라 부른다. 꽃다발[을 만들거나] 산화(散花)[하는 등]의 종류에 모두 이 꽃을 사용한다. 윗 구절에서 꽃동산으로 그것을 식별하고 있다. 보살이 처음에 탄생하실 때에 모든 세간에 역시 한량 없이 많은 길상과 상서가 응하는 경사스러움이 있었다. 나아가 한량 없이 많은 모든 천계의 대중들이 공양하기 위해 룸비니 동산에 모두 모여들었다. 또 한량 없이 많은 부사의해탈의 보살이 있어서 마치 어두운 구름이 달을 가린 것처럼 동시에 하생(下生)하였다. 그대는 지금 비밀장 가운데에서 비로소 탄생하게 되니 모든 법문 권속이 다 이미 싹터 움직인다. 만약 용맹정진하여 수행한다면 역시 생사의 후변신(後邊身)이 될 것이다. 그래서 그 경사와 동일한 것을 얻는다고 하였다.

재가(在家)의 갖가지 괴로움을
멸해 없애는 때의 경사와
한밤중에 마음이 환희하여
고행림에 나아가심과

123) 최후 생애의 몸을 가리킨다.

또한 모든 천계의 대중들이
경례하고 둘러싸는 것과 같이
그대도 지금 그 작적의 경사와
동일한 것을 얻을 수 있으리라.

이것은 보살이 처음으로 출가할 때에 관한 것이다. 산스크리트에서 단지 "갖가지의 고를 멸해 없앤다"고 말하는 것은 재가의 의미를 함유하고 있다. 이른바 재가의 갖가지 은애(恩愛)와 계박의 고통을 버리고 떠난다는 것이다. 고행림이란 산스크리트를 바르게 번역하면 순신처(循身處)라고 해야 한다. 보살이 처음 성을 넘어 순신처에 나아갔을 때 모든 세간에 한량없고 끝이 없이 많은 길경한 일이 있었음과 같다. 역시 『화엄경』[124] 등에서 자세하게 설명한 것과 같다. 이때에 정거천(淨居天)의 대중과 세상을 수호하는 모든 이들이 다 크게 환희하고 정변각(正遍覺)[을 위하여] 우담바라화가 오래지 않아 피어날 것을 알고 모두 다 정례하고 빙둘러 섰다. 또한 친히 말의 발을 받치고 그것을 봉송하기도 했다. 그대도 지금 비밀장 가운데에서 처음으로 무명(無明)이라는 부모와 이별하고 초법명도(初法明道)의 순신처로 나아간다. 정거천의 대중들도 역시 모두 환희하며 경례하고 그대가 오래지 않아 세존과 똑같음을 알게 될 것이다. 그러므로 그 경사스러움과 같은 것을 얻었다고 하였다.

---

124) 『화엄경』 제59권(대정장 10, 312 중). '불자여, 보살 마하살이 도량에 나아가는 데 열 가지 일이 있으니, 무엇이 열인가? 이른바 도량에 나아갈 적에 모든 세계를 밝게 비추며, 도량에 나아갈 적에 모든 세계를 진동하며, 도량에 나아갈 적에 모든 세계에 두루 몸을 나타내며, 도량에 나아갈 적에 모든 보살과 지난 세상에서 함께 수행하던 중생을 깨우치며, 도량에 나아갈 적에 도량의 모든 장엄을 나타내며, 도량에 나아갈 적에 중생들의 욕망을 따라 몸의 가지가지 위의와 보리수의 모든 장엄을 나타내며, 도량에 나아갈 적에 시방의 모든 여래를 분명히 보며, 도량에 나아갈 적에 발을 들거나 놓을 적마다 삼매에 들어 가서 잠깐잠깐에 부처를 이루되 뛰어 넘거나 막힘이 없으며, 도량에 나아갈 적에 모든 하늘 · 용 · 야차 · 건달바 · 아수라 · 가루라 · 긴나라 · 마후라가 · 제석 · 범천왕 · 사천왕과 모든 왕들이 각각 서로 알지 못하면서 갖가지 훌륭한 공양을 일으키며, 도량에 나아갈 적에 걸림 없는 지혜로 모든 부처님 여래께서 모든 세계에서 보살의 행을 닦아 바른 깨달음을 이룸을 두루 보느니라. 이것이 열이니, 보살이 이것으로 중생을 교화하느니라.'

제2 입만다라구연진언품 7

【제9권】

또 그 용왕이 공경하고
예배할 때의 가경(嘉慶)에
강가의 온갖 날아다니는 새들이
둥그렇게 돌아 행렬하여

희유(希有)한 적의(寂義)를 좇아서
장차 제유(諸有)를 꺾고자 하시는 [세존과] 같이
그대는 지금 그 작적의 경사와
동일한 것을 얻을 수 있으리라.[1)]

이때에 [석가]보살은 이미 고행(苦行)의 깊은 근원에 도달하여 [그 고행에]

---

1) 이 게송은 신달태자가 고행(苦行)을 버리고 낙행(樂行)에 나아가는 것을 서술한 것이다.

이로운 것이 없음을 아시고 소치는 여인이 준 우유죽을 받고 나서 강 가운데에서 목욕하니 상호가 원만하게 되었다. 이때에 불도(佛道)에 나아가는 것이 점차 가까워져서 무량한 푸른 공작의 상서로움이 있는 것은 『본행경(本行經)』[2]에서 자세하게 밝힌 것과 같다. 이 새를 바로 상사(搡沙)라 부르니 형상은 푸른 공작과 비슷한데 조금 작은 것으로서 [인도의] 풍속에서는 선인조(仙人鳥)라 부른다. 보살이 목욕을 마치고 나서 모든 법이 본래 적멸한 마음임을 사유하여 대보리의 길을 밝게 보고 기특한 마음이 일어나 스스로 큰 세력으로 존재하는 모든 것[諸有]을 반드시 부술 수 있음을 알았다. 이때 다시 무량무변하고 길상하며 경사스러운 일이 세간에 일어났다.

그대도 지금 역시 비밀장 중에서 95종 외도 가운데 갖가지 형상의 신(神)을 피로하게 하며 이롭게 하는 것이 없는 고행을 버려야 한다. 아자의 한 가지 맛인 우유죽을 먹고 항상한 명(命)과 색력(色力)을 증익하여 맑은 법수(法水)로서 그 몸에 뿌려 씻고 분명하게 심왕의 대도를 알아서 장차 비로자나께서 앉아계신 도량처에 이르러야 한다. 그래서 그 경사와 동일한 것을 얻는다고 하였다.

마치 바가바(婆伽婆)께서
보리수나무[樹王] 아래에서 깨달으실 때[嘉慶]에
자심(慈心)의 힘을 가지고서
한량 없이 많은 마구니의 군대를 부수는 것처럼

갖가지 종류의 형상에 따라
천(天)과 인간의 세간에 두루하여 [마군을 부수니]
그대는 지금 그 작적의 경사와
동일한 것을 얻을 수 있으리라.

2) 『불본행집경(佛本行集經)』 제26 「향보리수품」에서 동일한 내용을 설한다(대정장 3, 773 중).

세존께서 도량의 나무 아래에 앉아 천마를 항복시키고 정각을 이룰 때에 온갖 세간과 출세간에 갖가지의 경사스러움이 있었다. 천계의 나무[樹王]가 봄날에 완연하게 꽃피는 것처럼 과거 보살도를 행하실 때에 바라신 원이 이미 뜻대로 되었다. 즉 보현색신(普現色身)이 세계에 두루하여 중생을 개화(開化)시키신다.

이 가운데 마군(魔軍)이라 하는 것은 산스크리트본의 바른 음으로는 바걸추(博吃芻, Pakṣa)라 하는데 이는 날개 달린 무리라는 뜻이다. 지금은 옛 번역에 의지하여 회의(會意)하여 말했을 뿐이다. 그대가 지금 보리심을 내면, 이미 불각(佛覺)의 사라수왕(沙囉樹王)의 나무밑둥에 편안히 앉아 여래의 가지신력으로써 두루 마군을 굴복시킨다는 것을 알아야 한다. 또한 이로부터 견고하고 흔들리지 않아 마음의 명도(明道)를 보기에 이를 때에 곧 이 초발심에서 문득 바른 깨달음을 이루고, 제개장(除蓋障)삼매로써 두루 만다라의 몸을 나타내므로 그 경사스러움[(嘉)慶]과 동등한 것을 얻었다고 하였다.

선서도사(善逝導師)께서
바라나(波羅奈)에 머무시며
처음으로 위없는 법륜을
굴리시는 경사스러운 때에

신비하며 일찍이 없으며
세간의 시분(時分)을 초월한 것처럼
그대는 지금 그 작적(作寂)의 경사와
동일한 것을 얻을 수 있으리라.

세존께서 열 가지 뜻으로서 바른 법륜을 굴리신 것은 『화엄경』[3] 등에

3) 『화엄경』(대정장 10, 313 상중). '불자여, 여래 · 응공 · 정등각이 큰 법륜을 굴리는데 열 가지 일이 있으니, 무엇이 열인가? 하나는 네 가지 두려움 없는 지혜를 구족하게 청정함

서 자세하게 설명한 것과 같다. 산스크리트로 바라(嚩囉, vara)[4]라고 하는 것은 훌륭하고 묘한 뜻이며 뛰어나다는 뜻이다. 즉 바로 세간에서 제일가는 것으로 다시 이보다 뛰어난 것이 없다. 그래서 최고이며 위가 없다고 한다. 세존께서 설하신 모든 것은 전부 일대사[大事]의 인연을 위함이기에 최고이며 위가 없다고 한다. [이러한 말은] 온갖 세간에서 애초부터 일찍이 들어본 적이 없으며 또한 전할 수도 없었기에 기이하고 특별하며 일찍이 없었다고 하였다. 산스크리트본에서는 바로 기이하고 희유하다[奇希]고 하는데 지금은 회의(會意)하여 말했을 뿐이다. 스스로 모든 중생계를 제도하고 또한 한량 없이 많은 중생들을 최후변(最後邊)의 몸[5]에 머물게 하며, 나아가 거칠고 무거운 죄업의 중생계에 의생(意生)하여 역시 영원히 다하게 한다. 그대도 지금 그러해야 하나니, 만약 이 생애에서 제개장삼매와 어언다라니를 체득하고 자재신력을 일으킬 때에 또한 비로자나와 같이 법륜을 굴릴 수 있으므로 그 경사와 동등한 것을 얻는다고 하였다.

저 부처님께서 이익하게 하시는 것은
제일 길상한 뜻의 경사스러움이라.
복과 이익으로 요익하게 하므로
모든 성중들이 찬탄드리네.

이요, 둘은 네 가지 변재를 따르는 음성을 냄이요, 셋은 네 가지 참 이치를 잘 열어 밝힘이요, 넷은 부처님들의 걸림 없는 해탈을 순종함이요, 다섯은 중생들로 하여금 마음이 깨끗하고 믿게 함이요, 여섯은 말하는 것이 헛되지 않고 중생들의 괴로운 화살을 뽑음이요, 일곱은 크게 가엾이 여기는 원력으로 가지함이요, 여덟은 내는 음성마다 시방의 모든 세계에 두루함이요, 아홉은 아승지 겁동안 법을 말하여 끊어지지 않음이요, 열은 말하는 법마다 근과 힘과 깨닫는 도와 선정과 해탈과 삼매의 법을 냄이니라. 불자여, 부처님 여래께서 법륜을 굴리시는 데는 이러한 한량없는 일이 있느니라.'

4) 『소』 원문에는 鉢囉嚩娜都嚩囉로 되어있으나 뒤의 풀이는 바라(嚩囉, vara)에 한정되므로 다른 글자를 생략하였다.

5) Skt. antima-deha. 생사하는 몸 가운데 최후의 몸. 또는 최후생(最後生)·최후유(最後有)·최후말신(最後末身)이라 한다. 소승에서는 모든 견혹(見惑)·사혹(思惑)을 끊고 무여의열반(無餘依涅槃)을 증득한 아라한을 가리키고, 대승에서는 불과(佛果)를 증득한 등각(等覺)보살의 몸을 가리킨다. 최후신보살과 일생보처(一生補處)보살의 같고 다름에 대하여는 여러 가지 이설이 있다.

두루 말하기를 덕을 갖추신 이는
모니석사자(牟尼釋師子)이시라고
그대는 지금 저 작적(作寂)의 경사와
동일한 것을 얻을 수 있으리라.

산스크리트본에는 히다(係多, hita)를 이익이라 번역하고, 다음에 흘리야(吃㗚耶, kriyā)를 이(利)라 번역하며, 가라나(迦囉儜, karaṇa)는 요익(饒益)이라 번역한다. 본래 명칭은 각기 다른데 전하는 자가 이를 구별하지 않았다. 비유하면 초재(初哉)와 수기(首基)와 조조(肇祖)와 원태(元胎)[6]가 비록 다시 동등하게 시초[始]로 돌아온다고 할지라도 조금씩 다른 점이 있는 것과 같다. 첫 구절의 '위이익(爲利益)'은 또한 이익하게 한다는 뜻으로 부처님을 찬탄하는 게송을 결성(結成)한다. 다음 구절에서 말하는 '제일 길상한 뜻'이란 법을 찬탄하는 게송을 결성한다. 다음의 두 구절은 공양의 수행이 이루는 수승한 과를 밝혀 화합승(和合僧)을 찬탄하는 게송을 결성한다. 다음의 두 구절은 총체적으로 석가모니 본행(本行) 가운데 일곱 게송을 갈무리하여 결성한다. 요약해서 말하면 다음과 같다.

이와 같은 등의 모든 공덕을 네가 지금 이미 갖추었다. 세존께서 반열반하실 때와 정각을 이루실 때는 둘이 아니며 다르지도 않다. 만일 세속적 입장에서의 진리[世諦]의 경우라면 '삼계는 공허하고 중생의 복은 다하였다. 따라서 분명치 않으므로 말하지 않는다'고 했을 것이다. 그런데 이 가운데 삼보와 여래의 본행을 모아 갈무리한 것은 바로 대열반의 뜻이다. 이열한 게송 가운데 한량 없이 많은 뜻을 갖추었다. 많은 수다라에서 분별하여 그 [게송]을 설하는 것은 만다라의 뜻을 훼방하여 말하게 될까 염려스러워서이다. 지금은 간략하게 자구를 해석하여 밝혔을 따름이다.

6) 재(哉)는 재(裁)라고도 하며 시작의 뜻이다. 태(胎)도 역시 시작의 뜻이다. 『연오초(演奧鈔)』 제30권(대정장 59, 319 상).

금주게(金籌偈)[산스크리트본[梵本]]

아냐 나발타람바차
阿壤引曩鉢吒嚂嚩瑳
ajñānā-paṭalaṃ vatsa
그대의 무지(無智)의 막(膜)을, 불자여,

아파니단 이내 살다 바
阿跛儞嘽都根反爾乃平聲薩哆二合嚩
apanītaṃ jinais tava
모든 부처님들께서 그대를 위하여 없애주시니

사라지 매 야 라절솔도
舍邏枳去聲昧無害反也二合囉折窣都
śalakair vaidya-rājendraiḥ
마치 의왕(醫王)이 금주(金籌)를 사용하여

예 타로갈사매 보라
曳入他路羯寫昧無害反補囉引聲
yathā lokasya taimiram
세상사람의 예막(翳膜)[을 없애는 것]과 같네.

불자여, 부처님께서 그대를 위하여
무지의 막(膜)을 없애시는 것은
마치 세간의 의왕이
금주 등을 잘 사용하[여 세상사람의 예막을 없애]는 것과 같네.

인도[西方]에서 눈을 치료하는 법은 금으로 젓가락 모양을 만들어 양끝은 둥글고 매끄러우며 중앙은 가늘게 하여 독저(獨杵)의 모습과 같게 하는데 길이는 4·5촌 정도로 한다. 사용할 때에는 양끝에 약을 바르고 각기 한쪽 끝을 사용하여 하나의 눈 속에 넣어 약을 바른다. 열반의 금비(金篦)도 역시 이러한 종류이다. 모든 중생들의 마음의 눈에 본래부터 불지견(佛知見)의 성품이 있으나 단지 무지의 막에 가렸기에 모든 법의 실상을 명료하게 현전하지 못한다. 만일 서투른 의원이 구하려고 하면 도무지 효과가 없을 뿐만 아니라 도리어 그 예막(翳膜)을 늘리거나 혹은 눈동자를 손상시킨다. 여래께서 방편을 구족하시어 금주 등을 잘 사용하시는 것은 이와 같지 않다. 마치 영장(郢匠)이 도끼를 움직여 힘을 다해 더러운 때를 제거하더라도 손상시키지 말아야 할 곳은 상하게 하지 않는 것과 같다. 만약 털끝만큼의 간격이라도 남거나 줄어 그 정도를 잃으면 단공(斷空)이 되어 가려져서 무애지견을 이루지 못한다. 또한 이 병든 눈 가운데 색을 보는 성품은 세간에 의왕이 있던지 의왕이 없던지 자연스럽게 성취된다. 단지 치료할 만한 계제를 만나면 곧 개명하는 것이니 이는 주약(籌藥)의 공이나 지금 최초로 창조한 것이 아니다. 『정연화경』에 맹인의 비유[7]가 있는데 그 가운데 자세하게 설명하고 있다. 모든 부처님께서는 갖가지 다양한 방편문으로 그 지귀(旨歸)를 궁구하니 모든 의도는 여기에 있을 따름이다.

명경게(明鏡偈)[산스크리트본]

발라　디바마망야달마아차수 타아나미라
鉢囉二合底嚩麽莽耶達摩阿車輸上馱阿囊尾羅
pratibimba-samā dharmā acchāh śuddhā anāvilāḥ
[거울에 비친] 영상과 같은 모든 법은 맑고 청정하여서 더러움 없네.

아갈라　히야　나비라필야　실자　히도갈마삼모온파　바

7) 『정법화경』「약초품」(대정장 9, 86 상)에 나오는 비유이다. 태어날 때부터 눈먼자가 있어서 해와 달을 보지 못하고 색깔의 종류가 있다는 것을 믿지 않았다. 명의가 있어서 그를 치료해주니 그가 눈을 떠서 해와 달과 색깔의 종류를 알게 되었다. 태어날 때부터 눈먼자는 중생을 비유하고 명의는 일체지를 갖춘 여래를 비유한 것이다.

阿蘖囉二合係耶二合曩毘邏必夜二合室者二合係都羯麽三母嗢婆二合嚩引

agrāhyā abhilāpyāśca hetu-karma-samudbhavāḥ

집착이 없으며 또한 언설을 여의었으며, 인업(因業)으로 생겨 일어나네.

예문냐달바 이맘 달마열사바 파 바 나나미람

翳文壤怛嚩引二合伊瞞引達磨喫娑嚩二合婆去嚩引曩囊微噛

evaṃ jñātvā imān dharmān nissvabhāvān anāvilān

이와 같은 모든 법의 자성이 물들지 않는 것처럼

거로살달바 자타망도람 발타남 자다실달바 모라사

矩嚕薩怛嚩引喇他莽睹噛 [勃馱喃] 若多悉怛嚩三合冒囉娑

kuru sattvartham atulaṃ [buddhānām] jāto'sy urasi tāyinām

유정을 위하여 비할 바 없는 이익을 지어라. [그대는] 모든 부처님의 마음으로부터 생하리라.

모든 법은 형상이 없고
맑고 맑아 더러움 없으며
집착함이 없고 언설을 여의어
단지 인업(因業)따라 일어나네.

이와 같이 이 법이
스스로의 성품에 물들지 않음을 알면
세간의 비할 바 없는 이익을 지어
그대, 불심으로부터 생하게 되리라.8)

산스크리트본의 첫 구절은 단지 형상이라고 하였다. 그렇지만 무상(無相)의 법과 문장의 세가 서로 연결되며 뜻은 법의 형상이 없는 것을 밝히

8) 『경』의 문장을 대비하면 다음과 같다. "모든 법은 형상이 없고 청정하고 깨끗하여 더러움과 혼탁이 없으며 집착할 것도 없고 언설을 떠나있는데 다만 업으로 인하여 일어날 뿐이다. 이와 같이 이 법의 자성에는 물들음이 없다는 것을 알면 세간의 비할 바 없는 이익을 지어 그대는 불심(佛心)으로부터 생기한다."

고 있다. 성품이 본래부터 청정한 것은 마치 밝은 거울이 맑고 맑아 더러움이 없어서 온갖 형상을 나타낼 수 있는 것과 같다. 이 형상은 거울 속에서 생긴 것이 아니며, 바깥에서 생긴 것이 아니고, [두 가지가] 함께해서 생긴 것도 아니며, 또한 인연 없이 있게된 것도 아니라는 것을 알아야 한다. 갖가지 희론은 모두 상응하지 않으며, 또한 잡아 취할 것도 없고 단지 온갖 인연에 속한 것일 뿐이다. 인연이 서로 합할지라도 생기는 것이 없고 인연이 서로 떠나더라도 사라지는 것이 없으니, 바로 항상한 것도 없고[無常] 끊어지는 것도 없으며[無斷] 가는 것도 없고[無去] 오는 것도 없다[無來]고 말한다. 형상에 즉한 것이 거울이며 거울에 즉한 것이 형상임을 분명히 알라. 만일 이와 같이 이해할 수 있으면 바로 모든 법의 실상을 보게 되어, 마음의 자성이 본래부터 물들지 않았음을 알게 된다. 이 거울과 같은 마음으로써 마음과 같은 거울을 비추는 까닭에 마음이 스스로 마음을 보고 마음이 스스로 마음을 안다고 설한다. 지(智)와 거울은 둘이 아니며 다르지도 않다. 눈의 막을 없앤 까닭에 이와 같이 법계를 바르게 관하게 되므로 저절로 드러나는 것이다. 만약 이렇게 상응할 때에는 곧 보문(普門)의 만다라에서 제개장삼매를 얻어 모든 중생들을 위하여 비할 바 없는 이익을 지을 수 있으니, 견줄 것도 칭할 것도 없다고 한다. 말하자면 헤아릴 수 없다는 것이다. 스스로 심불(心佛)의 집안에 태어나므로 이를 불심(佛心)의 아들이라 부른다. 심불로부터 생하였으므로 "그대는 불심으로부터 생하였다"고 하였다.

법륜법라게(法輪法螺偈)

아날야　발라　발리　저로갈사자가란
阿捺也二合鉢囉二合勃哩二合呧路羯寫斫羯囒二合
바자　다다　야다　연난
嚩喇無割反哆多二合也多引演難引

adyaprabhṛti lokasya cakraṃ vartaya tāyinām

금일부터 이후에 모든 구세자의 법륜을 굴려라.

아 포뢰연삼만다눌바　　　달마상카망노다람

阿引布㘓延三漫多訥嚩無害反二合達磨商佉莽努哆噞

sarvatra pūrya vimalaṃ dḥarma-śaṅkham anuttaram

위없으며 때 없는 법라를 가는 곳마다 불어야 한다.

나뎨달라　건글쇄　미말뎌자바　열자미　상계나제다사

曩諦怛囉二合建吃灑二合尾末哦喇嚩二合涅喇尾二合商計曩制哆娑引

na te'tra vimatiḥ kāryā nirviśaṅkena cetasā

그곳에는 의심하는 마음이 없으며 다른 뜻이 있을 수 없나니

발라　가 사야사바　로계실민　만달라　차리야　나연발람

鉢囉二合迦引奢也娑嚩二合路計悉泯二合瞞怛囉二合遮唎邪二合曩演鉢噞

prakāśayava-loke śmin mantrācarya-nayam param

이 세간에서 가장 뛰어난 진언행도를 열어보여야 한다.

예범걸률　다용발타남오파가　리뎌의야세갈

翳梵吃栗二合哆茸勃馱喃鄔跛迦引𡁠哦擬也細喝

evam kṛtajño buddhānām upakārīti gīyate

이와 같이 하면 은혜를 알아서 모든 부처님께 봉사하는 자로서 칭찬 받으며,

뎨차바아라　타자살자비　락걸산　디달바살파사

諦遮嚩馹囉二合馱喇薩喇鞞二合落吃鏟二合底怛嚩薩婆奢

te ca vajra-dharāḥ sarve rakṣanti tava sarvaśaḥ

저 모든 지금강자들이 언제나 그대를 호념할 것이다.

그대는 오늘로부터
세상을 구하는 윤(輪)[9]을 굴려라.
그 소리가 두루 퍼지도록

위가 없는 법라(法螺)를 불어야 한다.

다른 혜(慧)를 일으키지 말고
의심하지 않는 마음으로
세간에 뛰어난 도(道)인
진언행을 열어 보여야 한다.

언제나 이와 같은 원을 지어서
부처님의 은덕을 펼쳐 보여라.
모든 지금강들이
모두 그대를 호념하리라."[10)]

마치 자륜을 굴려서 서로 이루어 함께 한 몸이 되는 것처럼, 자륜과 같이 인륜신(印輪身)도 역시 그러하다. 이러한 까닭에 원경(圓鏡)만다라의 뜻을 이해할 때에 곧 비밀장 가운데 전법륜의 뜻을 이해한다. 이 법륜을 굴릴 때에 하나의 음성으로 두루 시방세계에 퍼지게 하고 중생을 경오(警悟)케 하므로 "대법라(大法螺)를 분다"고 하였다. 산스크리트음에는 보통의 글자 가운데 곧 소리의 뜻이 있고 불어서 소리낸다는 뜻이 있다. 또한 그들에게 보편적으로 듣게 한다는 뜻도 있다. "다른 혜[異慧]"는 분별망상의 혜이다. "의심하지 않는 마음[無疑心]"은 바로 의회(疑悔)가 영원히 그친 진실한 지(智)에 머무는 것이다. 진실한 지에 머물기에 반드시 사자후하여 인간과 천상에서 위가 없는 "진언행도의 법을 열어 보여야 한다." 그대가 만일

---

9) Skt. cakra. 윤보(輪寶)라고도 함. 전쟁도구로서 이를 굴려서 적을 쳐부순다. 이와 같이 부처님은 법륜을 굴려서 중생의 미혹을 깨뜨리므로 부처님의 가르침을 륜에 비유한 것이다.

10) 『경』에는 표현이 약간 다르게 나온다. "그대는 오늘부터 세상을 구하는 윤(輪)을 굴려야 하며, 그 소리 두루하게 널리 퍼지는 위 없는 법라를 불어야 한다. 다른 지혜를 내지 말아야 하며 의혹과 후회의 마음을 떠나서 세간에 훌륭한 행의 진언도를 열어 보여야 한다. 항상 이와 같은 원을 세우고 부처님의 은덕을 널리 찬탄하면 모든 지금강들이 모두 그대를 호념할 것이다."

이와 같은 원을 내어서 모든 장소와 모든 때에 정법의 큰 은혜를 갚기 위하여 부처님의 은덕을 널리 펴면 이것이 바로 여래께서 행하도록 시킨 여래의 일을 행하는 것이다. 이러한 까닭에 "모든 지금강들이 모두 그대를 호념할 것이다."

또한 너의 심왕은 초법명도(初法明道) 가운데에서 성불하여 법륜을 굴릴 때에 이미 한량 없이 많고 끝이 없는 금강지인(金剛智印)이 있어서 빙둘러 보좌하여 모두 그것을 호지한다. 하물며 비로자나께서 구경에 심왕이 성불할 때 갖게 되는 위세이겠는가! 따라서 이 법을 위하여 대정진을 일으켜야 한다.

삼매야의 게송[산스크리트본]

아디야 발라 발리 디톄바차아비이미다가라녕다
阿儞也二合鉢囉二合勃哩二合呧諦嚩瑳阿粃貳尾哆迦羅儜哆半聲
adya-prabhṛti te vatsāpi jīyita-kāraṇāt
금일로부터 저 제자들도 몸과 목숨을 아끼지 않고

아발리디야유 히살달모보리짓다말달바라
阿鉢𠸪哌夜孺二合係薩達摸菩提質多沫怛鉢囉
aparityajyo hi saddharmo bodhi-cittam ataḥ param
또한 묘법과 최승의 보리심을 버리지 않으며

망 차 리연살파달미수 살달바 나망히차자야다
莽去瑳上𠸪延薩婆達謎數上聲薩怛嚩二合曩忙係且者也多半聲
mātsaryam sarva-dharmeṣu sattvānām ahitam ca yat
일체의 법을 아끼지 않고, 또한 모든 유정을 해롭게 하지 않으며

의톄삼매야히삼발디라 계야 다 살달라소몰라 다
醫帝三昧耶係三勃臺囉引契也二合引哆引薩怛囉蘇沒囉二合哆

ete samayaḥ hi saṃbuddhair ākhyātās tava suvrata

모든 부처님께 의지하여 삼매야를 설하는도다. 그대, [계에] 잘 머물러 성취하는 자여,

예타사바　니미단락걸살　달타락걸살　이미달바　야

曳他娑嚩二合貳尾單落吃鏟平二合怛他蕗吃鏟引二合伊迷怛嚩二合也

yathā svajīvitam rakṣyam tathā rakṣyam ime tvayā

스스로의 몸과 목숨을 보호하는 것처럼 저 삼매야를 그대는 의거하며 지켜야 한다.

발라　니발니　구로　시사　실자라서유박길뎌바차라

鉢囉二合抳鉢儞二合虞嚧引始史二合室者囉絮瑜薄吉嘁嚩瑳囉

praṇipatya guroḥ śiṣyaś caraṇau bhakti-vatsalaḥ

제자는 존경하는 스승에 대하여 은근히 머리를 조아려야 한다.

아표　폐야살달　다살자만　열실지　뎨나단라단망　나

阿驃毘庚反閉耶薩坦二合多薩喇瞞二合喥室旨二合帝囊坦囉坦莽二合娜引

abhyupeyas tātaḥ sarvaṃ nisciten'ādar'ātmanī

이것에 의하여 공경함으로써 모두에게 봉사해야 한다.

불자여,[11] 그대는 지금부터
몸과 목숨을 아끼지 말고 정법을 버리거나
보리심을 여의거나 모든 법에 인색하거나
중생을 해롭게 해서는 안된다.

부처님께서는 삼매야를 설하셨으니
그대, 계에 잘 머무는 자여,
자기의 몸과 목숨을 보호하는 것처럼

---

11) 여기서 불자(佛子) 이하의 경문은 이어계(耳語戒)에 대해서 설하는 것이다. 관정을 마치고 산개행도(傘蓋行道)를 한 뒤에 이 경문을 귓전에서 밀어로 말하는 것이다. 이 경문은 삼매야의 사중금계(四重禁戒)이다.

계를 보호하는 것도 이와 같이 하라.

정성이 지극하도록 공경하여
성스러운 분의 발에 머리를 조아려야 한다.
가르침을 따라 행하는데에
의심하는 마음을 내어서는 안된다.

앞에서 '이어(耳語)[12]로 하나의 게송을 읊었다'는 것은 승기가(僧祇家)에서 육념(六念)[13]을 교수하고 살바다(薩婆多)에서 오시법(五時法)[14]을 교수하는데 이것으로써 일찍이 계를 갖추어 받았는지의 여부를 알 수 있는 것처럼, 지금 이 사계(四戒)를 갖추어 받아 마쳤으나 간략하게 계상(戒相)만을 보인 것이다. 이 [사계]는 바로 비밀장(秘密藏) 가운데 사바라이(四波羅夷)[15]

---

12) 이어계(耳語戒)를 가리킨다.

13) 비구가 숙지하고 있어야 하는 여섯 가지 중요한 사항이다. 즉 ① 염지일월(念知日月) ② 염지식처(念知食處) ③ 염지하랍(念知夏臘) ④ 염지의발(念知衣鉢) ⑤ 염동별식(念同別食) ⑥ 염신강영(念身康贏)이다.

14) 『근본살바다부율섭』 제13권(대정장 24, 599 상), 또는 『비나야송(毘奈耶頌)』 상권(대정장 24, 630 상). '작은 비구들은 큰 비구들에게 예배하여야 한다. 만약 처음 서로 보았을 때에는 하안거의 횟수와 받은 때를 묻는다. 때에는 다섯 가지 차별이 있으니, 첫째는 겨울의 넉 달을 말하고, 둘째는 봄의 넉 달을 말하며, 셋째는 우시(雨時)의 한 달을 말하고, 넷째는 종시(終時)의 하루 낮과 하루 밤을 말하며, 다섯 째는 장시(長時)의 석 달에서 하루 낮과 하루 밤을 뺀 것을 말한다.'

15) 수행승이 지켜야 할 계율 가운데 가장 중대한 네 가지 계. 이 계(戒)를 범하면 승려의 자격을 잃게 된다. ① 대음계(大淫戒)는 부정행계(不淨行戒)·비범행계(非梵行戒)·부정행학처(不淨行學處)라고도 한다. 이 계는 온갖 음행(淫行)을 금제(禁制)한 것이다. ② 대도계(大盜戒)는 불여취계(不與取戒)·투도계(偸盜戒)·취학처(取學處)라고도 한다. 이 계는 주인이 있는 어떤 물건을 훔치는 것을 금제한 것이다. ③ 대살계(大殺戒)는 살인계(殺人戒)·단인명학처(斷人命學處)라고도 한다. 수행승이 제 손으로나, 타인을 시켜서 살인하는 것을 금제한 것이다. ④ 대망어계(大妄語戒)는 망설과인법계(妄說過人法戒)·망어자득상인법학처(妄語自得上人法學處)라고도 한다. 이 계는 이익을 얻기 위하여 스스로 성인이라 하며, 성스러운 법을 얻었노라고 남을 속이는 것을 금제한 것이다. 이상은 일반적으로 비구계(比丘戒)에서 설정한 사바라이죄(四波羅夷罪)인데 밀교에서는 불성삼매야계(佛性三昧耶戒)의 입장에서 따로 사종중금(四種重禁)을 세운다. 즉 ① 불사정법계(不捨正法戒), ② 불사리보리심계(不捨離菩提心戒), ③ 불응간린법계(不應慳吝法戒), ④ 요익행계(饒益行戒)의 넷이다.

임을 알아야 한다. 예컨대 어떤 사람이 다른 사람에게 머리를 잘려서 목숨이 끊어지면 팔다리가 움직이지 못하게 되며 오래지 않아 모두 부서져 흩어지는 것과 같다. 지금 이 사바라이의 계는 진언승의 목숨이며, 또한 정법의 목숨이다. 만일 파괴하는 자는 비밀장 가운데 주검과 같아서 비록 갖가지 공덕행을 갖추어 닦을지라도 오래지 않아 부서지게 될 것이다.

제1의 계(戒)에 **"정법을 버려서는 안 된다"**고 한 것은 무엇인가? 일체여래의 바른 가르침은 모두 섭수하고 수행하며 수지하고 독송하여, 마치 큰 바다가 수백 개나 되는 하천을 거두어 들이면서도 싫어하는 마음을 내지 않는 것과 같이 해야 한다. [그러나] 만일 모든 승(乘)의 요의(了義)와 불요의(不了義)에 있어서 모든 법문에 따라 버릴려는 마음을 낸다면, 예컨대 성문승(聲聞乘)에서 작법하기에 감당할 만한 사람에 대해서는 마음을 내어 입으로 말하여 하나의 법을 버리는 데에 따라 역시 사계(捨戒)[의 죄]가 성립된다. [이러한 죄는] 구족한 [성문승의] 비니(毘尼)에서는 중수(衆數[16])에 떨어질지라도 계를 범하는 죄는 아니다. [그러나] 지금 이 비밀의 대승에서는 필경 사(捨)의 뜻이 없기에 중죄가 성립한다. 또한 이 일체법문은 모두 대비하신 세존께서 한량 없이 많은 아승기겁 동안에 쌓아 모은 것으로 보문으로 모든 중생들을 요익하게 하시고자 그것을 풀어서 설명하신 것이다. 마치 자륜의 하나라도 버릴 수 없는 것과 같다. 성문승의 사람은 하나의 일을 버림에 따라 화합의 뜻이 끊어짐으로 인하여 율의(律儀)를 상실하는데 하물며 마하연(摩訶衍, mahā-yāna, 大乘)이겠는가!

제2의 계에 **"보리심을 버려서는 안 된다"**고 한 것은 이 보리심이 보살의 만행에 있어서 대장의 깃발과 같기 때문이다. 대장이 깃발을 잃을 때에는 곧 삼군(三軍)이 패퇴하여 타승처(他勝處[17])에 떨어지므로 바라이를 범한

16) 십육지견(十六知見) 또는 십육신아(十六神我)의 하나이다. 정법을 보지 못한 사람이 오음(五陰)·십이입(十二入)·십팔계(十八界) 등의 온갖 법수가 있다고 헤아리는 것이다. 그래서 중수라 한다.

17) 바라이를 타승처(他勝處)라고 번역한다. 삿됨을 타(他)로 하고 지계를 자(自)로 한다. 삿됨 보다 뛰어난 처란 뜻이다. 처(處)란 계(戒)를 가리킨다.

것이 된다. 어떤 사람이 삼승의 법장(法藏)을 애지중지하여 마음에서 버리지 않으며 '위없는 대승의 갖가지 난행과 고행은 내가 감당할 수 없으니, 차라리 소승 가운데에서 멸도를 취해야 한다'고 생각하거나, 혹은 '나는 착한 선근을 심어 삼보를 공양하고 오래도록 인간과 천계의 복보를 받아야겠다. 위없는 보리는 보현보살과 문수보살과 모든 대인(大人)들이 행하는 것인데 지금 내가 어찌 이를 얻을 수 있겠는가!'라고 하면 이와 같은 등의 갖가지 인연이 보리의 원에서 물러나게 하고 곧 스스로 목숨을 끊게 하니 바라이죄를 범하는 것이 된다. 또한 이 보리심은 필경 물러나는 뜻이 없기에 성문법 가운데에서 삼귀의를 버리어 물러나 백의(白衣)의 외도가 되는 자와는 같지 않다. 그렇지만 부처님께서는 역시 자비로써 가엾이 여기시어 [이들에게조차 대승법 듣는 것을] 허락하시었다.

제3계의 **"모든 법에서 인색하지 말라"**는 것은 어떤 사람이 정법을 버리지 않고 보리심을 여의지 않더라도 정법에서 인색하여 기꺼이 근기를 살펴 베풀지 않으면 역시 바라이죄를 범하는 것이 되기 때문이다. 왜 그런가 하면 여래께서 세상에 나오신 연후에 이 정법이 있기 때문에, 나아가 한 구절 한 게송이라도 세존께서 신명을 바치며, 그 시종이 되고 그런 다음에 얻지 않은 것이 없다. 이것은 모든 중생들의 부모가 물려준 재산이지, 오직 한 중생만을 위한 것이 아니다. 그러한 것을 지금 몰래 자기만 갖고 있는다면 이 비밀장 가운데에서 삼보의 재물을 훔친 것과 동일하다.

간략하게 법을 설하는 데에 네 가지가 있으니 이른바 삼승과 비밀승이다. 비록 인색하지 않더라도 중생을 관찰하여 그 근기를 헤아린 다음에 주어야 한다. 만약 늘 그렇게 모든 심비한 일만을 말하게 되면 의혹이 생겨나 그들의 선근을 끊게 하니 이것이 바로 제4의 계 가운데에서 바라이죄를 범하는 것이다. 언제나 [법의] 재물을 아끼기만 하고 [타인에게] 베풀려고 하지 않는다면 열 가지 방편계(方便戒: 십중금계)를 범하는 것이 된다. 뒤의 품18)에서 이것을 설명할 것이다.

제4계에 **"모든 중생들에게 요익하지 않은 행을 짓지 말라"**는 것은 바로 사섭(四攝)과 서로 어긋나는 법이다. 사섭은 보살의 구계(具戒) 가운데 네 가지 의지처이다. 처음에 계를 받을 때에는 먼저 이 차난(遮難[19])을 열어 보여야 한다. 만약 봉행할 수 있는 자라면 바야흐로 이 계를 수여하여라. 봉행할 수 없으면 마하살타(摩訶薩埵)가 아니므로 받을 수 없다. 그러한 이유는 보살이 일체지심(一切智心)을 발하는 근본이 두루 모든 중생들을 섭수하기 위한 것이며, 삼승으로 하여금 도에 들어가는 인연을 짓게 하려고 함이기 때문이다. 그러나 지금은 도리어 사섭과 서로 어긋나는 법을 지어서 중생의 도를 장애하는 인연을 일으킨다. 모든 중생들은 또한 자륜의 체와 동등하여 서로 여읠 수 없기에 낱낱 중생의 선근을 훼손하거나 그들에게 요익한 행을 버림에 따라 바라이죄를 범하게 된다. 예를 들면 성문법 가운데 칠중(七衆[20])에서 한 부류의 사람이 빠지면 곧 화합[승단]을 이루지 못하기에 구족한 율의를 잃는 것과 같다. 단지 번뇌의 마음을 따라 음행・도적질・살생・거짓말 등을 지었더라도 아직 저 삼승의 훌륭한 연을 손상시킨 것은 아니다. 마치 성문법 가운데 투란차(偸蘭遮[21])의 죄와 같

---

18) 본경 제6권 「수방편학처품」 제18을 가리킨다(대정장 18, 39).

19) 소승에서 구족계(具足戒)를 받아야 하는 자격을 정하는 규정의 두 부류. 차(遮)는 계를 받기에 적당하지 않기 때문에 멈추는 것을 말하며, 난(難)은 그 자체가 악으로 수계할 만한 인물감이 되지 못한다고 하는 것을 말한다. 십육차(十六遮)와 십삼난(十三難)이 대표적인 것이다.

20) 불법을 믿고 불도를 행하는 사람들의 집단. 불(佛)・법(法)・승(僧) 삼보에서 승보가 바로 사부대중 또는 칠부대중이 화합하여 성립되는 승가(僧伽)를 뜻한다. 이 승가의 중심을 구성하는 것은 비구와 비구니, 그 중에서도 특히 비구중(比丘衆)이다. 보통은 출가의 비구・비구니・사미・사미니를 사중(四衆)이라 하고 재가까지 포함한 불교교단 전체를 칠중(七衆)이라 한다. 또 비구승가와 비구니승가를 합해서 양승가(兩僧伽)라 하고, 이부중(二部衆)・이중(二衆)이라고도 한다.

21) 팔리어로 thullaccaya 혹은 tūlaccaya. 또는 투란차야(偸蘭遮耶)・투라차(偸羅遮)・살투라(薩偸羅)・토라차(土羅遮)・솔토라(窣吐羅)라고도 하며 간략히 칭하여 투란(偸蘭)이라 한다. 범어로 stūlātyaya이며 음역하여 솔토라디야(窣吐羅底也)이다. 의역하면 대죄(大罪)・중죄(重罪)・조죄(粗罪)・조악(粗惡)・조과(粗過)・대장선도(大障善道)이다. 부처님께서 제정한 육취(六聚) 또는 칠취(七聚) 가운데 하나의 계이다. 방사죄(方使罪)・미수죄(未遂罪)를 말한다. 뜻은 추악한 죄라는 뜻이다. 바라이죄나 승잔죄(僧殘罪)에 이를 수 있는 죄를 말한다. 즉 중한 죄를 지을 방편으로서 선근을 끊고 악도에 떨어지게 하는 것이다.

아 방편학처(方便學處)[22] 가운데 섭수된다.

다음 이하는 아사리를 가르쳐 훈계하는 말이다.

"부처님께서 삼매야를 설하셨다."

산스크리트본에 겸하여 이 글자가 있다. 이른바 시방삼세의 부처님께서 함께 이 삼매야를 설하셨는데 동일한 하나의 진실한 도를 행하실뿐 다시 다른 길이 없으므로 지금 만다라 가운데에 모두가 집회하여 현재에 증험하신다. 산스크리트로 소몰라다(蘇沒囉多, suvarata)라고 하는 것을 번역하면 '계에 잘 머무는 자[善住戒者]'가 된다.[23] 그 삼매야에 잘 머묾으로 해서 또 '계에 잘 머무는 자'라고 하니, 곧 다른 문[24]으로서 불자의 이름을 말한다.

'그대가 부모로부터 태어난 몸과 목숨을 지키는 것처럼 지금 이 법신의 혜명을 사랑함도 또한 이와 같이 해야 한다. 그대가 지금 계를 갖추어 받고 나서 지성으로 그 모든 존께 예를 올리되 물러나서는 안된다. 지금 이후부터 짓는 것은 모두 진언의 가르침을 의지하여 말한 바대로 행해야 한다. 저 새로 계를 받는 자와 마찬가지로 모든 사업을 하기 전에 먼저 스승께 여쭈어야 한다. 졸렬한 마음으로 전횡하여 사악한 마음이나 의심스러운 마음을 생기지 말도록 하라.'

또 다음에 아사리는 지명장(持明藏) 가운데 이부(二部)의 계본(戒本)을 설하라. 하나하나 모두가 진언이니 이로써 모든 사업을 성취할 수 있다. 여래께서는 이 [진언]으로써 모든 제자를 가지하시기 때문에 지금 이 가운데 모든 게송도 역시 그러하다. 작법할 때에는 산스크리트본을 송해야 하며 겸하여 자의문(字義門)으로써 이를 자세히 해석하라.

---

22) 방편죄(方便罪)를 가리키는 것으로 보인다. 즉 근본죄의 반대로서 비교적 가벼운 죄이다. 보살은 중생을 구하기 위한 방편으로서 죄를 만드는 경우가 있다. 그러나 죄업이 성립하기 전에 스스로 멈춘다.

23) "경』의 "그대는 계에 잘 머물러야 한다. 자신의 신명을 보호하는 것과 같이 계를 지키는 것도 마찬가지이다"는 구절에 대한 해석이다.

24) 다른 명칭이란 뜻이다. 즉 불자(佛子)를 부르는 이명(異名)으로써 '계에 잘 머무는 자'라 부른다.

41. 만다라에 들어가는 공덕

"이때에 금강수가 부처님께 말씀드렸다. (…중략…) 부처님 세존과 동일하게 보기 때문입니다."[25)]

이미 구족계를 받았으니 진언문 가운데 무작(無作)의 공덕을 밝힌다. 성문법 가운데에는 만일 구족계를 받아 마치면 예컨대 음행・도둑질・살생・거짓말 등과 같은 낱낱의 학처에 각기 삼천대천세계 낱낱의 중생이 머무는 곳에서 모두 무작공덕을 얻어 복의 시냇물이 목숨이 다할 때까지 흘러내린다. 나아가 술을 마시지 말라는 계는 모든 중생들이 술을 마시는 것에서 모두 무작의 공덕을 일으킨다. 살아있는 것을 파괴하고 땅을 파지 말라는 계는 모든 초목과 금강제(金剛際)로부터 이래 낱낱의 티끌에 있어서 각기 무작의 공덕을 일으킨다. 이 인연으로써 모든 번뇌를 갖춘 범부라도 무학성인과 함께 공양을 받을 수 있는 부류에 속할 수 있고 성스러운 사업에 참여할 수 있다. 지금 이 비밀장[26)]에서는 처음의 계로써 시방삼세의 모든 정법장 가운데에서 모두 무작의 공덕을 일으킨다. 제2의 계

---

25) 『경』의 본문은 다음과 같다. "이때에 금강수가 부처님께 말씀드렸다. "세존이시여, 만약 어떤 선남자 선여인이 이 대비장생대만다라왕(大悲藏生大漫荼羅王)의 삼매야에 들어간다면 그들은 얼마만큼의 복덕을 획득하게 됩니까?" 이와 같이 말씀드리자 부처님께서는 금강수에게 말씀하셨다. "비밀주여. 초발심에서부터 여래가 되기에 이르기까지의 온갖 복덕의 덩어리와 이 선남자 선여인의 복덕은 같다. 비밀주여. 이 법문으로써 이와 같이 알아야 한다. 그 선남자 선여인은 여래의 입에서 태어난 불심(佛心)의 자녀들이다. 만약 이 선남자 선여인이 있는 곳이면 부처님께서 계시면서 불사를 베푸신다. 그러므로 비밀주여. 만약 부처님께 공양하려고 한다면 이 선남자 선여인을 공양해야 한다. 만약 부처님을 뵙고자 하거든 그들을 관해야 한다." 이때에 금강수 등 상수의 집금강과 보현 등 상수의 모든 보살들은 한소리로 말씀드렸다. "세존이시여, 저희들은 지금부터 이후에는 이 선남자 선여인을 공경하며 공양할 것입니다. 어찌한 까닭인가 하오면 세존이시여, 그 선남자 선여인을 부처님 세존과 동일하게 보기 때문입니다.""

26) 성문(聲聞)의 계와 비교해서 무작(無作)의 한계가 크고 적음을 밝힌다. 지금 이 계는 삼천대천세계로 한정할 것이 아니라 시방삼세에 항상하며 공덕이 광대하는 뜻을 밝히고 있다.

로 말미암아서 시방삼세의 모든 보살의 행 가운데에서 모두 무작의 공덕법을 일으킨다. 제3의 계로 말미암아서 시방삼세의 모든 사람을 제도하는 문에서 모두 무작의 공덕을 일으킨다. 제4의 계로 말미암아서 시방삼세의 모든 중생들과 사섭사(四攝事) 가운데에서 모두 무작의 공덕을 일으킨다. 오직 한 시기로써 한정하거나 삼천[대천세계]를 경계로 삼는 것이 아니다.

또 성문의 모든 율의(律儀)는 인연의 조작으로서 마침내는 무여열반에 이르고 재[灰]마저도 끊어진 데에 돌아간다. 지금 이 보살의 율의는 본래 일체지(一切智)로부터 생겨나 마침내 살바야(薩婆若, sarva-jñāna, 一切智)의 바다로 나아가니 본말이 궁극적으로 동등하여 모두 금강과 같다. 또 성문법 가운데에는 비록 번뇌를 갖추어 학(學)·무학(無學) 등의 계위가 같지 않아도 발(發)하는 무작(無作)의 율의는 우열의 차이가 없는 것처럼, 지금 이 보살의 율의도 역시 이와 같다. 비록 최초로 발심한 이래로 내지 사십이지(四十二地)의 계위가 같지 않더라도 일시에 법계에 두루하여 무작의 선근을 일으키면 여래와 더불어 다시 늘거나 줄어드는 차이가 없게 된다. 또한 처음으로 발심할 때의 온갖 공덕처럼 여래와 동등할지라도 이로부터 이후에 한량 없이 많은 아승기겁을 경과하면서 일념 가운데 항상 지극하게 정진하면 점차 깊어지고 점차 확대되니 불가사의하다. 이러한 뜻이기에 이름하여 비밀장 가운데의 무작의 공덕이라 하였다.

그래서 경에, **"금강수가 여쭈었다. "이 선남자 선여인이 이 대비장생대만다라왕(大悲藏生大漫荼羅王)의 삼매야에 들어간다면 얼마만큼의 복덕을 획득하게 됩니까?" 부처님께서는 말씀하셨다. "초발심에서부터 여래가 되기에 이르기까지의 온갖 복덕의 덩어리와 이 선남자 선여인의 복덕은 같다"**고 하는 것이다. 이 복은 모든 중생들이 생각으로 분별할 수 있는 것이 아니다. 오직 모든 부처님만이 이것을 아실 수 있다. 지금은 단지 그 입처(入處[27])를 보여 온전한 뜻을 알게 하기 위한 까닭에 이 법문은 응당 이와 같음을 알아야 한

---

27) 입처(入處)란 법문(法門)의 뜻이다. 법의 이치에 출입하는 곳이기 때문에 이렇게 부른다.

다고 하였다. 비유하면 전륜왕[輪王]의 태자가 [어머니의] 태장 속에 있을 때에 이미 사천하를 지니어 복덕이 줄어들지 않는 것과 같다. 팔부(八部) 무리의 신들이 모두 그를 으뜸으로 존경하는데 하물며 관정위를 이어받았을 때의 이익됨에 있어서이겠는가! 그래서 부처님께서 말씀하시길, 그로 말미암아 갖게 되는 복덕의 덩어리는 여래와 동등하기 때문에, **"이는 바로 부처의 입에서 태어난 불심(佛心)의 자녀들이다. 그들이 있는 곳이면 부처님께서 계시면서 불사를 베푸신다"**고 하셨음을 알아야 한다. 마치 성문경(聲聞經) 가운데에 부처님께서 '사리불이 유행하는 바에 따라 그 방면에서 나에게는 할 일이 없다'고 말씀하신 것과 같다. 모든 중생들이 여래께 공양하고 친근하는 이유는 다함 없는 복혜(福慧)를 출생시키기 때문이다. 그러므로 지금 이 선남자와 선여인이 갖는 복덕의 덩어리는 여래와 똑같다. 이러한 까닭에 세존께서는 대비로써 모든 중생들에게 **"만약 부처님께 공양하려고 한다면 이 선남자 선여인을 공양해야 한다. 만약 부처님을 뵙고자 하거든 그들을 관해야 한다"**고 부촉하시었다. 처음으로 세속적 입장에서의 진리[世諦]의 만다라에 들어갈 때 갖는 복덕의 덩어리는 여래와 똑같을 뿐만 아니라, 처음으로 유가심비밀의 만다라에 들어갈 때 갖는 복덕의 덩어리도 역시 여래와 동등하다. 나아가 자세히 말하면 낱낱 지위의 만다라에 들어갈 때에 생기는 복덕의 덩어리가 모두 다 여래와 동등하다. 이 가운데에는 차별이 있기도 하며 차별이 없기도 하다.[28] 이와 같은 금강계[29]를 보기 때문에 금강수(金剛手)라 부르며, 이와 같은 법계를 보기 때문에 보현(普賢)이라 부른다. 그러므로 이 상수의 성존과 모든 금강보살의 대중이 다 함께 같은 목소리로 설하여 말하길, **"저희들은 지금부터 이후에 이 선남자 선여인을 공경하며 공양할 것입니다. 왜냐하면 부처님 세존과 동일하게 보기**

---

28) 만일 외형적으로 드러난 용(用)의 입장이라면 차별이 있고, 내증(內證)에 근거한다면 차별이 없다.

29) 만다라의 공덕은 한량 없고 끝없을지라도 그 체는 이(理)·지(智)에 불과하다. 금강계의 지법계(智法界)란 이(理)를 의미한다.

때문입니다"라고 하였다. 예컨대 전륜왕을 보좌하였다면 전륜왕의 종성에 대해 잘 알기 때문에, [전륜왕이] 세간에 나온다면 이롭게 하는 것이 많이 있을 것이라는 것을 미리 알고, 칠보(七寶)[30]가 항상 은몰하지 않게 하기 위해서 모두 지성으로 태중의 태자에게 예경하고 그를 위호하는 것과 같다. 이것은 일부러 지어서 하는 말이 아니다. 『구혜경』[31]에 이르기를, '아사리는 앞에서 설한 것처럼 호마를 짓고 나서 청정한 물로 모든 제자의 정수리 위에 뿌리며 널리 만다라의 위(位)를 보여라. 그 대인(大印)과 명왕의 진언을 가르치며, 한 곳에 앉아서 이를 지송하게 하라. 다음에 향과 꽃으로 본존과 다른 모든 존께 공양하도록 가르치고 마지막에 차례대로 앉히며, 스승이 스스로 『반야경』을 독송하여 그들이 듣게 하라. 다음에 모두를 위해 삼매야계를 설하라.

"너희들은 오늘부터 항상 삼보와 모든 보살과 모든 진언존을 공경하고 공양하라. 마하연경[대승경]에 대해 항상 믿음과 이해를 내어라. 무릇 모든 삼매야계를 받는 자를 보거든 사랑하고 좋아하는 마음을 내어야 한다. 존자가 계신 곳에서 언제나 공경을 일으키고 모든 존에 대해서 혐오하고 원망하는 마음을 내거나 외도의 경서(經書)를 믿고 배워서는 안된다. 무릇 와서 [법을] 구하는 자가 있으면 능력껏 베풀어라. 모든 유정에게 언제나 자비를 일으키고 모든 공덕을 정성스러운 마음으로 닦아 익혀라. 언제나 대승

---

30) 윤보(輪寶)·상보(象寶)·마보(馬寶)·주보(珠寶)·여보(女寶)·주병보(主兵寶)·주장보(主藏寶)이다.

31) 『유희야경』「분별호마품」(대정장 18, 771 상중). '다음에 모든 제자들에게 차례대로 앉도록 가르치고 [스승이] 스스로 반야경을 독송하여 그들이 듣게 하라. 다음에 그들 모두를 위해서 삼마야계를 설해주어라. "너희들은 지금부터 언제나 삼보와 모든 보살과 모든 진언존을 공경하고 공양하라. 대승경에 대해 언제나 뛰어난 이해를 내어야 한다. 무릇 모든 삼보를 보거나 삼마야계를 받는 자를 보거든 사랑하고 좋아하는 마음을 내어야 한다. 존자가 계신 곳에서 언제나 공경을 일으키고 모든 천신에 대해 성내거나 혐오해서는 안되며 반드시 공양하여야 한다. 저 외도의 가르침은 믿거나 배워서는 안되고, [법을] 구하러 오는 자에게는 능력껏 베풀어라. 모든 유정에게 언제나 자비를 일으키고 모든 공덕을 부지런히 구하여 닦아 익혀라. 언제나 대승을 좋아하며 진언행[明藏行]에서 항상 부지런히 정진하며 진언을 지송하라. 경전의 진언장에서 [설하는] 비밀한 법인 진언과 인계는 삼마야계를 받지 않은 자에게 설해주면 안된다."'

을 좋아하며 진언행에서 게으르지 말라. [밀교에는] 비밀한 법이 있는데 삼매야[계를 받지] 않은 자라면 [그를] 위해서 설해주면 안된다'"라고 하였다.

대략 이와 같으며 나머지는 「공양법」[32]의 초품 중에서 자세하게 밝힌 바와 같다. 이와 같이 교수하고 나서 각각에게 그 본존의 진언과 인이 속한 부(部)를 보여주고, 아울러 본만다라를 해설하여라. 그런 다음에 최후의 호마를 지어라. 호마를 마치면 다시 여법하게 호신(護身)하고 모든 방향에 음식을 베풀어라. 베풀고 나면 손을 씻고 쇄정(灑淨[33])하여 모든 제자를 위하여 향과 꽃 등으로써 차례대로 모든 존께 공양하고 성심으로 정례드리며 아울러 환희하시기를 간청하라. 다시 알가를 들고 각각[의 존]에게 본진언으로써 법다웁게 발견(發遣)하라. 혹은 본 가르침에 의거하거나, 혹은 만다라주(漫荼羅主)의 진언으로써 일시에 발견하는 것은 청법하는 것에 준하여 동일하게 하라. 공양 올렸던 모든 음식은 언제나 가난한 사람에게 베풀어야 하며, 개나 까마귀 등에게 주어서 먹게 하지 말아야 한다. 갖고 있는 재물은 아사리가 가져다가 뜻대로 수용하여야 한다. 만일 사용할 수 없으면 삼보에 보시해야 한다. 일산·불자(拂子) 등은 부처님께 보시하고 바르는 향·소향 등은 법에 보시하며, 옷·병·그릇 등은 부처님과 사방승가(四方僧伽)에 베풀어라. 사방승가가 없다면 칠중(七衆)에 시여한다. 그 제자는 일부분이라도 그것을 사용해서는 안된다. 만일 사용하면 삼매야계를 범하는 것이다. 저 [『구혜경』][34]에서 자세하게 설명한 것과 같다.

---

32) 『대일경』 제7권 「진언행학처품(眞言行學處品)」 제1(대정장 18, 45).

33) 향수를 뿌려서 정화하는 뜻. 곧 인계와 진언으로 향수를 가지하고 이를 뿌려서 도량이나 공양구 등을 청정하게 하는 정화법이다. 쇄정(灑淨)은 쇄수(洒水)·쇄수(灑水)라고도 한다.

34) 『유희야경』 「호마품」(대정장 18, 772 상). '음식은 가난한 어린이에게 베풀어야지 개나 까마귀 등 하천한 새에게 주어서는 안된다. 만다라에 모인 재물은 그 아사리가 받아서 뜻대로 수용해야지 도로 제자에게 주어서는 안된다. 그 제자가 만일 그 재물을 사용하면 삼마야를 범하게 된다. 그러므로 그 재물은 아사리가 사용해야 한다.'

42. 대력대호(大力大護)의 진언

"이때에 비로자나세존께서는 다시 모든 대중들을 관찰하시고 집금강비밀주[와 모든 지금강자 및 대중]들에게 말씀하셨다"라고 한 것부터 이하는 만다라의 법사를 행하는 때와 필요한 진언의 지분을 밝혔다. 아사리가 의당 잘 이해하고 있기 때문에 다음에 이것을 설한다. [세존께서] 여래의 어밀장(語密藏)을 나타내보이시려는 까닭에 다시 두루 대중을 관하시면서 이를 가지하셨다. 예컨대 생신불(生身佛)께서 성심으로 진실한 말씀을 하시려할 때에는 광장설상(廣長舌相)[35])을 보여서 그 얼굴을 두루 덮으시고 제도해야 할 자에게 말씀하시기를, "그대는 경서 가운데에서 자못 이와 같은 상호를 갖춘 사람이 허망한 말을 한 것을 본 일이 있는가?"라고 하시는 것과 같다. 또한 마하연[경]에서는 긴 혀[長廣舌相]를 내보여서 두루 삼천세계를 덮는다고 하였다. 지금 세존께서 장차 여래의 평등한 언어를 설하시고자 이 어륜이 가로·세로로 모두 일체법계에 두루함을 밝히셨다. 그래서 "광장어륜상(廣長語輪相)"이라고 하였다. 이 상(相)이라는 글자는 산스크리트본에서는 바로 만다라라고 한다. 앞에서 이미 보문의 신만다라(身漫荼羅)를 열어 보였는데 지금 다시 보문의 어만다라(語漫荼羅)를 드러내어 보이신 것은 마치 여의주가 적연하고 무심하며 또한 일정한 모습이 없더라도 널리 일체에 응하여 그 마음이 기뻐하도록 맞추어주는 것과 같다. 그래서 교색마니(巧色摩尼)라 이름한다. 교색마니의 몸에서 교색마니의 언어를 내고 교색마니의 마음을 보여서 두루 법재(法財)를 비처럼 뿌려서 법계 중생의 갖가지 바라는 원[希願]을 채운다. 이와 같이 사물에 응하는 자취가 언제나 시방삼세에 두루하여 한량 없이 많은 문으로서 온갖 덕의 뿌리를 심어 끝날 때가 없다.

---

35) 또는 대설상(大舌相)이라 한다. 삼십이상(相)의 하나로서, 넓고 얇고 보드라운 부처님의 혀 모양이며, 이는 허망한 말을 아니함을 나타내는 상(相)이다.

"침해받지 않는 행에 머문다"고 하는 것은 바로 이 모든 사업 가운데에서 모두 다 재앙으로 남을 수 없고 파괴할 수 없다는 뜻이다. 그래서 "삼세에 비할 바 없는 힘을 가진 진언구(眞言句)"라 부른다. 이것은 바로 통틀어 모든 진언이 출생하는 곳을 설한 것이다. 뒤의 문장에서 밝히는 대력대호(大力大護) 등이 바로 여의주륜(如意珠輪)으로부터 출생하는 근기에 맞는 적용이다. 이때에 모든 대중들은 마음 그릇이 순수하게 청정하며, 또 여래의 부사의한 가지에 힘입어 대법을 받아 감당할 수 있음을 스스로 알아서 곧 그때에 한량 없이 많은 문[36]으로써 각기 모두 함께 같은 소리로 부처님께 청하여 말하길, "세존이시여, 지금이 바로 그때입니다. 선서시여, 지금이 바로 그때입니다"라고 하였다. 산스크리트본에 의거하면 앞의 때[時]는 가라(迦羅, kāla)라고 하는데 이는 긴 시간의 때이다. 예컨대 일년에 세 부분 등이 있는 경우이다. 뒤의 때[時]는 삼마야(三摩耶, samaya)[37]라고 하는데 이 시(時) 가운데 소시(小時)이다. 주야육시(晝夜六時) 가운데 또 다시 소분(小分) 등이 있는 것과 같다. 어떤 사람이 '지금은 바로 봄농사를 지을 시기인데 우연히 단 비가 내리니 이 시기에 맞추어 씨를 뿌려서 그 기회를 잃지 말아야 한다'고 하는 것과 같기에 거듭 그것을 말씀하셨다.

"이때에 세존께서는 이미 청을 받으시고서 장차 대력대호의 명비(明妃)를 설하시어 모든 원을 채우시고자 넓고 긴 혀의 모습[廣長舌相]을 내어서 두루 일체의 불국토를 덮으시고 청정법당고봉관(淸淨法幢高峯觀)삼매[38]에 머무시었다."[39]

---

36) 대중 각자의 성욕(性欲)에 순응하는 삼마지법문의 갖가지 상을 의미한다.

37) samaya는 밀교에서 보통 본서(本誓)를 의미하지만, 다른 의미로 시(時)·중회(衆會)·일치(一致)·규칙(規則)·교리(敎理)를 나타낸다. 일반적으로 대부분 시(時) 또는 일치(一致)의 뜻으로 쓴다. 고대인도에 시(時)에 관한 두 명칭이 있는데 하나는 가라(迦羅, kāla)이고 또 하나는 삼마야(三摩耶)이다. 가라(迦羅)는 긴 시간의 시(時)를 표시하는데 일년을 세 등분으로 나누는 것 등이다. 이에 반해 삼마야는 시 가운데 소시(小時)를 표시하니 하루를 나누어 주야육시(晝夜六時)로 하는 것과 같다. 육시를 다시 소분(小分)으로 나눈다.

38) 정보리심(淨菩提心)에 안주한다는 뜻이다.

39) 해당되는 경문은 약간 다르다. "이때에 비로자나세존께서는 온갖 원을 채우시고자 넓고 긴 혀의 모습을 나타내시어 두루 모든 불국토를 덮으시며, 청정법당고봉관삼매(淸淨法幢高峰觀三昧)에 머무시었다. 부처님께서 선정에서 깨어나시자 이때에 일체여

이 가운데 "내어서[出]"라고 말한 것은 산스크리트본을 바르게 번역하면 '발생(發生)'이라고 해야 한다. 구역에서는 또한 '분신(奮迅)'이라고 하였다. 이 "넓고 긴 혀의 모습을 내었다"는 것은 바로 여래의 큰 신통력을 분신하여 시현하신 것을 회의(會意)하여 말한 것이다. 이 삼매는 여래의 넓고 긴 혀의 모습이 모든 불국토에 편만한 교색마니의 보문대용(普門大用) 가운데에서 가장 상수(上首)가 되니 마치 대장의 깃발과 같기에 "청정법당(淸淨法幢)"이라고 한다. 산스크리트로 다바자(馱嚩二合若, dhvaja)라고 하는 것을 번역하면 당(幢)이 된다. 산스크리트로 계도(計都)도 번역하면 기(旗)라 하는데 그 모습이 조금 다르다. 당은 단지 갖가지 다양한 색의 비단으로 표치(摽幟)하고 장엄한다. 계도의 모습도 역시 대략 같지만 다시 깃발의 비밀한 이름을 붙인다. 예컨대 병가(兵家)에서는 거북이·용·날짐승 등의 갖가지 유형을 그려 만들어 이로써 삼군(三軍)을 절도있게 하는 것과 같다. 어떤 번역가는 당(幢)이라 번역하기도 한다. 그래서 이것을 합하여 말했다. 만일 온전한 산스크리트본이 남았다면 청정법당기(淸淨法幢旗)라고 말했을 것이다. 대장이 높은 봉우리 위에 당기를 건립하고 미리 산천에 의탁하여 엎드려 있는 적군의 정황을 살펴보고 백만의 군사를 지휘하여 그 움직이고 멈춤을 말 한마디에 따르게 하고 마음대로 이합집산케 하니 이 [깃발]로써 싸우면 반드시 이기고, 이로써 공격하면 반드시 뺏는다. 만일 우둔한 장수라면 형세 판단에 어둡고, 또한 당기를 잃으면 사람들이 각기 다른 마음을 갖게 되어 패퇴하며 발뒤꿈치조차 돌리지 못하는 것과 같다. 이와 같이 정보리심 만행의 당기도 역시 이와 같아서 [진언행을 하는 보살이] 중도제일의제(中道第一義諦)의 산 위에 머물러 편안하여 흔들림이 없이 건행삼매(健行三昧)로써 시방을 잘 관찰하여 무량하게 제도하는 방편문에서 종성(種姓)의 우열과, 응하는 바의 용처(用處)와, 모든 지(地)의 통하고 막힘과 도를 장애하는 연을 모두 보기 때문에 한량 없이 많은 공덕을 섭지(攝持)하여 두루 모든 중생들을 보호하고

래가 법계에 편만하여 다함없는 중생의 세계를 애민(哀愍)하시는 소리를 발하시며, 이 대력대호명비(大力大護明妃)를 송하셨다."

무릇 해야 할 바에 방해받거나 파괴됨이 없다.

이때에 세존께서 이와 같이 생각하시었다. '내가 처음으로 뜻을 낸 이래로 언제나 이 용건한 보리심으로써 정법과 중생을 호지하고, 갖가지 난행과 고행을 겪는 가운데 마치 금강처럼 물러나지 않은 것은 바르게 이와 같은 삼매를 성취하여 두루 시방의 모든 불국토를 보호하기 위해서였다. 지금 내가 바라는 것은 모두 이미 만족하였고, 지어야 할 바를 짓는 것은 지금이 바로 그때이다'라고 하셨다. 곧 그때에 널리 일체여래의 법계에 두루하여 중생계를 남김없이 애민하시는 음성을 내시어 이 지명의 법구를 설하시었다.

'내가 말한 것이 진실하여서 헛되지 않다면 그 진언을 지송하고 닦아 익힐 때에 그 세력이 나와 아무런 차이가 없게 될 것이다.' 그래서 "대력대호"라 부른다.

[선무외]아사리가 말하길, '명(明)이란 대혜광명(大慧光明)의 뜻이다. 비(妃)란 산스크리트로 라서(囉逝, rājñī)40)라 하는데 바로 이 왕(王)이라는 글자를 여성(女聲)으로 지어서 부르기 때문에 [불법을] 전하는 자가 뜻으로써 말하여 비(妃)라 하였다. 비(妃)란 삼매의 뜻으로 이른바 대비태장삼매(大悲胎藏三昧)이다. 이 삼매는 모든 불자(佛子)의 어머니이다. 이 불자는 바로 청정법당의 보리심이다. 예컨대 저 태장이 처음 가라라(歌羅羅, kalala)에서 비롯될 때로부터 함장하고 덮어 보호하여 갖가지 원인과 조건에 의해 손상되지 않게 하고, 점차로 증장시켜 태어나게 한 다음 길러내고 정성스런 마음으로 보호하며 젖을 먹여 기르는 것과 같다. 이러한 까닭에 어머님의 은혜가 가장 깊어 그 은덕을 갚기 어렵다고 말하는 것이다.'

"이 삼매로부터 일어난다"고 하는 것은 들어가고 머물고 나올 때 모두가 부사의법계이다. 움직이고 고요함에 서로 장애되고 퇴실하고 간극(間隙)의 때[時]가 있는 세간의 선정과는 같지 않다.

---

40) 왕후(王侯)를 의미하는 남성형(男聲形) rājan의 여성형(女聲形)이 rājñī이다.

나모 살바달타 가데베 살바패야미가데베 미습바 목계베

南麼 薩婆怛他引蘖帝弊毘也反一薩婆佩野微蘖帝弊二微濕嚩 目契弊三

살바타함 캄라흘사 마하미려 살바달타가다

薩婆他唅四欠羅吃沙 摩訶沫麗五薩婆怛他蘖多六

분니야 이 사뎨 훔훔

奔呢也 儞入闍帝七𤙖𤙖八

달라걸달라걸 아발라디 하뎨 사바하

怛囉磔怛囉磔 阿鉢囉底 訶諦 莎訶[41]

첫 구절은 모든 여래께 귀명함이다. 다음 구절에서는 모든 장애와 공포 등을 없애시는 여래의 대력대호(大力大護)의 덕을 찬탄한다. 또 다음 구절은 한량 없이 많은 법문을 찬탄한다. 비습바(毘濕嚩, viśva)는 또한 '교묘하다'는 뜻이다. 이른바 한량 없이 많은 교도문(巧度門)이다. 바로 이 법당고봉관삼매(法幢高峰觀三昧)의 보문의 업용(業用)이다. 지금 이 명비를 설하고자 하기에 먼저 일체여래의 이와 같은 공덕에 귀경하는 것이다. 다음 살바타(薩婆他, sarvathā)라고 하는 것은 모든 부처님의 이와 같은 공덕을 모두 가리킨다. 동등하게 하나의 자문에 들어가게 하고자 하기 때문이다. 다음에 함캄(唅欠)의 두 글자가 있는데 바로 이 진언의 체이며, 또한 종자라 부른다. 이하의 모든 구절은 다 이 두 자문을 돌려 해석한 것이다. 하(訶)자는 인(因, hetu)의 뜻이니 대승의 인(因)이란 바로 보리심을 말한다. 모든 인은 본래 생겨남이 없으며 나아가 인연을 여의었기에 이름하여 정보리심이라 한다. 정보리심은 성불의 참된 인으로서 정법 깃발의 종자이다. 위에 공점을 찍으면 입증(入證)의 뜻이므로 소리를 돌려서 함(唅)이라고 말한다. 카(佉)는 대공인데 위에 점을 찍으면 소리를 돌려서 캄(欠)이라 한다. 즉 이 대공을 증득함을 반야불모(般若佛母)라 부른다. 바로 이 명비(明妃)라는 뜻이다. 이 허공장 가운데에서 참된 인의 종자를 함양(含養)하니 이는 바로 대호(大護)라는 뜻이

41) Skt. Namaḥ sarva-tathāgatebhyaḥ sarva-bhaya-vigatebhyaḥ viśva-mukhebhyaḥ sarvathā haṃ khaṃ rakṣa-mahā-bale sarva-tathāgata-puṇya nirjāte hūṃ hūṃ traṭ traṭ apratihate svāhā.

다. 또 다음으로 카자문(佉字門)은 마치 허공이 필경 청정하여 존재하는 것이 없는 것과 같으니, 이것은 바로 고봉관(高峰觀)삼매에서 대상이 되는 경계이다. 하(訶)자는 보리의 깃발[菩提幢]이며, 또한 자재력이다. 이 두 글자가 상응하기 때문에 대장이 적들을 부술 수 있는 것과 같다. 또 하(訶)자문은 보리심의 보배이다. 카(佉)자문은 허공장과 화합하기 때문에 교색(巧色)의 마니(摩尼)를 이루어 모든 바라는 원을 채운다. 지금 이 진언 가운데에는 이 캄(欠)자가 빠졌는데 뒤의 문장에는 제대로 있다.

다음 구절에 라걸차(囉乞叉, rakṣa)란 옹호(擁護)라는 뜻이다. 예컨대 사람이 액난을 두려워하여 힘 있는 대인(大人)을 믿거나, 혹은 높은 성과 깊은 연못의 견고함을 얻으면 곧 태연해져서 걱정하지 않는다. 그래서 모든 원적이 갖가지의 방편으로 [해치려] 할지라도 이를 어떻게 할 수 없는 것처럼 수행하는 사람도 역시 그러하다. 보리심의 왕에 의지하고 기대어 반야의 태장으로써 성곽을 삼으면 마치 허공을 부술 수 없는 것과 같으니 바로 앞의 뜻을 돌려 해석한 것이다.

다음 구절의 마하미려(摩訶沫麗, mahā-bale)를 번역하면 대력(大力)이다. 하(訶)자의 보리심 가운데에 일체여래의 힘을 구족한다. 지금 카(佉)자와 합하기 때문에 모든 계박을 풀고 또한 걸림이 없는 것이 마치 허공 가운데에서 바람이 자재롭게 부는 것과 같으므로 대력이라 이름하였다. 또 하(訶)자의 자재력과 카(佉)자의 한량 없이 많은 교도문(巧度門)이 합하여 마치 기운센 장수가 천 가지의 기능을 갖추고, 이 때문에 많은 사람이 이길 수 없는 것과 같으므로 대력이라 부른다.

일곱 번째의 구절은 이 대력이 말미암은 바를 해석한다. 그래서 "일체여래의 공덕으로부터 생겼다"고 하였다. 그 뜻을 말하면 다음과 같다. 이 크게 견고한 힘은 본래 모든 부처님의 금강종성(金剛種性)에서 생긴다. 또 한량없이 많은 겁 이래로 언제나 이 하(訶)자의 참된 인으로써 카(佉)자의 만 가지 덕을 갖추어 닦으니 하나하나가 모두 금강의 부술 수 없음과 같다. 지금 온갖 덕을 이미 채우고 모든 힘을 다 준비하고서 이 법당고봉관삼매(法

幢高峰觀三昧)로써 법계의 원적을 크게 부수고 두루 중생을 보호해야 한다.

다음에는 바로 성실(誠實)의 언어를 낸다. 이른바 훔(吽)·훔(吽)자이다. 훔(吽)은 바로 그들을 두렵게 하는 소리이다. 거듭 이것을 말한 까닭은 하나는 밖의 장애를 부수고, 하나는 안의 장애를 부수기 때문이다. 또한 밖은 번뇌장(煩惱障)이고 안은 지장(智障)이다. 자문을 해석하면 다음과 같다.

여래께서는 어떠한 법으로써 모든 장애를 두렵게 하셨는가? 바로 이 하(訶)자문으로써 하셨다. 아래의 삼매의 획(ᯅ)은 바로 만행을 갖추어 닦음이다. 위에 대공점이 있는 것은 바로 이미 성취한 만덕이다. 하(訶)자는 바로 법의 깃발이며, 삼매(ᯅ)와 공점이 합하기 때문에 바로 고봉관삼매(高峰觀三昧)이다. 하(訶)자는 일체여래의 종자이다. 위의 점(·)은 명비(明妃)의 모(母)이고 아래의 획은 태분(胎分)으로 날마다 증가함이다. 이와 같은 뜻이 기에 알맞게 소리를 낼 때에 마군이 부서져 흩어진다.

다음에 달라타(怛囉吒, trāṭa)란 꾸짖으며 협박하여 굴복시킨다는 뜻이다. 사자가 분노하여 크게 울부짖을 때에 온갖 짐승들이 두려워 굴복하지 않는 것이 없음과 같다. 역시 거듭 말한 것은 근본번뇌와 수번뇌를 대치하고 나아가 모든 번뇌를 다스리는데 계내(界內)의 번뇌와 계외(界外)의 번뇌이다.

마지막 구절에서 아발라디하데(阿鉢囉底訶諦, apratihate)라 한 것은 맞설 수 없고 비교할 수 없는 힘의 뜻으로 앞의 문장을 맺어 유지한다. 이러한 인연으로 "대력대호(大力大護)의 명비"라 이름하는 것이다.

사바하(莎訶, svāhā)는 모든 부처님을 경각하여 증명하시게 하며, 또한 억념지(憶念持)의 뜻이니 앞에서 이미 해석한 것과 같다.

경에 **"그때에 일체여래와 불자대중이 이 명을 송하고 나자 즉시 불국토가 두루 여섯 가지로 진동[六種震動**[42]**)하였다"**라고 하는 것은 대일여래께서 이

42) 세상에 상서로운 일이 있을 때 대지(大地)가 진동하는 모양의 여섯가지. ❶ 구역 화엄경의 설 : ① 흔들려서 불안한 것, ② 아래로부터 위로 올라가는 것, ③ 솟아 오르고 꺼져 내려가고하여 6방으로 출몰하는 것, ④ 은은히 소리가 들리는 것, ⑤ 꽝 하고 소리를 내는 것, ⑥ 물(物)을 깨닫게 하는 것. 앞의 셋은 모양이 변하는 것이고, 뒤의 셋은 소리가 변하는 것이다. ❷ 『대품반야경』의 설 : ① 동쪽이 솟아오르고 서쪽이 가라앉는다. ② 서쪽이

법계에 두루한 소리를 내셨을 때에 모든 부처님과 보살이 무이(無二)의 경계인 까닭에 모두 다 같은 소리로 함께 이를 설하신 것이다. 지금 이 가지된 [진언의] 구절은 위세를 갖추고 있다. 여래의 진실한 진리의 말씀이기에 바로 그때에 시방의 불국토가 여섯 가지로 진동함으로써 부처님의 본서가 진실하여 헛되지 않음을 밝혔다. 여섯 가지로 진동한다는 뜻은 다른 경에서 그 상을 자세히 설하였다. 지금 이 종(宗)의 비밀한 해석에 의하면 여섯 가지란 탐(貪)·진(瞋)·치(癡)·견(見)·만(慢)·의(疑)의 여섯 가지 근본번뇌를 말한다. 모든 중생들의 마음자리는 언제나 이러한 무거운 번뇌로 유지되어 스스로 일어나지 못한다. 지금 세존께 지성으로 감동됨으로써 모두 다 두꺼운 껍질을 갈라 흩고 불종의 싹을 틔우기에 여섯 가지로 진동한다고 하였다.

이때에 모든 보살은 이 일반적인 해석과 깊은 비밀의 해석 두 가지로 땅이 흔들리는 인연을 보고 마음의 눈이 열리어 일찍이 없었던 것을 얻지 못함이 없으므로 미묘한 게송으로 대일세존을 찬탄한다.

경에, **"모든 부처님 앞에서"**라고 하는 것은, 부처님께서 이 명(明)을 송하실 때에 시방세계의 모든 보살들이 각각 그 부처님 앞에서 역시 모두 이 [명]을 송하는 것을 본다는 것이다. 이러한 까닭에 동일한 음성으로 함께 함을 이해할 수 있다. 즉 이 문장에 의거해보면 [모두가 이 명을 송할 때에] 대호(大護)의 위력을 증득하여 이루는 것이다. [이러한 사실을] 이해하게 하는 게송 가운데 **"모든 부처님께서는 심히 기이하며 특별하시다"**라고 하는 것은 산스크리트본이 제대로 남아있다면 '기이하오이다. 모든 부처님께서는 이 대호력(大力護)을 설하시나이다'로 말했을 것이다. 즉 이 낱낱 세계의 모든 보살이 모두 다 동시에 시방의 모든 부처님께서 설하신 진언을 깨달

솟아오르고 동쪽이 가라앉는다. ③ 남쪽이 솟아오르고 북쪽이 가라앉는다. ④ 북쪽이 솟아오르고 남쪽이 침몰하며, ⑤ 가장자리가 솟아오르고 중앙이 침몰하며, ⑥ 중앙이 솟아오르고 가장자리가 침몰하며 땅이 모두 부드럽고 연하며 중생을 기쁘게 하였다. 또 탐(貪)·진(瞋)·치(癡)·만(慢)·의(疑)·악견(惡見)의 여섯 가지 근본번뇌를 육종이라 한다. 이 번뇌를 부수고 보리심의 싹이 생하게 함을 진동이라 한다.

는 것이다. 시방의 모든 부처님께서는 함께 호지하시므로 마치 금강성(金剛城)이 매우 견고하고 높아서 오를 수 없으며, 또 둘레에 물길이 깊어서 넘을 수 없는 것과 같다. 이러한 까닭에 모든 장애는 침노할 수 없다.

"그로 말미암아 마음을 보호하며 머문다"고 하는 것은 모든 수행하는 사람이 이 진언과 밀인으로써 몸과 마음을 수호하여 머무는 것이다. 이러한 까닭에 장애를 짓는 자들로 예컨대 모든 비나야가와 추악한 몰골의 나찰 등이 자연히 물러나 흩어진다.

또 이 "머문다"는 글자는 만일 산스크리트음에 의하면 '있다'인데 그 마음에 눌러 있는 것이다. 만일 깊이 있는 해석으로 하면 '이 정보리심의 사람은 이 명비의 진실한 뜻으로써 마음을 보호하여 머문다'가 된다. 이러한 까닭에 세 가지의 무거운 장애와 모든 악한 나찰 등이 모두 다 흩어져 달아나고 그 선근을 손상시키지 못한다. 마음에 억념을 생할 때에 이르기까지 역시 이와 같은 세력이 있기 때문이다. 마지막 구절[43]은 다시 끝맺는 것이다.

43. 입불삼매야의 진언

"박가범께서는 광대한 법계의 가지(加持)로서 곧바로 그때에 법계태장삼매(法界胎藏三昧)에 머무셨고, 이 선정에서 깨어나서 입불삼매야(入佛三昧耶)의 지명(持明)을 설하셨다."

산스크리트어로 비부라(毘富羅, vipula)는 '광대(廣大)하다'는 뜻으로 깊고 넓고 끝이 없어서 헤아릴 수 없는 것을 말한다. 이와 같은 모든 법의 자체를

---

43) 진언의 맨 마지막 '사바하'를 가리킨다.

비부라법계(毘富羅法界)라 부른다. 모든 부처님의 실상과 진언의 실상과 중생의 실상은 모두 비부라법계이다. 이것으로 다시 서로 가지하는 까닭에 "법계가지"라고 한다. 또한 남녀가 몸을 섞는 인연으로 종자가 모태에 의탁되어 잃거나 부서지지 않는 것처럼 이것은 서로 가지한다는 뜻이다. 이와 같이 모든 불국토의 왕과 명비(明妃)가 화합하여 함께 비부라의 종자를 생한다. 대비태장에 의해 가지되어서 잃거나 부서지지 않는 까닭에 법계가지라 부른다. 세존께서는 두루 모든 중생들을 가지하시어 모두 평등의 종자를 지어 마치고 즉시에 법계에 두루한 태장삼매에 들어가 이 낱낱의 종자를 관하시는데 모두 연화대 위의 비로자나이고, 보문의 권속이며, 다함 없는 장엄이 또한 대비만다라와 동등하여 다를 것이 없다. 모든 중생들은 아직 스스로 증지할 수 없기에 성태구사(聖胎俱舍)[44]에 있다고 한다. 만약 장(藏 : 俱舍)에서 벗어날 때에는 곧 여래의 해탈이다. 세존께서 이와 같이 현재에 관찰하시고 나서 곧 그때에 삼매로부터 일어나 삼매야지명(三昧耶持明)을 설하셨다.

삼매야(三昧耶, samaya)는 평등의 뜻이며 본서(本誓)의 뜻이며 제장(除障)의 뜻이며 경각(驚覺)의 뜻이다. 평등이라고 함은 여래께서 이 삼매야를 현증(現證)하실 때에 모든 중생들의 갖가지 몸과 말과 뜻이 모두 다 여래와 동등하고, 선정과 지혜와 실상의 몸도 역시 필경 동등하다고 관하는 것이다. 이러한 까닭에 진실한 언어를 내어서 중생들에게 '내가 말한 것이 절대로 헛되지 않은 것은 모든 중생들로 하여금 이 진실한 언어를 내게 할 때에 삼밀의 가지를 입어서 [수행자의] 다함 없는 장엄이 여래와 동등하게 되기 때문이다'라고 하셨다. 이러한 인연으로 금강의 사업을 지으시는 까닭에 삼매야라고 부른다.

본서(本誓)라고 말한 것은 여래께서 이 삼매야를 보고 증득하실 때에 모든 중생들에게 다 성불의 뜻이 있음을 보셨기 때문에 곧바로 대서원을 세우시기를, '나는 지금 반드시 보문으로부터 한량 없이 많은 방편으로써 모든

---

44) 구사는 Skt. kośa. 또는 구사(句捨)라 하며 번역하여 장(藏)・견(繭)・초(鞘)라 한다. 즉 포함(包含)・섭지(攝持)라는 뜻이다.

중생들로 하여금 다 무상보리에 이르게 하겠다. 중생계가 아직 다하지 않았으므로 나의 사업도 끝내 쉬지 않으리니 만일 중생이 있으면, 나의 본서에 따라 이 성실한 언어를 낼 때에 또한 그가 하려는 사업이 모두 다 금강의 성품이 될 것이다'라고 하셨다. 그래서 삼매야라고 부른다.

제장(除障)이라 함은 무엇인가? 여래께서 모든 중생들이 모두 여래의 법신이 있으나 다만 일념의 무명 때문에 눈앞에 언제나 있는 것을 깨달아 알지 못함을 보신다. 이러한 까닭에 성실한 말씀을 하신다. '나는 지금 갖가지 방편을 시설하여 널리 모든 중생들을 위해서 눈의 막을 제거하겠다. 만일 내가 서원하여서 반드시 성취한다면 모든 중생들로 하여금 나의 방편에 따라 이 성실한 언어를 말할 때에 일생 가운데에서 무구안(無垢眼)을 획득하여 덮힌 장애가 모두 사라질 것이다'라고 하신다. 그래서 삼매야라고 부른다.

경각(警覺)의 뜻이라 말한 것은 무엇인가? 모든 중생들은 다 무명의 잠 속에 있기 때문에 이와 같은 공덕을 스스로 알지 못한다. 그래서 여래께서는 성실한 언어로써 [중생을] 감동시키어 깨닫게 한다. 또한 이것으로써 모든 보살들을 경각시켜서 깊은 선정(禪定)의 굴에서 일어나 사자빈신(師子頻申)[45]을 학습하게 한다. 만일 진언을 행하는 사람이 있어서 이 삼매야를 설하면 우리들 모든 부처들도 역시 본서를 기억하여 거스르지 않을 것이라고 하신다. 마치 국왕이 스스로 법을 제정하고 나서 도리어 스스로 공경하고 따르며 이를 행하는 것과 같기에 삼매야라고 부른다.

지명(持明)이란 산스크리트로 다라니(dhāranī, 總持)라 한다. 지명이란 이른바 모든 진언문[明門]과 진언행[明行]을 모두 지니고, 나아가 이 삼매야를 서원한 이래로 끝내 잃지 않기 때문에 "입불삼매야(入佛三昧耶)의 지명"이라고 한다.

나모 사만다 발타남 아삼미 저리 삼미 삼마예 사바하[46]

---

45) 부처의 삼매인 사자분신삼매(師子奮伸三昧)를 가리킨다.

46) Skt. Namaḥ samanta-buddhānaṃ asame trisame samaye svāhā.

南麽 三曼多 勃陀喃 阿三迷 咀嚟 三迷 三麽曳 娑訶五

첫 구절은 모든 부처님께 귀명하는 것으로 앞에서 해석한 것과 같다. 다음 구절에서 무등(無等)이라 하고 다음에 삼등(三等)이라 하는데, 뒷 구절과 연결해서 말하면 이것은 바로 무등삼평등(無等三平等)의 삼매야이다. 또 다음에 아(阿)는 모든 법이 본래 생겨남이 없다는 뜻으로서 바로 법계의 체성(體性)이다. 사(娑)는 진리라는 뜻이고, 미(迷)는 삼매야의 뜻이며, 마(麽)는 스스로 증득하는 대공(大空), 또는 아(我)라는 뜻이다. 세존께서는 이 삼매를 증득하실 때에 자세하게 낱낱 중생의 마음 가운데의 보문만다라(普門漫荼羅)가 모두 부처와 같음을 관하시었다. 이러한 까닭에 다시 마주 대할 수 없으며 비견할 수 없는 것을 무등(無等)이라 한다. 삼등(三等)이란 이른바 삼세(三世)가 동등하고, 삼인(三因)이 동등하며, 삼업도(三業道)가 동등하고, 삼승(三乘)이 동등한 것이다. 곧 앞의 구절을 돌려 해석한 것으로 무등의 뜻이다. 달리(咀嚟, tri, 三)란 이른바 마음의 여실한 모습은 모든 번뇌가 본래 생겨남이 없으며, 삼세 여래의 갖가지 방편은 모두 다 이 일대사 인연을 위한 것이다. 이것은 바로 제장(除障)의 뜻이다.

'결하여 삼매야라고 한다'는 것은 바로 반드시 사자후하여 모든 법의 평등한 뜻을 설하고자 하며, 대서원을 세우고 일체로 하여금 부처님과 같게 되도록 하고자 하며, 두루 중생을 위하여 청정한 지견을 열게 하고자 하며, 이것으로써 중생과 모든 부처님을 경각시키고자 하므로, 이러한 까닭에 이 삼매야를 이름하여 일체여래의 금강서원(金剛誓願)이라 한다. 만일 먼저 염하여 지니지 않으면 모든 진언의 법사를 지을 수 없다. 세존께서는 모든 불국토를 두루 채우시는 신어심륜(身語心輪)으로써 이 삼매야를 설하시니, 모든 불자의 대중들로서 이를 듣지 못한 자가 없었다. 이것을 듣고 나면 모든 진언법 중에서 감히 거스르지 못한다. 왜 그러한가 하면 만일 보살이[47] 중생과 모든 법 중에서 갖가지 평등하지 않은 견해를 지으면 바로 삼매야의 법을 어기는 것이기 때문이다. 만일 이 평등한 서원 가운데에서 갖가지 한계를 헤아리는 마음을 지으면 역시 삼매야의 법을 어기는 것이다. 온갖 짓는 행위와 세간의 명예와 이익에 수순하여 대사의 인연을 위하지 않으면 역시 삼매야의 법을 어기는 것이다. 게으르고 나태하여 그 마음을 깨치지 못하면 역시 삼매야의 법을 어기는 것이다. 삼매야를 어김으로서 갖가지의 장애가 생기고 스스로 손해보며 남에게도 피해를 주어 도무지 이익이 없다. 이러한 까닭에 모든 보살들은 이 삼매야를 받들어 지니는 것을 목숨을 보호하는 것과 같이 하고 감히 어기지 말아야 한다.

44. 법계성(法界性)의 진언

"그때 박가범께서는 다시 법계생(法界生)[48]의 진언을 송하셨다."

세존께서는 앞에서 법계태장삼매(法界胎藏三昧)에 들어가셨을 때에 모든 중생들에게 모두 보리의 씨앗이 있어서 모든 부처님과 동등하다는 것을 보셨기 때문에 입불삼매야의 지명(持明)을 설하셨다. 이 지명으로 부처님의 평등계(平等戒)에 들어가게 하니, 이것이 바로 성태(聖胎)에 의탁하는 뜻이다. 이때에 세존께서는 다시 보안(普眼)으로 자세하게 모든 중생들이 다 성태를 구족하여 부처님 집안에 태어나며, 그때에 다함없는 장엄도 역시 여래와 동등하다는 것을 관하셨다. 그리고 [여래께서는] 이 삼매로부터 일

---

47) 네 가지의 월삼매야(越三昧耶)를 밝힌다. 이 네 가지는 바로 삼매야의 네 가지 뜻을 어기는 것이다.

48) 앞에서 모든 법의 자체를 비부라법계라 이름한다고 해석하였다. 이 법계가 태내(胎內)에 있음을 입불삼매야(入佛三昧耶)라 칭하며 태에서 나오는 것을 법계생(法界生)이라고 이름하고 자리이타의 사업을 수행하는 위를 전법륜(轉法輪)이라고 부른다. 또한 법신·보신·응신의 삼신을 불부·금강부·연화부의 삼부에 배당한다. 이하 법계성진언(法界性眞言)을 설한다.

어나시어 곧 [다음과 같은] 법계생의 진언을 송하셨다.

> 나모 사만다 발타남 달마타도 살바바바 구흔[49]
> 南麽 三漫多 勃陀喃 達摩馱覩 薩嚩婆嚩 句痕三

달마타도(達摩馱覩, dharma-dhātu)는 '법계'라는 뜻이다. 살바바바(薩嚩婆嚩, svāvako)는 '자성(自性)'이며, 또는 '본성(本性)'이라고도 한다. 구흔(句痕, aham)은 '아(我)'라는 뜻이다. 이 구절의 뜻은 '내가 바로 법계자성이다'라고 하는 것이다. 반드시 사자후(師子吼)하여서 '나와 모든 중생들은 모두 법계의 자성이다'라고 말하니 이는 평등의 뜻이다. '내가 갖가지의 방편을 시설하여 모든 중생들이 다 증지하게 하리라'고 하니 이는 본서(本誓)의 뜻이다. '내가 곧 법계의 자성'이라고 알기 때문에 모든 분별을 없애고 청정한 지견을 여니, 이것은 제장(除障)의 뜻이다. '모든 부처님께 오직 바라옵나니 본원을 기억하시어 저의 이 몸으로 하여금 곧 비로자나법계의 자성과 같게 하소서'라고 하니 이것은 경각의 뜻이다. 자문(字門)으로써 이것을 자세하게 해석해야 한다.

또한 법신의 가지신(加持身)은 보안(普眼)으로 이 낱낱의 중생이 금강의 사업을 구족하고 성취하는 그때에 다함없는 장엄도 역시 여래와 동등하다고 자세하게 관하신다. 그리고 이 삼매로부터 일어나시어 곧 "금강살타의 진언을 송하신다." 그래서 이 세 가지를 모두 삼매라 부른다.[50]

> 나모 사만다 벌절라난 벌절라 타마 구흔[51]
> 南麽 三漫多 伐折囉赧 伐折囉 咀麽 句痕

처음의 구절은 장차 금강살타의 진언을 설하고자 모든 금강에 귀명하

---

49) Skt. Namaḥ samanta-buddhānaṃ dharma-dhātu-svabhavako'ham.
50) 이하에 난탈이 있어 바로잡는다.
51) Skt. Namaḥ samanta-vajranāṃ vajrātmako'ham.

는 것이다. 곧 한량 없이 많은 문(門)에서 여래의 금강지(金剛智)를 지니는 자 모두를 기억하고 호념하게 한다. 다음 구절에서 벌절라달마구흔(伐折囉咀麽句痕, vajrātmako'ham)이라 하는 것은 나의 몸이 바로 금강과 동등하다고 하는 것이다. 금강은 바로 법계의 자성으로서 크게 견고한 힘을 성취하여 막거나 무너뜨릴 수 없기에 달리 설하여 금강이라고 한다. 여래께서는 보안으로 모든 중생들의 금강지체(金剛智體)가 부처와 다름이 없음을 관하시니, 이것이 평등의 뜻이다. 중생들이 스스로 알지 못하기에 한량 없이 많은 금강지문(金剛智門)으로부터 갖가지 금강의 사업을 지으신다. 요컨대 이와 같이 큰 장애를 부수어 실제에 이르게 하는 것이 본서라는 뜻이다. 이와 같은 실제를 무구안(無垢眼)·금강안(金剛眼)이라 부르는데 이것이 바로 제장(除障)의 뜻이다. 이 사자후의 음성으로써 시방의 불국토를 진동시키니 이것이 바로 경각의 뜻이다. 그래서 삼매야라 부른다.

또한 입불삼매야로 말미암아 태장 가운데에서 요절하는 일이 없고 법계생(法界生)으로 말미암아 처음에 태에서 나올 때에 온갖 장애를 떠난다. 금강살타에 말미암아 가업(家業)을 굴려서 온갖 기예를 갖춘다. 또 입불삼매야로써 비밀의 중태장을 가지하여 법계생으로써 금강보살의 두 겹의 권속을 가지하고 금강살타로써 갖가지 [중생들의] 부류에 따른 형상을 가지한다. 입불삼매야는 연화장(蓮華藏)과 같고 법계생은 연꽃이 핀 것과 같으며 금강살타는 연꽃이 열매를 맺어 다시 씨앗이 되는 것과 같기에 이 세 가지를 모두 삼매라 부른다.

또 다음에 진언수행자는 처음의 삼매야에 들어가 여래의 비밀하고 신·구·의가 평등한 몸과 동등해지고, 제2의 삼매야로써 여래께서 가지한 법계궁의 존귀하고 특수한 몸과 동등해지며, 제3의 삼매야로써 이 생신(生身)[52]로 하여금 모두 금강과 같게 하여 한량 없이 많은 지금강(持金剛)의 대중들로 하여금 자신을 둘러싸게 한다.

---

52) 『소』의 원문에는 '신토(身土)'로 되어 있으나 『공양차제법소』 상권에 동일한 문장이 반복되는 곳에 생신(生身)으로 되어 있고 생신이 문맥에 맞으므로 바꾸었다.

부처님께서 처음의 삼매야를 설하신 것은 자수용(自受用)을 위해서이며, 제2의 삼매야는 법성신(法性身)의 모든 보살을 성취하기 위해서이며, 제3의 삼매야는 중생들의 부류에 따라 절복하고 섭수하기 위해서 설하셨다.

부처님께서 처음의 삼매야를 설하신 것은 대비태장만다라를 건립하기 위해서이며, 제2의 삼매야는 비로자나아사리의 사업을 짓기 위해서이며, 제3의 삼매야는 집금강 제자의 사업을 [행하기] 위해서이다.

처음의 삼매야는 여래부의 권속을 가지하기 위해서이며, 제2의 삼매야는 연화부의 권속을 가지하기 위해서이며, 제3의 삼매야는 금강부의 권속을 가지하기 위해서이다. 이러한 까닭에 부처님께서 삼매야를 설하시었다.

다음에 **"금강개(金剛鎧)의 진언을 설하신다"**는 것은 금강살타의 몸을 장엄하기 위한 것이다. 수행자가 이미 금강의 서원을 내어서 모든 중생들을 위하여 온갖 장애를 최멸하고자 하기에 굳센 정진으로써 금강의 갑옷[53]을 입는다. 또한 육바라밀 낱낱의 진실한 모습이 모두 금강처럼 부술 수 없는 것과 같다. 또 하나하나의 바라밀 가운데 모두 다섯 바라밀을 갖추니 이러한 까닭에 몸 전체가 치밀하여서 빈 틈이 없는 것과 같다. 육바라밀과 같이 삼십칠품(三十七品)·십팔공(十八空)·백팔삼매(百八三昧)·500다라니(五百陀羅尼) 등도 모두 자세하게 설해야 한다. 여래의 금강갑옷을 입었기 때문에 육도를 돌면서 생을 벗어나 죽음에 들어갈지라도 모든 번뇌 업고에 손상되지 않는다. 만일 일반적인 해석으로 하면 수행하는 사람이 이 진언으로 스스로 가지함에 말미암아서 모든 천·용 등이 모두 금강살타의 몸과 같아지며 몸 전체에 다 금강의 갑옷을 입고 견고하고 치밀하여 빈 틈이 없으며, 그 광명이 치열한 불꽃 같음을 본다. 이러한 까닭에 온갖 장애를 짓는 모든 것들이 [수행자를] 손상시킬 수 없다.

나모 사만다 벌절라난 벌절라 가바차 훔[54]

---

53) 금강갑주(金剛甲冑)는 과(果)를 얻은 이후 중생제도의 서원이 굳건함을 비유한 것이다.

54) Namaḥ samanta-vajranāṃ vajra-kavaca hūṃ.

南麼 三漫多 伐折囉赧 伐折羅 迦嚩遮 𤙖

벌절라(伐折囉, vajra)는 금강(金剛)이고 가바차(迦嚩囉, kavaca)는 갑옷[甲]이라 한다. 여래께서는 금강안(金剛眼)으로 두루 중생을 관하시는 데에 이 금강의 갑주를 입지 않은 적이 없으셨다. 그리하시고서 성실한 언어로써 이 [진언]을 연설하셨다. [이 진언에서는] 최초의 바(嚩)를 진언의 체로 삼는다. 바(嚩)는 모든 법이 언설을 여의었다는 뜻이다. 만일 희론의 언설로 행하는 것이라면 모두 다 부술 수 있고 돌릴 수 있으며 견고한 것이 없다. 이러한 까닭에 바자로써 [체를 삼으며] 모든 글자는 이 [바자를] 돌려서 해석한 것이다.

왜 모든 법은 언설을 여의었는가? 생은 얻을 수 없기 때문이다. 왜 생을 얻을 수 없는가? 자성이 청정하기 때문이다. 자성청정은 바로 금강살타의 몸이다.

다음에 갑(甲)의 뜻을 밝힌다. 만일 법이 조작해서 이루어진 것이라면 단지 가명만 있을 뿐임을 알아야 한다. 연에 따라 변천하여 오히려 자체의 성품이 견고할 수 없는데 하물며 육진(六塵)의 날카로운 화살을 막을 수 있겠는가! 지금 금강체의 다함없는 장엄을 관하니 모두 다 온갖 조작을 떠나 있어 견고하여 부서지지 않아서 백비(百非)[55]도 막을 수 없다. 이러한 까닭에 금강갑주라 부른다. 마지막의 훔자는 바로 무소외(無所畏)의 소리이며, 또한 자재력을 뜻하고, 또한 환희를 의미한다. 정(定)과 혜(慧)를 구족하여 이 훔(吽)자[56]문을 증득할 때에 스스로 반드시 모든 장애를 최멸하고 두루 중생을 보호함을 알기에 크게 환희하는 것이다.

---

55) 많은 부정(否定). 사구(四句)를 근본으로 하여 세우는 비(非)의 범주. 4구×4비(非)×3세(世)×2기(起)와 아직 일어나지 않은[未起]+4구(句)의 비(非)라고 해석한다.

56) 『소』의 원문에는 하(訶)자로 되어있으나, 『공양차제법소』 상권의 동일한 내용에서 훔(吽)자라 하며, 내용상 훔자가 맞다.

45. 여래안의 진언

다음에 "여래안(如來眼)의 진언을 송하신다"는 것은 무엇인가? 금시조왕(金翅鳥王)[57]이 위력을 갖추고 날개가 아주 견고하며 또 매우 눈이 밝기에 허공 중에서 구부려 큰 바다를 보는 것이 마치 거울 속에 비친 상을 보는 것과 같아 뜻대로 자재하게 [바다 밑에 있는] 모든 용을 잡는 것처럼, 진언을 수행하는 사람도 이와 같다고 알아야 한다. 여래의 청정한 눈으로 스스로 가지하기 때문에 만다라회해(漫荼羅海會)가 그 앞에 나타나서 모든 근연(根緣 : 성질과 환경)과 도를 장애하는 법을 다 볼 [수 있으며 제거할] 수 있다. 이로 말미암아 금강의 사업이 뜻대로 모두 성취된다. 그래서 다음으로 이 [진언을] 송한다.

> 나모 사만다 발타남 달타가다 자걸추 미야 바로가야 사바하[58]
> 南麽 三漫多 勃陀喃 怛他揭多 斫吃芻 尾也 嚩路迦也 莎訶

윗 구절의 뜻 가운데 달타가다자걸추(怛他揭多斫吃芻, tathāgata-cakṣu)는 바로 여래안(如來眼)이다. 다음에 미야바로가야(尾也嚩路迦也, vyavalokāya)는 관(觀)의 뜻이다. 말하자면 여래안으로 관하는 것이다. 최초의 다(多)자를 사용하여 체로 삼는다. 다(多)는 모든 법이 여여(如如)하다는 뜻이다. 모든 법은 본래 생겨남이 없기에 이 여여(如如)도 역시 얻을 수 없다. 이러한 까닭에 여래께서는 모든 법이 필경 여(如)가 아니며, 다르지도 않음을 관하시며, 볼 수 없을지라도 역시 분명하게 보신다. 모든 여래와 같이 모든 중생

---

57) Skt. Garuḍa. 가유라(迦留羅) · 가로라(誐嚕拏) · 가류나(迦留羅) · 가루나(迦婁羅) · 가로다(揭路荼) · 가루다(迦嘍荼) · 가루나(伽樓羅) · 얼로나(蘗嚕拏)라고 음사되며 혹은 묘시조(妙翅鳥)라고 번역한다. 인도신화에 등장하는 독수리같이 사납게 생긴 상상의 동물로서 조두인신(鳥頭人身)에 큰 날개와 발톱을 가진 새이다. 인도신화에서는 불(火) · 태양의 신격화로 언제나 용을 잡아먹는다고 하며 조왕(鳥王)이라 이름한다.

58) Namaḥ samanta-buddhānaṃ tathāgata-cakṣu-vyavalokāya svāhā.

들의 눈도 역시 그러하다. 만일 수행자가 이 진실한 말을 송하면 곧 부사의한 불안(佛眼)의 가지를 입어 점차 눈이 청정해지게 된다.

46. 바르는 향의 진언

다음에 "바르는 향" 등의 여섯 가지 진언이 있다. 모두 만다라에 들어가 공양을 닦을 때에 필요한 것이기에 이 품에서 설명하였다.

> 나모 사만다 발타남 미수타 건두 납바바 사바하[59]
> 南麽 三漫多 勃陀喃 微輸馱 健杜 納婆嚩 莎訶

윗 구절의 뜻 가운데 미수타(微輸上馱, viśuddha)는 '청정하다'는 뜻이다. 건두(健杜, gandha)는 '향'이고, 납바바(納婆嚩, udbhāva)는 '발생'의 뜻이다. 말하자면 '청정한 향이 발생한다'이다. 구절의 처음에 있는 미(微)자를 체로 삼는다. 바(嚩)자 위에 이(伊)자의 획을 쓰면 이 때문에 전성(轉聲)하여 미(微)가 된다. 바자는 '금강'이라는 뜻이며, '언설을 여읜다'는 뜻이다. 삼매점은 '머문다'는 뜻이다. 이와 같이 정·혜가 균등함은 바로 주무희론집금강(住無戲論執金剛)의 삼세무장애지계(三世無障礙智戒)이다. 이와 같은 계향(戒香)은 그 성품이 본래 고요하여 가고 옴이 없으며 언제나 법계에 두루한 까닭에 청정한 바르는 향이라 부른다. 모든 중생들도 역시 동등하게 이것을 가지고 있지만 아직 발심하지 않았기 때문에 이 향이 아직 [향기를] 발하지 못한다. 내가 지금 이미 이 계향을 사용하여 두루 법신에 바르기 때문에 청정한 향으로써 일체를 향기롭게 할 수 있다.

---

59) Namaḥ samanta-buddhānaṃ viśuddha-gandhodbhavāya svāhā.

47. 꽃의 진언

다음에 "꽃의 진언[華眞言]을 송한다."

나모 사만다 발타남 마하 매달리야 비유가뎨 사바하[60]
南麼 三漫多 勃陀喃 摩訶 妹咀㘑也 毘庾蘖帝 莎訶

윗 구절의 뜻 가운데 마하매달리야(摩訶妹咀㘑㘑也, mahā-maitreya)는 '대자(大慈)'를 뜻하고, 비유가뎨(毘庾蘖帝, anugate)는 '생(生)'이라는 뜻이다. 이른바 '대자생(大慈生)'의 뜻이다. 매(妹)자를 진언의 체로 삼는데 곧 마(莽)자 위에 삼매획을 쓴 것이다. 이러한 까닭에 전성(轉聲)하여 [매(妹)라고] 부른다. 마(莽)는 '마음'을 의미하며, '나[我]'라는 뜻이다. 또한 대공(大空)이라 부른다. 말하자면 이 마음의 연꽃은 나에 대한 망녕된 집착[妄我] 때문에 묶여서 증장할 수 없었지만 지금 스스로 마음의 실상을 증지(證知)하기에 자비장(慈悲藏)으로부터 여덟 잎과 꽃술이 차례대로 피어난다. 그래서 대자로부터 생긴다고 하였다. 또한 정보리심 나무[樹王]의 종자가 자비의 땅에서 자라나 무성해져서 만 가지 덕의 꽃을 피우며, 방편으로써 열매를 맺는다. 그래서 대자로부터 생긴다고 하였다. 자문으로써 자세하게 이를 해석해야 한다.

48. 소향의 진언

다음에 "소향(燒香)의 진언을 송한다."

---

60) Namaḥ samanta-buddhānaṃ mahā-maitry-adhyudgate svāhā.

나모 사만다 발타남 달마 타도 노가데 사바하61)
南麼 三漫多 勃陀喃 達摩 馱睹 弩蘗帝 莎訶

윗 구절의 뜻 가운데에서 달마타도(達摩馱都, dharma-dhātu)는 '법계(法界)'를 뜻한다. 노가데(弩蘗帝, dugate)는 '수지(隨至)'라는 뜻이다. 또한 '두루 이른다'는 뜻이며, 또한 '간다[逝]'는 뜻이며 '나아가며 머물지 않는다'는 뜻이다. 이것을 번역하여 '두루 법계에 이른다'고 한다. 구절의 처음 달(達)자를 체로 삼는다. 중생계는 본래 생겨남이 없기 때문이며, 나아가 법계의 정상(定相)도 역시 얻을 수 없다. 이와 같은 법계는 깊고 넓으며 끝이 없어서 측량하여 헤아릴 수 없다. 유가수행자는 언제나 힘써 정진하며 쉬지 않기 때문에 신·어·심업이 모두 이와 같은 법계에 두루하며 나아가 한 송이 꽃을 부처님께 공양할 때에 이르기까지도 역시 이와 같은 법계에 고루 미친다. 이것이 바로 소향의 뜻이다.

49. 음식의 진언

다음에 "음식(飮食)의 진언을 송한다."

나모 사만다발타남 아라라 가라라
南麼 三漫多勃陀喃 阿囉羅 迦囉羅
말린날나미 말린날니 마하말이 사바하62)
沫鄰捺娜弭 沫鄰捺泥 摩訶沫履 莎訶

61) Skt. Namaḥ samanta-buddhānaṃ dharma-dhātu-anugate svāhā.
62) Skt. Namaḥ samanta-buddhānaṃ arara-karara baliṃ dadāmi baliṃ-dade mahā-baliḥ svāhā.

앞에서 처음에 아라라(阿囉囉, arara)라고 하는 것은 듣기 좋은 소리가 아니며 좋지 않은 소리라는 뜻이다. 마치 사람이 높은 소리로 떠들썩하게 해서 듣는 자의 마음을 고요하지 못하게 하는 것과 같다.

다음에 가라라(迦囉囉, karara)란 앞의 좋지 않은 고성을 그치니 '편안하며 고요하다'는 뜻이다. 여기에서 법의 기쁨과 선(禪)의 즐거움을 "음식"의 뜻으로 삼는다. 그래서 이것에 의거하여 말한 것이다. 자륜의 상(相)에서 아(阿)는 본초(本初)의 뜻이다. 이 본초가 있음으로써 곧 두 종류의 진구(塵垢)가 있으니, 이른바 번뇌장(煩惱障)과 소지장(所知障)이다. 이 두 가지의 번뇌로 말미암아서 곧 희론의 요란한 소리가 있게 된다. 지금 모든 법이 본래 생겨남이 없으므로 두 가지의 번뇌도 역시 본래 생겨남이 없다. 즉 이 감로의 문을 열어 열반의 밥을 만들므로 아라라(阿囉囉, arara)라고 한다. 또한 어떤 사람이 부지런히 만행을 닦아서 이와 같은 법의 맛을 얻고자 바라면 지어 만든 것이기에 도리어 두 가지 장애가 생긴다. 이것은 항상한 명색력(命色力)의 참된 감로미(甘露味)가 아니다. 지금 모든 법은 조작됨이 없기 때문에 내증(內證)의 맛은 다른 것으로부터 얻을 수 없다. 우유죽을 먹으면 다시 필요한 것이 없기 때문에 앞의 좋지 않은 소리를 그친다고 한다.

말린날나미(沫粼捺娜弭, balindadāmi)라 하는 것은, 무릇 인도에서 제사지낼 때 쓰는 음식은 위로 모든 부처님께 바치는 것부터 아래로는 귀신들에게 이르기까지 통틀어 말리(沫㗚, bali)라 부른다. 그 구절의 뜻을 말하면, '내가 음식으로써 봉헌한다'이다.

다음에 말린날니(沫粼捺泥, balin dāde)라 하는 것의 뜻을 말하면 '제가 바친 음식을 받으시고 난 다음에 돌려서 저에게 묘한 음식을 주십시오'라 하는 것이다. 세간사람이 좋은 반찬으로 복전(福田)에게 받들어 베풀고 금세와 후세에 음식이 모자람이 없도록 하려는 것과 같다. 그래서 지금 다함 없는 법식(法食)으로 세간의 공양을 가지하고 모든 존께 받들어 베풀며, [이 공덕을] 돌려서 자기가 바라는 원대로 베푸시어 언제나 불사불생(不死不生)의 맛을 충족하게 해달라고 하는 것이다.

다음에 마하말리(摩訶沫履, mahā-baliḥ)라 함은 바로 모든 음식에 광대하고 풍부한 맛을 갑절로 더하는 것이다. 이로써 앞구절을 살펴 말하면 '제가 지금 바치고 기원하는 것은 모두 지극히 비할 바 없으며 더 나은 것이 없는 맛으로서 한정이 있는 음식을 구하는 것이 아닙니다'라고 하는 것이다.

50. 등명의 진언

다음에 "등명(燈明)의 진언을 송한다."

나모 사만다발타남 달타가다라지
南麼 三漫多勃陀喃 怛他揭多喇旨
사파라나아바바사나 가가유타리야 사바하[63]
薩叵囉儜阿嚩婆娑那 伽伽猱陀哩耶 莎訶

윗 구절의 뜻 가운데 달타가다(怛他揭多, tathā-āgata)는 여래이고, 라지(喇旨, arci)는 불꽃 광명이다. 다음에 사파라나(薩叵囉儜, spharaṇa)는 널리 두루함이다. 아바바사나(阿嚩婆娑娜, abhādana)는 모든 어두움이다. 가가유타리야(伽伽猱陀哩耶, gaganodarya)는 허공과 동등하게 한량이 없음이다. 뜻을 말하면 '여래의 불꽃광명은 널리 모든 어두움에 두루하여서 허공과 동등하게 한량이 없다'이다. 이 진언은 구절의 처음에 나오는 다(多)자를 체로 삼는다. 마음의 실상처럼 비로자나의 대지(大智)의 광명이 널리 세간을 비추어 고루 미치지 않은 곳이 없다. 모든 어두움이라는 것은 바로 무명(無明)이다. 무명은 본래 생겨남이 없기에 [무명의] 체는 바로 명(明)이다. 이러한 까

63) Skt. Namaḥ samanta-buddhānaṃ tathāgatārci-sphuraṇāvabhāsana gaganodārya svāhā.

닭에 여래의 광명은 널리 모든 어둠을 두루 비춘다. 허공과 동등하다는 것은 무명이 허공의 한량 없음과 같기 때문에 여래의 지혜광명도 역시 허공과 똑같이 한량 없으며, 나아가 노사(老死)가 허공의 한량 없음과 같기 때문에 여래의 지혜광명도 역시 허공과 똑같이 한량없다. 십이인연과 같이 모든 법도 역시 이렇게 설해야 한다. 이와 같은 분명한 뜻이기에 "등명(燈明)의 진언"이라 한다. 이 [진언으]로써 등명을 가지하여 부처님께 공양드리는 것은 바로 모든 공양 가운데 최고이다.

51. 알가의 진언

다음에 "알가(閼伽)의 진언을 송한다."

나모 사만다 발타남 가가나 사마 아사마 사바하64)
南麽 三曼多 勃陀喃 伽伽娜 娑摩 阿娑摩 莎訶

윗 구절의 뜻 가운데 가가나(伽伽那, gagana)는 허공의 뜻이다. 사마(娑摩, sama)는 등(等)의 뜻이며, 아사마(阿娑摩, asama)는 무등(無等)의 뜻이다. 이른바 허공과 동등하나 [다시] 동등할 것이 없다. 여래의 법신은 본성이 청정하며, 분별할 것이 없으며, 끝이 없으므로 허공과 동등하다. 그러나 다시 한량 없이 많고 끝이 없는 부사의한 공덕이 있어서 저 허공으로도 비유할 수 없다. 그래서 동등할 것이 없다고 하였다. 또한 아사마(阿娑摩)는 부등(不等)의 뜻이다. 부등이란 이른바 이승(二乘)이다. 지금 이미 허공과 동등하지만 또 이 무등(無等)과 동등하기에 허공과 동등하나 [다시] 동등할 것

64) Skt. Namaḥ samanta-buddhānaṃ gagana-samāsama svāhā.

이 없다고 하였다.

최초의 가(伽)자를 진언의 체로 삼는다. 중생계 가운데에서 오고 감도 역시 얻을 수 없다. 법계 가운데의 오고 가는 모습도 역시 얻을 수 없다. 여래(如來)·여거(如去)는 얻을 수 없기에 이름하여 대공(大空)이라 한다. 이 대공의 청정한 물을 사용하여 무구(無垢)의 몸을 씻으니 이것을 "알가진언"의 뜻으로 삼는다.

다음에 네 진언이 있는데 역시 만다라 아사리의 장엄한 모습이다. 그래서 이 품 가운데 설한다.

52. 여래정상의 진언

처음에 "여래정상(如來頂相)[65]의 진언을 송한다."

나모사만다발타남 가가나아난다
南麽三曼多勃馱喃一伽伽娜阿難多
살발 라나 미수 타 달마이 자 다 사바하[66]
薩發二合囉儜上二微輸上馱 達摩儞入闍引多三莎訶四

윗 구절의 뜻 가운데 가가나아난다(伽伽那阿難多, gaganānanta)는 허공무량이다. 살발라나(薩發囉儜, spharaṇa)는 널리 두루함이다. 미수타(毘輸馱, viśuddha)는 청정이고, 달마이자다(達摩儞闍多, dharma-nirjāta)는 법계생(法界生)을 뜻한다.

65) 여래정상(如來頂相), 여래갑(如來甲), 여래원광(如來圓光), 여래설상(如來舌相)의 4종 진언을 엄신진언(嚴身眞言)이라 한다. 아사리가 불사를 행할 때에는 불신(佛身)과 동등해야 한다. 그래서 여래정 등의 진언으로써 자신을 가지하고 곧바로 부처의 장엄을 갖춘다. 이 네 진언은 엄신(嚴身)의 공덕이 뛰어나므로 특별히 이를 내어 쓴다.

66) Skt. Namaḥ samanta-buddhānaṃ gaganānanta-spharaṇa viśuddha-dharma-nirjāta svāhā.

이것은 말하자면 여래의 정상(頂相)이 마치 허공이 헤아림을 초월하였으며 두루 청정함과 같이, 이와 같은 정상은 법계태장(法界胎藏)[67]으로부터 생하며, 세간의 부모의 태장으로부터 생기는 것이 아님을 알아야 한다는 것이다. 이 진언도 또한 가(伽)자를 체로 삼는다. 이른바 여래의 계상(髻相)은 가고 오는 모습이 없으며 대공과 동등하다. 그런데 모든 중생들은 가고 오는 모습으로 이를 관한다. 이러한 까닭에 시방에 두루하여 그 끝가는 데를 볼 수 없다. 만일 수행자가 확고한 마음으로 우리[중생들]의 정상도 역시 이와 같다고 스스로 알면 이것을 불정(佛頂)의 진언이라 부른다. 아사리가 스스로 비로자나로 되는 때에 상투를 풀고 다시 이를 묶어라. 만일 출가한 사람이라면 오른손으로 권을 쥐어서 정수리 위에 놓고, 그런 다음에 이 진언을 송하며, 이로써 [정상을] 가지해야 한다. [그렇게 하면] 모든 천신들도 그 정상을 볼 수 없다.

53. 여래갑의 진언

다음에 "여래갑(如來甲)의 진언을 송한다."

나모 사만다 발타남 벌절라　즈바　라 미살보　라 훔[68]
南麽 三曼多 勃馱喃一伐折囉二合入嚩二合引羅二微薩普二合囉 𤙖三

윗 구절의 뜻 가운데 벌절라즈바라(伐折囉入嚩羅, vajra-jvāla)는 금강광(金剛光)이다. 미살보라(微薩普羅, visphura)는 널리 두루하다는 뜻이다. 말하자면

67) 앞에서 설한 입불삼매야(入佛三昧耶)를 가리킨다.
68) Skt. Namaḥ samanta-buddhānaṃ vajra-jvāla visphura hūṃ.

이 금강지(金剛智)의 빛이 널리 일체에 두루하여 생사의 어두운 장애를 제거하고, 또한 빛을 덮어 가릴 것이 없으니 이것이 바로 여래갑의 뜻이다. 이 진언은 최후의 훔자를 체로 삼는데 삼해탈문(三解脫門)을 구족한다. 이른바 위에 나(曩)자의 공점이 있는데 이는 대공의 뜻이다. 이것이 바로 공해탈문(空解脫門)이다. 본체는 하(訶)자이며 인연을 여의었으므로 무명해탈문(無明解脫門)이다. 아래에 오(鄔)자의 삼매획이 있는데 본래 생겨남이 없으므로 이것은 바로 무작(無作)해탈문이다. 이와 같은 세 문에는 모든 장애가 들어올 수 없다. 이 혜광(慧光)으로 두루 몸을 장엄하므로 이름하여 여래갑이라 한다. 「밀인품」을 검토해보면 그 가운데 산스크리트본에 빠진 것이 있어서 의아스러운데, 이것이 금강살타 원광의 진언이니, 다시 다른 산스크리트본을 찾아보아야 한다.

54. 여래원광의 진언

다음에 "여래원광(如來圓光)의 진언을 송한다."

나모사만다 발타남 즈바 라 마리니 달타 가다 율지 사바하[69]
南麽三曼多 勃馱喃一入嚩二合引羅引摩履儞二怛他引蘖多引嘌旨二合三莎訶四

윗 구절의 뜻 가운데 즈바라(入嚩羅, jvāla)는 불꽃 광명의 뜻이다. 마리니(摩履儞, mālini)는 머리장식의 뜻이다. 불꽃으로 머리장식을 하여 바퀴처럼 끊어지지 않게 돌리므로 여래원광(如來圓光)이라 부른다. 다음 구절에서 달타가다율지(怛他蘖多嘌旨, tathāgatārci)라 하는 것은 여래광명을 뜻한다. 이

69) Skt. Namaḥ samanta-buddhānaṃ jvala-mālini tathāgatārci svāhā.

것은 바로 밝고 흰 빛이다. 산스크리트어로 염만(焰鬘)의 빛과 그 명칭이 다르다. 바로 이 율지(嘌旨, arci)의 글자를 진언의 체로 삼는다. 위에 라(囉)의 소리가 있는데 이것은 속세의 티끌이라는 뜻이다. 아랫몸의 차(遮)자는 변천(變遷)의 뜻이다. 아자문에 들어감으로써 본래부터 더러움이 없으며 또한 변천하지 않으니 이것이 바로 여래의 언제나 고요한 빛이다. 또 이(伊)자의 삼매성(三昧聲)을 띠니 이 언제나 고요한 빛은 정·혜를 구족하고, 이 때문에 고요하게 언제나 비추며, 비추면서 언제나 고요하다. 아사리가 이것으로서 몸을 가지하므로 모든 천신들이 여래의 불꽃다발로 두루 그 몸을 덮어서 위맹하여 쳐다보기 힘든 것은 마치 태양과 같다. 이러한 까닭에 모든 장애를 짓는 자들은 그 편리를 얻[어 아사리를 해치]지 못한다.

55. 여래설상의 진언

다음에 "여래설상(如來舌相)의 진언을 송한다."

나모 사만다 발타남 마하아마하 달타가다 이하바 살디야 달마
南麼 三曼多 勃馱喃一摩訶阿摩訶二怛他蘖多 爾訶嚩二合三薩底也二合達磨
발라 디 슬지 다 사바하70)
鉢囉二合昳丁以反瑟恥二合多四莎訶五

윗 구절의 뜻 가운데 마하아마하(摩訶阿摩訶, mahā-mahā)는 '대무대(大無大)'라는 뜻이다. 달타가다이하바(怛他蘖多爾訶嚩, tathāgata-jihvā)는 '여래설(如來舌)'을 뜻한다. 이 혀는 넓고 긴 모습으로 두루 모든 불국토를 덮으므로

---

70) Skt. Namaḥ samanta-buddhānaṃ mahā-mahā-tathāgata-jihvā satya-dharma-pratiṣṭhita svāhā.

크다[大]고 하였다. 이 대(大)는 다시 이를 초월하는 것이 없어서 마주 대할 것이 없으며, 대상(大相) 또한 얻을 수 없기에 무대(無大)라고 하였다. 다음에 살디야(薩底也, satya)라고 한 것은 진리[諦]이고 달마(達摩, dharma)는 법이며, 발라디슬지다(鉢囉底瑟恥多, pratiṣṭhita)는 성취이니 번역하여 '진실한 진리의 법을 성취한다'고 한다. 여래께서는 한량 없이 많은 겁 이래로 언제나 진실한 진리의 말씀을 닦으셨기에 이 평등의 어륜(語輪)을 얻어 진실한 진리의 법을 성취하시니, 성실한 말씀을 내는 것마다 결코 [진리와] 다르지 않다. 그러므로 최후의 다(多)자를 진언의 체로 삼는다. 여래께서 하시는 말씀은 언제나 진실한 상(相)으로써 속이거나 이상한 것이 아님을 밝혔다. 아사리는 이것으로써 몸을 가지하기에 법의 가르침을 굴리는 것이 모두 금강과 같고 나아가 하나의 음으로써 모든 불국토에 두루하게 한다. 무릇 이 모든 진언들은 모두 자문으로써 자세하게 해석해야 한다.